lonely planet

# Colombie



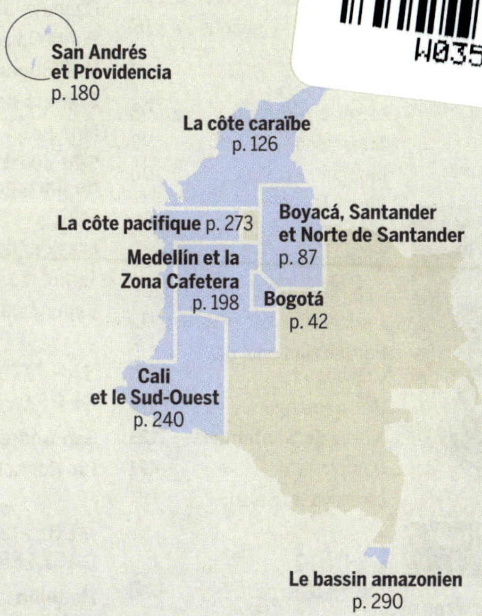


ÉDITION ÉCRITE ET ACTUALISÉE PAR

Alex Egerton, Tom Masters, Kevin Raub

# PRÉPARER SON VOYAGE

VIVIAN OSORIO/LONELY PLANET ©

ARA BLEU ET JAUNE, P. 325

MARY ANNE MEDINA/LONELY PLANET ©

VILLA DE LEYVA, P. 89

# SUR LA ROUTE

# Sommaire



## COMPRENDRE



## COLOMBIE PRATIQUE



## COUPS DE PROJECTEUR

# Bienvenue en Colombie

*Sommets andins majestueux, côte caribéenne immaculée, forêt amazonienne énigmatique, sites archéologiques fascinants et charmantes villes coloniales : la Colombie concentre tous les attraits de l'Amérique du Sud, et bien plus encore.*

## Diversité des paysages

En raison de sa proximité avec l'équateur, la Colombie présente une grande variété de paysages. Un léger changement d'altitude vous fera passer du sable caribéen brûlé par le soleil aux collines émeraude, émaillées de caféiers, de la Zona Cafetera. Continuez à grimper et vous atteindrez Bogotá, troisième capitale la plus élevée du monde. Puis gagnez des sommets enneigés, des lacs d'altitude et la végétation unique et austère du *páramo* (plaines de haute montagne). Ensuite, c'est un brusque retour vers le niveau de la mer lorsque les Andes cèdent la place aux Llanos, une étendue de prairies tropicales de 550 000 km², partagée avec le Venezuela.

## Aventures au grand air

La diversité naturelle de la Colombie en fait un terrain de choix pour de nombreuses activités : plongée, escalade, rafting, randonnée, parapente, etc. Si San Gil est la capitale incontestée de l'aventure, des expériences inoubliables vous attendent aux quatre coins du pays. Une randonnée de plusieurs jours dans la jungle vous mènera aux ruines antiques de la Ciudad Perdida des Tayronas, tandis que de nombreuses ascensions au sein du Parque Nacional Natural El Cocuy permettront aux trekkeurs intrépides de tutoyer les plus hauts sommets des Andes. Les splendides récifs de Providencia s'apparentent à un paradis pour les plongeurs, tandis que la côte pacifique offre l'occasion d'observer des baleines à bosse dans leur milieu naturel.

## Cultures précolombiennes

Nombre de civilisations ont laissé de fascinants vestiges un peu partout en Colombie. La Ciudad Perdida est l'une des plus mystérieuses cités antiques d'Amérique du Sud. Autre site nimbé de secret, San Agustín est émaillé de plus de 500 statues grandeur nature, dont l'origine demeure énigmatique. À Tierradentro, des tombes souterraines sophistiquées ont été creusées par un peuple inconnu : de quoi renforcer l'aura mystique de l'histoire colombienne.

## Héritage colonial

Outre le centre historique incroyablement bien préservé de Cartagena, la Colombie possède bon nombre de villes et villages pittoresques, qui semblent souvent figés dans une autre époquee. Barichara, en parfait état, et Mompox, paisible à souhait, ressemblent à des décors de cinéma, étonnamment oubliés par le progrès moderne, tandis qu'à Villa de Leyva, les édifices blanchis à la chaux n'ont guère changé depuis le XVIe siècle.

## Pourquoi j'aime la Colombie

Kevin Raub, auteur

Lors de mon premier séjour en Colombie, au début des années 2000, le pays n'était pas du tout le même qu'aujourd'hui, mais la fabuleuse hospitalité des Colombiens m'avait séduit dès mon arrivée. Grâce à une très nette amélioration de la sécurité, la Colombie a pu renaître de ses cendres tel un phénix. Ma première impression, toutefois, ne m'a jamais quitté : en l'absence d'aimant touristique majeur – ici, pas de Machu Picchu, pas de chutes d'Iguazú –, la Colombie doit travailler dur pour gagner ses galons, et ses habitants feront tout leur possible pour que vous quittiez le pays avec un sentiment différent de celui que vous aviez en arrivant.

**Pour en savoir plus sur nos auteurs, voir p. 384**

Ci-dessus : Cabo San Juan del Guía (p. 158), Parque Nacional Natural Tayrona

# Colombie

N
0
200 km
MER DES CARAÏBES
Ciudad Perdida
Une magnifique randonnée vers une cité oubliée (p. 162)
Parque Nacional Natural (PNN) Tayrona
Baies jonchées de rochers et plages de sable blanc (p. 157)
Cartagena
Ancienne ville coloniale superbement préservée (p. 127)
Barichara
Village colonial digne d'un décor de cinéma et fourmis en friture (p. 112)
Medellín
Restaurants raffinés et vie nocturne trépidante (p. 199)
Parque Nacional Natural (PNN) El Cocuy
Treks dans des paysages immaculés jusqu'à de majestueux sommets (p. 105)
San Gil
Capitale colombienne des sensations fortes (p. 108)
TERRITOIRES NÉERLANDAIS D'OUTRE-MER (PAYS-BAS)
Aruba
Curaçao
Bonaire
Providencia (Colombie)
San Andrés (Colombie)
Península de la Guajira
Parque Nacional Natural Tayrona
RIOHACHA
SANTA MARTA
BARRANQUILLA
Atlántico
Guajira
Ciudad Perdida
VALLEDUPAR
CARTAGENA
Magdalena
Cesar
CORO
MARACAIBO
CARACAS
BARQUISIMETO
VALENCIA
Lago de Maracaibo
SAN CARLOS
TRUJILLO
GUANARE
MÉRIDA
BARINAS
VENEZUELA
COLÓN
PANAMÁ
PANAMA
SINCELEJO
Mompox
El Banco
Sapzurro
Capurganá
MONTERÍA
Sucre
Bolívar
Turbo
Córdoba
Norte de Santander
CÚCUTA
SAN CRISTÓBAL
Río Atrato
Río Nechí
Río Magdalena
Río Cauca
Antioquia
BUCARAMANGA
Santander
Parque Nacional Natural El Cocuy
Río Arauca
ARAUCA
Arauca
Santa Fe de Antioquia
Barichara
San Gil
MEDELLÍN
Río Casanare
PUERTO CARREÑO
QUIBDÓ
Guachalito
Villa de Leyva
TUNJA
Boyoca
Casanare
Chocó
Risaralda
Caldas
Cundinamarca
YOPAL
MANIZALES
PUERTO AYACUCHO
14° N
12° N
10° N
8° N
6° N
80° O
76° O
74° O
72° O
70° O
68° O

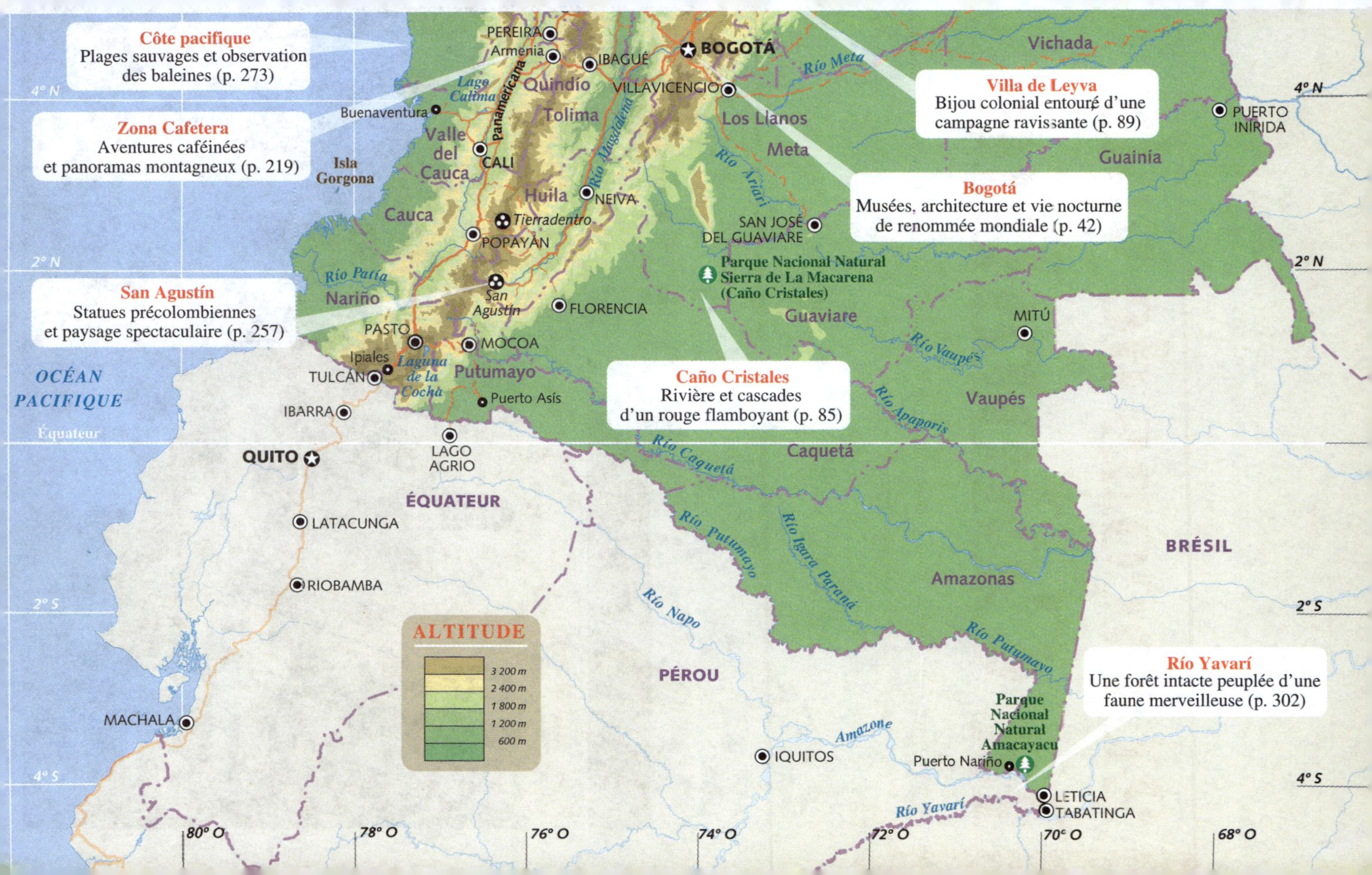
Côte pacifique
Plages sauvages et observation des baleines (p. 273)
Zona Cafetera
Aventures caféinées et panoramas montagneux (p. 219)
San Agustín
Statues précolombiennes et paysage spectaculaire (p. 257)
Villa de Leyva
Bijou colonial entouré d'une campagne ravissante (p. 89)
Bogotá
Musées, architecture et vie nocturne de renommée mondiale (p. 42)
Caño Cristales
Rivière et cascades d'un rouge flamboyant (p. 85)
Río Yavarí
Une forêt intacte peuplée d'une faune merveilleuse (p. 302)
PEREIRA
Armenia
IBAGUÉ
BOGOTÁ
VILLAVICENCIO
Vichada
Río Meta
PUERTO INÍRIDA
Lago Calima
Quindío
Panamericana
Tolima
Los Llanos
Buenaventura
Valle del Cauca
CALI
Meta
Guainía
Isla Gorgona
Río Magdalena
Río Ariari
Huila
NEIVA
Cauca
Tierradentro
POPAYÁN
SAN JOSÉ DEL GUAVIARE
Parque Nacional Natural Sierra de La Macarena (Caño Cristales)
Río Patía
Nariño
San Agustín
FLORENCIA
Guaviare
MITÚ
PASTO
MOCOA
Río Vaupés
Ipiales
Laguna de la Cocha
TULCÁN
Putumayo
Puerto Asís
Río Apaporis
Vaupés
OCÉAN PACIFIQUE
IBARRA
Équateur
LAGO AGRIO
QUITO
Río Caquetá
Caquetá
ÉQUATEUR
LATACUNGA
Río Putumayo
Río Igara Paraná
Amazonas
BRÉSIL
RIOBAMBA
Río Napo
ALTITUDE
3 200 m
2 400 m
1 800 m
1 200 m
600 m
PÉROU
Parque Nacional Natural Amacayacu
MACHALA
Amazone
IQUITOS
Puerto Nariño
LETICIA
TABATINGA
Río Yavarí
4° N
2° N
2° S
4° S
80° O
78° O
76° O
74° O
72° O
70° O
68° O

# 21 façons de voir la Colombie

1

## Vieille ville de Cartagena

1 Quand les visiteurs franchissent les remparts de la vieille ville de Cartagena (p. 130), les aiguilles de l'horloge de la Puerta del Reloj semblent remonter 400 ans en arrière. En vous baladant dans les rues, vous aurez l'impression de plonger dans un roman de Gabriel García Márquez. Les balcons aux couleurs pastel débordent de bougainvilliers et les rues sont jalonnées de stands de nourriture animés, de magnifiques églises édifiées par les Espagnols, de places et de demeures historiques. Une ville vivante et active, mais dont l'apparence n'a pas changé depuis des siècles.

## Vers la Ciudad Perdida

2 La randonnée jusqu'à la Ciudad Perdida (p. 162) est une époustouflante marche dans la jungle, qui traverse certains des plus beaux paysages tropicaux du pays. Beaucoup la considèrent comme l'un des meilleurs treks de plusieurs jours en Colombie. Montées d'adrénaline assurées lorsque, de l'eau jusqu'à la taille, vous franchirez des rivières tumultueuses avec l'impassible beauté de la Sierra Nevada en arrière-plan. La destination finale est fascinante – une ancienne cité perdue, organisée en terrasses mystérieuses et silencieuses –, mais le périple en lui-même l'est tout autant.

GUIZIOU FRANCK / HEMIS.FR / GETTY IMAGES ©

2

FELIPE MESA / AGESTOCK ©

3

JESSE KRAFT / ALAMY ©

4

DENNIS DRENNER / GETTY IMAGES ©

## Dunes et déserts de La Guajira

3 Atteindre cette péninsule désertique isolée (p. 165) peut être plus ou moins éprouvant, selon le mode de transport choisi, mais quiconque rejoint le point le plus septentrional de l'Amérique du Sud est saisi par la grandiose simplicité des paysages. Des flamants roses, des marécages de mangroves, des plages de dunes et de minuscules villages wayuu ponctuent l'immensité déserte de cette splendide région colombienne, très peu visitée. Troquez donc le tumulte des villes contre le silence majestueux de la nature.

## Trekking dans le parc national d'El Cocuy

4 Le Parque Nacional Natural El Cocuy (p. 105) est l'une des destinations de trekking les plus prisées d'Amérique du Sud, à juste titre. En saison (décembre-février), le spectacle qui vous attend est permanent : somptueux levers de soleil découpant des pics acérés, vallées glaciaires, plaines de montagne, lacs d'altitude et végétation éparse du *páramo* (plateaux de haute montagne).

THE COLOMBIAN WAY LTDA / GETTY IMAGES ©

5

JANE SWEENEY / GETTY IMAGES ©

6

## Caño Cristales

**5** Après avoir été pris en otage pendant vingt ans par les guérilleros, le Caño Cristales (p. 85) est à nouveau accessible. Il s'agit de l'un des trésors naturels les plus marquants de Colombie : flanqué de forêt luxuriante et de terrain montagneux, cette splendide rivière offre une incroyable explosion de rouge, entre juillet et novembre. Ce phénomène unique est dû à une prolifération d'algues colorées. Randonner entre les cascades et les piscines naturelles est une expérience fabuleuse.

## Musées de Bogotá

**6** Peu d'endroits permettent de se mettre dans la peau d'un aventurier découvrant un trésor enfoui. Le Museo del Oro (p. 53), l'un des musées les plus fascinants d'Amérique du Sud, est une occasion rêvée, et ce n'est qu'un des innombrables musées de la capitale. Contempler les rondeurs d'un Botero, un hélicoptère présidentiel, l'arsenal d'un baron de la cocaïne, des épées bolivariennes, de délicates céramiques de salle de bains ou des vases brisés ? Bogotá a le musée qu'il vous faut. Museo del Oro

GEORGE HOLTON / GETTY IMAGES ©

ECATERINA LEONTE / GETTY IMAGES ©

INGRID FIRMHOFER / ALAMY ©

## San Agustín

**7** Disséminées sur des collines verdoyantes, les statues de San Agustín (p. 257) offrent une fabuleuse plongée dans la culture précolombienne. C'est l'un des sites archéologiques les plus importants du continent. Plus de 500 monuments sculptés dans la pierre volcanique ont été mis au jour. De nombreuses statues sont regroupées dans un parc archéologique, mais bien d'autres, restées à leur emplacement d'origine, peuvent être découvertes à pied ou à cheval, le long de chemins ponctués de cascades et de gorges escarpées.

## Observation des baleines sur la côte pacifique

**8** Peu de spectacles sont aussi impressionnants qu'une baleine de 20 tonnes s'élançant dans les airs, avec des montagnes couvertes de forêt en toile de fond. Tous les ans, des centaines de baleines à bosse partent de l'Antarctique et effectuent une odyssée de 8 000 km pour mettre bas et élever leurs petits dans les eaux du Pacifique, au large de la Colombie. À Ensenada de Utría (p. 280), elles s'approchent très près du littoral.

## Salsa à Cali

**9** Cali n'a peut-être pas inventé la salsa, mais cette cité dynamique a saisi toute l'essence du genre et se l'est appropriée. Sortir à Cali (p. 242), c'est aller danser la salsa, mode d'expression privilégié des *Caleños*. Des minuscules bars de quartier dotés de sonos surdimensionnées aux immenses *salsatecas* (clubs de salsa) de Juanchito, la salsa contribue à faire tomber les barrières sociales et à unifier cette ville tentaculaire. Si vous savez danser, c'est l'endroit idéal pour le montrer, et dans le cas contraire, il n'y a pas meilleure destination pour apprendre.

## Barichara

**10** Difficile de résister au choc esthétique en mettant le pied à Barichara (p. 112), sans doute le village colonial le plus pittoresque de Colombie : ses toits de tuiles, ses rues pavées symétriques, ses murs chaulés et ses balcons fleuris ont pour écrin un paysage andin verdoyant. Barichara vit à un rythme merveilleusement paisible. Il est donc fort probable que vous vous surpreniez à flâner dans les rues au ralenti, subjugué par la beauté qui vous entoure.

## Île de Providencia

**11** L'accès est un peu difficile, mais vos efforts seront récompensés avant même que vous ne débarquiez sur ce petit paradis des Caraïbes, montagneux et sublime : la vue depuis le hublot de l'avion ou du catamaran vous laissera sans voix. Avec certaines des plus belles plages du pays, de magnifiques sites de plongée, des randonnées exceptionnelles, une cuisine succulente et un créole anglais unique, Providencia (p. 191) est une destination coup de cœur, peu fréquentée et épargnée par les complexes hôteliers.

10

CHRISTIAN KOBER / GETTY IMAGES ©

11

GLOWIMAGES WW/ GETTY IMAGES ©

## La Zona Cafetera

**12** Grimpez dans une Jeep de la Seconde Guerre mondiale et en route pour une aventure caféinée ! Beaucoup des meilleures *fincas* (fermes) de la Zona Cafetera (p. 219) ouvrent désormais leurs portes aux touristes, avec la volonté de montrer aux visiteurs les caractéristiques du café colombien et le quotidien laborieux des cultivateurs. Attrapez un panier et enfoncez-vous dans la plantation pour cueillir quelques grains avant de regagner la ferme traditionnelle pour déguster le produit fini.

## Plages du Parque Nacional Natural Tayrona

**13** Les plages du Parque Nacional Natural Tayrona (p. 157), près de Santa Marta sur la côte caribéenne, figurent parmi les plus belles du pays. Les eaux limpides du Tayrona s'étendent au pied d'une épaisse forêt, qui descend telle une avalanche végétale depuis les sommets vertigineux de la Sierra Nevada de Santa Marta, le plus haut massif côtier du monde. Les divines plages de sable blanc sont ourlées de palmiers et constellées de gros rochers.

12

JANE SWEENEY / GETTY IMAGES ©

13

TRAVELER1116 / GETTY IMAGES ©

OLIVER GERHARD / ALAMY ©

CHRISTIAN HEEB / GETTY IMAGES ©

DAMIAN TURSKI / GETTY IMAGES ©

## Cañon de Río Claro

**14** Majestueuse gorge creusée dans le marbre, la Reserva Natural Cañon de Río Claro (p. 218) est l'une des destinations les plus prisées de Colombie. Au milieu coule une rivière transparente, qui forme de nombreux bassins de baignade, parfaits pour se rafraîchir. Lancez-vous en tyrolienne au-dessus de la rivière, explorez des grottes remplies de chauves-souris ou faites une descente en rafting. Le soir, tandis que le soleil couchant habille les rochers de couleurs chaudes, d'innombrables oiseaux font leur apparition et les bruits de la forêt résonnent dans le canyon.

## Villa de Leyva

**15** Un immense ciel bleu domine la vallée de haute altitude qui entoure l'impressionnante Villa de Leyva (p. 89). À seulement 165 km au nord de Bogotá, cette paisible bourgade coloniale est dotée d'une des plus grandes et belles places centrales du continent américain. Son centre-ville pittoresque vous réserve bien des surprises : cuisine du monde, histoire passionnante, églises anciennes, musées intéressants et boutiques d'artisanat. La campagne alentour se prête à une kyrielle d'aventures en plein air.

## Parc national Los Nevados

**16** Vénérés par les peuples indiens, les pics enneigés du Parque Nacional Natural Los Nevados (p. 226) ont toujours exercé un fort pouvoir d'attraction sur les visiteurs. Couvrant 583 km$^2$, la réserve englobe des secteurs parmi les plus époustouflants des Andes colombiennes. La partie sud offre des randonnées inoubliables à travers des écosystèmes variés, des forêts tropicales humides au rare *páramo*. Les bons marcheurs pourront gravir le Nevado Santa Isabel et le Nevado del Tolima lors d'une belle aventure au plus près des nuages.

17

KIM SCHANDORFF / GETTY IMAGES ©

18

CHRISTIAN KOBER / ROBERT HARDING ©

19

JANE SWEENEY / GETTY IMAGES ©

## Amazonie

**17** L'Amazonie est incommensurable (à elle seule, la partie colombienne est plus vaste que l'Allemagne). Il va sans dire qu'il existe de nombreuses possibilités pour passer une nuit inoubliable au cœur de la forêt. Les hébergements aménagés dans le Parque Nacional Natural Amacayacu (p. 299) et le long du Río Yavarí sont les meilleurs endroits pour observer les divers animaux et écosystèmes. Vous pourrez nager avec des dauphins, pêcher des piranhas et observer de près des alligators, des singes et des grenouilles.

Titi (callicèbe)

## Aventures à San Gil

**18** San Gil (p. 108) ne se distingue pas par sa beauté naturelle mais promet une dose de sensations fortes qui compense largement. Kayak, descente en rappel, spéléologie, saut à l'élastique ou parapente : quelle que soit votre préférence, San Gil est l'eldorado des sports d'aventure en Colombie. La ville est surtout réputée pour ses rapides de classes IV et V sur le Río Suárez, mais le rafting est loin d'être la seule activité envisageable.

## Medellín

**19** Survolez les quartiers populaires de Medellín (p. 199) à bord du Metrocable, un fantastique téléphérique accroché périlleusement aux flancs abrupts de la montagne. En contrebas, le dédale de maisons en brique rouge constitue le cœur palpitant d'une ville qui se développe en dépit de son terrain accidenté. Le soir venu, explorez l'autre visage de la cité, dans les restaurants, les bars et les clubs chics d'El Poblado, centre de la légendaire vie nocturne de Medellín, apprécié des riches habitants branchés.

Le Metrocable de Medellín (p. 212)

## Desierto de la Tatacoa

**20** Le Desierto de la Tatacoa (p. 264) révèle un fascinant paysage de sable ocre et gris, de falaises sculptées et de massifs de cactus. Entouré de montagnes et dominé par le Nevado de Huila, ce secteur semi-aride balayé par les vents est un lieu silencieux et empreint de spiritualité, qui se distingue par un écosystème unique en Colombie. L'absence de nuages et de pollution lumineuse en fait le meilleur endroit du pays pour contempler les étoiles, à l'œil nu ou depuis l'observatoire local.

## Le páramo du Lago de Tota

**21** Seuls quelques pays, dont la Colombie est le principal représentant, abritent le *páramo*, un écosystème de toundra alpine résultant de l'activité des glaciers. La région autour du Lago de Tota (p. 98), un lac de haute altitude, offre l'une des randonnées les plus gratifiantes de Colombie : le Páramo de Ocetá est un parcours de 19 km à travers des paysages de tourbières et des prairies émaillées de *frailejón* (buisson endémique à fleurs jaunes), de fleurs colorées, de cascades, de lagunes spectaculaires et d'une cité naturelle en pierre.

20

21

# L'essentiel

**Pour plus d'informations, consultez le *Carnet pratique* (p. 336)**

### Devise

Peso colombien (COP)

### Langue

Espagnol (et anglais à San Andrés et Providencia)

### Argent

Nombreux distributeurs automatiques de billets (*cajeros*) dans toutes les villes. Les cartes bancaires sont acceptées presque partout en zone urbaine.

### Visas

Les ressortissants français, belges, suisses et canadiens n'ont pas besoin de visa pour un séjour de 90 jours maximum.

### Téléphones portables

Excellent réseau de téléphonie mobile et de 3G. La plupart des téléphones débloqués fonctionneront avec une carte SIM locale.

### Heure locale

UTC/GMT -5 heures. Pas de changement d'heure entre l'hiver et l'été.

## Quand partir

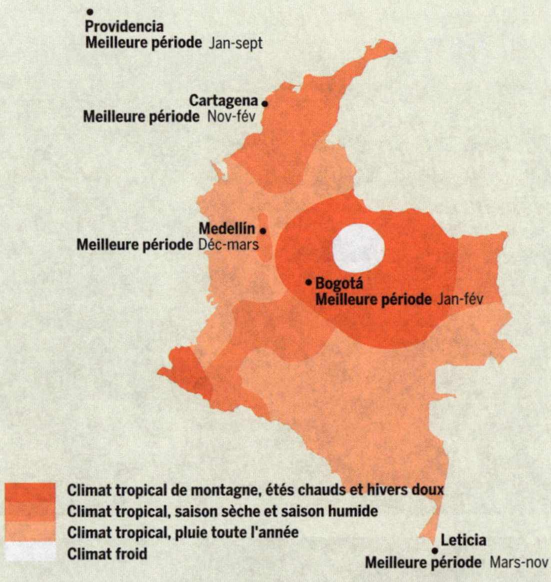


### Haute saison
(déc-fév)

- Grand soleil et températures douces dans les Andes
- Temps sec partout sauf en Amazonie
- San Andrés et Providencia sont sublimes
- Prix à leur niveau le plus haut partout dans le pays

### Saison intermédiaire
(mars-sept)

- Bogotá, Medellín et Cali subissent une seconde saison des pluies en avril-mai
- Le meilleur moment pour observer les baleines (de juillet à octobre)
- Cartagena est sous le soleil jusqu'en avril. Il commence à pleuvoir en mai

### Basse saison
(oct-nov)

- Les crues inondent souvent les routes de la région andine
- Cartagena et la côte caribéenne essuient des pluies diluviennes en octobre
- Le niveau d'eau est bas en Amazonie : on peut profiter d'excellentes randonnées et des plages de sable blanc

## Sites Internet

**Así es Colombia** (www.colombia.co/, en espagnol). Superbe site visant à promouvoir la Colombie.

**Guía de viajes oficial** (www.colombia.travel/fr, en français). Site officiel du gouvernement consacré au tourisme.

**Colombia Reports** (www.colombiareports.co, en anglais). Excellente source d'information.

**BBC News** (www.bbc.com/news/world/latin_america/). La BBC assure une bonne couverture de l'actualité en Amérique du Sud.

**Parques Nacionales Naturales de Colombia** (www.parquesnacionales.gov.co, en espagnol). Renseignements détaillés sur les parcs nationaux.

**Lonely Planet** (www.lonelyplanet.fr). Présentation de la Colombie, forum de voyageurs, infos pratiques.

## Numéros utiles

| | |
|---|---|
| **Indicatif pays** | ☎57 |
| **Indicatif international** | ☎00 |
| **Renseignements téléphoniques** | ☎113 |
| **Ambulance** | ☎125 |
| **Pompiers et police** | ☎123 |

## Taux de change

| | | |
|---|---|---|
| **Brésil** | 1 $R | 818 COP |
| **Canada** | 1 $C | 202 COP3 |
| **Zone euro** | 1 € | 2 657 COP |
| **Suisse** | 1 FCH | 2 650 COP |
| **États-Unis** | 1 $US | 2 481 COP |

Consultez le site www.xe.com pour des taux de change actualisés.

## Budget quotidien

### Moins de 50 000 COP

- Lit en dortoir : 18 000-25 000 COP
- *Comida corriente* (restauration rapide) : 5 000-12 000 COP
- Courses au supermarché

### 100 000-200 000 COP

- Chambre double dans un hôtel de catégorie moyenne : 70 000-100 000 COP
- Repas dans un restaurant : 20 000-30 000 COP

### Plus de 200 000 COP

- Chambre double dans un hôtel de luxe : à partir de 160 000 COP
- Repas avec plusieurs plats et vin : à partir de 50 000 COP

## Heures d'ouverture

Les heures d'ouverture varient énormément. Sauf mention contraire, on peut se fier aux indications suivantes :

**Banques** 9h-16h lun-ven, 9h-12h sam

**Restaurants** 12h-15h et 19h-22h

**Cafés** 8h-20h

**Bars** 18h-3h

**Discothèques** 21h-3h

**Commerces** 9h-17h lun-sam

## Arriver en Colombie

**Aeropuerto Internacional El Dorado** (Bogotá ; p. 77). Des bus (1 400-1 700 COP) circulent toutes les 10 minutes, de 4h à 23h. Les taxis (25 000-37 000 COP) mettent 45 minutes pour rejoindre le centre-ville.

**Aeropuerto Internacional José María Córdoba** (Medellín ; p. 212). Des bus (8 600 COP) circulent toutes les 15 minutes, de 5h à 21h. Les taxis (60 000 COP) mettent 45 minutes pour rejoindre le centre-ville.

**Aeropuerto Internacional Rafael Núñez** (Cartagena ; p. 144). Des bus (2 000 COP) circulent toutes les 15 minutes, de 6h50 à 23h45. Les taxis (9 000-12 000 COP) mettent 15 minutes pour rejoindre la vieille ville.

## Comment circuler

En Colombie, les transports sont bon marché, mais les prix augmentent rapidement si vous souhaitez voyager confortablement.

**Avion** Le moyen le plus pratique (et onéreux) pour couvrir les distances énormes entre les grandes villes. Les vols sont désormais plus accessibles grâce à l'essor des compagnies low cost, et en réservant longtemps à l'avance vous pourrez obtenir des tarifs très intéressants. Quasiment toutes les agglomérations importantes sont équipées d'un aéroport, tout comme beaucoup de villes plus petites mais isolées.

**Bus** Le moyen de transport le plus courant en Colombie. Reliant la plupart des villes du pays, les véhicules vont des *colectivos* (minibus ou taxis collectifs) bondés aux bus longue distance confortables et climatisés.

**Voiture** Utile pour voyager à son propre rythme, ou pour visiter des régions peu desservies par les transports publics. On peut louer une voiture dans les grandes villes, mais les tarifs sont généralement élevés. Conduite à droite.

Pour en savoir plus, consultez **Comment circuler**, p. 354.

# Envie de...

## Parcs nationaux

La Colombie a préservé 12% de son territoire national grâce au système des Parcs nationaux naturels (Parques Nacionales Naturales ; PNN), qui comporte près de soixante zones protégées, des eaux caribéennes aux sommets andins en passant par les prairies tropicales et la forêt amazonienne.

**PNN Tayrona** L'un des parcs les plus visités de Colombie ; des plages de sable blanc ourlées de palmiers, au pied des montagnes de la Sierra Nevada de Santa Marta. (p. 157)

**PNN El Cocuy** Sommets imposants, lacs de montagnes, glaciers et points de vue allant jusqu'au Venezuela agrémentent certaines des plus belles randonnées de haute altitude de Colombie. (p. 105)

**PNN Sierra de La Macarena** Ancien bastion de la guérilla, ce parc abritant le fabuleux Caño Cristales est à nouveau ouvert au public. (p. 85)

**Santuario de Iguaque** Ancré dans les légendes muiscas, ce parc national de 67,5 $km^2$ est facilement accessible depuis Villa de Leyva et présente de beaux paysages de *páramo* (plaines de haute montagne). (p. 97)

**PNN El Tuparro** Hors des sentiers battus, cette réserve naturelle des Llanos se distingue par ses rivières aux berges sablonneuses et ses prairies verdoyantes. Outre quelque 320 espèces d'oiseaux, elle abrite des jaguars, des tapirs et des loutres. (p. 86)

## Musées

Cultures amérindiennes, colonisation, conflits armés... la Colombie ne manque pas de thèmes pour doter ses innombrables musées. À elle seule, Bogotá en possède plus de soixante.

**Museo del Oro** L'un des meilleurs musées d'Amérique du Sud : il conserve la plus grande collection d'objets en or préhispaniques dans le monde. (p. 53)

**Museo de Antioquia** Avec le Museo Botero de Bogotá, c'est l'endroit idéal pour admirer les personnages tout en rondeurs de Fernando Botero, artiste originaire de Medellín. (p. 203)

**Museo Nacional** Aménagé dans un édifice en forme de croix grecque, qui avait été conçu par un architecte anglais pour servir de prison, le Musée national de la Colombie offre une vision complète de l'héritage de la nation. (p. 54)

**Palacio de la Inquisición** Même si vous le trouvez macabre, les effroyables instruments de torture n'auront aucun mal à capter votre attention. Ils sont exposés dans un palais de Cartagena datant de 1776. (p. 130)

## Faune sauvage

La forêt amazonienne couvre plus d'un tiers de la surface totale du pays, et constitue la meilleure destination pour observer des animaux sauvages dans leur milieu naturel. Et la Colombie offre encore bien d'autres occasions de découvrir sa biodiversité, l'une des plus riches du monde.

**Río Yavarí** Accessible depuis Leticia, cet affluent de l'Amazone matérialise la frontière entre le Brésil et le Pérou. Les lodges aménagés sur ses berges sont entourés d'une faune abondante. (p. 302)

**PNN Amacayacu** Au plus profond de la forêt amazonienne, ce parc abrite 500 espèces d'oiseaux et 150 espèces de mammifères. (p. 299)

**PNN Ensenada de Utría** Le haut lieu de l'observation des baleines sur la côte pacifique. De juillet à octobre, des baleines à bosse s'approchent du rivage

**En haut** : jaguar, Leticia (p. 291)
**En bas** : Capurganá et Sapzurro (p. 176)

dans cette crique préservée. (p. 280)

**Reserva Ecológica Río Blanco** Près de Manizales, ce paradis des ornithologues, aux infrastructures limitées, accueille 362 espèces d'oiseaux dont 13 oiseaux endémiques de la Colombie. (p. 224)

**Santuario de Flora y Fauna Los Flamencos** Une splendide colonie de flamants roses a élu domicile dans cette réserve naturelle de 700 ha, sur la péninsule de La Guajira – on en compte près de 10 000 pendant la saison des pluies. (p. 166)

## Randonnée

Le relief varié de la Colombie promet certaines des plus belles randonnées du monde. Vous pourrez ainsi découvrir la forêt tropicale, des montagnes tutoyant les nuages, des pics andins enneigés ou encore le *páramo*, un écosystème rare existant dans une poignée de pays seulement.

**PNN El Cocuy** Sommets imposants, lacs de montagne, glaciers et points de vue allant jusqu'au Venezuela agrémentent cette randonnée d'une semaine, à haute altitude. (p. 105)

**Ciudad Perdida** Un trek de plusieurs jours dans la jungle, ponctué de traversées de rivières tumultueuses, vous mènera à l'une des plus vastes cités précolombiennes découvertes sur le continent américain. (p. 162)

**PNN Los Nevados** La randonnée à travers le *páramo* jusqu'au glacier au sommet du Nevado Santa Isabel est un trek exigeant d'une journée. (p. 226)

**Valle de Cocora** Admirez les immenses palmiers à cire (l'arbre national de la Colombie) émaillant les vallées luxuriantes et les collines brumeuses lors d'une randonnée d'une demi-journée. (p. 239)

**Tierradentro** Dans un superbe écrin de collines, une randonnée d'une journée vous fera découvrir toutes les tombes souterraines précolombiennes de Tierradentro. (p. 262)

## Cuisine mémorable

La gastronomie colombienne n'est peut-être pas aussi attrayante que la fameuse cuisine du Pérou, les spécialités multiculturelles du Brésil ou la viande grillée d'Argentine. Toutefois, les gourmets pourront se régaler de produits de la mer incroyablement frais, de succulents steaks et de spécialités culinaires uniques en leur genre.

**Leo Cocina y Cava** Offrez-vous une belle odyssée culinaire grâce au menu dégustation de ce restaurant haut de gamme de Bogotá, qui défend fièrement les couleurs nationales à travers une cuisine colombienne créative. (p. 67)

**Punta Gallinas** Pas de restaurants ici, mais de la langouste fraîche grillée par les Wayuu ! (p. 169)

**Mini-Mal** La tradition en version contemporaine : dans cet établissement ultratendance de Bogotá, les ingrédients les plus intéressants du pays sont revisités sur le mode créatif. (p. 67)

**Central Cevicheria** Une adresse en pointe à Bogotá, proposant une des déclinaisons de ceviche les plus imaginatives de Colombie. (p. 68)

**Asadero de Cuyes Pinzón** Croquez la culture de Pasto à pleines dents et découvrez la spécialité locale : le cochon d'Inde grillé. (p. 268)

**Mercagán** Selon certains, le meilleur steak du pays. (p. 119)

**La Cevicheria** À Cartagena, ce minuscule établissement sert du ceviche et des produits de la mer réputés dans le monde entier. (p. 140)

## Plages

La Colombie est plus célèbre pour ses montagnes que pour ses plages, mais le pays étant baigné par l'océan Pacifique d'un côté et par la mer des Caraïbes de l'autre, il suffit d'une nuit de bus ou d'un vol rapide pour aller se dorer sur le sable.

**Playa Taroa** Dévalez une immense dune pour atteindre la plus belle plage de Colombie, généralement déserte, à Punta Gallinas. (p. 169)

**Capurganá et Sapzurro** La Miel, côté Panama, et Playa Soledad, côté Colombie, sont des petits paradis ponctués de palmiers, à cheval sur la frontière. (p. 176)

**Playa Morromico** Flanquée de cascades dévalant des montagnes couvertes de forêt, cette plage privée très isolée est l'une des destinations les plus romantiques du Chocó. (p. 282)

**PNN Tayrona** Très populaire, ce parc national préserve de paisibles baies de sable doré, baignées d'eaux azurées. (p. 157)

**Playa Guachalito** L'une des plages les plus idylliques de la côte pacifique. Orchidées, héliconies et forêt vierge empiètent sur son sable gris. (p. 283)

**Playa Blanca** Au cœur des Andes, cette plage de sable blanc entoure un lac à 3 015 m d'altitude. (p. 99)

# Mois par mois

**LE TOP 5**

**Carnaval de Barranquilla**, février

**Feria de las Flores**, août

**Semana Santa** à Popayán, mars ou avril

**Festival de Música del Pacífico Petronio Álvarez**, août

**Carnaval de Blancos y Negros**, janvier

## Janvier

**En Colombie, la proximité de l'équateur se traduit par une variation des températures en fonction de l'altitude, et non des saisons : toutes les périodes sont donc envisageables pour un voyage. Le mois de janvier présente ainsi de sérieux atouts : la foule se fait moins dense après les fêtes de fin d'année, mais cela ne signe pas pour autant la fin des festivités.**

### Carnaval de Blancos y Negros

Remontant aux temps de l'esclavage, cette fête débridée se déroule à Pasto. Les participants, souvent passablement alcoolisés, se jettent du talc, de la graisse, de la farine et de la craie, jusqu'à ce que chacun, toussant et crachant, soit enduit d'une pâte visqueuse. (p. 268)

## Février

**La région andine demeure plaisante et Cartagena frôle la sécheresse : c'est le mois parfait pour aller de plage en plage sur la côte caraïbe. Les enfants ont repris le chemin de l'école et les vacanciers celui du travail : la Colombie est *tranquila*.**

### Fiesta de Nuestra Señora de la Candelaria

Le 2 février, Cartagena rend hommage au saint patron de la ville. Les fidèles défilent en une procession solennelle jusqu'au Convento de la Popa. Les festivités commencent neuf jours plus tôt, et, durant cette période (les Novenas), le couvent reçoit la visite d'innombrables pèlerins.

### Carnaval de Barranquilla

Organisé 40 jours avant Pâques, le spectaculaire carnaval de Barranquilla est le deuxième du continent, après celui de Rio de Janeiro. Pendant quatre jours, l'alcool, la danse, les parades costumées et la musique colombienne sont à l'honneur. La fête se termine le Mardi gras, avec l'enterrement symbolique de l'"icône du festival", Joselito Carnaval. (p. 147)

## Mars

**Que les festivités tombent en mars ou en avril, tout le pays est en ébullition autour de Pâques. Il y a beaucoup de monde, les prix grimpent et la météo tourne à la pluie.**

### Semana Santa à Popayán

Les plus fameuses célébrations de la Semana Santa (semaine sainte) ont lieu à Popayán, avec des processions nocturnes le jeudi saint et le vendredi saint. Des milliers de fidèles et de touristes participent à ces cérémonies, qui se doublent d'un festival de musique religieuse.

### Semana Santa à Mompox

La deuxième plus importante célébration de la Semana Santa se déroule dans la paisible ville fluviale de Mompox, près de la côte caraïbe.

### Festival Ibero-americano de Teatro

Organisé chaque année paire pendant la Semana Santa, ce festival de théâtre latino-américain s'achève par un splendide feu d'artifice dans le stade de football de Bogotá. Pour plus de renseignements, consultez www.festivaldeteatro.com.co.

## Juin

**Après un répit en avril et mai, les nuages orageux menacent à nouveau. Cependant, c'est la saison la plus sèche à Bogotá.**

### Les baleines

Juin marque le début de la saison d'observation des baleines (p. 273) sur la côte pacifique. Des centaines de baleines à bosse arrivent de l'Antarctique, à quelque 8 500 km au sud, afin de mettre bas et d'élever leurs petits dans les eaux tropicales de la Colombie. (p. 273)

## Août

**Les températures sont assez douces mais le ciel est incertain. Toutefois, d'excellents festivals vous feront oublier les averses subites. Bogotá, Cali et Medellín célèbrent la fin de l'été sous le signe de la musique et de la culture.**

### Festival de Música del Pacífico Petronio Álvarez

Ce festival de Cali met à l'honneur la musique de la côte pacifique, fortement influencée par les rythmes africains introduits par les esclaves qui peuplèrent la région. (p. 243)

### Feria de las Flores

Cette feria d'une semaine est l'événement le plus marquant de Medellín. Le point d'orgue est le Desfile de Silleteros : jusqu'à 400 *campesinos* (paysans) descendent des montagnes et défilent dans les rues, des brassées de fleurs accrochées au dos. (p. 205)

## Septembre

**Des averses arrosent la majeure partie du pays, mais le niveau des rivières amazoniennes reste bas. C'est donc une excellente période pour observer les animaux, faire de la randonnée ou se détendre sur une berge sablonneuse.**

### Festival Mundial de Salsa

Ne manquez pas ce festival incontournable de Cali. Vous y verrez des danseurs fantastiques. Des spectacles de salsa gratuits sont souvent organisés au Teatro al Aire Libre Los Cristales, un amphithéâtre en plein air. (p. 243)

### Congreso Nacional Gastrónomico

Chaque année, des chefs réputés de différents pays sont invités à déployer leur talent dans la minuscule ville coloniale de Popayán, lors de ce grand congrès culinaire. (p. 253)

### Jazz Festival

Le Festival Internacional Mede Jazz (festivalmedejazz.com) accueille chaque année d'éminents musiciens d'Amérique du Nord, d'Europe et de Cuba. Les concerts se déroulent généralement au Teatro Universidad et dans le centre commercial El Tesoro – certains sont gratuits.

### Festival Internacional de Teatro

Fondé en 1968, le festival de théâtre de Manizales est un des plus grands festivals de théâtre de Colombie. Des spectacles gratuits sont proposés sur la Plaza de Bolívar. (p. 221)

## Octobre

**L'un des mois les plus pluvieux en Colombie. Bogotá, Cali, Medellín et Cartagena subissent les caprices de la météo.**

### Festival de Cine de Bogotá

Ce festival de cinéma propose des films du monde entier, notamment une solide sélection latino-américaine. Détails sur le site www.bogocine.com.

### Mompox Jazz Festival

Cet événement créé en 2012 a permis d'attirer davantage de visiteurs à Mompox, une ville coloniale splendide mais isolée. Le festival accueille des musiciens internationaux.

### Rock al Parque

Pendant trois jours, des groupes de rock, de métal, de pop, de funk et de reggae font vibrer le Parque Simón Bolívar, à Bogotá. Ce festival gratuit est désormais le plus gros

**En haut** : Desfile de Silleteros, Feria de las Flores

**En bas** : Alumbrado Navideño (illuminations de Noël), Medellín

festival de musique en Colombie. (p. 59)

## Novembre

**La pluie est omniprésente en Colombie. Pour échapper au déluge, mieux vaut miser sur Bogotá, mais là encore vous devrez régulièrement sortir votre parapluie.**

### Concurso Nacional de Belleza

Également appelé Carnaval de Cartagena ou Fiestas del 11 de Noviembre, cette fête de la beauté, le plus grand événement annuel de Cartagena, est l'occasion de célébrer l'indépendance de la ville et le couronnement de Miss Colombie. Au programme : danse dans la rue, musique et parades costumées. (p. 137)

## Décembre

**La pluie commence à faiblir et le pays vit au rythme des festivités de fin d'année, des illuminations spectaculaires et des fêtes impromptues. Attendez-vous à une foule dense et à des cris de joie à travers toute la Colombie.**

### Illuminations de Noël

Chaque année, les grandes villes colombiennes s'affrontent lors de l'Alumbrado Navideño (illuminations de Noël), consistant à disposer les décorations lumineuses les plus sophistiquées possibles le long de leur fleuve respectif. Medellín remporte souvent la victoire et mérite vraiment une visite à cette période.

# Itinéraires

2 SEMAINES

## De Bogotá à Bogotá

Pour effectuer cet itinéraire qui donne à voir le plus possible de la diversité du pays, vous devrez puiser dans vos réserves d'énergie – heureusement, vous êtes au pays du café !

Passez un ou deux jours à **Bogotá** : admirez La Candelaria (le centre colonial), visitez les meilleurs des innombrables musées et profitez de la gastronomie et de la vie nocturne. Remettez-vous de vos émotions pendant le trajet de quelques heures, direction nord, qui vous mènera aux paisibles bourgades coloniales de **Villa de Leyva** et **Barichara**, incroyablement préservées et pittoresques. Prévoyez une journée pour marcher sur l'historique Camino Real jusqu'à **Guane**. Prenez un bus pour San Gil, d'où un long trajet en bus vous conduira à **Santa Marta**. De là, vous pourrez accéder au **Parque Nacional Natural Tayrona** – attardez-vous sur ses plages sublimes pendant quelques jours. Continuez direction sud-ouest le long de la côte caribéenne jusqu'à **Cartagena**, le joyau de la Colombie – une vieille ville éminemment photogénique, empreinte d'une ambiance coloniale des plus romantiques. Un autre périple en bus (ou un vol rapide) vous mènera à **Medellín**, où vous apprécierez à nouveau le savoir-vivre colombien : culture, cuisine et bière Club Colombia, façon *paisa*. Buvez un dernier verre en songeant au mythe de l'Eldorado et reprenez l'avion à Bogotá, encore bouleversé par l'hospitalité colombienne.

## 4 SEMAINES La route de (presque) tous les incontournables

Commencez par trois ou quatre jours à **Bogotá**, et ne manquez ni le Museo del Oro, l'un des musées les plus fascinants du continent, ni le magnifique centre historique, La Candelaria. Dirigez-vous ensuite au nord jusqu'à **Villa de Leyva**. Explorez ses rues pavées et savourez l'atmosphère coloniale pendant un ou deux jours, avant de vous rendre à **San Gil** pour faire de la randonnée et du rafting (vous aurez aussi le temps de visiter la ville historique de **Barichara**, non loin). Passez par Bucaramanga pour prendre un bus jusqu'à **Santa Marta**. N'hésitez pas à prendre un moyen de transport plus rapide, afin d'avoir suffisamment de temps pour effectuer le trek exigeant de quelques jours jusqu'à la **Ciudad Perdida**, ou pour explorer pendant un ou deux jours les plages du **Parque Nacional Natural Tayrona**. Prochaine étape : **Cartagena**. Il vous faudra plusieurs jours pour profiter pleinement de cette sublime ville coloniale.

De la côte caraïbe, prenez un bus ou un avion direction sud pour passer une semaine à **Medellín** et dans la Zona Cafetera. Explorez les réserves naturelles autour de **Manizales** avant de tester votre condition physique dans les imposantes montagnes du **Parque Nacional Natural Los Nevados**. Le moment sera alors venu d'admirer le **Valle de Cocora**, près de Salento. Envie de rapporter un souvenir de Colombie ? Visitez une *finca* (ferme) près d'Armenia et achetez du café d'origine unique directement à la source.

Passez une nuit à **Cali** pour découvrir ses trépidants clubs de salsa. Continuez ensuite au sud, en passant par la ville coloniale de **Popayán** avant de gagner les ruines archéologiques de **San Agustín** et de **Tierradentro**, deux des principaux sites précolombiens du pays (prévoyez plusieurs jours). Retournez à Bogotá via l'époustouflant **Desierto de la Tatacoa** et prenez un vol pour **Leticia**, où la Colombie vous dévoilera son côté sauvage. Passez quelques jours à découvrir les trois écosystèmes amazoniens : la *terra firme* (à l'abri des inondations), la *várzea* (semi-inondé) et l'*igapó* (inondé), le long du **Río Yavarí**. C'est le meilleur endroit en Amazonie pour observer des animaux dans leur habitat naturel. Reprenez un vol pour Bogotá, ou, depuis Tabatinga (de l'autre côté de la frontière, côté Brésil), embarquez à bord d'un bateau pour une aventure sur l'Amazone jusqu'à Manaus (Brésil) ou Iquitos (Pérou).

3 SEMAINES

## 100% Caraïbes

La côte et les îles du nord de la Colombie conjuguent les eaux scintillantes de la mer des Caraïbes et une étonnante variété de paysages en arrière-plan.

Commencez à l'est de Santa Marta, avec quelques jours à **Cabo de la Vela**, sur la péninsule de La Guajira. Vous découvrirez un cadre inouï, point de rencontre entre mer et désert. Ne manquez pas le site le plus septentrional de l'Amérique du Sud, **Punta Gallinas**, où vous pourrez dormir dans un hamac et vous régaler de langouste locale près de dunes vertigineuses descendant jusqu'à des plages isolées.

Direction sud-ouest, gagnez la jolie bourgade de **Palomino**, où une rivière limpide coule depuis la majestueuse Sierra Nevada et atteint une plage ponctuée de palmiers sauvages. Non loin, le **Parque Nacional Natural Tayrona** est très prisé des amateurs de sable et de soleil. Ses énormes rochers délimitent de jolies baies et vous pourrez vous balader dans la jungle à cheval, jusqu'aux ruines d'une cité préhispanique. Restez quelques jours dans le coin, puis faites escale à **Santa Marta** et échappez à la chaleur en passant une nuit dans la charmante ville de montagne de **Minca**.

Prévoyez ensuite quelques jours pour explorer tranquillement les splendeurs coloniales de **Cartagena** avant de reprendre votre programme de bronzage à **Playa Blanca**. Reprenez la route jusqu'à **Tolú**, où vous pourrez faire une excursion dans la mangrove avant de mettre le cap sur les **Islas de San Bernardo** pour trois jours entre sable blanc, eaux cristallines et hameaux de pêcheurs.

Ainsi détendu, vous pourrez entreprendre le trajet éprouvant direction sud-ouest, via Turbo, pour passer quelques jours à **Capurganá** et **Sapzurro**. À la frontière avec le Panama, ces deux îles sont couvertes de jungle et dotées d'excellents sites de plongée.

Si vous n'êtes pas rassasié, prenez un vol via **Medellín** pour **San Andrés** afin de vous familiariser avec la culture raizal et ses racines anglo-caribéennes. Le lendemain, gagnez **Providencia** et accordez-vous un moment de tranquillité pour vous remémorer votre périple, allongé sur l'une des plages les plus paradisiaques de Colombie.

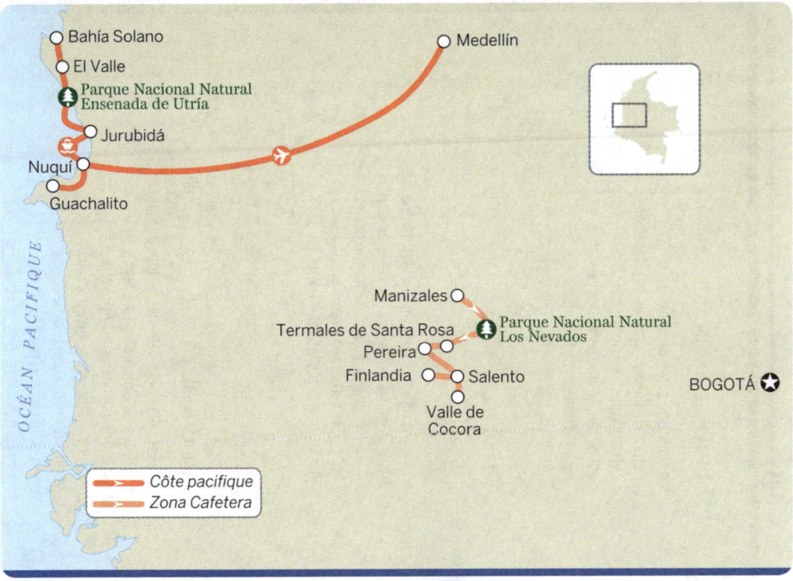


## 2 SEMAINES Zona Cafetera

Passez quelques jours dans les réserves naturelles autour de **Manizales** – Los Yarumos, Recinto del Pensamiento et la Reserva Ecológica Río Blanco (un paradis ornithologique). Faites une "sortie café" à la périphérie de la ville, à la Hacienda Venecia, pour un excellent exposé sur tout ce qui a trait au breuvage. Retournez à Manizales pour organiser une randonnée parmi les pics volcaniques enneigés du **Parque Nacional Natural Los Nevados**. Passez une nuit dans le *páramo* (plaines de haute montagne), au bord de la mythique Laguna de Otún, avant de redescendre des montagnes et de soulager vos muscles endoloris aux **Termales de Santa Rosa**. Après avoir traversé **Pereira**, offrez-vous quatre jours dans la folie du café à **Salento**, une bourgade au charme fou, dotée d'une architecture *bahareque* (en adobe et roseaux) typique. Une vieille Jeep vous conduira à l'impressionnant **Valle de Cocora**, l'une des plus belles randonnées d'une demi-journée en Colombie. Savourez quelques jours de calme à **Filandia**. Le *mirador* (point de vue) sera idéal pour conclure votre périple en beauté, avec l'un des plus beaux panoramas du pays du café.

## 10 JOURS Côte pacifique

Pour ce périple, il faut prévoir un budget en conséquence – tous les trajets se font en bateau ou en petit avion. Un premier vol vous permettra de passer quelques jours à **Bahía Solano**, où vous adopterez le rythme du Chocó en lézardant dans un hamac à Punta Huína. Après une sortie plongée ou une randonnée dans la forêt, prenez un taxi direction sud pour passer une nuit à **El Valle** – vous pourrez vous baigner sous une cascade rugissante, et, si la saison s'y prête, vous assisterez à la ponte des tortues. Marchez direction sud jusqu'au **Parque Nacional Natural Ensenada de Utría** et prenez une barque jusqu'au centre d'accueil des visiteurs, où vous pourrez passer la nuit. Pendant la saison des baleines, vous pourrez les contempler batifoler dans la baie. Ensuite, louez un bateau pour gagner le village de **Jurubidá** et plongez dans les bassins thermaux dissimulés dans la forêt tropicale. Un autre bateau vous mènera à **Nuquí**, où vous passerez la nuit. Vous y trouverez un moyen de transport pour **Guachalito**, une plage sublime pourvue de plusieurs écolodges douillets. Après trois jours de détente, il sera temps de retourner à Nuquí pour prendre un vol rapide jusqu'à Medellín.

# La Colombie hors des sentiers battus

## CAPURGANÁ ET SAPZURRO

Un duo de villes tranquilles à la frontière panaméenne : atmosphère caribéenne décontractée, mer d'huile et plages ourlées de forêt vierge. (p. 176)

## PUNTA GALLINAS

Accrochée à des falaises arides dominant les eaux azurées des Caraïbes, cette minuscule communauté wayuu est entourée par certaines des plages les plus isolées de Colombie. (p. 169)

## MOMPOX

Édifiée le long du Rio Magdalena, cette ville paisible est restée figée dans le passé. Elle se distingue par ses rues étroites, ses maisons coloniales et ses orfèvres talentueux. (p. 171)

## CHOCÓ

Depuis les plages peu fréquentées du Chocó, remontez la rivière en canoë et rejoignez des communautés amérindiennes isolées et des cascades dissimulées. (p. 275)

## LA PLAYA DE BELÉN

Parmi les villes coloniales les mieux préservées de Colombie, La Playa est aussi la porte d'entrée à l'Área Natural Única Los Estoraques, une minuscule réserve naturelle jalonnée de fascinantes colonnes de pierre. (p. 124)

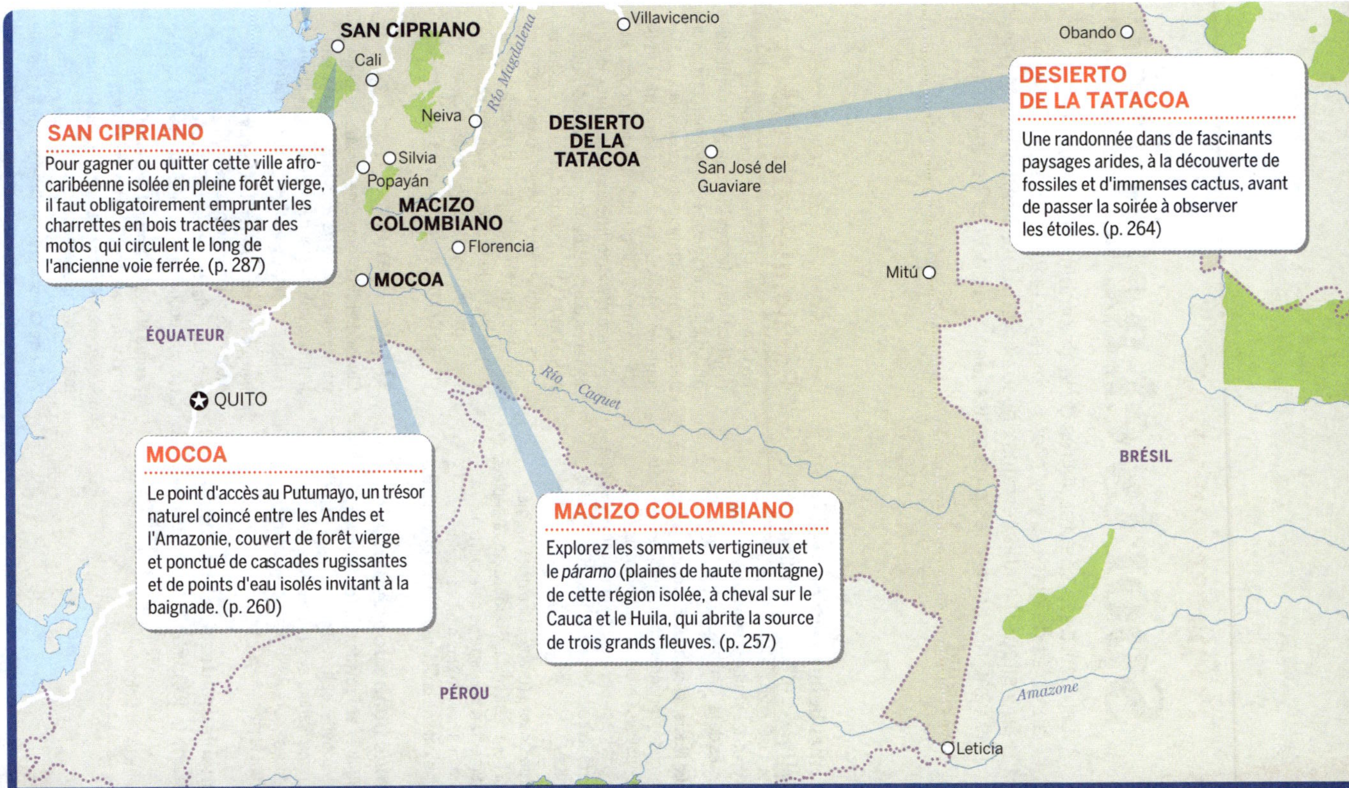
SAN CIPRIANO
Cali
Neiva
Río Magdalena
Villavicencio
DESIERTO DE LA TATACOA
San José del Guaviare
Obando
Silvia
Popayán
MACIZO COLOMBIANO
Florencia
MOCOA
Mitú
ÉQUATEUR
QUITO
Río Caquet
BRÉSIL
PÉROU
Amazone
Leticia
SAN CIPRIANO
Pour gagner ou quitter cette ville afro-caribéenne isolée en pleine forêt vierge, il faut obligatoirement emprunter les charrettes en bois tractées par des motos qui circulent le long de l'ancienne voie ferrée. (p. 287)
DESIERTO DE LA TATACOA
Une randonnée dans de fascinants paysages arides, à la découverte de fossiles et d'immenses cactus, avant de passer la soirée à observer les étoiles. (p. 264)
MOCOA
Le point d'accès au Putumayo, un trésor naturel coincé entre les Andes et l'Amazonie, couvert de forêt vierge et ponctué de cascades rugissantes et de points d'eau isolés invitant à la baignade. (p. 260)
MACIZO COLOMBIANO
Explorez les sommets vertigineux et le *páramo* (plaines de haute montagne) de cette région isolée, à cheval sur le Cauca et le Huila, qui abrite la source de trois grands fleuves. (p. 257)

Préparer son voyage

# Sports et activités

Les paysages spectaculaires de la Colombie, des sommets auréolés de glaciers aux profondeurs de la forêt tropicale, offrent au visiteur d'infinis terrains de jeu. À pied, dans l'eau ou porté par le vent, découvrez les plus belles façons d'aborder cette nature opulente.

### Les plus belles randonnées

**Ciudad Perdida** (p. 162). La vedette des treks : 44 km, 4 à 6 jours à travers la forêt tropicale, et au bout, les vestiges remarquablement préservés de la "Cité perdue" des Tayronas.

**Parque Nacional Natural El Cocuy** (p. 105). Une grande randonnée en altitude : au cœur de hautes plaines entourées de sommets enneigés et de lacs glaciaires, le circuit du Paso del Conejo (4 jours) saura vous couper le souffle – à plus d'un titre.

**Valle de Cocora** (p. 239). Une demi-journée de bonheur : ces collines verdoyantes auréolées de brume sont une terre de caféiers, mais le palmier à cire (le plus haut des palmiers, et l'emblème de la Colombie) n'est pas en reste.

### Le plus beau spot de plongée

**San Andrés et Providencia** (p. 188). Dans des eaux tièdes et translucides, 35 km de récif où coraux multicolores, imposants poissons pélagiques, murènes et épaves mystérieuses assurent le spectacle.

### La meilleure destination rafting

**Río Suárez** (p. 108). Près de San Gil, des rapides de classes IV et V jalonnent le fleuve le plus tumultueux de Colombie.

## Randonnée et trekking

La Colombie est l'une des plus belles destinations de trekking en Amérique du Sud. Le randonneur occasionnel y trouvera aussi nombre de beaux itinéraires à la journée, souvent faisables sans guide, tels la Laguna Verde ou le Valle de Cocora. Pour une randonnée d'une journée, louer les services d'un guide revient entre 40 000 et 80 000 COP. Pour un trek sur plusieurs jours, comptez 100 000 à 150 000 COP par jour, en fonction de la difficulté et de l'expérience du guide. La meilleure saison sur le littoral est le mois de février, et, en montagne, de décembre à février.

### Où randonner

**Ciudad Perdida** Sur la côte caraïbe, ce long trek de plusieurs jours vous fera fendre la forêt tropicale et traverser des rivières à gué jusqu'aux vestiges longtemps oubliés d'une cité tayrona.

**Parque Nacional Natural El Cocuy** Avec au moins 12 sommets de plus de 5 000 m et d'époustouflants paysages d'altitude, ce parc national enchantera les randonneurs intrépides.

**Parque Nacional Natural Tayrona** Petites randonnées accessibles à travers la forêt tropicale sèche, jalonnées de haltes fort agréables pour manger, se désaltérer et se baigner.

**Valle de Cocora** Près de Salento, une formidable marche d'une demi-journée sous les palmiers à cire du parc national.

**Tierradentro** Une journée de marche dans le Sud : des paysages spectaculaires dont une ligne de crête aigue et l'intégralité des fameuses sépultures souterraines.

**Volcán Puracé** Près de Popayán, une ascension réalisable en une journée (si la météo le permet).

**Parque Nacional Natural Farallones de Cali** Non loin de Cali, une randonnée d'une journée jusqu'au sommet du Pico de Loro.

**Laguna Verde** Entre Pasto et Ipiales : 5 heures de marche récompensées par ce lac d'un vert éblouissant caché au fond d'un cratère.

### CIRCUITS ORGANISÉS

Ces deux associations à but non lucratif organisent des excursions en groupe, idéales pour se mêler à des Colombiens sportifs et amoureux de la nature.

**Sal Si Puedes** (p. 58). Le week-end, randonnées dans la campagne autour de Bogotá.

**Ecoaventura** (☎300-645-0232 ; www.ecoaventura.org). Cette organisation de Cali propose une belle gamme d'activités dans tout le sud du pays, dont des randonnées de nuit et des circuits de descente en rappel.

## Plongée et snorkeling

La côte caraïbe combine eaux claires et récifs coralliens multicolores, tandis que le littoral pacifique offre de belles rencontres avec d'imposantes créatures marines. Côté Caraïbes, la pratique est très bon marché, avec des tarifs à partir de 175 000 COP pour 2 plongées. Ils sont nettement plus élevés côté Pacifique.

### Où plonger

**San Andrés et Providencia** Des spots typiquement caribéens, avec visibilité excellente, jolis coraux et faune variée, et deux épaves à explorer. Les snorkeleurs ne sont pas en reste : la vie est foisonnante dans les eaux peu profondes.

**Taganga** Sur la côte caraïbe, Taganga est l'un des endroits les moins chers au monde pour devenir plongeur certifié : le stage PADI ou NAUI de 4 jours débute autour de 590 000 COP. Les plongées elles-mêmes n'ont rien d'ébouriffant, mais à ce prix, difficile de s'en plaindre.

**Cartagena** Beaux sites autour de Bocachica, de Tierrabomba et de Punta Arena.

**Islas del Rosario** Réputées auprès des plongeurs comme des snorkeleurs, même si des courants chauds ont endommagé les coraux.

**Capurganá et Sapzurro** Deux petites bourgades côtières à deux pas de la frontière panaméenne, bordées par la mer des Caraïbes.

**Isla Malpelo** Cette petite île du Pacifique à 500 km à l'ouest du continent est accessible en croisière de plongée d'au moins 8 jours, au départ de Buenaventura (Colombie) ou du Panama.

**Playa Huína** La Bahía Solano possède de beaux spots, dont un navire de guerre survivant de Pearl Harbor, coulé ici pour devenir un récif artificiel.

### Caissons hyperbares

En cas d'accident de décompression, sachez que le pays possède plusieurs caissons hyperbares, dont celui de l'Hospital Naval (p. 143) de Cartagena. L'État s'est engagé à en installer de nouveaux à Taganga, à Providencia, à San Andrés et à Bahía Solano pour améliorer les conditions de sécurité.

En cas d'accident, la première chose à faire est de contacter les services locaux d'urgences (☎123) qui pourront stabiliser l'état du plongeur et identifier les infrastructures de soins les plus proches. Pour plus de conseils, consultez le site de **Divers Alert Network** (www.diversalertnetwork.org, en anglais).

## Rafting et canoë-kayak

Selon la longueur et la difficulté, le tarif d'une sortie de rafting s'échelonne de 30 000 à 180 000 COP.

Le canoë et le kayak gagnent en popularité en Colombie. Les rameurs expérimentés pourront louer des kayaks pour des excursions en eaux vives à San Gil et à San Agustín. À Ladrilleros, les kayaks de mer en location permettent d'explorer la Bahía Malága. On peut aussi en louer à Guatapé, pour découvrir son vaste lac artificiel en altitude.

### Où faire du rafting

Voici quelques-uns des meilleurs spots :

**San Gil** La Mecque des eaux vives en Colombie : le Río Fonce est relativement paisible, et le Río

Suarez enchantera les amateurs d'adrénaline avec ses rapides de classe IV et V.

**San Agustín** Rafting sur le Río Magdalena, l'un des plus grands fleuves colombiens. Sorties faciles sur des rapides de classes II et III, mais aussi excursions plus longues et plus exigeantes.

**Río Claro** "Canotage" sympathique sur des eaux vives de classe I à travers la forêt : un bel endroit pour admirer la faune et la flore.

**Río Buey et Río San Juan** Eaux tumultueuses et superbes paysages de montagne dans les environs de Medellín.

## Escalade et rappel

Suesca, accessible pour une journée depuis Bogotá, est le berceau de l'escalade en

### OBSERVER LES OISEAUX DE COLOMBIE

Avec au moins 1 903 espèces recensées (et de nouvelles sans cesse découvertes), la Colombie possède la plus grande diversité d'oiseaux de la planète et rivalise avec le Pérou et le Brésil en termes d'espèces endémiques. Les Andes bourdonnent de colibris (plus de 160 espèces), tandis que toucans, perroquets et aras ajoutent leurs couleurs à celles de la forêt amazonienne. Dans le Parque Nacional Natural Puracé, près de Popayán, vivent d'emblématiques condors, alors que pélicans, hérons et nombres d'oiseaux marins peuplent la côte pacifique.

Environ 70% de la faune ailée colombienne se concentre dans la forêt tropicale d'altitude des Andes, l'un des écosystèmes les plus menacés au monde. Le plus beau site d'observation des oiseaux est, de très loin, le Cerro Montezuma, situé dans le Parque Nacional Natural Tatamá, dans la Cordillera Occidental, à cheval sur les départements du Chocó, du Valle del Cauca et de Risaralda : c'est ici que vous verrez la plus grande variété d'espèces du Chocó et des Andes, avec pléthore d'oiseaux endémiques, de grands représentants régionaux et d'espèces rarissimes. Ce parc national est souvent fermé : les Planes de San Rafael sont une belle solution de repli.

Vous pouvez aussi miser sans risque sur la Reserva Ecológica Río Blanco près de Manizales, et sur les alentours du Km 18 sur la route Cali-Buenaventura. Le bassin amazonien, autour de Leticia, est aussi un bon spot d'observation d'oiseaux sylvestres, tout comme le Chocó. L'écosystème des Llanos, à cheval sur la Colombie et le Venezuela, est une autre belle destination attirant une avifaune d'une grande diversité.

L'organisation colombienne **ProAves** (☎1-340-3229; www.proaves.org), à but non lucratif, s'attache à protéger les habitats des oiseaux et gère plusieurs réserves privées disséminées dans tout le pays sur des "Áreas de Importancia para la Conservación de las Aves" (AICA, "Zones importantes pour la conservation des oiseaux"). Pour en savoir plus sur ces AICA, rapprochez-vous de la Red Nacional de Observadores de Aves ("Réseau colombien d'observation des oiseaux", www.rnoa.org).

Il n'est pas facile de trouver des guides ornithologues en Colombie. Dans les régions reculées, des habitants pourront vous conduire dans les zones qu'ils savent riches en avifaune, mais vous ne pourrez vous fier qu'à vous-même pour repérer les oiseaux. Dans les Andes, Mapalina (www.mapalina.com), une association de Cali, pourra vous aider à louer les services d'un guide.

Pour des sorties ornithologiques, **Colombia Birding** (☎314-896-3151 ; www.colombiabirding.com) a bonne réputation et possède un réseau de guides locaux qui vous cornaqueront dans nombre des régions colombiennes les plus réputées en la matière. Le tarif est de 100 $US par jour, hors frais. Le site Internet vous renseignera sur l'avifaune de chaque région.

*Birds of Northern South America* (2007), de Robin Restall, est une vraie bible à emporter pour observer les oiseaux colombiens, tous représentés sur de belles planches couleur. Côté ressources en ligne, consultez le site officiel du tourisme en Colombie, dont la rubrique "Observation des oiseaux" est d'une étonnante richesse (www.colombia.travel/fr/quoi-faire/naturaleza/observation-des-oiseaux).

San Andrés (p. 179)

Colombie. Avec sa falaise de 4 km de long taillée dans le grès du Cerro de Guadalupe, le site compte plus de 400 voies. À Suesca, DeAlturas (p. 82) organise des stages de 5 jours à 500 000 COP et des sessions à la journée (matériel compris) à 120 000 COP. À Medellín, Psiconautica (p. 204) est une école d'escalade, de rappel et de canyoning.

Pour vous tester avant de partir à l'assaut de parois naturelles ou simplement découvrir l'escalade, direction la Gran Pared (p. 58), à Bogotá, un mur d'escalade exigeant.

## Accrobranche

Équipé d'un baudrier et de gants de cuir, vous explorez la forêt depuis la cime des arbres, évoluant de plate-forme en plate-forme grâce aux tyroliennes et aux ponts de singe. La pratique de l'Accrobranche connaît un succès grandissant en Colombie, particulièrement en montagne.

### Où faire de l'Accrobranche

L'un des meilleurs parcours se trouve à mi-chemin entre Medellín et Bogotá, dans la réserve de Río Claro, où toute une série de tyroliennes zigzague au-dessus du fleuve.

Les amateurs pourront aussi rejoindre Los Yarumos près de Manizales, les rives de l'Embalse Guatapé non loin de Medellín ou encore les Termales San Vicente, près de Pereira. On trouve également des parcours aménagés près de Villa de Leyva.

## Parapente

La topographie tourmentée de la Colombie, où soufflent de nombreux courants ascendants, ravira les amateurs de parapente. À Bucaramanga, le vol en tandem, à partir de seulement 50 000 COP, est une véritable affaire. Vous pouvez aussi suivre un stage de 10 jours (2 800 000 COP) et décrocher un brevet de parapentiste reconnu dans le monde entier.

### Où faire du parapente

**Bucaramanga** La petite capitale du parapente en Colombie attire les amateurs du monde entier.

**Parque Nacional del Chicamocha** Un site des plus spectaculaires, pour des vols pouvant atteindre 30 à 45 minutes.

**Medellín** Les abords de Medellín sont un bon endroit pour s'essayer au parapente, avec plusieurs écoles proposant du vol en tandem et des cours.

En parapente près de Medellín (p. 204)

## Équitation

Dans une société encore très rurale, les Colombiens ont gardé l'amour du cheval, et vous pourrez monter dans la moindre petite ville ou presque. Si la plupart des promenades se résument à de petits circuits touristiques d'une demi-journée, certains prestataires proposent de vrais treks à cheval, en particulier dans le Sud, où les collines verdoyantes et le climat tempéré s'y prêtent à merveille.

### Où faire de l'équitation

**San Agustín** Sur des chevaux généralement en excellente forme, admirez au trot les sites précolombiens et les paysages à couper le souffle.

**Jardín** D'abrupts sentiers de montagne à grimper sur un fidèle destrier jusqu'à la belle Cueva del Esplendor.

**Providencia** Montez en selle dans la Bahía Suroeste et arpentez les plages et les chemins de l'île.

**Desierto de la Tatacoa** Pour une chevauchée façon western spaghetti dans un splendide décor désertique.

**Laguna de Magdalena** De San Agustín, cette belle expédition de plusieurs jours vous conduira dans le *páramo* (plaines de haute montagne) du Macizo Colombiano jusqu'aux sources du puissant Río Magdalena.

**Valle de Cocora** Un petit circuit menant à la Reserva Natural Acaime sous les palmiers à cire.

**Filandia** Explorez les plantations de café à cheval.

## VTT

Le vélo est très apprécié en Colombie, en particulier le cyclisme sur route. Les tarifs de location varient d'une région à l'autre et selon la qualité de la monture, de 10 000 à 50 000 COP la demi-journée.

### Où faire du vélo

Les montagnes sont de vrais aimants à cyclistes, et le VTT est un sport populaire à San Gil et à Villa de Leyva, où plusieurs tour-opérateurs de sports aventure et divers loueurs pourront satisfaire vos envies de petite reine.

Pensez aussi à ces sites :

**Minca** Belles pistes de VTT dans la Sierra Nevada.

**De Coconuco à Popayán** Baignade dans les sources chaudes avant de dévaler la montagne.

**D'Otún Quimbaya à Pereira** En regagnant la ville depuis le Santuario de Flora y Fauna Otún Quimbaya, vous traverserez des paysages sublimes.

**Parque Nacional Natural Los Nevados** Une vraie petite expédition. Kumanday Adventures (p. 221), à Manizales, propose des circuits VTT de 4 jours dans le *páramo* du parc national Los Nevados. L'isolement et l'altitude (plus de 4 000 m) imposent la présence d'un guide et d'un véhicule d'assistance.

### OBSERVER LES BALEINES

Chaque année, des baleines à bosse (appelées *yubartas* ou *jorobadas*) vivant dans l'Antarctique chilien parcourent plus de 8 000 km jusqu'aux côtes pacifique de la Colombie pour mettre bas et élever leurs petits. Plus de 800 d'entre elles ont été recensées au large de la Colombie. Les adultes peuvent atteindre 18 m de long et 25 tonnes, et, pourtant, il y a peu de choses plus craquantes qu'un baleineau, déjà de la taille d'un poids lourd, pointant son museau à la surface de l'eau.

La meilleure saison d'observation des baleines court de juillet à octobre, mais les premières arrivent en juin. Ces géantes sont visibles sur toute la côte pacifique, où vous pourrez vous loger dans de confortables complexes hôteliers. Parfois, certaines s'approchent tant des côtes qu'on peut les voir de la plage, ou du haut de collines littorales. Une sortie d'observation des baleines en bateau dure généralement 1 heure 30 à 2 heures, moyennant 30 000 à 80 000 COP par personne (les tarifs varient énormément d'un prestataire à l'autre).

#### Où observer des baleines

Les baleines à bosse cabotent tout le long des côtes pacifique, mais elles ne sont pas partout visibles de la plage. Voici les meilleurs sites où les voir de près :

**Bahía Solano et El Valle** On aperçoit parfois les baleines des plages du coin, mais plusieurs belvédères sur les hauteurs offrent de meilleurs postes d'observation. Pour les voir vraiment de très près, joignez-vous à une sortie en mer.

**Parque Nacional Natural Ensenada de Utría** Cette crique étroite, dans le Chocó, est une destination de choix pour apercevoir les cétacés depuis la terre ferme : à la saison des naissances, les baleines viennent jouer jusque dans l'*ensenada* (crique), à quelques centaines de mètres du rivage.

**Ladrilleros** Sorties d'observation à prix raisonnables sur ce site très apprécié, le plus facile d'accès (à quelques minutes de bateau de Buenaventura).

**Isla Gorgona** Cette île classée parc national voit les cétacés s'approcher de très près, et des sorties d'observation y sont proposées.

**Guachalito** Sur cette longue plage proche de Nuquí, la gamme d'hébergements est variée, du rustique au grand luxe, et tous peuvent organiser une rencontre avec les baleines.

## Kitesurf et planche à voile

Le long littoral et les nombreux plans d'eau, combinés au climat tropical, font de la Colombie un petit paradis du kitesurf et de la planche à voile.

Pour les novices, sachez que la planche à voile s'apprend plus vite et que sa pratique est beaucoup moins chère. Les tarifs varient énormément. Comptez environ 60 000 COP pour une heure de cours de planche à voile, et 90 000-100 000 COP l'heure de cours de kitesurf en individuel (moins pour les cours collectifs). Vous débourserez approximativement 60 000 COP/heure pour louer un kite. Si vous êtes équipé, il faudra néanmoins payer 20 000-30 000 COP par mise à l'eau.

Le site www.colombiakite.com (en espagnol) est un excellent guide du kitesurf en Colombie.

### Où faire du kitesurf et de la planche à voile

Sur la côte caraïbe, les vents sont au top de janvier à avril. Quelques bons spots :

**Lago Calima** Le spot favori des kitesurfeurs n'est pas sur la côte : ce lac artificiel (1 800 m d'altitude) à 86 km au nord de Cali, séduit avec des vents de 18 à 25 nœuds toute l'année, si bien que les compétitions organisées là en août-septembre attirent des champions du monde entier.

**La Boquilla** Tout près de Cartagena.

**Cabo de la Vela** Des plages désertes dans des paysages d'une grande beauté.

**San Andrés** Pour se mettre à l'eau depuis ses fameuses plages de sable blanc.

# Les régions en un clin d'œil

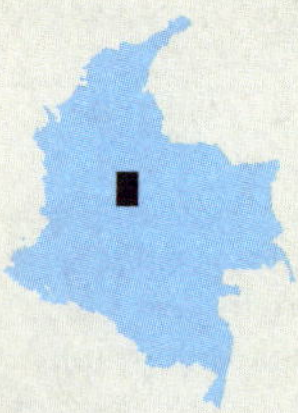

## Bogotá

**Architecture**
**Musées**
**Gastronomie**

### Centre colonial

La Candelaria, centre historique de Bogotá, regroupe des maisons, des églises et des édifices historiques constituant un mélange bien préservé d'architecture coloniale espagnole et baroque. Il se déploie autour de la majestueuse Plaza de Bolívar, sorte de musée vivant incarnant à merveille le joyau des Andes colombiennes.

### Musées de classe mondiale

Bogotá compte plus de soixante musées, dont beaucoup figurent parmi les meilleurs d'Amérique latine. Le fleuron de la capitale est le fascinant Museo del Oro, qui conserve l'une des collections les plus riches et habilement agencées d'Amérique du Sud.

### Gastronomie

Des spécialités régionales classiques comme l'*ajiaco* (ragoût andin à base de poulet et de maïs), aux créations gastronomiques modernes mettant à l'honneur les ingrédients typiques de la Colombie, la capitale est une mine d'or pour les gourmets.

p. 42

## Boyacá, Santander et Norte de Santander

**Villages**
**Aventures**
**Nature**

### Villages coloniaux

Cette région possède quatre des villages coloniaux les plus époustouflants de Colombie : Barichara et Villa de Leyva, deux destinations touristiques bien établies, ainsi que Monguí et Playa de Belén, plus paisibles, qui reçoivent moins de touristes.

### Aventures palpitantes

Que vous ayez envie d'une superbe randonnée en altitude ou d'une aventure riche en adrénaline, les départements de Boyacá et de Santander pourront combler vos attentes. Dans le Parque Nacional Natural El Cocuy, on peut gravir au moins douze pics de plus de 5 000 m, tandis que la petite ville de San Gil est la Mecque des activités en plein air.

### Fabuleuse nature

Mettez le cap sur Villa de Leyva et Barichara pour profiter d'un merveilleux environnement naturel. Au Lago de Tota (le plus grand lac de Colombie) une plage tutoie le ciel.

p. 87

## La côte caraïbe

**Plages**
**Architecture**
**Trekking**

### Plages

Les plages idylliques de la côte et des îles caribéennes, bordées de forêt épaisse, de déserts infinis ou d'une ribambelle de palmiers, sont les plus belles de Colombie.

### Architecture coloniale

La ville fortifiée de Cartagena renferme des églises richement décorées et des places romantiques doucement ombragées, tandis que Mompox la secrète se distingue par son centre colonial restauré. Santa Marta, derrière un urbanisme disgracieux, réveille le souvenir à demi-oublié d'un rêve impérial.

### Trekking

La randonnée de plusieurs jours jusqu'à la Ciudad Perdida (Cité perdue) est l'une des plus connues du continent – quatre à six jours de marche dans la forêt tropicale, à franchir à gué des cours d'eau et à se faufiler dans la dense végétation. La destination finale : une mystérieuse cité antique, témoin d'une culture disparue.

p. 126

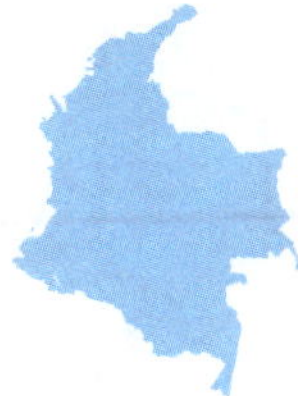

## San Andrés et Providencia

**Plongée**
**Plages**
**Randonnée**

### Plongée

Les deux îles sont entourées de grandes formations de corail (50 km au total) dotées d'une biodiversité qui n'a rien à envier aux autres récifs de la région. Les requins sont les stars incontestées, mais il y a également des tortues, des barracudas, des pastenagues, des raies manta et des raies aigles, non loin du rivage.

### Plages

Celles de San Andrés, pleines de vie, sont l'occasion de pratiquer des activités aquatiques, mais les plus mémorables sont les étendues de sable tranquilles et isolées de Providencia.

### Randonnée

San Andrés et Providencia ne séduiront pas seulement les inconditionnels de la plage et de la plongée : l'intérieur des îles est montagneux, et le parc régional El Pico, sur Providencia, offre aux randonneurs un extraordinaire panorama à 360 degrés sur les Caraïbes.

p. 180

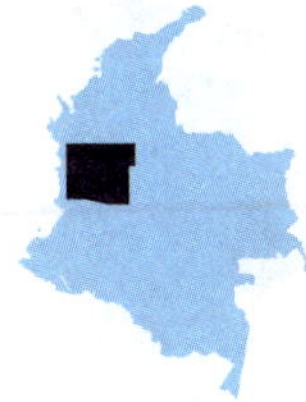

## Medellín et la Zona Cafetera

**Café**
**Vie nocturne**
**Randonnée**

### Exploitations de café

Dans les départements de Caldas, Risaralda et Quindío, des *fincas* (fermes) accueillent les visiteurs dans leurs plantations de café. Vous découvrirez ainsi le cycle de production de ce breuvage et la riche culture qui se développe autour de lui.

### Vie nocturne

Quand on sort à Medellín, c'est pour voir et être vu. Il faut donc se vêtir élégamment. Des discothèques clinquantes du Parque Lleras aux bars bohèmes du centre-ville, vous trouverez toujours un lieu à votre goût pour faire la fête.

### Randonnées en montagne

Avec des treks à haute altitude dans le Parque Nacional Natural Los Nevados et des randonnées plus faciles dans les réserves naturelles régionales, la Zona Cafetera offre des parcours pour tous les niveaux.

p. 198

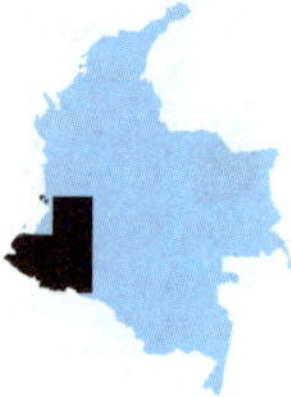

## Cali et le Sud-Ouest

**Archéologie**
**Culture**
**Architecture**

### Ruines précolombiennes

Dans des paysages andins inouïs se dressent deux des plus importants sites archéologiques de Colombie. Plus de 500 mystérieuses statues de pierre sont disséminées autour de San Agustín, tandis qu'à Tierradentro, les archéologues ont découvert plus de 100 tombes souterraines.

### Salsa

Des petits bars de quartier aux *salsatecas*, la salsa est le carburant de Cali. Admirez les professionnels lors du Festival Mundial de Salsa ou prenez des cours dans l'une des nombreuses écoles de la ville.

### Splendeurs architecturales

Avec ses demeures blanchies à la chaux et ses somptueuses églises, Popayán est une parfaite illustration de l'architecture coloniale espagnole. Poursuivez sur la thématique coloniale dans le Barrio San Antonio de Cali.

p. 240

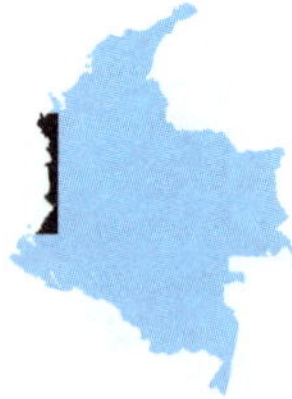

## La côte pacifique

**Faune marine**
**Plages**
**Nature**

### Baleines et tortues

Approchez les énormes baleines à bosse au Parque Nacional Natural Ensenada de Utría ou allez observer la ponte des tortues, de nuit, près d'El Valle. Les plongeurs pourront nager au milieu de centaines de requins autour des îles Malpelo et Gorgona.

### Plages

Flanquées de montagnes couvertes de jungle, les superbes plages de sable gris de la région sont très sauvages et quasiment désertes. Guachalito et Playa Almejal sont dotées de beaux complexes hôteliers nichés entre la forêt et la mer. Les surfeurs trouveront d'excellents breaks autour d'Arusí et d'El Valle.

### Merveilles naturelles

Le Chocó offre de fantastiques treks hors des sentiers battus, qui vous mèneront à des cascades dissimulées en pleine jungle. Découvrez également l'incroyable biodiversité de la région en remontant le Río Joví ou le Río Juribidá dans un canoë creusé dans un tronc.

p. 273

## Le bassin amazonien

**Faune sauvage**
**Forêt amazonienne**
**Écovillages**

### Royaume de la vie sauvage

L'empiétement de l'homme, à la fois légal et illégal, a gravement nui à la vie sauvage amazonienne, mais la forêt abrite toujours une biodiversité exceptionnelle, avec la plus grande variété de plantes et d'animaux de la planète.

### Forêt profonde

Mère de toutes les jungles, l'Amazonie est un mélange énigmatique de forêt tropicale humide, de gigantesques cours d'eau, de culture amérindienne et d'animaux sauvages. Son immensité défie l'imagination, et s'il existe un lieu où le rêve se confond avec la réalité, c'est bien dans cet infini océan végétal.

### Écovillages

Le village écologique de Puerto Nariño – un modèle de développement durable au milieu de la plus grande jungle du monde – est un lieu charmant, à l'architecture intéressante, qui frôle la perfection pour un moment de détente en pleine forêt tropicale.

p. 290

# Sur la route

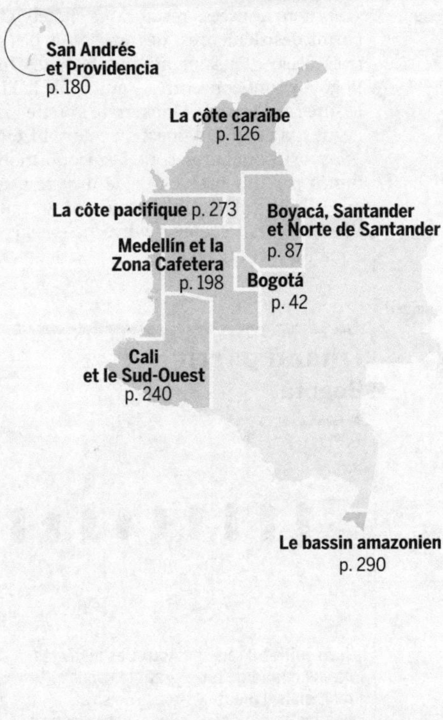
San Andrés
et Providencia
p. 180
La côte caraïbe
p. 126
La côte pacifique p. 273
Boyacá, Santander
et Norte de Santander
p. 87
Medellín et la
Zona Cafetera
p. 198
Bogotá
p. 42
Cali
et le Sud-Ouest
p. 240
Le bassin amazonien
p. 290

# Bogotá

☎1 / 7,4 MILLIONS D'HABITANTS / ALTITUDE 2 625 M / SUPERFICIE 1 587 KM²

**Dans ce chapitre ➡**



## Le top des restaurants

- Central Cevicheria (p. 68)
- Mini-Mal (p. 67)
- La Condesa Irina Lazaar (p. 66)
- Agave Azul (p. 66)
- Sant Just (p. 64)

## Le top des hébergements

- Orchids (p. 61)
- Casa Deco (p. 61)
- Casa Platypus (p. 60)
- La Pinta (p. 61)
- Hotel Click-Clack (p. 63)

## Pourquoi y aller

Bogotá est une capitale à la fois empreinte d'une atmosphère urbaine sophistiquée et entourée de vertigineux pics andins. Son épicentre culturel est La Candelaria, un quartier historique aux rues pavées, autour duquel gravitent la plupart des voyageurs. Les édifices coloniaux, préservés avec soin, y abritent musées, restaurants, hôtels et bars, disséminés parmi des demeures, des églises et des couvents vieux de trois siècles. Quasiment tous les sites incontournables de Bogotá y sont concentrés – autour de la Plaza de Bolívar – et le superbe Cerro de Monserrate s'ouvre juste à l'est.

Au sud et au sud-ouest du centre historique, les quartiers (*barrios*) populaires sont beaucoup moins sûrs et restent minés par des problèmes de drogue et de criminalité. Le nord de la ville est plus chic : on y trouve des boutiques-hôtels, et des secteurs de divertissements huppés comme la Zona Rosa et la Zona G.

## Quand partir

### Bogotá

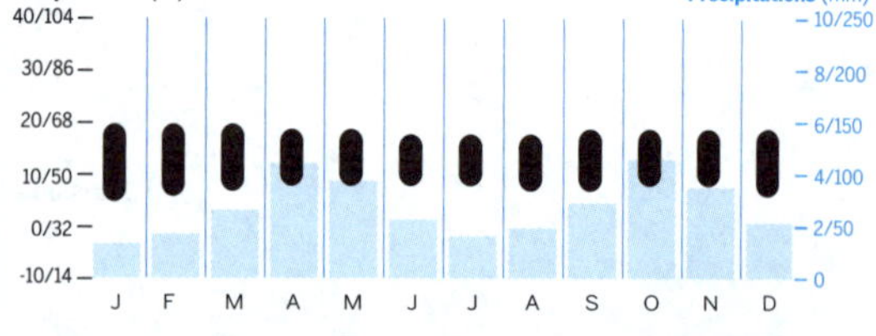


**Juin-juillet** Il fait moins chaud qu'en mai, mais il pleut beaucoup moins sur la capitale.

**Août** Des festivités gratuites pour tous : Salsa al Parque et le Festival de Verano déferlent sur la ville.

**Décembre** Les *Bogotanos* célèbrent Noël avec ferveur et la ville brille de mille feux.

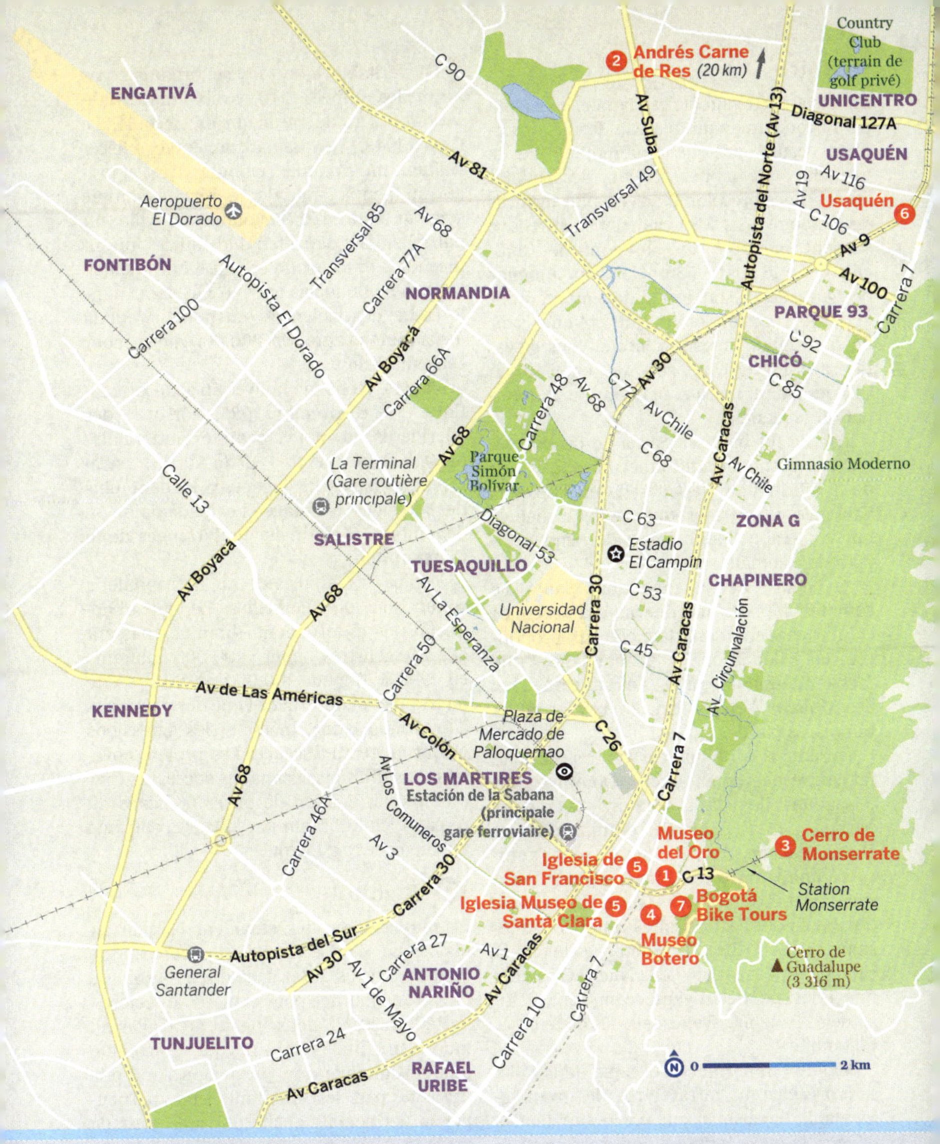


## À ne pas manquer

1 L'un des meilleurs musées du continent, le **Museo del Oro** (p. 53), où admirer de superbes artefacts et s'immerger dans le mythe de l'Eldorado.

2 Une soirée dans l'ambiance surréaliste d'**Andrés Carne de Res** (p. 67), à Chía.

3 Le dimanche, l'ascension de l'imposant **Cerro de Monserrate** (p. 48) avec les pèlerins, pour une vue imprenable sur la capitale.

4 Le spectacle gratuit de portraits tout en rondeurs au **Museo Botero** (p. 45).

5 Les sublimes intérieurs de l'**Iglesia Museo de Santa Clara** (p. 46) et de l'**Iglesia de San Francisco** (p. 53).

6 L'atmosphère de village colonial à **Usaquén** (p. 69), destination gastronomique par excellence.

7 Un circuit à vélo dans la capitale avec **Bogotá Bike Tours** (p. 59).

## Histoire

Bien avant la conquête espagnole, la Sabana de Bogotá, un haut plateau fertile désormais occupé presque entièrement par la capitale, était habitée par l'un des peuples autochtones précolombiens les plus avancés de l'époque : les Muiscas (dont on trouve souvent mention sous le nom de Chibchas). Le 6 août 1538, Gonzalo Jiménez de Quesada et son expédition atteignirent la Sabana et fondèrent une colonie, près de la capitale muisca, Bacatá. Son élévation au rang de ville, sur aval, en 1540, de Charles Quint, marqua le début de la domination espagnole.

La cité fut baptisée Santa Fe de Bogotá, mariage du nom traditionnel, Bacatá, à celui de la ville natale de Quesada en Espagne, Santa Fe. Ce dernier tint d'ailleurs lieu, à lui seul, d'appellation à la ville pendant la période coloniale.

À l'heure de sa fondation, Santa Fe comptait à peine une douzaine de cabanes et une chapelle dans laquelle fut prononcée, en célébration de sa naissance, une messe d'action de grâces. Les sites religieux des Muiscas furent quant à eux détruits et remplacés par des églises.

Durant ses premières années, la cité fut gouvernée depuis Santo Domingo (sur Hispaniola, île de nos jours divisée en deux parties : la République dominicaine et Haïti), mais en 1550, elle tomba sous l'autorité administrative de Lima, capitale de la vice-royauté du Pérou et siège du pouvoir espagnol pour les territoires conquis d'Amérique du Sud. En 1717, Santa Fe devint la capitale du Virreynato de la Nueva Granada, une nouvelle vice-royauté comprenant les actuels Panama, Venezuela, Équateur et Colombie.

Malgré l'importance politique de la ville, sa croissance fut entravée par des tremblements de terre, ainsi que par les épidémies de variole et de typhoïde qui ravagèrent la région aux XVIIe et XVIIIe siècles.

Après l'indépendance en 1819, le Congrès de Cúcuta tronqua le nom de la ville : ainsi renommée, Bogotá devint la capitale de la Gran Colombia en 1821. La cité se développa peu à peu et au milieu du XIXe siècle, elle comptait 30 000 habitants et 30 églises. En 1884, le premier tramway commença à circuler et, peu après, des lignes de chemin de fer furent construites jusqu'à La Dorada et Girardot, offrant à Bogotá un accès aux ports du Río Magdalena.

Le véritable essor ne se produisit pas avant les années 1940, avec l'industrialisation et l'exode rural qui en découla. Le 9 avril 1948, l'assassinat de Jorge Eliécer Gaitán, un homme politique très apprécié du peuple, initia une révolte connue sous le nom d'El Bogotazo. La ville fut partiellement détruite : 136 édifices furent incendiés et les troubles causèrent quelque 3 000 à 5 000 morts en ville. On parle, dans le cadre des violences qui ponctuèrent la décennie suivante, de 200 000 morts pour l'ensemble du pays.

Bogotá vécut un nouvel épisode dramatique le 6 novembre 1985, lorsque des guérilleros du mouvement révolutionnaire M-19 (Movimiento 19 de Abril) envahirent le palais de justice, y gardant plus de 300 civils en otage. Le lendemain, on dénombra 115 victimes, dont 11 juges de la Cour suprême.

Depuis les années 1990, la capitale a connu son lot d'embellies. Le taux d'homicides y a fortement diminué, passant de 80 meurtres pour 100 000 habitants en 1993 à 17 pour 100 000 en 2013. Cette métropole est désormais l'une des plus sûres d'Amérique latine, même si les agressions y sont en recrudescence. Les projets novateurs insufflés par les maires successifs (par exemple les 350 km de pistes cyclables du réseau CicloRuta) ont par ailleurs contribué au mieux vivre à Bogotá.

## À voir

La plupart des sites émaillent le quartier historique de La Candelaria, berceau de Bogotá, et vous aurez sans doute besoin de plus d'une journée pour explorer le secteur.

Réfléchissez à deux fois avant d'aller au musée un dimanche – Bogotá en compte une soixantaine, dont beaucoup sont pris d'assaut par les habitants, en particulier le dernier dimanche du mois, jour de gratuité. Nous avons vu des files d'attente de 45 minutes devant de modestes musées qui ne sont même pas mentionnés dans ce guide ! Il y a bien moins de monde en semaine.

Lors de vos balades, n'hésitez pas à pénétrer dans les églises que vous trouverez sur votre chemin. La plupart sont sublimes ; beaucoup datent des XVIIe et XVIIIe siècles et leur décoration est souvent plus élaborée que ne le suggère l'extérieur. Certaines arborent un style mudéjar (hispano-mauresque) très particulier, que l'on remarque surtout dans l'ornementation des plafonds, ainsi que des peintures du plus célèbre artiste de l'époque coloniale, Gregorio Vásquez de Arce y Ceballos.

## La Candelaria

Merveilleusement animée et truffée de sites majeurs, La Candelaria est le *barrio* colonial de Bogotá, et comporte un ensemble d'édifices vieux de 300 ans restaurés avec soin, de bâtiments moins bien tenus et de secteurs plus modernes.

La visite de Bogotá commence généralement sur la **Plaza de Bolívar** (carte p. 50 ; Plaza de Bolívar entre C. 10 et C. 11), où trône une statue en bronze de Simón Bolívar. Coulée en 1846 par l'artiste italien Pietro Tenerani, elle fut le premier monument public de la ville.

La place a considérablement changé au fil des siècles et n'est plus bordée d'édifices coloniaux ; seule la Capilla del Sagrario date de l'époque espagnole. Les autres bâtiments sont plus récents et présentent différents styles architecturaux.

Certains des sites les plus populaires de La Candelaria, ainsi que le Centro Cultural Gabriel García Márquez, se trouvent à quelques *cuadras* (pâtés de maisons) à l'est de la place. Les divers musées gérés par le Banco de la República, notamment le Museo Botero, la Casa de Moneda, la Colección de Arte et le Museo de Arte del Banco de la República, sont quasiment tous rassemblés et reliés entre eux au sein d'un énorme complexe labyrinthique, qui forme l'un des sites les plus visités de Bogotá. Attention : dernière entrée 30 minutes avant la fermeture du complexe.

Évitez de vous balader seul dans le quartier en soirée, et faites montre de prudence même en plein jour.

**Museo Botero** MUSÉE

(carte p. 50 ; www.banrepcultural.org/museo-botero ; C. 11 n°4-41 ; 9h-19h lun et mer-sam, 10h-17h dim). GRATUIT Le fleuron du gigantesque complexe muséal du Banco de la República comporte plusieurs salles sur deux étages, dédiées à toutes sortes d'éléments gironds : mains, oranges, femmes, hommes moustachus, enfants, oiseaux ou leaders des Fuerzas Armadas Revolucionarias de Colombia (FARC). Toutes ces peintures et sculptures ont été réalisées par le plus célèbre des artistes colombiens, Fernando Botero (qui a en personne fait don de ses œuvres).

La collection comprend aussi des tableaux de Picasso, Chagall, Renoir, Monet, Pissarro et Miró, ainsi que quelques sculptures hilarantes de Dalí et Max Ernst. Des audioguides en anglais, français et espagnol (6 000 COP) sont disponibles à l'entrée principale du musée, dans la Calle 11.

### BOGOTÁ EN...

**Deux jours**

Commencez à La Candelaria, avec un en-cas à **La Puerta Falsa** (p. 64) et un coup d'œil à la **Plaza de Bolívar** (ci-dessus), puis allez admirer les sculptures et les tableaux caractéristiques du **Museo Botero** (ci-dessus). Déjeunez à **Quinua y Amaranto** (p. 64), puis marchez jusqu'au **Museo del Oro** (p. 53) pour découvrir le glorieux passé de la Colombie. Dînez dans la **Zona G**, la **Zona Rosa** ou le **Parque 93**, où vous pourrez manger et boire un verre.

Le deuxième jour, gravissez le **Monserrate** (p. 48) pour une vue imprenable sur la capitale, puis fendez-vous d'une petite sieste. Le soir, pénétrez dans le monde surréaliste d'**Andrés Carne de Res** (p. 67), à Chía (23 km en taxi direction nord).

**Quatre jours**

Suivez l'itinéraire de deux jours, puis faites une excursion d'une journée à la cathédrale de sel de **Zipaquirá** (p. 55), facilement accessible en transports publics. Le dernier jour, commencez par un brunch à **Usaquén** (p. 69) avant d'explorer à vélo des quartiers dans lesquels il n'est pas prudent de s'aventurer le reste du temps, avec **Bogotá Bike Tours** (p. 59). Ensuite, sirotez une tasse de *canelazo* brûlant (à base d'*aguardiente*, sucre de canne, cannelle et citron vert) dans un café de **La Candelaria** (p. 69), et offrez-vous un beau dîner d'adieu dans les quartiers gastronomiques bohèmes de **Chapinero Alto** (p. 67) ou **Macarena** (p. 66).

## Agglomération de Bogotá

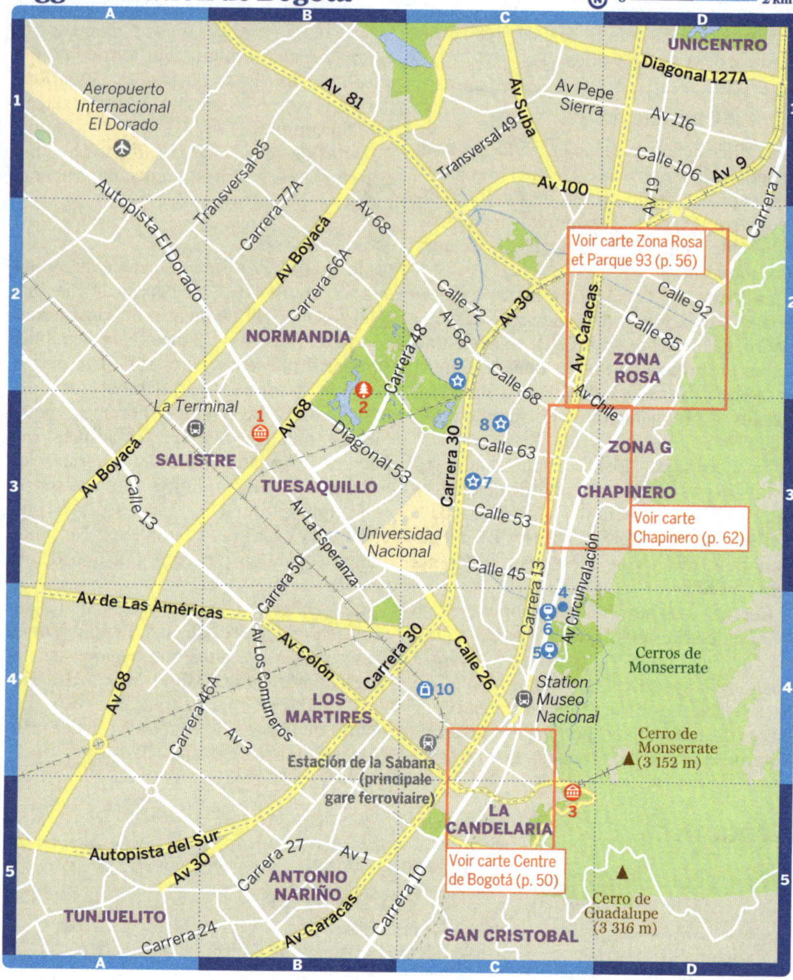


### ♥ Iglesia Museo de Santa Clara ÉGLISE

(carte p. 50 ; www.museoiglesiasantaclara.gov.co ; Carr. 8 n°8-91 ; adulte/enfant 3 000/500 COP ; ⏲9h-17h mar-ven, 10h-16h sam-dim). L'une des églises les plus richement décorées de Bogotá, et également la plus ancienne (avec l'Iglesia de San Francisco). Désormais gérée par le gouvernement, elle a été transformée en musée. Considérant que de nombreuses églises de la même époque peuvent être visitées gratuitement, maints voyageurs n'entrent pas dans celle-ci, pourtant très belle.

Édifiée entre 1629 et 1674, sa structure à une seule nef est agrémentée d'une voûte en berceau couverte de motifs floraux dorés. Ses murs sont entièrement habillés de 148 peintures et sculptures de saints.

### Catedral Primada CATHÉDRALE

(carte p. 50 ; www.catedraldebogota.org ; Plaza de Bolívar ; ⏲9h-17h mar-dim). Cette cathédrale néoclassique se dresse à l'emplacement où aurait été célébrée la première messe de Bogotá, juste après la fondation de la ville en 1538. Certains historiens affirment que ce premier service eut lieu sur la Plazoleta

## Agglomération de Bogotá



del Chorro de Quevedo, juste à l'est ; quoi qu'il en soit, il s'agit de la plus grande église de Bogotá et de l'édifice le plus imposant de la place principale (elle occupe l'angle nord-est).

La modeste chapelle d'origine, coiffée d'un toit de chaume, fut remplacée par une structure plus solide entre 1556 et 1565, mais cette dernière s'effondra en raison de la mauvaise qualité de ses fondations. En 1572, une troisième église fut donc édifiée, mais le séisme de 1785 la réduisit en miettes. La construction du gigantesque édifice que l'on peut admirer aujourd'hui ne commença qu'en 1807 ; les travaux s'achevèrent en 1823. Il fut partiellement endommagé lors de la révolte du Bogotazo en 1948.

Contrairement à beaucoup d'églises de Bogotá, les vastes intérieurs sont assez peu décorés. Le tombeau de Jiménez de Quesada, fondateur de Bogotá, se trouve dans la plus grande chapelle, du côté de la nef latérale droite.

### Capitolio Nacional — ÉDIFICE HISTORIQUE

(carte p. 50 ; ☎383-3000 ; Plaza de Bolívar ; ⌚fermé au public). Le siège du Congrès, de style néoclassique, se dresse sur le côté sud de la place. Sa construction commença en 1847, mais en raison des troubles politiques qui marquèrent ces décennies, elle ne fut pas achevée avant 1926. La façade donnant sur la place fut conçue par l'architecte anglais Thomas Reed. Si vous souhaitez visiter les lieux, il faut téléphoner ; sinon, vous pourrez toujours flâner dans la cour.

### Palacio de Justicia — ÉDIFICE HISTORIQUE

(carte p. 50 ; Plaza de Bolívar ; ⌚fermé au public). Au nord de la place, cet imposant bâtiment, assez quelconque, est le siège de la Cour suprême. Le premier édifice de la Cour, érigé en 1921 à l'angle de la Calle 11 et de la Carrera 6, fut incendié par la foule durant El Bogotazo (1948). Il fut remplacé par un bâtiment moderne, mais en 1985, ce dernier fut occupé par les guérilleros du M-19 et partit en fumée après une farouche offensive de l'armée, qui avait tenté de reprendre les lieux pendant 28 heures. Le nouvel édifice fut conçu dans un style complètement différent.

### Casa de Nariño — ÉDIFICE HISTORIQUE

(carte p. 50 ; www.presidencia.gov.co ; Plaza de Bolívar). Sur le côté sud de la Plaza de Bolívar, derrière le Capitolio Nacional, et accessible par la Carrera 8 ou la Carrera 7, cet édifice néoclassique est le lieu de résidence et de travail du président de la Colombie. Pour le visiter, il faut envoyer un mail ou passer par le site Internet ("Visitas Casa de Nariño" sous la rubrique "Servicios a la Ciudadanía"). Aucune autorisation n'est requise pour assister à la relève de la garde présidentielle, qui a lieu les mercredis, vendredis et dimanches à 16h (essayez de vous placer du côté est).

Le bâtiment doit son nom à Antonio Nariño (1765-1823), figure de l'époque coloniale favorable à l'indépendance. Il traduisit secrètement en espagnol la *Déclaration des droits de l'homme et du citoyen*, ce qui lui valut plusieurs séjours en prison. Endommagé lors de la révolte d'El Bogotazo (1948), l'édifice ne fut restauré qu'en 1979.

Sachez que des gardes du palais présidentiel sont positionnés dans la Carrera 7 et la Carrera 8. Vous pourrez passer à côté d'eux, mais devrez montrer le contenu de votre sac et rester à l'écart des barrières.

### Casa de Moneda — MUSÉE

(Monnaie ; carte p. 50 ; www.banrepcultural.org ; C. 11 n°4-93 ; ⌚9h-19h lun-sam, 10h-17h dim). GRATUIT Aménagé à l'intérieur du complexe du Banco de la República, ce musée historique conserve la **Colección Numismática**. L'exposition commence par les systèmes de troc de poteries précolombiennes et se poursuit de manière chronologique avec des pièces déformées, l'introduction d'une banque centrale en 1880 et la création de l'actuelle

À NE PAS MANQUER

## LE CERRO DE MONSERRATE

Fier symbole de Bogotá (et point de repère pratique), le **pic de Monserrate** (3 150 m) est coiffé d'une église blanche. Se dressant à l'est de la ville, à environ 1,5 km de La Candelaria, il est visible de quasiment partout dans la Sabana de Bogotá (savane de Bogotá, parfois appelée "la vallée"). Le sommet offre un point de vue incroyable sur les 1 700 km² de la capitale. Par temps clair, vous pourrez même repérer le cône symétrique du Nevado del Tolima, qui fait partie du massif volcanique du Parque Nacional Natural (PNN) Los Nevados, dans la Cordillera Central, à 135 km à l'ouest.

À la cime, l'**église** est d'une importance capitale pour les pèlerins, du fait de sa statue du Señor Caído ("Christ tombé") datant des années 1650, au niveau de l'autel. On lui attribue de nombreux miracles. L'église fut érigée après la destruction de la chapelle d'origine lors d'un séisme, en 1917. Vous découvrirez également deux restaurants et un café – on peut donc prévoir une sortie d'une journée.

La montée escarpée de **1 500 marches** (comptez 1 heure à 1 heure 30 jusqu'au sommet ; stands d'en-cas sur le parcours) a rouvert ; elle est accessible à partir de 5h (fermée le mardi). Il s'agit d'une balade très prisée des *Bogotanos* le week-end ; en semaine, les lieux ne sont pas sûrs et des vols ont été déplorés, donc prenez le *teleférico* ou le funiculaire, qui assurent tour à tour la montée jusqu'à la **station de Monserrate** (www.cerromonserrate.com ; aller-retour à partir de 16 400 COP lun-sam, 9 400 COP dim ; ⌚7h-minuit lun-sam, 6h-18h dim). Généralement, le funiculaire circule jusqu'à midi (15h le samedi) et le téléphérique prend le relai l'après-midi. Si vous décidez de faire l'ascension à pied en semaine, faites-le avant 10h ; après, la montée est trop risquée.

Le funiculaire est à 20 minutes à pied au-dessus de l'Iglesia de las Aguas (le long d'un sentier en brique ponctué de fontaines, qui passe devant l'Universidad de los Andes), à la lisière nord-est de La Candelaria – mais encore une fois, mieux faut faire cette balade le week-end, de préférence le matin, avec les nombreux pèlerins. En semaine, on a assisté à une augmentation des agressions à l'arme blanche sur le chemin et la courte marche entre la Quinta de Bolívar et le Monserrate.

pièce de 500 pesos, frappée d'un arbre, à la fin des années 1990.

### Colección de Arte — MUSÉE

(carte p. 50 ; www.banrepcultural.org ; C. 11 n°4-14 ; ⌚9h-19h lun-sam, 10h-17h dim). GRATUIT Cette collection d'art, qui appartient au Banco de la República, compte 800 pièces de 250 artistes, réparties dans 16 salles à deux adresses différentes. La plupart des œuvres sont accessible via un escalier sophistiqué, situé dans le même complexe muséal que la Casa de Moneda et le Museo Botero. La collection a été réorganisée en cinq périodes allant du XV<sup>e</sup> siècle à l'époque moderne ; chaque secteur est géré séparément. L'exposition d'art contemporain est présentée dans la Biblioteca Luis Ángel Arango, dans la Calle 12.

La partie moderne se limite principalement à des toiles d'artistes colombiens, avec entre autres d'immenses peintures figuratives de Luis Caballero (1943-1995) au 1er étage. Assez différentes des autres, deux salles du 1er étage (côté est) sont consacrées aux objets religieux des XVIIe et XVIIIe siècles, avec notamment deux *custodias* (ostensoirs) extraordinaires. Le plus gros fut réalisé avec 4 902 g d'or pur, et est incrusté de 1 485 émeraudes, un saphir, 13 rubis, 28 diamants, 168 améthystes, une topaze et 62 perles.

### Museo Histórico Policía — MUSÉE

(musée de l'Histoire de la Police ; carte p. 50 ; www.policia.gov.co ; C. 9 n°9-27 ; ⌚8h-17h mar-dim). GRATUIT Ce musée est bien plus intéressant qu'il n'y paraît : non seulement vous pourrez pénétrer dans l'ancien quartier général de la police de Bogotá (un bel édifice construit en 1923), mais vous aurez l'occasion d'échanger pendant 45 minutes environ avec de jeunes guides anglophones de 18 ans, qui effectuent un service obligatoire d'une année au sein de la police (certaines anecdotes sont captivantes).

La partie la plus courue est celle consacrée au baron de la drogue Pablo Escobar, mort en 1993. Vous y découvrirez sa Harley Davidson (offerte à un cousin) et son pistolet de poche Bernadelli, surnommé sa "seconde femme".

**Museo de la Independencia – Casa del Florero** MUSÉE

(carte p. 50 ; www.quintadebolivar.gov.co/museoindependencia ; C. 11 n°6-94 ; tarif plein/étudiant 3 000/2 000 COP, entrée libre dim ; ⏲9h-17h mar-ven, 10h-16h sam-dim). Juste après la victoire de Napoléon en Espagne en 1810, un créole du nom d'Antonio Morales serait venu dans cette maison de la fin du XVIe siècle pour y emprunter un vase (*florero*) décoré à un commerçant loyaliste espagnol, dont le refus (prévu par Morales qui, avec les siens, indépendantistes, désirait faire de l'épisode un prétexte) déclencha une bagarre et finalement une révolte. Dans ce musée, vous pourrez découvrir le célèbre vase, brisé au cours de l'incident et dont l'histoire fit le tour du monde.

**Museo de Arte del Banco de la República** MUSÉE

(carte p. 50 ; www.banrepcultural.org/museodearte.htm ; C. 11 n°4-21 ; ⏲9h-19h lun et mer-sam, 10h-17h dim). GRATUIT À l'intérieur du complexe muséal du Banco de la República, cet espace est utilisé pour des expositions temporaires. Son auditorium accueille de nombreux événements gratuits.

**Museo de Arte Colonial** MUSÉE

(musée d'Art colonial ; carte p. 50 ; ☎341-6017 ; www.museocolonial.gov.co ; Carr. 6 n°9-77 ; tarif plein/étudiant 3 000/2 000 COP ; ⏲9h-17h mar-ven, 10h-16h sam-dim). Ce musée occupe un ancien collège jésuite et se penche sur l'évolution des œuvres d'art et des portraits religieux, en particulier ceux du plus grand artiste baroque de Colombie, Gregorio Vásquez de Arce y Ceballos (1638-1711). Lors de notre passage, il était fermé pour rénovations (réouverture prévue en 2016).

**Capilla del Sagrario** ÉGLISE

(chapelle du Sagrario ; carte p. 50 ; Plaza de Bolívar ; ⏲7h-12h et 13h-17h lun-ven, 15h-17h dim). Cette église baroque offre plus à voir que sa voisine plus imposante, la Catedral Primada. Elle renferme notamment six grandes peintures de Gregorio Vásquez.

**Plazoleta del Chorro de Quevedo** PLACE

(carte p. 50 ; angle Carr. 2 et C. 12B). L'emplacement original de la fondation de Bogotá est sujet à controverse – certains affirment qu'il se trouve à côté de la Catedral Primada sur la Plaza de Bolívar, d'autres soutiennent qu'il se situe sur cette minuscule place bordée de cafés, d'une petite église blanche et de nombreux jongleurs et vendeurs de rue.

Le lieu est agréable à tout moment de la journée et en particulier à la tombée de la nuit, quand les étudiants investissent l'étroite ruelle en entonnoir, jalonnée de bars minuscules, juste au nord de la place. Des séances de contes en espagnol sont organisées le vendredi à 17h – l'atmosphère mérite le détour.

**Teatro Colón** THÉÂTRE

(carte p. 50 ; ☎284-7420 ; www.teatrocolon.gov.co ; C. 10 n°5-32 ; ⏲billetterie 10h-17h lun-sam, 10h-15h dim). Avec sa ravissante façade de style italien, ce théâtre a porté plusieurs noms depuis sa création en 1792. L'édifice actuel, baptisé Teatro Nacional, fut conçu en 1892 par l'architecte italien Pietro Cantini. Après six ans de rénovation de ses fabuleux intérieurs, il a rouvert ses portes en 2014 et accueille désormais des concerts, des opéras, des ballets, des pièces de théâtre et même des performances de DJ électro.

Des visites sont organisées quotidiennement – renseignez-vous à la billetterie.

**Museo Militar** MUSÉE

(musée Militaire ; carte p. 50 ; C. 10 n° 4-92 ; ⏲9h-16h mar-ven, 10h-16h sam). GRATUIT Géré par des militaires en treillis, ce musée sur deux niveaux renferme des mannequins en uniforme d'époque, une salle consacrée à la guerre de Corée et une cour où sont exposés des éléments d'artillerie et des engins aériens, notamment un hélicoptère présidentiel. Il faut présenter une pièce d'identité.

### DES PERSONNAGES VERTS DANS LES AIRS

Quand vous vous baladerez dans La Candelaria, restez attentif certes aux crottes de chien et aux trous dans le trottoir, mais admirez quand même le projet artistique unique qui orne les toits, les rebords de fenêtre et les balcons. Ces œuvres représentant des *comuneros* (personnages de la rue), en matériaux verts recyclés, ont été réalisées au cours de ces dix dernières années par l'artiste local Jorge Olavé.

Notez le bonhomme surveillant la Plaza de Bolívar du haut de la **Casa de Comuneros**, au sud-ouest de la place – le meilleur point de vue de la capitale.

## Centre de Bogotá

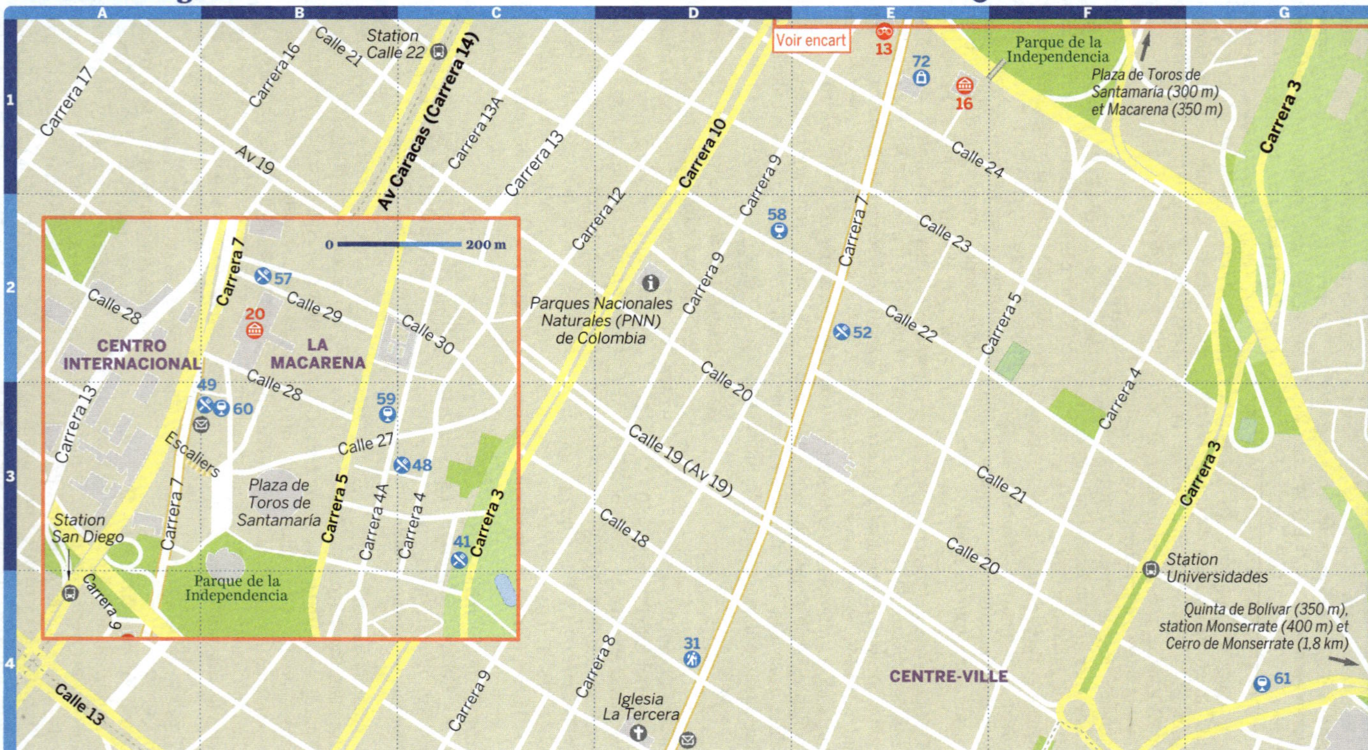

Av Jiménez
Iglesia de la Veracruz
Iglesia de San Ignacio
Parque Santander
Iglesia de San Francisco
Museo del Oro
Station Museo del Oro
Plazoleta Rosario
Aventure Colombia
Parque de los Periodistas
Station Las Aguas
Iglesia de las Aguas
Universidad de los Andes
Escalier
Carrera 2A
Carrera 1
Carrera 2
Carrera 3
Carrera 4
Carrera 5
Carrera 5 bis
Carrera 6
Carrera 7
Carrera 8
Carrera 9
Carrera 10
Carrera 11
Calle 7
Calle 8
Calle 9
Calle 10
Calle 11
Calle 12
Calle 12A
Calle 12D
Calle 12D bis
Calle 12F
Calle 13
Calle 14
Calle 16
Calle 16A
Calle 17
Calle 18
Station San Victorino
PIT Centro Histórico
Iglesia Museo de Santa Clara
Observatorio Astronómico
Museo Botero
LA CANDELARIA
Callejón del Embudo
Carretera Circumvalciá
A
B
C
D
E
F
G
5
6
7
8

## Centre de Bogotá

**Les incontournables**
1 Iglesia de San Francisco ..... D5
2 Iglesia Museo de Santa Clara ..... B7
3 Museo Botero ..... D7
4 Museo del Oro ..... D5

**À voir**
5 Capilla del Sagrario ..... C7
6 Capitolio Nacional ..... B7
7 Casa de Moneda ..... D7
8 Casa de Nariño ..... B8
9 Catedral Primada ..... C7
10 Centro Cultural Gabriel García Márquez ..... C7
11 Colección de Arte ..... D7
12 Edificio Liévano ..... B6
13 Mirador Torre Colpatria ..... E1
14 Museo de Arte Colonial ..... C7
15 Museo de Arte del Banco de la República ..... D7
16 Museo de Arte Moderno ..... E1
17 Museo de la Independencia – Casa del Florero ..... C6
18 Museo Histórico Policía ..... A7
19 Museo Militar ..... C7
20 Museo Nacional ..... B2
21 Palacio de Justicia ..... C6
22 Palacio de San Carlos ..... C7
23 Plaza de Bolívar ..... B7
24 Plazoleta del Chorro de Quevedo ..... E7
25 Teatro Colón ..... C7

**Activités**
26 Andes Ecotours ..... E6
27 Bogotá Bike Tours ..... E7
28 Bogotá Graffiti Tour ..... E5
29 Escuela de Artes y Oficios Santo Domingo ..... B6
30 International House Bogotá ..... D8
31 Sal Si Puedes ..... D4

**Où se loger**
32 Anandamayi Hostel ..... D8
33 Casa Bellavista ..... E7
34 Casa Deco ..... E6
35 Casa Platypus ..... F5
36 Cranky Croc ..... E6
37 Hostal Sue Candelaria ..... E6
38 Lima Limon ..... E7
39 Masaya Intercultural Hostel ..... E7
40 Orchids ..... C7

**Où se restaurer**
41 Agave Azul ..... C3
42 Café de la Peña Pastelería Francesa ..... D8
43 Capital Cocina ..... D8
El Corral Gourmet ..... (voir 10)
44 Hibiscus Cafe ..... E6
Juan Valdéz ..... (voir 20)
45 La Condesa Irina Lazaar ..... C7
46 La Hamburguesería ..... E7
47 La Puerta Falsa ..... C6
48 La Tapería ..... C3
49 Leo Cocina y Cava ..... B3
50 Nick's Downtown ..... D5
51 Olimpica ..... E5
52 Pastelería Florida ..... E2
53 Quinua y Amaranto ..... D8
54 Restaurante la Pola ..... F5
55 Sant Just ..... F5
56 Trattoria Nuraghe ..... E7
57 Wok ..... B2

**Où prendre un verre et faire la fête**
58 A Seis Manos ..... D2
59 Bogotá Beer Company ..... B3
60 El Bembe ..... B3
61 El Goce Pagano ..... G4
62 Juan Valdéz ..... C7
63 Pequeña Santa Fe ..... E7

**Où sortir**
64 Biblioteca Luis Ángel Arango ..... D7
65 Fundación Gilberto Alzate Avendaño ..... D8
Teatro Colón ..... (voir 25)
66 Teatro La Candelaria ..... E7

**Achats**
67 Artesanías de Colombia ..... G5
68 Emerald Trade Center ..... D5
69 Gems Metal ..... D5
70 La Casona del Museo ..... D5
71 Librería Lerner ..... E5
72 Mercado de San Alejo ..... E1
73 Pasaje Rivas ..... B6
74 San Miguel ..... B6

**Edificio Liévano** ÉDIFICE HISTORIQUE
(carte p. 50 ; Plaza de Bolívar ; fermé au public). Du côté ouest de la place, cet édifice de style français fut érigé entre 1902 et 1905 ; il accueille désormais l'*alcaldía* (bureau du maire).

**Palacio de San Carlos** PALAIS
(carte p. 50 ; C. 10 n°5-51). Cet énorme bâtiment a vécu plusieurs vies et fut notamment le quartier général du président Simón Bolívar (1783-1830). C'est d'ailleurs ici qu'il échappa de peu à un assassinat en 1828, grâce à sa compagne Manuelita Sáenz, qui l'informa à temps du complot. À Bogotá, elle devint connue comme la "libératrice du Libérateur". Sous la fenêtre de la façade (à droite), une plaque commémorative rapporte l'épisode (en latin).

**Centro Cultural Gabriel García Márquez** CENTRE CULTUREL
(carte p. 50 ; ☎ 283-2200 ; www.fce.com.co ; C. 11 n°5-60 ; ⏲ 8h-20h lun-sam, 8h-16h dim). GRATUIT Si cet immense ensemble moderne, inauguré en 2008, doit son nom au plus célèbre des auteurs colombiens, sa programmation culturelle va bien au-delà de la littérature. Également une gigantesque librairie, un petit espace d'exposition, un bon restaurant de hamburgers et un café Juan Valdéz.

## Centre-ville

Un peu chaotique, le quartier des affaires de Bogotá – particulièrement effervescent le long de la Calle 19 et de la Carrera 7 – est plus facile à négocier le dimanche, grâce à la Ciclovía : la circulation est interdite dans la Carrera 7, réservée aux cyclistes et aux piétons (de 7h à 14h), et le marché aux puces du Mercado de San Alejo investit le secteur. Certains des sites les plus visités (en particulier le Museo del Oro) sont concentrés à proximité de La Candelaria, près de l'Avenida Jiménez.

**Museo del Oro** MUSÉE
(carte p. 50 ; www.banrepcultural.org/museo-del-oro ; Carr. 6 n°15-88 ; 3 000 COP lun-sam, entrée libre dim ; ⏲ 9h-18h mar-sam, 10h-16h dim). En plus d'être le plus célèbre de Bogotá, ce musée est l'un des plus captivants d'Amérique latine. Y sont en effet conservés quelque 55 000 objets en or et d'autres artefacts de toutes les grandes cultures préhispaniques de Colombie. L'ensemble est présenté de manière cohérente et thématique, dans des salles distribuées sur trois niveaux, avec des légendes en espagnol et en anglais.

Les expositions du 2e niveau présentent des objets découverts dans la région, avec des descriptions de leurs diverses fonctions. Il y a beaucoup de créatures hybrides en or (par exemple un jaguar-grenouille ou un homme-aigle). La quantité de figurines féminines montre l'importance des femmes dans les cérémonies religieuses des Zenú, peuple précolombien établi au nord du pays.

Dans la salle "Offrandes" du 3e niveau, on apprend comment l'or était utilisé lors des rituels. Les *tunjos* (offrandes en or, généralement des figurines représentant un guerrier) étaient jetés dans la Laguna de Guatavita ; le plus célèbre, découvert près de la ville de Pasca en 1969, est un bateau en or, appelé la *Balsa Muisca*. Il n'est pas possible d'établir son ancienneté avec certitude, car pour être datés au carbone, les objets en or doivent normalement comporter un alliage.

Les légendes ne révèlent qu'une partie de l'histoire de chaque pièce, aussi tâchez de vous joindre à une visite guidée gratuite d'une heure, du mardi au samedi (en espagnol et anglais ; 11h et 16h). Le secteur du musée mis en lumière varie d'une fois sur l'autre. Audioguides disponibles en espagnol, français et anglais.

### LES MEILLEURS MUSÉES DE BOGOTÁ

- Museo del Oro (ci-contre)
- Museo Botero (p. 45)
- Museo Nacional (p. 54)
- Casa de Moneda (p. 47)
- Iglesia Museo de Santa Clara (p. 46)

**Iglesia de San Francisco** ÉGLISE
(carte p. 50 ; www.templodesanfrancisco.com ; angle Av. Jiménez et Carr. 7 ; ⏲ 6h30-22h30 lun-ven, 6h30-12h30 et 16h-18h30 sam, 7h30-13h30 et 16h30-19h30 dim). Construite entre 1557 et 1621, l'église de San Francisco, juste à l'ouest du Museo del Oro, est la plus ancienne église de Bogotá. Particulièrement intéressant, son retable doré du XVIIe siècle est le plus grand et le plus élaboré de Bogotá.

**Quinta de Bolívar** MUSÉE
(carte p. 46 ; www.quintadebolivar.gov.co ; C. 20 n°2-91 Este ; adulte/enfant 3 000/1 000 COP, entrée libre dim ; ⏲ 9h-17h mar-ven, 11h-16h sam-dim). À environ 250 m à l'ouest de la station du funiculaire de Monserrate, en descendant la colline, cette belle maison-musée historique est entourée d'un jardin, au pied du Cerro de Monserrate. Construite en 1800, elle fut offerte à Simón Bolívar en 1820, pour le remercier d'avoir libéré le pays. Bolívar y passa 423 jours sur une période de neuf ans. Les pièces conservent du mobilier d'époque ainsi que l'épée de Bolívar. On évoque moins souvent la reconversion du bâtiment, devenu un temps un asile psychiatrique.

Une brochure en français et anglais est vendue pour 2 500 COP ; également des audioguides en anglais (1 000 COP) ou des visites guidées en anglais, le mercredi à 11h.

**Mirador Torre Colpatria** POINT DE VUE
(carte p. 50 ; Carr. 7 n°24-89 ; 4 500 COP ; ⏲ 18h-21h ven, 14h-20h sam, 11h-17h dim). Depuis la

terrasse du 48e étage de la tour Colpatria, plus haut gratte-ciel de Colombie (162 m), achevé en 1979, vous bénéficierez d'une superbe vue sur les arènes (qui ne sont plus utilisées), avec des immeubles de bureaux et les montagnes en toile de fond, et d'un beau panorama à 360 degrés sur la capitale.

**Museo de Arte Moderno** MUSÉE

(MAMBO ; carte p. 50 ; www.mambogota.com ; C. 24 n°6-00 ; tarif plein/étudiant 4 000/2 000 COP ; 10h-18h mar-sam, 12h-17h dim). Inauguré au milieu des années 1980 dans un vaste espace conçu par le célèbre architecte franco-colombien Rogelio Salmona, le MAMBO se concentre sur différentes formes d'art visuel (peinture, sculpture, photographie, vidéo), du début du XXe siècle à nos jours. Les expositions changent fréquemment et mettent souvent à l'honneur des artistes latino-américains.

## Centro Internacional

Ce secteur animé est dominé par des immeubles de bureaux, sur la Carrera 7. Il possède quelques sites artistiques, mais ce sont surtout les réunions d'affaires qui rythment la vie du quartier.

**Museo Nacional** MUSÉE

(Musée national ; carte p. 50 ; www.museonacional.gov.co ; Carr. 7 n°28-66 ; 10h-18h mar-sam, 10h-17h dim). GRATUIT Ce musée est aménagé dans El Panóptico, un immense bâtiment en forme de croix grecque, qui fut conçu par l'architecte anglais Thomas Reed en 1874, pour servir de prison. Des portes aux barreaux de fer ouvrent sur des salles aux murs blancs, dans lesquelles vous découvrirez le passé de la Colombie, de façon (plus ou moins) chronologique. Les explications sont en espagnol, et chaque étage est doté de fiches en anglais qui vous permettront d'en savoir plus sur les pièces maîtresses.

Le rez-de-chaussée est consacré à l'histoire précolombienne, avec des références un peu biaisées aux peuples du passé et de saisissantes momies muiscas qui pourraient dater de 1 500 ans. Au 3e étage, la salle n°16 permet d'imaginer les conditions carcérales – les anciennes cellules accueillent désormais diverses expositions. La première sur la droite concerne Jorge Gaitán, figure populaire dont l'assassinat provoqua la révolte du Bogotazo en 1948 – qui elle-même retarda l'ouverture de ce musée.

Après la visite, baladez-vous dans les jolis jardins, agrémentés d'un agréable café Juan Valdéz. À proximité, la Calle 29bis compte beaucoup de bonnes adresses pour se restaurer ou prendre un verre.

### BOGOTÁ POUR LES ENFANTS

Certains sites de Bogotá sont particulièrement intéressants pour les enfants. Le **Maloka** (carte p. 46 ; 427-2707 ; www.maloka.org ; Carr. 68D n°24A-51 ; musée/cinéma/combiné 15 500/10 500/24 000 COP ; 8h-17h lun-ven, 10h-19h sam-dim) est un musée des sciences pour enfants, agrémenté d'un cinéma sphérique. Le **Museo de "El Chicó"** (ci-contre) dispose d'un parc et d'une bibliothèque pour jeunes lecteurs. Au **Museo Nacional** (ci-dessus), les voyageurs en herbe apprécieront les momies et les anciennes cellules de prison. Des vendeurs proposent des graines pour nourrir les (innombrables) pigeons de la **Plaza de Bolívar** (p. 45). Enfin, les petits adoreront les amusants chapeaux des soldats lors de la relève de la garde présidentielle, devant la **Casa de Nariño** (p. 47), non loin.

## Nord de Bogotá

**Museo de "El Chicó"** MUSÉE

(carte p. 56 ; www.museodelchico.com ; Carr. 7A n°93-01, Mercedes Sierra de Pérez ; tarif plein/étudiant 7 000/5 000 COP ; 10h-17h mar-dim). Ce musée occupe une belle *casona* (grande maison pleine de recoins) du XVIIIe siècle, entourée par ce qui était jadis une vaste hacienda. Sa collection d'art décoratif provient essentiellement d'Europe ; les sublimes salles de bains carrelées justifient la visite à elles seules. Le parc est idéal pour un pique-nique.

**Plaza Central de Usaquén** PLACE

(Los Toldos de San Pelayo, Carr. 6A, entre C. 119 et C. 119A). Le mieux est de venir un dimanche, pour le marché aux puces (10h-17h).

## Ouest de Bogotá

**Parque Simón Bolívar** PARC

(carte p. 46 ; C. 63 et C. 53, entre Carr. 48 et Carr. 68 ; 6h-18h). Ce parc de 360 ha est légèrement plus grand que Central Park à New York, ce qu'aiment à souligner les quelque 200 000 habitants qui le fréquentent le

VAUT LE DÉTOUR

## ZIPAQUIRÁ

La plus populaire des excursions à la journée au départ de Bogotá est incontestablement la **cathédrale de sel** (☎594-5959 ; www.catedraldesal.gov.co ; adulte/enfant 23 000/16 000 COP ; ⏲9h-17h30) de **Zipaquirá**, à 50 km au nord de Bogotá. Cette cathédrale souterraine sculptée dans le sel est l'une des trois structures de ce type existant dans le monde – les deux autres se trouvent en Pologne.

Dans les montagnes, à environ 500 m au sud-ouest de Zipaquirá, deux cathédrales de sel ont été construites : la première ouvrit ses portes en 1954 et les ferma en 1992 pour des questions de sécurité, mais vous pourrez visiter sa magnifique remplaçante. Entre 1991 et 1995, environ 250 000 tonnes de sel furent excavées pour créer ce sanctuaire souterrain à l'atmosphère surréaliste, ce qui constitue l'une des plus grandes réalisations architecturale récentes en Colombie. Vous descendrez à 180 m sous terre en traversant 14 petites chapelles représentant les stations du Chemin de croix (le dernier parcours de Jésus) ; toutes sont d'émouvantes prouesses de symbolisme et de sculpture. Mais rien ne vous prépare au point d'orgue du parcours : dans la nef principale, une gigantesque croix (la plus grosse du monde dans une église souterraine) est illuminée par le dessous, ce qui donne l'impression d'avoir atteint le paradis ! La tradition de mêler la religion au sel a des racines logiques : le travail dans les mines était tellement dangereux que des autels y étaient érigés.

Tout visiteur est tenu de se joindre à un parcours en groupe d'une heure – une fois à l'intérieur, vous serez toutefois libre de quitter le groupe. La mine de 75 m de long peut accueillir 8 400 personnes et une messe (très suivie) est prononcée le dimanche à midi. Outre la cathédrale de sel, un musée de la saumure et d'autres attractions mineures sont aménagées sur les lieux.

La place principale de Zipaquirá est bordée de cafés et sa jolie église mérite un coup d'œil. Pour vous y rendre depuis Bogotá, rendez-vous à la station Portal del Norte du TransMilenio, dans la Calle 170 (un trajet d'environ 45 minutes depuis le centre-ville). De là, les bus pour Zipaquirá (4 300 COP, 50 minutes) partent toutes les quatre minutes environ jusqu'à 23h, du quai "Buses Intermunicipales", à l'intérieur du Portal. Vous pourrez aussi prendre le bus direct qui part toutes les heures du *módulo* 3 (rouge), à la gare routière de Bogotá (4 200 COP, 1 heure 30). Une alternative consiste à prendre le **Turistren** (☎375-0557 ; www.turistren.com.co ; aller-retour adulte/enfant 43 000/27 000 COP), qui circule les samedis et dimanches entre Bogotá et Zipaquirá. Le train part de la principale gare ferroviaire de Bogotá, l'**Estación de la Sabana** (C. 13 n°18-24), à 8h30 ; il s'arrête brièvement à la gare d'Usaquén à 9h20 et arrive à Zipaquirá à 11h30. Un aller-retour en taxi depuis Bogotá coûte environ 180 000 COP, plus 25 000 COP par heure d'attente.

De Zipaquirá, quelques bus se rendent chaque jour à Villa de Leyva.

À environ 15 km au nord-est de Zipaquirá, la ville de **Nemocón** possède également une mine de sel, plus petite et moins touristique, qui peut être visitée tous les jours. Elle fut exploitée pendant 400 ans et servit jadis d'hôtel de ville. Il faut s'y rendre en taxi.

week-end. Le site est agréable, avec des lacs, des pistes cyclables, des sentiers, des bibliothèques publiques et des stades. Beaucoup d'événements y sont organisés, notamment le fameux festival Rock al Parque, à l'automne. La station Simón Bolívar, sur la ligne E du TransMilenio, se trouve à l'extrémité est du parc (à l'angle de l'Avanida Ciudad de Quito et de la Calle 64).

## Activités

Si vous cherchez un endroit pour faire un footing ou une partie de football, tentez le Parque Simón Bolívar, ou gravissez le Monserrate (p. 48) un samedi ou dimanche matin.

À vélo, vous pourrez tirer profit de la **CicloRuta** de Bogotá : 376 km de pistes cyclables sillonnent la ville. Bien organisée, la **Ciclovía** (www.idrd.gov.co) permet de réserver 121 km de route aux cyclistes et aux piétons, de 7h à 14h, le dimanche et les jours fériés. Les rues du parcours sont bordées de vendeurs de jus de fruits et de nourriture, d'artistes de rue et de stands de réparation de vélos ; l'ambiance est très festive, avec ou sans bicyclette. Si vous avez un vélo,

# Zona Rosa et Parque 93

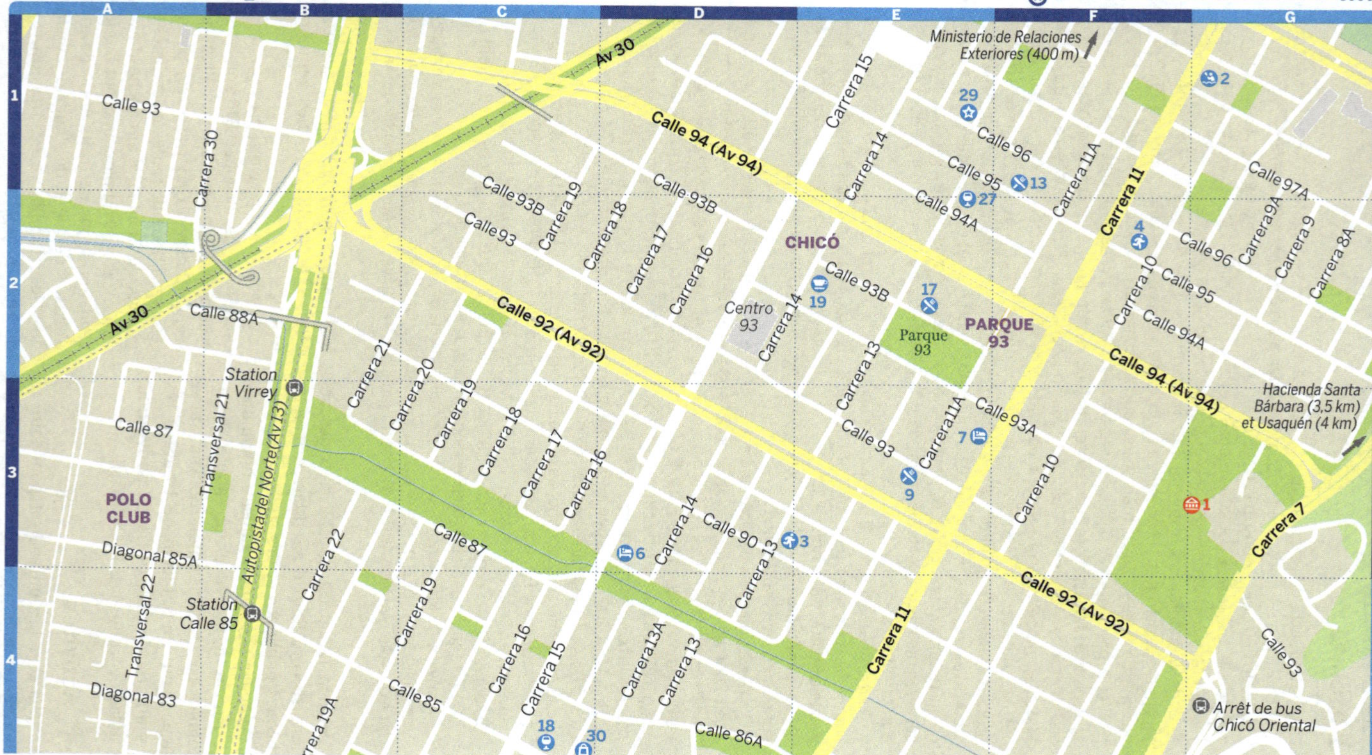

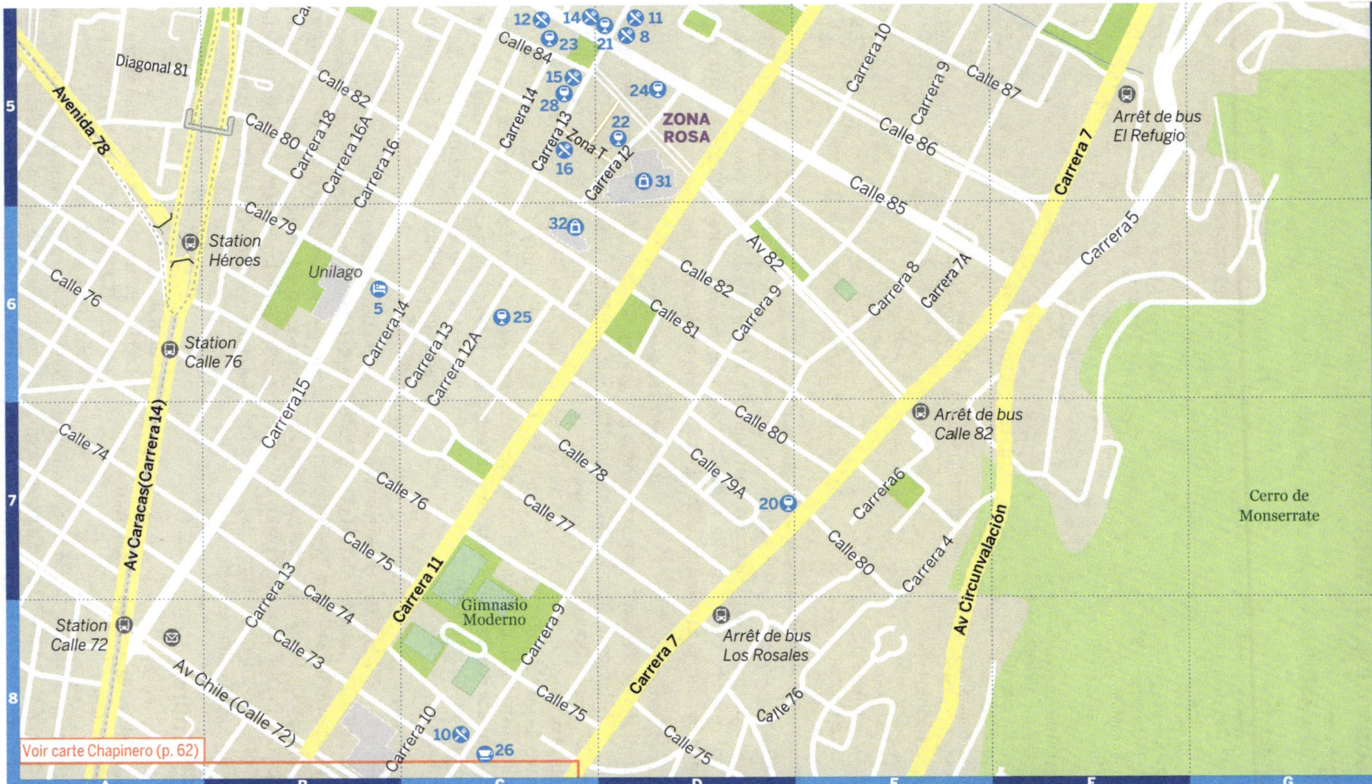
Diagonal 81
Avenida 78
Calle 82
Calle 80
Carrera 18
Carrera 16A
Carrera 16
Calle 79
Station Héroes
Unilago
5
Calle 76
Station Calle 76
25
Carrera 14
Carrera 13
Carrera 12A
Carrera 15
Calle 74
Av Caracas(Carrera 14)
Calle 76
Calle 77
Calle 75
Carrera 13
Calle 74
Calle 73
Station Calle 72
Av Chile (Calle 72)
Carrera 11
Gimnasio Moderno
Carrera 9
Carrera 10
10
26
Voir carte Chapinero (p. 62)
12
14
11
8
23
21
Calle 84
15
28
24
Carrera 14
Carrera 13
Zona T
16
22
Carrera 12
ZONA ROSA
31
32
Carrera 10
Carrera 9
Calle 87
Calle 86
Calle 85
Carrera 7
Arrêt de bus El Refugio
Carrera 5
Av 82
Calle 82
Calle 81
Carrera 9
Carrera 8
Carrera 7A
Calle 80
Calle 78
Calle 79A
20
Arrêt de bus Calle 82
Carrera 6
Calle 80
Carrera 4
Av Circunvalación
Carrera 7
Arrêt de bus Los Rosales
Calle 75
Calle 76
Calle 75
Cerro de Monserrate
A
B
C
D
E
F
G
5
6
7
8

## Zona Rosa et Parque 93

| | |
|---|---|
| **À voir** | |
| 1 Museo de "El Chicó" | G3 |
| **Activités** | |
| 2 Awake Adventures | G1 |
| 3 Colombian Journeys | D3 |
| 4 Plaza CPM | F2 |
| **Où se loger** | |
| 5 Chapinorte Bogotá | B6 |
| 6 Cité | D3 |
| 7 Hotel Click-Clack | E3 |
| **Où se restaurer** | |
| 8 Central Cevicheria | D5 |
| 9 Container City | E3 |
| 10 Crepes & Waffles | C8 |
| 11 Di Lucca | D5 |
| 12 El Corral | C5 |
| 13 Gourmet Food Containers | F1 |
| 14 La Areparia Venzolana | C5 |
| 15 La Paletteria | C5 |
| 16 Wok | C5 |
| 17 Wok | E2 |
| **Où prendre un verre et faire la fête** | |
| Andrés D.C. | (voir 32) |
| 18 Armando Records | C4 |
| 19 Azahar Cafe | E2 |
| 20 Bistro El Bandido | D7 |
| 21 Bogotá Beer Company | D5 |
| 22 Bogotá Beer Company | D5 |
| 23 El Coq | C5 |
| 24 El Mozo | D5 |
| 25 El Recreo de Adàn | C6 |
| 26 Juan Valdéz | C8 |
| 27 Uva | E2 |
| 28 Yumi Yumi | C5 |
| **Où sortir** | |
| 29 Gaira Café | E1 |
| **Achats** | |
| 30 Brincabrinca | C4 |
| 31 Centro Comercial Andino | D5 |
| 32 Centro Comercial El Retiro | C6 |

le **Ciclopaseo de los Miercoles** (balade cycliste du mercredi) est un sympathique circuit gratuit ; départ sur la **Plaza CPM** (carte p. 56 ; Carr. 10 au niveau de C. 96) à 19h.

**Sal Si Puedes** RANDONNÉE
(carte p. 50 ; ☎283-3765 ; www.salsipuedes.org ; Carr. 7 n°17-01, oficina 640 ; ⌚8h-17h lun-jeu, 8h-14h ven). Cette association de passionnés de nature organise des sorties à la campagne, le week-end (45 000 COP/pers, transport et guide hispanophone inclus). La plupart des randonnées durent 9 ou 10 heures. Passez au bureau pour récupérer le programme annuel.

**Gran Pared** ESCALADE
(carte p. 62 ; ☎285-0903 ; www.granpared.com ; Carr. 7 n°50-02 ; journée 25 000 COP ; ⌚10h-21h45 lun-ven, 8h-19h45 sam, 10h-17h45 dim). Les grimpeurs de Bogotá se rendent à Suesca, non loin, mais si vous voulez vous entraîner en ville, cet imposant mur d'escalade offre quelques défis. Bonne organisation.

## Cours

En Colombie, l'espagnol est prononcé de façon plus distincte que dans d'autres pays du continent.

**International House Bogotá** COURS DE LANGUE
(carte p. 50 ; ☎336-4747 ; www.ihbogota.com ; C. 10 n°4-09 ; ⌚7h-20h lun-ven, 8h-13h30 dim). Cours collectifs d'espagnol à La Candelaria (220 $US/semaine pour 5 matinées de 4 heures de cours) ou cours particuliers (30 $US/heure).

**Nueva Lengua** COURS DE LANGUE
(carte p. 62 ; ☎861-5555 ; www.nuevalengua.com ; C. 69 n°11A-09, Quinta Camacho). Cette école de langues assure différents programmes d'étude. Une semaine de cours particuliers (25 heures) coûte 850 $US ; un forfait de 20 heures de cours en petit groupe coûte 200 $US et un programme de cours et bénévolat (4 semaines minimum), avec travail dans un orphelinat ou un hôpital, coûte 800 $US.

**Universidad Javeriana's Centro Latinoamericano** COURS DE LANGUE
(carte p. 46 ; ☎320-8320 poste 4620 ; www.javeriana.edu.co/centrolatino ; Transversal 4 n°42-00, piso 6). L'école la plus réputée de Bogotá pour les cours d'espagnol propose des cours particuliers (97 000 COP/heure) ou des forfaits de 80 heures (2 080 000 COP/pers).

**Escuela de Artes y Oficios Santo Domingo** COURS D'ARTISANAT
(carte p. 50 ; ☎282-0534 ; www.eaosd.org ; C. 10 n°8-65 ; cours à partir de 221 000 COP ; ⌚boutique 8h-17h lun-sam). Installée dans un beau bâtiment restauré de La Candelaria, cette association, financée grâce à des dons,

propose des stages d'un ou deux mois (voire plus) consacrés au travail du bois, du cuir, des métaux, de la broderie et du tissage. Il ne s'agit pas d'une boutique à proprement parler, mais c'est la meilleure adresse de la ville pour acheter de l'artisanat de qualité.

## Circuits organisés

Des circuits pédestres gratuits partent tous les jours à 10h et 14h (en anglais également, à 14h les mardis et jeudis), du Punto de Información Turística (PIT ; p. 76) de La Candelaria.

**Bogotá Bike Tours** VÉLO
(carte p. 50 ; ☎281-9924 ; www.bogotabiketours.com ; Carr. 3 n°12-72 ; circuits 35 000 COP, location demi-journée/journée 20 000/35 000 COP). Organisés par Mike Caesar, un Californien passionné de vélo, ces circuits constituent une excellente manière de découvrir Bogotá, en particulier des quartiers où il serait imprudent de s'aventurer seul. Départ tous les jours à 10h30 et 13h30, depuis le bureau de La Candelaria.

Les sites classiques sont La Candelaria, un marché de fruits (remarquez les vendeurs d'épices), la Plaza de Toros de Santamaría, le cimetière central et le quartier "chaud". Mike loue également des vélos.

**Bogotá Graffiti Tour** CIRCUITS ARTISTIQUES
(carte p. 50 ; ☎321-297-4075 ; www.bogotagraffiti.com). GRATUIT Une fascinante balade à pied de 2 heures 30, à la découverte des innombrables œuvres d'art urbain de Bogotá ; départ tous les jours à 10h et à 14h, depuis le Parque de los Periodistas. Le circuit en lui-même est gratuit mais il est souhaitable de laisser un pourboire au guide (20 000 à 30 000 COP).

**5Bogotá** CIRCUITS CULTURELS
(☎313-278-5898 ; www.5bogota.com). Cette nouvelle agence gérée par de jeunes *Bogotanos* se distingue du lot en favorisant une découverte interactive de la ville. Elle propose des expériences sensorielles à partir des activités quotidiennes des habitants. Au programme : visite de marchés non touristiques, cours de cuisine pour préparer des *empanadas*, cours de graffiti avec un *grafitero* et séance de yoga-percussion.

**Destino Bogotá** CIRCUITS GUIDÉS
(☎753-4887 ; www.destinobogota.com). Nombreux circuits ludiques en ville et dans les environs, notamment "Bogotá hantée" et une formule avec cours de salsa et tournée des clubs, mais aussi des excursions plus classiques, comme une excellente sortie d'une journée à Guatavita/Zipaquirá. Également des options plus confidentielles, comme une randonnée dans les collines de l'est et un circuit consacré au café. De nouvelles thématiques sont développées : bière, littérature et vie nocturne gay.

**Andes Ecotours** CIRCUITS ÉCOLOGIQUES
(carte p. 50 ; ☎310-559-9729 ; www.andesecotours.com ; Carr. 3 n°12B-89). Cette agence organise des excursions à la journée axées sur la nature, à Bogotá et dans les environs (randonnées dans la forêt de nuages de Choachi, dans le *páramo* de Sumapaz et dans le parc national de Chingaza) ainsi que des circuits de plusieurs jours au Lago de Tota et des séjours dans des fermes de café. Dans tous les cas, le tourisme durable et le développement des communautés ont priorité.

## Fêtes et festivals

Des fêtes, de rang aussi bien national que local, se succèdent tout au long de l'année. En voici un florilège. Renseignez-vous également sur les festivités plus modestes organisées chaque mois.

**Salsa al Parque** SALSA
(www.festivalsalsaalparque.blogspot.com ; août). Une vague de salsa déferle sur le Parque Simón Bolívar.

**Festival de Verano** CULTURE
(août). Dix jours de musique et de culture dans le Parque Simón Bolívar. Gratuit.

**Jazz al Parque** JAZZ
(www.culturarecreacionydeporte.gov.co/jazz_al_parque ; sept). Organisé par l'Instituto Distrital de las Artes, ce festival accueille des artistes de jazz originaires de Bogotá et de toute la Colombie, et parfois une tête d'affiche américaine ou européenne.

**Festival de Cine de Bogotá** CINÉMA
(www.bogocine.com ; oct). Créé il y a 30 ans, ce festival attire des cinéastes du monde entier, et une belle sélection latino-américaine figure généralement au programme.

**Hip Hop al Parque** MUSIQUE
(www.culturarecreacionydeporte.gov.co/hiphop/ ; oct). Dans le Parque Simón Bolívar, le hip-hop est roi pendant deux jours.

**Rock al Parque** MUSIQUE
(www.rockalparque.net ; oct-nov). Trois jours de rock/métal/pop/funk/reggae, avec des

groupes majoritairement sud-américains, dans le Parque Simón Bolívar. Gratuit et attendu fébrilement par une foule d'inconditionnels.

**Expoartesanías** ARTISANAT
(www.expoartesanias.com ; ⏲ déc). Excellente occasion d'emplettes, cette foire rassemble des artisans venus de tout le pays pour exposer leurs créations.

## Où se loger

À Bogotá, on a récemment assisté à une explosion du nombre de boutiques-hôtels et la capitale compte désormais une kyrielle d'adresses chics voire luxueuses, principalement dans le Nord. Si vous voyagez pour affaires, aspirez au confort ou voulez avoir l'esprit tranquille en matière de sécurité, vous apprécierez les hôtels concentrés au nord de la Calle 65 ; la plupart se situent à distance de marche raisonnable de l'animation de la Zona G, de la Zona Rosa ou du Parque 93. Il y a également des auberges de jeunesse à proximité. Vous pourrez donc loger dans ce secteur et explorer La Candelaria pendant la journée.

Si vous êtes un baroudeur aguerri et que vous avez peu de temps, misez plutôt sur La Candelaria, où se trouvent la plupart des sites intéressants et des hébergements bon marché.

### La Candelaria

Ces dernières années, pléthore d'auberges de jeunesse sont apparues dans le quartier historique de La Candelaria. Leurs chambres privatives sont d'usage plus agréables que celles, bon marché, de nombre d'hôtels vieillots, sinon sordides, des environs. Les voyageurs au budget plus confortable pourront faire leur choix parmi quelques adresses empreintes d'un charme colonial encore plus authentique qu'ailleurs dans la capitale.

**Cranky Croc** AUBERGE DE JEUNESSE $
(carte p. 50 ; ☎342-2438 ; www.crankycroc.com ; C. 12D n°3-46 ; dort à partir de 23 000 COP, s/d/tr 56 000/74 000/105 000 COP, sans sdb 66 000/90 000/120 000 COP ; @ wifi). L'une de nos auberges préférées à Bogotá. Un sympathique Australien y gère les six dortoirs et sept chambres distribués autour des espaces communs, avec notamment une cuisine et un restaurant (petit-déjeuner préparé à la demande et excellent café). Les dortoirs sont équipés de casiers, lampes de chevet et prises électriques individuelless. Les salles de bains viennent d'être rénovées, au point qu'on se croirait dans un boutique-hôtel.

**Lima Limon** AUBERGE DE JEUNESSE $
(carte p. 50 ; ☎281-1260 ; www.limalimonhostel.com ; Carr. 1 n°12B-15 ; dort à partir de 22 000 COP, s/d sans sdb 40 000/60 000 COP, petit-déj inclus ; @ wifi). Organisé autour d'une cour intérieure haute en couleur, cet établissement douillet ne manque pas de caractère. Sa petite taille et son atmosphère artistique et décontractée évoquent davantage une maison d'hôtes qu'une auberge de jeunesse de grande ville. Cuisine parfaitement équipée. Les bonus : réception ouverte 24h/24 et eau chaude toute la journée.

**Casa Bellavista** AUBERGE DE JEUNESSE $
(carte p. 50 ; ☎334-1230 ; www.bellavistahostelbogota.com ; Carr. 2 n°12B-31 ; dort à partir de 18 000 COP, s/d 60 000/70 000 COP, petit-déj inclus ; @ wifi). Cette petite adresse familiale présente un bon rapport qualité/prix. Elle occupe une maison historique pleine de cachet, à quelques pas de la Plazoleta del Chorro de Quevedo. Les parquets grinçants mènent à des dortoirs colorés équipés de leur propre salle de bains, et à deux chambres spacieuses agrémentées d'une foule de détails, tels que des carrelages originaux au sol.

♥ **Masaya Intercultural Hostel** AUBERGE DE JEUNESSE $$
(carte p. 50 ; ☎747-1848 ; www.masaya-experience.com ; Carr. 2 n°12-48 ; dort à partir de 20 000 COP, ch avec/sans sdb à partir de 100 000/70 000 COP ; @ wifi). Cet immense établissement tenu par des Français comporte des dortoirs confortables, avec rideaux pour préserver l'intimité, fauteuils poires et oreillers et couettes moelleux, ainsi que des chambres dignes d'un hôtel, fort spacieuses et pourvues de belles armoires et de TV à écran plat. Le raffinement du lieu dépasse de loin celui auquel on s'attend s'agissant d'une auberge de jeunesse. Mentionnons aussi les beaux espaces communs, les douches chaudes avec beaucoup de pression et le large choix d'activités culturelles.

**Casa Platypus** PENSION $$
(carte p. 50 ; ☎281-1801 ; www.casaplatypus.com ; Carr. 3 n°12F-28 ; dort/s/d/tr 44 000/144 000/166 000/188 000 COP ; @ wifi). Cette pension haut de gamme est un choix idéal pour les voyageurs combinant sac à dos et solide

compte bancaire. Les chambres, sobres et parquetées de bois dur, ont également l'atout de salles de bains privatives. L'étroite terrasse permet d'observer le ballet vespéral des étudiants dans la rue en contrebas, et celle sur le toit a vue imprenable sur le Montserrat.

**Anandamayi Hostel** AUBERGE DE JEUNESSE **$$**
(carte p. 50 ; ✆341-7208 ; www.anandamayi-hostel.com ; C. 9 n°2-81 ; dort/s/d sans sdb 40 000/110 000/160 000 COP, d 180 000 COP, petit-déj inclus ; @ ). Au sud de la plupart des auberges de jeunesse, cette jolie maison coloniale chaulée, aux fenêtres turquoise, se distingue par ses chambres au superbe mobilier colonial, avec poutres apparentes et couvertures en laine. Les chambres et le dortoir de 13 lits entourent plusieurs cours en pierre, agrémentées de plantes et de hamacs. Une adresse de choix dans La Candelaria, idéale pour les voyageurs en quête de sérénité.

♥ **Orchids** BOUTIQUE-HÔTEL **$$$**
(carte p. 50 ; ✆745-5438 ; www.theorchidshotel.com ; Carr. 5 n°10-55 ; ch 550 000 COP, ste 660 000 COP ; @ ). La façade mauve dissimule l'une des adresses les plus chics et raffinées de La Candelaria : un boutique-hôtel intimiste de 8 chambres, fort d'un authentique charme historique. Les chambres, aux dimensions généreuses, arborent toutes une décoration différente ; les meubles d'époque (certains ont toujours été dans cette demeure), les lits à baldaquin, les lavabos en porcelaine et les bureaux en bois n'en sont que quelques-uns des attraits.

Les employés sont vêtus d'élégants uniformes de majordome violets et le restaurant (sur réservation uniquement) propose un menu imaginé par Harry Sassoon, l'un des plus célèbres chefs de Bogotá.

♥ **Casa Deco** BOUTIQUE-HÔTEL **$$$**
(carte p. 50 ; ✆282-8640 ; www.hotelcasadeco.com ; C. 12C n°2-36 ; s/d à partir de 190 000/229 000 COP petit-déj inclus ; @ ). Ce splendide hôtel de 21 chambres, géré par un marchand d'émeraudes italien, est d'un niveau largement supérieur aux innombrables auberges de jeunesse qui l'entourent. Les chambres sont déclinées dans une palette de sept couleurs vives, et sont agrémentées de meubles en bois de style Art déco, de bureaux et de lits futons.

Guitariste au petit-déjeuner, personnel adorable et fantastique terrasse avec vue sur le Monserrate et le Cerro de Guadalupe.

## Chapinero

♥ **La Pinta** AUBERGE DE JEUNESSE **$$**
(carte p. 62 ; ✆211-9526 ; www.lapinta.com.co ; C. 65 n°5-67 ; dort à partir de 26 000 COP, s/d 90 000/120 000 COP, sans sdb 70 000/96 000 COP ; @ ). Niché dans une maison sans enseigne, dans le superbe quartier de Chapinero, à quelques pas de La Séptima (Carrera 7), ce havre secret se targue d'un extraordinaire jardin à l'arrière, de grandes salles de bains modernes, de couettes colorées et de parquet. On frôle la qualité d'un boutique-hôtel. Grande cuisine commune et nouveau bar chaleureux. Avec une vue sur le jardin, la chambre n°304 est la meilleure double.

**Fulano Backpackers** AUBERGE DE JEUNESSE **$$**
(carte p. 62 ; ✆744-2053 ; www.fulanobackpackers.com ; Carr. 10A n°69-41 ; dort à partir de 24 000 COP, ch avec/sans sdb à partir de 110 000/86 000 COP, petit-déj inclus ; @ ). Gérée par une équipe italo-colombienne, cette auberge de jeunesse haut de gamme occupe une demeure historique de Quinta Camacho. Le plaisir des yeux est total : la juxtaposition de bois durs, la décoration minimaliste et le carrelage artistique dans les salles de bains participent de l'attrait du lieu. Sets de DJ, concerts et barbecues sont régulièrement organisés, et une véritable effervescence culturelle plane dans l'air.

**12:12 Hostel** AUBERGE DE JEUNESSE **$$**
(carte p. 62 ; ✆467-2656 ; www.1212hostels.com ; Carr. 4 n°66-46 ; dort 26 000-40 000 COP, ch 116 000 COP ; @ ). Cette nouvelle auberge de jeunesse à l'atmosphère artistique incarne l'esprit avant-gardiste de Chapinero Alto. Dans cet établissement design, les vieux vélos transformés en installations artistiques accrochées aux murs et les couvertures de livres en guise de papier peint donnent le ton.

Les lits des dortoirs colorés sont les plus confortables de Bogotá, avec couettes douillettes, lampes de chevet et rideaux pour plus d'intimité. La grande cuisine moderne et les salles de bains en ardoise sont dignes d'un boutique-hôtel.

**Casa Rústica** PENSION **$$$**
(carte p. 62 ; ✆210-0023 ; www.casarusticabogota.com ; C. 70 n°9-41 ; s/d 115 000/195 000 COP petit-déj et déj inclus ; ). À Quinto Camacho, cette adresse loufoque éveille la curiosité du voisinage. Le propriétaire, un

## Chapinero

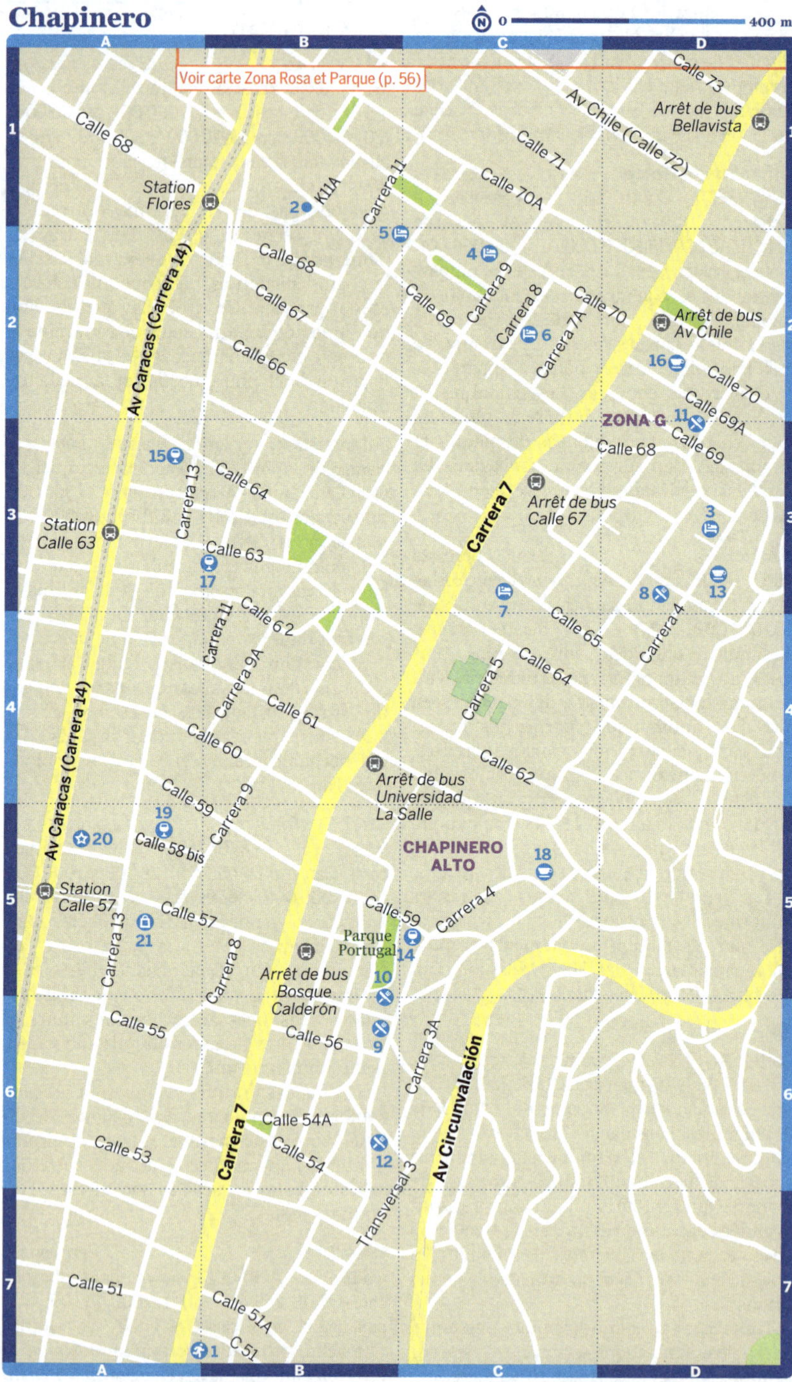

0
400 m
Voir carte Zona Rosa et Parque (p. 56)
Calle 73
Av Chile (Calle 72)
Arrêt de bus Bellavista
Calle 71
Calle 70A
Calle 68
Station Flores
K11A
Carrera 11
Av Caracas (Carrera 14)
Calle 67
Calle 66
Calle 69
Carrera 9
Carrera 8
Carrera 7A
Calle 70
Arrêt de bus Av Chile
Calle 69A
ZONA G
Calle 68
Calle 64
Carrera 13
Station Calle 63
Calle 63
Carrera 7
Arrêt de bus Calle 67
Calle 62
Carrera 11
Carrera 9A
Calle 65
Carrera 4
Carrera 5
Calle 64
Calle 61
Calle 60
Calle 62
Arrêt de bus Universidad La Salle
Calle 59
Carrera 9
Calle 58 bis
CHAPINERO ALTO
Station Calle 57
Calle 57
Carrera 13
Carrera 8
Calle 59
Carrera 4
Parque Portugal
Arrêt de bus Bosque Calderón
Calle 55
Calle 56
Carrera 3A
Av Circunvalación
Calle 54A
Calle 53
Calle 54
Transversal 3
Calle 51
Calle 51A
C 51

## Chapinero

**Activités**
1 Gran Pared ... A7
2 Nueva Lengua ... B1

**Où se loger**
3 12:12 Hostel ... D3
4 Casa Rústica ... C2
5 Fulano Backpackers ... B2
6 La Casona del Patio ... C2
7 La Pinta ... C3

**Où se restaurer**
8 Arbol de Pan ... D3
9 Dulce Mini-Mal ... B6
10 Mini-Mal ... B5
11 Nick's ... D3
12 Salvo Patria ... B6

**Où prendre un verre et faire la fête**
13 Amor Perfecto ... D3
14 Bogotá Beer Company ... C5
15 El Titicó ... A3
16 Juan Valdéz Orígenes ... D2
17 Mi Tierra ... B3
18 Taller de Té ... C5
19 Theatron ... A5

**Où sortir**
20 Latino Power ... A5

**Achats**
21 Camping Amarelo ... A5

rien excentrique, est un spécialiste de l'Art Réco, un mouvement qui a pour credo "les déchets d'un individu peuvent devenir un trésor pour son semblable". Cette maison des années 1950 est donc meublée à 80% d'objets recyclés.

L'idée est brillante et les six chambres sont confortables – on imagine bien un écrivain s'y enfermer quelques jours, loin de la civilisation. Notre préférée est El Altillo, une chambre mansardée avec briques apparentes, plafond incliné et vue sur les toits.

## Zona G

**La Casona del Patio** PENSION **$$$**
(carte p. 62 ; 212-8805 ; www.lacasonadelpatio.net ; Carr. 8 n°69-24 ; s/d 125 000/170 000 COP petit-déj inclus ; @). Cette paisible pension, aménagée dans une maison historique, compte 24 chambres et s'apparente à une auberge de jeunesse pour adultes dans la force de l'âge. Les chambres plus anciennes, distribuées autour d'une petite cour, sont équipées de TV à écran LCD, sols imitation parquet et décoration en lien avec les sites touristiques des environs. Les nouvelles chambres, dans une maison attenante, sont plus modernes.

## Zona Rosa et Parque 93

**Chapinorte Bogotá** AUBERGE DE JEUNESSE **$$**
(carte p. 56 ; 317-640-6716 ; www.chapinortehostelbogota.com ; C. 79 n°14-59, app 402 ; s/d/tr 85 000/100 000/145 000 COP, sans sdb 60 000/80 000/120 000 COP ; @). Occupant deux étages d'un immeuble résidentiel quelconque, juste après la lisière nord de Chapinero, cette pension tenue par un Espagnol est un excellent choix pour qui souhaite s'écarter de La Candelaria. Certaines des huit chambres élégantes possèdent une immense salle de bains et la TV câblée. Joli îlot de cuisine dans le salon. Pas de petit-déjeuner.

**Hotel Click-Clack** BOUTIQUE-HÔTEL **$$$**
(carte p. 56 ; 743-0404 ; www.clickclackhotel.com ; Carr. 11 n°93-77 ; ch 280 000-470 000 COP ; @). Ce nouveau boutique-hôtel ultradesign est l'endroit idéal pour frayer avec les lanceurs de tendances colombiens. Les téléviseurs et le matériel photo vintage soulignent le style urbain et sophistiqué. Il y a cinq tailles de chambre (de très petite à grande) ; les plus plaisantes sont les moyennes du 2e étage, qui donnent sur de vastes patios extérieurs, avec coin pelouse et jardin vertical.

S'il n'y a ni spa, ni salle de sport, l'accent est mis sur le bon vivre : découvrez Apache, le joli bar à hamburgers aménagé sur le toit, avec vue imprenable, ou le restaurant branché 100 Grams, au sous-sol, où sont servies uniquement des portions de 100 g (un peu plus copieuses que des tapas). Chaque chambre est pourvue d'un kit "Désir" et d'un kit "Gueule de bois", à utiliser selon l'issue de votre soirée.

**Cité** BOUTIQUE-HÔTEL **$$$**
(carte p. 56 ; 644-4000 ; www.citehotel.com ; Carr. 15 n°88-10 ; ch à partir de 560 000 COP, petit-déj inclus ; @). Ce nouveau boutique-hôtel très chic fait partie d'une petite chaîne de Bogotá. Niché entre la Zona Rosa et le Parque 93, il se targue d'équipements inhabituels comme une piscine chauffée sur le toit et des chambres très spacieuses avec beaucoup de lumière naturelle, et parfois même une baignoire (véritable rareté dans la capitale). Cerise

sur le gâteau : des vélos sont gracieusement prêtés aux hôtes – l'établissement est situé en bordure d'une piste cyclable CicloRuta.

## Où se restaurer

Pour beaucoup de restaurateurs de Bogotá, la fusion est désormais le mot d'ordre. On retrouve ainsi des influences méditerranéennes, italiennes, californiennes ou asiatiques dans des plats typiquement colombiens. La cuisine péruvienne est également très présente. Pendant des années, les grandes chaînes de fast-food ont monopolisé le marché du hamburger, mais il y a désormais pléthore de bonnes adresses pour déguster un burger gastronomique. Pour une escapadade culinaire, les meilleurs quartiers sont la Zona Rosa, Nogal et la Zona G ; le secteur un peu bohème de Macarena (juste au nord de La Candelaria) est aussi recommandé pour ses nombreux restaurants qui continuent à servir des boissons aux fêtards (principalement des étudiants), longtemps après la fermeture des cuisines.

### La Candelaria

**Quinua y Amaranto** VÉGÉTARIEN $

(carte p. 50 ; www.blog.colombio.co/quinua-y-amaranto.html ; C. 11 n°2-95 ; menu déj 14 000 COP ; 8h-16h sam et lun, 8h-19h mar-ven ; ). Tenu par les dames qui officient dans la cuisine ouverte, cet agréable restaurant propose une cuisine végétarienne en semaine (le week-end, il y a souvent de l'*ajiaco* – soupe à base de poulet, maïs, pommes de terre, crème et câpres), avec de savoureux menus fixes à midi, ainsi que des *empanadas*, des salades et du café. Vous pourrez aussi acheter des feuilles de coca, des viennoiseries et d'appétissants fromages artisanaux (le samedi).

**La Puerta Falsa** RESTAURATION RAPIDE $

(carte p. 50 ; C. 11 n°6-50 ; bonbons 1 500-2 000 COP, en-cas 3 500-6 300 COP ; 7h-21h lun-sam, 8h-19h dim). Depuis 1816, la plus célèbre boutique d'en-cas de Bogotá vend toutes sortes de douceurs colorées. Certains se plaignent que le minuscule établissement soit désormais envahi de touristes, mais lors de notre passage, nous étions les seuls étrangers.

Les *tamales* moelleux et le *chocolate completo* (chocolat chaud avec fromage, pain beurré et biscuit ; 6 500 COP) demeurent des grands classiques de Bogotá.

**Café de la Peña Pastelería Francesa** CAFÉ $

(carte p. 50 ; Carr. 3 n°9-66 ; spécialités 2 700-5 800 COP ; 8h-19h lun-sam, 9h-18h dim ; ). Difficile à croire, mais ce sont bien des Colombiens qui dirigent cette fabuleuse boulangerie française ! Ils concoctent les meilleurs pains au chocolat et confiseries du quartier et torréfient leur propre café, excellent. Les murs du jardin sont agrémentés d'œuvres d'art traditionnel et il y a quelques places pour s'asseoir.

**Hibiscus Cafe** PETIT-DÉJEUNER $

(carte p. 50 ; C. 12D n°2-21 ; petit-déj 3 400-7 900 COP ; 7h-18h lun-sam, 8h-15h dim ; ). Accueillant autant d'habitants que de voyageurs, cet établissement simple et coquet, au coin de la rue, propose un petit-déjeuner souvent meilleur que celui servi dans les hébergements bon marché.

**Sant Just** FRANÇAIS $$

(carte p. 50 ; C. 16A n°2-73 ; plats 14 000-32 000 COP ; 12h-16h lun-sam ; ). Dans ce merveilleux café piloté par des Français, les spécialités de l'Hexagone, mâtinées de touches colombiennes, changent tous les jours et sont annoncées sur une grande ardoise. Quels que soient les ingrédients du jour – jus de fruits frais, poisson issu de la pêche durable, excellent agneau et légumes oubliés comme le *cubio* (un tubercule andin) –, le goût et la présentation sont toujours au rendez-vous. Il faut souvent attendre. Espèces uniquement.

**Trattoria Nuraghe** ITALIEN $$

(carte p. 50 ; C. 12B n°1-26 ; plats 14 000-28 000 COP ; 11h30-21h mar-sam, 12h-17h dim). La succulente cuisine italienne traditionnelle est servie par une sympathique famille sarde dans un lieu étroit et intimiste. Idéal pour un long déjeuner arrosé de bon vin, en particulier le dimanche, puisque c'est l'une des rares bonnes adresses ouvertes ce jour-là. Parmi les plats sardes authentiques, mentionnons les *malloreddus alla campidanese* (pâtes en forme de coquillages, avec chorizo italien et *pecorino*) et les *spaghettini allu ollu e bottarga* (spaghettis agrémentés d'ail, de persil et de poutargue).

**Capital Cocina** COLOMBIEN $$

(carte p. 50 ; C. 10 n°2-99 ; plats 15 500-25 000 COP ; 12h-15h30 et 18h30-22h lun-sam). Préparez-vous à jouer des coudes pour obtenir une table dans ce café pittoresque, où sont

## LES CHAÎNES DE BOGOTÁ

Nous n'avons pas pour habitude de vanter les chaînes, mais Bogotá en possède quelques-unes qui méritent le détour. La plupart se trouvent dans le nord de la capitale.

**Wok** (www.wok.com.co ; plats 13 900-31 900 COP). Dans cette chaîne tendance qui défend des valeurs sociales et environnementales, choisir son plat est un véritable casse-tête : les innombrables spécialités chinoises, vietnamiennes, indonésiennes et cambodgiennes (dont des sushis à base de poissons issus de la pêche durable) attirent une fidèle clientèle d'habitants branchés. Tout est divin et il y a plusieurs adresses : Centro Internacional (carte p. 50 ; Carr. n°29-07 ; plats 13 900-31 900 COP ; 12h-22h lun-jeu, 12h-22h30 ven-sam, 12h-18h dim ; ), Parque 93 (carte p. 56 ; C. 93B n°12-28 ; plats 13 900-31 900 COP ; 11h-22h30 lun-mer, 12h-23h jeu-sam, 12h-21h dim ; ) et Zona Rosa (carte p. 56 ; Carr. 13 n°82-74 ; plats 13 900-31 900 COP ; 12h-22h30 lun-mer, 12h-23h jeu-sam, 12h-22h dim ; ).

**El Corral** (carte p. 56 ; www.elcorral.com ; C. 85 n°13-77 ; burgers 10 300-18 900 COP ; 24h/24 ; ). Succursale de l'empire El Corral et El Corral Gourmet – réputé pour ses burgers au goût inimitable – ce point de vente est idéal pour combler une fringale à tout moment. Autre branche au Centro Cultural Gabriel García Márquez (carte p. 50 ; C. 11 n°5-60 ; plats 17 500-46 900 COP ; 12h-20h lun-sam, 12h-17h dim ; ).

**Bogotá Beer Company** (carte p. 56 ; www.bogotabeercompany.com ; C. 85 n°13-06 ; pinte 10 900 COP ; 12h30-2h30 ; ). Ces établissements de style pub sont une aubaine pour les amateurs de houblon, avec 12 bières microbrassées à la pression, variant au gré des saisons (mais souvent, toutes ne sont pas disponibles). Les branches d'Usaquén et de Macarena sont un peu plus décontractées que les autres. À La Bodega, le petit point de vente à emporter de Chapinero Alto, les pintes sont 40% moins chères. Différentes adresses : Usaquén (Carr. 6 n°119-24 ; pinte 10 900 COP ; 12h30-1h dim-mar, 12h30-2h30 mer-sam ; ), Macarena (carte p. 50 ; Carr. 4A n°27-04 ; pinte 10 900 COP ; 12h30-tard ; ), Chapinero Alto (La Bodega ; carte p. 62 ; C. 59 n°4-15 ; pinte 4 300-5 900 COP ; 10h-21h dim-mer, 10h-23h jeu-sam ; ) et Zona Rosa (carte p. 56 ; Carr. 12 n°83-33 ; pinte 10 000 COP ; 11h30-1h dim-jeu, 11h30-2h mer, 11h30-3h jeu-sam ; ).

**Crepes & Waffles** (carte p. 56 ; www.crepesywaffles.com.co ; Carr. 9 n°73-33 ; plats 9 900-24 400 COP ; 11h45-22h lun-jeu, 22h45-23h ven, 11h45-22h30 sam, 11h45-21h dim ; ). Des 35 adresses toujours bondées de cette chaîne de Bogotá – où sont employées des femmes dans le besoin – celle-ci est notre préférée : une maison en brique de deux étages, avec une terrasse sur le trottoir, entre la Zona G et la Zona Rosa. Comme les autres, elle propose des crêpes fourrées aux légumes, à la viande ou aux fruits de mer, ainsi que d'irrésistibles gaufres nappées de glace (6 300 COP).

**Juan Valdéz** (carte p. 50 ; www.juanvaldezcafe.com ; Carr. 6 n°11-20, Centro Cultural Gabriel García Márquez ; café 2 900-6 000 COP ; 7h-18h lun-sam, 10h-18h dim ; ). Des deux grandes chaînes semblables à Starbucks (l'autre étant Oma), Juan Valdéz est la meilleure. On y sert du *tinto* (café), du cappuccino ou des cafés allongés. Tentez les adresses suivantes : Museo Nacional (carte p. 50 ; Carr. 7 n°28-66 ; café 2 900-6 000 COP ; 10h-18h mar-sam, 10h-17h dim), Zona G (carte p. 62 ; C. 70 n°6-09 ; café 3 400-6 800 COP ; 7h-22h lun-sam ; ) et Zona Rosa (carte p. 56 ; angle C. 73 et Carr. 9 ; café 2 900-6 000 COP ; 7h-20h lun-ven, 8h-20h sam-dim ; ). Il y en a partout en ville, surtout dans le Nord, avec notamment une adresse sélect spécialisée dans les cafés d'origine unique (dans la Zona G).

également servis quelques plats colombiens classiques – poisson du jour, côte de porc, steak, *pollo suprema* – simples mais savoureux. Le menu du jour (3 plats, 16 500 COP) est d'un rapport qualité/prix imbattable vu le talent du chef Juan Pablo. Également des bières artisanales, des vins corrects et un café d'origine unique. Difficile de trouver mieux dans La Candelaria.

**La Hamburguesería** HAMBURGERS **$$**
(carte p. 50 ; www.lahamburgueseria.com ; C. 11 n°2-78 ; hamburgers 13 500-25 000 COP ; 11h-22h

lun-sam, 11h-18h dim ; ). Cette succursale d'une chaîne branchée (créée un peu plus au nord, dans le quartier de Macarena) mitonne certains des meilleurs burgers de la capitale. Les épais sandwichs sont relevés de saveurs internationales (mexicaines, méditerranéennes ou orientales, avec plusieurs options végétariennes) et accompagnés de cinq sauces et condiments faits maison. Concerts de jazz le vendredi à partir de 20h.

**La Condesa**
**Irina Lazaar** AMÉRICAIN **$$$**
(carte p. 50 ; 283-1573 ; Carr. 6 n°10-19 ; plats 25 000-40 000 COP ; 12h-15h30 lun-ven et 19h-22h jeu-sam ; ). Ce petit restaurant de 10 tables, sans enseigne, est dirigé par un Mexicano-Américain originaire de Californie. Nommé d'après le personnage joué par Brigitte Bardot dans le western *Shalako,* il vise une clientèle de bobos, juges, députés et autres personnels diplomatiques. Le chef, Edgardo, concocte des mets fantastiques, autant que possible à partir d'ingrédients bio.

Poisson frais, poulet fermier, escalope de porc ou crevettes à l'étouffée merveilleusement épicées, tout est divin. De loin la meilleure table de La Candelaria.

## Centre-ville

**Pastelería Florida** COLOMBIEN **$**
(carte p. 50 ; Carr. 7 n°21-46 ; en-cas 1 100-22 000 COP, chocolate completo 8 600 COP). Si vous aspirez à un peu de faste ou d'historicité pour accompagner votre *chocolate santafereño* (chocolat chaud servi avec du fromage), rendez-vous dans cette boutique-restaurant légendaire (en activité depuis 1936), où le personnel en uniforme vous proposera tout un choix de gâteaux.

**Olimpica** SUPERMARCHÉ **$**
(carte p. 50 ; Av. Jiménez n°4-70 ; 7h-21h lun-sam, 9h-16h dim). À environ 5 minutes à pied de la plupart des auberges de jeunesse du quartier.

**Restaurante La Pola** COLOMBIEN **$$**
(carte p. 50 ; C. 19bis n°1-85 ; ajíaco 17 000-19 000 COP ; 11h-17h lun-sam). Sur la route du Monserrate, cet immense restaurant se compose de plusieurs salles à l'ambiance désuète et d'une petite cour. Délicieuses grillades à midi, ou plats à la carte, notamment l'un des meilleurs *ajíacos* de la ville.

## Macarena

En matière de gastronomie, Macarena est un quartier en plein devenir, doté d'une ribambelle d'excellentes adresses raffinées. Toutefois, il a su rester fidèle à ses racines et c'est le genre d'endroit où des passants peuvent très bien s'arrêter discuter avec les convives. Macarena se trouve à une douzaine de *cuadras* au nord de La Candelaria (à l'est de la Carrera 7 depuis le Centro Internacional, en montant la colline).

Il y a également beaucoup de bonnes options dans la Calle 29bis, juste au nord-est du Museo Nacional.

**La Tapería** TAPAS **$$**
(carte p. 50 ; www.lataperia.co ; Carr. 4A n°26D-12 ; tapas 9 900-27 000 COP ; 12h-15h et 18h-tard lun-ven, 13h-23h sam, 13h-16h dim ; ). Dans cet établissement aux airs de loft branché, on se régale de tapas, par exemple des tomates cerises enrobées de fromage bleu et de bacon, servies dans une réduction de balsamique (notre coup de cœur !). Le propriétaire hollandais est un mélomane invétéré : il programme des concerts de flamenco les jeudis et samedis, et le vendredi, la playlist "Musica del Barrio" remporte un franc succès.

**Agave Azul** MEXICAIN **$$$**
(carte p. 50 ; 315-277-0329 ; www.restaurantagaveazul.blogspot.com ; Carr. 3A n°26B-52 ; repas 70 000 COP ; 12h-15h et 18h-22h mar-ven, 13h-16h et 19h-22h30 sam ; ). Ce fabuleux restaurant vous réservera une épopée culinaire à travers la cuisine mexicaine, avec quelques détours par Chicago, New York et Oaxaca. La chef Tatiana Navarro n'établit pas de carte ; son menu dégustation évolue au fil des jours. Dépourvu d'enseigne, l'établissement est dissimulé dans une maison, dans une rue peu sûre de Macarena. Prenez un taxi.

Une fois en sécurité à l'intérieur, c'est un festival pour les papilles : entre autres surprises, vous dégusterez du plat-de-côte de bœuf braisé façon Jalisco (avec piment *poblano*), des lasagnes noires au *huitlacoche* (champignon du maïs) ou des mini-sandwichs garnis de *carnitas* (porc braisé), de *chicharones* (couenne de porc frite), d'avocat et d'oignons marinés. Arrosez le tout avec une margarita au piment *chipotle* (19 000 COP) – sans doute la meilleure de Colombie – et vous atteindrez le nirvana de la *cocina mexicana.*

À NE PAS MANQUER

## ANDRÉS CARNE DE RES

Le légendaire bar-restaurant **Andrés Carne de Res** (☎863-7880 ; www.andrescarnederes.com ; C. 3 n°11A-56, Chía ; plats 16 700-75 500 COP, droit d'entrée ven-sam 10 000-15 000 COP ; ⊙11h-3h jeu-sam, 11h-minuit dim) est un cocktail hallucinant mêlant Tim Burton, Disneyland et Willy Wonka – avec l'esprit d'un ferrailleur kitsch et la folie d'un parc d'attractions. Un touriste suédois a su trouver les mots justes : "On a l'impression de dîner dans une machine à laver". Bref, Andrés parvient à estomaquer tout le monde – même ceux qui sont déjà venus – avec son atmosphère déjantée, ses fabuleux steaks – le menu est un magazine de 70 pages – et sa décoration surréaliste. Loin de se limiter à un repas, l'expérience est une véritable folie, qui se poursuit tard dans la nuit.

Seul bémol : l'établissement est éloigné de la capitale. Il se situe à Chía, à 23 km au nord du centre-ville en direction de Zipaquirá. Un taxi depuis Bogotá coûte environ 70 000 COP, ou 140 000 COP pour l'aller-retour, plus 25 000 COP par heure d'attente. Un bus spécial se rend chez Andrés le samedi soir ; départ à 22h de l'**Hostal Sue Candelaria** (carte p. 50 ; ☎344-2647 ; www.suecandelaria.com ; Carr. 3 n°12C-18 ; dort 23 000 COP, s/d sans sdb 45 000/60 000 COP, ch 70 000 COP, petit-déj inclus ; @📶), retour à 4h (60 000 COP aller/retour – boissons alcoolisées dans le bus incluses). Vous économiserez quelques pesos en prenant un bus pour Chía dans la station Portal del Norte du TransMilenio, sur le quai "Buses Intermunicipales". Les bus partent toutes les deux minutes jusqu'à minuit (2 300 COP, 30 minutes).

Pour un établissement plus calme et plus proche de la ville, **Andrés D.C.** (carte p. 56 ; ☎863-7880 ; www.andrescarnederes.com ; C. 82 n°12-21, Centro Comercial El Retiro ; plats 16 700-70 700 COP, droit d'entrée jeu et sam 10 000-20 000 COP ; ⊙12h-3h) est une option envisageable, mais il vous manquera une bonne dose de fantaisie.

**Leo Cocina y Cava** COLOMBIEN **$$$**

(carte p. 50 ; ☎286-7091 ; www.leococinaycava.com ; C. 27B n°6-75 ; plats 29 000-46 000 COP ; ⊙12h-16h et 19h-23h lun-sam). La chef Leo Espinosa est la grande star de la gastronomie colombienne. Ses menus, classique (140 000 COP) ou de saison (130 000 COP), sont des voyages à la découverte d'ingrédients locaux exotiques, souvent complètement ignorés des Colombiens eux-mêmes. Préparez-vous à une expérience riche en couleurs et en saveurs : un glossaire de 41 termes est nécessaire pour en saisir toutes les subtilités ! Un must pour les gourmets.

### Chapinero

La communauté artistique de Chapinero Alto est très unie et s'enorgueillit de toutes sortes de boutiques et de cafés pittoresques.

**Arbol de Pan** BOULANGERIE **$**

(carte p. 62 ; C. 66 n°4A-35 ; spécialités 1 500-6 500 COP ; ⊙8h-20h lun-sam ; 📶). Oubliez le petit-déjeuner de l'hôtel et rendez-vous dans cette boulangerie où tout est complètement naturel. À vous de choisir entre les nombreux pains tout juste sortis du four (multi-céréales, dattes et avoine, etc.), les délicieuses pâtisseries et les mets plus copieux comme le croissant garni (œuf poché, jambon et épinards, 12 500 COP).

Le patio baigné de soleil est parfait pour profiter des effluves de pain chaud qui se dégagent de la cuisine ouverte.

**Salvo Patria** CAFÉ **$$**

(carte p. 62 ; www.salvopatria.com ; Carr. 54A n°4-13 ; plats 16 000-32 000 COP ; ⊙12h-23h lun-sam ; 📶). La popularité de ce café l'a contraint à déménager à quelques *cuadras*, mais il reste un gage de qualité et de tendance à Chapinero Alto. L'établissement comporte une fabuleuse partie café, et une partie bar-restaurant proposant des plats sophistiqués aux influences méditerranéennes et françaises. Délicieux cocktails, bières artisanales colombiennes rares et *menú del día* (18 500 COP) d'un excellent rapport qualité/prix.

♥ **Mini-Mal** COLOMBIEN **$$$**

(carte p. 62 ; www.mini-mal.org ; Carr. 4A n°57-52 ; plats 16 900-32 900 COP ; ⊙12h-22h lun-mer, 12h-minuit jeu-sam ; 📶). En matière de créativité, le menu de ce haut lieu de Chapinero Alto est difficilement égalable. Certains des meilleurs ingrédients du pays – issus de l'agriculture durable – ont été revisités pour insuffler une nouvelle vie à la cuisine contemporaine colombienne. Bœuf braisé au *tucupi* (une sauce épicée, semblable à l'*adobo*, préparée à partir de jus de manioc), curry vert de fruits de mer servi sur une fine gaufre à base de noix de coco, cassonade et citron, ou encore sushis de banane plantain au fromage frais de la côte caribéenne : tout est divin et inédit. Accompagnez le tout d'un cocktail à base de *viche* (alcool de canne à sucre). De quoi regretter de ne pas s'être écarté plus tôt des *arepas* (galette de maïs) et de l'*ajíaco*. À une *cuadra*, le **Dulce Mini-Mal** (carte p. 62 ; www.mini-mal.org ; C. 57 n°4-09 ; spécialités 700-6 500 COP ; 11h-20h lun-ven, 9h-20h sam, 11h-17h dim ; ) attend les amateurs de sucré pour des prestations de même facture.

## Zona G

Le fief de la gastronomie de Bogotá occupe plusieurs *cuadras* de maisons en brique, transformées en excellents restaurants (argentins, italiens, français, etc.), à une dizaine de rues au sud de la Zona Rosa.

**Nick's** SANDWICHS **$$**
(carte p. 62 ; www.nicksbogota.com ; Carr. 4 n°69-23 ; sandwichs 10 000-18 900 COP ; 10h-23h lun-jeu, 10h-3h ven-sam, 10h-17h dim ; ). Nick a fait ses classes à Boston et dirige désormais un petit empire du sandwich à Bogotá, sa ville natale. Cette institution de la Zona G est la plus chic des quatre antennes. Les trois autres sont situées à El Nogal, Chicó et La Candelaria (carte p. 50 ; www.nicksbogota.com ; Carr. 5 n°12C-85 ; 10h-22h lun-sam ; ).

Près de 30 sandwichs sont concoctés avec de la ciabatta moelleuse. En soirée, l'établissement, organisé sur plusieurs niveaux et truffé d'accessoires rétro, se transforme en bar survolté.

## Zona Rosa et Parque 93

Au sein de la Zona Rosa, la "Zona T" est un secteur piétonnier en forme de T, ponctué de bars, de restaurants et de quelques chaînes ; il y a beaucoup d'autres options dans les rues voisines. À dix *cuadras* au nord, le Parque 93 et la Calle 94, plus paisibles, comptent des adresses encore plus chics. Cette partie de la ville réjouira les amateurs de shopping, de gastronomie, de boutiques-hôtels et de clubs.

Vous verrez quelques *food trucks*, mais ce sont surtout les containers qui ont le vent en poupe. Plusieurs **containers gastronomiques** (carte p. 56 ; C. 95 entre Carr. 11A et Carr. 12) servent du ceviche, des bagels, des sandwichs et des confiseries, et tout un espace de restauration composé de containers, **Container City** (carte p. 56 ; C. 93 n°12-11 ; 11h-23h), a été créé non loin.

**La Areparia Venzolana** RESTAURATION RAPIDE **$**
(carte p. 56 ; C. 85 n°13-36 ; arepas 11 000-13 500 COP ; 9h-22h lun-ven, 9h-4h ven-sam ; ). Une adresse solidement implantée à deux pas de la Zona Rosa, idéale pour une fringale nocturne après une soirée arrosée. Les *arepas* vénézueliennes (meilleures que les gâteaux de maïs colombiens) sont servies avec toutes sortes de garniture.

**La Paletteria** GLACIER **$**
(carte p. 56 ; angle Carr. 13 et C. 84 ; glaces à l'eau 4 000-5 000 COP ; 11h-21h lun-ven, 11h-22h sam). Si vous êtes amateur de glace, venez tester les 36 saveurs proposées par cette institution. Dans ce kaléidoscope de couleurs, les glaces sont classées selon leur composition : à base de yaourt, d'eau ou de crème. Le choix est cornélien, mais nous avons adoré la *guanabana* (corossol) agrémentée d'*arequipe* (confiture de lait).

**Central Cevicheria** PRODUITS DE LA MER **$$**
(carte p. 56 ; 644-7766 ; www.centralcevicheria.com ; Carr. 13 n°85-14 ; ceviche 17 800-19 800 COP ; 12h-23h lun-mer, 12h-minuit jeu-sam, 12h-22h dim ; ). Cette *cevicheria* très tendance attire une clientèle huppée, friande des succulents ceviches, classés en deux catégories (épicés ou non), avec des dizaines de variantes. Nous avons choisi le savoureux *picoso* aux deux poivres, agrémenté de coriandre et de maïs. Également un large choix de *tiraditos* (fines tranches de poisson cru, sans oignons), tartares, fruits de mer et burgers. En bref, la cuisine du littoral colombien dans toute sa splendeur ! Gardez de la place pour le délicieux flan à la noix de coco. Réservation conseillée.

**Di Lucca** ITALIEN **$$**
(carte p. 56 ; www.diluccatogo.com ; Carr. 13 n°85-32 ; pizza 19 900-29 900 COP ; 12h-minuit lun-sam, 12h-23h dim ; ). Les habitants apprécient unanimement cette élégante trattoria, où pizzas, pâtes et risottos sont à l'honneur. Plutôt que de risquer l'indigestion, les voyageurs seuls ont intérêt à commander la pizza *medium* au *prosciutto* (hors menu), parfaitement exécutée et coûtant seulement 17 600 COP. Excellents

plats, prix raisonnables, clientèle joviale et, mieux encore : ce restaurant est ouvert le dimanche soir !

## Usaquén

Jadis un village situé au nord de la capitale, Usaquén a été absorbé par Bogotá mais continue de vivre à son rythme tranquille. Vous y trouverez un large choix de restaurants chics, tous à quelques *cuadras* de la place, paisible.

**Abasto** PETIT-DÉJEUNER $$
(www.abasto.com ; Carr. 6 n°119B-52 ; petit-déj 5 800-19 900 COP, plats 19 600-33 900 COP ; 7h-22h lun-jeu, 7h-23h ven, 9h-22h30 sam, 9h-17h dim ; ). Le week-end, un pèlerinage à Usaquén est l'occasion de dévorer un petit-déjeuner original, un plat savoureux ou un dessert à tomber dans ce restaurant rustico-chic. Les *arepas* inventives et les excellents plats à base d'œufs comme les *migas* (œufs brouillés servis avec des morceaux d'*arepas* et du *hogao*, un mélange oignons, tomates, cumin et ail) sont accompagnés d'un café bio qui remporte tous les suffrages. Quel que soit le plat choisi, saupoudrez-le d'un peu de Wai Ya, un poivre amazonien très énergisant.

Plus bas dans la rue, la nouvelle **Bodega de Abasto** (www.abasto.com ; C. 120A n°3A-05 ; plats 6 500-26 800 COP ; 9h-17h mar-dim ; ) est similaire mais se concentre sur des produits gastronomiques et des plats plus simples (mais savoureux) comme le poulet fermier rôti.

# Où prendre un verre et faire la fête

La Candelaria compte certains des bars les plus agréables de la ville, avec cheminée et carrelage ancien. Ces lieux sont parfaits pour siroter une tasse de *canelazo* bien chaud (boisson à base d'*aguardiente*, sucre de canne, cannelle et citron vert). Les bars sont généralement plus branchés et haut de gamme dans la Zona Rosa ou le Parque 93.

Bogotá est une ville très festive, riche de toutes sortes d'ambiances et de musiques – rock, techno, métal, salsa, *vallenato* ou samba. Si vous ne savez pas danser, préparez-vous à en faire la démonstration. Il n'est pas rare de se faire inviter par un parfait inconnu et tout le monde semble connaître les paroles de toutes les chansons.

Les clubs assez décontractés de La Candelaria sont surtout fréquentés par les étudiants, mais l'ambiance se détériore souvent en cours de soirée et ne convient pas vraiment aux touristes éméchés. Macarena attire des trentenaires plus sophistiqués, jeunes mariés ou éternels célibataires, qui privilégient une ambiance lounge. Plus au nord, en particulier dans le secteur chic autour des *salsatecas* (clubs de salsa) clinquantes et animées (mais un peu surfaites) et des boîtes de nuit de la Zona Rosa et du Parque 93, vous risquez de vous faire refouler si vous n'êtes pas sur votre trente et un.

Une nouvelle législation autorise certains lieux de la Zona Rosa, de Chapinero et du Parque 93 à rester ouverts jusqu'à 5h le week-end. Lorsqu'elle n'est pas gratuite, l'entrée coûte généralement autour de 20 000 COP.

## La Candelaria

Les cafés de La Candelaria sont fréquentés essentiellement par des étudiants ; le soir venu, ils servent uniquement des boissons. Notre groupe de bars favori se trouve dans le Callejón del Embudo ("entonnoir"), la minuscule ruelle au nord de la Plazoleta del Chorro de Quevedo, jalonnée de cafés où il fait bon s'asseoir pour discuter, et de bars servant de la *chicha* (bière andine à base de maïs).

**Pequeña Santa Fe** BAR
(carte p. 50 ; Carr. 2 n°12B-14 ; canelazo 6 500-7 000 COP ; 12h-1h). Non loin de la jolie Plazoleta del Chorro de Quevedo, cette vieille maison de deux étages, à l'ambiance douillette, se targue d'une cheminée à côté du bar et d'un grand salon à la lumière tamisée à l'étage. L'une des meilleures adresses pour déguster un "*canelazo* Santa Fe" (thé à la menthe agrémenté d'*aguardiente*) ou une bière.

## Centre-ville

**A Seis Manos** BAR
(carte p. 50 ; C. 22 n°8-60 ; cocktails 8 000-14 000 COP ; 8h-23h ; ). Contemporain et branché, ce bar et espace culturel de style entrepôt industriel séduit les amateurs d'art qui se réunissent autour des tables communes pour manger, boire, travailler, lire, draguer et se détendre. Bons mojitos et cuisine de bar classique.

**El Goce Pagano** CLUB
(carte p. 50 ; www.elgocepagano.co ; Carr. 1 n°20-04 ; 19h-3h ven-sam). En activité depuis près

### BOGOTÁ GAY ET LESBIEN

À Bogotá, la communauté homosexuelle profite d'une vie nocturne très riche, en constante évolution. Elle se concentre essentiellement dans le Chapinero, surnommé "Chapi Gay", entre la Carrera 7 et la Carrera 13, de la Calle 58 à la Calle 63.

Visitez le site www.guiagaycolombia.com/bogota, qui recense des dizaines de clubs et bars, ou consultez les adresses en ligne de **Colombia Diversa** (www.colombiadiversa.org), une association à but non lucratif qui défend les droits des gays et des lesbiennes en Colombie. Il n'existe pas encore d'établissements exclusivement réservés aux lesbiennes, donc la plupart des bars et clubs gays attirent une clientèle mixte.

**Theatron** (carte p. 62 ; www.theatron.co ; C. 58 n°10-32 ; 21h-tard jeu-sam). Dans une petite rue entre la Carrera 9 et la Carrera 13, en plein cœur du Chapinero, le légendaire Theatron est aménagé dans un immense cinéma reconverti. Il accueille une clientèle gay et hétéro – quelque 3 000 personnes le week-end – dans huit ambiances différentes. Certains secteurs sont strictement réservés aux hommes.

**El Recreo de Adàn** (carte p. 56 ; Carr. 12A n°79-45 ; 17h-23h dim-jeu, 17h-0h30 ven-sam). Dans le nord de la capitale, El Recreo de Adàn est un bar lounge classique avec karaoké et jeux de société.

**El Mozo** (carte p. 56 ; www.elmozoclub.com ; C. 85 n°12-49/51 ; 15 000-20 000 COP ; 17h-3h mer-sam). El Mozo est une adresse prisée et branchée, divisée en deux ambiances musicales (éclectique et électronique). Toit escamotable, bons cocktails et nourriture savoureuse.

de 40 ans, ce bar salsa et reggae se situe près de l'Universidad de Los Andes. C'est un lieu enfumé dans lequel des DJ venus de toute la Colombie font bouger une foule en nage sur des rythmes ethniques.

## Macarena

À l'ouest de la Carrera 7, le quartier d'affaires du Centro Internacional a tendance à se vider le soir venu. Plusieurs bars sont installés le long de Macarena, qui accueille une concentration de plus en plus importante d'établissements nocturnes décontractés et chaleureux, fréquentés par une clientèle appréciant que la musique d'ambiance soit diffusée à un volume respectueux des tympans.

**El Bembe** BAR

(carte p. 50 ; www.elbembe.co ; C. 27B n°6-73 ; ven-sam 20 000 COP ; 12h-15h et 17h-22h mar-mer, 12h-15h et 17h-3h jeu, 12h-3h ven-sam). Dans une rue pavée à l'ambiance magique, grimpez l'escalier aux couleurs de Cuba pour atteindre ce petit morceau de *tropicalia*. Une véritable réplique de La Havane, avec teintes lumineuses, jolis balcons et excellente salsa. Le mojito (22 000-25 000 COP) coule à flots le vendredi, quand la *revolución* salsa se poursuit jusqu'au bout de la nuit.

## Chapinero

Avant-gardiste et bohème, le quartier de Chapinero est très étendu et compte de nombreux bars gays et théâtres. Il se situe au sud de sa voisine plus polissée, la Zona G, réputée pour ses restaurants haut de gamme. Commencez dans la Calle 60, entre la Carrera 8 et la Carrera 9, et marchez direction sud vers la Carrera 9. Plus au sud, la Calle 51, entre la Carrera 7 et la Carrera 8, est une sorte de "rue étudiante" avec quelques discothèques et une demi-douzaine de bars vitrés où les jeunes se retrouvent tout au long de la journée. C'est ici que les citadins alternatifs et les ados rebelles viennent faire la fête, et le matin, quelques cafés très agréables permettent de se remettre d'un réveil difficile.

**Taller de Té** SALON DE THÉ

(carte p. 62 ; www.tallerdete.com ; C. 60A n°3A-38 ; thé 3 000-9 000 COP ; 10h-20h lun-sam ; ). Ce charmant café n'a pas son pareil à Bogotá pour siroter un bon thé. La propriétaire, Laura, sélectionne plus de 50 thés et infusions provenant de plantations du monde entier, ainsi que des mélanges à base de thé colombiens. Également des en-cas bios, végétariens et végétaliens, concoctés par des petits producteurs nationaux dignes de confiance.

**Amor Perfecto** CAFÉ
(carte p. 62 ; www.amorperfectocafe.net ; Carr. 4 n°66-46 ; café 3 500-11 000 COP ; 8h-21h lun-sam ; ). Ce café ultrabranché de Chapinero Alto ravira les amoureux du café. Choisissez une variété colombienne d'origine unique, puis votre méthode de préparation (Chemex, Siphon, AeroPress ou cafetière à piston) et faites confiance au barman chevronné. Vous pourrez aussi participer à un cours avec dégustation. Les parquets en bois dur et les superbes banquettes rouges incarnent bien le renouveau des cafés de Bogotá.

**Mi Tierra** BAR
(carte p. 62 ; C. 63 n°11-47 ; 18h-tard). Machines à écrire déglinguées, chapeaux, têtes d'élan, vieilles machettes, instruments de musique et télévisions au rebut : ce sympathique bar de Chapinero a des allures de marché aux puces. Clientèle détendue et bande-son particulièrement bien choisie.

**Latora 4 Brazos** CLUB
(carte p. 46 ; Carr. 8 n°40A-18 ; à partir de 30 000 COP ; 20h-3h mer-sam). Une enseigne lumineuse miteuse "4" marque l'entrée de ce club underground qui attire une clientèle de trentenaires sensibles à l'art. Les DJ enchaînent les morceaux de musique latine, indie-rock, soul, funk, afrobeat, reggaeton et sonorités tropicales, qui ricochent sur les murs sobrement décorés des différentes salles.

**El Titicó** BAR
(carte p. 62 ; C. 64 n°13-35 ; 10 000 COP). Inspiré des classiques *salsatecas* du sud du pays, ce ravissant bar dissimulé dans le Chapinero est un petit bout de Cali dans la capitale. Belles banquettes rouges et grande piste de danse octagonale : envoyez la salsa !

## Nord de Bogotá

Au nord de la Calle 72, vous découvrirez le secteur le plus branché où siroter un cocktail, un café corsé à souhait ou une pinte de bière artisanale, en particulier dans la Zona Rosa ou le Parque 93. Dans la Zona Rosa, le secteur piétonnier (Zona T) possède la plus forte concentration d'établissements nocturnes et de bars de Bogotá. L'embarras du choix certes, mais la qualité n'est pas toujours au rendez-vous.

**Cine Tonalá** CINÉMA, CLUB
(carte p. 46 ; www.cinetonala.com ; Carr. 6A n°35-27 ; films 7 000-9 000 COP ; 12h-3h mar-dim ; ). Le seul cinéma indépendant de Bogotá programme des films colombiens et sud-américains, ainsi que des grands classiques internationaux. Mais cette institution importée de Mexico refuse toute étiquette. Aménagé dans une demeure rénovée de La Merced, datant des années 1930, ce centre culturel polyvalent est le nouveau refuge de la ville pour les artistes de tous horizons, qui profitent d'un bar très branché, d'une excellente cuisine mexicaine et de discothèques à l'ambiance vibrante du jeudi au samedi.

**El Coq** BAR
(carte p. 56 ; C. 84 n°14-02 ; ven-sam 20 000 COP ; 19h-3h mer-sam). Ce bar dénué d'enseigne, parfait pour voir et être vu, évoque un jardin d'hiver, avec panneaux de basket et mousse espagnole accrochée au plafond escamotable. La plupart des clients gravitent dans le milieu du cinéma et de la musique. La bande-son électro/indie passe habilement de Phoenix à Friendly Fires, avec quelques incursions dans le hip-hop des années 1980.

Aux commandes des lieux, Andrés Juan est un comédien colombien qui n'hésite pas à remettre les fortes têtes à leur place. Si vous souhaitez rester sobre, goûtez le bon mojito sans alcool au gingembre.

**Azahar Cafe** CAFÉ
(carte p. 56 ; www.azaharcoffee.com ; Carr. 14 n°93A-48 ; café 3 000-5 000 COP ; 8h-21h lun-sam, 12h-21h dim ; ). En raison d'une politique d'exportation à outrance, les fanatiques du petit noir auront bien du mal à déguster un expresso correct en Colombie, mais cet établissement propose un excellent café d'origine unique, acheté en petits lots et préparé avec du matériel haut de gamme (AeroPress, Chemex, etc.).

Le patio extérieur en bois est très agréable et le service est chaleureux.

**Uva** BAR À JUS DE FRUITS
(carte p. 56 ; www.uvabar.co ; Carr. 13 n°94A-26 ; jus de fruits 5 200-8 900 COP ; 8h-17h30 lun-ven, 9h30-16h30 sam ; ). Près du Parque 93, ce charmant petit bar travaille toutes sortes de produits bio. Le cocktail le plus prisé est le "super salamontes" (céleri, chou frisé, *bok choy*, pomme, poire et citron vert). Également de délicieux bols de légumes et salades.

**Armando Records** CLUB
(carte p. 56 ; www.armandorecords.org ; C. 85 n°14-46 ; jeu-sam 15 000-20 000 COP ; 20h-2h30 mar-sam). Toujours aussi prisé après plusieurs années d'activité, ce club est aménagé sur

plusieurs étages. Au 2e niveau, l'Armando's All Stars attire une folle jeunesse avec des tubes internationaux et un jardin à l'arrière, tandis que l'ambiance est plus mature au 4e niveau, avec un excellent système de sonorisation et des groupes comme Empire of the Sun en musique d'ambiance.



**Bistro El Bandido** BAR
(carte p. 56 ; ☎212-5709; C. 79B n°7-12 ; plats 29 000-36 000 COP ; ⏲12h-1h lun-sam ; 📶). Remontez le temps dans ce bar-brasserie chic et très couru, niché derrière un bosquet à Nogal. Entre les sets de jazz en live, les DJ passent des classiques (Big Band, Elvis) tandis que les clients huppés apprécient leur cocktail (à partir de 16 000 COP). L'excellent menu de brasserie est vivement conseillé, avec entre autres du chorizo, du coq au vin et du poisson façon meunière.

Au milieu, le joli bar est très convivial – ce qui est rare à Bogotá. Réservations obligatoires après 19h.

**Yumi Yumi** COCKTAILS
(carte p. 56 ; www.yumiyumi.com.co ; Carr. 13 n°83-83 ; cocktails 25 000-29 000 COP ; ⏲15h-3h mar-sam ; 📶). Voyageurs, jeunes fêtards et amateurs de cocktails affluent dans cette institution de la Zona Rosa, connue pour ses excellents breuvages aux tarifs intéressants. Deux cocktails pour le prix d'un en temps normal, et trois pour le prix d'un quatre jours par semaine jusqu'à 18h30 (jusqu'à 21h30 le samedi). Le propriétaire, un expatrié britannique, mitonne un succulent curry thaïlandais les mardis et jeudis (15 800 COP avec une bière).

## ☆ Où sortir

Bogotá offre un choix d'activités culturelles bien plus important que n'importe quelle autre ville colombienne, avec notamment des dizaines de cinémas projetant des productions hollywoodiennes. Pour l'agenda de la capitale, consultez la rubrique "Entretenimiento" sur la version Web du journal local **El Tiempo** (www.eltiempo.com/entretenimiento), ainsi que **Plan B** (www.planb.com.co) et **Vive.In** (www.vive.in). Pour la programmation culturelle et des critiques en anglais, procurez-vous le mensuel gratuit **City Paper** (www.thecitypaperbogota.com).

Pour acheter des billets et connaître la programmation de nombreux événements (théâtre, concerts de rock, matchs de football, etc.), consultez **Tu Boleta** (www.tuboleta.com).

### Théâtre

Bogotá possède plus d'une douzaine de théâtres. Les compagnies engagées, orientées à gauche, sont bien implantées à La Candelaria, tandis que les établissements plus neutres sont plutôt installés au nord.

**Teatro Colón** THÉÂTRE
(carte p. 50 ; www.teatrocolon.gov.co ; C. 10 n°5-32). Le plus célèbre théâtre de La Candelaria – et le plus beau de la ville – a rouvert en 2014 après six ans de rénovation. Il accueille un répertoire d'opéras, concerts, ballets et pièces de théâtre pour un public aisé et élégamment vêtu. Également de la musique colombienne traditionnelle le lundi à 19h30 et des spectacles pour enfants le dimanche à 11h.

**Teatro La Candelaria** THÉÂTRE
(carte p. 50 ; C. 12 n°2-59 ; tarif plein/étudiant 12 000/8 000 COP). L'un des théâtres les plus avant-gardistes du centre-ville. Dans les spectacles engagés (souvent orientés à gauche et parfois consacrés aux droits des femmes), il y a toujours quelques blagues pour apaiser les tensions.

**Fundación Gilberto Alzate Avendaño** INSTITUT CULTUREL
(carte p. 50 ; www.fgaa.gov.co ; C. 10 n°3-16). Cet institut culturel de La Candelaria accueille de nombreux événements (notamment de la danse et du théâtre, et parfois des concerts). En 2008, une peinture de Goya y a été volée lors d'une exposition.

### Musique live

Des concerts sont programmés tous les soirs dans les clubs de Bogotá, et les festivals en plein air comme Rock al Parque attirent des fans venus de tout le continent. Des affiches sont placardées partout en ville pour annoncer les grandes stars, qui jouent à l'Estadio El Campín, au Parque Simón Bolívar ou au Parque Jaime Duque (sur la route de Zipaquirá, au nord de la ville).

**Latino Power** MUSIQUE LIVE
(carte p. 62 ; C. 58 n°13-88 ; 10 000 COP ; ⏲21h-2h30 mer-sam). Malgré son changement de nom (ex-Boogaloop), cet espace disco couvert de graffitis a conservé le même esprit stimulant. Les amateurs d'indie-rock viennent y écouter des sets éclectiques mitonnés par des DJ alternatifs et de talentueux musiciens locaux de ska, punk ou *vallenato*.

**Gaira Café** MUSIQUE LIVE
(carte p. 56 ; ☎746-2696 ; Carr. 13 n°96-11 ; ⏲12h-2h lun-sam, 12h-17h ; 📶). Dans son

restaurant-boîte de nuit à l'ambiance ultra festive, la légende du *vallenato*, Carlos Vives, organise des concerts de *vallenato*, *cumbia* et *porro* (versions traditionnelles ou modernes). Les habitants viennent ici en masse pour manger, boire du rhum et danser entre les tables, au son d'un orchestre de 11 musiciens.

**Biblioteca Luis Ángel Arango** MUSIQUE LIVE
(carte p. 50 ; www.banrepcultural.org ; C. 11 n°4-14). Cette immense bibliothèque de La Candelaria propose chaque mois une sélection de concerts instrumentaux et vocaux ; l'entrée coûte 4 000 à 6 000 COP, sauf le mercredi (à partir de 20 000 COP).

### Sports

Beaucoup d'étrangers assimilent le sport national de la Colombie, le football, au but d'Andrés Escobar contre son camp, qui entraîna l'élimination de son équipe lors de la Coupe du Monde de 1994, et son assassinat par la suite. Généralement, les matchs se déroulent dans le calme (mais porter des couleurs neutres est sans doute une bonne idée). Les deux grandes équipes rivales sont **Los Millonarios** (carte p. 46 ; www.millonarios.com.co), en bleu et blanc, et les **Santa Fe** (carte p. 46 ; www.independientesantafe.co), en rouge et blanc.

Le stade principal est l'**Estadio El Campín** (carte p. 46 ; ☎315-8726 ; Carr. 30 n°57-60), d'une capacité de 36 343 places. Les matchs se jouent le mercredi soir et le dimanche après-midi. Pour les grandes rencontres, réservez vos billets en ligne bien à l'avance (35 000-180 000 COP) ; le reste du temps, présentez-vous à la billetterie avant le coup d'envoi. Pour les matchs internationaux, consultez le site de la **Federación Colombiana de Fútbol** (www.fcf.com.co) pour connaître les lieux de vente des billets.

En 2012, le maire Gustavo Petro a interdit les corridas à Bogotá. Du coup, la Plaza de Toros de Santamaría, une arène en brique rouge datant de 1931, n'a plus rang que d'édifice historique. Cependant, la décision a été contestée par un tribunal constitutionnel en 2014 puis en 2015. Renseignez-vous sur la situation actuelle.

## Achats

Les habitants aiment les centres commerciaux – le **Centro Comercial El Retiro** (carte p. 56 ; www.elretirobogota.com ; C. 81 n°11-84 ; ⌚10h-20h lun-jeu, 10h-21h ven-sam, 12h-19h dim) et le **Centro Comercial Andino** (carte p. 56 ; www.centroandino.com.co ; Carr. 11 n°82-71 ; ⌚10h-20h lun-jeu, 10h-21h ven-sam, 12h-18h dim) sont les deux meilleurs – mais les marchés aux puces du dimanche et la pittoresque Plaza de Mercado de Paloquemao sont plus attrayants. Repérez aussi les boutiques d'antiquaires de long de la Carrera 9, au sud de la Calle 60.

Si vous voulez être à la pointe de la mode colombienne, il y a une petite concentration de boutiques dans le Chapinero, dans la Carrera 7, entre la Calle 54 et la Calle 55.

**Mambe** ARTISANAT
(www.mambe.org ; Carr. 5 n°117-25 ; ⌚8h30-16h30 mar-jeu, 10h-18h ven, 14h-18h sam-dim). Chaque semaine, cette excellente boutique d'Usaquén présente un choix limité, mais judicieux, d'articles issus du commerce équitable, confectionnés par 40 communautés d'artisans originaires de toute la Colombie.

**Artesanías de Colombia** ARTISANAT
(carte p. 50 ; www.artesaniasdecolombia.com.co ; Carr. 2 n°18A-58 ; ⌚9h-18h lun-ven). Établie dans une hacienda proche de l'Iglesia de las Aguas, cette élégante boutique vend de l'artisanat de belle facture (beaucoup d'accessoires pour la maison ainsi que des porte-monnaie, des jouets, des hamacs et quelques vêtements) ; 70% des bénéfices sont directement reversés aux artisans, dans les villages.

**Brincabrinca** VÊTEMENTS
(carte p. 56 ; www.brincabrinca.com ; Carr. 14 n°85-26 ; ⌚10h30-14h et 15h-19h30 lun-sam). Les collectionneurs de T-shirts originaux se rendront directement dans cette boutique pour acquérir les pièces (60 000 COP) imaginées par des créateurs lauréats de concours nationaux et internationaux.

**La Casona del Museo** ARTISANAT
(carte p. 50 ; www.lacasonadelmuseo.com ; C. 16 n°5-24 ; ⌚9h-19h lun-sam, 10h-17h dim). Près du Museo del Oro, ce vieux bâtiment héberge des étals de souvenirs, pratiques et bien fournis, ainsi que deux cafés plaisants (celui de l'étage, La Fuente, sert un bon café et est agrémenté d'une jolie fontaine).

**Plaza Central de Usaquén** MARCHÉ
(Los Toldos de San Pelayo, Carr. 6A entre C. 119 et C. 119A ; ⌚8h-18h sam-dim). Juste au nord de la place principale, dans l'ambiance de village d'Usaquén, vous découvrirez des stands vendant de la nourriture, des porte-monnaie colorés, de l'artisanat et des saxophones en

## ACHETER DES ÉMERAUDES

Certaines des plus belles émeraudes de la planète sont mises au jour dans les secteurs de Muzo et Chivor, dans le département de Boyacá. La Colombie est le premier exportateur d'émeraudes du monde, et ces pierres précieuses font partie des souvenirs les plus convoités par les touristes visitant Bogotá et sa région.

Ces dernières années, la beauté des émeraudes de Colombie a été assombrie par la dangerosité des conditions dans lesquelles elles sont exploitées. Certains comparent le marché colombien de l'émeraude à l'industrie du diamant en Afrique. En 2005, le gouvernement a aboli les diverses taxes associées à l'activité minière, ce qui a mis fin au marché noir et à certaines de ses conséquences.

Les voyageurs peuvent désormais se faire plaisir sans avoir mauvaise conscience. Dans la capitale, les émeraudes sont vendues dans l'effervescent **Emerald Trade Center** (carte p. 50 ; Av. Jiménez n°5-43 ; ⏲7h30-19h lun-ven, 8h-17h sam), dans lequel des dizaines de *comisionistas* (marchands) vendent et achètent des pierres – parfois sur le trottoir. On vous proposera également des émeraudes dans la rue. Ne vous laissez pas tenter – certaines imitations en verre ressemblent beaucoup à des émeraudes, et même dans le cas de pierres authentiques, le prix sera sans doute surévalué. Pour les acheteurs consciencieux, un circuit organisé par **Colombian Emerald Tours** (☎313-317-6534 ; www.colombianemeraldtours.com) est recommandé. Cette agence propose un parcours de 2 heures dans la ville, qui vous permettra de découvrir l'univers des *comisionistas* mais aussi les techniques de taille, les signes de qualité et d'autres détails de l'Emerald Trade Center. On ne vous incitera pas à acheter, mais si vous vous décidez, le montant du circuit (60 000 COP) vous sera remboursé. L'agence assure aussi une longue excursion d'une journée à la mine d'émeraudes de Chivor, dans le Boyacá. Cette initiative d'écotourisme est gérée par la communauté locale (à partir de 320 000 COP tout compris).

Voici quelques conseils à garder à l'esprit lors d'un achat d'émeraudes :

- Quand vous examinez les émeraudes, il faut observer le vendeur aussi attentivement que la pierre elle-même. Trouvez un vendeur avec lequel vous vous sentez à l'aise. En plaçant votre attention ne serait-ce qu'un court instant sur le vendeur, vous saurez tout de suite si vous êtes à l'aise ou si vous avez envie de prendre vos jambes à votre cou.
- En matière de pierres et de bijoux, le choix est très subjectif et la première impression est souvent la meilleure. Mais ne vous précipitez pas. Dans toute boutique colombienne, la qualité des émeraudes est réglementée par l'industrie touristique et ne pose pas problème, donc concentrez-vous sur le prix. N'hésitez pas à couper court si la somme demandée vous semble trop élevée.
- Quand vous observez une pierre, vous devez trouver une harmonie entre la couleur, la transparence, la brillance et la taille.
- Les Colombiens sont chaleureux et souvent drôles. Si vous rencontrez un bijoutier ou un marchand que vous trouvez sympathique, invitez-le à boire un thé ou un *tinto* (café noir). Vous profiterez ainsi d'anecdotes croustillantes et vous aurez un allié dans le business des émeraudes.

Pour un vendeur fiable à Bogotá, tentez **Gems Metal** (carte p. 50 ; ☎311-493-1602 ; Carr. 7 n°12C-28, Edificio America, oficina 707 ; ⏲8h-17h lun-ven). Oscar Baquero travaille dans l'univers de l'émeraude depuis plus de 35 ans et parle anglais. Les prix commencent à 50 $US et peuvent atteindre des sommets inavouables.

bambou. D'autres stands sont installés à quelques *cuadras* à l'est.

**Pasaje Rivas** ARTISANAT
(carte p. 50 ; angle Carr. 10 et C. 10 ; ⏲9h-18h lun-sam, 9h-15h dim). À quelques *cuadras* à l'ouest de la Plaza de Bolívar, ce marché d'artisanat est un bon endroit pour dénicher des souvenirs non touristiques et bon marché : chapeaux de paille, T-shirts, figurines, paniers et *ruanas* (ponchos colombiens). À côté de l'Iglesia de la Concepción, l'entrée est indiquée "Pasaje Paul".

**Librería Lerner** LIVRES
(carte p. 50 ; ☎334-7826 ; www.librerialerner.com.co ; Av. Jiménez 4-35 ; ⏲9h-19h lun-ven, 7h-14h sam). Abondance de guides en espagnol consacrés à la Colombie et large choix de cartes, notamment la *Movistar guía de rutas por Colombia* (un guide/plan en couleurs ; 15 000 COP) et la série de 12 cartes des routes nationales, *Mapas de ruta* (1 carte/le lot 1 000/14 000 COP).

**Plaza de Mercado de Paloquemao** MARCHÉ
(carte p. 46 ; www.plazadepaloquemao.com ; angle Av. 19 et Carr. 25 ; ⏲8h-13h). Un marché authentique et haut en couleurs. Allez-y tôt le vendredi ou le dimanche – jours des fleurs !

**Mercado de San Alejo** MARCHÉ
(carte p. 50 ; Carr. 7 entre C. 24 et C. 26 ; ⏲7h-17h dim). Ce marché légendaire occupe un parking du centre-ville et invite à une agréable balade parmi les objets de naguère (affiches, livres, bibelots).

**Camping Amarelo** ÉQUIPEMENT D'EXTÉRIEUR
(carte p. 62 ; ☎217-4480 ; www.campingamarelo.com ; C. 57 n°9-29, oficina 301 ; ⏲9h-17h30 lun-ven, 9h-12h30 sam). Cette petite boutique vend et loue tout le matériel de camping dont vous pourriez avoir besoin, notamment des tentes (à partir de 8 000 COP/jour) et des chaussures de randonnée. Assure aussi les réservations pour son *refugio* à Suesca (ch à partir de 45 000 COP).

**San Miguel** CHAPEAUX
(carte p. 50 ; ☎243-6273 ; C. 11 n°8-88 ; ⏲9h-18h lun-sam). Ouvert depuis plus de 70 ans, ce modiste traditionnel est le meilleur des différents artisans installés alentour. Il fait surtout des feutres et des chapeaux de cow-boy, pressés sous vos yeux.

**Hacienda Santa Bárbara** CENTRE COMMERCIAL
(www.haciendasantabarbara.com.co ; Carr. 7 n°115-60 ; ⏲10h-20h30). Plus tranquille que ses homologues de la Zona Rosa, ce centre commercial est construit autour d'une *casona* coloniale datant de 1847. En résulte un beau mélange d'architecture historique et moderne. Il s'agit du point de départ/terminus de la ligne de bus hybride du TransMilenio L80-M80, le long de la Carrera 7.

## ℹ Orientation

La tentaculaire Bogotá s'étend principalement sur un axe nord-sud (et vers l'ouest ces dernières années), les imposants pics du Monserrate et du Guadalupe formant une frontière à l'est.

Localiser une adresse dans la ville est généralement un jeu d'enfant… une fois que vous aurez saisi la logique chiffrée de l'ensemble. Les *Calles* sont en effet orientées d'est en ouest, et portent des numéros croissant tandis qu'on avance vers le nord, tandis que les *Carreras* sont orientées du nord au sud, avec des numéros croissant à mesure que l'on va vers l'ouest (en s'éloignant des montagnes). Chose pratique, quasiment toutes les adresses indiquent le croisement le plus proche. Ainsi, Calle 15 n°4-56, par exemple, se trouve dans la 15e rue, à 56 m de l'angle avec la Carrera 4 en direction de la Carrera 5.

Le centre de Bogotá est formé de quatre secteurs principaux : le secteur colonial partiellement préservé de La Candelaria (au sud de l'Avenida Jiménez et entre la Carrera 1 et la Carrera 10), avec de nombreux étudiants, bars et auberges de jeunesse ; le quartier d'affaires vieillissant (essentiellement dans la Carrera 7 et la Calle 19, entre l'Avenida Jiménez et la Calle 26), le quartier des gratte-ciel du Centro Internacional (entre la Carrera 7, la Carrera 10 et la Carrera 13, de la Calle 26 à la Calle 30), et juste à l'est en direction des montagnes, le quartier des restaurants bohèmes de Macarena.

Le nord de Bogotá est la partie la plus huppée de la capitale. Il commence à environ 2 km au nord du Centro Internacional. Jalonné de théâtres, de boutiques d'antiquités et de bars gays, l'immense Chapinero (entre la Carrera 7 et l'Avenida Caracas, de la Calle 40 à la Calle 67 environ) est plus bohème que les secteurs plus au nord, qui commencent avec la Zona G, un tout petit ensemble de restaurants haut de gamme (à l'est de la Carrera 7 et de la Calle 80). Le Chapinero Alto est une minuscule enclave artistique du Chapinero, entre la Carrera 7A et l'Avenida Circunvalar, de la Calle 53 à la Calle 65.

À dix *cuadras* au nord, le quartier animé de Zona Rosa (ou Zona T, d'après le secteur piétonnier en forme de T entre la Carrera 12 et la Carrera 13, au niveau de la Calle 82A) est une concentration de clubs, de centres commerciaux et d'hôtels. L'ambiance est plus paisible dans le très chic Parque 93 (Calle 93 entre la Carrera 11A et la Carrera 13), qui fait partie du quartier de Chicó et compte de nombreux restaurants, et dans l'ancien village d'Usaquén (angle Carrera 6 et Calle 119). Des immeubles modernes assez laids du "quartier financier" flanquent la Calle 100, entre l'Avenida 7 et la Carrera 11.

Les axes les plus populaires entre le centre et le nord sont la Carrera 7 ("La Séptima") et la Carrera 10 (Décima), empruntées par une armada de bus urbains. L'Avenida Caracas (qui suit la Carrera 14, puis l'Avenida 13 au nord de la Calle 63) est la principale route nord-sud pour le système de bus TransMilenio. La Calle 26 (ou Avenida El Dorado) dessert la gare routière et l'aéroport, à l'ouest.

## Renseignements

### DANGERS ET DÉSAGRÉMENTS

Malgré de gros progrès au cours des vingt dernières années, les conditions de sécurité à Bogotá se sont récemment détériorées de manière inquiétante, même si la ville reste beaucoup plus sûre que naguère. La Candelaria ne présente généralement pas de danger en journée, mais de nombreuses agressions de touristes (parfois à l'arme blanche) ont été déplorées ces derniers temps. Si vous choisissez de loger à La Candelaria, tenez compte du facteur sécurité en plus de vos critères habituels. Par ailleurs, évitez de marcher seul ou avec des biens de valeur le soir, car les forces de police, très présentes le jour, disparaissent complètement à la tombée de la nuit. Le nombre d'agressions a fortement augmenté depuis 2013 (500 de plus que la moyenne des années précédentes) et la Calle 9, en haut de la colline, près du quartier pauvre de Barrio Egypto, a très mauvaise réputation : mieux vaut éviter ce secteur (ne dépassez pas la Carrera 1). Les agressions au couteau et le trafic de drogue sont courants à l'extrémité nord du Parque de los Periodistas (Avenida Jiménez et Carrera 4) et pour les personnes voyageant seules, il est préférable d'éviter la route entre l'Universidad de Los Andes et Monserrate. Agréable en apparence, cette balade sur les sentiers à flanc de colline ou entre la station de téléphérique et la Quinta de Bolívar, juste en contrebas, est en réalité assez risquée.

De la même façon, errer sans but dans Macarena est une très mauvaise idée (prenez un taxi et ne vous écartez pas de la principale rue des restaurants) : le quartier de La Perseverancia, juste au nord de Macarena, est très mal famé et on peut facilement y atterrir sans le vouloir faute de maîtriser la géographie du secteur.

La surfréquentation et le blocage de certains projets d'expansion ont contribué à l'effroyable augmentation de la criminalité sur le réseau de transport public du TransMilenio : lors de vos trajets en bus, soyez toujours sur vos gardes pour échapper aux pickpockets.

En outre, l'escalade des tensions entre le gouvernement et l'Armée de Libération Nationale (ALN) a entraîné une augmentation des attentats à la bombe à Bogotá ces dernières années, même si les touristes ne sont pas particulièrement visés.

L'ambiance est très différente dans le nord de la ville. Dans le secteur entre la Zona Rosa et le Parque 93, beaucoup d'habitants se déplacent à pied, même tard le soir. Cela dit, il y a également eu quelques attentats isolés dans ce quartier.

Évidemment, ne cherchez pas à rendre les coups en cas d'agression : donnez votre argent et éloignez-vous. Dans tous les cas, évitez les rues désertes et déplacez-vous en taxi le soir.

### ARGENT

Il y a deux bureaux de change dans l'Emerald Trade Center (p. 74), mais mieux vaut utiliser les innombrables DAB.

**Bancolombia** (Carr. 8 n°12B-17). Change les chèques de voyage.

**Western Union** (www.westernunion.com ; C. 28 n°13-22, local 28 ; ⏲9h-17h lun-ven, 9h-13h sam). Assure les transferts d'argent.

### OFFICE DU TOURISME

Le dynamique **Instituto Distrital de Turismo** (☎800-012-7400 ; www.bogotaturismo.gov.co) accueille chaleureusement les visiteurs et dispose de plusieurs Puntos de Información Turística (PIT) à des endroits stratégiques de Bogotá. Le personnel est très agréable et parle anglais. Quelques PIT organisent des circuits pédestres gratuits (en espagnol ou en anglais, à des horaires différents). Il y a des PIT dans chacun des terminaux de l'aéroport et dans quelques stations de TransMilenio, entre autres.

**Parques Nacionales Naturales (PNN) de Colombia** (carte p. 50 ; ☎353-2400 poste 138 ; www.parquesnacionales.gov.co ; Carr. 10 n°20-34 ; ⏲8h-18h lun-ven). Ce bureau central donne de bonnes informations sur les parcs nationaux de Colombie et les possibilités d'écotourisme. Les lieux ont l'air abandonnés mais frappez à la grande porte noire et on vous ouvrira.

**PIT Centro Histórico** (carte p. 50 ; ☎283-7115 ; angle Carr. 8 et C. 10 ; ⏲7h-18h). Dans la Casa de Comuneros, face à la Plaza de Bolívar, cet office du tourisme propose des circuits pédestres en anglais à 14h les mardis et jeudis.

**PIT Terminal de Transporte** (☎295-4460 ; Transversal 66 n°35-11, La Terminal, módulo 5). Dans le hall des arrivées de la principale gare routière.

### POSTE

**Bureau de poste** (4-72 ; carte p. 50 ; www.4-72.com.co ; Carr. 7 n°27-54, Centro Internacional ; ⏲8h-18h lun-ven, 9h-13h sam). Une agence 4-72, la poste colombienne.

**Bureau de poste** (4-72 ; carte p. 56 ; www.4-72.com.co ; angle Av. Chile et Carr. 15, Chapinero ; ⏲8h-18h lun-ven, 9h-14h sam)

**Bureau de poste** (4-72 ; carte p. 50 ; Carr 8 n°12A-03, La Candelaria ; ⏲8h-17h30 lun-ven, 9h-13h sam)

**Courier Box** (carte p. 50 ; Carr. 7 n°16-50 ; 8h-18h lun-ven, 9h-12h sam). Comptoirs FedEx, DHL, TNT et UPS.

### SERVICES MÉDICAUX

Privilégiez les cliniques privées aux établissements gérés par le gouvernement, qui sont certes moins chers mais souvent moins bien équipés.

**Fundación Santa Fe** (603-0303 ; www.fsfb.org.co ; C. 119 n°7-75). Hôpital privé très professionnel.

**Médecins étrangers** (311-271-6223 ; Carr. 11 n°94A-25, oficina 401 ; 9h-12h lun-ven). Le Dr Paul Vaillancourt est un médecin d'origine québécoise très sympathique et vivement recommandé. Il facture 160 000 COP par consultation (les assurances médicales ne sont pas prises en compte, mais au besoin on pourra vous orienter vers des hôpitaux qui les acceptent). L'endroit le plus pratique pour se faire vacciner rapidement contre la fièvre jaune (56 000 COP).

### URGENCES

Pour appeler une ambulance, composez le 125. Pour la police et les pompiers, appelez le 123.

**Police touristique** (280-9900). Personnel bilingue anglais/espagnol.

### VISAS

Les prorogations de visa sont délivrées par le bureau de la Migración Colombia (p. 341), au nord du Parque 93. Pour s'y rendre, il faut prendre le TransMilenio M80 de l'arrêt Museo Nacional à l'arrêt Escuela de Caballería (Carrera 7 et Calle 100) et marcher sur quatre *cuadras* direction ouest. Pour plus de détails sur la procédure, voir p. 341.

## Depuis/vers Bogotá

### AVION

L'aéroport flambant neuf de Bogotá, l'**Aeropuerto Internacional El Dorado** (carte p. 46 ; www.elnuevodorado.com ; Av. El Dorado), qui gère quasiment tous les vols nationaux et internationaux, se situe à 13 km au nord-ouest du centre-ville. Il vient de subir d'importantes rénovations et un projet futur prévoit l'intégration des deux terminaux.

Le Terminal T1, qui a remplacé l'ancien terminal El Dorado, prend en charge tous les vols internationaux, les principales liaisons intérieures d'Avianca (Barranquilla, Bucaramanga, Cali, Cartagena, Medellín, Pasto, Pereira et San Andrés) et les vols nationaux d'autres compagnies.

Le Terminal T2 (Puente Aéreo), à 1 km à l'ouest du T1 et desservi par la navette de l'aéroport, gère les autres vols intérieurs d'Avianca (Armenia, Barrancabermeja, Cúcuta, Florencia, Ibagué, Leticia, Manizales, Montería, Neiva, Popayán, Riohacha, Santa Marta, Valledupar, Villavicencio et Yopal).

Les agences des compagnies aériennes sont quasiment toutes installées dans le nord de Bogotá ; certaines ont plusieurs bureaux. De nombreux vols intérieurs desservent l'ensemble du pays. Pour une liste des compagnies nationales desservant la Colombie, voir p. 354.

### BUS

La principale gare routière de Bogotá, **La Terminal** (carte p. 46 ; 423-3630 ; www.terminaldetransporte.gov.co ; Diagonal 23 n°69-11), est située à environ 5 km à l'ouest du centre-ville dans le quartier parfaitement agencé de La Salitre. C'est l'une des gares routières les plus efficaces et plaisantes d'Amérique du Sud, et la signalisation est étonnamment détaillée. Elle occupe un immense bâtiment voûté en brique rouge, divisé en cinq *módulos* (zones). Les bus à destination du sud partent de l'extrémité ouest du *módulo* 1 (symbolisé par la couleur jaune) ; ceux qui se rendent à l'est et à l'ouest démarrent du *módulo* 2 (bleu) et ceux qui vont au nord partent du *módulo* 3 (rouge). Les *colectivos* (minibus) desservant les villes des environs

### LIAISONS INTERNATIONALES EN BUS

| DESTINATION | PRIX (COP) | DURÉE | DÉPART |
|---|---|---|---|
| Buenos Aires | 810 000 | 6-7 jours | 11h lun, 21h ven et 21h-minuit dim |
| Caracas | 208 000 | 36 heures | mer 19h-23h |
| Guayaquil | 230 000 | 41 heures | 11h lun, 21h ven et 21h-minuit dim |
| Lima | 390 000 | 2 jours et demi | 11h lun, 21h ven et 21h-minuit dim |
| Mendoza | 726 000 | 5 jours et demi | 21h ven et 21h-minuit dim |
| Quito | 170 000 | 36 heures | 11h lun, 21h ven et 21h-minuit dim |
| Santiago | 650 000 | 5-6 jours | 11h lun, 21h ven et 21h-minuit dim |
| São Paulo | 923 000 | 8 jours | 21h ven et 21h et minuit dim |

comme Villavicencio partent du *módulo* 4. Toutes les arrivées se font dans le *módulo* 5 (à l'extrémité est de la gare).

Dans le *módulo* 5, vous trouverez de nombreux fast-foods, DAB, consignes à bagages, toilettes (propres) et même des douches (6 500 COP), ainsi qu'un office du tourisme PIT, où l'on pourra vous aider à comprendre les horaires des bus ou à réserver un hébergement.

Chaque *módulo* comporte une rangée de guichets de diverses compagnies, qui tentent parfois de rabattre les clients vers leurs bus. Pour certaines destinations longue distance – en particulier pour la côte caribéenne – il est parfois possible de marchander en basse saison. Le type de bus classique est le *climatizado*. Les compagnies ne sont pas très efficaces dans l'affichage des destinations, tarifs et heures de départ : le mieux est de consulter le site Internet officiel de La Terminal.

### Bus nationaux

Pour la plupart des destinations nationales, des départs fréquents sont assurés toute la journée par plusieurs compagnies (toutes les demi-heures généralement pour des villes comme Medellín, Cali ou Bucaramanga). Comparez les prix et les horaires de départ, qui varient énormément selon la saison, la compagnie et la qualité du service.

**Expreso Bolivariano** (☎ 800-011-9292 ; www.bolivariano.com.co) est la meilleure compagnie de Colombie, avec des bus confortables.



## LIAISONS NATIONALES EN BUS

| DESTINATION | PRIX (COP) | DURÉE (HEURES) | MÓDULO (N°) | COMPAGNIES |
|---|---|---|---|---|
| Armenia | 51 000 | 7 | jaune (1) | Flota de Magdalena, Expreso Bolivariano |
| Barranquilla | 70 000 | 17-20 | rouge (3) et bleu (2) | Copetran, Expreso Brasilia, Berlinas |
| Bucaramanga | 40 000 | 8-9 | rouge (3) | Libertadores, Copetran, Transporte Reina |
| Cali | 59 000 | 8-10 | jaune (1) et bleu (2) | Flota La Magdalena, Expreso Bolivariano, Velotax |
| Cartagena | 90 000 | 12-24 | bleu (2) et rouge (3) | Copetran, Expreso Brasilia, Berlinas |
| Cúcuta | 100 000 | 15-16 | rouge (3) | Expreso Brasilia, Berlinas |
| Honda | 20 000 | 4 | bleu (2) | Flota Aguila, Rapido Tolima |
| Ipiales | 121 000 | 22 | jaune (1) | Continental Bus |
| Manizales | 50 000 | 8-9 | bleu (2) | Expreso Bolivariano, Rapido Tolima |
| Medellín | 55 000 | 9 | jaune (1) et bleu (2) | Expreso Brasilia, Expreso Bolivariano |
| Neiva | 30 000 | 5-6 | jaune (1) et bleu (2) | Flota La Magdalena, Rapido Tolima |
| Ocaña | 88 000 | 12 | rouge (3) | Copetran, Omega |
| Pasto | 110 000 | 18-20 | jaune (1) | Continental Bus, Flota La Magdalena |
| Pereira | 50 000 | 7-9 | jaune (1) | Expreso Bolivariano, Flota La Magdalena |
| Popayán | 80 000 | 12 | jaune (1) | Flota La Magdalena, Velotax |
| Riohacha | 100 000 | 18-19 | rouge (3) | Copetran, Expreso Brasilia |
| San Agustín | 464 000 | 9-10 | jaune (1) | Taxis Verdes, Coomotor |
| San Gil | 40 000 | 6-7 | rouge (3) | Berlinas, Omega, Copetran |
| Santa Marta | 70 000 | 16-17 | bleu (2) et rouge (3) | Berlinas, Omega, Copetran |
| Sogamoso | 23 300 | 4 | rouge (3) | Libertadores, Autoboy |
| Tunja | 19 000 | 3 | rouge (3) | Libertadores, Copetran |
| Villa de Leyva | 23 000 | 4 | rouge (3) | Libertadores, Rapido El Carmen |
| Villavicencio | 21 000 | 3 | bleu (2) | Flota La Macarena, Expreso Bolivariano |

### Bus internationaux

Les bus pour les grandes villes d'Amérique du Sud partent du *módulo* 2 (bleu) de La Terminal. Les bus d'**Expreso Ormeño** (☎410-7522 ; www.grupo-ormeno.com.co) partent le vendredi et le dimanche et ceux de **Cruz del Sur** (☎428-5781 ; www.cruzdelsur.com.pe) partent le lundi. Ces compagnies vendent des billets pour quasiment toutes les destinations.

## Comment circuler

Aux heures de pointe du matin et de l'après-midi, les routes sont vraiment encombrées et les bus pris d'assaut.

### DEPUIS/VERS L'AÉROPORT

Pour gagner la ville depuis l'aéroport, le moyen le plus économique et efficace est le TransMilenio (p. 80). Seul problème, et de taille : les espèces n'étant pas acceptées, il faut avoir une *Tarjeta Tu Llave* ou une *Tarjeta Cliente Frecuente*, lesquelles n'étaient pas vendues à l'aéroport au moment de nos recherches.

Si votre hébergement se trouve à Chapinero ou au nord de la capitale, le bus M86 part de devant la Puerta 8 du hall des arrivées, toutes les 7 minutes entre 4h30 et 23h du lundi au vendredi, entre 5h et 23h le samedi et entre 9h et 18h le dimanche ; il dessert le Centro Internacional avant de se diriger au nord et de longer la Carrera 7 jusqu'à la Calle 116. Si vous n'avez pas de *Tarjeta Tu Llave* ou de *Tarjeta Cliente Frecuente*, vous devrez prendre la navette gratuite "16-14 Aeropuerto", qui part entre la Puerta 7 et la Puerta 8 toutes les 10 minutes de 4h à 23h, jusqu'au Portal El Dorado du TransMilenio, où vous pourrez acheter une carte et prendre le M86 (des DAB sont installés en face de la Puerta 5 dans le hall des arrivées). La même ligne circule sour le nom de K86 du nord de la ville à l'aéroport.

Si vous logez à La Candelaria, vous devrez prendre plusieurs bus. À l'aéroport, empruntez la navette "16-14 Aeropuerto" jusqu'au Portal El Dorado, puis le bus TransMilenio J6 jusqu'à l'arrêt Universidades, relié à la station Las Aguas par un tunnel souterrain. Pour aller à l'aéroport, prenez le bus K6 d'Universidades jusqu'au Portal El Dorado, puis poursuivez avec la navette de l'aéroport.

Dans tous les cas, prévoyez une bonne heure de trajet en temps normal, et davantage aux heures de pointe.

À l'aéroport, **Taxi Imperial** (www.viajesimperialsas.com) gère une flotte de taxis – repérez les personnes en veste orange. Tarifs moyens depuis l'aéroport : La Candelaria 25 000-30 000 COP, Chapinero 35 000-37 000 COP et Zona Rosa 35 000-37 000 COP. La file d'attente (souvent longue) pour les taxis se trouve juste devant le terminal principal. Un *sobrecargo* (supplément) de 3 600 COP est appliqué pour les courses depuis/vers l'aéroport et il y a parfois un petit supplément pour les bagages.

> **TAXI SANS SOUCI**
>
> Après avoir réservé un taxi au téléphone ou via l'application Tappsi (www.tappsi.co), vous devrez donner au conducteur un mot de passe (*clave*), qui se compose généralement des deux derniers chiffres du téléphone que vous aurez utilisé. Sans cela, le chauffeur ne pourra pas enclencher le taximètre.
>
> Les taxis sont rares aux heures de pointe : à moins d'offrir un pourboire à partir de l'application, la plupart des chauffeurs ne répondront pas à votre sollicitation. Sur Tappsi, cliquez sur "More", activez "VIP" et ajoutez une somme afin de booster les réponses (2 000 à 3 000 COP devraient convenir).

### DEPUIS/VERS LA GARE ROUTIÈRE

La manière la plus rapide et pratique de rejoindre la principale gare routière, La Terminal (p. 77), est une combinaison entre TransMilenio et courte marche à pied. La station El Tiempo, sur la ligne de TransMilenio M86-K86/J6-K6 menant à l'aéroport, est à 950 m de la gare routière. Pour gagner La Terminal, sortez de la station El Tiempo par la passerelle sur la droite puis prenez à nouveau à droite une fois sur le trottoir. Marchez tout droit sur une *cuadra* et demie jusqu'à la Carrera 69 puis tournez à gauche (entre les bâtiments de la Cámara de Comercio Bogotá et du World Business Port). Marchez sur cinq *cuadras*, dépassez Maloka sur votre gauche et traversez deux passerelles piétonnières (au-dessus de la Calle 24A et de l'Avenida La Esperanza), puis continuez sur le trottoir pendant 300 m en direction de la tour marquée d'un T. Au départ de La Terminal, suivez les instructions dans le sens inverse.

Le *módulo* 5 de La Terminal dispose d'un service de taxis, équipés de compteurs, mais les files d'attente sont hallucinantes. Comptez 12 500 COP pour La Candelaria, 9 500 COP pour le Chapinero Alto et 12 500 COP pour la Zona Rosa. Supplément de 1 700 COP entre 20h et 5h.

### BUS ET BUSETA

Outre son TransMilenio (p. 80), Bogotá peut compter sur sa flotte de bus et *busetas* (minibus), même si ces derniers sont peu à peu remplacés par les bus bleus de **SiTP** (Sistema Integrado de Transporte Público ;

www.sitp.gov.co), plus formels et surnommés *azules*. Ils viennent compléter le système du TransMilenio, afin que l'ensemble du système de transport de la capitale soit chapeauté par une même entité efficace. Pour faciliter le tout, TransmiSitp (www.transmisitp.com) est une application populaire qui coordonne les trajets entre TransMilenio et SiTP. Les bus circulent dans toute la ville, généralement à la vitesse maximale autorisée. Lors de nos recherches, environ la moitié des *busetas* continuaient de circuler.

À l'exception de quelques rues, il n'y a pas d'arrêts de bus – faites un signe au chauffeur. Montez par la porte avant et payez le chauffeur ou son assistant ; vous n'aurez pas de billet. Dans les bus, on descend par la porte arrière, où se trouve une sonnette pour signaler au chauffeur que l'on souhaite s'arrêter. Les *busetas* disposent généralement d'une unique porte à l'avant, pour la montée et la descente des passagers. Quand vous souhaitez descendre, dites au chauffeur "*por acá, por favor*" (ici, s'il vous plaît).

Tous les bus et *busetas* sont dotés d'un panneau indiquant leur itinéraire et leur numéro sur le pare-brise. Les habitants n'ont aucun mal à les identifier de loin, mais, pour les novices, il n'est pas évident de reconnaître le bon trajet assez rapidement pour arrêter le véhicule à temps. C'est une question d'entraînement...

Les tarifs sont fixes, indépendamment de la distance parcourue, et sont affichés (en général, environ 1 400 COP). Ils sont parfois un peu plus élevés le soir (après 20h) et les dimanches et jours fériés.

Des *colectivos* (minibus) circulent également sur les grands axes. Plus rapides que les bus et les *busetas*, ils coûtent environ 1 600 COP.

## TAXI

Les innombrables taxis jaunes de Bogotá sont des véhicules coréens plutôt fiables ; les courses sont assez bon marché. Tous les véhicules sont équipés de taximètres et les chauffeurs les utilisent presque systématiquement. Quand vous vous installez dans un taxi, le compteur doit afficher "25", ce qui correspond à un système tarifaire (une carte plastifiée avec les conditions tarifaires doit être accrochée au siège du passager avant). Le tarif minimum est "50", soit 3 600 COP. Le compteur doit changer tous les 100 m. Un supplément de 1 700 COP est facturé pour les courses réalisées le soir ou le dimanche et les jours fériés ; les courses pour l'aéroport sont assorties d'un supplément de 3 600 COP. Également un supplément de 600 COP pour les réservations.

Si vous devez faire plusieurs trajets assez longs, mieux vaut louer un taxi pour environ 18 200 COP de l'heure.

N'arrêtez jamais un taxi dans la rue, à moins d'être avec un habitant. Si vous ignorez cette consigne, votre course ne sera pas enregistrée et vous échapperez ainsi à toutes les mesures de sécurité prévues pour protéger les voyageurs, ce qui augmentera vos chances de subir un vol. Vous pouvez appeler de nombreuses compagnies utilisant la liaison radio, notamment **Taxis Libres** (☎ 311-1111 ; www.taxislibres.com.co) ou **Taxi Express** (☎ 411-1111 ; www.4111111.co), mais l'application pour les taxis de Bogotá, **Tappsi** (www.tappsi.co) est encore plus efficace (il y a une version en anglais). Voir l'encadré p. 79.

Si un conducteur refuse d'enclencher son compteur, descendez du véhicule. La plupart des chauffeurs sont honnêtes, mais mieux vaut vérifier le prix annoncé avec la carte de tarification. Certains chauffeurs arrondissent le montant de la course, en particulier tard le soir. Peu de clients laissent un pourboire.

## TRANSMILENIO

Projet au nom ambitieux inspiré d'un système novateur mis en place à Curitiba (Brésil), le **TransMilenio** (www.transmilenio.gov.co) a révolutionné les transports publics de Bogotá. Après plus de 30 ans d'études pour construire un métro, le projet a finalement été abandonné au profit de ce réseau de bus rapides, le plus développé du monde à ce jour.

Ce système de bus fonctionne comme un métro. Couvrant 112 km avec une flotte de 1 400 bus, le TransMilenio comptait, au moment de nos recherches, 12 lignes et 144 stations autonomes, bien tenues et sûres (certaines sont équipées du Wi-Fi). Les bus empruntent des voies réservées, ce qui leur permet d'échapper aux embouteillages. Les liaisons sont fréquentes et bon marché (le prix du billet varie selon le moment de la journée : heures normales/heures de pointe 1 400/1 700 COP). La plupart des lignes fonctionnent de 4h58 à 0h15 du lundi au samedi, et de 5h55 à 23h15 le dimanche.

Les billets sont vendus à l'entrée de toutes les stations TransMilenio. Par ailleurs, il existe plusieurs types de cartes pour ne pas avoir à faire la queue à chaque trajet. Les touristes et les non-résidents utilisent la *Tarjeta Cliente Frecuente* (2 000 COP), qui peut être rechargée (jusqu'à 50 trajets ou 85 000 COP) et couvre quasiment tout le réseau du TransMilenio ainsi que les bus SiTP. La *Tarjeta Tu Llave* est quasiment similaire, mais peut être utilisée uniquement dans les stations TransMilenio et les bus SiTP de la Phase III, qui ont été construites par une autre compagnie et ne sont pas compatibles avec le reste du réseau (pratique !).

Le TransMilenio transporte jusqu'à 2,2 millions de personnes par jour – ce qui est largement au-dessus de sa capacité – et les bus sont vraiment bondés aux heures de pointe (les habitants le surnomment alors le *TransmiLLENO*, c'est-à-dire le *TransmiPLEIN)*. Prendre une correspondance sur l'Avenida Jiménez est un défi. Si les projets se poursuivent comme prévu, le TransMilenio devrait être achevé en 2031, avec un total de 388 km de voies.

Sur les cartes affichées dans les stations, les itinéraires sont symbolisés par une couleur, avec différents numéros de bus correspondant à divers arrêts, mais tout le monde s'y perd, même les habitants. Les lignes les plus intéressantes pour les visiteurs circulent du nord au sud le long de l'Avenida Caracas, entre les stations Avenida Jiménez et Portal del Norte ; du nord-ouest au sud-est le long de l'Avenida Dorado, entre Portal El Dorado et Universidades (pour accéder à la gare routière et à l'aéroport) et du nord au sud le long de la nouvelle ligne hybride (en partie bus rapide, en partie bus de ville classique) créée en 2014 le long de la Carrera 7, qui facilite l'accès au Chapinero, à la Zona Rosa et à Usaquén. Cette ligne (M80-L80) commence à Bicentenario et emprunte des voies réservées jusqu'à la toute nouvelle station Museo Nacional, puis continue sur les voies de circulation normales le long de la Carrera 7, jusqu'à la Calle 114. Il y a neuf terminus, mais le seul présentant un réel intérêt pour les voyageurs est le **Terminus Nord** (angle Carrera 45 et Calle 174, Portal del Norte).

Il faut un peu de pratique pour discerner quel bus prendre. Les lignes Ruta Facil, par exemple, s'arrêtent à toutes les stations, tandis que d'autres empruntent une sorte d'itinéraire express, ignorant parfois plusieurs stations de suite, ce qui peut être troublant.

Vous pourrez anticiper votre trajet sur SuRumbo (www.surumbo.com) ; cliquez sur vos stations de départ et d'arrivée pour obtenir les différentes options. La plupart des trajets dans le Nord et le Centre impliquent un changement à Calle 22, et bien d'autres correspondances se font à Avenida Jiménez (il faut parfois emprunter un passage souterrain entre deux stations voisines).

Les lignes express B74/J72 sont en voie d'être retirées de La Candelaria, afin de créer une voie piétonnière, et circulent uniquement depuis/vers l'Avenid Jiménez en dehors des heures de pointe. Les deux stations du *centro histórico*, Las Aguas et Museo del Oro, devraient également fermer, mais, des protestations s'étant élevées, leur avenir est incertain.

Principaux trajets (sujets à changement selon le jour et l'heure) :

**De La Candelaria au Portal del Norte** Prendre le F23 de Museo del Oro à Avenida Jiménez, puis le B74 jusqu'à Portal del Norte (dernier arrêt).

**De La Candelaria au Chapinero** À San Victorino, prendre le M7 jusqu'à Museo Nacional, puis le M80 jusqu'à Universidad La Salle ou Calle 67.

**De La Candelaria à la Zona G** Prendre le M7 de San Victorino à Museo Nacional, puis le M80 jusqu'à Avenida Chile.

**De La Candelaria à la Zona Rosa** Prendre le B74 de Las Aguas ou Museo del Oro jusqu'à Calle 57, puis le B23 juqu'à Calle 85.

**Du Portal del Norte à La Candelaria** Prendre le J72 de Portal del Norte jusqu'à Avenida Jiménez, puis le F23 jusqu'à Museo del Oro.

**Du Chapinero à La Candelaria** Prendre le L80 de Calle 67 ou Universidad La Salle jusqu'à Museo Nacional, puis le L7 jusqu'à San Victorino.

**De la Zona G à La Candelaria** Prendre le L80 de Avenida Chile jusqu'à Museo Nacional, puis le L7 jusqu'à San Victorino.

**De la Zona G à la Zona Rosa** Prendre le M80 de Avenida Chile jusqu'à Calle 82.

**De la Zona Rosa à La Candelaria** Prendre le K23 de Calle 85 jusqu'à Calle 57, puis le J72 jusqu'à Avenida Jiménez.

### VÉLO

Appelé CicloRuta, le réseau de pistes cyclables de Bogotá est l'un des plus étendus du monde, avec plus de 350 km de voies séparées de la chaussée et clairement signalées.

En outre, environ 121 km des rues de la capitale sont fermées à la circulation de 7h à 14h le dimanche et les jours fériés, pour une Ciclovía (p. 55) étendue à toute la ville, un événement bien organisé invitant à explorer Bogotá à vélo. Vous pourrez louer un vélo auprès de Bogotá Bike Tours (p. 59). La Ciclovía s'étend sur toute la Carrera 7, de La Candelaria à Usaquén – une expérience mémorable, même à pied.

# ENVIRONS DE BOGOTÁ

La plupart des *Bogotanos* souhaitant échapper un moment à la jungle urbaine, le font également en quête de chaleur. Certaines localités situées à quelques heures, comme Villavicencio, ont une altitude bien moins élevée que Bogotá et profitent de températures plus douces. En dehors de la capitale, les paysages changent radicalement et vous découvrirez, à vous y aventurer, des lacs, des cascades, des forêts de nuages, des montagnes et maints villes et villages, dont beaucoup ont conservé leur charme colonial.

## Au nord de Bogotá

Depuis Bogotá, nombre d'excursions filent vers le nord. Vous pourrez visiter Zipaquirá et Guatavita dans la même journée. Des agences telles que Destino Bogotá (p. 59) proposent des circuits combinés.

## Suesca

1 / 14 000 HABITANTS / ALTITUDE 2 584 M

L'un des sites d'escalade les plus prisés de Colombie se trouve juste au sud de cette ville coloniale, à 65 km au nord de Bogotá. Si vous arrivez en voiture ou en bus, vous passerez devant les formations en grès de Guadalupe, qui se dressent sur 4 km de long et 370 m de haut le long du Río Bogotá, et sont équipées de 400 voies (d'autres seront aménagées dans le futur).

Beaucoup de visiteurs viennent en excursion à la journée depuis Bogotá, surtout le week-end ; les cinq ou six prestataires accueillent alors plusieurs centaines de grimpeurs par jour. Le rafting est aussi envisageable, mais l'eau est bien plus clémente à Tobía.

### Activités

Grimpeur et alpiniste chevronné, Rodrigo Arias (p. 107), qui vit à Suesca lorsqu'il n'est pas en vadrouille dans le PNN El Cocuy, est un guide formidable. Il organise des circuits escalade, VTT ou randonnée de plusieurs jours. L'école d'escalade **DeAlturas** (301-642-6809 ; www.dealturas.com) propose un stage de 5 jours pour 500 000 COP ou d'une journée (équipement inclus) pour 120 000 COP ; hébergement possible (20 000 COP/pers).

### Où se loger

Les possibilités de camping abondent. Vous pouvez aussi louer une *cabaña* équipée auprès de Camping Amarelo (p. 75), à Bogotá, pour 45 000 COP par personne.

**El Vivac Hostal** AUBERGE DE JEUNESSE **$$**
(311-480-5034 ; www.elvivachostal.com ; camping 15 000 COP/pers, dort 25 000 COP, d 70 000 COP). Cette ferme transformée en auberge de jeunesse est gérée par une passionnée de grimpe, qui organise des sorties escalade et loue des vélos (à partir de 10 000 COP).

### Depuis/vers Suesca

Pour se rendre à Suesca, il faut prendre le TransMilenio jusqu'à son terminus nord au Portal del Norte, puis emprunter l'un des bus directs Alianza, fréquents (5 100 COP, 1 heure), qui partent du quai "Buses Intermunicipales", dans le Portal, toutes les 20 minutes jusqu'à 23h.

## À l'ouest de Bogotá

Les voyageurs qui quittent Bogotá direction l'ouest se dirigent vers la plage, Medellín ou la région du café. Nombreux sont ceux à ne pas s'arrêter en route, mais quelques sites méritent une visite. Si vous êtes véhiculé, sachez que deux grandes routes partent de Bogotá : prenez la route du nord via La Vega (à l'ouest dans la Calle 80), un trajet plus agréable que celle du sud via Facatavita, qui rejoint la route de La Vega (après de nombreuses banlieues et des embouteillages de camions) à Villeta, à environ 65 km à l'ouest.

Des randonnées dans un *bosque de niebla* (forêt de nuages) vous attendent à seulement 20 km à l'ouest de Bogotá, dans le superbe **Parque Natural Chicaque** (1-368-3114 ; www.chicaque.com ; 14 000 COP ; 8h-16h). Ce parc privé de 3 km² offre une demi-douzaine de balades (environ 8 km en tout), lesquelles figurent parmi les mieux balisées du pays. Pendant la saison des pluies, des parcours mènent à des cascades. Le week-end, vous pourrez louer un cheval pour remonter les pentes abruptes.

Vous arriverez en haut des chemins et, après une descente à pied escarpée, découvrirez divers **hébergements** (camping/dort/bungalow 56 300/92 350/298 400 COP tous repas inclus), notamment un joli bungalow pour deux (pour réserver, il faut faire un virement bancaire, ce qui est compliqué pour les étrangers). Vous pourrez aussi camper à l'entrée pour 13 500 COP (pas de repas).

La réserve se trouve à quelques kilomètres à l'écart de la route Soacha-La Mesa. Pour s'y rendre depuis le centre de Bogotá, il faut prendre le TransMilenio jusqu'à Terreros, d'où des bus partent pour le parc, le week-end, à 8h, 9h30, 11h, 14h, 15h45 et 17h15 (5 000 COP) ; retour à 8h45, 10h15, 13h, 15h, 16h30 et 18h. En semaine, si vous téléphonez à l'avance, vous pourrez organiser votre transport avec le parc.

## Au sud de Bogotá

Les voyageurs quittant Bogotá direction sud se rendent souvent à Villavicencio et dans les Llanos, mais des pauses agréables sont envisageables, notamment pour voir des momies.

### LAGUNA DE GUATAVITA : LE PRÉTENDU LAC DE L'OR

Selon une légende muisca, la **Laguna de Guatavita** (un lac résultant probablement de l'activité volcanique, qui occupait jadis un cratère parfaitement rond, entouré de montagnes verdoyantes) fut créée par la chute d'une météorite transportant un dieu en or, qui s'installa au fond du lac. Dans le passé, beaucoup d'espoirs de découvrir l'Eldorado se concentrèrent sur ce petit lac circulaire, à environ 50 km au nord-est de Bogotá. Le joli Guatavita était le lac sacré et le centre de rituel du peuple muisca. Il y a 500 ans, le Zipa (cacique muisca, un chef tribal), couvert de poussière d'or et installé sur son radeau cérémoniel, avait pour coutume de jeter dans ce lac des offrandes précieuses, notamment des *tunjos* (pendentifs et figurines en or) sophistiqués, sur lesquels étaient inscrits des vœux. Il plongeait ensuite dans l'eau pour absorber la puissance des dieux. Vous pourrez voir de nombreux *tunjos* au Museo del Oro de Bogotá (p. 53).

Cette coutume provoqua une ruée vers l'or des Espagnols, et de bien d'autres étrangers, qui pensaient avoir atteint un Eldorado aquatique. Au fil des années, beaucoup d'efforts furent vainement déployés pour repêcher des trésors. Dans les années 1560, un riche commerçant, Antonio de Sepúlveda, creusa une ouverture sur le côté – encore visible aujourd'hui – pour vider le lac, récupérant un maigre butin de 232 pesos d'or. Sepúlveda mourut ruiné. À la fin du XIXe siècle, une compagnie anglaise parvint à assécher le lac mais découvrit seulement une vingtaine d'objets – pas de quoi rentabiliser les 40 000 £ et les huit années investies dans le projet.

Dans les années 1940, des plongeurs américains équipés de détecteurs de métaux entreprirent une nouvelle chasse au trésor. Les autorités colombiennes finirent par interdire ce genre de pratique en 1965, ce qui n'empêcha pas certains de s'entêter. Dans les années 1990, un permis était requis pour accéder au lac, ce qui permettait de garder une trace des visiteurs (certains venant illégalement avec du matériel de plongée).

En dépit de sa réputation, la Laguna Guatavita n'a jamais livré beaucoup d'or. L'objet le plus réputé de Colombie – le *Balsa Muisca* (conservé au Museo del Oro) – fut découvert dans une grotte près du village de Pasca.

Aujourd'hui, il n'est pas possible d'imiter le Zipa (la baignade est interdite), mais le sentier surplombant l'eau offre de nombreux points de vue. Le site se trouve à une altitude plus élevée que Bogotá et vous sentirez cette différence lors de la montée de 15 minutes pour gagner le bord du lac, depuis l'**entrée** (Colombien/étranger 9 500/14 000 COP ; ⏲ fermé lun).

Il n'est pas très pratique de se rendre à la Laguna de Guatavita en transports publics. Depuis le terminus nord du TransMilenio – Portal del Norte – au nord de Bogotá, des bus partent toutes les 20 minutes environ, du quai "Buses Intermunicipales" (8 000 COP), pour la ville de Guatavita, via Sesquilé. À environ 11 km au nord de la ville, le bus passe devant la route de 7 km qui monte jusqu'au lac – il n'y a pas de transport public pour ce tronçon. Demandez à descendre ici, puis marchez ou faites du stop (suivez les panneaux sur la droite près de l'Escuela Tierra Negra). Vous pourrez aussi continuer jusqu'à la ville de Guatavita ; le dimanche, des *colectivos* (véhicules partagés) partent de la place centrale pour aller directement au lac. Il y a très peu de taxis.

Le prix pour un aller-retour en taxi depuis Bogotá doit être négocié. Comptez environ 150 000 COP, temps d'attente compris.

## San Bernardo

Le climat unique des hauts plateaux andins a favorisé la conservation des momies dans différentes régions de Colombie – certaines ont été déplacées à l'autre bout du monde, par exemple au British Museum de Londres. Vous pourrez en voir dans la "ville des momies" de **San Bernardo**, à environ 87 km au sud-est de Bogotá. Il y a un siècle, des dizaines de corps furent excavés suite au non-paiement des honoraires d'inhumation, et les fossoyeurs furent surpris de découvrir des momies – résultat de la nature unique du sol et du régime local à base de *chayote*. Certaines sont exposées dans des vitrines, dans la crypte du cimetière, en ville.

Mieux vaut disposer de son propre véhicule pour venir jusqu'ici.

## Los Llanos

Au sud-est de Bogotá, le relief accidenté des Andes descend rapidement à pic puis s'aplatit, se muant en un océan de prairies verdoyantes : Los Llanos (les Plaines).

Parfois appelée le Serengeti de l'Amérique du Sud, la région des Llanos est dotée d'une vie sauvage très dense. On y dénombre plus de 100 espèces de mammifères et plus de 700 espèces d'oiseaux (ce qui correspond au nombre d'espèces d'oiseaux présentes dans l'ensemble des États-Unis). Selon l'organisation Nature Conservancy, les Llanos accueillent également certaines des espèces les plus menacées de la planète, notamment le crocodile de l'Orénoque, la tortue de l'Orénoque, le tatou géant, l'aigle d'Isidore et plusieurs espèces de poissons-chats.

Les plaines plates et herbeuses constituent des pâturages parfaits pour le bétail. Les *llaneros* (cow-boys colombiens) passent de longues heures à surveiller leurs troupeaux dans des ranchs gigantesques, dont certains couvrent plusieurs milliers d'hectares. Ces conditions de vies rudes et épuisantes, loin de tout, ont inspiré une culture unique très différente de celle de la Colombie "classique". Les *llaneros* sont associés au chapeau traditionnel en paille, aux rodéos *coleo*, à la danse *joropo* et à la *música llanera*, une musique country de type *bluegrass*.

Les Llanos englobent les départements colombiens d'Arauca, Casanare, Guainía, Meta et Vichada. Jusqu'en 2003, la majeure partie de cette région était inaccessible aux étrangers. Désormais, la plupart des grandes villes sont sûres et propices au commerce. Les passionnés d'animaux sauvages se rendront dans le Casanare, pour découvrir une faune similaire à celle du Pantanal, au Brésil, ou de Los Llanos côté vénézuélien.

Malgré beaucoup de victoires militaires du gouvernement colombien ces dernières années, les rebelles des FARC et d'autres groupes de guérilleros contrôlent encore certains secteurs des Llanos. Lors de nos recherches, voyager de façon indépendante demeurait un peu risqué, mais était relativement sûr pour qui se limitait aux villes de Villavicencio, Inirida, Puerto López, Puerto Gaitán, Orocue et Puerto Inirida. Autres destinations ne posant pas vraiment de problèmes de sécurité : Puerto Careño (mais la route de Puerto López à Puerto Careño, à la frontière vénézuélienne, reste problématique), Yopal (même si la sécheresse due à El Niño a entraîné de violentes manifestations et une catastrophe agricole en 2014) et San José del Guaviare – mais la région au sud de San José del Guaviare reste très dangereuse. De manière générale, renseignez-vous avant de partir dans les Llanos.

De Una Colombia Tours (p. 353), à Bogotá, organise des circuits guidés au PNN El Tuparro ainsi que des excursions aux Cerros de Mavecure, au Raudal Alto, dans le Casanare et dans le Guanía, entre autres.

### PAS D'IMPRUDENCE

N'oubliez pas que dans le secteur des Llanos, il est impossible de se balader n'importe où de façon indépendante. En Colombie, les conditions de sécurité sont instables et peuvent évoluer très rapidement – renseignez-vous systématiquement auprès des autorités et/ou des agences de voyages pour connaître la situation actuelle avant de vous aventurer où que ce soit dans cette région.

### VILLAVICENCIO

☎8 / 385 000 HABITANTS / ALTITUDE 467 M

Depuis Bogotá, la route fortement militarisée se dirigeant vers le sud mène à Villavicencio – "La Puerta al Llano", la porte d'accès aux Llanos – à 75 km au sud-est de la capitale. Cette ville affairée mais pas particulièrement intéressante se distingue par son penchant affirmé pour la vie nocturne et la viande grillée. C'est une bonne base pour explorer les plaines, et même s'il ne s'agit plus d'un passage obligé pour les excursions à Caño Cristales, elle permet d'effectuer le trajet le plus palpitant qui soit, à bord d'un vieux DC-3 des années 1940. Émotions fortes en perspective !

#### Où se loger et se restaurer

Les *asaderos* (restaurants servant de la viande grillée ou rôtie) proposent la spécialité de la région, la *mamona* (veau).

**Mochileros Hostel** AUBERGE DE JEUNESSE $
(☎667-6723 ; www.mochileroshostel.com ; C. 18 n°39-08 ; dort 24 000 COP, s/d 45 000/75 000 COP, sans sdb 35 000/65 000 COP, petit-déj inclus ; 📶).

La seule auberge de jeunesse de la ville est une bonne option, dans le quartier chic de Barrio Balatá, à proximité d'une ribambelle de boutiques, restaurants et bars sympas. D'un bon rapport qualité/prix, les chambres privées sont dotées de TV câblée à écran plat (mais pas d'eau chaude). Le patio du devant favorise les rencontres et le lieu gagnera sans doute en convivialité dans le futur.

Possibilité d'organiser une excursion de 3 nuits à Caño Cristales (1 040 000 COP/pers).

**El Ranchón del Maporal** COLOMBIEN **$$**

(www.ranchondelmaporal.com ; Vía A Restrepo, Km 1 ; plats 18 500-41 300 COP ; ⏲cuisine 17h-minuit mar-ven, 11h-22h sam-dim ; 📶). À la lisière de la ville, ce restaurant branché sert de fabuleux steaks, produits de la mer et cocktails régionaux, le tout en plein air. Le week-end, ne manquez pas les spécialités *llaneras* comme l'*amarillo monseñor,* une sorte de ragoût de poisson de rivière (apprécié des cow-boys). Le soir, une clientèle distinguée investit l'établissement, qui se transforme en bar/club avec DJ (et entrée payante) le week-end.

## Renseignements

**Turismo Villavicencio** (☎670-3975 ; www.turismovillavicencio.gov.co ; C. 37 n°29-57, 6e ét.). Trois offices du tourisme : à l'aéroport, à la gare routière et sur la Plazoleta Los Libertadores.

## Depuis/vers Villavicencio

Chaque jour, de nombreux bus desservent Villavicencio au départ de Bogotá (21 000 COP, 3 heures) et de villes des Llanos plus éloignées, comme Yopal (30 000 COP, 5 heures), Puerto Gaitán (25 000 COP, 3 heures), Puerto López (13 000 COP, 1 heure 30) et San José del Guaviare (40 000 COP, 6 heures).

Pour le Caño Cristales, les vols pour La Macarena (450 000 COP) se font à bord d'un Cessnas six places, et le samedi à bord d'un DC-3 des années 1940.

### CAÑO CRISTALES

Pendant longtemps, nul n'a pu profiter de l'une des plus impressionnantes merveilles naturelles du pays. En raison des guérillas et des activités militaires et paramilitaires dans le département de Meta, le **PNN Sierra de La Macarena**, mieux connu sous le nom de **Caño Cristales**, est fermé au tourisme depuis 1989. Il l'est toujours officiellement, mais quelques tour-opérateurs attachés à la protection de l'environnement ont obtenu l'autorisation de visiter le site. Ils ont donc commencé à organiser des circuits en 2009, malgré la présence des FARC un peu plus loin.

Situé dans les monts Macarena, le Caño Cristales a de nombreux surnoms, de "la rivière aux cinq couleurs" à "l'arc-en-ciel liquide". Pendant une bonne partie de l'année, ces qualificatifs ne sont pas vraiment compréhensibles, mais durant quelques mois, de juillet à novembre, le niveau de l'eau permet d'observer un incroyable phénomène biologique : une prolifération d'algue produite par une espèce de plante unique, la *Macarenia clavigera*. Les algues forment une couverture rouge-vif sous l'eau, transformant la rivière cristalline en un flot cramoisi qui tranche avec les rochers lunaires de la gorge et le paysage, mi-savane mi-jungle, des alentours. Cette véritable explosion de couleurs ne manquera pas de vous émerveiller.

En outre, de nombreuses cascades et piscines naturelles invitent à la baignade le long de la rivière. Cerise sur le gâteau : le trajet de 10 minutes depuis La Macarena, le long du Río Guayabero, permet d'observer de singuliers animaux : tortues, iguanes, aras, *aguilas* (aigles, l'oiseau national de la Colombie) et hoazins (faisans tropicaux).

Il est impossible de visiter Caño Cristales par ses propres moyens : vous devrez obligatoirement contracter les services d'une agence ou d'un guide. **Aventure Colombia** (☎702-7069 ; www.aventurecolombia.com ; Av. Jiménez n°4-49, oficina 204, Bogotá) propose des formules de 3/4 jours (1 150 000/1 300 000 COP) comprenant vols, hôtel, nourriture, transports locaux et guide professionnel. **De Una Colombia Tours** (☎1-368-1915 ; www.deunacolombia.com ; Carr. 24 n°39B-25, oficina 501, Bogotá) propose des circuits passionnants, à partir de 750 000 COP. Il est également possible de se rendre à La Macarena de façon indépendante : en haute saison (juillet-novembre), Satena (p. 354) assure désormais trois vols directs par semaine depuis Bogotá (mercredi à 9h30, vendredi et dimanche à 10h30 ; aller-retour 450 000 COP environ). Une alternative consiste à se rendre à Villavicencio (trajet en bus facile depuis Bogotá ; 21 000 COP, 3 heures) et à contacter **Ecoturismo Sierra de La Macarena**

(☎8-664-3364 ; www.ecoturismomacarena.com) à l'aéroport Vanguardia, pour trouver un guide et organiser un vol (notamment le samedi, à bord d'un vieux DC-3) jusqu'à la petite ville de La Macarena, inaccessible autrement.

Caño Cristales n'est un secret pour personne : les Colombiens aiment s'y rendre lors des grands week-ends (ou *puentes,* "ponts"). Le nombre de visiteurs maximum (180) n'étant pas toujours respecté, mieux vaut éviter ces week-ends.

### PARQUE NACIONAL NATURAL EL TUPARRO

Le **PNN El Tuparro** (www.parquesnacionales.gov.co ; Colombien/étranger 12 000/35 000 COP) est une réserve naturelle de 548 000 ha, à la frontière vénézuélienne. Ses berges de rivière sablonneuses et ses pâturages verdoyants accueillent plus de 320 espèces d'oiseaux, des jaguars, des tapirs et des loutres. Il n'est pas facile de s'y rendre, mais quiconque en fait l'effort y trouve juste récompense.

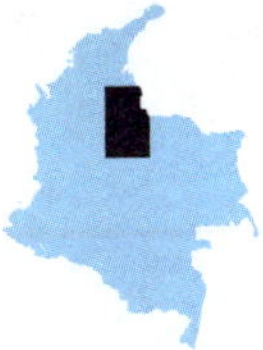

# Boyacá, Santander et Norte de Santander

### Dans ce chapitre ➡



## Le top des restaurants

- Mercagán (p. 119)
- Mercado Municipal (p. 95)
- Ristorante Al Cuoco (p. 115)
- Gringo Mike's (p. 111)
- Piqueteadero Doña Eustaquia (p. 108)

## Le top des hébergements

- Refugio La Roca (p. 120)
- Suites Arco Iris (p. 93)
- Color de Hormiga Posada Campestre (p. 113)
- Renacer Guesthouse (p. 93)
- Finca San Pedro (p. 99)

## Pourquoi y aller

La région formée par les départements de Boyacá, Santander et Norte de Santander, qui fut l'une des premières où s'établirent les conquistadors espagnols, joua un rôle central dans l'histoire colombienne. C'est ici en effet que furent semées les graines de la révolte contre la métropole, qui devait mener, après la victoire décisive du Puente de Boyacá, à l'indépendance de la Colombie en 1819.

Entre gorges vertigineuses, rivières au cours rapide et hautes montagnes enneigées, la tendance est à l'aventure, tant à San Gil, capitale colombienne de l'adrénaline, que sur les sommets glacés du Parque Nacional Natural (PNN) El Cocuy. Mais ce sont les bourgades coloniales bucoliques, semblables à des musées vivants, qui laissent les impressions les plus vives : la superbe Villa de Leyva et son immense place principale ; Monguí, profondément authentique, nichée près du *páramo* du Lago de Tota, le plus grand lac de Colombie ; la parfaite Playa de Belén, adossée aux colonnes de grès érodées de l'Área Natural Única Los Estoraques ; et la très photogénique Barichara, parfaitement préservée.

## Quand partir

### Bucaramanga

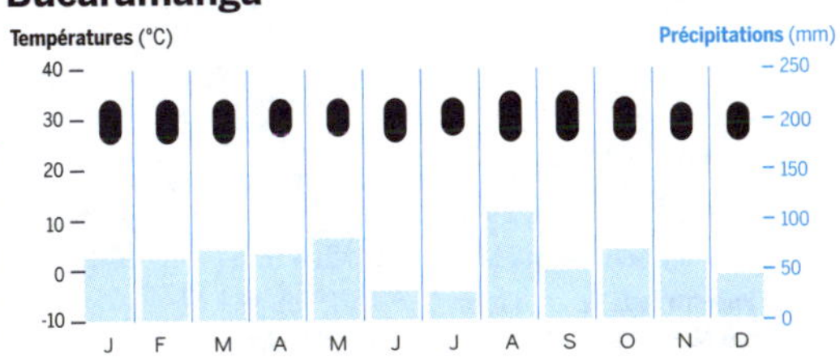


**Janvier** Temps sec et clair dans le PNN El Cocuy, le parc le plus fréquenté pour le trekking.

**Février-mars** Parcs en fleurs et foules moins denses avant la Semana Santa.

**Décembre** Un festival de lumières illumine les charmants villages de la région.

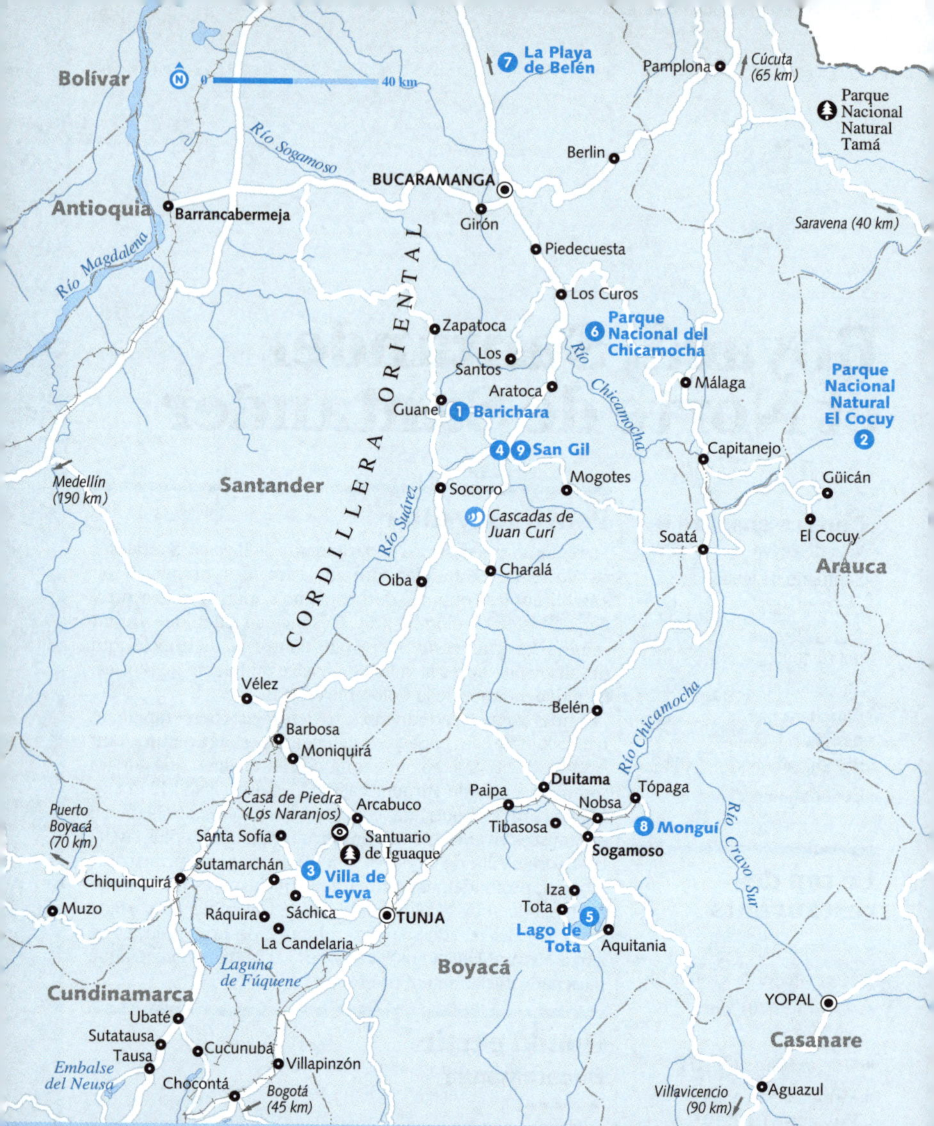


# À ne pas manquer

1 Une balade dans la ville coloniale de **Barichara** (p. 112).

2 La vue sur les Llanos depuis le **Parque Nacional Natural (PNN) El Cocuy** (p. 105).

3 Les restaurants raffinés, les pavés coloniaux et les fossiles préhistoriques de la superbement préservée **Villa de Leyva** (p. 89).

4 L'épique Cañon del Río Suárez à **San Gil** (p. 108) ; en rafting ou à VTT.

5 Un trek dans les extraordinaires zones humides du *páramo* autour du lac d'altitude **Lago de Tota** (p. 98).

6 Un vol en parapente au-dessus du **Parque Nacional del Chicamocha** (p. 116).

7 Les formations rocheuses autour de la superbe **Playa de Belén** (p. 124).

8 Les couleurs assorties de la municipalité de **Monguí** (p. 100), figée dans le temps.

9 Une partie de **tejo** (p. 110) à San Gil, un jeu originaire du Boyacá mêlant palets, explosions et alcool.

## Histoire

Les Muiscas (Boyacá) et les Guanes (Santander) occupaient autrefois les régions situées au nord de l'actuelle Bogotá. Les Muiscas, dont l'agriculture et les exploitations minières étaient très développées, faisaient du commerce avec leurs voisins et côtoyaient régulièrement les conquistadors espagnols. Leurs histoires d'or et d'émeraudes alimentèrent le mythe de l'Eldorado. La quête de la contrée mythique par les conquistadors suscita le développement de colonies et les Espagnols fondèrent plusieurs villes, dont Tunja en 1539.

À la fin du XVIIIe siècle, des descendants de colons espagnols s'opposèrent au gouvernement de la métropole à Socorro (Santander), ouvrant la voie à l'indépendance pour d'autres villes et régions. C'est également ici que Simón Bolívar et son armée affrontèrent l'infanterie espagnole, remportant des batailles décisives au Pantano de Vargas et au Puente de Boyacá. La première Constitution du pays fut rédigée peu après à Villa del Rosario, entre la frontière vénézuélienne et Cúcuta.

### Comment s'y rendre et circuler

La région est facilement accessible en transports publics. La plupart des villes sont situées le long de l'axe routier, sûr et moderne, qui s'étire de Bogotá, au sud, à la côte caraïbe. Les bus sont fréquents, confortables et économiques. Des bus réguliers circulent sur la route principale de Bogotá à Bucaramanga et au-delà. Cúcuta est un point d'accès important pour les voyageurs provenant du Venezuela.

Dans la région, les bus intercités et les minivans circulent fréquemment. De nombreuses villes, dont Bucaramanga et Cúcuta, sont de plus en plus desservies par des compagnies aériennes low-cost, et un aéroport devait ouvrir à San Gil en 2015.

# BOYACÁ

Le département du Boyacá éveille un sentiment de patriotisme chez les Colombiens : c'est ici que les troupes menées par Bolivar obtinrent leur indépendance face à l'Espagne lors de la bataille de Boyacá. Il est parsemé de pittoresques villes coloniales et l'on peut aisément passer quelques jours à les visiter. Fleuron du Boyacá, le spectaculaire Parque Nacional Natural (PNN) El Cocuy est situé à 249 km au nord-est de Tunja, la capitale du département, mais son accès a été restreint par les autorités du parc.

## Villa de Leyva

☎8 / 9 645 HABITANTS / ALTITUDE 2 140 M

Figée dans le temps, Villa de Leyva est l'une des plus belles villes coloniales de Colombie. Déclarée monument national en 1954, cette municipalité photogénique aux rues pavées bordées de bâtiments blancs a été entièrement préservée.

La beauté de la ville et son climat sec et doux attirent les voyageurs depuis longtemps. La ville fut fondée en 1572 par Hernán Suárez de Villalobos, qui lui donna le nom d'Andrés Díaz Venero de Leyva, le premier président de la juridiction suprême du Royaume de Nouvelle-Grenade. Il s'agissait au départ d'une retraite destinée aux militaires de haut rang, au clergé et à la noblesse.

Ces dernières années, l'afflux de visiteurs et d'expatriés aisés a lentement transformé ce joyau autrefois secret. Boutiques-hôtels, restaurants gastronomiques et commerces touristiques kitsch remplacent nombre d'authentiques vieux cafés et *hosterías familiales*. En 2007, la *telenovela* (feuilleton télévisé) *Zorro : La Espada y la Rosa* tournée ici a attiré l'attention sur la ville. Et, le week-end, les allées étroites peuvent être envahies par les visiteurs d'un jour venus de Bogotá. Heureusement, en semaine, la ville redevient une paisible localité bucolique.

### À voir

Villa de Leyva est un endroit tranquille où il est agréable de flâner dans de charmantes rues pavées, d'écouter les cloches de l'église et de profiter du rythme paisible d'antan. La ville est aussi célèbre pour ses nombreux fossiles du crétacé et du mésozoïque, ères géologiques durant lesquelles la région était sous l'eau. Si vous êtes attentif, vous remarquerez que des fossiles ont servi de matériaux de construction pour le sol, les murs et les trottoirs.

Au cours de vos déambulations, entrez dans la **Casa de Juan de Castellanos** (Carr. 9 n[os] 13-15), la **Casona La Guaca** (Carr. 9 n[os] 13-57) et la **Casa Quintero** (angle Carr. 9 et C. 12), trois demeures coloniales minutieusement restaurées, tout près de la Plaza Mayor, qui accueille désormais cafés, restaurants et boutiques.

## Villa de Leyva

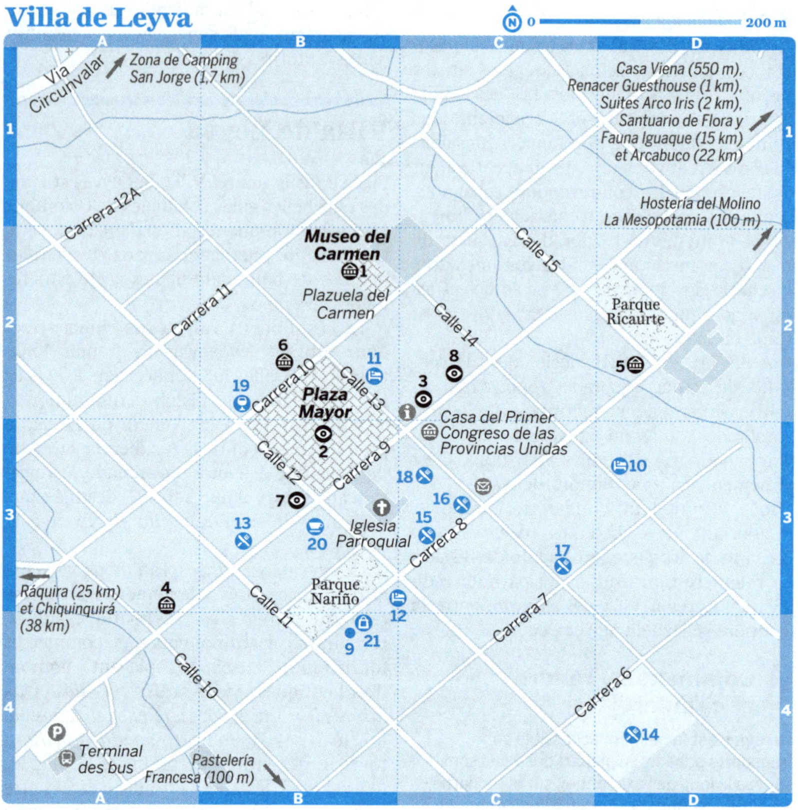


### ♥ Plaza Mayor
PLACE

Mesurant 120 m par 120 m, la Plaza Mayor est l'une des plus grandes places du continent américain. Elle est couverte de gros pavés et entourée de beaux bâtiments coloniaux et d'une église paroissiale d'une adorable simplicité. Seule une fontaine mudéjare, qui alimenta le village en eau pendant près de quatre siècles, trône au milieu. À la différence de la plupart des places colombiennes, qui portent le nom d'un héros historique, celle-ci est traditionnellement appelée Plaza Mayor.

### ♥ Museo del Carmen
MUSÉE

(Plazuela del Carmen ; 3 000 COP ; ⌚10h30-13h et 14h30-17h sam-dim). Le Museo del Carmen, l'un des meilleurs musées d'art religieux du pays, occupe le couvent du même nom. Il abrite de précieuses peintures, sculptures, retables et autres objets religieux réalisés à partir du XVIe siècle.

### Casa Museo de Luis Alberto Acuña
MUSÉE

(www.museoacuna.com.co ; Plaza Mayor ; adulte/enfant 4 000/2 000 COP ; ⌚9h-18h). L'endroit présente les œuvres de Luis Alberto Acuña (1904-1993), peintre, sculpteur, écrivain et historien parmi les plus influents de Colombie, dont les sources d'inspiration vont de la mythologie muisca à l'art contemporain. Le musée, aménagé dans la demeure où l'artiste passa ses quinze dernières années, renferme la collection colombienne la plus complète de son œuvre.

### Casa Museo de Antonio Ricaurte
MUSÉE

(C. 15 n[os]8-17, Parque Ricaurte ; ⌚9h-12h et 14h-17h mer-dim). GRATUIT Antonio Ricaurte combattit sous Bolívar et s'illustra par son sacrifice lors de la bataille de San Mateo (près de Caracas, au Venezuela) en 1814. Alors qu'il défendait une armurerie, il fut encerclé par les Espagnols. Il les laissa entrer, puis

## Villa de Leyva

**Les incontournables**
1 Museo del Carmen .................. B2
2 Plaza Mayor .................. B3

**À voir**
3 Casa de Juan de Castellanos .................. C2
4 Casa Museo de Antonio Nariño .................. A3
5 Casa Museo de Antonio Ricaurte .................. D2
6 Casa Museo de Luis Alberto Acuña .................. B2
7 Casa Quintero .................. B3
8 Casona La Guaca .................. C2

**Activités**
9 Cyclotrip .................. B4

**Où se loger**
10 Hospedería Don Paulino .................. D3
11 Hospedería La Roca .................. B2
12 Posada de San Antonio .................. B3

**Où se restaurer**
13 Barcelona Tapas .................. B3
14 Don Salvador .................. D4
La Bonita .................. (voir 7)
15 Mercado Municipal .................. C3
16 miCocina .................. C3
17 Restaurante Casa Blanca .................. C3
18 Restaurante Estar de la Villa .................. C3
Restaurante Savia .................. (voir 7)

**Où prendre un verre et faire la fête**
Bolívar Social Club .................. (voir 15)
19 La Cava de Don Fernando .................. B2
20 Sybarrita Cafe .................. B3

**Achats**
21 La Tienda Feroz .................. B4

mit le feu aux barils de poudre et fit sauter tout le monde, lui compris. Et la bataille fut remportée. La Casa Museo de Antonio Ricaurte est la maison où il naquit en 1786. Aujourd'hui, ce musée aux agréables jardins présente des meubles et des armes d'époque.

**Casa Museo de Antonio Nariño** MUSÉE
(Carr. 9 n^os^10-25 ; 9h-12h et 14h-17h jeu-mar). GRATUIT La Casa Museo de Antonio Nariño est la maison où Antonio Nariño, un des héros de l'indépendance colombienne, passa les deux derniers mois de sa vie, avant de succomber à une infection pulmonaire en 1823. Ardent défenseur des droits de l'homme, Nariño est aussi vénéré pour sa traduction en espagnol de la *Déclaration des droits de l'Homme et du citoyen* de 1789. La maison a été transformée en musée présentant des objets coloniaux et des souvenirs liés au grand homme.

### Activités

Il existe de nombreuses possibilités de **randonnée** autour de Villa de Leyva, ainsi que quelques treks plus longs dans le Santuario de Iguaque. Une belle randonnée commence en ville, juste derrière la Renacer Guesthouse (p. 93), croise deux cascades et conduit à un spectaculaire point de vue sur la cité – l'aller-retour prend moins de 2 heures.

**Cyclisme** et **équitation** sont aussi envisageables. Ces activités peuvent se réserver auprès de l'un des tour-opérateurs. Les vélos coûtent environ 15 000/25 000 COP la demi-journée/journée ; les chevaux se louent 30 000 COP l'heure avec un guide (en ville, certains les proposent moins chers, sans préciser que le guide n'est pas inclus).

Des **bassins** se trouvent au pied de nombreuses cascades à proximité de la ville ou juste à la sortie, à **Pozos Azules** (5 000 COP ; 8h-18h). El Hayal, Guatoque et La Periquera sont les chutes d'eau les plus spectaculaires de la région, mais la dernière était officiellement fermée lors de nos recherches, suite aux nombreux accidents et décès survenus au fil des années. **Descente en rappel**, **canyoning** et **spéléologie** sont également pratiqués dans la région.

### Circuits organisés

À la gare routière, des taxis proposent de vous conduire aux sites des environs. Parmi les itinéraires classiques : El Fósil, El Infiernito et le Convento del Santo Ecce Homo (134 000 COP), Ráquira et La Candelaria (134 000 COP). Les tarifs (hors frais d'entrée), comprenant le transport, le guide et l'assurance, sont indiqués par personne sur la base de 2 personnes, et décroissent pour les groupes.

**Colombian Highlands** CIRCUITS ÉCOLOGIQUES
(310-552-9079, 732-1201 ; www.colombianhighlands.com ; Av. Carrera 10 n°21-Finca Renacer). Tenue par Oscar Gilède, biologiste et

## LES ÉNIGMATIQUES FRESQUES DE TUNJA

Fondée par Gonzalo Suárez Rendón en 1539 sur le site de Hunza, une cité préhispanique muisca, Tunja est la capitale du Boyacá et un centre estudiantin animé. Très connue des Colombiens, elle est ignorée des voyageurs qui se ruent vers Villa de Leyva. La ville recèle pourtant des églises coloniales réputées pour leur art mudéjar, un style aux influences islamiques développé dans l'Espagne chrétienne entre le XIIe et le XVIe siècle. Il est particulièrement visible sur les voûtes à caissons ornementées.

Plusieurs demeures coloniales de Tunja, dont la **Casa del Fundador Suárez Rendón** (Carr. 9 nos 19-68 ; 2 000 COP ; 8h-12h et 14h-18h lun-sam) et la **Casa de Don Juan de Vargas** (C. 20 nos 8-52 ; 2 000 COP ; 9h-12h et 14h-17h mar-ven, 9h-12h et 14h-16h sam-dim), renferment des plafonds ornés de fresques originales représentant un étrange mélange de motifs tirés de diverses traditions : scènes mythologiques, figures humaines, animaux, plantes, armoiries et détails architecturaux. On peut apercevoir Zeus et Jésus parmi des plantes tropicales ou un éléphant sous une arcade Renaissance. Vous n'aurez probablement rien vu de comparable auparavant, et il n'existe d'ailleurs rien de similaire en Amérique latine.

Juan de Vargas lui-même serait à l'origine de ces étranges décorations. Ce lettré possédait une grande bibliothèque contenant des ouvrages sur l'architecture et l'art européens, la Grèce et la Rome antiques, la religion et l'histoire naturelle. Les illustrations de ces livres auraient servi d'inspiration aux peintres anonymes qui ont réalisé ces plafonds. Les illustrations d'origine étant en noir et blanc, les combinaisons de couleurs sont l'œuvre de ces artisans inconnus.

Vous trouverez des renseignements sur les églises coloniales de Tunja, comme la **Capilla y Museo de Santa Clara La Real** (320-856-3658 ; Carr. 7 nos 19-58 ; 3 000 COP ; 8h-12h et 14h-18h), l'**Iglesia de Santo Domingo** (Carr. 11 nos 19-55) et le **Templo Santa Barbara**, à l'accueillant **office du tourisme** (742-3272 ; www.turismotunja.gov.co ; Carr. 9 nos 19-68 ; 8h-18h) sur la Plaza de Bolívar.

Habillez-vous chaudement pour visiter Tunja : c'est la capitale de département la plus élevée et la plus froide de Colombie. Les meilleurs hébergements bon marché sont l'**Hostería San Carlos** (742-3716 ; hosteriasancarlostunja@gmail.com ; Carr. 11 nos 20-12 ; s/d/tr 40 000/60 000/75 000 COP ; ), une vaste maison coloniale tenue par une chaleureuse matriarche, et l'**Hotel Casa Real** (743-1764 ; www.hotelcasarealtunja.com ; C. 19 nos 7-65 ; s/d 62 000/86 000 COP ; ), un cran au-dessus, au personnel adorable et aux chambres élégamment meublées autour d'une agréable cour.

Des bus partent toutes les 10 à 15 minutes depuis/vers Bogotá (19 000 COP, 2 heures 30-3 heures). Les bus partant de Tunja vers le nord, jusqu'à San Gil (25 000 COP, 4 heures 30), Bucaramanga (35 000 COP, 7 heures) et au-delà, circulent une fois par heure minimum. Un bus se rend à Güicán à 21h15. Des minibus partent régulièrement pour Villa de Leyva (6 500 COP, 45 min) entre 6h et 19h, et pour Sogamoso (6 500 COP, 1 heure 30) de 5h à 20h.

propriétaire de la Renacer Guesthouse, cette agence propose divers circuits originaux : circuits écologiques, excursions en montagne, randonnées nocturnes, observation des oiseaux, descente en rappel, canyoning, spéléologie et randonnée. Propose aussi vélos et chevaux.

**Ciclotrip** EXCURSIONS À VÉLO
(320-899-4442 ; www.ciclotrip.com ; Carr. 8 n°11-32 ; 9h-17h lun-ven, 8h-20h sam-dim). Boutique de vélos/tour-opérateur vivement recommandée pour découvrir sur 2 roues les sites habituels, mais aussi des cascades et d'autres points d'intérêt moins connus, notamment une exploitation viticole. Le sympathique propriétaire, Francisco, est formé aux premiers secours et au sauvetage en montagne. Les excursions d'une journée vont de 21 000 à 50 000 COP. Location de vélos.

## Fêtes et festivals

**Encuentro de Musica Antigua** MUSIQUE
(Semana Santa). Festival de musique baroque, avec concerts dans les églises locales dont l'Iglesia Parroquial et l'Iglesia del Carmen.

**Festival de las Cometas** CERFS-VOLANTS
(août). Amateurs de cerfs-volants colombiens et étrangers participent à ce festival coloré.

**Festival de Luces** FEUX D'ARTIFICE
(déc). Ce festival de feux d'artifices se tient généralement le premier ou deuxième week-end de décembre.

## Où se loger

Villa de Leyva possède un large choix d'hôtels dans toutes les catégories de prix. Les tarifs augmentent le week-end, et il est alors parfois difficile de trouver une chambre. En haute saison, notamment pendant la Semana Santa et du 20 décembre au 15 janvier, ils peuvent doubler, voire plus. Organisez-vous à l'avance. Camper dans le secteur coûte environ 15 000 COP par personne, y compris dans la superbe **Zona de Camping San Jorge** (732-0328 ; campingsanjorge@gmail.com ; Vereda Roble ; empl par pers haute/basse saison 17 000/15 000 COP ; ), un immense espace pour 120 tentes avec une agréable vue sur les montagnes environnantes.

**Renacer Guesthouse** AUBERGE DE JEUNESSE $
(732-1201, 311-308-3739 ; www.colombianhighlands.com ; Av. Carrera 10 n°21-Finca Renacer ; empl par pers avec/sans location de tente 20 000/14 000 COP, dort 22 000-24 000 COP, s/d à partir de 60 000/70 000 COP ; ). Adorable auberge appartenant au biologiste et excellent guide Oscar Gilède de Colombian Highlands (p. 91), à environ 1,2 km au nord-est de la Plaza Mayor. Hamacs autour d'un jardin immaculé, cuisine commune ouverte avec four en briques, et dortoirs et chambres impeccables : tout est fait pour que l'on se sente chez soi.

Piscine naturelle à l'arrière et café. Oscar prend en charge la première course en taxi depuis la gare routière (5 000 COP).

**Casa Viena** AUBERGE DE JEUNESSE $
(314-370-4776 ; www.casaviena.com ; Carr. 10 n[os] 19-114 ; dort 15 000 COP, s/d sans sdb 28 000/38 000 COP, ch 45 000 COP ; ). Hans et sa famille, de la Casa Viena à Cartagena, ont fui la chaleur caribéenne et ouvert cette petite pension juste en dehors de la ville. Ils partent souvent dans leur ferme située non loin et l'ambiance s'en ressent, mais les 4 chambres, simples, restent d'un bon rapport qualité/prix, surtout pour les longs séjours.

**Suites Arco Iris** BOUTIQUE-HÔTEL $$
(311-254-7919 ; www.suitesarcoiris.com ; Km 2 Vila la Colorada ; ch vue montagne/ville petit-déj inclus 152 000/264 000 COP ; ). Cet hôtel romantique de 26 chambres sur une colline surplombant la ville est réputé pour son dynamisme et sa personnalité. Les vastes chambres, toutes uniques mais débordant de couleurs, d'éléments de décoration et de caractère, sont chics et comportent Jacuzzi, terrasse, salle de bains carrelée et cheminée. La vue, sur la montagne ou sur la ville, est superbe.

Si vous n'êtes pas véhiculé, il vous faudra malheureusement débourser 24 000 à 30 000 COP supplémentaires depuis et vers la ville.

**Hospedería La Roca** PENSION $$
(311-895-6470 ; jucasato9@hotmail.com ; Plaza Mayor ; ch petit-déj inclus 65 000 COP/pers ; ).



### LE PONT DE BOLÍVAR

Le **Puente de Boyacá** est l'un des champs de bataille les plus importants de l'histoire moderne colombienne. Le 7 août 1819, contre toute attente, l'armée de Simón Bolívar vainquit les troupes espagnoles menées par le général José María Barreiro, scellant l'indépendance de la Colombie.

Plusieurs monuments sont érigés sur ce champ de bataille. La pièce maîtresse, le **Monumento a Bolívar**, est une sculpture de 18 m de haut surmontée d'une statue du héros colombien et accompagnée de 5 anges symbolisant les *países bolivarianos*, les pays libérés par Bolívar : Venezuela, Colombie, Équateur, Pérou et Bolivie. Non loin, une flamme éternelle brûle pour le grand homme.

Le Puente de Boyacá, le pont qui donna son nom au champ de bataille et que les troupes de Bolívar franchirent pour affronter les Espagnols, est un simple petit pont reconstruit en 1939.

Le champ de bataille se trouve sur l'axe principal Tunja-Bogotá, à 15 km au sud de Tunja. Tous les bus qui empruntent cette route peuvent vous y déposer.

À NE PAS MANQUER

**SUTAMARCHÁN**

Située à 14 km à l'ouest de Villa de Leyva sur la route de Ráquira, **Sutamarchán** est la capitale colombienne de la *longaniza*, une saucisse régionale semblable à la *linguiça* portugaise. On la fait griller partout en ville – suivez les effluves. Les meilleurs endroits pour y goûter sont la **Fabrica de Longaniza, Piqueteadero y Asadero Robertico** (Carr. 2 n^os^5-135 ; à partir de 15 000 COP ; ⏲8h30-19h30 lun-ven, 7h-20h sam-dim), qui sert la version la plus rustique et épicée, et **El Fogata** (Carr. 5 n^os^ 5-55 ; grillades pour 1/6 pers 14 000/78 000 COP ; ⏲8h-20h lun-ven, 7h-20h sam-dim), une table plus soignée.

Installée sur la Plaza Mayor, cette pension lumineuse, qui semble bien plus grande qu'elle n'est, propose 23 chambres agréables, disposées autour d'une belle cour ornée de plantes. Haut plafond, TV écran plat et salle de bains moderne avec eau chaude dans toutes les chambres. Si l'on considère la qualité et l'emplacement, il n'y a pas meilleur rapport qualité/prix.

**Hospedería Don Paulino** PENSION $$
(donpaulino@hotmail.com ; C. 14 n^os^7-46 ; ch petit-déj inclus 50 000 COP/pers ; 📶). Cet établissement de catégorie moyenne très avantageux est situé à une extrémité paisible du village mais n'est qu'à deux *cuadras* (pâtés de maisons) et demie de la Plaza Mayor. Réparties autour d'une cour lumineuse et au bout de couloirs voûtés, les 15 chambres sont simples mais bien tenues par le chaleureux gérant, avec salles de bains propres et modernes, TV et quelques meubles anciens.

**Hostería del Molino La Mesopotamia** HÔTEL HISTORIQUE $$
(☎732-0235 ; www.lamesopotamia.com ; Carr. 8 n^os^15A-265 ; s/d/tr petit-déj inclus 127 155/170 690/210 776 COP ; 🚭📶🏊). Construit en 1568, ce vieux moulin à farine a 4 ans de plus que la ville, dont il est l'un des plus beaux bâtiments. Les voyageurs se plaignent principalement de l'humidité dans certaines chambres, mais l'architecture coloniale, le mobilier et les œuvres d'art méritent le coup d'œil. Ici, on dort avec l'histoire.

**Posada de San Antonio** BOUTIQUE-HÔTEL $$$
(☎732-0538 ; www.hotellaposadadesananto-nio.com ; Carr. 8 n^os^11-80 ; s/d petit-déj inclus 203 448/231 000 COP ; @📶). Baignée d'une lumière naturelle, cette charismatique demeure coloniale de 1860, meublée d'antiquités, est l'un des meilleurs hébergements de Villa. Les chambres laissent apparaître quelques briques d'origine. Jolie cuisine ouverte, charmant restaurant/salon, petit autel portatif et adorable cour. Un nouveau spa propose massages (80 000 COP), sauna et Jacuzzi, les deux derniers étant compris dans le tarif en dehors des vacances.

## Où se restaurer

Villa est la destination de choix du Boyacá pour les gourmands. On y trouve quelques espaces de restauration gastronomiques, Casa Quintero et Casona La Guaca se distinguant par la qualité et la diversité.

♥ **Pastelería Francesa** BOULANGERIE FRANÇAISE $
(C. 10 n^os^ 6-05 ; spécialités 1 500-3 600 COP ; ⏲8h-19h jeu-dim, fermé fév et sept). Une bonne odeur de viennoiseries émane de cette authentique boulangerie française proposant croissants, baguettes, tartes, quiches, minipizzas, café et chocolat chaud. Son propriétaire tenant à ses vacances, elle n'est pas toujours ouverte. Une rénovation en a fait un endroit chic.

**Restaurante Estar de la Villa** COLOMBIEN $
(C. 13 n^os^ 8-75 ; menus fixes 10 000 COP ; ⏲9h-17h lun-ven, 8h30-20h sam-dim). Un restaurant authentique et bon marché servant des menus du jour sains, préparés avec amour. Oubliez la carte et optez pour le menu fixe, surtout s'il comprend une *sopa de colí* (soupe de banane verte). À l'intérieur du Luna Lunera Centro Comercial.

**Don Salvador** COLOMBIEN $
(marché ; menus à partir de 7 000 COP ; ⏲6h-15h sam). Découvrez la cuisine régionale *boyacense* au marché animé du samedi. À ce stand, Don Salvador prépare les meilleurs *mute* (soupe de maïs soufflé, accompagnée de pieds de vache ou de cuisse de poulet) et *carne asada* (steak grillé).

**Barcelona Tapas** ESPAGNOL $$
(Carr. 9 n^os^ 11-57 ; tapas 5 500-12 000 COP, plats 8 500-34 500 COP ; ⏲18h-21h mer et ven, 12h-1h sam-dim). Ignacio et Nina, un charmant couple catalan venu d'Espagne, tiennent ce restaurant de 5 tables près de la Plaza Mayor. Crevettes grillées à l'ail frit, médaillons de

bison à la catalane et excellente sauce au poivre composent un repas parfait.

**Restaurante Savia** VÉGÉTARIEN, BIO **$$**
(Carr. 9 nos 11-75, Casa Quintero ; plats 13 500-33 400 COP ; 12h-19h mar, dim et lun, jusqu'à minuit ven-sam ; ). Délicieux restaurant spécialisé dans les plats inventifs végétariens, végétaliens et bio et dans les produits locaux éco-artisanaux. Il sert aussi des fruits de mer et de la volaille (mais pas de viande rouge). À l'extérieur, une plaque commémore le dernier concert du batteur d'Elvis Presley, Bill Lynn, avant sa mort à Villa de Leyva en 2006.

**Restaurante Casa Blanca** COLOMBIEN **$$**
(C. 13 nos 7-16 ; menus fixes 9 500 COP, plats 15 000-25 500 COP ; 8h-21h). Un des meilleurs restaurants de catégorie moyenne de Villa. Préparez-vous à attendre.

**Mercado Municipal** COLOMBIEN **$$$**
(Carr. 8 nos 12-25 ; plats 28 000-52 000 COP ; 12h-17h dim, lun et mer, 12h-21h jeu, 12h-22h ven-sam). Tenu par un chef, ce restaurant en plein air dans le jardin d'une maison coloniale de 1740 est en passe de devenir le plus intéressant de Boyacá. La viande y est cuite à l'ancienne, dans une *barbacoa* (barbecue) à bois de 1 m de profondeur. Le *chicharrón* est un plat riche de jarret de porc sauce aux mûres dont la viande tendre se détache facilement de la peau croustillante.

Outre la viande, la carte variée et délicieuse propose des pâtes *agnolotti* ricotta et miel, une soupe de lentilles et d'excellents desserts, dont une tarte coco caramel. *¡ Buen provecho !*

**La Bonita** MEXICAIN **$$$**
(angle Carr. 9 et C. 12, Casa Quintero ; plats 11 000-42 000 COP ; 12h-22h dim-mar, jeu et ven, 12h-23h sam). Populaire, cette adresse mexicaine haut de gamme excelle dans les tacos (25 000-26 000 COP) – *cochinita pibil* (tacos de porc au roucou) digne du Yucatán et bonnes *carnitas* (porc braisé) – et sert une délicieuse soupe de tortillas (12 000 COP). Dans l'espace de restauration Casa Quintero.

**miCocina** COLOMBIEN **$$$**
(www.academiaverdeoliva.com/micocina-restaurante-villa-de-leyva ; C. 13 nos 8-45 ; plats 17 000-48 000 COP ; 11h-16h dim-jeu, 11h-21h ven-sam ; ). Ce pittoresque restaurant/école de cuisine s'enorgueillit d'être 100% colombien et c'est le meilleur endroit pour découvrir la gastronomie du pays au-delà du *sancocho* et des *patacones*. Formule déjeuner (10 000 COP) et carte. La sauce salade au basilic est absolument délicieuse.

## Où prendre un verre et faire la fête

Les bars de Villa sont regroupés autour de la place : habitants et visiteurs investissent les marches de la Carrera 9 dans une ambiance de fête de rue et les cafés ne manquent pas.

**Bolívar Social Club** BAR
(cocktails 14 000-18 000 COP ; 15h-22h jeu, 15h-1h ven-sam, 13h-18h dim). À l'intérieur du Mercado Municipal, la première adresse branchée de Villa est un bar en demi-cercle surveillé par un Simón Bolívar à tête d'âne. Bières de microbrasserie à la pression et cocktails créatifs sont servis sur une musique navigant du rock alternatif à la pop



### LA CÉRAMIQUE DE RÁQUIRA

À 25 km au sud-ouest de Villa de Leyva, **Ráquira** est la capitale colombienne de la poterie. On y trouve de tout, des bols, pots et assiettes en céramique aux jouets et décorations de Noël. Les façades aux couleurs vives, les boutiques d'artisans et les poteries en terre et argile fraîchement cuites forment un ensemble accueillant dans la rue principale de cette ville isolée. Le village et ses alentours abritent de nombreux ateliers où l'on peut voir les potiers au travail. Autour de la place principale, des dizaines de boutiques vendent les mêmes produits : poterie, hamacs, paniers, sacs, ponchos, bijoux et sculptures sur bois notamment. Le moment idéal pour s'y rendre est le dimanche, quand le **marché** bat son plein.

Ráquira est à 5 km de l'axe Tunja-Chiquinquirá, sur une route secondaire qui bifurque à Tres Esquinas. Quatre minibus circulent chaque jour du lundi au vendredi entre Villa de Leyva et Ráquira (5 500 COP, 45 min, 7h30, 12h45, 15h et 16h50), et un 5e est ajouté le week-end. Un aller-retour en taxi depuis Villa de Leyva comprenant 1 heure pour vous balader coûte entre 60 000 et 70 000 COP. Quelques bus venant de Bogotá s'arrêtent également ici quotidiennement.

VAUT LE DÉTOUR

### LE MIRACLE DE CHIQUINQUIRÁ

Chiquinquirá, la capitale religieuse de la Colombie, attire les pèlerins catholiques sur la foi d'un miracle du XVIe siècle impliquant une peinture de la Vierge Marie.

La *Vierge au rosaire* fut peinte vers 1555 par l'Espagnol Alonso de Narváez à Tunja. Elle représente Marie berçant l'Enfant Jésus, entourée de saint Antoine de Padoue et de l'apôtre saint André. À cause d'un matériel de mauvaise qualité et d'une fuite du toit de la chapelle où elle était exposée, l'image commença à s'altérer peu à peu. En 1577, elle fut transportée à Chiquinquirá, rangée puis oubliée.

Quelques années plus tard, Maria Ramos, une femme pieuse de Séville, redécouvrit la peinture. Malgré son état désastreux, Maria aimait s'asseoir et prier devant l'image. Le 26 décembre 1586, sous ses yeux, la peinture abîmée retrouva miraculeusement sa splendeur d'origine. Dès lors, sa renommée grandit rapidement et les miracles attribués à la Vierge se multiplièrent.

En 1829, le pape Pie VII déclara la Virgen de Chiquinquirá sainte patronne de Colombie. En 1919, "La Chinita" comme l'appellent les habitants, fit l'objet d'un couronnement canonique, et en 1927, son sanctuaire fut déclaré basilique. Le pape Jean-Paul II visita la ville en 1986.

Dominant la Plaza de Bolívar, la **Basílica de la Virgen de Chiquinquirá** abrite l'image sacrée. La construction de cette immense église néoclassique débuta en 1796 et s'acheva en 1812. Le vaste intérieur aux 3 nefs compte 17 chapelles et un maître-autel élaboré où est exposée la peinture. L'image, mesurant 113 cm par 126 cm, est la plus ancienne peinture colombienne connue.

Huit bus quotidiens relient Villa de Leyva à Chiquinquirá (7 500 COP, 1 heure) entre 7h et 16h. Les bus pour Bogotá partent toutes les 15 minutes (17 000 COP, 3 heures).

kitsch des années 1960. Jazz et rock live le week-end, et DJ en haute saison.

**La Cava de Don Fernando** BAR
(Carr. 10 nos 12-03 ; 14h-1h dim-jeu, jusqu'à 2h ven-sam ; wi-fi). Un bar confortable à l'angle de la Plaza Mayor avec excellente musique, bougies d'ambiance et l'une des meilleures sélections de bières de la ville.

**Sybarita Cafe** CAFÉ
(Carr. 9 nos 11-88 ; café 1 600-5 000 COP ; 8h30-21h). Le café est une affaire sérieuse dans cet établissement qui sert chaque jour un cru différent originaire des meilleures régions de Colombie. Cadre à l'ancienne, très classique, composé de quelques tables généralement occupées par les anciens du village et des voyageurs amateurs de café.

## Achats

Un marché pittoresque se tient tous les samedis sur la place située trois pâtés de maisons au sud-est de la Plaza Mayor. C'est le matin qu'il est le plus animé. Un marché bio a également lieu ici le jeudi.

Villa de Leyva possède des boutiques d'artisanat réputées pour leur jolie vannerie et leurs articles tissés de qualité comme les pulls et les *ruanas* (ponchos). Quelques boutiques d'artisans se trouvent autour de la Plaza Mayor. Plusieurs tisserands se sont installés en ville – leurs ouvrages sont d'excellente qualité et leurs prix raisonnables. La plupart de ces boutiques n'ouvrent que le week-end.

**La Tienda Feroz** ARTS ET ARTISANAT
(www.latiendaferoz.com ; Carr. 8 nos 11-32 ; 9h-17h lun-ven, 8h-20h sam-dim). Cette superbe petite boutique présente les œuvres de 27 artistes colombiens (et quelques Mexicains). C'est l'endroit idéal pour trouver des articles qui ne sont pas typiquement touristiques. Les propriétaires, familiers de l'illustration, de l'animation et du design industriel, sont des connaisseurs.

## Renseignements

Plusieurs DAB sont situés sur la place et aux alentours.

**4-72** (www.4-72.com.co ; angle Carr. 8 et C. 13 ; 10h-22h). Ce n'est pas un bureau de poste mais un représentant de la poste dans une boutique de souvenirs.

**Office du tourisme** (Oficina de Turismo ; 732-0232 ; Carr. 9 nos 13-11 ; 8h-12h30 et 14h-18h lun-ven, 8h-18h sam, 9h-17h dim). Fournit gratuitement cartes, brochures et renseignements en espagnol.

**Police** (☎732-0236 ; angle Carr. 10 et C. 11). Poste de police de Villa.

### Depuis/vers Villa de Leyva

La gare routière se trouve trois *cuadras* au sud-ouest de la Plaza Mayor, sur la route de Tunja. Des minibus circulent entre Tunja et Villa de Leyva toutes les 15 minutes de 5h à 19h45 (6 500 COP, 45 min). Une dizaine de bus directs conduisent quotidiennement à Bogotá (22 000 COP, 4 heures) entre 4h30 et 17h (5h et 17h le dimanche). Pour San Gil, changez à Tunja (et non à Arcabuco, vous mettriez plus de temps).

## Environs de Villa de Leyva

Ne quittez pas la ville sans avoir découvert quelques-uns des nombreux sites voisins, notamment des vestiges archéologiques, des monuments coloniaux, des pétroglyphes, des grottes, des lacs et des cascades.

La région est totalement sûre. Vous pouvez vous rendre aux sites les plus proches à pied, à vélo ou à cheval. Vous pouvez prendre les bus locaux, les taxis ou organiser un circuit avec les tour-opérateurs de Villa de Leyva. Si vous optez pour le taxi, mettez-vous d'accord avec le chauffeur sur tous les sites que vous voulez voir et sur le tarif avant de partir.

Fondé par les Dominicains en 1620, le **Convento del Santo Ecce Homo** (5 000 COP ; 9h-17h mar-dim) est une grande construction en pierre et adobe dotée d'une jolie cour. Le sol est pavé de pierres extraites dans la région, elles contiennent donc des ammonites et autres fossiles, dont du maïs et des fleurs pétrifiés. Dans la chapelle, la base d'une statue comporte également des fossiles.

La chapelle abrite un magnifique retable doré orné d'une petite image de l'Ecce Homo. Le plafond en bois d'origine présente de nombreux détails fascinants : ananas, aigles, soleils et lune – pour faciliter la conversion des Amérindiens – ; images d'un crâne et d'os entrecroisés avec un bonnet péruvien dans la sacristie ; et crucifix dans la salle capitulaire montrant le Christ vivant, chose rare en Amérique du Sud (ses yeux sont ouverts). Repérez le dessin du Christ dans le cloître ouest – suivant l'angle de vue, il semble ouvrir et fermer les yeux.

Le couvent est situé à 13 km de Villa de Leyva. Prenez le bus matinal pour Santa Sofía, puis marchez 15 minutes jusqu'au couvent. Pour un aller-retour en taxi (jusqu'à 4 pers) de Villa de Leyva à El Fósil, El Infiernito et l'Ecce Homo, comptez de 60 000 à 75 000 COP, temps d'attente compris.

**El Fósil** (www.museoelfosil.com ; adulte/enfant 6 000/4 000 COP ; 8h-18h), un impressionnant fossile de bébé *Kronosaurus* âgé de 120 millions d'années, est l'exemple le plus complet au monde de ce reptile marin préhistorique. Il mesure 7 m de long (le spécimen faisait environ 12 m mais la queue n'a pas été conservée). Le fossile se trouve à l'endroit même où il a été découvert en 1977, près de la route pour Santa Sofía, à 6 km à l'ouest de Villa de Leyva. On s'y rend à pied en un peu plus d'une heure, ou avec le bus pour Santa Sofía, qui vous déposera à 80 m du site. Ne manquez pas le nouveau **Centro de Investigaciones Paleontológicas** (CIP ; www.centropaleo.com ; adulte/enfant 8 000/4 000 COP ; 9h-12h et 14h-17h mar-jeu, 8h-17h ven-dim), situé de l'autre côté de la route principale, en face d'El Fósil. Ce lieu élégant mêle un espace de fouilles vitré et d'autres fossiles encore plus impressionnants, dont un étonnant plésiosaure (reptile aquatique du jurassique) entier et l'unique dent d'un tigre à dents de sabre découverte en Colombie.

Datant des premiers siècles de notre ère, l'**Estación Astronómica Muisca** (El Infiernito ; adulte/enfant 6 000/5 000 COP ; 9h-12h et 14h-17h mar-dim) servait aux Muiscas pour déterminer les saisons. Le site comprend 115 monolithes cylindriques dressés à 1 m environ les uns des autres, sur 2 lignes parallèles, séparées par 9 m. En mesurant la longueur de l'ombre des pierres, il était possible d'identifier les saisons des plantations. Le site est à 2 km au nord d'El Fósil. Aucun transport public n'y conduit, mais vous pouvez vous y rendre à pied depuis le fossile en 25 minutes, ou bien à vélo, à cheval ou en taxi.

## Santuario de Iguaque

Surplombant la vallée et enveloppé dans la brume, cet espace naturel est pour les Muiscas le berceau de l'humanité. D'après la légende, la belle déesse Bachué sortit de la Laguna de Iguaque en tenant un bébé dans les bras. Une fois ce dernier adulte, ils se marièrent, donnèrent naissance à des enfants et peuplèrent la Terre. Lorsqu'ils furent âgés, le couple se transforma en serpents et retourna dans le lac sacré.

Aujourd'hui, ce jardin d'Éden muisca est un parc national de 67,5 km$^2$, appelé **Santuario de Flora y Fauna de Iguaque** (Colombiens/étrangers 14 500/38 000 COP ; ⌚8h-17h). La réserve nord regroupe 8 petits lacs alpins (dont la Laguna de Iguaque), tous situés entre 3 550 m et 3 700 m d'altitude. Cet unique *páramo* (plaine de haute montagne) est un écosystème néotropical comprenant des centaines d'espèces végétales et animales, mais il est surtout connu pour le *frailejón*, un arbuste typique des montagnes.

Il peut faire assez froid ici, les températures allant de 4°C à 13°C. L'endroit est aussi très pluvieux et reçoit en moyenne 1 648 mm de pluie par an. Janvier, février, juillet et août sont les meilleurs moments pour s'y rendre. Soyez préparé. Seules 50 personnes par jour peuvent entrer dans la réserve.

Le **centre d'accueil des visiteurs** (dort 38 000 COP/pers, empl camping 10 000 COP/pers ; ⌚8h-17h), 700 m en amont du poste des gardes forestiers, est administré par **Naturar** (☎312-585-9092, 318-595-5643 ; naturariguaque@yahoo.es), qui gère un restaurant (repas 11 000-16 000 COP) et de jolis dortoirs simples, avec 48 lits aux couvertures en laine (bientôt moins puisque 2 chambres doubles vont être créées). Des salles de bains (à l'eau froide) et une cuisine près du poste des gardes forestiers permettent aussi de camper. La réservation via Naturar est obligatoire en décembre, janvier, juin, pendant la deuxième semaine d'octobre et les jours fériés. L'endroit est idéal pour se détendre dans les montagnes, avec en prime des visites nocturnes de dindons sauvages !

Pour rejoindre le parc depuis Villa de Leyva, prenez le bus pour Arcabuco (départs à 6h, 7h, 8h, 10h, 10h30, 15h et 16h) et demandez au chauffeur de vous déposer à Casa de Piedra (également appelée Los Naranjos ; 4 000 COP) au Km 12. De là, remontez la route rocailleuse jusqu'au centre d'accueil des visiteurs (3 km). La marche du centre d'accueil des visiteurs à la Laguna de Iguaque prend 3 heures environ. Comptez 5 à 6 heures pour l'aller-retour, ou plus si vous prévoyez de voir d'autres lacs. Colombian Highlands (p. 91) organise des circuits d'une journée au départ de Villa de Leyva (134 000 COP par personne pour 2, et moins pour les groupes plus nombreux).

## La Candelaria

☎8 / 300 HABITANTS / ALTITUDE 2 255 M

Ce minuscule hameau au milieu des collines arides, 7 km après Ráquira, est célèbre pour le **Monasterio de La Candelaria** (5 000 COP ; ⌚9h-12h et 14h-17h). Ce monastère fut fondé en 1597 par les moines augustins et achevé autour de 1660. Il est partiellement ouvert au public. Les moines vous font visiter la chapelle (remarquez la peinture de la Vierge de la Candelaria du XVIe siècle au-dessus de l'autel), un petit musée, une superbe cour entourée par le cloître orné de toiles du XVIIe siècle, et la grotte où les moines vivaient à l'origine. Certaines des œuvres auraient été peintes par Gregorio Vásquez de Arce y Ceballos et les frères Figueroa.

L'aller-retour en taxi de Villa de Leyva à Ráquira et La Candelaria coûte 90 000 à 100 000 COP (jusqu'à 4 pers) et inclut un moment dans les 2 villages.

Autrement, vous pouvez suivre à pied le sentier depuis Ráquira (1 heure). Ce dernier démarre sur la place principale de Ráquira, serpente sur une colline jusqu'à un petit sanctuaire situé au sommet, puis redescend et rejoint la route de La Candelaria.

## Lago de Tota et ses environs

À quelque 130 km à l'est de Villa de Leyva se trouve une région inexplorée, appelée "Sugamuxi" (la vallée du Soleil) en chibcha, la langue des Muiscas. L'écotourisme est en plein essor dans ce secteur, qui conserve ses traditions et dévoile une facette de la Colombie relativement épargnée par le tourisme de masse (Monguí étant la plus belle ville). La nature y est reine, et offre d'étonnants treks jusqu'au Lago de Tota, le plus grand lac de Colombie. De nombreux villages coloniaux à proximité, presque inconnus des touristes étrangers, et une plage andine de sable blanc venue de nulle part, la Playa Blanca, située à 3 015 m d'altitude, complètent le paysage.

Le *páramo* de la région, un rare écosystème tropical formé entre 3 000 m et 5 000 m d'altitude sur un glacier, est constitué de lacs et de plaines parsemées de tourbières et de prairies où se développent formations arbustives et îlots boisés. Il n'existe que dans quelques pays, parmi lesquels la Colombie figure en bonne place. Comme dans le PNN El Cocuy (p. 105), au nord, où le *páramo* s'épanouit aussi, on trouve ici d'excellentes possibilités de treks.

Parmi les treks intéressants figurent le Páramo de Ocetá, une traversée de 18 km dans le *páramo* jusqu'à un point de vue spectaculaire sur la Laguna Negra, et le Gran Salto de Candelas, un circuit de 8 km dans la forêt tropicale jusqu'à une belle cascade de 250 m de haut.

La région est aussi idéale pour apercevoir des condors des Andes en voie de disparition, réintroduits ici pour accroître leur population en Colombie. Tracée récemment, La Ruta del Condor, un trek de 17 km dans le Páramo de Guantiva, est le meilleur moyen d'en observer.

Pour en savoir plus sur les activités de la région, consultez le site www.visitsugamuxi.com, qui soutient une ONG locale protégeant le lac de la contamination.

# Sogamoso

☎8 / 106 000 HABITANTS / ALTITUDE 2 569 M

Ancien centre religieux des Muiscas, la terne ville ouvrière de Sogamoso fait un bon point de départ pour découvrir le Lago de Tota et ses environs. Elle compte l'unique musée archéologique de Colombie consacré au peuple muisca, et voyageurs et amateurs de yoga s'attardent souvent plusieurs journées dans l'unique et excellent hébergement de la ville.

## À voir et à faire

La Finca San Pedro propose toutes sortes d'activités autour du Lago de Tota : escalade, plongée en altitude, observation de condors, parapente, équitation et observation des oiseaux.

**Museo Arqueológico Eliécer Silva Célis** MUSÉE

(C. 9A n[os] 6-45 ; adulte/enfant 6 000/5 000 COP ; ⏲9h-12h et 14h-17h lun-sam, 9h-15h dim). Construit sur les vestiges du cimetière muisca de Sogamoso, ce musée archéologique très bien conçu met en valeur, parmi d'autres, cette culture majeure de langue chibcha à travers l'art, la céramique, la sculpture, la musique, la paléontologie, etc. Parmi les éléments les plus intéressants, la dépouille momifiée d'un cacique (chef de tribu) et les effrayantes techniques de réduction de têtes des Jivaros et Shiworas.

Le musée comprend une réplique du temple du Soleil, la nécropole muisca détruite par les Espagnols (par accident, d'après les écrits, alors qu'ils inspectaient l'intérieur sombre à l'aide de torches) en 1537.

**Playa Blanca** PLAGE

(☎312-241-5616). Cette plage andine de sable blanc sur la rive sud-ouest du Lago de Tota est l'une des plages les plus hautes du monde (3 015 m). On peut y camper gratuitement, mais les équipements laissent à désirer. Un bon restaurant sert de la truite sur la plage.

En 2014, la mairie a fait importer du sable pour un tournoi de beach-volley, ternissant quelque peu ce paradis en manipulant la nature à des fins commerciales (la ville cherche maintenant à redonner à la plage son état originel). Plusieurs bus permettent de s'y rendre : le plus simple est de prendre un bus Cootracero à la gare routière de Sogamoso (6 000 COP, 1 heure 30, toutes les heures).

**Agama Yoga Colombia** YOGA

(☎312-567-7102 ; www.agamayogacolombia.com ; Km 2 Via Lago de Tota (Aquitania), Sogamoso). Les voyageurs apprécient cette école de yoga indépendante, installée sur la propriété de la Finca San Pedro. Cours de yoga et de tantra en anglais. Installations pour les séjours longs, notamment un hébergement, une cuisine et un espace commun. Le propriétaire et professeur, Juan Ananda, a perfectionné ses techniques en Asie. Première journée gratuite.

## Où se loger

♥ **Finca San Pedro** PENSION $

(☎312-567-7102 ; www.fincasanpedro.com ; Km 2 Via Lago de Tota (Aquitania) ; dort à partir de 25 000 COP, s/d/tr/qua petit-déj inclus à partir de 50 000 /70 000/100 000/120 000 COP ; @📶). À seulement 1,5 km de Sogamoso, cette ancienne ferme transformée en excellente auberge de jeunesse est parfaitement équipée et déborde d'un charme champêtre – bougainvillées, palmiers et araucarias parsèment le paysage. Les chaleureux hôtes préparent les excursions avec enthousiasme. Renseignez-vous sur le yoga et le bénévolat.

## Depuis/vers Sogamoso

Des bus réguliers desservent Sogamoso depuis Bogotá (23 000 COP, 3 à 4 heures, ttes les heures) et Tunja (5 500 COP, 1 heure,

VAUT LE DÉTOUR

### LES VILLAGES DE CARTE POSTALE DE LA PROVINCE DE SUGAMUXI

La province de Sugamuxi est ponctuée de villages pittoresques figés dans le temps. Bien que **Monguí** concentre l'essentiel des infrastructures touristiques limitées de la région, nombre d'autres villages méritent une visite, notamment **Iza**, à 15 km au sud-ouest de Sogamoso. Cette localité paisible est connue pour ses desserts. D'abord vendu à l'arrière des voitures, le *merengón* (meringue aux fruits locaux) est devenu une tradition, notamment le week-end, quand la place principale attire les amateurs de sucreries. En semaine, Iza retrouve toute sa tranquillité et mérite que l'on y passe une nuit pour profiter d'un hameau colonial épargné par le tourisme de masse. On peut ainsi profiter des sources chaudes, particulièrement évocatrices au clair de lune, quand les habitants se baignent dans les bassins naturels non surveillés (ce qui est en principe illégal). Si vous restez pour la nuit, les maisonnettes de **Casitas Barro** (☎314-472-6272 ; www.casitasbarro.com ; Carr. 6 n$^{os}$ 3-57 ; s/d/tr 80 000/100 000/170 000 COP ; 📶) sont le meilleur hébergement. **La Posada del Virrey** (☎312-567-7373 ; www.laposadadelvirrey.galeon.com ; C. 4A n$^{os}$ 4A-75 ; s/d/tr 40 000/70 000/90 000 COP) est l'adresse bon marché la plus traditionnelle. Apportez de quoi manger, au cas où ; plusieurs restaurants sont situés aux alentours de la place mais ne servent généralement qu'au déjeuner (pour l'instant).

Vous trouverez d'autres villages idylliques dans la région : **Tópaga** (célèbre pour sa sculpture de diable à l'intérieur de l'église et ses objets artisanaux en charbon) ; **Nobsa** (connu pour ses produits artisanaux du Boyacá) ; et **Tibasosa** (capitale colombienne du *feijoa*, le goyavier ananas). Vous pouvez aussi tous les découvrir en même temps au **Pueblito Boyacense** (www.pueblitoboyacense.co ; C. 29 n$^{os}$ 26-75 ; 500 COP ; ⌚8h-22h), une sorte de parc à thème regroupant tous les plus beaux villages reconstitués du Boyacá. Agréable pour écouter de la musique live dans un café en soirée, le parc accueille en outre de bonnes boutiques d'artisanat. Il est authentiquement habité.

ttes les 15 min). De Sogamoso, **Cootracero** (☎770-3255 ; www.cootracero.com) dessert Iza (2 600 COP, 40 min) et Monguí (3 500 COP, 1 heure) toutes les 20 minutes. Six bus conduisent quotidiennement à San Gil (35 000 COP, 6 heures) ; la plupart sont de la compagnie **Concorde** (☎314-324-1233 ; www.cootransbol.com).

## Monguí

☎8 / 5 000 HABITANTS / ALTITUDE 2 900 M

Le Lago de Tota est entouré de pittoresques bourgades coloniales, dont Monguí, située à 14 km au sud-est de Sogamoso, qui est souvent mentionnée comme le "plus beau village du Boyacá". Les premiers missionnaires arrivèrent dans la région aux alentours de 1555, mais la localité ne fut fondée qu'en 1601. Elle devint ensuite un centre catéchétique des moines franciscains, comme le montre l'un des bâtiments les plus étonnants de la ville, le Convento de los Franciscanos, qui domine la superbe place principale. Aujourd'hui, le village présente une architecture coloniale vert et blanc, une uniformité que viennent rompre les quelques constructions nouvelles en brique rappelant la campagne anglaise. Les belles façades sont toutes ornées de géraniums parfumés et de lierre. C'est un adorable *pueblo* qui conserve toute son authenticité, une sorte de Villa de Leyva miniature.

Cependant, ce village idyllique possède une autre caractéristique qui fait sa renommée : depuis le début du XX$^{e}$ siècle, les *Monguiseños* fabriquent des ballons de football à la main. Aujourd'hui, Monguí exporte plus de 300 000 ballons dans les pays d'Amérique latine et l'industrie crée une centaine d'emplois pour les familles de paysans.

### À voir et à faire

Plusieurs **fabricas** (usines) sont installées autour de la place, vous pouvez y entrer pour voir comment sont fabriqués les célèbres ballons de football *monguiseños* et en acheter un. Monguí est aussi l'un des points de départ de l'excellent trek du Páramo Ocetá de 8 km (l'autre se trouve à 12 km au nord-est, à Mongua).

**Convento de los Franciscanos** MONASTÈRE

(Plaza Principal). La construction de ce monastère franciscain, bâtiment le plus imposant de Monguí, débuta en 1694 et dura 100 ans.

Cette merveille en pierre rouge est attenante à la Basílica Menor de Nuestra Señora de Monguí, dont l'intérieur, composé de 3 nefs, se distingue par un retable doré et un tableau représentant la Virgen de Monguí, proclamée sainte patronne de Monguí en 1929. Le Museo de Arte Religioso est également aménagé dans le couvent.

Un prêtre est présent pendant les ouvertures irrégulières de l'église et du couvent, qui étaient fermés pour rénovation lors de nos recherches.

## Où se loger et se restaurer

**Calicanto Real Hostal** PENSION $
(☎311-811-1519 ; calicantoreal.hostal@gmail.com ; Carr. 3 ; ch 30 000 COP/pers ; ). Donnant sur un magnifique paysage de Monguí – le pont en pierre Puente Real de Calicanto et la rivière Morro – cette pension de 6 chambres dans une *casona* (vaste et vieille demeure) figée dans le temps, déborde de charme colonial et de mobilier d'époque. La plupart des chambres offrent une vue remarquable sur le pont.

**Hospedaje Ville de Monguí** PENSION $
(☎311-260-2736 ; hostalvillademongui@gmail.com ; C. 5 nos 4-68 ; s/d/tr 35 000/65 000/90 000 COP ; @). D'autres établissements proposent un meilleur rapport qualité/prix, mais cette simple pension de 5 chambres, à un pâté de maisons de la place, possède une cuisine pour préparer vos repas. Les chambres sont un peu trop exiguës pour le prix, mais l'endroit est chaleureux.

**La Casona** PENSION $$
(☎311-237-9823 ; la_casona_mongui@hotmail.com ; Carr. 4 nos 3-41 ; ch petit-déj inclus 45 000/pers ; ). Les couvre-lits colorés sautent aux yeux dans cet hébergement de catégorie moyenne, propre et simple, aménagé dans une maison familiale très accueillante. Chacune des 6 chambres bien tenues possède TV, eau chaude et de petites attentions comme des demi-bouteilles de vin et des serviettes d'une qualité supérieure à l'accoutumé pour cette catégorie de prix.

Sur place également, le meilleur restaurant de la ville (plats 12 000-26 000 COP) propose des spécialités colombiennes, une excellente formule déjeuner à 9 000 COP et des cocktails tels que mojitos et *canelazos* (boisson chaude à base d'aguardiente, sucre de canne, cannelle et citron vert). Vue splendide !

## Renseignements

Le DAB le plus proche est à Sogamoso.

**Office du tourisme de Monguí** (C. 5 nos 3-24 ; ⏲8h-12h et 14h-18h lun-ven, 10h-12h et 14h-16h sam-dim). Renseignements sommaires en espagnol et bonne carte de la ville.

## Depuis/vers Monguí

Les minibus pour Sogamoso (3 500 COP, ttes les 20 min) partent de la place de Monguí. Deux bus rallient quotidiennement Bogotá, mais le *Super Directo* de Sogamoso est beaucoup plus rapide.

# Sierra Nevada del Cocuy

Relativement peu connue en dehors de la Colombie, la Sierra Nevada del Cocuy est l'un des massifs montagneux les plus spectaculaires d'Amérique du Sud. Ce magnifique coin de paradis possède certains des paysages les plus remarquables du pays : montagnes enneigées, cascades impétueuses, glaciers et lacs aux eaux cristallines.

Il s'agit de la partie la plus haute de la Cordillera Oriental, la partie orientale des Andes colombiennes composées de deux massifs parallèles entourant une série de belles vallées. La Sierra Nevada del Cocuy comporte 21 sommets, dont 15 dépassent les 5 000 m. Le plus haut sommet, le Ritacuba Blanco, culmine à 5 330 m.

Du fait de son climat et de sa topographie, l'écosystème de la Sierra Nevada del Cocuy se caractérise par une flore étonnamment abondante, composée de quelque 700 espèces. Il est particulièrement connu pour ses espèces de *frailejón* (une plante à feuilles duveteuses), dont beaucoup sont propres à la région. Ours à lunettes, pumas, chevreuils à queue blanche et le célèbre condor des Andes, symbole du pays, y vivent également. Cette région est aussi le berceau ancestral du peuple U'wa, qui occupe toujours ces terrains difficiles.

En 1970, une grande partie de cet espace naturel fut choisie pour la création du Parque Nacional Natural (PNN) El Cocuy. Cinquième plus grand parc national de Colombie avec 306 000 ha, le PNN El Cocuy s'étend sur les départements du Boyacá, d'Arauca et de Casanare.

Les montagnes sont assez compactes, facilement accessibles et idéales pour le trekking, bien qu'elles conviennent plus aux randonneurs expérimentés. Les points de départ des randonnées sont les jolis villages rivaux de Güicán et d'El Cocuy, qui offrent

## Sierra Nevada del Cocuy

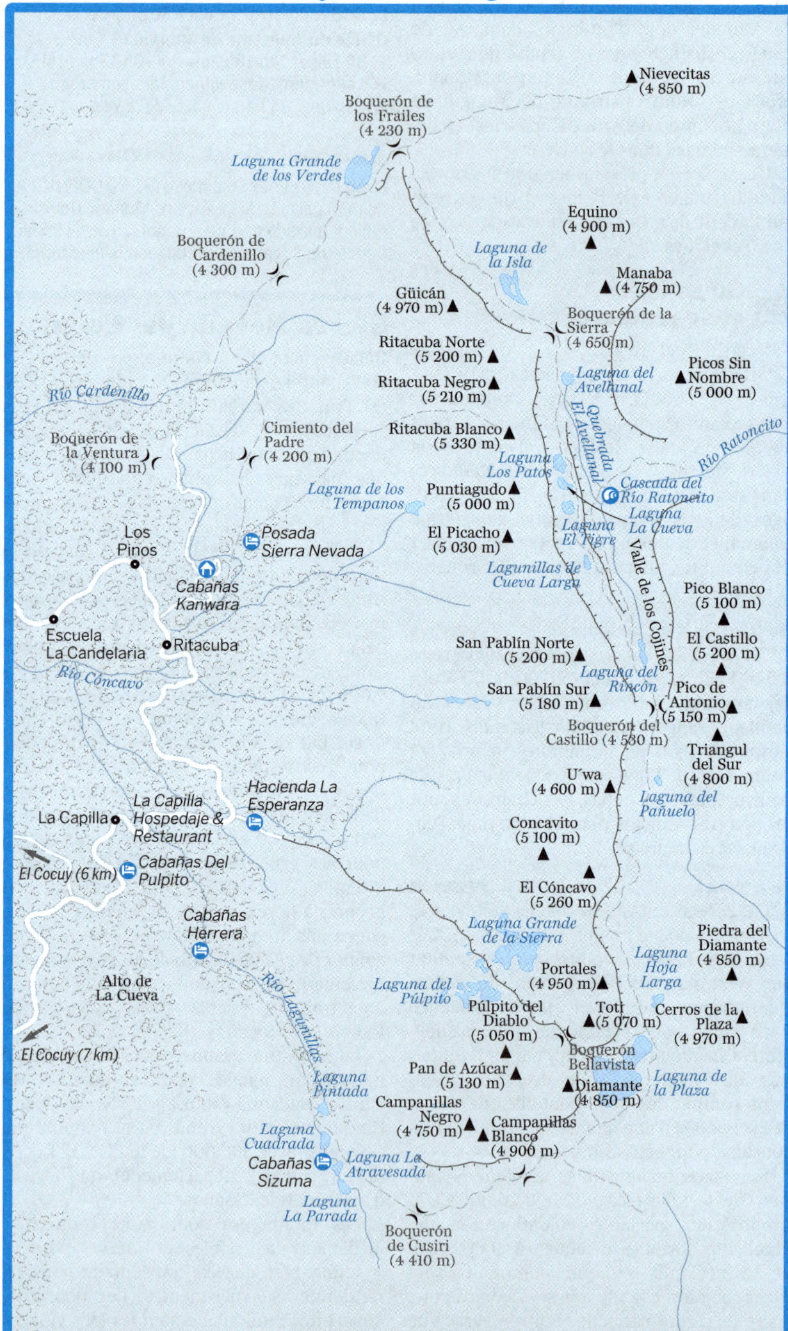

tous deux de bons restaurants et hébergements, ainsi que des paysages que les non-randonneurs apprécieront aussi.

## El Cocuy

8 / 5 400 HABITANTS / ALTITUDE 2 750 M

Cerné par de hautes montagnes, le joli village colonial d'El Cocuy, avec plusieurs hôtels, restaurants et quelques bars, est le point d'accès au PNN El Cocuy le plus accueillant pour les voyageurs. El Cocuy conserve son charme d'antan : presque tous les bâtiments sont peints en blanc avec des touches de vert et sont surmontés d'un toit de tuiles rouges à l'espagnole.

### Où se loger et se restaurer

El Cocuy possède un bon choix d'hôtels, tous situés à trois pâtés de maisons maximum de la place centrale. Le soir, des marchands ambulants y vendent de la *comida corriente* (restauration rapide). La plupart des restaurants se trouvent dans les hôtels.

**La Posada del Molino** HÔTEL HISTORIQUE $
(789-0377 ; www.elcocuylaposadadelmolino.com ; Carr. 3 nos 7-51 ; ch haute/basse saison 40 000/25 000 COP par pers, cabaña haute saison 250 000 COP ; ). Vieille de 225 ans, cette demeure coloniale rénovée a beaucoup de charme. L'intérieur joue sur le jaune et le bleu, et on prétend que les lieux sont hantés (notre TV s'est allumée toute seule à 2h49).

Certaines chambres comportent un joli mobilier en bois. Les *cabañas*, plus récentes et plus simples, renferment chacune 5 lits. En bonus : TV par satellite, Wi-Fi, parquet et salles de bains rénovées. Superbe cour parsemée de fossiles, où coule un apaisant ruisselet. C'est le meilleur endroit pour manger (repas 6 000 COP).

**Casa Vieja** HÔTEL HISTORIQUE $
(313-876-8783 ; Carr. 6 nos 7-78 ; ch sans sdb 12 000 COP/pers). Comme son nom l'indique, cet hôtel bon marché occupe une vieille demeure coloniale. Le propriétaire et artiste, Roberto Arango, expose ses peintures dans la cour et joue souvent de la musique pour ses hôtes. Le charme de l'établissement compense le dépouillement dans les chambres.

**Hotel Casa Muñoz** HÔTEL $
(789-0328 ; www.hotelcasamunoz.com ; Carr. 5 nos 7-28 ; ch basse saison 25 000 COP, d/q haute saison 80 000/120 000 COP par pers). Sur la place centrale, cet hôtel récent propose des chambres propres et confortables, avec TV par câble, lits fermes et salle de bains avec eau chaude, réparties autour d'une cour bétonnée ornée de géraniums. Les chambres du 2e étage dissimulent des combles pouvant accueillir de grands groupes. Salon donnant sur la place.

**Hotel Villa Real** HÔTEL $
(789-0038 ; C. 7 nos 4-50 ; s/d avec sdb 15 000/30 000 COP, sans sdb 12 000/25 000 COP). Vaste hôtel à deux pas de la place centrale, avec chambres basiques et restaurant prisé le midi (formules déjeuner 6 000 COP).

### Renseignements

**Banco Agrario de Colombia** (angle Carr. 4 et C. 8). Unique DAB de la ville.

**Internet Central** (Carr. 5 nos 7-72 ; 1 500 COP/heure ; 8h-12h et 14h-20h). Quatre postes avec Internet, sur la place.

**Accueil du PNN El Cocuy** (789-0359 ; cocuy@parquesnacionales.gov.co ; C. 5A nos 4-22 ; Colombiens/étrangers 25 000/50 000 COP ; 7h-11h45 et 13h-16h45). Tous les visiteurs doivent se présenter ici pour signaler leur itinéraire, présenter une attestation d'assurance au-dessus de 4 000 m et régler les droits d'entrée.

### Depuis/vers El Cocuy

Les départs et arrivées de tous les bus ont lieu à leurs bureaux respectifs (dont beaucoup sont des petits commerces) sur la place centrale le long de la Carrera 5.

Les luxueux bus **Libertadores** (313-829-1073 ; www.coflonorte.com ; Carr. 5 nos 7-28/32 ; 8h-12h et 14h-20h) pour Bogotá partent de l'Hotel Casa Muñoz, sur la place, à 17h30 et 20h tous les jours (45 000 COP, 9 heures) ; à Bogotá, les bus pour El Cocuy partent de la gare routière principale à 18h et 20h50. Les bus **Concorde** (313-463-0028 ; Carr. 5 nos 7-16 ; 6h-12h et 14h-19h lun-sam, 6h-12h et 15h-19h dim) quittent la place à 4h et 18h (45 000 COP, 11 heures) pour Bogotá. Les *busetas* **Fundadores** (310-787-3394 ; www.expresopazderio.com.co ; Carr. 4 nos 7-60 ; 8h-12h et 14h-20h) pour Bogotá partent à 4h30, 6h, 11h, 17h et 19h30 (40 000 COP, 11 heures), et quittent Bogotá pour El Cocuy à 5h, 6h, 14h, 18h et 20h30 tous les jours.

Autrement, vous pouvez prendre un bus Cootradatil pour Soatá (15 000 COP, 4 heures) à 7h30, 12h et 12h30, où vous trouverez des correspondances plus fréquentes pour Bogotá.

Pour Güicán, les bus **Cootradatil** (321-403-2465 ; Carr. 5 nos 7-72 ; 6h-20h) partent

### LA VIRGEN MORENITA DE GÜICÁN

Güicán est connue dans toute la Colombie grâce au miracle de la Virgen Morenita de Güicán, une apparition de la Vierge qui favorisa la conversion des U'wa. Tout commença à la fin du XVIIe siècle, lorsque les conquistadors espagnols arrivèrent dans la région et entreprirent de convertir les U'wa au christianisme. Plutôt que de se soumettre aux Espagnols, Güicány, le chef U'wa dont la ville a pris le nom, mena sa tribu à la mort en la faisant sauter d'une falaise désormais appelée El Peñon de Los Muertos. Épargnée parce qu'elle était enceinte, la femme de Güicány, Cuchumba, et une poignée de survivants fuirent dans les montagnes et se cachèrent dans une grotte. Le 26 février 1756, la Vierge Marie apparut mystérieusement sur une étoffe. Elle avait le teint foncé (*moreno*) et des traits similaires à ceux des U'wa, qui se convertirent rapidement au christianisme.

Une petite chapelle fut érigée à Güicán pour abriter la Virgen Morenita. Pendant l'une des nombreuses guerres civiles opposant les villes rivales de Güicán et d'El Cocuy, elle fut dérobée et aurait été dissimulée à El Cocuy, derrière un mur de l'actuel hôtel La Posada del Molino. La famille qui y résidait fut hantée jusqu'à ce qu'elle restitue la Virgen à Güicán, où elle est aujourd'hui conservée en lieu sûr.

La grande fête de la Virgen Morenita, célébrée tous les ans du 2 au 4 février, attire de fidèles pèlerins de tous horizons.

à 11h30, 16h et 20h (3 000 COP, 30 min). À El Cocuy, à 4h30 et 18h, vous pouvez aussi monter dans un bus Fundadores Bogotá-Güicán pour effectuer la dernière étape (3 000 COP, 30 min).

Pour Bucaramanga, prenez un bus Concorde jusqu'à Capitanejo (15 000 COP, 2 heures, 4h et 18h), puis changez de bus. Le trajet d'environ 14 heures emprunte des routes essentiellement en terre où glissements de terrain et retards sont communs. Généralement, mieux vaut retourner à Tunja et prendre le bus fréquent en direction du nord jusqu'à Bucaramanga et au-delà.

## Güicán

☎8 / 7 416 HABITANTS / ALTITUDE 2 880 M

Moins photogénique et accueillant pour les voyageurs que son rival El Cocuy, le village froid de Güicán, haut lieu de la communauté U'wa, est tout de même devenu le principal point de départ des treks en montagne, surtout parce qu'il permet des randonnées moins longues et plus faciles jusqu'au PNN El Cocuy. Et pour ceux qui ne marchent pas, Güicán permet d'accéder à de nombreux sites touristiques qui ne nécessitent pas forcément de grimper. Le tourisme religieux, lié au miracle de la Virgen Morenita de Güicán, constitue aussi une source de revenus majeure.

### À voir et à faire

On vient avant tout ici pour la Virgen Morenita de Güicán (voir l'encadré ci-dessus). Le sanctuaire de la Morenita est situé dans l'église **Nuestra Señora de la Candelaria** sur la place centrale, Parque Principal. L'église en briques marron et faux marbre n'a rien d'exceptionnel de l'extérieur, mais l'intérieur est richement décoré et peint dans des roses, verts et bleus pastel.

À l'est de la ville se trouve une falaise de 300 m de haut, appelée **El Peñon de los Muertos**, d'où un grand nombre d'U'wa préférèrent se suicider à l'arrivée des conquistadors, plutôt que de subir le joug des Espagnols (voir l'encadré ci-dessus). Le sentier conduisant à la falaise démarre au bout de la Carrera 4. Une randonnée jusqu'au sommet prend environ 2 heures. Le **Monumento a la Dignidad de la Raza U'wa** représentant ce suicide collectif se dresse à l'entrée de la ville.

### Où se loger et se restaurer

**Hotel El Eden** PENSION $

(☎311-808-8334 ; www.guicanextremo.com ; Transversal 2 n[os] 9-58 ; empl/ch 5 000/25 000 COP par pers). Plus proche de l'Arche de Noé que de l'Éden, cette pension tenue par une famille est appréciée des voyageurs. Le jardin accueille canards, chèvres, lapins, perroquets, gerbilles et un bassin de truites. Les chambres tout de bois sentent la forêt, la plupart ont une salle de bains privative et certaines un grenier. À 12 minutes à pied au nord de la place. Suivez la Carrera 4 au nord, prenez la route à droite qui passe devant le terrain de football sur la gauche, prenez la première à droite après le bureau du parc national puis la deuxième à gauche.

**Brisas del Nevado** HÔTEL $

(☎789-7028 ; www.brisasdelnevado.com ; Carr. 5 n$^{os}$ 4-59 ; ch 35 000 COP/pers, sans sdb 20 000-25 000 COP). L'hôtel le plus confortable de Güicán accueille aussi son meilleur restaurant – excellents *huevos pericos* (œufs brouillés avec tomates et oignons) au petit-déjeuner. Salle de bains et TV dans la plupart des chambres. Les meilleures sont les 2 *cabañas* privées installées dans le jardin derrière le bâtiment principal. Repas 10 000-17 000 COP.

**Casa del Colibri** PENSION $

(☎311-517-1736 ; sirenamario@gmail.com ; C. 2 n$^{os}$ 5-19 ; ch 20 000 COP/pers). Vous serez tout seul ici, mais si vous cherchez un logement bon marché, ces 4 immenses chambres, autour d'une cour fleurie ornée d'une statue de la Vierge, disposent d'équipements simples et d'une salle de bains moderne. Le gardien peut livrer des repas (6 000-7 000 COP).

## Renseignements

**Banco Agrario de Colombia** (Carr. 5). Unique DAB de la ville, à côté de l'hôtel Brisas del Nevado, à une demi-*cuadra* de la place.

**Cafeteria La Principal** (Carr. 5 n$^{os}$ 3-09 ; 2 000 COP/heure ; ⏲8h-20h ; 📶). Petite épicerie (et bureau de la compagnie de bus Fundadores) proposant 4 ordinateurs avec Internet et le Wi-Fi. Sur la place.

**Parque Nacional Natural El Cocuy** (☎789-7280 ; cocuy@parquenacionales.gov.co ; Transversal 3 n$^{os}$ 9-17 ; Colombiens/étrangers 25 000/50 000 COP ; ⏲7h-11h45 et 13h-16h45). Tous les visiteurs du parc doivent payer les frais d'entrée ici et signaler leur itinéraire. Vous devez également fournir une attestation d'assurance vous couvrant au-dessus de 4 000 m d'altitude – autrement, vous devez souscrire à l'assurance du parc pour 7 000 COP par jour, qui ne comprend pas le sauvetage par hélicoptère (mieux vaut donc avoir sa propre assurance !). Pour trouver le bureau, remontez la Carrera 4 vers le nord, prenez la route à droite qui passe devant le terrain de football sur la gauche, puis la première à droite sur la colline au nord-est de la ville.

## Depuis/vers Güicán

Les arrivées et départs des bus de toutes les compagnies ont lieu à leurs bureaux respectifs sur la place, à l'exception de Libertadores, dont le bureau se trouve près de la place, du côté de la Carrera 5 par rapport à la Casa Cural.

Les luxueux bus **Libertadores** (☎314-239-3839 ; www.coflonorte.com ; Carr. 5 et C. 4, Casa Cural) pour Bogotá partent quotidiennement de la place à 16h30 et 19h (50 000 COP, 11 heures) ; les bus de Bogotá à Güicán partent quotidiennement de la gare routière principale de Bogotá à 18h et 20h50 (45 000 COP, 11 heures). Moins confortables, les bus **Concorde** (☎314-340-0481 ; www.cootransbol.com ; C. 4 n$^{os}$ 4-20) pour Bogotá quittent la place à 3h et 17h (45 000 COP, 11 heures), et les bus **Fundadores** (☎314-214-9742 ; www.expresopazderio.com.co ; Carr. 5 n$^{os}$ 3-09 ; ⏲8h-20h) à 3h30, 5h, 9h, 16h et 18h30 (45 000 COP, 12 heures) ; les bus de Bogotá à El Cocuy passent à 5h, 6h, 6h50, 17h50, 18h, 19h30, 20h et 20h30.

Pour El Cocuy, les bus locaux **Cootradatil** (☎320-330-9536 ; Carr. 3 n$^{os}$ 4-05) partent à 7h, 11h et 14h (3 000 COP, 40 min). Autrement, tous les bus pour Bogotá passent par El Cocuy. Pour rallier Bucaramanga, Cúcuta, Santa Marta ou d'autres destinations au nord-ouest, prenez un bus pour Bogotá jusqu'à Capitanejo, puis une correspondance (le bus Copetran de 23h est prisé des voyageurs), ou bien un vol de 20 minutes (150 000 COP) à l'aéroport le plus proche de Capitanejo, à Málaga.

# Parque Nacional Natural (PNN) El Cocuy

Le PNN El Cocuy constitue l'atout majeur de la région de la Sierra Nevada del Cocuy. Créé en 1977, il couvre 306 000 ha. Sa frontière ouest commence à 4 000 m d'altitude, et la moitié est descend à 600 m d'altitude dans les *llanos* (plaines) colombiens.

La majeure partie du PNN El Cocuy est composée d'un écosystème varié appelé *páramo*. Formé sur un glacier, ce réseau néotropical de vallées, de plaines et de lacs alpins comprend la plus grande zone glaciaire d'Amérique du Sud au nord de l'équateur. Malheureusement, le réchauffement climatique entraîne la fonte rapide des glaces. À ce rythme, les représentants du parc estiment que les glaciers auront disparu d'ici 20 à 30 ans.

Diverses espèces animales et végétales caractérisent l'environnement hostile du PNN El Cocuy. Ours à lunettes, appelé aussi ours des Andes, cerfs, aigles, condors, tapirs des Andes, chinchillas et beaux ocelots comptent parmi les animaux qui y vivent. Les plaines des sommets sont couvertes d'une végétation arbustive, dont le représentant le plus connu est le *frailejón* aux fleurs jaunes, endémique de la région.

Le parc regroupe 15 sommets d'au moins 5 000 m. Le plus élevé, le Ritacuba Blanco, culmine à 5 330 m. Le Púlpito del Diablo (Chaire du Diable ; 5 120 m), une insolite formation rocheuse, est l'élément le plus célèbre du parc. Il est prisé pour la randonnée, le trekking, l'alpinisme, le camping, l'escalade et le parapente, cette dernière activité étant réservée aux parapentistes privés.

De 1985 jusqu'à l'intervention de l'armée colombienne au début des années 2000, le PNN El Cocuy a été contrôlé par les guérilleros de l'ELN. Aujourd'hui, le parc est à nouveau sûr pour les visiteurs (même si des problèmes de sécurité subsistent dans le secteur peu fréquenté des plaines de l'est du parc, dans l'Arauca et le Casanare). Les soldats colombiens ont une base dans les montagnes et patrouillent régulièrement les sentiers. La paix a rapidement fait revenir les visiteurs. D'après les représentants du parc, les visiteurs étaient moins de 100 en 2003, passant à 9 000 environ en 2010 et à 14 147 en 2013.

Cette popularité, toutefois, ne génère pas que des effets positifs. En 2013, le circuit phare, le trek Güicán-El Cocuy, a été fermé aux visiteurs. Les raisons varient selon les sources interrogées : les représentants du parc n'apprécient pas la charge de travail supplémentaire qu'entraîne le tourisme ; les U'wa en ont eu assez de voir passer des touristes sur leur terre ; ou encore la popularité du trek et de toutes les infrastructures qui lui sont associées nuiraient au parc, aux sentiers et à l'environnement. La réalité est probablement un ensemble des trois raisons, mais quoi qu'il en soit, lors de nos recherches, le circuit était inaccessible jusqu'à nouvel ordre - vérifiez si la situation a changé avant votre voyage. D'autres parties du parc et au moins 12 sommets de plus de 5 000 m restent toutefois ouverts aux visiteurs.

## Randonner dans le PNN El Cocuy

Les montagnes du PNN El Cocuy sont relativement compactes et facilement accessibles. Le circuit complet du trek Güicán-El Cocuy, qui traverse des cols dont le plus haut est le Boquerón de la Sierra (4 650 m), et inclut le plus beau site du parc, la Laguna de la Plaza, était fermé lors de notre passage. Il reste toutefois de nombreuses randonnées d'une journée et au moins un trek de 4 jours récemment mis en place. Depuis la lisière nord du parc, la limite des neiges éternelles n'est qu'à 3 heures de marche environ.

Aucune expérience n'est requise. Toutefois, en raison de l'altitude et du sol, les autorités du parc conseillent aux randonneurs d'avoir fait au moins un trek auparavant et d'être en bonne condition physique. Le parc est interdit aux moins de 12 ans, aux femmes enceintes et aux personnes souffrant de maladies cardiaques ou pulmonaires.

Les points de départ des randonnées dans le PNN El Cocuy sont les villages rivaux de Güicán et d'El Cocuy. Tous les visiteurs du parc doivent d'abord se présenter aux bureaux du PNN El Cocuy de Güicán ou d'El Cocuy, signaler leur itinéraire, fournir une attestation d'assurance et payer l'entrée (étrangers/Colombiens 50 000/25 000 COP). N'oubliez pas de repasser au bureau après la randonnée – si vous ne vous présentez pas à la date prévue de votre retour, les autorités du parc lanceront des recherches et des opérations de sauvetage.

Les guides ne sont pas obligatoires mais fortement recommandés.

## Quand partir

La seule période au climat assez agréable s'étend de décembre à février. Le reste de l'année, le climat est variable, et il y a de la neige en haute altitude et sur les cols les plus élevés. Le temps change souvent. La Sierra Nevada est connue pour ses vents violents.

## Quoi emporter

Les visiteurs doivent être totalement autonomes. Le parc ne compte aucun résident ni service. Il faut donc emporter tout votre équipement de trekking en haute montagne, notamment une bonne tente, un sac de couchage adapté à -10°C, des vêtements chauds et imperméables, de bonnes chaussures de marche, des lampes de poche, une trousse de secours, un réchaud et de la nourriture. Vous ne pouvez pas acheter d'équipement de plein air à El Cocuy ou Güicán, mais vous pourrez trouver du matériel de camping à Bogotá. Le circuit ne traversant (malheureusement) plus de glacier, aucun équipement particulier n'est requis.

Si vous n'avez ni tente, ni matériel basique de trekking, le seul moyen d'explorer les montagnes est de faire de courtes randonnées d'une journée en partant de l'une des *cabañas*. Toutefois, cela ne vous donnera qu'un aperçu des magnifiques montagnes.

## Circuits

Vous trouverez des guides dans toutes les *cabañas* près des montagnes ou à l'Ecoturismo Comunitario Sisuma d'El Cocuy. Comptez environ 80 000 COP la journée pour un *campesino* ("paysan" qui vous montrera simplement le chemin) pour 8 personnes maximum, ou 100 000 à 150 000 COP pour un véritable guide de trekking accrédité pour 6 personnes maximum. Les porteurs coûtent 60 000 à 80 000 COP la journée (depuis 2013, les chevaux sont interdits au-delà de 4 000 m). Les randonneurs solitaires et les petits groupes peuvent s'associer à d'autres pour réduire les frais.

Le circuit principal est fermé mais il existe de nombreux treks d'une ou plusieurs journées. L'itinéraire principal est désormais le Paso del Conejo de 4 jours, qui conduit du Valle de Lagunillas (3 974 m) à la Laguna Grande de la Sierra (4 444 m). Plusieurs sommets peuvent s'ajouter à ce trek, notamment El Cóncavo (5 260 m) et le Pan de Azúcar (5 130 m). Les meilleurs treks d'une journée relient l'Hacienda La Esperanza à la Laguna Grande de la Sierra (difficulté moyenne ; 10 heures environ) ; les Cabañas Kanwara au Cimiento del Padre (4 200 m) et au col de Boquerón de Cardenillo (difficulté moyenne ; 4 300 m ; 6 à 7 heures) ; et les Cabañas Kanwara au pied du Ritacubas (4 800 m) ou à la Laguna de los Tempanos (difficile ; 4 600 m). Un guide est plus que conseillé pour les marcheurs n'ayant pas d'expérience en montagne pour la dernière randonnée citée, qui comporte une section très abrupte et instable, ainsi qu'un tracé imprécis.

Rodrigo Arias, l'alpiniste chevronné de **Colombia Trek** (☎320-339-3839 ; www.colombiatrek.com) est un guide expérimenté vivement recommandé et l'un des rares anglophones dans les montagnes. Il organise des circuits personnalisés et des forfaits tout compris pour individuels ou groupes. Pour les 4 jours du trek du Paso del Conejo, comptez à partir de 1 350 000 COP par personne pour 2 personnes avec un guide anglophone, ou 1 100 000 COP pour 4 personnes (et 2 guides anglophones), hors transport depuis Bogotá ou ailleurs. Pour des sommets particuliers, les tarifs oscillent entre 1 280 000 et 1 700 000 COP par personne, tout compris avec guides anglophones, suivant le sommet et le nombre de jours. Il loue aussi du matériel de camping.

L'**Ecoturismo Comunitario Sisuma** (☎321-345-7076 ; www.elcocuyboyaca.com) est tenu par une communauté proposant guides et services, qui gère également les seules *cabañas* situées dans le parc, à la Laguna Pintada. Elle peut vous conduire d'El Cocuy au sommet des montagnes – Hacienda La Esperanza ou Cabañas Lagunillas-Herrera – pour 100 000 COP.

## Où se loger

Après avoir visité El Cocuy ou Güicán, la plupart des randonneurs décident de s'acclimater à l'altitude en passant la nuit dans l'une des *cabañas* situées juste en dehors du parc. Les plus confortables se trouvent à l'extrémité nord du parc, près de Güicán. Les **Cabañas Kanwara** (☎311-231-6004, 311-237-2660 ; kabanaskanwara@gmail.com ; ch 40 000 COP/pers) sont les plus connues. Ces chalets au toit pointu renferment chacun entre 8 et 14 lits, une cheminée, une cuisine et une salle de bains. Moins recommandée mais fonctionnelle, la **Posada Sierra Nevada** (☎311-237-8619 ; www.posadaenguican.com ; ch 40 000 COP/pers, repas 15 000 COP) est la plus élevée, à 3 960 m.

À mi-chemin entre El Cocuy et Güicán, à Alto de la Cueva, vous trouverez les **Cabañas Del Pulpito** (☎313-309-9734 ; turismococuy@gmail.com ; ch 30 000 COP/pers) et la ferme rustique de la **Hacienda La Esperanza** (☎313-473-0990, 310-209-9812 ; haciendalaesperanza@gmail.com ; ch petit-déj inclus 35 000 COP/pers).

À l'extrémité sud du parc, les **Cabañas Lagunillas-Herrera** (☎310 294 9808 ; sierranevadaelcocuy@gmail.com ; empl camping/ch 5 000/30 000 COP par pers) possèdent 4 chambres avec salle de bains et une aire de camping. Plus loin, dans le parc, à Laguna Pintada, les **Cabañas Sizuma** (☎321-345-7076 ; www.elcocuyboyaca.com ; ch par pers avec/sans sdb 40 000/35 000 COP) sont tenues par un groupe de guides locaux.

## Depuis/vers le PNN El Cocuy

Cinq jours de marche séparent Güicán des Cabañas Kanwara, où démarrent les sentiers des circuits nord (mais il est interdit d'aller au-delà du col du Boquerón de Cardenillo à 4 300 m). La location d'une voiture jusqu'à l'une des *cabañas* coûte entre 80 000 et 100 000 COP. Certaines *cabañas* proposent aussi le transport – les tarifs varient suivant la destination et la taille du groupe. En dernier recours, vous pouvez monter dans un *lechero* (5 000 à 12 000 COP), l'un des camions de lait matinaux qui font le tour des fermes de montagne, mais ce n'est ni confortable, ni prudent. Les *lecheros* quittent la place de Güicán à 5h, arrivent sur la place d'El Cocuy à 6h et font une tournée dans le sens inverse des aiguilles d'une montre pour retourner à Güicán.

Il y a plusieurs *lecheros*, vous devrez donc trouver celui qui se rend à votre destination. La plupart ne s'arrêtent pas aux *cabañas* : ils vous déposeront à l'intersection la plus proche et vous devrez effectuer le reste à pied.

## SANTANDER

Le département du Santander, au centre-nord de la Colombie, allie montagnes escarpées, profonds canyons, hautes cascades, puissantes rivières, grottes inexplorées et climat sec tempéré. On comprend facilement pourquoi le Santander est devenu une destination appréciée des amateurs d'activités riches en sensations. Ils ont le choix entre rafting, parapente, spéléologie, rappel, VTT et randonnée. Les voyageurs plus posés apprécieront la découverte des charmes rustiques de la coloniale Barichara, le shopping à Girón ou les discothèques de la capitale du département, Bucaramanga.



## San Gil

☎7 / 44 561 HABITANTS / ALTITUDE 1 110 M

Pour une petite ville, San Gil ne manque pas d'attraits. Haut lieu des sports d'aventure en Colombie, elle aimante littéralement les aficionados de l'adrénaline. La région est surtout connue pour le rafting, mais on y pratique aussi parapente, spéléologie, rappel et trekking. San Gil compte une pittoresque place centrale vieille de 300 ans et le Parque El Gallineral, une belle réserve naturelle sur les rives du Río Fonce.

Ce n'est peut-être pas la plus jolie ville du pays, mais si l'on creuse un peu, on ne peut qu'être séduit par sa simplicité et la chaleur de ses habitants. San Gil est définitivement à la hauteur de sa devise, "La Tierra de Aventura" (la Terre d'Aventure).

### À voir

**Cascadas de Juan Curi** CASCADE

(7 000-10 000 COP). Partez une journée vous baigner dans le bassin naturel situé aux pieds de cette spectaculaire cascade de 180 m de haut, ou vous détendre sur les rochers. Les aventuriers peuvent descendre en rappel la paroi à pic – réservez cette activité auprès de l'un des tour-opérateurs. Juan Curi est à 22 km de San Gil, sur la route de Charalá. Les bus pour Charalá partent deux fois par heure de la gare routière des bus locaux.

Demandez à être déposé à "Las Cascadas", où 2 sentiers mènent aux chutes en 20 minutes. La plupart des voyageurs choisissent le sentier le moins cher (et moins aventureux) du Parque Ecológico Juan Curi. Les gastronomes combineront leur excursion avec une étape au **Piqueteadero Doña Eustaquia** (C. 3 n$^{os}$ 5-39, Valle de San José ; chorizo 1 300 COP ; ⏲7h-20h), dans le Valle de San José, pour son célèbre chorizo cuisiné au *guarapo* (jus de canne à sucre fermenté).

**Pescaderito** PLEIN AIR

GRATUIT Ces 5 bassins sont parfaits pour une paisible journée. Passez le premier, car ils s'améliorent à mesure que l'on avance (le 5$^{e}$ est le meilleur ; plonger est interdit dans le 3$^{e}$). Pour vous y rendre, prenez un bus à la gare routière des bus locaux jusqu'à la place de Curití (2 400 COP, toutes les 15 min), marchez sur 4 *cuadras* en dépassant l'église et suivez la route qui sort de la ville pendant environ 40 minutes en remontant la rivière.

L'endroit convient aussi au camping.

**Parque El Gallineral** PARC

(☎724-4372 ; angle Malecón et C. 6 ; adulte/enfant 5 000/3 000 COP ; ⏲8h-17h30). Pièce maîtresse de San Gil, le mystique Parque El Gallineral est un parc de 4 ha installé sur une île triangulaire entre le Quebrada Curití et le Río Fonce. Les 1 876 arbres sont presque tous couverts de longs fils de mousse argentée appelés *barbas de viejo* (barbes de vieillard), qui pendent aux branches et forment des voiles translucides de feuillages et de lumière filtrée.

Divers sentiers et ponts couverts serpentent à travers cette forêt urbaine et enjambent les rapides. Après une balade, baignez-vous dans le bassin ou sirotez une *cerveza* (bière) dans l'un des restaurants et cafés (onéreux).

### Activités

Plusieurs tour-opérateurs de San Gil proposent des descentes en rafting sur les rivières alentour. Une descente de 10 km sur le Río Fonce (Classes I à III) coûte 30 000 COP par personne et dure 1 heure 30. Les rafteurs expérimentés peuvent s'attaquer aux rapides extrêmes du Río Suárez (125 000 COP, jusqu'à la Classe V). La plupart des agences proposent aussi parapente, spéléologie, équitation,

## San Gil

rappel, VTT, saut à l'élastique et balades écologiques.

**Colombian Bike Junkies** VTT

(316-327-6101 ; www.colombianbikejunkies.com ; 175 000 COP petit-déj et déj inclus). Cette agence de VTT colombo-équatorienne propose une descente de 50 km chargée en adrénaline dans le Cañon del Río Suárez, avec un repas assuré par Gringo Mike's (p. 111). La randonnée épique d'une journée traverse des paysages magnifiques. Si vous n'avez pas de short cycliste rembourré, vous pouvez placer des éponges dans votre pantalon !

**Colombia Rafting Expeditions** RAFTING

(724-5800 ; www.colombiarafting.com ; Carr. 10 n^os^ 7-83 ; 8h-18h). Le spécialiste du rafting sur le Río Suárez propose aussi de l'hydrospeed et du kayak. Le **bureau** (C. 12 n^os^ 8-32 ; 8h-11h et 16h-21h lun-sam) le plus central ferme tard.

**Macondo Adventures** SPORTS D'AVENTURE

(724-8001 ; www.macondohostel.com ; Carr. 8 n^os^ 10-35). Outre les activités habituelles, l'agence propose un superbe circuit gastronomique régional incluant les spécialités locales comme la *cabra* (chèvre) et la *carne oreada* (bœuf séché au soleil).

### San Gil

**À voir**

1 Parque El Gallineral ........ D3

**Activités**

2 Colombia Rafting Expedition ........ B2
3 Colombia Rafting Expeditions ........ C3
4 Connect4 ........ B1
Macondo Adventures ........ (voir 8)

**Où se loger**

5 Hostal de la Nueva Baeza ........ C2
6 Hostal Le Papillon ........ D2
7 La Posada Familiar ........ C3
8 Macondo Guesthouse ........ C2
9 Sam's VIP ........ B2
10 Santander Alemán TV ........ A1

**Où se restaurer**

11 Autoservice Veracruz ........ B2
12 El Maná ........ C2
13 Gringo Mike's ........ B2
14 La Casa del Balcón ........ B2
15 Metro ........ B3
16 Plaza de Mercado ........ A2
17 Sam's Gastro Pub & Steakhouse ........ B2

**Où prendre un verre et faire la fête**

18 La Habana ........ B2

À NE PAS MANQUER

## LA TRADITION DU TEJO

Poudre à canon, poids en plomb et alcool forment un mélange détonnant, pourtant tout à fait répandu en Colombie. Le *tejo*, une tradition rurale du Boyacá, est un jeu tapageur d'origine précolombienne qui consiste à lancer des disques de 2 kg (autrefois, dit-on, en or massif et appelés *zepguagoscua*) dans un bac d'argile en visant un anneau en métal appelé *bocin*, lequel est entouré de *mechas*, des morceaux de papier triangulaires remplis de poudre, prêts à exploser.

La Macondo Guesthouse (ci-dessous), à San Gil, organise une soirée *tejo* tous les mardis à 20h (ouverte aux non-résidents). Quelques pistes sont réservées au **Comité Municipal de Tejo** (☎724-4053 ; Carr. 18 nos 26-70), où un guide explique les règles et s'assure que personne ne fasse exploser ce qui ne doit pas exploser. Inscrivez-vous à l'avance (le groupe, limité à 32, est vite complet). Le *tejo* en lui-même est gratuit, mais les participants sont censés acheter des boissons (ou faire un don ; les bières coûtent 1 800 COP et sont généralement achetées par caisse). Les étrangers sont les bienvenus les autres jours de la semaine (mercredi et vendredi sont les meilleurs jours pour obtenir une piste), mais ce n'est pas recommandé si vos connaissances du *tejo* sont limitées.

## Cours

**Connect4** LANGUE
(☎724-2544 ; www.idiomassangil.com ; Carr. 8 nos 12-19). Cours intensif d'espagnol de 10 heures destiné aux voyageurs (à partir de 198 000 COP) et cours particuliers (à partir de 32 000 COP/heure).

## Où se loger

Le centre-ville de San Gil abonde en hébergements bon marché et à prix moyen. Dans la plupart des auberges de jeunesse, les chambres privatives sont si agréables qu'il est généralement inutile de débourser plus pour la catégorie moyenne. Outre les adresses mentionnées ici, vous trouverez de nombreux hôtels simples et bon marché dans la Calle 10. Si vous voulez vous faire plaisir, optez pour les luxueux complexes hôteliers à la périphérie de la ville, dans la Vía Charalá ou la Vía Mogotes.

**Macondo Guesthouse** AUBERGE DE JEUNESSE $
(☎724-8001 ; www.macondohostel.com ; Carr. 8 nos 10-35 ; dort 20 000-25 000 COP, s avec sdb 55 000-65 000 COP, d avec sdb 65 000-75 000 COP, s/d sans sdb 45 000/55 000 COP ; @ 📶). Classique, cette auberge décontractée mais sûre (avec télésurveillance) donne l'impression d'être chez un ami. L'établissement dispose d'une agréable cour arborée dotée d'un Jacuzzi accueillant 10 personnes, et divers dortoirs et chambres, dont 3 chambres privatives qui surpassent la concurrence. Ce n'est pas l'adresse la plus branchée, mais l'ambiance de San Gil y est.

La direction et le personnel (australiens) sont une mine d'informations et peuvent réserver toutes vos activités dans la région. Ne manquez pas le *tejo* le mardi. Réservation indispensable.

**La Posada Familiar** PENSION $
(☎724-8136 ; laposadafamiliar@hotmail.com ; Carr. 10 nos 8-55 ; ch 35 000 COP/pers ; @ 📶). Señora Esperanza dorlote ses hôtes dans cette adorable pension typiquement colombienne. Autour d'une cour ornée de nombreuses plantes et d'une fontaine, 6 chambres sobres et bien tenues bénéficient d'une salle de bains moderne et d'eau chaude. Cuisine, petite mais agréable, avec évier en bois.

Une bonne adresse pour rencontrer des Colombiens, à l'écart des auberges touristiques.

**Santander Alemán TV** PENSION $
(☎724-0329 ; www.hostelsantanderaleman.com ; angle Carr. 10 et C. 15 ; dort 18 000-20 000 COP, s/d 40 000/60 000 COP ; @ 📶). La meilleure des 3 pensions Santander Alemán de la ville jouit d'une terrasse avec vue (d'où son nom : Terrace Vista) à deux pas du *terminalito* (gare routière des bus locaux). Les 8 chambres doubles, propres et confortables, sont un cran au-dessus des auberges de jeunesse mais offrent la même ambiance de camaraderie entre voyageurs.

**Hostal de la Nueva Baeza** PENSION $
(☎724-2606 ; hostaldelanuevabaeza@hotmail.com ; C. 9 nos 8-49 ; ch avec/sans clim 40 000/35 000 COP ; ❄ 📶). Les lève-tôt apprécieront cette paisible demeure coloniale sans chichis

aux 10 chambres très confortables. On ne vous prêtera pas beaucoup d'attention, mais les chambres, sous un plafond voûté en bambou, sont équipées de nouvelles TV écran plat et de jolies salles de bains. C'est une bonne adresse pour le prix et il faut apprécier le son des cloches de l'église… Les prix flambent en haute saison.

**Hostal Le Papillon** AUBERGE DE JEUNESSE $

(☎723-6350 ; hostallepapillon@hotmail.com ; C. 7 nos 8-28 ; empl camping 10 000 COP/pers, dort 17 000 COP, s/d sans sdb 25 000/40 000 COP ; @ 📶). Cette paisible auberge de jeunesse tenue par un sympathique couple colombo-suisse dans une rue plutôt calme est une bonne option pour les petits budgets. Bons dortoirs, quelques chambres privatives avec salles de bains communes et de l'herbe à l'arrière pour le camping et les hamacs. Deux chats et un chien vivent ici. On y parle français.

**Sam's VIP** AUBERGE DE JEUNESSE $$

(☎724-2746 ; www.samshostel.com ; Carr. 10 nos 12-33 ; dort 22 000 COP, s/d avec sdb 60 000/80 000 COP, sans sdb 40 000/60 000 COP ; @ 📶 🏊). La plus belle auberge de San Gil, sur la place, est appréciée pour son mobilier et son cadre au charme certain. Le personnel est très chaleureux – invitez-les dans la petite piscine avec vue sur les montagnes, ou à prendre un verre sur la vaste terrasse donnant sur la place. Superbe cuisine.

## Où se restaurer

San Gil n'est pas vraiment une ville gastronomique, mais elle possède quelques bons restaurants servant une cuisine locale maison. Vous pouvez faire vos courses à **Autoservice Veracruz** (C. 13 nos 9-24 ; 🕒8h-21h lun-sam, 8h-14h dim), sur la place (pour les fruits et légumes frais), et **Metro** (🕒8h-21h dim-ven, jusqu'à 22h sam) – le plus grand de San Gil, pour les produits d'épicerie – dans le Centro Comercial El Puente, le nouveau centre commercial de San Gil.

♥ **Gringo Mike's** AMÉRICAIN $

(www.gringomikes.net ; C. 12 nos 8-35 ; burgers 11 000-18 000 COP ; 🕒8h-12h et 17h-22h dim-jeu, jusqu'à 23h ven-sam ; 📶). Dans une cour éclairée aux chandelles, ce restaurant américano-britannique enchante les voyageurs anglo-saxons avec des portions américaines de burgers gastronomiques, des sandwichs au bacon, des *burritos* au petit-déjeuner et un café préparé dans une cafetière à piston. Burger épicé au piment jalapeño, salade mangue, cacahuètes, bleu et crevettes, et *burrito* mexicain au bacon, sont quelques incontournables. Excellents cocktails et options végétariennes.

♥ **El Maná** COLOMBIEN $

(C. 10 nos 9-42 ; menus fixes 11 500 COP ; 🕒11h-15h30 et 18h-20h30 lun-sam, jusqu'à 15h30 dim). Ce restaurant prisé qui s'est fait connaître par le bouche-à-oreille est le meilleur colombien de la ville. Excellentes formules – 7 au choix chaque jour – composées de plats traditionnels comme le poulet aux prunes, l'*estofado de pollo* (ragoût de poulet) et la truite de montagne grillée. Ferme tôt.

**La Casa del Balcón** COLOMBIEN $

(C. 12 nos 9-19, 2e ét ; petit-déj 1 500-4 000 COP ; 🕒8h-23h lun-sam, 9h-22h30 dim ; 📶). Adorable petit restaurant colombien avec balcon donnant sur la place, très agréable pour un délicieux petit-déjeuner bon marché – *arepas,* œufs préparés de différentes manières, expresso, cappuccino – ou pour une bière en fin d'après-midi.

**Plaza de Mercado** MARCHÉ $

(Carr. 11 ; arepas 1 500-1 800 COP ; 🕒6h-15h lun-mer, 6h-14h jeu et dim, 6h-16h ven-sam). Pour une expérience authentique, rendez-vous dans ce marché couvert animé, où *comida corriente* (restauration rapide), *tamales* et jus de fruits frais sont à l'honneur. Ne manquez pas les *arepas* garnies, vendues par quelques stands de l'allée centrale, près de l'entrée côté Calle 13 : elles composent un petit-déjeuner des plus savoureux.

**Sam's Gastro Pub & Steakhouse** GRILL $$

(C. 12 nos 8-71 ; plats 8 000-22 000 COP ; 🕒12h-14h et 18h-22h lun-sam ; 📶). Attenant à une deuxième auberge de jeunesse Sam's VIP, cette adresse appréciée des voyageurs sert travers de porc et burgers, mais surtout un excellent filet mignon, en portion de 400 g ou 250 g, accompagné de diverses sauces (mention spéciale pour poivre et parmesan). La présentation est plutôt réussie. Bon choix pour les carnivores.

## Où prendre un verre et faire la fête

Envie d'un expresso ? Plusieurs cafés sur la place possèdent désormais leur propre machine, mais c'est dans le Centro Comercial El Puente que l'on sert le meilleur café (essayez le Doto's ou le Cinnamon Gourmet).

Boire une bière fraîche sur la place principale animée est un passe-temps populaire à San Gil.

**La Habana** BAR

(Carr. 9 nos 11-68, local 212 ; ⌚18h-minuit lun-jeu, 18h-2h ven-sam). Situé au 2e étage du Centro Comercial Camino Real, ce lieu de rendez-vous nocturne mérite absolument d'être déniché. En plus de pouvoir prétendre au titre de meilleur bar, il affiche des toiles d'artistes locaux sur ses hauts murs.

**La Isla** BARS

(Vía San Gil-Bogotá, Km 1). En direction de la sortie de la ville, cette station-service améliorée est l'adresse la plus tendance de San Gil le soir, avec le One Shot (bar bruyant et branché), le Caña Brava (bar-karaoké) et le Rodeo (discothèque latino). Également un excellent espace de restauration fréquenté par des Colombiens venus prendre un verre. Venez tôt pour manger au restaurant mexicain.

## Renseignements

On trouve plusieurs DAB sur la place et aux alentours (évitez celui du Banco Agrario). Le site officiel du tourisme est www.sangil.com.co.

**4-72** (Carr. 10 nos 10-50 ; ⌚8h-12h et 13h-18h lun-ven, 9h-12h sam). Bureau de poste.

**Police touristique** (☎350-304-5600 ; angle Carr. 11 et C. 7)

## Depuis/vers San Gil

San Gil possède de nombreuses gares routières aux noms divers, mais vous arriverez probablement à la gare routière des bus intercités (appelé sur place *terminal principal*), située 3 km à l'ouest du centre-ville, sur la route de Bogotá. Des bus locaux relient régulièrement le *terminal* et le centre-ville ; sinon, prenez un taxi (3 400-3 600 COP).

Des bus partent souvent pour Bogotá (35 000 COP, 6 heures), Bucaramanga (15 000 COP, 2 heures 30), Barranquilla (55 000 COP, 13 heures), Cartagena (70 000 COP, 15 heures), Santa Marta via Bucaramanga (60 000 COP, 13 heures), Sogamoso (30 000 COP, 5 heures), Medellín (85 000 COP, 12 heures) et Cúcuta (50 000 COP, 9 heures). **Copetran** (☎313-333-5740 ; www.copetran.com.co) assure un service (parfois) direct pour Santa Marta à 19h30 (60 000 COP, 12 heures). Autrement, la plupart des voyageurs changent à Ciénega, à 40 minutes environ de Santa Marta.

Cootrasangil gère 2 gares routières de bus locaux. Au **Cootrasangil-Terminal** (☎724-2155 ; www.cotrasangil.com ; angle C. 15 et Carr. 11), appelé sur place *"terminalito"*, des bus partent fréquemment pour Barichara (4 200 COP, 45 min) de 6h à 18h45. Cette gare dessert aussi Guane (6 000 COP, 1 heure, 8/jour) et Charalá (5 000 COP, 1 heure, ttes les 30 min de 6h30 à 16h), entre autres. Du **Cootrasangil-Malecón** (☎724-3434 ; www.cootrasangil.co ; angle Carr. 11 et C. 8), appelé sur place "Terminal Cootrasangil", des bus partent pour Bucaramanga (15 000 COP, 2 heures), via le Parque Nacional del Chicamocha (8 000 COP, 1 heure) toutes les 20 minutes de 4h30 à 20h.

# Barichara

☎7 / 7 651 HABITANTS / ALTITUDE 1 336 M

Barichara est le genre de ville dont rêvent les réalisateurs hollywoodiens. Cité coloniale espagnole évocatrice, elle présente des rues pavées et des bâtiments blanchis à la chaux au toit de tuiles rouges qui semblent aussi neufs qu'à leur construction il y a de cela 300 ans. Rien d'étonnant à ce que de nombreux films et *telenovelas* y soient tournés. Ce cadre photogénique est principalement le résultat de l'important effort de reconstruction fourni depuis que la ville a été classée monument national en 1978.

Barichara est située à 20 km au nord-ouest de San Gil, en surplomb du Río Suárez. La légende raconte qu'en 1702, un fermier vit la Vierge sur un rocher dans son champ. Les habitants construisirent une petite chapelle pour commémorer ce miracle. Trois ans plus tard, le capitaine espagnol Francisco Pradilla y Ayerbe fonda la ville de Villa de San Lorenzo de Barichara, du mot guane *barachalá,* signifiant "lieu de détente".

La beauté naturelle de Barichara, son climat tempéré et son style de vie bohème séduisent les visiteurs depuis longtemps, et, désormais, la ville attire aussi les Colombiens aisés. Plus chic et moins touristique que Villa de Leyva, c'est indéniablement l'une des plus belles petites cités coloniales du pays.

## À voir et à faire

L'architecture constitue l'attrait principal de Barichara.

**Catedral de la Inmaculada Concepción** ÉGLISE

(Parque Principal ; ⌚5h45-19h). Construction la plus élaborée de Barichara, cette église en grès du XVIIIe siècle semble un peu trop grande pour la ville. L'édifice en pierres dorées (qui deviennent orange au crépuscule) contraste avec les demeures blanches environnantes. L'église se distingue par une claire-voie (une deuxième rangée de fenêtres en hauteur dans la nef), un élément peu ordinaire pour une église coloniale espagnole.

**Capilla de Jesús Resucitado** ÉGLISE, CIMETIÈRE
(angle Carr. 7 et C. 3). Depuis sa restauration, la chapelle du cimetière a perdu une partie de son clocher, endommagé par la foudre. Essayez de visiter le cimetière, connu pour ses tombes façonnées dans la pierre (elles sont visibles depuis l'entrée, même lorsque c'est fermé).

**Casa de Cultura** MUSÉE
(C. 5 nos 6-29 ; 1 000 COP ; 8h-12h et 14h-18h mer-lun). Sur la place principale, cette maison coloniale aménagée autour d'un joli patio présente une collection de fossiles, poterie guane, peintures, machines à écrire, outils et autres babioles.

**Parque Para Las Artes** PARC
Adorable petit parc orné de fontaines et de statues réalisées par des sculpteurs locaux. Un amphithéâtre en plein air accueille parfois des concerts. Depuis le parc, la vue sur la vallée voisine est magnifique.

**Fundación San Lorenzo** PAPETERIE
(Taller de Papel ; www.fundacionsanlorenzo.wordpress.com ; Carr. 5 nos 2-88 ; visite 2 000 COP). Cette petite usine de papier présente le processus de fabrication du papier artisanal (qui dure 4 mois) à partir de la fibre naturelle présente dans les feuilles du *fique*. Les divers articles de papeterie font d'excellents souvenirs.

## Où se loger

Barichara n'est pas très bon marché (les voyageurs qui surveillent leur budget préféreront loger à San Gil), mais il est agréable d'y séjourner. Les tarifs, sauf mention contraire, peuvent augmenter de 30% voire plus pendant la *temporada alta* (haute saison), généralement du 20 décembre au 15 janvier, et pendant la *Semana Santa*. La réservation est alors indispensable.

**Tinto Hostel** AUBERGE DE JEUNESSE $
(726-7725 ; www.hostaltintobarichara.com ; Carr. 4 nos 5-39 ; dort à partir de 20 000 COP, s/d à partir de 40 000/60 000 COP ; ). Dans une superbe demeure à étages, la meilleure auberge de jeunesse de Barichara compte 3 dortoirs et 3 chambres privatives avec plafond voûté, salle de bains rustique et eau chaude. Superbes espaces communs – cuisine décorée de poteries, salon, coin hamacs, terrasse offrant une vue imprenable sur la ville – et touches artistiques un peu partout. Une adresse qui donne envie de s'attarder.

**Color de Hormiga Hostel** AUBERGE DE JEUNESSE $
(726-7156 ; www.colordehormiga.com ; C. 6 nos 5-35 ; dort/s/d 20 000/50 000/60 000 COP ; ). Charmante auberge de jeunesse parmi les meilleures de Barichara. Entourant une cour arborée, les petites chambres dans les tons verts (avec des chaises au mur en guise de tables de nuit) bénéficient de salles de bains modernes. Seul inconvénient : les douches froides.

**La Mansión de Virginia** PENSION $
(315-625-4017 ; www.lamansiondevirginia.com ; C. 8 nos 7-26 ; s/d petit-déj inclus lun-jeu 40 000/50 000 COP, ven-dim 50 000/100 000 COP ; ). Établissement paisible et chaleureux, doté d'une cour et de chambres propres et confortables, avec TV et salles de bains récemment rénovées.

**Color de Hormiga Posada Campestre** PENSION $$
(315-297-1621 ; www.colordehormiga.com ; Vereda San José ; ch petit-déj inclus 70 000 COP/



### LES DÉLICIEUX INSECTES DE BARICHARA

Parmi les traditions culinaires colombiennes, la plus étrange pourrait bien être la spécialité du Santander, les *hormigas culonas* – littéralement "fourmis à gros cul".
La tradition remonte à plus de 500 ans, lorsque les Guanes élevaient et mangeaient les fourmis pour leurs propriétés aphrodisiaques et curatives. Ces fourmis géantes marron sont frites ou rôties, puis mangées entières ou réduites en poudre. Toutes les épiceries du Santander vendent des pots de fourmis frites, surtout à Barichara, San Gil et Bucaramanga. Elles sont normalement de saison au printemps, mais on peut en trouver désormais toute l'année. Elles ont un goût de terre croustillante mélangée à du vieux marc de café. On y prend goût – mais encore faut-il essayer.

## Barichara

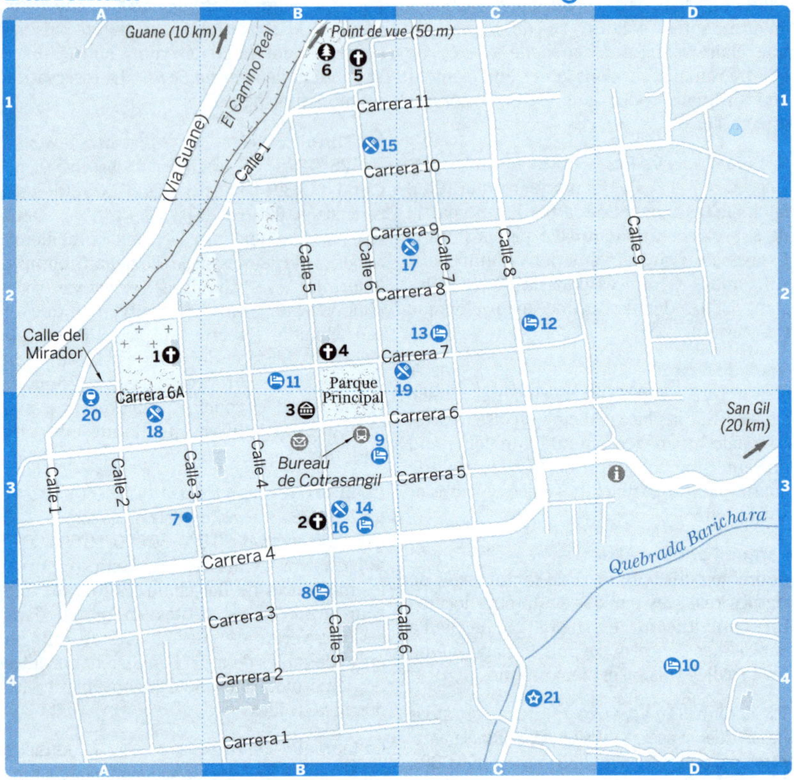


pers ; ). Propriétaire pendant des années du restaurant du même nom, le plus populaire du Santander, le chef "Jorge Hormiga" a raccroché son tablier pour s'occuper de sa *finca* (ferme), installée dans une réserve naturelle de 29 ha où il élève des milliers de *hormigas culonas* ("fourmis à gros cul" ; voir l'encadré p. 113) typiques de la région. La superbe pension possède 4 chambres rustiques avec beaux lits, salles de bains extérieures mémorables et douches à effet pluie.

Jorge prépare évidemment de délicieux repas (15 000 COP) et s'avère être un hôte aux multiples talents. Il faut grimper 800 m sur le Camino Real qui offre une vue imprenable – le sentier (signalé par un rocher peint à la bombe) démarre à l'extrémité sud de la Calle 7, près du nouveau Coliseo Puente Grande. Sinon, prenez un *moto-carro* (triporteur) pour 8 000 COP.

**Hotel Coratá** HÔTEL HISTORIQUE **$$**

( 726-7110 ; hotelcorata@hotmail.com ; Carr. 7 nos 4-08 ; s/d avec sdb 80 000/120 000 COP, s sans sdb 50 000 COP ; ). Ce bâtiment vieux de 300 ans, décoré d'objets anciens et de mobilier en bois, ravira les amateurs de résidences historiques. Plafond voûté, TV et salle de bains dans les chambres. Superbe vue sur la ville depuis le patio du petit-déjeuner.

**Carambolo** PENSION **$$**

( 316-701-6200 ; www.elcarambolo.com ; C. 5 nos 3-27 ; s/d 70 000/130 000 COP ; ). Les 4 chambres entourent un carambolier dont la pension discrète tire son nom – et ses jus. L'hôte chaleureux fait la différence.

**La Nube Posada** BOUTIQUE-HÔTEL **$$$**

( 726-7161 ; www.lanubeposada.com ; C. 7 nos 7-39 ; s/d/ste 224 000/259 000/775 862 COP ; ). Derrière une façade simple, cette vieille maison coloniale a été convertie en un boutique-hôtel sans prétention à l'élégant

## Barichara

**À voir**

1 Capilla de Jesús Resucitado................A2
2 Capilla de San Antonio........................B3
3 Casa de Cultura..................................B3
4 Catedral de la Inmaculada Concepción........................................B2
5 Iglesia de Santa Bárbara....................B1
6 Parque Para Las Artes........................B1

**Activités**

7 Fundación San Lorenzo......................A3

**Où se loger**

8 Carambolo..........................................B4
9 Color de Hormiga Hostel.....................B3
10 Color de Hormiga Posada Campestre........................................D4
11 Hotel Coratá......................................B2
12 La Mansión de Virginia......................C2
13 La Nube Posada.................................C2
14 Tinto Hostel.......................................B3

**Où se restaurer**

15 7 Tigres..............................................B1
16 El Compa...........................................B3
17 Filomena............................................C2
18 Ristorante Al Cuoco..........................A3
19 Shambalá...........................................C2

**Où prendre un verre et faire la fête**

20 Iguá Náuno........................................A3

**Où sortir**

21 Coliseo Puente Grande......................C4

cadre minimaliste. Les 8 chambres simplement meublées, avec lits queen size, plafond voûté et poutres apparentes, entourent une cour accueillant des expositions artistiques changeantes.

Sur place, le bar-restaurant gastronomique colombien est l'un des meilleurs de la ville. Il possède une collection bien gardée de rhums de 14 pays. Une nouvelle annexe abrite des suites et un spa. Le gros défaut : les salles de bains – convenables dans un Holiday Inn, mais on s'attend à mieux ici.

## Où se restaurer et prendre un verre

Barichara offre un bon choix de saveurs internationales et de plats régionaux traditionnels comme le *cabrito* (chevreau grillé). Les fameuses *hormigas culonas* sont la spécialité régionale. La vie nocturne est quasi inexistante. Quelques épiceries vendent de l'*aguardiente* (eau de vie), de la bière et la spécialité locale, la *chicha de maíz*, une sorte de bière à base de maïs. Les quelques *casitas* au bord du canyon, dans la Calle del Mirador, sont parfaites pour une bière en fin d'après-midi, accompagnée d'une vue époustouflante.

**Shambalá** VÉGÉTARIEN **$**

(Carr. 7 n^os^ 6-20 ; plats 11 000-20 000 COP ; 12h30-16h et 18h-21h30 jeu-mar ; ). Ce minuscule café très populaire propose des plats majoritairement végétariens, préparés sur commande. Wraps, riz et pâtes à la méditerranéenne, à l'indienne ou à la thaïe (auxquels peuvent s'ajouter poulet ou crevettes) s'accompagnent d'excellents jus, thés et autres boissons.

**El Compa** COLOMBIEN **$**

(C. 5 n^os^ 4-48 ; repas 8 000-18 000 COP ; 8h-18h). Sans prétention, peu touristique et pas particulièrement soucieux du service, le meilleur restaurant local sert une quinzaine de plats colombiens simples. Savoureux *cabrito*, *sobrebarriga* (bavette), truite, poulet, *carne oreada*, entre autres, sont tous accompagnés de nombreuses garnitures telles que salade, yuca, *pepitoria* (entrailles de chèvre, sang, riz assaisonné – nous n'avons pas goûté !) et pommes de terre.

**Filomena** CAFÉ **$**

(Carr. 9 n^os^ 6-34 ; panini 10 000-16 000 COP ; 18h-22h mar-ven, 13h-22h sam-dim ; ). Café proposant de riches paninis, burgers et salades – prenez-en un pour la randonnée jusqu'à Guane.

♥ **Ristorante Al Cuoco** ITALIEN **$$**

(312-527-3628 ; Carr. 6A n^os^ 2-54 ; plats 19 000-28 000 COP ; 12h-21h30). Établissement assez élégant, installé dans la maison d'un aimable chef de Rome. La carte est limitée (plusieurs sortes de raviolis, cannellonis, quelques plats et 2 desserts), mais les excellentes pâtes maison changent de la cuisine locale. Réservation recommandée le week-end et les jours fériés.

**7 Tigres** PIZZERIA **$$**

(C. 6 n^os^ 10-24 ; pizza 14 000-16 000 COP ; 18h-21h30 lun-jeu, 12h-16h et 18h-22h ven-dim). Une bonne adresse pour des pizzas à pâte fine. On a apprécié la Mediterranea, avec aubergines, olives, tomates, origan et pesto.

**Iguá Náuno** BAR

(C. del Mirador et Carr. 7 ; 16h30-23h). L'endroit tendance pour prendre un verre. Ce n'est pas vraiment un bar, mais les bières importées

VAUT LE DÉTOUR

## EL CAMINO REAL JUSQU'À GUANE

Ne manquez pas la spectaculaire randonnée jusqu'au petit hameau de **Guane** sur l'historique **Camino Real**. Cette ancienne route pavée fut construite par le peuple guane puis reconstruite au fil des siècles. En 1988, elle fut déclarée monument national. Depuis Barichara, le trajet (facile) de 9 km s'effectue en 2 heures environ. Le sentier, essentiellement en pente, traverse parfois la route moderne de Guane. Vous débuterez la randonnée en descendant dans un canyon et en traversant une vallée remplie de cactus et d'arbres, où vous croiserez quelques chèvres et vaches mais rarement d'autres humains. Remarquez les nombreux fossiles incrustés dans les pavés de la route. El Camino Real démarre à l'extrémité nord de la Calle 4, où un panneau indique le début du sentier.

Dans la ville endormie, la belle place principale accueille une jolie église rurale, l'**Iglesia de Santa Lucía**, construite en 1720. De l'autre côté de la place, le **musée de Paléontologie et d'Archéologie** (Carr. 6 n^os 7-24 ; 2 000 COP ; ⌚8h-12h et 14h-18h) renferme une collection de plus de 10 000 fossiles, une momie âgée de 700 ans, quelques crânes allongés, des objets guanes et de l'art religieux. Le conservateur possède les clefs et fait visiter (en espagnol) ceux qui se présentent.

En journée, les voyageurs préfèrent généralement marcher jusqu'à Guane et rentrer en bus. Les bus pour Barichara partent de la place de Guane 10 fois par jour entre 6h et 18h15 (1 800 COP, 20 minutes).

Emportez de l'eau, de la crème solaire et de bonnes chaussures.

(bonnes *micheladas*), les quelques cocktails et l'agréable jardin font l'affaire. On peut aussi y manger - bon choix de plats végétariens.

### Achats

Réputée pour son travail de la pierre, Barichara possède de nombreuses boutiques et galeries. Plusieurs magasins dans la Calle 5 vendent des sculptures et d'autres objets en pierre.

### Renseignements

On trouve deux DAB sur la place.

**4-72** (Carr. 6 n^os 4-90 ; ⌚8h-12h et 14h-18h). Bureau de poste.

**Office du tourisme** (☎315-630-4696 ; www.barichara-santander.gov.co ; Carr. 5 ; ⌚9h-17h mer-lun). À l'entrée de la ville en arrivant de San Gil.

**Police** (☎726-7173 ; Carr. 7 n^os 5-51). On peut parfois aussi contacter la police touristique dans un kiosque sur le Parque Principal.

### Depuis/vers Barichara

Des bus relient Barichara et San Gil toutes les 30 minutes de 5h à 18h45 (4 200 COP, 45 min). Ils partent du **bureau de Cotrasangil** (☎726-7132 ; www.cotrasangil.com ; Carr. 6 n^os 5-70) sur la place principale. Dix bus par jour desservent Guane (1 800 COP, 15 min) entre 5h30 et 17h45.

## Parque Nacional del Chicamocha

À mi-chemin entre San Gil et Bucaramanga se trouvent le spectaculaire canyon du Río Chicamocha et le **Parque Nacional del Chicamocha** (www.parquenacionaldelchicamocha.com ; Km 54, Vía Bucaramanga-San Gil ; adulte/enfant 17 000/11 000 COP ; ⌚10h-18h mer-ven, 9h-18h sam-dim ; 👪), surnommé "Panachi". Accrochée à la falaise, la route sinueuse reliant les 2 villes offre un superbe panorama du Santander.

Ouvert en 2006, le parc abrite un **musée de la Culture guane**, plusieurs restaurants, un cinéma 4D, une patinoire, une aire de jeux pour enfants, une **ferme d'autruches** (2 000 COP ; 👪) sans grand intérêt et le **Monumento a la Santandereanidad** commémorant l'esprit révolutionnaire des habitants du Santander. Mais le véritable attrait reste le majestueux canyon. Le **mirador** offre une vue à 360° sur les environs. Encore mieux, le nouveau **teleférico** (ticket téléphérique aller-retour avec entrée du parc 42 000 COP ; ⌚9h-11h et 13h-17h30 mer-jeu, 9h-16h30 ven-dim ; 👪) de 6,3 km de long, descend au fond du canyon puis remonte sur le sommet opposé, la Mesa de los Santos (voir l'encadré p. 120) en 22 minutes. Les amateurs de sensations fortes peuvent faire de la balançoire géante (12 000 COP), de la tyrolienne (22 000 COP) ou un vol (remarquable) en parapente (170 000 COP). Un **parc aquatique** complète le tout.

Tous les bus reliant San Gil à Bucaramanga vous déposeront au parc. Pour rentrer, descendez la route et faites signe à un bus. Pour rallier le Nord, le mieux est d'aller sur le parking près de l'entrée du parc pour prendre le bus Cotrasangil pour Bucaramanga (10 000 COP, 1 heure), qui passe ici et fait monter des passagers toutes les 30 minutes environ.

## Bucaramanga

☎7 / 524 000 HABITANTS / ALTITUDE 960 M

Bucaramanga, la capitale du Santander, compte environ 1 million d'habitants en incluant toute l'agglomération. La ville, l'une des plus grandes de Colombie, est entourée de montagnes et comprend de nombreux gratte-ciel.

Buca, comme l'appellent les habitants, fut fondée en 1622 et se développa autour de l'actuel Parque García Rovira, mais une grande partie de son architecture coloniale a disparu depuis longtemps. Au fil des siècles, le centre-ville s'est déplacé vers l'est, et aujourd'hui, le Parque Santander est le cœur de Bucaramanga. Plus à l'est, des quartiers récents et plutôt chics abondent en hôtels et lieux de vie nocturne.

Surnommée la "Ville des Parcs", Buca ne manque pas d'espaces verts, où il fait bon se ressourcer avant que la nuit tombe. Le soir venu, en effet, ce sont des dizaines de clubs, des centaines de bars et dix universités qui donnent le tempo.

### À voir et à faire

**Museo Casa de Bolívar** MUSÉE

(C. 37 nos 12-15 ; 2 000 COP ; ⏲8h-12h et 14h-18h lun-ven, 8h-12h sam). Aménagé dans une maison coloniale où Bolívar séjourna pendant deux mois en 1828, ce musée présente divers éléments historiques et archéologiques, notamment des armes, des documents, des peintures, ainsi que des momies et des objets du peuple guane, qui habitait la région avant l'arrivée des Espagnols.

**Mercado Central** MARCHÉ

(angle C. 34 et Carr. 16 ; ⏲4h-18h lun-sam, 4h-14h dim). Pittoresque et bien organisé, le marché central de Buca mérite le détour, surtout pour son espace de restauration au 4e niveau proposant toutes sortes de plats locaux avec vue sur la montagne.

**Colombia Paragliding** PARAPENTE

(☎312-432-6266 ; www.colombiaparagliding.com ; Km 2, Vía Mesa Ruitoque). La Mesa Ruitoque est le haut lieu du parapente, sport le plus populaire de Bucaramanga. Colombia Paragliding propose des vols en tandem de 10/20/30 minutes à 50 000/80 000/100 000 COP et délivre le brevet international de pilote de parapente après une formation de 12 jours incluant l'hébergement à 2 800 000 COP. Bien connu



À NE PAS MANQUER

### GIRÓN

À seulement 9 km de l'animation de Bucaramanga, les rues pavées, les calèches et l'atmosphère décontractée de **San Juan de Girón** sont comme figées dans le temps. Cette agréable ville blanchie à la chaux, fondée en 1631 sur les rives du Río de Oro, fut classée monument national en 1963. Aujourd'hui, elle attire les artistes et les excursionnistes qui fuient la ville mais ne craignent pas les températures plus élevées – Girón est située à l'abri du vent dans la vallée, et il y fait très chaud toute l'année.

Flânez dans les ruelles pavées pour découvrir les vieilles maisons chaulées, les patios ombragés, les petits ponts en pierre et le *malecón* (promenade) au bord de l'eau. La construction de la **Catedral del Señor de los Milagros**, sur la place principale (Parque Principal), commença en 1646 mais ne s'acheva qu'en 1876. Ne manquez pas les agréables places de Girón, la **Plazuela Peralta** et la **Plazuela de las Nieves**, qui accueille la **Capilla de las Nieves**, une charmante église de village du XVIIIe siècle.

Des bus municipaux relient fréquemment Bucaramanga (1 850 COP) à Girón. Le tarif forfaitaire d'un taxi depuis Bucaramanga s'élève à 26 000 COP.

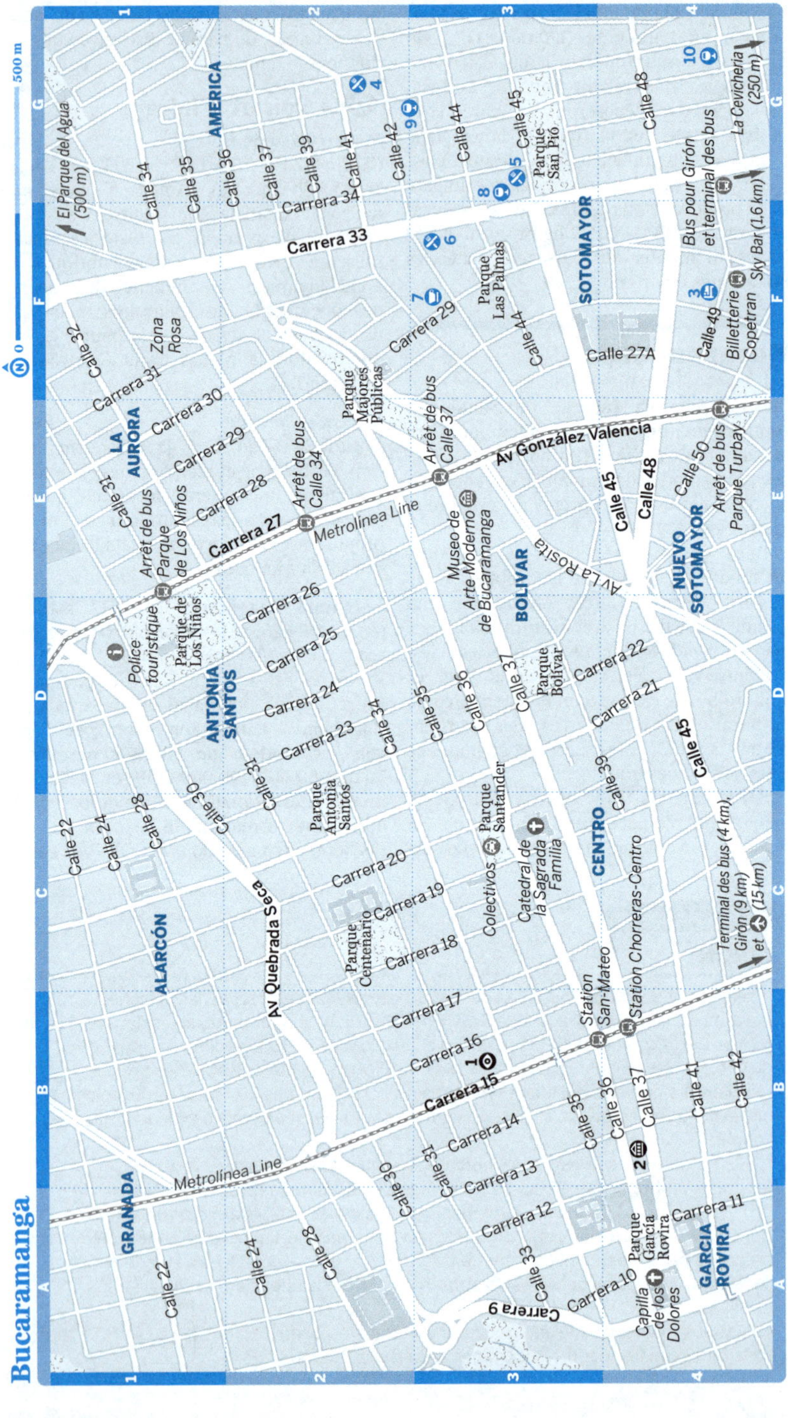
Bucaramanga
500 m
El Parque del Agua (500 m)
La Cevichería (250 m)
Sky Bar (1,6 km)
Bus pour Girón et terminal des bus
Billetterie Copetran
Terminal des bus (4 km), Girón (9 km) et (15 km)
AMERICA
LA AURORA
Zona Rosa
SOTOMAYOR
NUEVO SOTOMAYOR
BOLIVAR
ANTONIA SANTOS
ALARCÓN
CENTRO
GRANADA
GARCIA ROVIRA
Carrera 33
Carrera 27
Carrera 15
Carrera 9
Av Quebrada Seca
Av González Valencia
Av La Rosita
Metrolínea Line
Parque San Pío
Parque Las Palmas
Parque Majores Públicas
Parque de Los Niños
Arrêt de bus Parque de Los Niños
Arrêt de bus Calle 34
Arrêt de bus Calle 37
Arrêt de bus Parque Turbay
Police touristique
Museo de Arte Moderno de Bucaramanga
Parque Bolívar
Parque Antonia Santos
Parque Santander
Colectivos
Catedral de la Sagrada Familia
Parque Centenario
Station San-Mateo
Station Chorreras-Centro
Parque García Rovira
Capilla de los Dolores
Calle 27A
Calle 45
Calle 48
Calle 50
Calle 49

## Bucaramanga

**À voir**



**Où se loger**



**Où se restaurer**



**Où prendre un verre et faire la fête**



à Buca, le propriétaire/moniteur Richi parle anglais.

### Où se loger et se restaurer

**Kasa Guane Bucaramanga** AUBERGE DE JEUNESSE $$
(657-6960 ; www.kasaguane.com ; C. 49 n[os] 28-21 ; dort à partir de 23 000 COP, s/d avec sdb 65 000/ 85 000 COP, sans sdb 40 000/65 000 COP ; ). Dans l'un des plus jolis quartiers de la ville, deux Anglais serviables tiennent cette auberge incontournable, mieux connue sous l'acronyme KGB. Dortoirs, chambres privatives, salles de bains avec eau chaude, cuisine, laverie, hamacs, salle TV, terrasse avec billard – et savon parfumé !

Le bar est devenu un lieu tendance le week-end, où touristes et habitants font la queue pour entrer. Pour franchir la porte, il faut payer une consommation 10 000 COP, dont 2 000 COP sont reversés à l'association des gérants, Goals for Peace.

**Nest** AUBERGE DE JEUNESSE $$
(678-2722 ; www.thenesthostel.com ; Km 2, Via Mesa Ruitoque ; dort/s/d 35 000/70 000/ 95 000 COP par pers ; ). Perchée sur une colline, l'auberge installée à côté de l'aire de décollage de Colombia Paragliding, à 20 minutes de route du centre-ville, offre une vue magnifique sur la ville. La plupart des hôtes sont des apprentis parapentistes, mais l'endroit convient aussi à ceux qui aiment le calme.

Les tarifs incluent le petit-déjeuner et le service de blanchisserie. Belle cuisine à disposition et petite piscine.

**Cure Cuisine** LIBANAIS $
(Carr. 37 n[os] 41-08 ; plats 1 500-6 500 COP, menu 12 000-22 000 COP ; 11h-22h). Établissement moyen-oriental soigné, un cran au-dessus du fast-food, tenu par des Colombiens d'origine libanaise. Falafel, *shawarma*, *kibbe*, taboulé, baklava – tout y est et s'accompagne d'un excellent riz aux amandes grillées. Les *fatayers* (petits chaussons frits) au fromage et aux oignons sont particulièrement savoureux.

**Mercagán** STEAK $$
(www.mercaganparrilla.com ; Carr. 33 n[os] 42-12 ; steaks 18 500-39 000 COP ; 11h30-23h mar, mer et ven, 11h30-15h lun et jeu, 11h30-16h dim). Souvent présentée comme servant le meilleur steak du pays, cette traditionnelle *parrilla* tenue en 4 endroits par 4 frères est à la hauteur de sa réputation : les parfaites tranches de viande provenant de leur ferme sont servies en portion de 200g, 300g ou 400g (bonne chance !) sur des plaques grésillantes.

Ne manquez pas le *lomito fino* (filet de bœuf) que vous demanderez "*en bloque*" et non fendu en 2. Une deuxième adresse, dans le **Parque San Pío** (Carr. 34 n[os] 44-84 ; 11h-23h lun et jeu, 11h-15h mar et mer, 11h-minuit ven-sam, 11h-22h dim) voisin, ouvre généralement les soirs où celle-ci ferme.

**La Cevicheria** FRUITS DE MER $$
(www.lacevicheria.co ; Carr. 37 n[os] 52-17 ; ceviche 19 500 COP ; 12h-22h lun-jeu, 12h-23h ven-sam, 18h-22h dim ; ). Coloré, joli et tendance, cet établissement, où l'on combine ceviches et salades, permet d'échapper à la trilogie viande, riz et yucca. Les 4 choix prédéfinis évitent d'avoir à réfléchir à la combinaison parfaite. Excellents jus, thés et smoothies maison également.

### Où prendre un verre et faire la fête

Bucaramanga prend vie au coucher du soleil. La *vida nocturna* attire les clubbers de la région. La Calle 48, entre la Carrera 34 et la Carrera 39, ne manque pas d'animation. Pour une soirée plus traditionnelle (avec salsa, *vallenato* et merengue), préférez la Zona Rosa (entre la Calle 34 et la Calle 36, autour de la Carrera 32).

Les choses changeant très vite ici, les lieux tenadance lors de notre passage pourraient bien être fermés quand vous arriverez. Cela dit, les adresses ci-dessous sont des valeurs sûres pour une bonne soirée.

VAUT LE DÉTOUR

## LE REFUGIO LA ROCA

La plus belle vue du Santander s'apprécie depuis une petite auberge de jeunesse appelée **Refugio La Roca** (☎313-283-1637 ; www.refugiolarocacolombia.com ; Km 22,7 Mesa de Los Santos ; empl camping 15 000 COP, dort 25 000 COP, ch avec sdb 90 000-120 000 COP, sans sdb 75 000 COP ; @ 📶) , sur la Mesa de Los Santos, le plateau situé à l'autre bout du *teleférico* du Parque Nacional del Chicamocha. Non seulement la *mesa* offre beaucoup plus d'activités que Chicamocha (varappe, randonnée, cascades, *fincas* de café) dans un style bien moins commercial, mais l'auberge, entièrement réalisée en matériaux naturels, est installée sur le bord de la crête et construite en certains endroits directement dans la roche. La vue est évidemment magnifique, surtout depuis les chambres privatives dotées de salles de bains en plein air qui font du passage aux toilettes une expérience mémorable. Cette auberge durable se trouve près de La Mojarra, le meilleur coin d'escalade de la région, et des cours de varappe y sont proposés. Alexandra et Ricardo, le jeune couple qui dirige l'établissement, proposent aussi rappel, funambulisme, yoga, les services d'un véritable chef en cuisine (plats 10 000-22 000 COP) et réservent un accueil chaleureux.

Depuis Bucaramanga, prenez le Metrolínea P8 en direction du sud sur la Carrera 33 jusqu'à Piedecuesta, où des bus directs **La Culona** (☎7-655-1182 ; Carr. 6 n[os] 12-60) pour Los Santos partent toutes les heures de 6h à 19h45 (7 000 COP, 1 heure 30). Demandez au chauffeur de vous déposer à La Mojarra/Refugio La Roca. Depuis San Gil, prenez le *teleférico* : il s'arrête 12 km au sud de l'auberge, et l'on viendra vous chercher pour 25 000 COP.

**Coffeehouse San Fernando** CAFÉ
(Carr. 29 n[os] 41-40 ; café 2 000-10 000 COP ; ⏲10h-20h ; 📶). Café de la Mesa de Los Santos certifié Rainforest Alliance. Bon expresso.

**La Birrería 1516** BAR
(Carr. 36 n[os] 43-46 ; bières 4 500-22 000 COP ; ⏲10h-minuit lun-jeu, 10h-1h30 ven-sam). Élégant pub-restaurant avec bon choix de bières importées et de bières artisanales colombiennes (la Tres Marías de Bogotá est la pression de la maison). Terrasse extérieure. Cuisine médiocre.

**Vintrash** BAR
(C. 49 n[os] 35A-36 ; ven-sam 10 000 COP ; ⏲16h-23h lun-mer, 16h-minuit jeu, 16h-3h ven-sam ; 📶). Entre vieux barils de pétrole, vélos suspendus et une réputation qui commence à faire son chemin, ce bar attire la jeunesse bohème et les autres avec une excellente programmation musicale, parfois surprenante (on peut ainsi passer lors de la soirée "Classiques" du mardi des New Kids On the Block à New Order !), et un esprit alternatif.

**Sky Bar** BAR
(Transversal Oriental et C. 93, 18e ét ; cocktails 18 000-20 000 COP ; ⏲9h30-22h30 dim-jeu, 9h30-23h30 ven-sam). Le bar le plus tendance de Bucaramanga est situé au 18e étage du nouvel Holiday Inn. En plein air et paré de blanc, il offre une très belle vue sur la ville. Agréable pour prendre un verre.

**La 33** CLUB
(Carr. 33 n[os] 44-27 ; 10 000-15 000 COP ; ⏲21h-3h ven-sam). Le week-end, quelque 400 personnes, des trentenaires pour la plupart, se pressent dans ce club effervescent, l'un des plus tendance de la ville lors de nos recherches (les choses ont pu changer). Salsa, merengue et reggaeton sont à l'honneur sur 3 niveaux et sur la piste de danse en contrebas.

## Renseignements

Les DAB ne manquent pas. On en trouve beaucoup près du Parque Santander dans la Calle 35, et à Sotomayor dans la Carrera 29.

**Clínica Foscal** (www.foscal.com.co ; Av. El Bosque n[os] 23-60). Le meilleur hôpital de Bucaramanga, situé à Floridablanca. Personnel anglophone.

**Police touristique** (☎634-5507 ; www.imct.gov.co ; Parque de Los Niños ; ⏲8h-12h et 14h-19h). À la Biblioteca Pública Gabriel Turbay, la police touristique, très serviable, propose cartes et brochures, et parle un peu anglais. On trouve des Puntos de Información Turística (PIT) à l'aéroport et à la gare routière.

## Depuis/vers Bucaramanga

### AVION

L'aéroport de Palonegro se trouve sur une *meseta* (plateau) en surplomb de la ville, à 30 km à l'ouest, à Lebrija. L'atterrissage y est assez impressionnant. L'aéroport est desservi depuis la plupart des grandes villes colombiennes et depuis Panama.

Près du Parque Santander, dans la Carrera 20, les **taxis colectivos** (10 000 COP ; 6h-18h lun-sam) partent pour l'aéroport toutes les 15 minutes entre 5h et 18h. Le tarif forfaitaire d'un taxi depuis le centre-ville est de 32 000 COP.

### BUS

Le **Terminal TB** (637-1000 ; www.terminalbucaramanga.com ; Transversal Central Metropolitana) de Bucaramanga se trouve au sud-ouest du centre-ville, entre Bucaramanga et Girón – des bus réguliers indiquant "Terminal" s'y rendent depuis la Carrera 15 (1 850 COP) et un taxi coûte 7 000-8 000 COP. **Copetran** (644-8167 ; www.copetran.com.co), la grande compagnie de bus, dessert les principales destinations comme Bogotá (60 000 COP, 10 heures), Cartagena (90 000 COP, 13 heures), Medellín (70 000 COP, 8 heures), Santa Marta (70 000 COP, 11 heures), Pamplona (30 000 COP, 5 heures) et Cúcuta (36 000 COP, 6 heures). **Cootrasangil** (www.cotrasangil.com) rallie San Gil (15 000 COP, 1 heure 30), via le Parque Nacional del Chicamocha (10 000 COP, 1 heure). Des bus Cootraunidos partent toutes les heures pour Ocaña (40 000 COP, 5 heures), où l'on peut prendre une correspondance pour La Playa de Belén.

Pour rejoindre le Venezuela, le plus rapide est de prendre un bus depuis **El Parque del Agua** (Diagonal 32 nos 30A-51), qui part toutes les 30 minutes (35 000 COP, 6 heures).

## Comment circuler

### METROLÍNEA

Le **Metrolínea** (www.metrolinea.gov.co ; 5h-22h30 lun-ven, 5h-21h30 sam-dim), conçu sur le modèle du TransMilenio de Bogotá, couvre Bucaramanga jusqu'à Piedecuesta. D'autres tronçons pour Girón, Ciudadela Real de Minas et le long de la Carrera 33 sont en construction. Les principales lignes suivent la direction nord-sud sur les Carreras 15 et 27 (sur cette dernière, ce sont des arrêts de bus traditionnels et non des stations). Le réseau est encore peu utile aux touristes, qui l'empruntent surtout pour rejoindre la Mesa de los Santos.

Un trajet simple coûte 1 700 COP mais vous devrez acheter une *Tarjeta Inteligente* (3 000 COP) si vous souhaitez monter à bord en dehors des stations.

# NORTE DE SANTANDER

C'est dans le Norte de Santander que la Cordillera Oriental rejoint les chaudes plaines qui s'étendent jusqu'au Venezuela voisin. De Bucaramanga, la route panoramique grimpe jusqu'à 3 300 m à Berlin, ville située entre les deux provinces, avant de redescendre vers le Venezuela, en passant par la paisible Pamplona. À près de 300 km au nord-est, la petite Playa de Belén est la localité pittoresque du département.

## Pamplona

7 / 55 300 HABITANTS / ALTITUDE 2 290 M

Pamplona fut fondée par Pedro de Orsúa et Ortún Velasco en 1549 dans le profond Valle del Espíritu Santo, dans la Cordillera Oriental. Vieilles églises, rues étroites et commerces animés composent la physionomie de cette charmante cité. Avec une température moyenne de seulement 16°C, elle offre un répit appréciable après la chaleur de Bucaramanga et de Cúcuta, et une étape agréable sur la route du Venezuela. En 1875, un séisme détruisit une bonne partie de la ville, et aujourd'hui, l'attrayante place principale mêle reconstructions coloniales et architecture moderne. Quant au nombre de cafés, bars et restaurants branchés, il est surprenant si l'on considère la taille et la situation géographique de Pamplona.

### À voir

Pamplona possède plusieurs musées et presque tous occupent des demeures coloniales restaurées. Une dizaine de vieilles églises et chapelles illustrent l'importance religieuse de Pamplona à l'époque coloniale, mais peu d'entre elles ont conservé leur éclat.

**Museo de Arte Moderno Ramírez Villamizar** MUSÉE

(www.mamramirezvillamizar.com ; C. 5 nos 5-75 ; 1 000 COP ; 9h-12h et 14h-18h mar-dim). Dans une demeure vieille de 450 ans, ce musée abrite une quarantaine d'œuvres d'Eduardo Ramírez Villamizar (1922-2004), l'un des artistes les plus remarquables de Colombie, né à Pamplona. La collection présente son développement artistique, de la peinture expressionniste des années 1940 aux sculptures géométriques abstraites des dernières décennies.

## SE RENDRE AU VENEZUELA PAR CÚCUTA

Pour une ville frontalière, **Cúcuta** n'est pas si mal. La chaleur y est étouffante, mais c'est une grande ville dotée de toutes sortes de restaurants, de centres commerciaux modernes, de bons hôtels, de quartiers branchés (notamment autour de l'Av. Libertadores) et d'un aéroport (elle offre donc plus que la plupart des frontières sud-américaines). Cela dit, la chaotique gare routière est probablement tout ce que vous en verrez. En 2016, une gare routière doublée d'un centre commercial doit ouvrir à 9 km au nord de la ville.

Des bus **Expresos Bolivarianos** (toutes les 20 min entre 5h et 17h30) et **Corta Distancia** (toutes les 8 min entre 5h et 18h30) conduisent à San Antonio del Táchira (1 400 COP, 30 min), au Venezuela, depuis le *Muelle de Abordaje* (zone d'embarquement) 1 à l'intérieur de la gare routière. Les taxis privés s'y rendent pour 10 000 à 12 000 COP (mais ils vous proposeront des tarifs bien plus élevés !). Vous obtiendrez votre tampon de sortie de Colombie auprès de **Migración Colombia** (☎7-573-5210 ; www.migracioncolombia.gov.co ; CENAF-Simón Bolívar) sur la gauche, juste avant le pont. De là, traversez le pont ou prenez une moto-taxi (3 000 COP).

Depuis août 2014, la Colombie et le Venezuela ferment la frontière entre 21h30 et 4h30 pour lutter contre la contrebande à grande échelle d'essence et de denrées alimentaires. Ces produits, subventionnés par le gouvernement vénézuélien et très bon marché au Venezuela, étaient passés en contrebande en Colombie et vendus bien plus chers. Organisez-vous en conséquence et vérifiez que la situation n'a pas changé quand vous devrez traverser. Une fois au Venezuela, rendez-vous dans le bâtiment de l'immigration pour les formalités d'entrée au bureau du **SAIME** (☎0276 771 1321 ; www.saime.gob.ve ; Carr. 9 entre C. 6 et C. 7 ; ⌚24h/24) dans le centre de San Antonio del Táchira (et non le bureau du SAIME situé au niveau du pont). Mieux vaut être conduit jusqu'au bout par les conducteurs de moto.

Avancez votre montre de 30 minutes en arrivant au Venezuela depuis la Colombie. Les ressortissants du Canada et de la plupart des pays d'Europe de l'Ouest n'ont pas besoin de visa pour entrer au Venezuela. Au moment de nos recherches, les bus directs pour Caracas étaient suspendus en raison d'une augmentation des checkpoints militaires et de la fermeture de la frontière la nuit – la gare routière de San Antonio était donc quasiment abandonnée. Jusqu'à nouvel ordre, il faut prendre un bus à **La Plaza de PTJ** (Carr. 7 et Av. Venezuela), trois pâtés de maisons au nord-est du SAIME, jusqu'à San Cristóbal (40 VEF, 1 heure), puis un autre pour Caracas.

Emportez autant de dollars américains que possible au Venezuela, qui peut être extrêmement cher (avec le taux de change officiel) ou plutôt bon marché (au marché noir, appelé *dólar paralelo*). On trouve aisément des gens pour changer ses dollars américains au taux du marché noir – consultez le site www.dollar.nu pour connaître les taux actuels du *dólar paralelo* et éviter les escroqueries.

Si vous devez dormir près de la frontière, Cúcuta possède plus d'hébergements que San Antonio. Voici deux options dans les environs :

**Hotel Mary** (☎7-572-1585 ; www.hotelmarycucuta.com ; Av. 7 nos 0-53, Cúcuta ; d/tr 75 000/97 000 COP, s/d/tr avec ventil 50 000/60 000/75 000 COP ; ❄@☎). Outre les jolies photos sur le site Internet, le Mary est un hôtel sûr de 56 chambres, en face de la gare routière.

**Hotel Don Jorge** (☎7-771-1932 ; hoteldonjorge@hotmail.com ; angle C. 5 et Carr. 9, San Antonio del Táchira ; d/tr/q/ste 550/600/750/800 VEF ; ❄☎). Propre, ordonné et sans chichis, le Don Jorge, ouvert depuis 20 ans, continue de proposer des chambres bien tenues d'un bon rapport qualité/prix, même si l'on refuse de vous en montrer une.

### LE SITE HISTORIQUE DE LA GRANDE-COLOMBIE

À environ 10 km au sud-est de Cúcuta, sur le chemin de la frontière vénézuélienne, se trouve le faubourg paisible de **Villa del Rosario**. C'est ici que se réunirent les fondateurs de la Colombie en 1821 pour rédiger la Constitution du nouveau pays, la Grande-Colombie, et que Simón Bolívar fut investi premier président. Les amateurs d'histoire voudront y faire un tour.

Le site de cet événement important de l'histoire colombienne a été transformé en parc, le **Parque de la Gran Colombia** dont les vestiges du **Templo del Congreso**, l'église (construite en 1802) où se tinrent les sessions du congrès, sont l'élément central. L'église d'origine fut presque entièrement détruite par le tremblement de terre de 1875 et seul le dôme fut reconstruit. Une statue en marbre de Bolívar se trouve dans la partie reconstruite de l'église.

Pour rejoindre le Parque de la Gran Colombia depuis Cúcuta, prenez le bus direction San Antonio del Táchira (1 400 COP), qui passe devant le parc en allant à la frontière. Ne prenez pas les bus pour "Villa del Rosario" : ils ne desservent pas les alentours du parc.

**Museo Arquidiocesano de Arte Religioso** MUSÉE

(Carr. 5 n^os^ 4-53 ; 2 000 COP ; 10h-12h et 15h-17h mer-sam et lun, 10h-12h dim). Des œuvres religieuses rassemblées dans la région : peintures, statues et retables. Collection d'argenterie particulièrement impressionnante.

**Casa Colonial** MUSÉE

(C. 6 n^os^ 2-56 ; 8h-12h et 14h-18h lun-ven). GRATUIT La Casa Colonial, l'un des plus anciens bâtiments de la ville, date du début de l'époque espagnole. Elle renferme des poteries précolombiennes, de l'art colonial sacré, des objets de diverses communautés amérindiennes, dont les Motilones et les Tunebo/U'wa (les 2 groupes autochtones vivant dans le Norte de Santander), ainsi que des antiquités.

**Catedral** ÉGLISE

(Parque Agueda Gallardo). La cathédrale du XVII^e^ siècle fut sérieusement endommagée par le séisme de 1875 et modifiée pendant sa reconstruction. L'intérieur aux cinq nefs (deux allées extérieures furent ajoutées au début du XX^e^ siècle) est assez austère, à l'exception du magnifique retable qui a survécu au tremblement de terre. La statue centrale de San Pedro fut réalisée en Espagne en 1618.

## Où se loger et se restaurer

**1549 Hostal** PENSION $$

(568-0451 ; www.1549hostal.com ; C. 8B n^os^ 5-84 ; s/d petit-déj inclus 80 000/130 000 COP ; @ wifi). Occupant une maison coloniale dans une charmante petite rue, cette chaleureuse pension de 7 chambres, doublée d'un bon bar-restaurant, constitue sans doute le meilleur choix de Pamplona. Les chambres sont assez petites, mais d'agréables détails comme des œuvres d'art locales, des bibelots créatifs, des bougies et des peignoirs leur donnent un certain cachet. Personnel aux petits soins.

**El Solar** HÔTEL $$

(568-2010 ; www.elsolarhotel.com ; C. 5 n^os^ 8-10 ; ch à partir de 60 000 COP/pers ; wifi). Les chambres les moins chères, et les plus simples, occupent le rez-de-chaussée, tandis qu'un escalier grinçant mène au 2^e^ niveau, où des logements modernes se distinguent par leurs belles fenêtres et leurs grandes cuisines. El Solar possède un excellent bar-restaurant (*menú del día* le plus prisé de la ville – arrivez avant 13h), chauffé le soir par un brasero central.

**London Coffee** CAFÉ $

(Carr. 6 n^os^ 8-20 ; café 1 000-4 000 COP, cocktails 10 000-12 000 COP ; 13h30-23h30 dim-jeu, 13h30-1h sam ; wifi). Ce petit café branché est le meilleur de la ville. Bon expresso, cocktails, bières importées, gaufres sucrées et salées, tapas et carte de *micheladas* de qualité.

♥ **Piero's** ITALIEN $$

(Carr. 5 n^os^ 8B-67 ; pizza 13 000-35 000 COP, pâtes 9 000-17 000 COP ; 17h-23h30 lun-sam, 12h-15h et 17h-23h30 dim). Le propriétaire, un Italien, prépare d'excellentes pizzas et pâtes. Les classiques ne sont pas au rendez-vous (pas de pizza margarita), mais les recettes, quelque peu adaptées aux papilles colombiennes, sont réussies, y compris les délicieuses pâtes.

Le Caffè Rimaní, adjacent, sert aussi pizzas, desserts et produits de boulangerie.

## Renseignements

Les DAB sont regroupés autour du Parque Agueda Gallardo.

**4-72** (Calle 8 nos 5-33 ; 8h-12h et 13h-18h lun-ven, 9h-12h sam). Bureau de poste.

## Depuis/vers Pamplona

La gare routière de Pamplona est à 750 m à l'est de la place principale.

Pamplona se trouve sur la route Bucaramanga-Cúcuta. Cotranal dessert Cúcuta (15 000 COP, 2 heures) toutes les 20 minutes. Des bus partent régulièrement pour Bucaramanga (25 000 COP, 4 heures 30). Plusieurs bus directs desservent Bogotá (55 000 COP, 14 heures) et la côte caribéenne. Pour rejoindre Ocaña (où s'effectue la correspondance pour La Playa de Belén), changez à Cúcuta, d'où des bus Cootraunidos partent toutes les 30 minutes à destination d'Ocaña (35 000 COP, 5 heures).

Le côté droit des bus offre une vue spectaculaire sur la route récemment goudronnée de Bucaramanga à Pamplona. Un médicament approprié peut être utile aux passagers sujets au mal des transports. Emportez aussi un pull.

# La Playa de Belén

7 / 8 395 HABITANTS / ALTITUDE 1 450 M

À l'extrême nord du Norte de Santander, le petit *pueblo* patrimonial de La Playa de Belén est installé dans un paysage étonnant, créé par l'érosion de formations rocheuses. Cette municipalité, belle et endormie, est adossée à l'Área Natural Única Los Estoraques, l'une des plus petites zones protégées de Colombie, et tout dans la ville – architecture, rues, trottoirs – semble soigneusement pensé, jusqu'aux pots de fleurs qui ornent l'extérieur des bâtiments.

La Playa de Belén n'est pas un lieu secret, mais peu d'étrangers poussent aussi loin au nord du département. Si vous y allez, vous trouverez une ville accueillante épargnée par le tourisme international.

## À voir

**Área Natural Única Los Estoraques** PARC NATIONAL

(9h-17h). Cette zone protégée de 6 km$^2$, l'une des plus petites de Colombie, se caractérise par d'impressionnantes formations de grès brun dressées vers le ciel – colonnes, piliers d'érosion et grottes –, sculptées au fil du temps par les précipitations et les mouvements sismiques. Le parc est situé à 350 m au nord de l'endroit où s'arrête le trottoir de la Carrera 3. Il était fermé lors de nos recherches, mais on peut toujours y entrer. Sur place, quelques guides rémunérés uniquement au pourboire attendent de vous emmener en balade. Prenez garde aux serpents !

**Mirador Santa Cruz** POINT DE VUE

Pour une vue panoramique de la ville et des formations rocheuses, grimpez la Calle 4 vers l'est pendant 15 minutes jusqu'à ce point de vue.

## Où se loger et se restaurer

**Casa Real** PENSION $

(318-278-4486 ; karo27_03@yahoo.es ; Vereda Rosa Blanca ; ch par pers repas inclus 50 000 COP). Encore en travaux lors de notre passage, cette petite *finca* propose des chambres simples mais chaleureuses. L'établissement est à l'extérieur de la ville, mais possède une terrasse et une cuisine à disposition qui donnent sur Los Estoraques. À 700 m à pied au nord de la ville par la Carrera 1.

**Hotel Orquídeas Plaza** HÔTEL $

(313-830-0442 ; Av. Los Fundadores nos 0-71 ; s/d/tr 35 000/70 000/90 000 COP ; ). Établissement accueillant à l'entrée de la ville. Les chambres sont banales, mais bénéficient d'une piscine, et l'hôtel se situe non loin d'intéressantes formations rocheuses.

**Hospedaje La Morisca** PENSION $$

(313-369-5123 ; www.posadaenlaplaya.com ; C. Central 5-65 ; ch 70 000 COP/pers ; ). L'adresse la plus confortable de la ville dispose de 6 chambres au mobilier en bois foncé autour d'une petite cour en brique. Petit-déjeuner : 8 000 COP.

**Los Arrayanes** COLOMBIEN $

(Carr. 3 nos 1-57 ; repas 7 000-10 0000 COP ; 8h30-22h). La cuisine n'a rien d'extraordinaire, et l'on trouve de meilleurs restaurants (Donde Edgar, par exemple), mais beaucoup n'ouvrent que le week-end alors que Los Arrayanes fonctionne tous les jours.

## Renseignements

Le DAB le plus proche est à Ocaña.

**Office du tourisme** (☎ 317-644-8177 ; pitplayadebelen@gmail.com ; angle C. 1 et Carr. 2 ; ⌚ 9h-12h et 15h-18h lun, jeu et ven, 9h-12h et 14h-17h sam-dim). Bien fourni avec un personnel volontaire – actif même sur Twitter !

## Depuis/vers La Playa de Belén

**Cootrans Hacaritama** (☎ 314-215-5316 ; Carr. 4 nos 5-01) propose quotidiennement 4 minibus pour Ocaña depuis La Playa de Belén (6 000 COP, 45 min) à 5h30, 6h, 8h et 14h30, qui reviennent d'Ocaña une fois pleins. Autrement, jusqu'à 17h, les taxis *colectivos* partent dès qu'ils sont pleins, pour le même prix. En venant de Cúcuta ou Bucaramanga, inutile d'aller jusqu'à Ocaña – demandez au chauffeur de vous déposer au carrefour de La Playa de Belén. Des motos-taxis, garées près des boutiques de l'autre côté de la rue, parcourront les 11 km (5 000 COP, 15 min) restants, même avec des bagages.

# La côte caraïbe

**Dans ce chapitre ➡**



## Le top des restaurants

- Ouzo (p. 152)
- El Santísimo (p. 140)
- El Fuerte (p. 172)
- La Cevicheria (p. 140)
- Josefina's (p. 178)

## Le top des hébergements

- Hotel Casa San Agustin (p. 138)
- The Dreamer (p. 161)
- Casa Marco Polo (p. 137)
- Finca Barlovento (p. 160)
- Masaya (p. 151)

## Quand partir

Soleil et richesses culturelles sont omniprésents le long de la superbe côte caraïbe, qui couronne la Colombie d'un chapelet d'écosystèmes, de la jungle épaisse de la région de Darién, à la frontière avec le Panama, jusqu'au désert aride de La Guajira, près du Venezuela.

Joyau incontesté du littoral, Cartagena est une ville coloniale à la beauté et au charme inégalés en Colombie, et ce malgré le grand nombre de visiteurs qu'elle attire. Pour une version encore préservée du tourisme de masse, on peut s'aventurer dans les terres jusqu'à Mompox, village colonial assoupi niché dans la jungle, aujourd'hui en plein essor. Les amateurs de nature ne seront pas en reste avec le Parque Nacional Natural (PNN) Tayrona, une superbe étendue de plages immaculées et de forêt tropicale vierge, et le trek de la Ciudad Perdida (Cité perdue), aussi ardu que palpitant, qui révèle les vestiges d'une civilisation ancienne entourés d'un époustouflant paysage montagneux.

## Quand partir

### Cartagena

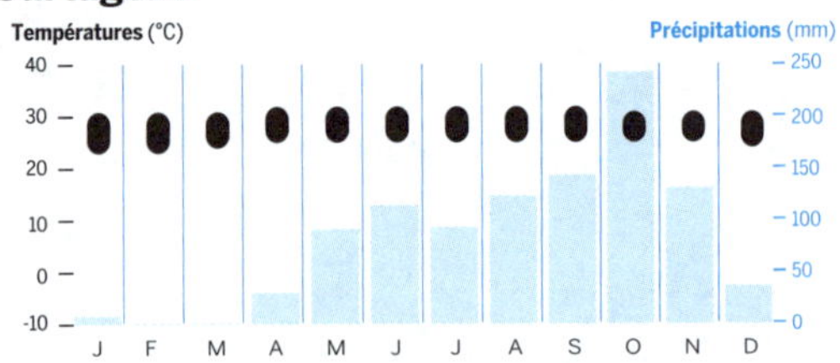


**Déc-jan** À Noël, l'humidité décroît et les plages offrent leur plus beau visage.

**Fév** Durant 4 jours, on célèbre Mardi gras à Barranquilla lors d'un carnaval haut en couleur.

**Sept-oct** Les prix et la fréquentation touristique sont au plus bas.

# CARTAGENA ET SES ENVIRONS

La capitale du département de Bolívar se caractérise par la richesse de son histoire et son éclat préservé. C'est aussi un port important et le point d'accès vers des destinations au large comme la partie nord du Parque Nacional Natural (PNN) Corales del Rosario y San Bernardo, ou encore vers des villages assoupis de l'intérieur comme Mompox.

## Cartagena (Carthagène des Indes)

☎5 / 944 000 HABITANTS / 2 M D'ALTITUDE

Cartagena de Indias est la reine incontestée de la côte caraïbe, véritable ville de conte de fées et de légendes, dont la beauté est superbement préservée par 13 km de fortifications vieilles de plusieurs siècles. La vieille ville de Cartagena, inscrite au Patrimoine mondial de l'Unesco, est un labyrinthe de ruelles pavées, de balcons couverts de bougainvilliers et d'imposantes églises sur de petites places ombragées. Au-delà des murs, la circulation intense, le flot des travailleurs et la nature chaotique peuvent être déconcertants. Là, Cartagena affiche un visage de ville laborieuse typiquement sud-américaine. Au sud, la péninsule de Bocagrande est la terre d'élection des *Cartageneros* branchés, avec ses cafés tendance, ses restaurants chics et ses luxueux appartements qui semblent monter la garde le long du rivage.

Cartagena est un endroit à vivre, plutôt qu'à visiter : flânez dans la vieille ville en journée et en soirée, et imprégnez-vous de l'atmosphère sensuelle qui y règne, en faisant des haltes dans quelques-uns des nombreux cafés en plein air pour vous désaltérer.

Rivalisant avec Ouro Preto au Brésil et Cuzco au Pérou pour le titre de plus beau site colonial du continent, Cartagena est une ville très attachante que l'on a du mal à quitter.

### Histoire

Cartagena fut fondée en 1533 par le conquistador Pedro de Heredia sur le site du village amérindien de Calamari. Elle devint rapidement une ville prospère, mais en 1552, un important incendie détruisit un grand nombre de ses bâtiments en bois. Depuis lors, les seuls matériaux de construction autorisés furent la pierre, la brique et la céramique.

En peu de temps, la ville se développa pour devenir le principal port espagnol sur la côte caraïbe et le plus important point d'accès vers l'intérieur des terres au nord de l'Amérique du Sud. Elle servit par la suite de lieu de stockage des richesses extorquées à la population locale attendant d'être exportées vers l'Espagne, et devint alors une cible de choix pour toutes sortes de pirates et flibustiers sévissant dans la mer des Caraïbes.

Rien qu'au XVI^e siècle, Cartagena fut assiégée à cinq reprises par des pirates. L'assaut le plus célèbre fut celui mené par le corsaire anglais sir Francis Drake : celui-ci pilla le port en 1586 et accepta "gracieusement" de ne pas détruire la ville après s'être vu remettre une rançon de quelque 10 millions de pesos, qu'il rapporta en Angleterre.

Pour se prémunir des attaques, les Espagnols édifièrent des forts autour de la ville, évitant ainsi plusieurs sièges et déjouant notamment la plus importante de toutes les attaques, dirigée par Edward Vernon en 1741. Blas de Lezo, un officier espagnol ayant déjà perdu un bras, une jambe et un œil lors de précédentes batailles, commanda la défense victorieuse. Avec seulement 2 500 hommes mal préparés et mal équipés, Blas parvint à repousser 25 000 soldats anglais et leur flotte de 186 navires. L'Espagnol, qui perdit son autre jambe dans les combats et mourut peu de temps après, est aujourd'hui considéré comme le sauveur de Cartagena. On peut voir sa statue devant le Castillo de San Felipe.

Malgré le lourd tribut payé à la piraterie, Cartagena continua à prospérer. Grâce au Canal del Dique, construit en 1650 pour relier la baie de Cartagena au Río Magdalena, la ville devint le principal point d'accès pour les navires rejoignant des ports en amont, et une grande partie des marchandises transportées dans les terres se mit à transiter par Cartagena. Pendant la période coloniale, elle était le plus important bastion de l'Empire espagnol d'outre-mer, et elle joua un rôle essentiel dans l'histoire de la Colombie.

L'esprit indomptable de ses habitants fut à nouveau ravivé avec l'émergence des revendications indépendantistes. Cartagena fut l'une des premières villes à déclarer son indépendance vis-à-vis de l'Espagne, dès 1810, ce qui encouragea Bogotá et d'autres villes à faire de même. La déclaration fut

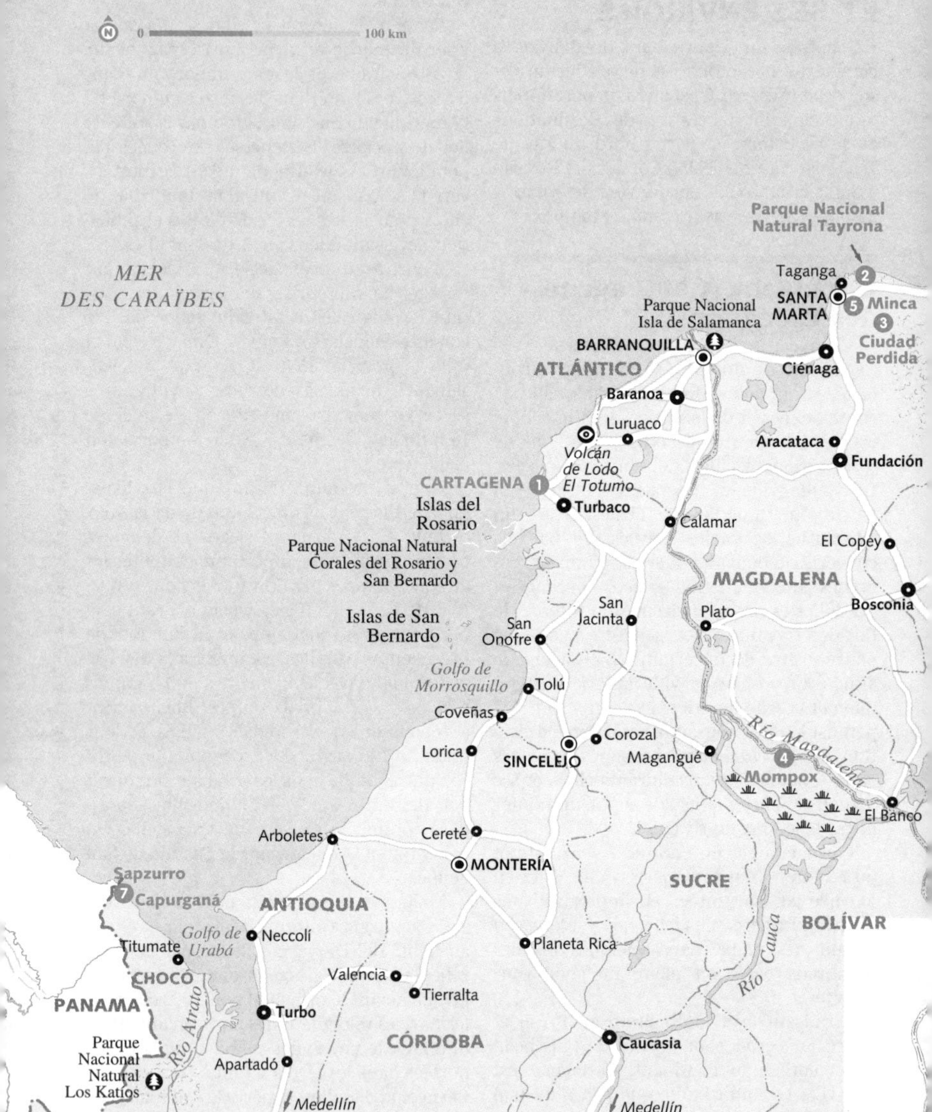


## À ne pas manquer

1. Une plongée dans l'histoire à travers les rues coloniales de la vieille ville de **Cartagena** (p. 130).

2. Le tour des plages du **Parque Nacional Natural (PNN) Tayrona** (p. 157).

3. Un trek dans l'épaisse jungle colombienne jusqu'à la mystérieuse **Ciudad Perdida** (p. 162), l'ancienne capitale précolombienne des Tayronas.

4. La découverte de **Mompox** (p. 171), de loin la plus belle cité coloniale de la région, qui sera sans aucun

doute bientôt prise d'assaut par les visiteurs.

5 Une bouffée de fraîcheur à l'écart de la côte dans la petite ville de montagne de **Minca** (p. 154), très appréciée des routards.

6 Le superbe littoral désertique et sauvage de **Punta Gallinas** (p. 169), le point le plus septentrional d'Amérique du Sud.

7 Les villages paisibles et les belles plages autour de **Capurganá et Sapzurro** (p. 176), entre la Colombie et le Panama.

signée le 11 novembre 1811, mais la cité paya le prix fort pour cet acte. En 1815, des forces espagnoles dirigées par Pablo Morillo furent envoyées pour reconquérir et "pacifier" la ville, qu'elles reprirent à l'issue d'un siège de quatre mois. Plus de 6 000 personnes moururent de faim et de maladies.

En août 1819, les troupes de Simón Bolívar vainquirent les Espagnols à Boyacá, apportant la liberté à Bogotá. Cependant, Cartagena dut attendre jusqu'en octobre 1821 pour être libérée par les forces indépendantistes venues par la mer. Elle fut baptisée à juste titre "La Heroica" par Bolívar.

La ville se remit petit à petit et devint à nouveau un important carrefour commercial et portuaire. La prospérité de Cartagena attira les étrangers, et de nombreux juifs sépharades des Antilles vinrent s'y installer, encouragés par Bolívar qu'ils avaient soutenu.

## À voir

### Vieille ville

La curiosité phare de Cartagena est incontestablement sa vieille ville, notamment l'intérieur de la ville fortifiée, comprenant les quartiers historiques d'El Centro et de San Diego. El Centro, à l'ouest, abritait jadis les classes aisées, tandis que San Diego, au nord-est, rassemblait les classes moyennes. Ces secteurs comptent tous deux des églises, monastères, places, palais et demeures de l'époque coloniale parfaitement préservés, pourvus de balcons et de patios ombragés et fleuris.

Bien que moins impressionnant du fait de son architecture modeste, Getsemaní, à l'extérieur des fortifications, est un secteur charmant, plus résidentiel et moins aseptisé. Devenue ces dernières années le fief des routards en visite à Cartagena, cette partie de la ville connaît toutefois une gentrification galopante. On y voit apparaître de plus en plus de restaurants tendance, de bars à cocktails et de clubs de salsa, et on y trouve aujourd'hui presque autant de boutique-hôtels qu'à l'intérieur des fortifications. Une belle promenade, le **Muelle Turístico de los Pegasos**, relie Getsemaní à la vieille ville.

Cette dernière est entourée par **Las Murallas**, d'épaisses fortifications édifiées pour protéger la ville de la menace extérieure. Leur construction débuta vers la fin du XVIe siècle, après l'attaque de la ville par Francis Drake. Avant cela, Cartagena était presque totalement dépourvue de protection. Le projet mit deux siècles à aboutir, du fait de dégradations successives attribuables à des tempêtes et à des attaques de pirates. Les fortifications furent achevées en 1796, soit seulement 25 ans avant l'indépendance.

Las Murallas, qui constituent un chef-d'œuvre d'ingénierie militaire, sont remarquablement bien conservées, à l'exception d'une partie des murs face au quartier de La Matuna, qui fut malheureusement démolie par la municipalité "progressiste" au milieu du XXe siècle.

Le meilleur moyen de découvrir la vieille ville est de flâner au hasard de ses rues, en admirant les détails architecturaux et en profitant de l'atmosphère et des stands de nourriture. Ne vous limitez pas aux sites que nous vous recommandons ici : de nombreuses curiosités vous attendent au fil de vos promenades.

### Palacio de la Inquisición — MUSÉE

(Plaza de Bolívar ; adulte/enfant 18 000/15 000 COP ; 9h-18h). Si le palais de l'Inquisition est aujourd'hui l'un des plus beaux bâtiments de la ville, il porte un lourd passé puisqu'il abritait à l'époque de la colonisation l'institution qui avait pour rôle d'éradiquer l'hérésie de la ville. C'est désormais un musée où sont conservés d'horribles instruments de torture utilisés par les inquisiteurs. On peut aussi y voir des poteries de l'époque précolombienne et des objets datant de la colonisation et de l'Indépendance, notamment des armes, des tableaux, du mobilier et des cloches d'églises.

Le tribunal du Saint-Office de l'Inquisition siégea ici dès 1610, mais le palais ne fut achevé qu'en 1776. Il constitue un bel exemple d'architecture de la fin de l'ère coloniale – admirez le portail en pierre de style baroque surmonté du blason espagnol, ainsi que les longs balcons qui ornent la façade.

Sur le mur latéral, juste au coin non loin de l'entrée, on peut voir une petite fenêtre avec une croix au-dessus. C'est ici que l'on dénonçait les hérétiques auprès du Saint-Office. Les "crimes" les plus courants étaient la magie, la sorcellerie et le blasphème. Selon certaines estimations, 800 personnes furent condamnées à mort et exécutées jusqu'à l'indépendance en 1821. L'Inquisition ne jugeait pas les Amérindiens.

Le palais expose également une belle maquette de Cartagena du début du XIXe siècle, ainsi qu'un ensemble intéressant de cartes anciennes du royaume de Nouvelle-Grenade datant de différentes périodes. Panneaux explicatifs en espagnol uniquement.

### Convento e Iglesia de San Pedro Claver MUSÉE

(☎664 4991 ; Plaza de San Pedro Claver ; adulte/enfant 9 000/6 000 COP ; ⊙9h30-12h et 15h-17h lun-ven). Fondé par des jésuites durant la première moitié du XVIIe siècle, ce couvent prit le nom de San Ignacio de Loyola. Il fut rebaptisé par la suite en l'honneur d'un prêtre d'origine espagnole, Pedro Claver (1580-1654), qui vécut et mourut dans le couvent. Surnommé l'"apôtre des Noirs" ou l'"esclave des esclaves", il consacra sa vie à aider les esclaves déportés d'Afrique. Canonisé en 1888, il devint le premier saint du Nouveau Monde.

Le couvent se compose d'un imposant bâtiment sur 3 niveaux qui s'articule autour d'une cour arborée – la majeure partie a été transformée en musée. On y découvre des œuvres d'art religieux et des céramiques de l'époque précolombienne. Une nouvelle partie consacrée à l'art contemporain afro-caribéen présente notamment de superbes tableaux haïtiens et masques africains.

Il est possible de visiter la cellule où San Pedro Claver vécut et mourut, et de gravir l'étroit escalier menant à la tribune du chœur de l'église adjacente. L'Iglesia de San Pedro Claver fut achevée durant la première moitié du XVIIIe siècle. Cette église à l'imposante façade en pierre se distingue par de beaux vitraux et un maître-autel en marbre italien. Les reliques de San Pedro Claver, son crâne en particulier, sont conservées dans un cercueil en verre dans l'autel.

### Plaza de Bolívar PLACE

Anciennement la Plaza de la Inquisición, cette place arborée et ombragée est entourée de certains des plus beaux édifices coloniaux à balcons de la ville. Véritable oasis de verdure dans la chaleur caribéenne, c'est l'une des places les plus agréables de Cartagena. Une statue de Simón Bolívar se dresse au milieu.

### Museo del Oro Zenú MUSÉE

(Plaza de Bolívar ; ⊙9h-17h mar-sam, 10h-15h dim). GRATUIT Ce musée est une sorte de version miniature du célèbre Museo del Oro de Bogotá. Bien que petit, il abrite une superbe collection d'éléments en or et de poteries du peuple Zenú (également appelé Sinú), qui vivait dans les actuels départements de Bolívar, Córdoba, Sucre et dans le nord d'Antioquia avant la conquête espagnole. Certaines pièces sont magnifiquement travaillées.

### Iglesia de Santo Domingo ÉGLISE

(Plaza de Santo Domingo ; adulte/enfant 12 000/8 000 COP ; ⊙9h-19h mar-sam, 12h-20h dim). Santo Domingo serait la plus ancienne église de la ville. D'abord construit en 1539 sur la Plaza de los Coches, l'édifice d'origine fut détruit par un incendie. L'église fut alors reconstruite à son emplacement actuel en 1552. Ses bâtisseurs la dotèrent d'une nef centrale particulièrement large et d'un toit massif – peut-être un peu trop massif, puisque la voûte commença à se fissurer peu de temps après. D'imposants contreforts furent alors ajoutés pour renforcer les murs et empêcher l'édifice de s'effondrer. On remarque aussi un défaut de construction sur le clocher, qui est visiblement de travers.

L'intérieur est spacieux et haut de plafond. Un christ en bois orne l'autel baroque situé au bout de la nef droite. Le sol devant le maître-autel et dans les deux nefs latérales est pavé de pierres tombales datant pour la plupart du XIXe siècle.

En plus des offices, l'église est désormais accessible dans le cadre de visites de 20 minutes avec audioguides (disponibles en plusieurs langues).

### Puerta del Reloj PORTE

Baptisée à l'origine Boca del Puente, cette porte était le principal point d'accès à la ville fortifiée, et était reliée à Getsemaní par un pont-levis au-dessus des douves. Les arches latérales, aujourd'hui ouvertes pour permettre le passage, servaient jadis de chapelle et d'arsenal. La tour de style républicain, agrémentée d'une horloge à quatre cadrans, fut ajoutée en 1888.

### Plaza de los Coches PLACE

Anciennement la Plaza de la Yerba, cette place triangulaire située juste derrière la Puerta del Reloj abritait autrefois le marché aux esclaves. Elle est bordée de maisons coloniales avec balcons aux étages et arcades au rez-de-chaussée. La galerie appelée aujourd'hui El Portal de los Dulces abrite de nombreux étals de confiseries locales.

# Vieille ville de Cartagena

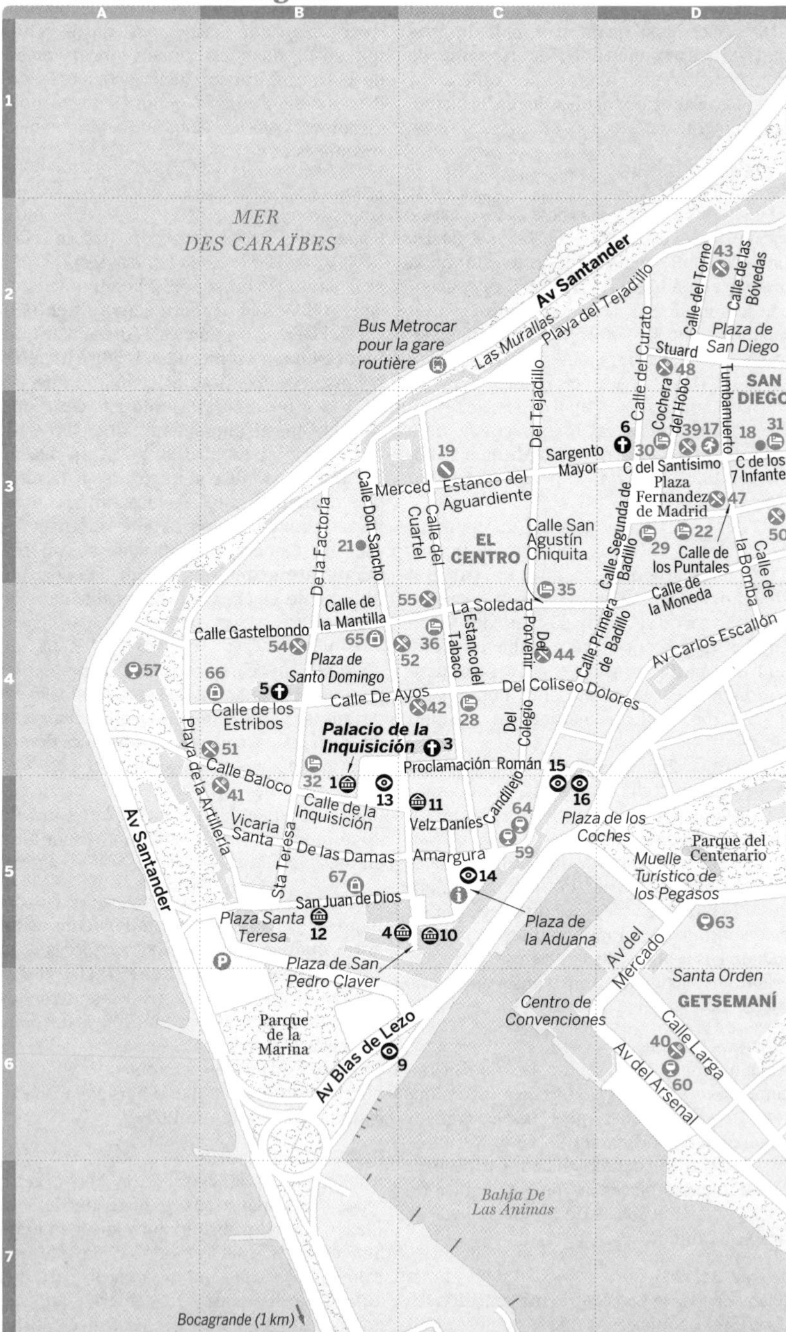

La statue du fondateur de la ville, Pedro de Heredia, trône au milieu de la place.

**Plaza de la Aduana** PLACE

Ce qui était jadis la place d'armes est la plus grande et la plus ancienne place de la vieille ville. Durant l'époque coloniale, elle regroupait les principaux bâtiments gouvernementaux et administratifs. L'ancien bureau de la douane royale a été restauré pour accueillir l'hôtel de ville. Au centre de la place se dresse une statue de Christophe Colomb.

**Museo de Arte Moderno** MUSÉE

(Plaza de San Pedro Claver ; adulte/enfant 5 000/3 000 COP ; ⏲9h-12h et 15h-19h lun-ven, 10h 13h sam, 16h-21h dim). Le musée d'Art moderne, parfaitement dimensionné, occupe une partie joliment réaménagée de l'ancien bureau de la douane royale du XVII^e^ siècle. On y découvre une collection comprenant des œuvres d'Alejandro Obregón, l'un des plus célèbres peintres colombiens, originaire de Cartagena, et d'Enrique Grau, un autre artiste local qui légua certains de ses travaux au musée. Bel ensemble de sculptures et d'art abstrait également. Le 2^e^ niveau accueille des expositions temporaires.

**Museo Naval del Caribe** MUSÉE

(C. San Juan de Dios n°3-62 ; tarif plein/enfant/étudiant 8 000/4 000/2 000 COP ; ⏲9h-17h30). Ouvert en 1992 à l'occasion du 500^e^ anniversaire de la découverte du Nouveau Monde par Christophe Colomb, le Musée naval occupe un superbe édifice colonial qui abritait jadis un collège jésuite. On peut y voir un bel ensemble de reconstitutions de paysages urbains et de maquettes de bateaux réalisées au fil des siècles. On regrettera cependant qu'il n'y ait pas plus d'objets actuels (malgré la présence d'impressionnantes torpilles). À moins d'être passionné d'histoire navale, ce musée vous semblera peut-être un peu ennuyeux.

**Catedral** ÉGLISE

(C. de los Santos de Piedra ; adulte/enfant 12 000/8 000 COP audioguide inclus ; ⏲10h30-19h ; P). Les travaux de la cathédrale commencèrent en 1575. Mais en 1586, alors qu'elle était encore en construction, elle fut partiellement détruite par les canons de Francis Drake. Il fallut attendre 1612 pour la voir terminée. Des modifications furent

## Vieille ville de Cartagena

**Les incontournables**
1 Palacio de la Inquisición ........ B5

**À voir**
2 Casa de Rafael Núñez ........ F1
3 Catedral ........ C4
4 Convento et Iglesia de San Pedro Claver ........ C5
5 Iglesia de Santo Domingo ........ B4
6 Iglesia de Santo Toribio de Mangrovejo ........ D3
7 Las Bóvedas ........ E1
8 Monumento a la India Catalina ........ F3
9 Muelle Turístico ........ B6
10 Museo de Arte Moderno ........ C5
11 Museo del Oro Zenú ........ C5
12 Museo Naval del Caribe ........ B5
13 Plaza de Bolívar ........ B5
14 Plaza de la Aduana ........ C5
15 Plaza de los Coches ........ C5
16 Puerta del Reloj ........ C5

**Activités**
17 Aventure Colombia ........ D3
18 Centro Catalina ........ D3
19 Diving Planet ........ C3
20 Nueva Lengua ........ E6
21 Vélo Tours ........ B3

**Où se loger**
22 Bantú ........ D3
23 Casa Canabal ........ E4
24 Casa Marco Polo ........ E3
25 Casa Relax ........ E6
26 Casa Viena ........ E5
27 Casa Villa Colonial ........ F5
28 Centro Hotel ........ C4
29 Chill House ........ D3
30 El Genovés Hostal ........ D3
31 El Viajero Cartagena ........ D3
32 Hostal Santo Domingo ........ B4
33 Hotel Casa del Mango ........ E5
34 Hotel Casa Lola ........ E5
35 Hotel Casa San Agustin ........ C4
36 La Passion ........ C4
37 Media Luna Hostel ........ E5
38 San Pedro Hotel Spa ........ E3

**Où se restaurer**
39 Agua de Mar ........ D3
40 Casa de las Novias ........ D6
41 Crepe Xpress ........ B5
42 El Bistro ........ C4
43 El Santísimo ........ D2
44 Espíritu Santo ........ C4
45 Gastrolab Sur ........ F5
46 Gato Negro ........ E5
47 Girasoles ........ D3
I Balconi ........ (voir 58)
48 La Cevicheria ........ D2
49 La Guacha ........ E5
50 La Mulata ........ D3
51 La Vitrola ........ B4
52 Pastelería Mila ........ C4
53 Restaurante Coroncoro ........ E5
54 Señor Toro ........ B4
55 Sopa y Seco ........ C4

**Où prendre un verre et faire la fête**
56 Bazurto Social Club ........ E5
57 Café del Mar ........ A4
58 Café Havana ........ E5
59 Donde Fidel ........ C5
60 Il Italiano ........ D6
61 La Casa de la Cerveza ........ E7
62 Laboratorio ........ E5
63 Quiebra-Canto ........ D5
64 Tu Candela ........ C5

**Achats**
65 Ábaco ........ B4
66 Colombia Artesanal ........ B4
67 Upalema ........ B5

apportées entre 1912 et 1923 par le premier archevêque de Cartagena, qui fit recouvrir l'église de stuc et la fit peindre pour lui donner un effet marbré. Il fut aussi à l'initiative du dôme sur la tour du clocher.

Les travaux de restauration ont mis au jour de beaux murs en roche calcaire, et, à part le sommet de la tour, l'église a plus ou moins retrouvé son aspect d'origine. De l'extérieur, elle pourrait ressembler à un fort. L'intérieur, décoré simplement, est pourvu de trois nefs et de voûtes semi-circulaires soutenues par de hautes colonnes en pierre. Le retable principal, travaillé à la feuille d'or, date du XVIIIe siècle. Possibilité de faire la visite avec un audioguide (environ 25 minutes).

### Iglesia de Santo Toribio de Mangrovejo — ÉGLISE

(C. del Curato). C'est l'une des plus petites églises de Cartagena. Elle fut érigée entre 1666 et 1732, et son plafond est couvert de boiseries de style mudéjar. Lors de l'attaque de la ville par Edward Vernon en 1741, un boulet de canon traversa une fenêtre de l'église alors que celle-ci était emplie de fidèles – par chance, il n'y eut aucune victime. Le boulet est aujourd'hui exposé dans une niche en verre dans le mur de gauche. L'église faisait l'objet d'importants travaux de rénovation lors de notre passage et devrait désormais avoir retrouvé toute sa splendeur.

### Las Bóvedas
ÉDIFICE HISTORIQUE

(Playa del Tejadillo). Ces vingt-trois chambres fortes s'encastrent dans les 15 m d'épaisseur des murailles. Construites entre 1792 et 1796, il s'agit des derniers grands travaux réalisés durant l'époque coloniale. Les Espagnols utilisaient les voûtes (*bóvedas*) pour stocker des munitions et des provisions. Pendant l'ère républicaine, elles furent transformées en prison. Aujourd'hui, elles abritent des boutiques de souvenirs et d'artisanat pour touristes.

### Casa de Rafael Núñez
MUSÉE

(9h-17h mar-ven, 10h-16h sam-dim). GRATUIT Rafael Núñez (1825-1894), ancien président du pays, poète et avocat, occupa cette ravissante demeure située non loin des Bóvedas. Il écrivit les paroles de l'hymne national de la Colombie et participa à la rédaction de la Constitution de 1886 qui, avec quelques modifications ultérieures, resta en vigueur jusqu'en 1991. Le beau bâtiment en bois vert et blanc, converti en musée, expose des effets personnels et des documents ayant appartenu à l'homme politique.

La salle à manger extérieure couverte et l'immense balcon sont superbes. Les cendres de Rafael Núñez sont conservées en face de la maison, dans une chapelle nommée Ermita del Cabrero.

### Monumento a la India Catalina
STATUE

La belle statue de bronze située à l'entrée principale de la vieille ville en venant du continent est un hommage aux Amérindiens qui vécurent ici avant la conquête espagnole. Elle représente Catalina, une ravissante femme qui servit d'interprète à Pedro de Heredia à l'arrivée des Espagnols. La statue fut réalisée en 1974 par Eladio Gil, un sculpteur espagnol vivant à Cartagena.

### Muelle Turístico
PORT

Souvent appelé à tort Pegasos (du fait de la proximité des deux sites), le Muelle est le vieux port de Cartagena sur la Bahía de las Ánimas. Il ne s'y passe plus grand-chose, hormis les départs des bateaux de tourisme pour la Playa Blanca et l'Isla del Rosario (il y a aussi un guichet de réservation de croisières). Les gros navires accostent au nouveau port de l'Isla de Manga.

## Forts espagnols

Outre la forteresse que constitue en elle-même la vieille ville de Cartagena, d'autres fortifications ont été érigées à des endroits stratégiques à l'extérieur de la cité.

### ♥ Castillo de San Felipe de Barajas
FORTERESSE

(Av. Arévalo ; adulte/enfant 17 000/8 000 COP ; 8h-18h). Le *castillo* est la plus grande forteresse jamais construite par les Espagnols dans l'ensemble de leurs colonies. Il domine toujours un pan entier du paysage de Cartagena. Si vous ne devez visiter qu'une forteresse, choisissez celle-ci. Le fort d'origine, commandé en 1630, était assez petit. La première pierre fut posée en 1657, sur la colline San Lázaro, haute de 40 m. En 1762, le fort fut agrandi, pour finalement recouvrir l'ensemble de la colline et former l'imposant bastion que l'on connaît aujourd'hui.

Malgré plusieurs tentatives d'assaut, l'endroit resta imprenable. Un réseau complexe de tunnels reliait les points stratégiques de la forteresse pour permettre l'évacuation et la distribution du ravitaillement. Les tunnels étaient construits de telle sorte que le moindre bruit se répercutait dans l'ensemble du réseau, afin de déceler d'éventuelles approches ennemies et de faciliter la communication interne.

Certains des tunnels sont éclairés et ouverts aux visiteurs, formant un parcours délicieusement effrayant. Pour en apprendre davantage sur les fascinantes inventions d'Antonio de Arévalon, l'ingénieur militaire qui dirigea les travaux, optez pour une visite avec audioguide (10 000 COP).

La forteresse est à quelques minutes à pied de Getsemaní. Vous pouvez aussi prendre un taxi pour 6 000 COP. Entrée libre le dernier dimanche de chaque mois entre février et novembre.

### Fuerte de San Sebastián del Pastelillo
FORTERESSE

GRATUIT Ce fort, bâti au XVIe siècle à l'extrémité ouest de l'Isla de Manga, fut l'un des premiers postes défensifs de la ville. Il est peu imposant, mais jouit d'un emplacement stratégique à proximité de la vieille ville (de l'autre côté du pont depuis Getsemaní). Le fort abrite aujourd'hui le restaurant Club de Pesca, dont la marina accueille des bateaux de plaisance colombiens et étrangers.

## Convento de la Popa

### Convento de la Popa
ÉGLISE

(adulte/enfant 8 000/6 000 COP ; 8h-18h). Ce couvent occupe le point culminant de

Cartagena, une colline de 150 m de haut. La chapelle recèle une belle représentation de La Virgen de la Candelaria, sainte patronne de la ville, et jouxte un ravissant patio fleuri. On découvre aussi une effrayante statue du père Alonso García de Paredes transpercé d'un coup de lance ; il fut tué aux côtés de cinq soldats espagnols pour avoir tenté de répandre la bonne parole. La vue depuis le couvent est superbe, embrassant l'ensemble de la ville.

Le "couvent de la Poupe" doit son nom à l'aspect de la colline qu'il occupe, semblable à la partie arrière d'un navire. Fondé par les Augustins en 1607, son nom officiel est Convento de Nuestra Señora de la Candelaria. À l'origine, il se résumait à une chapelle en bois, qui fut remplacée par une construction plus robuste lorsque la colline fut fortifiée deux siècles plus tard, juste avant le siège de Pablo Morillo.

Une route sinueuse mène jusqu'au couvent (pas de transports publics), et des sentiers permettent aux marcheurs de couper les virages. Pour des raisons climatiques et de sécurité, l'ascension à pied, d'une demi-heure environ, n'est pas recommandée – elle équivaut à un trek dans le désert ! En taxi, le prix de la course peut atteindre 45 000 COP, mais en négociant poliment mais fermement, il est possible de diviser ce chiffre par deux.

## Mercado Bazurto

**Mercado Bazurto** MARCHÉ

(Av. Pedro de Heredia ; 24h/24). Pour les esprits aventureux, le labyrinthique marché central est un lieu à la fois peu engageant et fascinant, où tous les sens sont sollicités. On y vend toutes sortes de produits : étals infinis de fruits et légumes, de viande et de poisson, et choix pléthorique d'en-cas et de rafraîchissements. Ne portez pas de bijoux voyants et surveillez votre appareil photo et votre portefeuille. Vous pouvez prendre un taxi depuis la vieille ville (7 000 COP) pour partir en exploration.

Essayez de trouver le restaurant de Cecilia, où l'on sert parfois de la tortue de rivière, du requin et de la langue de bœuf (il se trouve dans le secteur dénommé Pescado Frito – les habitués sauront vous l'indiquer). Il y a des chances pour que vous ne fassiez aucun achat, mais l'endroit offre un passionnant aperçu du quotidien des *Cartageneros*.

## Activités

Grâce aux longs récifs coralliens qui bordent ses côtes, Cartagena est devenue un important centre de plongée. La Boquilla, à la sortie de la ville, est très prisée des kitesurfeurs.

**Kitesurf Colombia** KITESURF

(311-410-8883 ; www.kitesurfcolombia.com ; Carr. 9, derrière l'Edificio Los Morros 922, Cielo Mar). École de kitesurf située après l'aéroport, en retrait de la route principale menant à Barranquilla. Propose aussi de la planche à voile, du surf, du kayak et d'autres activités depuis ses bureaux donnant sur la plage.

**Diving Planet** PLONGÉE

(300-815-7169, 320-230-1515 ; www.divingplanet.org ; C. Estanco del Aguardiente n°5-09). Pour 300 000 COP, cette école PADI cinq étoiles propose des sorties avec 2 plongées dans les Islas del Rosario, comprenant le transport, l'équipement, le déjeuner et l'encadrement par des moniteurs. Réductions disponibles en ligne.

**Vélo Tours** PROMENADES À VÉLO

(300-276-5036, 664-9714 ; C. don Sancho ; circuit 80 000-100 000/pers). Cette agence spécialisée dans les sorties à vélo organise des visites de la ville, des sorties nocturnes, et des circuits autour des fortifications et le long de la côte. On peut aussi louer des vélos (80 000 COP/24 heures).

## Cours

**Centro Catalina** ESPAGNOL

(310-761-2157 ; www.centrocatalina.com ; C. de los 7 Infantes n°9-21). Cette école de langue réputée jouit d'un superbe emplacement en plein cœur de la cité fortifiée. Différentes formules sont proposées – il faut compter au minimum 229 $US pour un stage d'une semaine (20 heures de cours). Possibilité d'hébergement et grand choix d'activités annexes.

**Nueva Lengua** ESPAGNOL

(660-1736 ; www.nuevalengua.com ; C. del Pozo n°25-95, Getsemaní). Cette école à l'ambiance décontractée propose des stages à partir de seulement 200 $US la semaine (15 heures de cours).

## Fêtes et festivals

**Fiesta de Nuestra Señora de la Candelaria** PROCESSION

(2 fév). Pour célébrer la sainte patronne de Cartagena, les fidèles munis de bougies

défilent en procession solennelle au Convento de la Popa. Durant les 9 jours qui précèdent (les Novenas), les pèlerins affluent vers le couvent.

**Concurso Nacional de Belleza** CONCOURS DE BEAUTÉ
(www.srtacolombia.org ; 11 nov). Le concours de beauté national a lieu le jour de l'anniversaire de l'indépendance de Cartagena. L'élection de Miss Colombie est le moment fort des festivités, qui commencent plusieurs jours auparavant avec de la danse, de la musique et des défilés costumés dans les rues de la ville. Cette manifestation, également appelée Carnaval de Cartagena ou Fiestas del 11 de Noviembre, est la plus importante de l'année à Cartagena.

## Où se loger

Cartagena dispose d'un bel éventail d'hébergements, qui pratiquent des prix raisonnables comparé à d'autres grandes villes, et ce malgré la fréquentation touristique. Si vous en avez les moyens, profitez des nombreuses demeures coloniales superbement restaurées et transformées en boutique-hôtels haut de gamme. C'est de fin décembre à fin janvier qu'il y a le plus de monde, mais vous parviendrez à trouver une chambre même à cette période.

La plupart des visiteurs séjournent à l'intérieur des remparts. Dans ce secteur, Getsemaní est le meilleur endroit pour les voyageurs à petit budget, en particulier la Calle de la Media Luna. À l'inverse, El Centro et San Diego rassemblent les établissements les plus luxueux.

**Chill House** AUBERGE DE JEUNESSE $
(660-2386 ; www.chillhousebackpackers.hostel.com ; C. de la Tablada, Parque Fernandez de Madrid, n°7-12, San Diego ; dort à partir de 21 000 COP, ch avec/sans clim 90 000/70 000 COP ; ). Loue les lits en dortoir les moins chers de la vieille ville. L'endroit est assez exigu, mais l'ambiance est conviviale. Sur une belle place située à proximité d'excellents petits restaurants bon marché – détail appréciable étant donné que rien n'est prévu pour manger à l'auberge.

**Casa Viena** AUBERGE DE JEUNESSE $
(668-5048 ; www.casaviena.com ; C. San Andrés n°30-53, Getsemaní ; dort 20 000 COP, s/d 40 000/70 000 COP, s/d sans sdb 35 000/50 000 COP ; ). Établissement à l'ancienne, fondé par un Autrichien, dans une rue animée de Getsemaní (pensez à apporter des bouchons d'oreille). Le dortoir, peu spacieux et souvent bondé, mériterait certes un coup de peinture, mais l'ambiance conviviale, la cuisine à disposition, l'accès Internet gratuit et le café à volonté compensent les imperfections. Vous ne trouverez d'ailleurs pas mieux à ce prix-là en ville.

♥ **Casa Marco Polo** BOUTIQUE-HÔTEL $$
(316-874-9478 ; casamarcopolo@hotmail.com ; C. de los 7 Infantes n°9-89 ; s/d/tr petit-déj inclus 150 000/160 000/200 000 COP ; ). Cet hôtel de seulement 3 chambres, toutes agencées différemment, occupe une belle maison coloniale magnifiquement rénovée, dans la vieille ville. Les chambres ont chacune leur salle de bains avec eau chaude et sont décorées d'artisanat traditionnel. Les hôtes peuvent accéder à une grande terrasse sur le toit et déguster l'un des meilleurs petits-déjeuners du pays. Une excellente affaire.

♥ **Hotel Casa del Mango** BOUTIQUE-HÔTEL $$
(660-6486 ; www.casadelmangocartagena.com ; C. del Espiritu Santo n°29-101 ; s/d petit-déj inclus 120 000/150 000 COP ; ). Une des meilleures adresses de milieu de gamme de Getsemaní, avec un intérieur en bois rustique dans les murs d'une demeure coloniale. Les plus belles chambres sont les deux situées à l'avant de la maison, puisqu'elles se répartissent sur 2 niveaux, et que l'une d'entre elles (pour 4 pers) dispose d'une terrasse privative sur le toit. Étant en partie ouvertes sur l'extérieur, ces 2 chambres n'ont pas la climatisation.

**Casa Villa Colonial** HÔTEL $$
(664-5421 ; www.casavillacolonial.com ; C. de la Media Luna n°10-89, Getsemaní ; s/d 100 000/150 000 COP ; ). Un rapport qualité/prix exceptionnel. Vous bénéficierez d'un service 4-étoiles, de beaux espaces communs pourvus de canapés confortables et d'une clim silencieuse. Certaines chambres ont des balcons donnant sur la cour, il y a une petite cuisine pour les hôtes, et le café, excellent, est à volonté.

**El Genovés Hostal** AUBERGE DE JEUNESSE $$
(646-0972 ; www.elgenoveshostal.com ; C. Cochera del Hobo n°38-27, San Diego ; dort 30 000-35 000 COP, ch à partir de 171 000 COP, petit-déj inclus pour tous ; ). La présence de cette ravissante auberge à San Diego est très appréciable.

Cet établissement coloré propose un dortoir de 12 lits, un autre de 4 lits et plusieurs chambres doubles et triples avec salle de bains privative. Il s'articule autour d'une piscine et a une petite terrasse sur le toit. Cuisine commune entièrement équipée.

**Media Luna Hostel** AUBERGE DE JEUNESSE **$$**
(☎ 664-3423 ; www.medialunahostel.com ; C. de la Media Luna n°10-46, Getsemaní ; dort avec/sans clim 35 000/30 000 COP, ch 120 000 COP ; ❄@📶🏊). Cette auberge de charme est *le* lieu de rendez-vous des routards de Getsemaní. Elle s'organise autour d'une grande cour, et sa terrasse sur le toit accueille chaque mercredi la plus grande soirée de la ville. Les chambres sont bien tenues, et pourvues de draps impeccables et de bons matelas. L'endroit tout indiqué pour ceux qui veulent faire la fête.

**El Viajero Cartagena** AUBERGE DE JEUNESSE **$$**
(☎ 660-2598 ; www.hostelcartagena.com ; C. de los 7 Infantes n°9-45 ; dort à partir de 36 000 COP, d 170 000 COP, s/d sans sdb 81 000/162 000 COP, petit-déj inclus pour tous ; ❄📶). Ce grand établissement pour jeunes routards est l'auberge la plus centrale de la ville, et l'une des plus propices aux rencontres. Toutes les chambres ont la clim – un luxe fort appréciable étant donné la chaleur et les prix. Les lits sont fermes, la cuisine est impeccable et bien aménagée, et il y a une belle cour ouverte où règne une ambiance conviviale.

**Casa Relax** HÔTEL **$$**
(☎ 664-1117 ; www.cartagenarelax.com ; C. del Pozo n°29B-119, Getsemaní ; ch petit-déj inclus à partir de 150 000 COP ; ❄📶🏊). Profitez du charme d'une demeure coloniale restaurée sans vous ruiner. Tenue par un Français fumeur de pipe, courtois mais parfois un peu sec, la Casa Relax se distingue par sa vaste piscine, son billard, sa cuisine commune et ses amusants perroquets.

**Hostal Santo Domingo** AUBERGE DE JEUNESSE **$$**
(☎ 664-2268 ; hsantodomingopiret@yahoo.es ; C. Santo Domingo n^os^33-46, El Centro ; s/d/tr petit-déj inclus 90 000/130 000/150 000 COP ; ❄📶). Il faut traverser une boutique d'artisanat pour accéder à cette petite auberge accueillante. Les chambres, assez simples, vaudraient deux fois moins cher à Getsemaní, mais l'établissement occupe une belle rue dans le centre-ville, à deux pas de certains des plus beaux édifices d'Amérique latine.

♥ **Hotel Casa San Agustin** HÔTEL DE LUXE **$$$**
(☎ 681-0000 ; www.hotelcasasanagustin.com ; C. de la Universidad ; ch petit-déj inclus à partir de 740 000 COP ; ❄📶🏊). Bien que seulement ouvert depuis 2012, ce superbe établissement est déjà considéré comme le meilleur hôtel de la ville. Comme si son emplacement d'exception en plein centre-ville ne suffisait pas, il occupe un superbe bâtiment au charme inégalé (traversé par l'ancien aqueduc de la ville, qui dessine les contours d'une piscine anguleuse).

Les clins d'œil à l'ancien monde ne manquent pas, avec notamment une fascinante bibliothèque, et les chambres, immenses, sont pourvues de salles de bains en marbre avec touches de créateurs et douche à effet de pluie. Tablettes tactiles, vastes balcons et lits à baldaquin en bois massif complètent le tableau.

**San Pedro Hotel Spa** BOUTIQUE-HÔTEL **$$$**
(☎ 664-5800 ; www.sanpedrohotelspa.com.co ; C. San Pedro Martir n°10-85 ; ch petit-déj inclus 490 000 COP ; ❄📶🏊). Cette maison coloniale superbement remaniée renferme des chambres ornées d'objets anciens, une magnifique terrasse avec Jacuzzi sur le toit, et une cour avec une petite piscine. Son élément le plus caractéristique est peut-être sa somptueuse cuisine commune, équipée comme celle d'un chef. Les tarifs, non négligeables, comprennent un massage des mains et des pieds.

**La Passion** HÔTEL **$$$**
(☎ 664-8605 ; www.lapassionhotel.com ; C. Estanco del Tabaco n°35-81, El Centro ; ch petit-déj inclus à partir de 325 000 COP ; ❄📶🏊). Tenue par une Colombienne et un producteur de films français, cette maison de style républicain datant de la fin du XIX^e^ siècle loue 8 chambres au décor personnalisé, dont certaines avec thermes romains et douches extérieures. Dans la cour, la balancelle-canoë donne le ton – à la fois excentrique et élégant. La piscine et la terrasse sur le toit avec vue sur la cathédrale couronnent l'offre.

**Hotel Casa Lola** HÔTEL **$$$**
(☎ 664-1538 ; www.casalola.com.co ; C. del Guerrero n°29-108, Getsemaní ; ch petit-déj inclus à partir de 465 000 COP ; ❄📶). Cet élégant

boutique-hôtel comprend 10 chambres aux effluves d'encens et aux touches design plus ou moins tape-à-l'œil. Son atout majeur est incontestablement sa terrasse multi-niveaux sur le toit, avec 2 petites piscines et un superbe panorama sur la ville. Les chambres sont magnifiques, et l'ensemble semble immense.

**Bantú** HÔTEL $$$
(664-3362 ; www.bantuhotel.com ; C. de la Tablada n°7-62, San Diego ; s/d petit-déj inclus à partir de 466 000/556 000 COP ; ). Ce ravissant hôtel de 23 chambres ouvert sur l'extérieur se répartit dans deux maisons du XVIIIe siècle joliment restaurées et sublimées par des arches en briques apparentes, des murs en pierre d'origine et une végétation luxuriante. Les chambres sont bien aménagées et ornées d'œuvres d'artistes locaux, qui s'accordent à la perfection avec le style ancien du bâtiment. Douche, Jacuzzi et piscine sur le toit.

**Casa Canabal** BOUTIQUE-HÔTEL $$$
(660-0666 ; www.casacanabalhotel.com ; C. Tripita y Media n°31-39, Getsemaní ; ch petit-déj inclus à partir de 340 000 COP ; ). Un cadre luxueux à un prix raisonnable : c'est ce qu'offre cet établissement de Getsemaní qui allie design soigné et service attentif. Les chambres minimalistes, où le bois domine, sont pourvues de hauts plafonds et de belles salles de bains. Mais le point fort reste la superbe terrasse sur le toit, agrémentée d'un bar, d'une piscine et d'un spa (massage de bienvenue offert).

**Centro Hotel** HÔTEL $$$
(664-0461 ; www.centrohotelcartagena.com ; C. del Arzobispado n°34-80, El Centro ; s/d petit-déj inclus à partir de 176 000/220 000 COP ; ). Un hôtel sans artifices, mais impeccable et idéalement situé, à deux pas de la Plaza de Bolívar. Les chambres aux beaux sols carrelés donnent sur une cour où pousse un palmier, et certaines profitent d'un balcon à la Roméo et Juliette côté rue.

## Où se restaurer

Les possibilités de bien manger ne manquent pas à Cartagena, de la *comida corriente* (menu du jour) à 12 000 COP dans un restaurant de quartier animé, au repas gastronomique dans un hôtel de l'époque coloniale.

Les stands de rue ont aussi la part belle : dans toute la vieille ville, de nombreux snacks servent des en-cas traditionnels comme des *arepas de huevo* (pain de maïs frit garni d'un œuf), des *dedos de queso* (bâtonnets de fromage frits), des *empanadas* (chaussons à la viande et/ou au fromage) et des *buñuelos* (beignets de maïs au fromage). Des stands de confiseries locales bordent El Portal de los Dulces sur la Plaza de los Coches.

Dans les restaurants, l'*arroz con coco* (riz à la noix de coco) accompagne la plupart des plats de poisson et de viande. Enfin, les étals de fruits (souvent ambulants) sont omniprésents.

### El Centro et San Diego

**Crepe Xpress** CRÊPES $
(C. Baloco n°220 ; crêpes 6 000-12 000 COP ; 16h-22h). Ce charmant petit restaurant sert de délicieuses crêpes, croustillantes à l'extérieur et moelleuses à l'intérieur. Vous pouvez composer vous-même la garniture, mais vous aurez du mal à faire mieux que la version épinards-fromage-oignons caramélisés. Les meilleures crêpes de la ville.

**Espíritu Santo** COLOMBIEN $
(C. del Porvenir n°35-60 ; plats 10 000-14 000 COP ; 11h30-15h30). La façade sans prétention de cette institution du Centro ne laisse en rien présager la vaste salle qui se trouve derrière, où l'on pourrait croire que la moitié de la ville se retrouve chaque midi pour une *comida corriente* simple et savoureuse. La carte comprend du filet de poisson au lait de coco, du bœuf sauté et d'excellentes salades. Portions copieuses et rapport qualité/prix imbattable.

**La Mulata** COLOMBIEN $
(664-6222 ; C. Quero n°9-58, El Centro ; menu 15 000 COP ; 11h30-16h lun-sam ; ). Un restaurant de *comida corriente* à la fois bon marché et raffiné. La formule du jour comprend un excellent choix de plats et de jus de fruits frais, le tout servi dans un cadre branché. S'il ne comptait au début que quelques tables, l'endroit s'est rapidement développé, mais il offre toujours l'un des meilleurs rapports qualité/prix de Cartagena.

**Girasoles** VÉGÉTARIEN $
(664-5239 ; C. de los Puntales n°37-01, San Diego ; menu 7 000 COP ; 7h30-18h lun-ven, 8h-16h sam ; ). Ce restaurant végétarien, qui se double d'un magasin de diététique, propose chaque jour un menu différent.

**La Cevicheria** POISSON **$$**
(☎664-5255 ; C. Stuart n°7-14, San Diego ; plats 20 000-60 000 COP ; 12h-23h mer-lun ; ). Un tout petit restaurant bien caché, où l'on déguste un ceviche et une sauce chili à se damner. Chaque plat est préparé avec panache et élégance : le poulpe à la sauce aux cacahuètes est fabuleux, à l'instar du riz noir à l'encre de seiche et du ceviche péruvien poisson-crevettes.

**Señor Toro** GRILL **$$**
(☎656-4077 ; C. Santo Domingo n°35-55 ; plats 20 000-60 000 COP ; 12h-minuit ; ). Ce grill du centre est le plus rigoureux de la ville en termes d'approvisionnement et de préparation. Nulle part ailleurs vous ne trouverez meilleur aloyau ou entrecôte, cuits à la perfection. La carte comprend aussi des ceviches et des hamburgers.

**El Bistro** EUROPÉEN **$$**
(☎664-1799 ; C. de Ayos n°4-46, El Centro ; sandwichs à partir de 10 000 COP, plats 18 000-47 000 COP ; 9h-23h lun-sam). Très prisé, El Bistro est un endroit plein de charme à la décoration éclectique, qui propose du pain frais et une carte complète. La formule du midi comprend une soupe en entrée et un copieux plat de résistance. La *limonada de coco* est particulièrement savoureuse.

**Pastelería Mila** BOULANGERIE **$$**
(C. de la Iglesia n°35-76 ; petit-déj 14 000-20 000 COP, déj 11 000-30 000 COP ; 9h-22h lun-sam, 10h-20h dim ; ). La pâtisserie la plus chic de Cartagena sert petits-déjeuners et déjeuners dans un cadre raffiné, en plein cœur de la vieille ville. Les murs patinés et les poutres en bois créent une ambiance contemporaine qui tranche avec les banquettes en cuir plus classiques. La formule petit-déjeuner (pancakes, *dulce de leche,* crème aigre, œufs brouillés et bacon croustillant) est aussi diabolique qu'irrésistible.

**Sopa y Seco** COLOMBIEN, ITALIEN **$$**
(☎660-2213 ; C. del Cuartel n°36-17, El Centro ; plats déj 12 000-15 000 COP, plats dîner 22 000-43 000 COP ; 12h-15h et 18h-minuit). En journée, ce restaurant colombien ordinaire mais bien conçu propose des déjeuners simples et délicieux. Goûtez au *filete de pescado al ajillo (*filet de poisson à l'ail) ou à la spécialité de la maison, le copieux *pargo rojo* (vivaneau rouge entier). Le soir, le restaurant Da Roberta Scacco Matto ouvre ses portes pour servir une cuisine italienne classique plus haut de gamme.

**El Santísimo** COLOMBIEN, FUSION **$$$**
(☎550-1531 ; www.elsantisimo.com ; C. del Torno n°39-76, San Diego ; plats 39 000-45 000 COP ; 12h-23h lun-sam, 13h-16h et 19h-minuit dim). Ce restaurant à l'atmosphère agréable et raffinée est l'un des plus innovants de Cartagena. La carte, qui vous fera voyager à travers toute la Colombie, mélange les saveurs et revisite les grands classiques. Les formules du soir comprennent l'alcool à volonté pendant 2 heures. Une véritable expérience culinaire.

**Agua de Mar** TAPAS **$$$**
(☎664-5798 ; C. del Santísimo n°8-15 ; tapas 10 000-25 000 COP ; ). Ce magnifique établissement, qui se distingue par son originalité, est l'un des plus intéressants de la ville. On apprécie sa décoration soulignée de bleu et son superbe bar à cocktails (où le sympathique propriétaire concoctera spécialement pour vous des breuvages aussi chers que renversants). La carte des tapas offre des alliances de saveurs inattendues, et fait la part belle au poisson et aux bouchées végétariennes.

**La Vitrola** POISSON **$$$**
(☎660-0711 ; C. Baloco n°2-01, El Centro ; plats 25 000-70 000 COP ; déj et dîner). Dans une maison coloniale vieille de 400 ans, ce restaurant de fruits de mer à l'éclairage tamisé et au mobilier confortable mérite bien sa renommée. Le *mero* (mérou) *Don Román,* accompagné d'une sauce au tamarin, au *nam pla* (nuoc-mâm) et au piment, est un grand classique, mais n'oubliez pas pour autant de goûter au poulpe *teriyaki.* Superbe choix de vins et concerts de musique cubaine. Shorts non tolérés.

## Getsemaní

**Gastrolab Sur** CARIBÉEN, MÉDITERRANÉEN **$**
(C. del Espiritu Santo n°29-140 ; plats 8 000-16 000 COP ; 17h-23h). Attention, cette petite merveille peut facilement passer inaperçue. Dans le jardin caillouteux et joliment éclairé à l'arrière du centre culturel Ciudad Móvil, vivier créatif de Getsemaní, on concocte de délicieuses *aranchinas* (boulettes de riz) (optez pour le *tríptico* pour goûter aux 3 variantes), *bruschettas costeñas* et pizzas. L'endroit est également idéal pour prendre un verre. Personnel particulièrement agréable.

**Restaurante Coroncoro** COLOMBIEN $
(☎664-2648 ; C. Tripita y Media n°31-28, Getsemaní ; plats 7 000-13 000 COP ; ⏲7h30-22h). Cette institution de Getsemaní attire une foule d'habitués venus se rassasier d'une copieuse et délicieuse *comida corriente* bon marché.

**Casa de las Novias** BOULANGERIE $
(C. Larga n°8B-126 ; ⏲8h-20h ; 📶). Le ravissant café de cette agence matrimoniale offre un cadre insolite pour déguster une boisson chaude et une part de gâteau. Profitez de la clim légère et admirez les robes de mariée, tout en sirotant un *macchiato* dans une tasse en porcelaine délicatement décorée.

**Gato Negro** CAFÉ $
(☎660-0958 ; C. San Andrés n°30-39, Getsemaní ; plats 6 000-9 000 COP ; ⏲7h-14h lun-sam ; 📶). L'une de nos adresses préférées à Getsemaní, pour ses petits-déjeuners simples et bons - omelettes, crêpes, muesli, petits-déjeuners continentaux, etc. Propose également une formule à midi. On mange dans une maison coloniale décorée d'œuvres d'art contemporaines.

**I Balconi** PIZZERIA $$
(☎660-9880 ; C. del Guerrero n°29-146, 1er ét, Getsemaní ; pizzas 12 500-26 000 COP ; ⏲16h-minuit mar-dim). Au-dessus du bar Havana, I Balconi concocte les meilleures pizzas de Cartagena. Le propriétaire italien est tellement à cheval sur la qualité de ses produits qu'il a engagé un fromager local et l'a formé aux techniques de fabrication du gorgonzola et du parmesan. Le résultat est fabuleux. Service impeccable, dans une salle bien ventilée et joliment décorée.

**La Guacha** GRILL $$$
(☎664-1683 ; C. del Espiritu Santo n°29-07, Getsemaní ; plats 27 000-50 000 COP ; ⏲18h-23h30 lun-sam ; 📶). Envie d'un bon steak saignant et d'un verre de malbec ? La Guacha est faite pour vous ! Dans une salle élégante et aérée pourvue de hauts plafonds et de briques apparentes, on déguste une viande de grande qualité découpée avec mæstria et cuite à la perfection (goûtez notamment à la *punta de anca,* ou aiguillette baronne). À ce prix-là, c'est presque donné.

## Où prendre un verre et faire la fête

La Plaza de los Coches, dans le Centro, concentre la majorité des bars de salsa et de *vallenato*. Pour des clubs de plus grande taille (et plus chers), allez dans la Calle del Arsenal, à Getsemaní. C'est le week-end que l'offre est la plus dense, et l'animation ne bat son plein qu'à partir de minuit.

Vous pourrez embarquer à bord d'une *chiva* (bus typiquement colombien) pour une soirée avec concert de vallenato et *aguardiente* (liqueur anisée) à volonté. Les *chivas* partent des hôtels de Bocagrande vers 20h, roulent pendant 3 ou 4 heures, puis déposent les passagers dans un club. La plupart des agences et des hôtels pourront réserver pour vous.

♥ **Café Havana** CLUB
(angle C. del Guerrero et C. de la Media Luna, Getsemaní ; entrée 10 000 COP ; ⏲20h-4h jeu-sam, 17h-2h dim). Tout y est : groupes de salsa cubaine, alcools forts, magnifique bar en forme de fer à cheval entouré d'une clientèle excentrique, murs lambrissés et ventilateurs poussés au maximum. Hillary Clinton s'y rendit pour faire la fête à l'occasion du Sommet des Amériques de 2012 : un excellent choix que ce bar, encore aujourd'hui le meilleur de la ville.

♥ **Bazurto Social Club** CLUB
(www.bazurtosocialclub.com ; Av. del Centenario n°30-42 ; entrée 5 000 COP ; ⏲19h-3h30 mer-sam). Mêlez-vous à la foule de ce club animé où les habitués se retrouvent pour siroter des cocktails bien dosés, échanger les derniers potins du quartier et se déhancher au son des concerts de *champeta*. La musique est excellente, et, après un verre ou deux, attirera sur la piste les plus réticents.

**Laboratorio** BAR À COCKTAILS
(C. de la Media Luna n°10-20 ; ⏲18h-4h mar-dim ; 📶). Ce bar de la Media Luna se distingue par son éclairage tamisé, ses bocaux de cornichons et autres spécialités alignés sur les étagères, sans oublier ses cocktails revigorants servis par un personnel charmant et efficace. Pour couronner le tout, il y a une *happy hour* de 18h à 22h !

**Tu Candela** CLUB
(☎664-8787 ; El Portal de los Dulces n°32-25, El Centro ; ⏲20h-4h). Reggaeton, *vallenato*, merengue et salsa en continu. Tu Candela est toujours bondé, mais l'excellente ambiance compense largement. L'endroit est également connu pour avoir été au cœur du scandale de prostitution impliquant, en

2012, des agents américains chargés de la sécurité de Barack Obama.

**Donde Fidel** BAR

(☎664-3127 ; El Portal de los Dulces n°32-09, El Centro ; ⏲11h-2h). Le Donde Fidel est réputé pour son système son tonitruant et son extraordinaire collection de disques de salsa. Dans cette institution carthagénoise, des couples dansent collé-serré sous des alcôves décorées de portraits du propriétaire et des vedettes de passage. Les tables sur la vaste terrasse sont parfaites pour regarder le ballet des passants.

**Bar Ético** CLUB

(C. de la Media Luna n°10-56 ; entrée 10 000 COP ; ⏲21h-3h). L'obscurité de ce club de salsa est transpercée par les projecteurs qui éclairent la piste de danse. La jeune clientèle profite allègrement de l'*aguardiente* gratuite à laquelle donne droit l'entrée à 10 000 COP. Le week-end, des groupes se produisent dans la salle à l'arrière, et malgré un emplacement en plein dans le quartier des routards, il est rare d'y voir des étrangers.

**Il Italiano** CLUB

(☎664-7005 ; Av. del Arsenal n°8B-137, Getsemaní ; entrée 15 000 COP ; ⏲21h-4h). Cet imposant club divisé en plusieurs espaces est une véritable curiosité. Rock, salsa, house, vallenato : il y en a pour tous les goûts. L'endroit est bondé et propice aux rencontres. Essayez de faire abstraction du décor et faites chauffer la piste de danse !

**Quiebra-Canto** CLUB

(☎664-1372 ; Camellon de los Martines, Edificio Puente del Sol, Getsemaní ; ⏲19h-4h mar-sam). Cet excellent club de Getsemaní attire une clientèle éclectique avec un mélange de salsa, de *son* et de reggae. Au 1er étage d'un bâtiment donnant sur les Pegasos et la tour horloge. Les puristes considèrent que la salsa y est plus *caliente* qu'au Café Havana, mais l'ambiance un cran en dessous.

**Café del Mar** BAR

(☎664-6513 ; Baluarte de Santo Domingo, El Centro ; cocktails 18 000-35 000 COP ; ⏲17h-tard). La brise marine apporte une fraîcheur relaxante dans ce bar lounge en plein air, prisé des touristes pour son emplacement sur les remparts ouest de la vieille ville. Soignez votre tenue et attendez-vous à payer 10 000 COP pour une bière. La vue est superbe.

**La Casa de la Cerveza** BAR

(☎664-9261 ; Baluarte San Lorenzo del Reducto, Getsemaní ; ⏲16h-4h). Un établissement chic perché sur les remparts de la ville, et bénéficiant d'un magnifique panorama jusqu'au Castillo de San Felipe. Mais cette vue a un prix.

## ☆ Où sortir

L'équipe de football locale, le Real Cartagena, joue à l'**Estadio Olímpico Jaime Merón León** (Villa Olímpico), situé à 5 km au sud de la ville. Les matchs ont lieu toute l'année. L'achat des billets se fait au stade. La course en taxi coûte environ 12 000 COP.

## Achats

Cartagena offre un large choix de boutiques d'artisanat et de souvenirs, qui vendent généralement des produits de qualité. Dans la ville fortifiée, Las Bóvedas (p. 135) concentre de nombreuses boutiques pour les touristes (artisanat, vêtements, souvenirs, etc.). Nous vous recommandons **Artesanías India Catalina II** (n°6) pour l'art et les articles de maison, **D'Yndias** (n°15) pour les hamacs et les sacs à main, et **La Garita** (n°23) pour des ustensiles de cuisine colorés, des T-shirts et d'autres produits de qualité.

**Ábaco** LIVRES

(☎664-8338 ; angle C. de la Iglesia et C. de la Mantilla ; ⏲9h-21h lun-sam, 15h-21h dim). Bon choix, entre autres, de livres sur Cartagena. Au programme également : bière italienne, vin espagnol et expressos corsés.

**Colombia Artesanal** ARTISANAT

(www.colombiaartesanal.com ; Callejón de los Estribos n°2-78). Ensemble de boutiques dans la vieille ville proposant un bel éventail d'objets d'artisanat colorés provenant de tout le pays. Les vendeurs sont très compétents et peuvent vous renseigner sur l'histoire et la fabrication de chaque produit.

**Upalema** ARTISANAT

(☎664-5032 ; C. San Juan de Dios, Edificio Rincon n°3-99, El Centro ; ⏲9h30-22h lun-sam, 10h-22h dim). Si vous êtes à la recherche d'une pièce unique, ce magasin vend des articles de maison et d'autres objets artisanaux dont elle a l'exclusivité, et que vous ne retrouverez nulle part dans la rue. C'est cher, mais la qualité et l'originalité ont un prix.

## Renseignements

### AGENCES DE VOYAGES

**Aventure Colombia** (☎314-588-2378, 660-9721 ; www.aventurecolombia.com ; C. de la Factoría n°36-04 ; ⏲9h-12h et 14h-19h lun-jeu, 9h-19h ven-sam). Agence franco-colombienne proposant des excursions dans la ville et sur la côte, notamment à La Guajira, à la Ciudad Perdida et au Parque Nacional Natural Tayrona. Chaudement recommandé.

### ARGENT

Les *casas de cambio* (bureaux de change) et les banques sont omniprésentes dans le centre historique, en particulier autour de la Plaza de los Coches et de la Plaza de la Aduana. Comparez les taux entre les différents établissements. De nombreux changeurs de devises opèrent dans les rues, proposant des taux très avantageux. Ce sont tous des escrocs, sans exception : ne changez donc jamais d'argent dans la rue. Il y a très peu de DAB dans le Centro et San Diego. À l'inverse, ils sont extrêmement nombreux dans l'Avenida Venezuela.

### DÉSAGRÉMENTS ET DANGERS

Cartagena est la ville la plus sûre de Colombie ; environ 2 000 policiers patrouillent rien que dans la vieille ville. Cela dit, évitez d'exhiber des signes extérieurs de richesse et restez vigilant la nuit dans les secteurs moins fréquentés comme Getsemaní, et en particulier La Matuna. Les risques de se faire agresser sont minces. En revanche, il est très fréquent de se faire aborder par des personnes cherchant à vendre avec insistance de la camelote, les services de prostituées ou de la cocaïne. Un simple "*No quiero nada*" ("Je ne veux rien") devrait suffire à les éloigner.

### FORMALITÉS

**Ministerio de Relaciones Exteriores** (☎666-0172 ; Carr. 20B n°29-18, Pie de la Popa ; ⏲8h-12h et 14h-17h). Bureau en charge de l'immigration et des prorogations de visas, à 1 km à l'est de la vieille ville. Prévoyez au moins une demi-journée de procédures administratives.

### OFFICE DU TOURISME

**Turismo Cartagena de Indias** (☎660-1583 ; www.turismocartagenadeindias.com ; Plaza de la Aduana ; ⏲9h-12h et 13h-18h lun-sam, 9h-17h dim). L'office du tourisme principal est animé par un personnel accueillant, compétent et parlant anglais. Vous trouverez aussi des guichets d'information sur la Plaza de San Pedro Claver et la Plaza de los Coches, et les bureaux administratifs au Muelle Turístico.

### POSTE

**4-72** (C. 8B, Edificio Villa Anamaria, Local 1, Bocagrande ; ⏲8h-17h lun-ven, 8h-12h sam). Bureau de poste.

### URGENCES

**Hospital Naval de Cartagena** (☎655-4306 ; Carr. 2 n°14-210, Bocagrande ; ⏲24h/24). Hôpital équipé d'un caisson hyperbare.

## Depuis/vers Cartagena

### AVION

Toutes les grandes compagnies aériennes desservent Cartagena. Il y a notamment des vols depuis/vers Bogotá, Cali, Medellín, San Andrés et de nombreuses autres grandes villes, ainsi que des liaisons internationales.

Le terminal abrite quatre DAB et une *casa de cambio* (dans le hall des arrivées des vols nationaux), qui change les espèces et les chèques de voyage.

### BATEAU

Le voilier est un moyen de transport prisé pour se rendre au Panama. Plusieurs bateaux partent de Cartagena pour le Panama via les îles San Blas et vice versa, mais il n'y a pas d'horaires établis. Normalement, le trajet dure 5 jours, avec 3 jours dans les San Blas pour faire de la plongée et visiter les îles. Les prix dépendent de plusieurs paramètres, mais de manière générale ils oscillent entre 450 et 650 $US/pers, tout compris.

La plupart des bateaux accostent dans les ports panaméens de Portobelo ou d'El Porvenir. Quelques-uns vont à Colón, une ville peu sûre où il est recommandé de se déplacer systématiquement en taxi. Il est facile de rejoindre la ville de Panama depuis ces trois ports.

Le transport de passagers a changé de visage depuis l'arrivée, il y a quelques années, de **Blue Sailing** (☎321-687-5333, 310-704-0425 ; www.bluesailing.net ; C. San Andrés n°30-47), une agence colombo-américaine qui a cherché à apporter davantage de sécurité dans un secteur jusqu'alors pas du tout réglementé. Blue Sailing possède actuellement 22 bateaux. Elle garantit que tous ont les équipements de sécurité nécessaires pour la navigation de plaisance en haute mer, surveille la position des bateaux 24h/24 et ne fait appel qu'à des capitaines titulaires d'un permis. Pour s'assurer de faire une traversée en toute sécurité et en toute légalité, il est donc fortement recommandé de faire appel à Blue Sailing. Normalement, il y a un départ par jour, même en basse saison : envoyez simplement un e-mail à Blue Sailing en indiquant votre date de départ souhaitée et l'on essaiera de vous trouver une place.

D'autres agences de Cartagena proposent des traversées en bateau. Demandez à voir les équipements de sécurité et le permis du capitaine. Dans l'idéal, renseignez-vous autour de vous et vérifiez sur Internet qu'il n'y ait pas de mauvais avis sur le bateau et l'équipage.

Si vous disposez de moins de 5 jours, **Ferry Xpress** (☎ 368-0000 ; www.ferryxpress.com) propose un service régulier à bord d'un ferry de 1 000 places (siège/cabine aller simple 99/155 $US, 18 heures) entre Cartagena et Colón. Les ferries partent de Cartagena les mardis et jeudis, et font le trajet retour depuis Colón les lundis et mercredis. Possibilité d'embarquer sa voiture sur le ferry.

### BUS

Le plus simple pour se rendre à Barranquilla ou à Santa Marta est d'aller au **terminal de Berlinastur** (www.berlinastur.com ; en retrait de C. 47 et Carr. 3), à quelques minutes de taxi de la vieille ville. Des minibus climatisés en partent toutes les 20 minutes entre 5h et 20h ; ils s'arrêtent à Barranquilla (18 000 COP, 2 heures) puis à Santa Marta (36 000 COP, 4 heures).

Les bus **MarSol** (☎ 656-0302 ; www.transportesmarsol.net), encore mieux mais plus onéreux, circulent entre Cartagena et Santa Marta (42 000 COP, 3 heures). Ils récupèrent les passagers à n'importe quel hôtel ou auberge, et les déposent à leur hébergement à Santa Marta, sans passer par Barranquilla. Il y a 2 départs par jour – téléphonez au moins un jour à l'avance pour réserver.

Pour d'autres destinations, et pour des trajets moins chers pour Barranquilla et Santa Marta, il vous faudra rejoindre la gare routière principale de Cartagena, dans la banlieue est de la ville, loin du centre (au mieux, il faut compter 45 minutes de trajet).

Différentes compagnies de bus desservent Bogotá et Medellín plusieurs fois par jour. Parmi elles, **Expreso Brasilia** (☎ 663-2119 ; www.expresobrasilia.com) rallie Bogotá (à partir de 80 000 COP, 18 heures, 6 bus/jour) et Medellín (à partir de 40 000 COP, 12 heures, 6 bus/jour). **Les bus Unitransco** (☎ 663-2067) desservent Barranquilla (12 000 COP, 2 heures 30, 1 bus/heure) et poursuivent jusqu'à Santa Marta (25 000 COP, 4 heures, 1 bus/heure). **Caribe Express** (☎ 371-5132) assure un départ à 7h pour Mompox (50 000 COP, 6 heures, 1 bus/jour) et un départ à 6h30 pour Tolú (25 000 COP, 3 heures, 1 bus/jour). D'autres bus rallient quotidiennement Barranquilla, d'où il y a des correspondances pour Santa Marta. Des bus Expreso Brasilia partent pour Montería toutes les 45 minutes entre 6h30 et 15h30 (50 000 COP, 5 heures).

Si vous ne parvenez pas à obtenir une place dans le bus quotidien pour Mompox, vous pouvez passer par Mangangue, desservie par **Torcoroma** (☎ 663-2379) à 5h30 puis toutes les 30 minutes jusqu'à 12h (40 000 COP, 3 heures), et par Expreso Brasilia à 10h30 (40 000 COP).

**Rapido Ochoa** (☎ 663-2119) propose 2 départs par jour pour Riohacha, sur la Península de la Guajira (35 000 COP, 8 heures). C'est également le meilleur moyen de rejoindre le Venezuela. À Riohacha, il y a des correspondances pour Maracaibo, d'où il est possible de rejoindre facilement Caracas.

Pour vous rendre au Panama par voie terrestre, rendez-vous à Montería (50 000 COP, 5 heures), d'où il y a des correspondances pour Turbo (à partir de 30 000 COP, 5 heures). Sachez que si vous quittez Cartagena après 11h, vous risquez de rater le dernier bus pour Turbo et devrez donc passer la nuit à Montería. Depuis Turbo, vous pouvez prendre le bateau pour Sapzurro le lendemain matin, d'où il y a des départs réguliers pour Obaldia.

## ℹ Comment circuler

### DEPUIS/VERS L'AÉROPORT

Des bus parcourent régulièrement les 3 km qui relient Cartagena à l'aéroport, situé à Crespo. Des *colectivos* desservent aussi cet itinéraire (1 500 COP), ainsi que des navettes climatisées plus confortables, appelées **Metrocar** (2 000 COP). Dans les deux cas, les départs se font du Monumento a la India Catalina. Les bus Metrocar sont reconnaissables à leur logo vert.

En taxi, un supplément de 4 000 COP s'applique pour les trajets depuis/vers l'aéroport. La course du centre à l'aéroport coûte entre 9 000 et 12 000 COP ; dans l'autre sens, un prix forfaitaire de 10 000 COP est appliqué pour Getsemaní, San Diego et El Centro.

### DEPUIS/VERS LA GARE ROUTIÈRE

De grands bus Metrocar vert et rouge font la navette entre la ville et la gare routière toutes les 15-30 minutes (2 500 COP, 40 min). Dans le centre, ils s'arrêtent dans l'Av. Santander. Il faut compter 15 000 COP pour une course en taxi de la gare routière au Centro, plus un supplément de 5 000 COP après 20h.

# Fuerte de San Fernando et Batería de San José

Sur la pointe sud de l'Isla de Tierrabomba, à l'entrée de la Bahía de Cartagena par le

## Environs de Cartagena

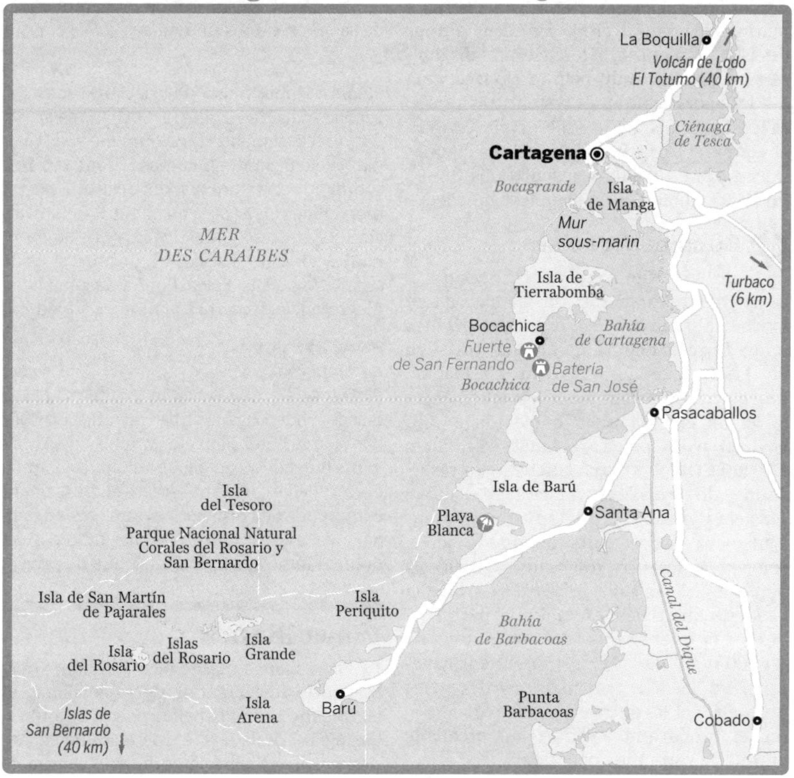




détroit de Bocachica, se dresse le **Fuerte de San Fernando** (9 000 COP). Ce fort, et la **Batería de San José** de l'autre côté du détroit, protégeaient jadis l'accès à la baie. Dans les années 1700, une lourde chaîne reliait les deux constructions afin d'empêcher toute attaque surprise.

À l'origine, il existait deux accès à la baie de Cartagena : Bocachica et Bocagrande. Bocagrande fut partiellement bloquée par un banc de sable et par deux navires qui avaient coulé ici. Un mur sous-marin fut construit suite à l'attaque d'Edward Vernon afin de renforcer ce barrage naturel et de rendre le chenal infranchissable. L'endroit est encore impraticable aujourd'hui, et tous les bateaux doivent passer par Bocachica.

Le fort de San Fernando, érigé entre 1753 et 1760, fut conçu pour résister à n'importe quelle attaque. Il était doté de quais, de casernes, de services sanitaires, d'une cuisine, d'une infirmerie, d'entrepôts pour les armes et les provisions, de deux puits, d'une chapelle et même d'une prison, dont une grande partie est encore visible aujourd'hui.

La forteresse n'est accessible que par voie maritime. Des bateaux-taxis font la navette depuis le Muelle Turístico de la Bodeguita (p. 135) à Cartagena pour 10 000 COP. Si vous voulez un guide, prévoyez un supplément de 10 000 COP.

## Islas del Rosario

Cet archipel, situé à environ 35 km au sud-ouest de Cartagena, se compose de 27 petites îles coralliennes, dont certaines minuscules. Il est entouré de récifs et d'une eau dont les teintes oscillent entre le turquoise et le violet. L'ensemble du secteur bénéficie désormais du statut de parc national, ce qui lui vaut le nom de Parque Nacional

Natural (PNN) Corales del Rosario y San Bernardo. Malheureusement, des courants marins chauds ont érodé les récifs autour des Islas del Rosario, et le site est moins intéressant qu'auparavant pour la plongée. Cela dit, les sports nautiques restent très prisés, et les deux plus grandes îles, l'**Isla Grande** et l'**Isla del Rosario**, comptent des lagunes intérieures et quelques installations touristiques (des hôtels et un complexe hôtelier).

## Circuits organisés

Le parc se visite généralement dans le cadre d'une excursion en bateau d'une journée autour des îles. Il y a des départs toute l'année depuis le Muelle Turístico de la Bodeguita (p. 135) à Cartagena. Les bateaux partent tous les jours entre 8h et 9h et reviennent entre 16h et 18h environ. Vous pouvez acheter vos billets (70 000 COP/pers) au guichet de réservation de croisières du *muelle* (jetée). Plusieurs petits prestataires proposent également des circuits depuis la jetée, souvent à des prix inférieurs. Les hôtels bon marché les plus prisés de Cartagena vendent aussi des excursions, parfois à des tarifs intéressants (souvent autour de 40 000 COP). Les prix comprennent généralement le déjeuner, mais pas les taxes portuaires et les entrées pour le parc national et l'aquarium – vérifiez au préalable auprès de votre tour-opérateur.

Le trajet vers les îles est à chaque fois plus ou moins le même, bien qu'il puisse varier légèrement selon la taille du bateau. Tous traversent la Bahía de Cartagena puis rejoignent la haute mer par le détroit de Bocachica, en passant entre la Batería de San José et, juste en face, le Fuerte de San Fernando. Les bateaux naviguent ensuite entre les îles (avec généralement des explications en espagnol) et s'arrêtent à la petite **Isla de San Martín de Pajarales**. Il y a là un aquarium (30 000 COP). Ceux qui ne souhaitent pas le visiter pourront se baigner ou profiter du secteur boisé et ombragé à proximité. Les bateaux poursuivent ensuite jusqu'à la **Playa Blanca**, sur l'Isla de Barú, où les passagers déjeunent et profitent d'environ 2 heures de temps libre.

## Où se loger et se restaurer

Les îles sont dotées d'infrastructures touristiques permettant aux visiteurs de dormir sur place, de profiter de la plage, de faire de la plongée et du snorkeling, ou simplement de se reposer dans un hamac.

**Eco Hotel Las Palmeras** PENSION **$$**
(☎314-584-7358 ; Isla Grande ; hamac/ch en pension complète 70 000/110 000 COP/pers). Cet établissement d'écotourisme est tenu par la charmante Ana Rosa. Tout est très sommaire et rustique, mais c'est un endroit merveilleux pour se couper du monde. Des circuits en canoë dans les lagunes environnantes sont proposés, il y a de bons sites de snorkeling, et la Playa Bonita, la plus belle plage de l'île, n'est qu'à 5 minutes à pied.

**Hotel San Pedro de Majagua** HÔTEL **$$$**
(☎650-4460 ; www.hotelmajagua.com ; Isla Grande ; ch et bungalows à partir de 380 000 COP ; ❄📶). Cet hôtel haut de gamme loue d'élégants bungalows en pierre au toit de chaume et au décor minimaliste. L'établissement comprend deux plages et un restaurant. Séjourner ici est une expérience fabuleuse et donne l'impression d'être sur une île privée.

# Playa Blanca

La Playa Blanca mérite bien son nom : c'est une ravissante étendue de sable blanc, et aussi l'une des plus belles plages autour de Cartagena. Mais le site est en pleine expansion, et il est parfois surpeuplé durant la haute saison.

La plage se trouve à environ 20 km au sud-ouest de Cartagena, sur l'Isla de Barú. Les bateaux d'excursions y font généralement une halte sur leur trajet vers les Islas del Rosario. Lorsqu'ils arrivent, les marchands ambulants se ruent sur les touristes, transformant pendant 2 heures ce petit coin de paradis en un parcours du combattant. La seule chose qui vaut le coup d'être achetée est la *cocada*, une friandise à la noix de coco déclinée en différents parfums. La vente de ces produits est souvent l'unique moyen de subsistance des habitants, ce qui explique leur insistance.

La Playa Blanca se prête bien au snorkeling, le récif corallien débutant à quelques mètres de la côte. On peut louer du matériel sur la plage pour 5 000 COP.

## Où se loger et se restaurer

Quelques hébergements rustiques permettent de mieux profiter de la plage, qui est déserte avant 10h et après 16h. Des restaurants servent du poisson frais et du riz pour environ 20 000 COP.

**La Estrella** CABANONS **$**
(☎312-602-9987 ; hamac 10 000 COP, d à partir de 50 000 COP). Pour ceux qui veulent rester près de l'eau, le sympathique José loue d'agréables tentes sous des toits de chaume pouvant accueillir 3 ou 4 personnes, des hamacs traditionnels (avec moustiquaire), et un ou deux cabanons avec du sable au sol.

### ℹ Depuis/vers la Playa Blanca

Les excursions en bateau sont le moyen le plus simple d'accéder à la plage, mais celle-ci vous paraîtra bien plus paisible hors des horaires des circuits. Rejoignez l'Av. El Lago, derrière le marché principal de Cartagena (Mercado Bazurto), en taxi (7 000 COP) et demandez au chauffeur de vous déposer au niveau des bateaux pour la Playa Blanca. Il y a des départs tous les jours, sauf le dimanche, entre 7h30 et 9h30 – les bateaux partent lorsqu'ils sont complets. Le trajet dure 1 heure et il faut compter environ 25 000 COP (ne donnez pas d'argent avant d'être arrivé).

Sinon, des bus "Pasocaballos" (1 500 COP) partent toute la journée de l'angle de l'Av. Luis Carlos Lopez et de la Calle del Concolon à La Matuna. Demandez au chauffeur de vous déposer au ferry pour traverser le Canal del Dique (1 500 COP). Une fois de l'autre côté, prenez une moto-taxi (15 000 COP) pour la Playa Blanca. Cet itinéraire dure environ 3 heures.

## La Boquilla

À 7 km au nord de Cartagena sur la pointe septentrionale d'une étroite péninsule, ce village de pêcheurs bordé d'un côté par la mer et de l'autre par la Ciénaga de Tesca est très prisé des kitesurfeurs. En vous levant à 4h, vous pourrez voir les habitants à la *ciénaga* (lagune ou lac peu profond), maniant leurs fameux *atarrayas*, filets de

### BARRANQUILLA, LA VILLE DE LA FÊTE

Suffocante et bouillonnante, sous un soleil aveuglant, Barranquilla est une ville portuaire industrielle qui s'étend de manière anarchique le long des mangroves et de la mer des Caraïbes. Si faire de l'argent est ici le maître mot, Barranquilla est aussi célèbre pour avoir vu naître la reine de la pop colombienne, Shakira, et surtout pour son **carnaval** (www.carnavaldebarranquilla.org ; ⏱ fév) : chaque année, la ville cesse toute activité, range son bon sens au placard, revêt ses habits de fête et se déchaîne lors de la plus grande fête du pays.

Cette célébration de Mardi gras est la deuxième en taille après celle de Rio de Janeiro, ce qui en fait le deuxième carnaval d'Amérique du Sud. Il a lieu en février, durant les 4 jours précédant le mercredi des Cendres (la date change donc chaque année). Tout comme au carnaval de Rio, il y a des fanfares, des gens costumés, divers spectacles, un public dansant et buvant dans la rue, et une ambiance débridée, quasi démente. Le tout forme un ensemble assez anarchique, mais laissez-vous aller et vous pourriez bien vivre une expérience mémorable. Gardez toutefois un œil sur votre sac et sur vos compagnons de route.

Barranquilla forme une agglomération très étendue, avec sa part de quartiers sensibles. La plupart des hébergements bon marché sont autour du Paseo Bolívar (Calle 34), un secteur malfamé – comme en atteste la présence de nombreux militaires, même pendant la journée. El Prado offre un cadre plus agréable. Si vous venez pour le carnaval, réservez votre hébergement plusieurs mois à l'avance, sans quoi vous n'aurez nulle part où dormir. D'une manière générale, l'offre hôtelière est de piètre qualité, mais un établissement sort du lot : le ravissant **Meeting Point Hostel** (☎320-502-4459, 318-2599 ; ciampani@gmail.com ; Carr. 61 n°68-100 ; dort/ch à partir de 15 000/40 000 COP ; ❄📶), tenu par des Italiens.

Hors festivités de Mardi gras, il n'y a pas grand intérêt à se rendre à Barranquilla. Le reste de l'année, la plupart des visiteurs n'en voient que la gare routière, en chemin pour Santa Marta ou Minca, bien plus agréables, gardant pour unique souvenir de la ville sa circulation chaotique.

pêche ronds très courants en Colombie, en particulier sur la côte caraïbe.

À 5 minutes à pied du terminus des bus, **El Paraíso** est un endroit agréable pour passer la journée sur la plage. Il est également possible de faire une excursion en bateau avec les habitants le long des étroits chenaux qui traversent la mangrove au nord du village. Négociez le prix, et ne payez qu'à la fin du circuit.

Plusieurs restaurants occupent des **paillotes en feuilles de palmier** sur la plage. La plupart n'ouvrent que le week-end, pour les visiteurs venus de Cartagena. On y sert généralement du poisson avec de l'*arroz con coco* et des *patacones* (bananes plantains frites).

Des bus de ville relient fréquemment La Boquilla au Monumento a la India Catalina, à Cartagena (2 000 COP, 30 min).



## Volcán de Lodo El Totumo

À environ 50 km au nord-est de Cartagena, à quelques kilomètres au large de la côte, se dresse un curieux monticule de 15 m semblable à un petit volcan. Sauf qu'au lieu de cracher de la lave et des cendres, son cratère est empli d'une boue tiède et crémeuse. Il est possible d'accéder à ce dernier pour prendre un bain rafraîchissant dans cette boue riche en minéraux aux vertus thérapeutiques. On se lave ensuite dans la lagune, à 50 m de là.

L'accès au volcan est possible du matin au soir et le bain coûte 5 000 COP. Prévoyez beaucoup de petits billets pour donner des pourboires aux habitants qui vous proposeront divers services (massages plutôt amateurs, rinçage, port d'appareil photo, prise de photos...).

### Depuis/vers le Volcán de Lodo El Totumo

El Totumo est à la frontière des départements d'Atlántico et de Bolívar, à peu près à égale distance de Barranquilla et de Cartagena. Cette dernière, mieux pourvue en transports publics et en tour-opérateurs que Barranquilla, sert le plus souvent de point d'accès au volcan.

Les circuits organisés sont de loin le moyen le plus pratique et le plus rapide de visiter El Totumo, et cela ne revient pas plus cher que d'y aller par ses propres moyens. Plusieurs tour-opérateurs de Cartagena organisent des excursions en minibus (30 000-40 000 COP, selon si le déjeuner est inclus ou non). Presque tous les hôtels assurent les réservations pour ces circuits.

# NORD-EST DE CARTAGENA

Les départements d'Atlántico et de Magdalena se trouvent au nord-est de Cartagena, là où la plus haute chaîne de montagne côtière du monde, la Sierra Nevada de Santa Marta, commence à s'élever de la mer. La ville coloniale de Santa Marta, de plus en plus séduisante, et les beaux sites côtiers et montagneux qui l'entourent – le Parque Nacional Natural (PNN) Tayrona et la Ciudad Perdida – comptent parmi les curiosités les plus visitées de Colombie.

## Santa Marta

☎5 / 448 000 HABITANTS / 2 M D'ALTITUDE

Santa Marta est la ville espagnole la plus ancienne d'Amérique du Sud demeurée sur son site d'origine, et la deuxième ville coloniale sur la côte caraïbe colombienne. Malgré une riche histoire et un beau centre-ville, elle a souvent mauvaise réputation auprès des voyageurs, qui déplorent, à juste titre, une agglomération peu engageante et une circulation très dense. Les vrais atouts de Santa Marta sont en revanche ses hôtels, ses restaurants, ses bars et sa proximité avec de superbes sites. Cette ville constitue donc une excellente base, mais reste décevante comme destination touristique.

Cela dit, depuis la transformation en zone piétonne de plusieurs rues du centre et la rénovation du ravissant Parque de los Novios, Santa Marta revêt peu à peu un nouveau visage, et il se peut que vous soyez agréablement surpris. Il y fait chaud, mais c'est une chaleur plus sèche qu'à Cartagena, et la brise marine du soir, rafraîchissante, permet des promenades agréables.

### Histoire

En 1525, Rodrigo de Bastidas planta ici le drapeau espagnol : il avait choisi ce site pour sa situation au pied de la Sierra Nevada de Santa Marta, qui constituait une base pratique pour partir en quête des trésors du peuple Tayrona, réputés d'une valeur inestimable.

Dès le début de la spoliation de la Sierra, les habitants commencèrent à se rebeller. Mais, à la fin du XVIe siècle, les Tayronas avaient été anéantis et bon nombre de leurs extraordinaires objets en or avaient été pillés pour la Couronne espagnole, et transformés en matériau brut.

Santa Marta fut aussi l'un des premiers points d'accès vers l'intérieur de la colonie. C'est de là que Jiménez de Quesada se mit en route en 1536, remontant avec difficulté la vallée du Río Magdalena, pour fonder Bogotá deux ans plus tard.

Théâtre de la guerre contre les Tayronas et mise à sac à plusieurs reprises par les pirates, Santa Marta n'a pas connu une histoire coloniale très illustre et ne tarda pas à être éclipsée par sa voisine plus jeune et progressiste, Cartagena. À l'échelle nationale, Santa Marta est toutefois célèbre pour être le lieu où mourut Simón Bolívar le 17 décembre 1830, après avoir permis à six pays d'Amérique latine d'accéder à l'indépendance.

## À voir

L'Av. Rodrigo de Bastidas (Carr. 1C), en bord de mer, est la principale artère touristique et reste animée tard dans la nuit. Elle offre une belle vue sur la baie et sur une petite île rocheuse au large, du nom d'El Morro.

La plupart des activités touristiques se concentrent entre le front de mer et l'Av. Campo Serrano (Carr. 5), la principale rue commerçante. La station balnéaire d'El Rodadero, à 5 km au sud du centre, est très prisée des vacanciers colombiens. Des bus font fréquemment la navette entre le centre et El Rodadero (15 minutes de trajet).

**Museo del Oro** MUSÉE

(C. 14 n°1-37 ; 11h-18h). GRATUIT Le musée de l'Or occupe une belle demeure coloniale, la Casa de la Aduana (maison de la Douane), qui fut entièrement rénovée en 2014. On y trouve une belle collection d'objets fabriqués par les Tayronas, principalement en terre cuite et en or, ainsi que par les peuples Kogi et Arhuaco. Ne manquez pas l'impressionnante maquette de la Ciudad Perdida, surtout si vous comptez visiter le site.

**Catedral** ÉGLISE

(angle Carr. 4 et C. 17). Cette imposante cathédrale blanche est présentée comme la plus ancienne église de Colombie. Cependant, les travaux n'ayant été complètement achevés qu'à la fin du XVIIIe siècle, elle mêle différents styles architecturaux. Elle abrite les cendres du fondateur de la ville, Rodrigo de Bastidas (juste à gauche en entrant). Simón Bolívar y fut enterré en 1830, mais en 1842, sa dépouille fut ramenée à Caracas, sa ville natale.

**Quinta de San Pedro Alejandrino** MUSÉE

(433-1021 ; www.museobolivariano.org.co ; Av. Libertador ; adulte/enfant 12 000/10 000 COP ; 9h30-16h30). C'est dans cette hacienda en périphérie de la ville que Simón Bolívar vécut ses derniers jours et mourut. La propriété appartenait à un Espagnol, fervent défenseur de l'indépendance de la Colombie, qui invita Bolívar à séjourner chez lui pour se reposer avant d'entreprendre le voyage en Europe qu'il projetait. Plusieurs monuments furent érigés sur la propriété en souvenir du Libertador, le plus imposant étant un petit édifice baptisé **Altar de la Patria** ("autel de la Patrie").

À droite de ce dernier, le **Museo Bolivariano** conserve des œuvres données par des artistes d'Amérique latine, notamment de Colombie, du Venezuela, du Panama, d'Équateur, du Pérou et de Bolivie, les pays libérés par Bolívar.

Dans la maison, remarquez la baignoire en marbre, d'un luxe démesuré. L'hacienda fut construite au début du XVIIe siècle et servit à la culture et à la transformation de la canne à sucre. Elle disposait de son propre *trapiche* (moulin à canne à sucre) et d'une *destilería* (distillerie).

Le superbe domaine, qui comprend les 22 ha du **Jardín Botánico** de Santa Marta, mérite aussi d'être visité – certains arbres justifient à eux seuls le déplacement. La *quinta* se trouve dans la banlieue de Mamatoco, tout à l'est, à environ 4 km du centre-ville. Pour vous y rendre, prenez le bus pour Mamatoco au niveau du front de mer (Carr. 1C). Comptez 20 minutes de trajet jusqu'à l'hacienda (1 500 COP).

## Circuits organisés

Si la plupart des agences de Santa Marta sont spécialisées dans les treks à la Ciudad Perdida, elles peuvent aussi organiser d'autres randonnées, ainsi que des sorties d'observation des oiseaux, des itinéraires à VTT, et des visites de Minca et du PNN Tayrona. **José "Chelo" Gallego** (316-232-5366 ; jose087301@hotmail.com), qui a de nombreuses années d'expérience, organise des circuits sur mesure dans les montagnes

## Santa Marta

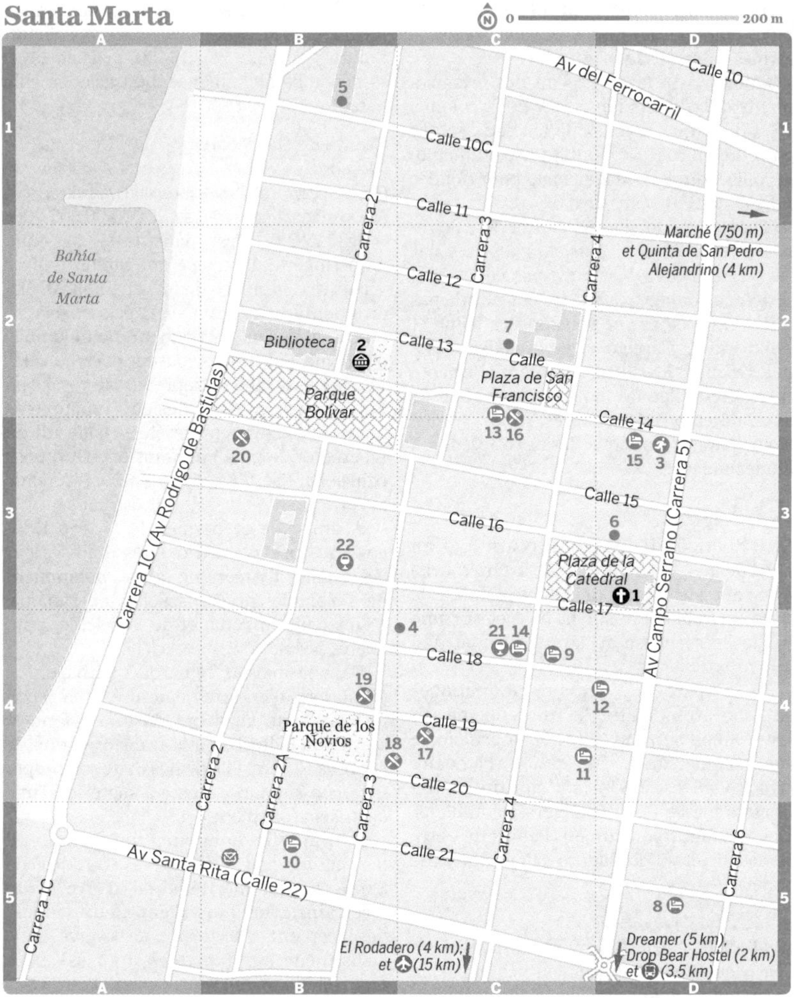


(il ne parle que l'espagnol). Entre autres agences réputées proposant des circuits dans la région, citons **Aventure Colombia** (☎430-5185 ; www.aventurecolombia.com ; C. 14 n°4-80) et Expotur (p. 165).

### Où se loger

De nombreux hébergements, toutes gammes confondues, ont récemment vu le jour à Santa Marta. Vous aurez donc l'embarras du choix. Il peut être imprudent de se promener dans certaines rues au nord de la Calle 10C après la tombée de la nuit.

**The Dreamer** AUBERGE DE JEUNESSE **$**
(☎433-3264 ; www.thedreamerhostel.com ; Diagonal 32, Los Trupillos, Mamatoco ; dort à partir de 20 000 COP, d à partir de 70 000 COP ; ). Une auberge de standing, intelligemment conçue, dont les chambres entourent l'une des plus belles piscines de Santa Marta. Même les dortoirs ont la clim, en plus d'une salle de bains commune propre et de lits confortables, ce qui en fait une adresse très prisée des voyageurs avertis. Les propriétaires italiens proposent en outre une nourriture excellente.

## Santa Marta

**À voir**
1 Catedral....D3
2 Museo del Oro....B2

**Activités**
3 Aventure Colombia....D3
4 Expotur....C4
5 Guias y Baquianos Tours....B1
6 Magic Tours....D3
7 Turcol....C2

**Où se loger**
8 Aluna....D5
9 Casa del Agua....C4
10 Casa del Arbol....B5
11 Casa del Piano....C4
12 Casa Verde....D4
13 La Brisa Loca....C2
14 La Casa del Farol....C4
15 Masaya....D3

**Où se restaurer**
16 Agave Azul....C3
17 El Bistró....C4
18 Ouzo....B4
19 Radio Burger....B4
20 Tierra Negra....B3

**Où prendre un verre et faire la fête**
21 Crabs....C4
22 La Puerta....B3

Bien qu'un peu loin du centre-ville, l'auberge est en fait très bien située pour partir en excursion à la Ciudad Perdida, au PNN Tayrona, à Minca et vers certaines des meilleures plages de la région, puisque son emplacement permet d'éviter la circulation.

**Drop Bear Hostel** AUBERGE DE JEUNESSE $
(☎435-8034 ; www.dropbearhostel.com ; Carr. 21 n°20-36 ; dort avec clim/ventil 28 000/22 000 COP, ch avec clim/ventil 90 000/75 000 COP ; ❄@📶🏊). Si la demeure qu'elle occupe fut jadis la résidence de membres d'un cartel de la drogue, c'est bien la seule part d'ombre de cette auberge où la gaieté n'est pas un vain mot. Ceux que cet aspect des choses intéressent pourront explorer les lieux – Gabe, le propriétaire australien, pense que de l'or serait encore caché quelque part dans les murs. Malgré un emplacement peu pratique en périphérie, les grandes chambres, la belle piscine et l'ambiance accueillante ont permis de fidéliser la clientèle. La course en taxi depuis le centre coûte 6 000 COP.

Certaines des chambres privatives, qui ont à peine changé depuis leur âge d'or dans les années 1980, sont assez extraordinaires, et possèdent d'immenses salles de bains. Un lieu pour le moins insolite et plein de caractère, où l'on peut aussi bien se détendre que faire la fête.

**Aluna** AUBERGE DE JEUNESSE $
(☎432-4916 ; www.alunahotel.com ; C. 21 n°5-72 ; dort 25 000 COP, s/d 70 000/90 000 COP, sans clim 50 000/70 000 COP ; ❄📶). Cette charmante auberge offre des dortoirs bien proportionnés, de confortables chambres privatives, d'agréables espaces communs, une cuisine bien équipée avec casiers individuels, et le meilleur troc de livres de la côte. Demandez à Patrick, le propriétaire, de vous renseigner sur les possibilités d'hébergement au Paso del Mango voisin, véritable paradis aviairc. Le petit-déjeuner, non inclus, est servi dans le café au rez-de-chaussée.

♥ **Masaya** AUBERGE DE CHARME $$
(☎423-1770 ; www.masaya-experience.com ; Carr. 14 n°4-80 ; dort 22 000-33 000 COP, ch petit-déj inclus 110 000-140 000 COP ; ❄@📶🏊). Cette auberge récemment installée bat tous les records. Dans une vieille demeure du centre-ville intelligemment réaménagée, elle abrite des dortoirs d'un excellent rapport qualité/prix et de magnifiques chambres plus onéreuses. Bar animé sur le toit, 3 petites piscines, vaste cuisine en extérieur et nombreuses activités. Le petit-déjeuner, servi sur le toit, est en supplément à 7 500 COP pour ceux qui séjournent en dortoir. Personnel aimable et compétent, et excellente ambiance.

♥ **La Casa del Farol** BOUTIQUE-HÔTEL $$
(☎423-1572 ; www.xarmhotels.com ; C. 18 n°3-115 ; ch/ste petit-déj inclus à partir de 160 000/350 000 COP ; ❄📶🏊). Cet hôtel de 12 chambres occupe un bâtiment de 1720. Il est tenu par la dynamique Sandra, une Barcelonaise qui révolutionne tranquillement l'offre hôtelière de Santa Marta. Les chambres sont grandes, avec carreaux de terre cuite au sol, hauts plafonds et poutres apparentes. Elles portent chacune le nom d'une ville, et sont toutes décorées différemment. Le personnel, en uniforme, est extrêmement poli.

Superbe terrasse sur le toit offrant une vue imprenable sur la cathédrale et agrémentée de transats. Sandra gère aussi la **Casa del Agua** (☎432-1572 ; www.lacasadelagua.com.co ; C. 18 n°4-09 ; ❄📶🏊), la **Casa del Arbol** (☎422-4817 ; www.lacasadelarbol.com.co ;

### LE RITUEL DES FEUILLES DE COCA

Lors de vos trajets le long de la côte caraïbe, vous verrez peut-être des Kogi montant à bord des bus locaux avec des sacs remplis de coquillages. Ceux-ci n'ont pas une fonction ornementale. Les Indiens de la Sierra Nevada de Santa Marta s'en servent pour consommer la coca dans le cadre d'un rituel sacré, appelée *poporo*.

Les alcaloïdes actifs contenus dans les feuilles de coca deviennent un puissant stimulant lorsqu'ils sont chimiquement transformés en cocaïne. Mâcher les feuilles seules n'a que peu d'effet. En revanche, lorsqu'on y ajoute une substance alcaline, leurs principes actifs se multiplient, permettant à ceux qui les consomment de parcourir de longues distances à pied, sans repos ni nourriture, et même en altitude – pratique lorsque l'on vit dans la plus haute chaîne de montagnes côtière du monde.

Pour le *poporo*, des milliers de coquillages, appelés *caracuchas*, sont collectés, chauffés sur un feu, puis écrasés en une fine poudre de chaux. Cette poudre est ensuite placée dans une calebasse évidée, appelée *totuma*, qui symbolise la féminité. Cet objet est remis aux hommes à leur majorité.

Les femmes cueillent les feuilles de coca et les font sécher en les plaçant dans des *mochilas* (sacs à bandoulière tissés) avec des pierres chaudes. Les hommes mettent ensuite ces feuilles dans leur bouche, à quoi ils ajoutent un peu de poudre de coquillage récupérée dans leur *totuma* à l'aide d'un petit bâton. Ils enduisent l'extérieur de la *totuma* avec les excédents de salive et de poudre, ce qui fait grossir la calebasse – et symbolise la sagesse. Ils peuvent mâcher ce mélange jusqu'à 30 minutes : la salive alcalinisée entraîne alors la libération des principes actifs des feuilles de coca, agissant dès lors comme un psychostimulant.

C. 21 n°3-115 ; ❄📶🏊) et la **Casa del Piano** (☎423-1572 ; www.xarmhotels.com ; C. 19 n°4-76 ; ❄📶🏊), trois établissements du centre-ville au cadre et aux tarifs similaires.

**La Brisa Loca** AUBERGE DE JEUNESSE **$$**
(☎431-6121 ; www.labrisaloca.com ; C. 14 n°3-58 ; dort avec/sans clim à partir de 35 000/20 000 COP, ch avec/sans sdb 100 000/80 000 COP ; ❄@📶🏊). Avec une centaine de lits, la "brise folle" attire une clientèle jeune et festive. Dortoirs de 4 à 10 places et chambres privatives, tous avec des lits fermes, de hauts plafonds, des carrelages anciens, et même des casiers permettant de charger son téléphone en toute sécurité. L'auberge gravite autour d'un bar animé et chaleureux, avec billard et murs peints façon BD. De nouvelles pièces ont récemment été aménagées sur le toit, où sont organisées de grandes fêtes le week-end. Lola, à l'accueil, est une véritable mine d'informations, et vous fournira des conseils avisés sur Santa Marta.

**Casa Verde** HÔTEL **$$**
(☎431-4122 ; www.casaverdesantamarta.com ; C. 18 n°4-70 ; ch petit-déj inclus 174 000-232 000 COP, ste 290 000 COP ; ❄📶🏊). Si vous êtes ce que l'attentif propriétaire, qui vit sur place, appelle "un routard à la retraite", ce joli hôtel de 6 chambres est fait pour vous : murs et sols décorés de galets, jolies salles de bains, draps impeccables, et chambres blanches et bien conçues. La rafraîchissante piscine près du hall donne à l'endroit des allures de villa romaine.

## Où se restaurer

Santa Marta possède l'une des meilleures scènes culinaires de la côte. L'affluence de restaurateurs latino et nord-américains a suscité une tendance à la simplification des menus, avec une attention particulière portée à l'ambiance et à la présentation élégante de recettes classiques. De nombreux établissements se concentrent aux abords du Parque de los Novios.

♥ **Ouzo** MÉDITERRANÉEN **$$**
(☎423-0658 ; Carr. 3 n°19-29, Parque de los Novios ; plats 17 000-38 000 COP ; ⏲18h-23h lun-sam ; 📶). L'Ouzo propose une carte épurée et classique de plats grecs et italiens, dont de superbes pizzas cuites au feu de bois, ainsi qu'un bon choix de vins. Le poulpe mijote pendant 2 heures dans un bouillon à l'ail, puis il est déposé sur des braises afin de saisir et de fixer les saveurs. Excellent service, dans une salle magnifique et préservée de la chaleur des cuisines.

**El Bistró** INTERNATIONAL **$$**
(C. 19 n°3-68 ; plats 18 000-30 000 COP ; ⌚11h-23h ; 📶). Une charmante nouvelle adresse, à proximité du Parque de los Novios, dont la carte comprend des plats classiques copieux comme le steak tartare, le jarret d'agneau, le filet mignon et un alléchant éventail de produits de la mer. Les tables installées dehors côté rue sont parfaites pour observer le ballet des passants.

**Agave Azul** MEXICAIN **$$**
(☎431-6121 ; C. 14 n°3-58 ; plats 18 000-25 000 COP ; ⌚dîner lun-sam ; 📶). Il suffit de mordre dans une *tostada* généreusement garnie de la viande la plus tendre de la ville, d'avocats délicieusement crémeux et d'une salade croquante à souhait pour se croire au Mexique. La présentation est très travaillée. Excellents steaks également.

**Radio Burger** HAMBURGERS **$$**
(Parque de los Novios ; plats 15 000-25 000 COP ; ⌚17h-23h ; 📶). Ce petit restaurant insolite occupe le local de la première radio de Santa Marta, d'où les vieux postes récepteurs qui ornent les lieux. Les hamburgers sont réussis et il y a une superbe terrasse donnant directement sur le parc.

**Tierra Negra** COLOMBIEN **$$$**
(☎422-8421 ; www.tierranegra.co ; C. 15 n°1C-40, Parque Bolívar ; plats 28 000-50 000 COP ; ⌚12h-15h et 19h-minuit lun-sam ; 📶). Il serait dommage de passer à côté de ce magnifique restaurant, caché en haut d'un modeste escalier sur la place principale de Santa Marta. Il possède un bel espace pour manger, à la fois intérieur et extérieur. La carte, inventive, met l'accent sur les produits de la mer tout en offrant un impressionnant choix de produits de la "tierra", comme l'agneau braisé sauce à la pêche. L'une des meilleures adresses de la ville.

## Où prendre un verre et faire la fête

Le Parque de los Novios est un important lieu de rassemblement, où jeunes et anciens viennent pour boire une bière fraîche, se retrouver entre amis, flirter et échanger les derniers potins avant de sortir jusqu'au petit matin.

**Crabs** BAR
(C. 18 n°3-69 ; ⌚20h-3h mer-sam). Un bar perpétuellement animé, avec billard, terrasse fumeurs, boissons à prix correct, et écrans vidéo rendant hommage au bon vieux rock.



VAUT LE DÉTOUR

### ARACATACA : ENTRE RÉALISME ET MAGIE

Bienvenue à Macondo. Les gens du pays, les cartes, les chauffeurs de bus et les fonctionnaires gouvernementaux vous diront que son vrai nom est Aracataca, et les habitants ont même voté contre un changement de nom lors d'un référendum en 2006. Mais quiconque a lu *Cent ans de solitude*, le chef-d'œuvre de Gabriel García Márquez, serait intéressé de savoir que le lieu où naquit l'auteur est aussi celui qui lui inspira le village imaginaire de Macondo, si merveilleusement décrit dans son roman.

Cartagena et Mompox sont les principaux lieux de pèlerinage en Colombie sur les traces de Gabriel García Márquez, Mompox rappelant aujourd'hui grandement la description qui est faite de Macondo. Cela dit, Aracataca reste un lieu incontournable pour les puristes. Si cette localité plutôt quelconque et moderne n'a pas grand intérêt en termes d'atmosphère et d'architecture, elle abrite la très intéressante **Casa Museo Gabriel García Márquez** (☎5-425-6588 ; Carr. 6 n°5-46 ; ⌚8h-13h et 14h-17h mar-dim) GRATUIT.

Le musée occupe une reconstitution très fidèle de la maison où naquit l'écrivain en 1927 – la maison d'origine fut vendue par sa famille et détruite il y a plusieurs dizaines d'années. Dans chaque pièce, des panneaux explicatifs permettent de faire le lien avec diverses scènes des livres de Gabo, replaçant ainsi la maison et l'œuvre de l'auteur dans leur contexte.

Vous pouvez visiter Aracataca par vos propres moyens en prenant un bus au marché de Santa Marta (8 000 COP, 1 heure 30). Sinon, **Darlis Contreras** (☎300-343-7366) propose d'excellentes visites guidées. Elle vous fera visiter le reste du village et vous indiquera d'autres lieux ayant joué un rôle dans la vie de Gabriel García Márquez (en espagnol uniquement).

**La Puerta** CLUB
(C. 17 n°2-29 ; 18h-1h mar-mer, 18h-3h jeu-sam). Étudiants colombiens et voyageurs s'enivrent gaiement dans une atmosphère bienveillante et délicieusement colombienne. Soca, salsa, house, hip-hop et reggae mettent le feu à la piste de danse surpeuplée. Les ventilateurs soufflant sur cette dernière donnent aux danseurs un look échevelé et séduisant, même après une demi-bouteille d'*aguardiente*.

## Renseignements

**4-72** (421-0180 ; C. 22 n°2-08 ; 8h-12h et 14h-18h lun-ven, 8h-12h sam). Bureau de poste.

**Aviatur** (423-5745 ; new.aviatur.com ; C. 15 n°3-20 ; 8h-12h et 14h-16h lun-ven). Assure les réservations pour son camping du PNN Tayrona, ainsi que pour des hébergements plus haut de gamme (Ecohabs) dans le parc.

**Fondo de Promoción Turística de Santa Marta** (422-7548 ; C. 10 n°3-10, El Rodadero ; 8h-12h et 14h-18h lun-ven, 8h-12h sam). L'office du tourisme de Santa Marta, qui travaille avec des hôtels affiliés, est le meilleur endroit pour obtenir des renseignements.

**Policía Nacional** (421-4264 ; C. 22 n°1C-74)



## Depuis/vers Santa Marta

### AVION

L'aéroport est à 16 km au sud de la ville sur l'axe Barranquilla-Bogotá. Les bus municipaux indiqués "El Rodadero Aeropuerto" le rallient en 45 minutes depuis la Carrera 1C. Il y a notamment des vols pour Bogotá et Medellín.

**Avianca** (421-4018 ; www.avianca.com ; Carr. 2A n°14-47 ; 8h-18h lun-ven, 9h-13h sam)

**Viva Colombia** (www.vivacolombia.org ; aéroport)

### BUS

La gare routière est dans la banlieue sud-est de la ville. Elle est desservie par des minibus fréquents depuis la Carrera 1C dans le centre, et par les taxis (6 000 COP).

Les principales compagnies de bus assurent toutes plusieurs liaisons quotidiennes vers les villes suivantes :

**Barranquilla** 12 000 COP, 2 heures, 1 bus/heure

**Bogotá** 80 000 COP, 18 heures

**Cartagena** 25 000 COP, 4 heures, 1 bus/heure jusqu'à 17h30

**Medellín** 110 000 COP, 15 heures

Des bus partent également pour Riohacha (20 000 COP, 2 heures 30) toutes les 30 minutes jusqu'à 17h – tous continuent jusqu'à Maicao (25 000 COP, 4 heures), la dernière ville colombienne avant la frontière avec le Venezuela. Là, vous pourrez prendre une correspondance pour Maracaibo (Venezuela). Ne vous éloignez pas trop de la gare routière – la sécurité s'est sensiblement améliorée à Maicao, mais elle reste une plaque tournante de la contrebande en provenance du Venezuela.

Il y a aussi chaque jour 6 bus directs pour Tolú (50 000 COP, 7 heures) et 3 pour Bucaramanga (80 000 COP, 9 heures).

Des bus partent également du marché de Santa Marta, situé Calle 11 et Carrera 12, à quelques minutes à pied du centre-ville.

# Minca

5

Perché à 600 m d'altitude dans la Sierra Nevada, Minca est un village de montagne connu pour son café biologique, ainsi que pour ses températures bien plus fraîches que celles de sa voisine en contrebas, Santa Marta. Ces dernières années, cette ravissante localité est devenue de plus en plus prisée des touristes, notamment de routards souhaitant se ressourcer durant une ou deux semaines au cours de leur périple. L'air frais, les plus de 300 espèces aviaires et les superbes panoramas en font une base de choix pour la pratique du VTT, l'observation des oiseaux et la randonnée.

## Activités

**Marcos Torres López** OBSERVATION DES OISEAUX
(314-637-1029 ; marcostorres92@yahoo.com.co). Marcos est l'ornithologue le plus compétent de Minca et attire une clientèle internationale sans parler anglais. Une journée complète d'excursion à El Dorado, déjeuner et transport inclus, ne coûte que 150 000 COP.

**Francisco Troncoso** OBSERVATION DES OISEAUX
(422-0500, 317-851-3155 ; francisco_troncoso@hotmail.com). Francisco Troncoso, qui parle anglais, est un guide réputé, spécialisé dans l'observation des oiseaux. Il facture 205 000 COP par jour, ou 325 000 COP avec le transport.

**Jungle Joe Minca Adventures** CIRCUITS ORGANISÉS
(317-308-5270 ; www.junglejoeminca.com). Sorties d'une journée : *tubing* (descente de rivière sur une grosse bouée), canyoning, équitation, descente en rappel, VTT ou encore observation des oiseaux. Joe Ortiz,

très serviable, est chaudement recommandé par ses anciens clients.

**Lucky Tours** VTT
(☎310-397-5714). Installé dans le Tienda Café de Minca, ce spécialiste du VTT est géré par Andrés, qui vous guidera dans de superbes excursions, notamment le Kraken, un itinéraire à travers 11 écosystèmes différents, et le Clockwork Orange, un autre circuit de calibre mondial.

**Fidel Travels** CIRCUITS ORGANISÉS
(☎311-683-2099 ; www.fideltravels.com). Juste à côté de l'église, Fidel Travels propose des circuits d'observation des oiseaux, des visites de la plantation de café La Victoria, et des sorties à El Pozo Azul, un magnifique lieu de baignade.

## Où se loger et se restaurer

Les auberges et les petits hôtels étant nombreux à Minca, il est généralement facile de se loger.

**Casa Elemento** RETRAITE $
(☎313-587-7677, 311-655-9207 ; www.casaelemento.com ; au-dessus de Minca ; dort 25 000 COP, d à partir de 70 000 COP ; ). L'ascension jusqu'à cet endroit merveilleux est une aventure en elle-même et fait office de sélection naturelle des hôtes. Créée et gérée par une équipe cosmopolite, la Casa Elemento jouit d'un emplacement d'exception et d'un superbe panorama – l'endroit est idéal pour se couper du monde. Elle est à 30 minutes de moto de Minca (15 000 COP).

Elle offre un hébergement sommaire de type auberge de jeunesse, une petite piscine, des toilettes avec vue sur la forêt, et un bar-restaurant animé. La pièce maîtresse est un hamac géant pouvant facilement accueillir une dizaine de personnes pour boire un verre en admirant la vue. Des tyroliennes tendues entre les arbres relient des plates-formes d'où l'on peut observer les oiseaux. Il n'y a pas le Wi-Fi, ce qui crée une ambiance propice aux échanges et facilite la pratique de l'activité de prédilection ici : la déconnexion du monde extérieur.

Il serait impardonnable de ne pas redescendre à pied jusqu'à Minca, mais il faut être masochiste pour ne pas faire la montée en moto.

**Casa Loma** AUBERGE DE JEUNESSE $
(☎313-808-6134 ; casalomaminca.com ; hamac 15 000 COP, ch sans sdb à partir de 65 000 COP). En haut du coteau derrière l'église, cette vaste auberge rustique ressemble à une vaste maison perchée dans les arbres. Tenue par un personnel jeune et accueillant, elle jouit d'une vue imprenable sur la vallée. Les chambres, toutes équipées de moustiquaires, vous rappelleront certainement les rêves de cabanes de votre enfance. Avec son fabuleux balcon, la chambre *mirador* remporte la palme.

D'autres chambres sont en construction un peu plus haut sur le coteau. Restaurant italien sur place.

**Hotel Minca** HÔTEL $$
(☎317-437-3078 ; www.hotelminca.com). Cet établissement est ce qui se rapproche le plus de l'hôtel classique à Minca. Ses 13 grandes chambres sans fioritures occupent un ancien couvent de style colonial entouré d'une épaisse végétation. En prenant votre petit-déjeuner sur le balcon, vous serez entouré de centaines de colibris venus s'abreuver de l'eau sucrée déposée à dessein par le personnel.

**Lazy Cat** INTERNATIONAL $
(C. Principal Diagonal ; plats 12 000-20 000 COP ; ⏲12h-22h sam-jeu, 8h-22h déc-fév ; ). Très prisé des routards, ce restaurant tenu par des expatriés est une excellente adresse dans le centre pour déguster *quesadillas*, salades et hamburgers gourmets. Un balcon surplombe la vallée en contrebas, et vous verrez peut-être le chat paresseux éponyme en train de se prélasser quelque part. Le cheesecake à la mangue est fabuleux. En haute saison, le petit-déjeuner coûte 8 000 COP.

**Casa d'Antonio** ESPAGNOL $$$
(☎312-342-1221 ; www.hotelrestaurantecasadantonio.com ; plats 22 000-58 000 COP ; ⏲déj et dîner ; ). Ravissant restaurant à 5 minutes à pied du centre de Minca. Antonio, originaire de Málaga, cuisine, à l'espagnole, de savoureux produits, dont une *paella de mariscos* (48 000 COP pour 2 pers) et du *pulpo a la gallega* (poulpe à la galicienne), le tout servi sur la véranda. La tarte au citron est sensationnelle. Loue aussi des hébergements d'un bon rapport qualité/prix (35 000 COP/pers). Prenez le chemin qui monte à flanc de colline depuis l'Hotel Minca.

## Depuis/vers Minca

Des *colectivos* (petits bus) et des taxis collectifs (7 000 COP, 45 min) desservent Minca depuis

Santa Marta – départs devant le marché, à l'angle de la Calle 11 et de la Carrera 12. Pour le même prix, vous pouvez aussi prendre une moto-taxi, plus rapide. Sachez cependant qu'elles partent de Yucal, un quartier en périphérie de la ville : il vous faudra donc payer 6 000 COP de taxi pour vous y rendre depuis le centre.

## Taganga

☎5 / 5 000 HABITANTS

L'histoire de Taganga pourrait passer pour un récit édifiant sur les dangers du développement touristique. Niché dans une belle baie profonde en forme de fer à cheval, à 5 km au nord-est de Santa Marta, ce qui était jadis un simple village de pêcheurs semblait avoir gagné le gros lot en devenant, il y a une dizaine d'années, une étape réputée pour les routards en Amérique du Sud. Avec l'accroissement du nombre de visiteurs colombiens et étrangers, une nouvelle classe moyenne de petits commerçants émergea (gérants d'auberges de jeunesse, restaurateurs et autres). Si leurs affaires étaient florissantes, de nombreux habitants avaient du mal à tirer leur épingle du jeu. Certains se mirent à vendre de la drogue aux voyageurs, accentuant davantage les disparités sociales.

Ces dernières années, Taganga est passée du statut d'étape touristique quasi incontournable à celui de ville inhospitalière et peu engageante. La pauvreté est omniprésente, les rues sont malfamées le soir, et l'impression d'une ville à deux vitesses est de plus en plus criante. Cela dit, un certain nombre de voyageurs continuent à venir ici pour profiter des hébergements bon marché et des possibilités de fête et de plongée, tandis que d'autres apprécient l'ambiance de petite ville, qui contraste avec l'oppressante Santa Marta voisine.

La plage est sale et la mer peu attrayante. En revanche, les plages du PNN Tayrona ne sont qu'à quelques minutes de bateau, et la plongée reste bon marché. Selon nous, mieux vaut séjourner à Santa Marta, au PNN Tayrona ou à Minca. Cela dit, Taganga compte deux excellents restaurants, et son ambiance plaira peut-être à certains.

### Activités

Taganga est un endroit prisé des amateurs de plongée, et de nombreuses écoles proposent des sorties en mer et des cours. Le prix d'une formation PADI Open-Water de 4 jours oscille entre 600 000 et 750 000 COP. Certains prestataires sont peu scrupuleux : soyez vigilant.

**Poseidon Dive Center** PLONGÉE
(☎421-9224 ; www.poseidondivecenter.com ; C. 18 n°1-69). Une école de plongée expérimentée et bien équipée : 720 000 COP la formation Open-Water.

### Circuits organisés

Les agences de Taganga proposent des circuits prisés et compétitifs vers la Ciudad Perdida.

**Expotur** CIRCUITS ORGANISÉS
(☎421-9577 ; www.expotur-eco.com ; C. 18 n°2A-07). Le bureau de Taganga de cette excellente agence basée à Santa Marta organise des treks à la Ciudad Perdida, des visites de La Guajira et du PNN Tayrona, ainsi que des circuits à VTT ou d'observation des oiseaux.

**Magic Tour** CIRCUITS ORGANISÉS
(☎317-679-2441, 421-9429 ; www.magictourcolombia.com ; C. 14 n°1B-50). Dans son enseigne de Taganga, cette agence réputée de Santa Marta vend des circuits à la Ciudad Perdida, à La Guajira et au PNN Tayrona.

**Turcol** CIRCUITS ORGANISÉS
(☎421-9027 ; www.turcoltravel.com ; C. 19 n°5-40). L'une des plus anciennes agences proposant des excursions à la Ciudad Perdida. Visites du PNN Tayrona et de La Guajira également.

### Où se loger

**Casa de Felipe** AUBERGE DE JEUNESSE $
(☎316-318-9158, 421-9120 ; www.lacasadefelipe.com ; Carr. 5A n°19-13 ; dort 20 000-23 000 COP, s/d à partir de 50 000/60 000 COP, app 100 000 COP ; @ 📶). Cette auberge tenue par un Français et son épouse colombienne est le meilleur hébergement bon marché de Taganga. C'est un endroit très sûr, bien que le soir, il soit essentiel de s'y rendre en taxi. Dans une belle maison entourée d'un domaine luxuriant au-dessus de la baie, elle offre d'agréables chambres, un bon bar, une cuisine, la TV câblée, de nombreux hamacs et un excellent petit-déjeuner. Personnel

très compétent et clientèle cosmopolite et amicale.

**Divanga** PENSION $$
(☎421-9092 ; www.divanga.com ; C. 12 n°4-07 ; dort 32 000-44 000 COP, s/d petit-déj inclus à partir de 74 000/94 000 COP/pers ; ). Également gérée par des Français, cette pension dégage un charme fou : elle est décorée d'œuvres d'artistes locaux et la plupart des chambres entourent la piscine. Terrasse et bar sur le toit, où souffle une agréable brise marine. Si vous recherchez le calme, optez pour cette adresse plutôt que pour la Casa de Felipe.

## Où se restaurer

Taganga compte deux excellents restaurants, ainsi que de nombreux établissements bon marché sur le front de mer.

**Babaganoush** INTERNATIONAL $$
(Carr. 1C n°18-22 ; plats 15 000-25 000 COP ; 12h-23h mer-lun ; ). Ce restaurant douillet installé sur un toit offre un magnifique panorama sur la baie. Il a su fidéliser sa clientèle grâce à une carte éclectique – nous vous recommandons la soupe au potiron, le filet mignon et le curry vert thaï. Sur la route de Santa Marta, en montant la colline.

**Pachamama** FRANÇAIS $$
(☎421-9486 ; C. 16 n°1C-18 ; plats 15 000-30 000 COP ; 18h-23h lun-sam ; ). Le Pachamama est au fond d'une ruelle calme, dans une petite enceinte murée. Avec ses touches tropicales et son ambiance détendue, il a des allures de bar de plage en intérieur. Pourtant, le chef français y propose l'une des cartes les plus créatives de la côte, dont de fabuleuses langoustines au bacon et à l'estragon, et un carpaccio de thon absolument parfait.

## Renseignements

Ces dernières années, la sécurité à Taganga s'est considérablement dégradée. Soyez vigilant quelle que soit l'heure, et ne quittez pas les grands axes si vous êtes seul. Bien que la Playa Grande ne soit qu'à 15 minutes de marche du centre, ne tentez pas de vous y rendre à pied ; les vols sont fréquents sur ce trajet, même en pleine journée. La nuit, déplacez-vous toujours en taxi.

Il n'y a qu'un seul DAB à Taganga, et il est constamment vide ou cassé. Les DAB fiables les plus proches sont à Santa Marta.

Vous trouverez le centre d'information touristique directement sur le front de mer en arrivant de la route principale.

## Depuis/vers Taganga

Taganga est facilement accessible. Des minibus (1 500 COP, 15 min) partent fréquemment de Santa Marta, depuis la Carrera 1C et la Carrera 5. Un taxi coûte 10 000 COP.

Un bateau assure quotidiennement la liaison entre Taganga et le Cabo San Juan del Guía, au PNN Tayrona. En basse saison, il part à 11h de Taganga et à 16h du Cabo San Juan. En haute saison, il fait l'aller-retour 3 fois par jour. L'aller simple coûte 45 000 COP, le trajet dure 1 heure et le bateau part du centre d'information touristique. À votre arrivée, il vous faudra payer un droit d'accès au PNN Tayrona (tarif plein/étudiant et -26 ans 38 000/7 500 COP).

# Parque Nacional Natural (PNN) Tayrona

☎5 / 5 000 HABITANTS

Ce parc national, l'un des plus prisés de Colombie, enveloppe d'un écrin de verdure la côte caraïbe au pied de la Sierra Nevada de Santa Marta. Il s'étend le long de la côte depuis la Bahía de Taganga, près de Santa Marta, jusqu'à l'embouchure du Río Piedras, à 35 km à l'est, englobant quelque 12 000 ha de terre et 3 000 ha de mer.

Le paysage est très varié : plages de sable le long de la côte nord, et forêt tropicale humide à 900 m d'altitude, à la frontière sud du parc. La partie la plus à l'ouest est aride – on y trouve des collines brun clair et une végétation xérophile, dont des cactus. Dans le Centre et l'Est, moins secs et plus verts, la forêt tropicale domine. C'est en mai, en juin, et de septembre à novembre que le climat est le plus humide. Au moins 56 espèces menacées peuplent le parc, mais la plupart se cachent dans la forêt et sont donc difficilement observables.

La région était jadis habitée par les Tayronas, dont des vestiges archéologiques ont été découverts dans le parc. Les plus remarquables sont les ruines de la cité préhispanique de Pueblito (appelée Chairama par ses habitants), considérée comme l'une des plus importantes agglomérations tayronas. Les vestiges de plus de 500 habitations ont été mis au jour, et l'on estime que la cité a pu abriter jusqu'à 4 000 personnes.

Bon nombre de visiteurs viennent avant tout au parc pour profiter de ses magnifiques plages bordées de cocotiers, donnant sur des baies profondes, avec les montagnes en toile de fond. De violents courants

## Parque Nacional Natural Tayrona

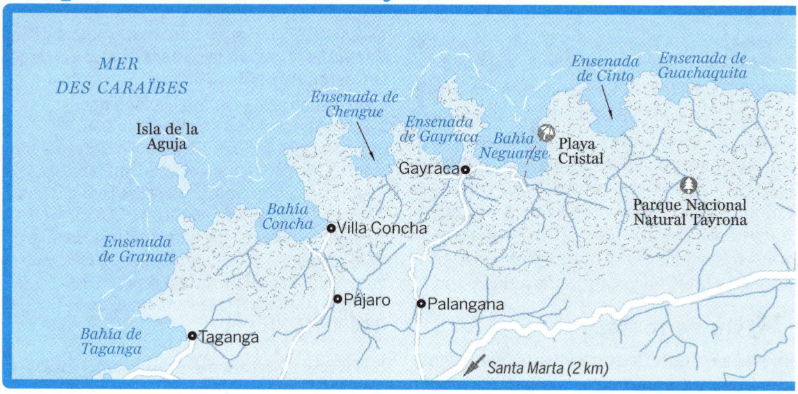




rendent la baignade impossible dans la plupart d'entre elles, même si l'on peut se tremper et faire du snorkeling à certains endroits (en restant très vigilant). Chaque année, de nombreux nageurs imprudents se noient : n'allez en aucun cas dans l'eau si le drapeau rouge est levé. On peut louer du matériel de snorkeling dans le parc. Munissez-vous d'un bon antimoustique et prenez garde aux serpents.

Gardez bien à l'esprit que la fréquentation est très importante en haute saison. Privilégiez donc au maximum la basse saison (de février à novembre). Sinon, attendez-vous à ne pas découvrir sous son meilleur jour ce parc dont la beauté est pourtant reconnue à l'échelle mondiale.

### À voir

Il existe différents points d'accès au PNN Tayrona. Dans tous les cas, vous devrez vous acquitter d'un droit d'entrée (tarif plein/étudiant et -26 ans 38 000/7 500 COP), qui permet de rester dans le parc aussi longtemps qu'on le souhaite. Il est également possible de sortir du parc et d'y revenir par une autre entrée jusqu'à 17h le jour de l'achat du billet. Il est interdit de transporter de l'alcool et des bouteilles en verre – il y a parfois des contrôles à l'entrée.

La plupart des curiosités et des infrastructures touristiques se concentrent dans la partie orientale du parc, qui est de loin le secteur le plus fréquenté. L'accès principal se fait par **El Zaíno**, à 34 km à l'est de Santa Marta sur la route côtière pour Riohacha.

Depuis El Zaíno, une petite route goudronnée de 4 km va au nord-ouest jusqu'à **Castilletes**, la plus longue plage du parc et le premier endroit où il est possible de passer la nuit. Un minibus fait la navette en permanence (2 000 COP).

Quelques kilomètres plus loin, on trouve **Cañaveral**, également en bord de mer. L'endroit comprend un camping, des bungalows (*cabañas*) haut de gamme et un restaurant. Les plages de Cañaveral sont très belles – sable doré et eau bleu azur – mais dépourvues d'ombre, et des courants insidieux peuvent rendre la baignade dangereuse.

Depuis Cañaveral, la plupart des visiteurs suivent pendant 45 minutes un sentier vers l'ouest jusqu'à **Arrecifes**, où il y a des hébergements bon marché et des restaurants – pour l'instant inégalés dans le parc en termes de rapport qualité/prix. Les courants marins sont ici tout aussi dangereux qu'à Cañaveral, mais on trouve des plages correctes et sûres à proximité. Si vous ne souhaitez pas faire le trajet à pied depuis Cañaveral, vous pouvez le faire à cheval (20 000 COP l'aller).

En marchant 10 minutes depuis Arrecifes, on arrive à **La Aranilla**, une magnifique petite crique bordée de gros rochers et de sable granuleux, dont l'eau est constellée de reflets de pyrite. À 20 minutes de marche vers le nord-ouest en longeant la plage, **La Piscina** est une baie profonde aux eaux calmes, où l'on peut se baigner et faire du snorkeling en assez bonne sécurité.

Un autre sentier mène en une vingtaine de minutes au **Cabo San Juan del Guía**, un beau cap bordé d'une plage sensationnelle. C'est indéniablement le secteur le plus fréquenté du parc. On y trouve un

restaurant et un camping, avec des hamacs et une curieuse structure construite sur un rocher au milieu de la plage, pour une nuit dans un cadre évocateur.

Depuis le cap, un très beau sentier vous fera remonter dans les terres jusqu'à **Pueblito**, entouré d'une magnifique forêt tropicale humide. Le trajet, qui dure un peu plus d'une heure, est bien plus difficile que d'autres itinéraires du parc - la majeure partie du chemin à flanc de coteau est jonchée de pierres, parfois très grosses. Il s'agit donc d'une randonnée ardue, qui n'est pas envisageable s'il pleut ou si vous êtes chargé.

Outre des fragments de sentiers de pierre et de fondations de maisons, il reste peu de choses du tissu urbain de Pueblito. Cela dit, l'endroit mérite tout de même une visite, surtout si vous n'avez pas prévu d'aller à la Ciudad Perdida.

De Pueblito, un chemin continue au sud-ouest jusqu'à Calabazo, sur la route principale. Au bout de 5 minutes, une bifurcation sur la droite mène à la **Playa Brava**.

**Palangana** est un autre point d'accès au parc, d'où vous pourrez rejoindre la **Bahía Neguange** par une route cahoteuse si vous êtes motorisé. De la Bahía Neguange, des bateaux effectuent le trajet jusqu'à la **Playa Cristal** voisine, une magnifique plage bordée de palmiers et pourvue de plusieurs restaurants de fruits de mer où l'on peut déguster bière et poisson frais après la baignade. Il faut compter 70 000 COP par bateau pour faire l'aller-retour - convenez d'une heure de retour précise avec le capitaine.

## Où se loger et se restaurer

Castilletes, la première destination en arrivant d'El Zaíno, dispose d'un camping paisible avec vue sur la mer. Cañaveral est apprécié des touristes aisés, Arrecifes attire principalement les familles et les personnes en quête de calme et de propreté, et le Cabo San Juan del Guía est le rendez-vous des routards.

### Castilletes

**Camping Castilletes** CAMPING **$**
(☎313-653-1830 ; www.campingcastilletespnn-tayrona.blogspot.com ; empl par pers avec/sans location de tente 25 000/15 000 COP). Le kilomètre et demi de plage où est installé ce camping est aussi le plus important site de nidification des tortues de mer dans le parc. Il est possible de se baigner entre septembre et octobre (le reste de l'année, seuls les très bons nageurs tenteront l'expérience). Un bon choix pour ceux qui veulent simplement poser leur sac et se reposer.

### Cañaveral

**Camping** CAMPING **$**
(empl 15 200 COP/pers). Jouxtant des écuries, ce camping ne permet pas de profiter de la brise marine tropicale. Il est géré par l'agence de voyages Aviatur, les réservations peuvent donc se faire dans les bureaux de cette dernière à Santa Marta (p. 154) ou à Bogotá. Vous pouvez aussi arriver à l'improviste si vous disposez de votre propre tente.

**Ecohabs** CABAÑAS **$$$**
(☎344-2748 ; www.aviaturecoturismo.com ; cabañas pour 4 pers petit-déj inclus à partir de 642 000 COP ; 📶). Cet ensemble de *cabañas* haut de gamme est à 5 minutes à pied du parking à partir duquel la route n'est plus praticable en voiture. Les bungalows sont construits sur 2 niveaux, dans le style des huttes des Tayronas, et pourvus d'un minibar, d'une vaste terrasse ombragée, d'un petit écran plat et d'une vue spectaculaire. C'est de loin le meilleur hébergement du parc, mais il est hors de prix.

### Arrecifes

**Camping Don Pedro** CAMPING **$$**
(☎317-253-3021, 315-320-8001 ; campingdonpedro@hotmail.com ; hamacs 12 000 COP, empl par pers avec/sans location de tente 14 000/12 000 COP,

cabañas petit-déj inclus 100 000 COP). Des 3 établissements que compte Arrecifes, celui-ci est le meilleur, pour le gîte comme pour le couvert. On y arrive par une piste de 300 m qui part du chemin principal juste avant Arrecifes. Le terrain, spacieux et bien entretenu, est planté d'arbres fruitiers. Il est possible de cuisiner, et d'excellents repas, notamment à base de poisson frais, sont proposés pour environ 12 000 COP. Accueil chaleureux.

**Yuluka** CAMPING **$$$**
(☎344-2748 ; www.aviatur.com ; hamacs 30 000 COP, empl 15 000 COP/pers, cabañas pour 6 pers petit-déj inclus à partir de 432 000 COP). Une adresse de choix pour les campeurs, puisqu'ils ont accès à des salles de bains 5 étoiles et à un restaurant gastronomique (mais votre plat coûtera peut-être plus cher que votre nuitée). Les bungalows, qui peuvent accueillir jusqu'à 6 personnes, sont d'excellente qualité, bien que ne donnant pas sur la mer. Réservation obligatoire auprès du bureau Aviatur (p. 154) à Santa Marta.

## Cabo San Juan del Guía

**Camping Cabo San Juan del Guía** CAMPING **$$**
(☎314-385-2546, 312-604-2941 ; www.cecabo-sanjuandelguia.com.co ; empl 15 000 COP, hamacs avec/sans vue sur la mer 25 000/20 000 COP, ch 150 000 COP). La plupart des routards optent pour ce camping, où règne une ambiance de festival de musique en haute saison. Il y a deux magnifiques plages où l'on peut se baigner, ainsi qu'un restaurant. Pour 25 000 COP, il est possible de dormir dans un hamac au sommet d'un mirador sur les rochers surplombant la plage, et de profiter ainsi de la vue sur la mer, les plages et les montagnes.

Il y a aussi 2 chambres doubles au dernier étage du mirador.

## Playa Cristal

**Estadero Doña Juana** POISSON **$$**
(plats 20 000-40 000 COP ; 11h-16h basse saison, 7h-16h haute saison). Prenez un bateau depuis la Bahía Neguange pour rejoindre la magnifique Playa Cristal – baptisée localement Playa del Muerto (plage du Mort) ! – et foncez au restaurant de fortune de Doña Juana, installé sur la plage. On vous conduira dans la cuisine, où vous pourrez choisir un poisson, que l'on vous préparera avec brio en une vingtaine de minutes.

## Los Naranjos

**Finca Barlovento** HÔTEL **$$$**
(☎313-293-6733 ; barloventotayrona.com ; s/d 250 000/270 000 COP). Le plus bel endroit de la région se trouve juste à l'extérieur du PNN Tayrona, sur la Playa Los Naranjos. Dans ce cadre spectaculaire, où le Río Piedras jaillit de la Sierra Nevada pour se déverser dans la mer des Caraïbes, on découvre un hôtel à l'architecture unique, cramponné à la paroi d'une falaise.

On y dort dans des lits en plein air sur une terrasse qui s'avance au-dessus de la mer, de sorte que les vagues s'écrasent juste sous votre matelas. La nourriture est sensationnelle.

# Palomino

☎5 / 4 000 HABITANTS

Palomino ne paie pas de mine lorsque l'on y passe sur l'axe principal Santa Marta-Riohacha. Pourtant, cette petite ville est encadrée d'un côté par l'une des plages les plus idylliques du pays, et de l'autre par la spectaculaire Sierra Nevada, que les Wayuu parviennent encore à préserver du monde extérieur. Palomino, au milieu, constitue une bonne base pour partir en exploration. On y trouve un excellent choix d'hébergements et il y règne un esprit routard peu répandu ailleurs sur la côte.

La ville s'étend entre le Río San Salvador et le Río Palomino, qui s'écoulent de la Sierra Nevada de Santa Marta. Le long de ses plages, on peut voir des pêcheurs wayuu manier des filets traditionnels. Dans l'arrière-pays montagneux, ce peuple n'a pas altéré son mode de vie depuis des siècles. Avec 7 écosystèmes différents entre la plage et les glaciers de la Sierra Nevada, il n'est pas surprenant que l'écotourisme se fasse petit à petit une place ici.

Du fait de violents courants, il n'est que rarement possible de se baigner sur la plage de Palomino : si les drapeaux rouges sont levés, ne vous aventurez pas dans l'eau. Le reste du temps, soyez vigilant. Le grand intérêt de Palomino réside dans ses montagnes, facilement accessibles depuis la ville.

### LES TAYRONAS, UNE CIVILISATION OUBLIÉE

Durant l'époque précolombienne, la Sierra Nevada de Santa Marta, sur la côte caraïbe, était habitée par plusieurs communautés indiennes. Les Tayronas (ou Taironas), rattachés à la famille linguistique des Chibchas, étaient le groupe dominant. Leur culture distincte aurait vu le jour vers le Ve siècle de notre ère. Un millénaire plus tard, peu de temps avant l'arrivée des Espagnols, les Tayronas avaient fondé une civilisation extrêmement évoluée, basée sur une organisation sociale et politique complexe, et sur des techniques d'ingénierie avancées.

Ils vivaient sur les versants nord de la Sierra Nevada, où ils avaient établi des centaines de villages, tous sur le même schéma. Du fait d'un relief très accidenté, ils durent ériger de nombreuses terrasses en pierre soutenues par de hauts murs pour y construire leurs maisons en bois et en chaume. Les ensembles de terrasses étaient reliés entre eux par des escaliers et des sentiers en pierres.

De récentes études ont permis de localiser environ 300 villages tayronas répartis sur les versants, jadis reliés par des routes pavées. De toutes ces agglomérations, la Ciudad Perdida (Cité perdue), découverte en 1975, est la plus grande, et l'on suppose qu'il s'agissait de la "capitale" de cette civilisation.

Les Tayronas furent le premier groupe ethnique développé que rencontrèrent les Espagnols dans le Nouveau Monde, en 1499. C'est ici, dans la Sierra Nevada, que les conquistadors développèrent leur fascination pour l'or local, et que naquit le mythe d'El Dorado.

Les Espagnols sillonnèrent la Sierra Nevada, mais se heurtèrent à la résistance tenace des Amérindiens. Malgré leur pugnacité, les Tayronas furent presque totalement décimés au cours de 75 années de guerre ininterrompue. Quelques survivants abandonnèrent leurs foyers pour fuir vers des secteurs plus élevés de la Sierra. Leur trace fut alors perdue à jamais.

## Où se loger et se restaurer

Sauf mention contraire, les établissements indiqués ci-après sont sur la plage. Ils peuvent tous organiser des sorties dans les montagnes pour faire notamment de la randonnée et des descentes en bouée (*tubing*) ou en rafting.

**La Casa de Rosa** CAMPING $

(☎315-445-9531 ; empl avec/sans location de tente 8 000/6 000 COP, hamacs 8 000 COP). C'est le camping le plus sommaire de la côte : on s'y douche au seau avec l'eau du puits. Milena et Paolina, deux sœurs au regard malicieux, sont plus douces que de la *panela* (jus de canne à sucre pur), et elles vous prépareront à dîner si vous le leur demandez le matin. Si vous plaisez vraiment à Milena, elle tuera peut-être un coquelet pour vous.

**Jaguar Azul** AUBERGE DE JEUNESSE $

(☎313-800-9925 ; www.jaguarazulpalomino.com ; dort 20 000 COP, s/d 50 000/60 000 COP ; wi-fi). On découvre ici une autre vision du tourisme. L'auberge n'est pas sur la plage, mais de l'autre côté de la route principale, dans un quartier de Palomino appelé La Sierrita. Elle comprend des hébergements sommaires avec ventilateurs, une cuisine commune et un grand jardin planté d'arbres fruitiers et adossé aux montagnes.

Au lieu d'attirer les amateurs de bronzette, elle est fréquentée par des voyageurs venus pour les montagnes, ce qui en fait un endroit de choix pour organiser un circuit dans la Sierra. La signalisation fait défaut : en arrivant à Palomino depuis Santa Marta, tournez à droite au niveau de la station-service qui se trouve sur votre droite : vous verrez l'auberge sur votre gauche un peu plus loin sur la route.

♥ **The Dreamer** AUBERGE DE JEUNESSE $$

(www.thedreamerhostel.com ; dort 25 000 COP, d à partir de 110 000 COP ; wi-fi, piscine). Cette excellente auberge nouvellement installée sur la plage est tenue par les propriétaires du Dreamer de Santa Marta. Autour d'un vaste jardin percé d'une superbe piscine, les spacieuses chambres au sol carrelé sont surmontées d'un toit de chaume. Ambiance propice aux rencontres, nombreuses activités, bar animé et excellent restaurant ouvert toute la journée.

**Reserva Natural El Matuy** CABAÑAS $$

(☎315-751-8456 ; www.elmatuy.com ; cabañas en pension complète 170 000 COP/pers). Les *cabañas* sont toutes délicieusement rustiques et pourvues de couvre-lits brodés, de salles de bains et douches en extérieur, et de vérandas avec hamacs. Les plus récentes peuvent accueillir jusqu'à 6 personnes, contre 3 pour les plus anciennes. L'éclairage se fait exclusivement à la bougie et il n'y a pas de prise électrique, ce qui en fait l'endroit rêvé pour se déconnecter du monde.

**Finca Escondida** AUBERGE DE JEUNESSE $$

(☎310-456-3159, 315-610-9561 ; www.chillandsurfcolombia.com ; hamacs 15 000 COP, dort 25 000 COP, ch à partir de 80 000 COP ; 📶). Cette grande auberge tenue par un personnel sympathique et cosmopolite loue des chambres de tailles et de formes diverses, les meilleures jouissant de beaucoup d'espace et de grands balcons. Le cadre est rustique, avec des bâtiments en bois entourés d'arbres fruitiers. Les nombreuses activités proposées, du surf au Pilates, en font une adresse appréciée des routards.

Le restaurant, qui dispose de tables sur la plage, est l'un des meilleurs de la ville : on s'y délecte d'excellents produits de la mer et de bières bien fraîches.

**La Sirena** LODGE $$

(☎310-718-4644 ; www.ecosirena.com ; ch/cabaña petit-déj inclus à partir de 80 000/120 000 COP ; 📶). Des bungalows spacieux et aérés, où l'on a l'impression d'être en stage "bien-être et méditation". Les chambres ont des salles de bains extérieures et des moustiquaires. Les *cabañas*, plus grandes, valent bien le supplément. Le lodge occupe un jardin paisible et veille très consciencieusement à son impact écologique. Séjour minimum de 2 nuitées en basse saison, et de 3 en haute saison. Le petit café sert une excellente nourriture, principalement végétarienne.

**Hukumeizi** HÔTEL $$

(☎315-354-7871 ; www.turismoguajira.com ; cabañas par pers en pension complète/petit-déj inclus 250 000/150 000 COP ; 📶🏊). Des rideaux blancs aériens mènent à de vastes chambres au décor minimaliste, ouvertes aux éléments, et équipées d'immenses lits et de douches ultramodernes. On apprécie les chaises longues à l'ombre sur le sable, le beau jardin, la piscine à côté de la plage, et la magnifique entrée, à la hauteur du cadre général de l'établissement.

**Suá** COLOMBIEN $$

(plats 12 000-28 000 COP ; ⏲12h-21h mer-dim). Sur la route principale qui traverse la ville, le Suá est l'un des rares restaurants de Palomino qui ne fasse pas aussi hôtel. On y prépare des spécialités inventives comme le poisson-lion à la sauce noix de coco-orange-gingembre ; les crevettes marinées à l'ail, au sel de mer et au beurre ; et la longe de bœuf à la sauce au vin rouge et aux épices.

Le Suá est mal indiqué : vous le trouverez en face de la station-service Ayatawacoop.

### ℹ Depuis/vers Palomino

Prenez le bus de Mamatoco au marché de Santa Marta (7 000 COP, 2 heures). Descendez à la station-service, puis rejoignez la plage à pied ou prenez une moto-taxi (500 m ; 2 000 COP). Les bus et les motos-taxis circulent toute la journée et jusque tard dans la nuit.

## Ciudad Perdida

Quoi de plus mystérieux que la découverte d'une cité oubliée ? La Ciudad Perdida ("Cité perdue") fut abandonnée au moment de la conquête espagnole, et redécouverte seulement dans les années 1970. Enfouie dans la Sierra Nevada de Santa Marta, elle n'est accessible qu'à pied, par l'un des itinéraires de randonnée les plus époustouflants du pays. Cette cité, appelée Teyuna par ses habitants, fut construite par les Tayronas sur les versants nord de la Sierra Nevada de Santa Marta. Aujourd'hui, c'est l'une des plus grandes cités précolombiennes connues sur tout le continent américain.

Si elle fut érigée entre le XIe et le XIVe siècle, ses origines remontent à bien plus loin, probablement au VIIe siècle. D'une superficie d'environ 2 km², c'est la plus vaste cité tayrona jamais découverte, et il s'agissait certainement du plus important centre urbain, politique et économique de ce peuple. On estime entre 2 000 et 4 000 le nombre de ses habitants.

Pendant la Conquête, les Espagnols anéantirent les Tayronas, dont les implantations furent complètement recouvertes par la végétation tropicale luxuriante. C'est ce sort que connut la Ciudad Perdida, jusqu'à sa découverte par des *guaqueros* (pilleurs de tombes) au début des années 1970. C'est un homme de la région, Florentino Sepúlveda, accompagné de ses deux fils, Julio César et Jacobo, qui tomba

## À EMPORTER POUR UNE RANDONNÉE À LA CIUDAD PERDIDA

Nous avons divisé cette liste en deux parties, en fonction du degré d'utilité. La plupart des campements disposent de prises alimentées par un groupe électrogène, où il est possible de recharger son téléphone portable (au moins pour prendre des photos, le réseau étant inexistant). Cela dit, voyagez le plus léger possible, ou l'ascension vous semblera terriblement difficile.

### Indispensable

- Lampe de poche
- Bouteille d'eau de 1,5 l
- Antimoustique
- Crème solaire
- Pantalon
- Un T-shirt différent pour chaque jour de marche
- Plusieurs sous-vêtements et paires de chaussettes
- 2 paires de chaussures (dans l'idéal, des chaussures de marche et des sandales avec attaches pour traverser les cours d'eau)
- Serviette de toilette
- Anti-diarrhéique

### Utile

- Pansements pour les ampoules
- Casquette
- Protection imperméable pour le sac
- Pantalon de survêtement pour le soir
- Sacs en plastique hermétiques pour garder les objets de valeur au sec
- Antihistaminiques pour soulager les démangeaisons
- Paires de chaussettes supplémentaires
- Bouchons d'oreille (pour les nuits en collectivité)
- Jeu de cartes
- Livre ou magazine

sur ces vestiges alors qu'il cherchait des sépultures à piller.

La nouvelle ne tarda pas à se répandre, attirant d'autres *guaqueros* à la Ciudad Perdida. Des querelles entre bandes rivales éclatèrent, dont Julio César fut l'une des victimes. En 1976, le gouvernement envoya des soldats et des archéologues pour protéger le site et percer ses secrets, mais il fallut attendre plusieurs années pour que les pillages et les bagarres cessent totalement. Les *guaqueros* avaient alors surnommé le site Infierno Verde (Enfer vert).

La Ciudad Perdida s'étend sur les pentes abruptes de la vallée supérieure du Río Buritaca, à une altitude comprise entre 950 et 1 300 m. La partie centrale de la cité occupe une crête d'où plusieurs chemins de pierre mènent à d'autres secteurs sur les versants. Si les maisons en bois ont disparu depuis longtemps, les éléments en pierre, dont des terrasses et des escaliers, sont remarquablement bien conservés.

On dénombre environ 170 terrasses, dont la plupart servaient jadis de fondations pour les maisons. Les terrasses les plus grandes, sur la crête centrale, étaient destinées aux cérémonies rituelles. Les Amérindiens s'étant opposés à la poursuite des recherches, la grande majorité du site n'a pas été mise au jour.

Les fouilles ont cependant permis de découvrir des objets tayronas (heureusement, les *guaqueros* n'avaient pas pu tout piller). Il s'agit essentiellement de poteries (aussi bien rituelles qu'utilitaires), d'objets en or et de magnifiques colliers en pierres semi-précieuses. Certaines de ces pièces sont exposées aux Museos del Oro de Santa Marta (p. 149) et de Bogotá (p. 53). Il peut donc être judicieux de visiter le musée de Santa Marta avant d'aller à la Ciudad Perdida.

## Circuits organisés

Auparavant, seule l'agence Turcol était habilitée à amener des groupes à la Ciudad Perdida. En 2008, l'armée colombienne évacua les forces paramilitaires du secteur, ce qui permit de mettre fin à cette situation monopolistique. Aujourd'hui, quatre grandes agences de Santa Marta et de Taganga accompagnent des groupes de voyageurs pour des circuits de 4 à 6 jours jusqu'aux ruines. Il est interdit de faire le trajet par ses propres moyens ou avec un guide indépendant. Si vous avez un doute sur la légitimité d'un guide ou d'une agence, demandez à voir le certificat OPT (Operación de Programas Turísticos), obligatoire pour tous les guides.

L'ouverture du marché en 2008 engendra d'emblée un nivellement par le bas, entraînant une baisse des prix et de la qualité. Le gouvernement fut donc amené à réguler ces deux paramètres, et le prix officiel des circuits est aujourd'hui fixé à 700 000 COP (en cas de tarif inférieur, ce sont presque toujours les guides qui sont pénalisés).

Le prix comprend le transport, la nourriture, l'hébergement (généralement un matelas avec moustiquaire, bien que certaines agences utilisent des hamacs), des porteurs pour la nourriture, des guides et toutes les autorisations nécessaires. Faire le trajet au pas de course n'entraîne pas une baisse des tarifs. Il faut généralement prévoir 4 jours de marche, voire 5 pour les randonneurs moins entraînés ou qui souhaitent prendre leur temps. La durée maximum est de 6 jours. Nous vous conseillons d'opter pour la version en 4 jours.

Prévoyez un antimoustique très puissant et renouvelez l'application plusieurs fois par jour. La marque colombienne Nopikex (DEET) est considérée par beaucoup de marcheurs comme plus efficace que la plupart des marques étrangères. Prenez un pantalon et un T-shirt à manches longues, qui vous seront particulièrement utiles une fois arrivés à la Ciudad Perdida, où les insectes sont particulièrement agressifs.

Les circuits se font par groupes de 4 à 15 personnes, et les départs ont lieu toute l'année dès qu'un groupe est formé. En haute saison, il y a généralement un départ par jour. En basse saison, les agences rassemblent souvent leurs groupes respectifs, tout en fournissant chacune leur propre guide. Certains prestataires agissent comme simples intermédiaires pour ces agences, et il n'y a donc aucune raison d'y avoir recours.

Chaque année, tous les accès à la Ciudad Perdida sont fermés durant la première quinzaine de septembre, période à laquelle les Amérindiens se rassemblent sur le site pour des cérémonies de purification (il n'y a donc pas de départs de randonnées).

### La randonnée

Après avoir rejoint votre groupe le matin à Santa Marta, vous serez conduit au village d'El Mamey (également appelé Machete), situé au bout de la route depuis Santa Marta, où vous prendrez le temps de déjeuner avant le départ. L'ascension jusqu'à la Ciudad Perdida dure généralement une journée et demie ; vous passerez la matinée du 3e jour sur place, avant de prendre le chemin du retour, pour une journée complète de descente, répartie sur 2 jours. L'aller-retour fait 40 km. Le planning peut varier durant la saison sèche. Demandez le détail de l'itinéraire à votre agence. L'aller et le retour se font malheureusement par le même chemin – les agences de voyages tentent de convaincre les Amérindiens de permettre l'accès à un autre chemin pour pouvoir faire une boucle.

C'est une randonnée difficile, mais pas irréalisable : vous ne parcourrez que 5 à 8 km par jour, mais pratiquement toujours sur des pentes très abruptes. Si c'est votre première randonnée, vous allez souffrir, mais même les marcheurs les moins expérimentés en viennent à bout. Vous devrez parfois longer des bords vertigineux ou avancer tout en vous agrippant à la végétation – un bâton peut s'avérer utile pour garder l'équilibre. D'autres difficultés apparaissent à la saison des pluies : rivières grondantes, boue épaisse et sentiers effondrés.

Dans la chaleur torride de la forêt, l'ascension de certains tronçons peut devenir très difficile. En l'absence de soleil, le terrain peut être boueux : vous troquerez donc la chaleur contre une perte d'adhérence. La période la plus sèche s'étend de fin décembre à février ou début mars. Le 3e jour, vous devrez peut-être traverser plusieurs fois le Río Buritaca selon la saison, parfois immergé jusqu'à la taille, avant de gravir le légendaire mais glissant escalier rocheux recouvert de mousse qui mène au site – 1 260 marches au total.

Sur le trajet, on trouve des restaurants étonnamment bons, et des hébergements confortables, souvent situés à proximité de cours d'eau pourvus de piscines naturelles. Il va sans dire que le paysage est stupéfiant : on fait cette excursion au moins autant pour le trajet que pour la destination en elle-même – voire plus, pour de nombreux connaisseurs.

Le site, un haut plateau entouré d'une forêt à la beauté éblouissante, est fascinant, et il y a de grandes chances pour que vous vous y retrouviez uniquement avec votre groupe et quelques soldats colombiens.

Gardez à l'esprit que les montagnes sont sacrées pour tous les peuples amérindiens de la région : ne laissez aucun détritus derrière vous (et ramassez ceux que vous trouvez en chemin), et comportez-vous avec respect au sein de la Ciudad Perdida.

### Tour-opérateurs

**♥ Expotur** RANDONNÉE
(☎ 420-7739 ; www.expotur-eco.com ; Carr. 3 n°17-27, Santa Marta). Expotur est la seule agence à mettre à disposition un interprète anglophone pour chaque groupe. Elle est aussi exemplaire en termes de conditions de travail : c'est par exemple l'un des deux seuls tour-opérateurs à payer les cotisations sociales de ses guides. Expotur travaille avec des guides amérindiens qualifiés et maintient un contact radio permanent avec eux pendant la randonnée. Elle propose des circuits à la Ciudad Perdida depuis 10 ans. Présente également à Taganga (p. 156) et à Riohacha (p. 166).

**Magic Tours** RANDONNÉE
(☎ 421-5820 ; C. 16 n°4-41, Santa Marta). Ce prestataire réputé est un modèle en termes de conditions de travail, puisqu'il fournit à ses guides une couverture sociale, des soins médicaux et une assurance retraite. En outre, il s'efforce de faire en sorte que le tourisme bénéficie aux communautés amérindiennes. Les guides, originaires des montagnes, sont compétents et qualifiés. Autre bureau à Taganga (p. 156).

**Guias y Baquianos Tours** RANDONNÉE
(☎ 431-9667 ; www.guiasybaquianos.com ; Hotel Miramar, C. 10C n°1C-59, Santa Marta). Cette agence installée à l'Hotel Miramar fut une des premières à proposer des treks à la Ciudad Perdida. Elle emploie des guides ayant au moins 10 ans d'expérience (souvent le double) et a tissé des liens étroits avec les communautés amérindiennes avec qui elle travaille. Bon nombre des ses guides possèdent d'ailleurs des fermes dans la Sierra Nevada.

**Turcol** RANDONNÉE
(☎ 421-2256 ; www.turcoltravel.com ; C. 13 n°3-13 CC San Francisco Plaza, Santa Marta). Cette agence jouit d'une des plus longues expériences à la Ciudad Perdida, puisqu'elle a commencé à proposer des circuits dans les années 1990. Elle fait appel à des guides professionnels très investis. Autre bureau à Taganga (p. 156).

### ℹ Depuis/vers la Ciudad Perdida

À vol d'oiseau, la Ciudad Perdida est à environ 40 km au sud-est de Santa Marta. Elle est enfouie dans la forêt épaisse, au milieu de montagnes accidentées, éloignée de tout endroit habité et dépourvue de route d'accès. Le seul moyen d'y aller est la marche. Le sentier part d'El Mamey, à 1 heure 30 de route de Santa Marta.

## PENÍNSULA DE LA GUAJIRA

Corsaires anglais, trafiquants d'armes néerlandais et chercheurs de perles espagnols ont tous tenté de conquérir cette péninsule – une vaste étendue de mer et de sable, à l'extrémité nord de la Colombie –, mais nul n'est parvenu à vaincre les Wayuu, qui répondaient aux envahisseurs soit par le commerce, soit par les armes.

Grâce à des structures politiques et économiques complexes et autonomes, ils étaient en mesure de construire une défense solide – à cheval et, à la grande surprise des Espagnols au XVIIIe siècle, avec des armes à feu.

C'est un territoire quelque peu anarchique, où la poussière se mêle aux effluves de gazole. Son emblème pourrait être un sac en plastique accroché à un arbuste. Les contrebandiers en provenance du Venezuela s'en servent comme point d'accès pour acheminer leurs marchandises vers le reste de la Colombie et au-delà. Enfin, il y a les Wayuu, qui vivent sur un territoire autonome à la bordure du continent, dans de petits villages familiaux appelés *rancherías*.

La péninsule se divise en 3 secteurs : le sud (Baja Guajira), où se trouve la capitale du département, Riohacha ; le centre (Media Guajira), à la frontière vénézuélienne ; et le nord (Alta Guajira), qui se distingue par des paysages paradisiaques de bout du monde, comme à Cabo de la Vela et à Punta Gallinas – cette dernière, point de rencontre entre mer et désert, offre le plus beau cadre de la côte caribéenne.

## Riohacha

☎5 / 213 000 HABITANTS

Riohacha est la porte d'entrée vers la région de La Guajira, terre septentrionale désertique et semi-aride. Jusqu'à il y a quelques années, rares étaient les visiteurs qui s'aventuraient plus loin. Mais avec le développement de l'écotourisme sur la péninsule, Riohacha est devenue une destination prisée des voyageurs, qui y passent souvent une nuit sur leur trajet depuis ou vers des secteurs plus sauvages et reculés du pays. Les activités n'y sont pas très nombreuses, mais la ville est agréable : il y a une plage de 5 km constellée de palmiers, et une longue jetée idéale pour une promenade en soirée.

### À voir et à faire

La Calle 1, sur le front de mer, est l'artère principale de la ville. Le **Parque José Prudencio Padilla**, situé à deux *cuadras* (pâtés de maisons) dans les terres, entre la Carrera 7 et la Carrera 9, forme la place principale. On y trouve la **Catedral de Nuestra Señora de los Remedios**, dont le maître-autel conserve une représentation vénérée de la Vierge depuis l'époque coloniale.

La **jetée piétonne** de 1,2 km, construite en 1937, est impressionnante. Les soirs de week-end, les bars et les restaurants du **malecón** (promenade) et de la Carrera 1, qui se déploie en parallèle, sont pris d'assaut. Excepté les jours de pluie, des femmes wayuu en tenue traditionnelle y vendent de l'artisanat.

La principale chose à voir dans les environs de Riohacha est le **Santuario de Flora y Fauna Los Flamencos** GRATUIT, une réserve naturelle de 700 ha à 25 km de la ville, à Camarones – sur la route en arrivant de Santa Marta. À la saison des pluies (de septembre à décembre), ce paisible sanctuaire accueille jusqu'à 10 000 flamants roses, qui se rassemblent par groupes pouvant atteindre 2 000 individus dans l'une des quatre lagunes que compte le parc.

L'entrée au parc est gratuite, mais si vous voulez voir les flamants, vous devrez louer un canoë (30 000 COP jusqu'à 3 pers, puis 15 000 COP/pers supp). Les propriétaires des embarcations savent généralement où se trouvent les oiseaux, mais ils ne vous y conduiront pas s'ils sont trop loin. En dehors de la période où les flamants sont présents, il n'y a pas grand-chose à voir ici.

### Circuits organisés

**Expotur** CIRCUITS AVENTURE

(☎728-8232 ; www.expotur-eco.com ; Carr. 3 n°3A-02). Expotur est une excellente agence basée à Santa Marta. Son antenne de Riohacha propose des circuits à Punta Gallinas et dans toute la Península de la Guajira. Elle entretient de très bons rapports avec la communauté wayuu et dispose de guides anglophones.

**Kaí Ecotravel** CIRCUITS AVENTURE

(☎311-436-2830 ; www.kaiecotravel.com ; Hotel Castillo del Mar, C. 9A n°15-352). Précurseur en matière d'écotourisme à La Guajira, ce tour-opérateur réputé entretient depuis des années des relations avec les Wayuu, ce qui lui permet d'avoir accès à Punta Gallinas et au PNN Macuira, dont la gestion est assurée par ces derniers. Véritable référence pour les circuits sur la péninsule et les séjours chez l'habitant dans des familles amérindiennes. Quand il reste des places, possibilité de transport uniquement pour Cabo de la Vela.

### Où se loger et se restaurer

**La Casa de Mamá** PENSION $

(☎727-2859 ; C. 9 n°3-51 ; ch avec clim/ventil 70 000/40 000 COP ; ❄📶). Pour l'instant, il n'existe pas mieux en ville question rapport qualité/prix. Les chambres sont assez simples, mais toutes ont leur propre salle de bains. Ambiance accueillante et familiale, et possibilité d'utiliser la cuisine.

**Taroa Hotel** HÔTEL $$$

(☎729-1122 ; www.taroahotel.com ; C. 1 n°4-77 ; s/d petit-déj inclus 193 000/235 000 COP ; ❄📶).

Ce "lifestyle hotel" (un boutique-hôtel aux avantages d'un établissement de chaîne) flambant neuf a dépoussiéré l'offre hôtelière de Riohacha. C'est un établissement moderne et luxueux, tenu par un personnel exclusivement wayuu, avec une approche résolument internationale. Dans une tour donnant sur la plage, les vastes chambres ont toutes minibar, écran plat, machine à café et balcon. L'endroit idéal pour se ressourcer avant de partir pour La Guajira.

**Donde Aurora** COLOMBIEN **$**
(Carr. 8, entre n°23-24 ; plats 8 000 COP ; 18h30-21h30). Allez-y pour goûter au *friche,* chèvre mijotée dans son sang et ses tripes, typique de la gastronomie wayuu – arrivez avant 19h pour être sûr qu'il en reste. Il n'y a pas de carte, mais la nourriture est délicieuse. Dans une cabane au toit de tôle dépourvue d'enseigne et de numéro (demandez à votre taxi).

**La Casa del Marisco** POISSON **$$**
(C. 1 n°4-43 ; plats 20 000-40 000 COP ; 11h-22h ; ). Ce restaurant en plein sur le front de mer attire toute la journée une clientèle locale grâce à de délicieux produits fraîchement pêchés. Entre autres spécialités : différents ragoûts de poisson, des *calamari al gusto* et une *fritura de mariscos* (friture de fruits de mer).

**Mantequilla** WAYUU **$$**
(C. 7 n°11-138 ; plats 15 000-25 000 COP ; 11h-15h et 18h-22h lun-jeu, 11h-22h ven-dim ; ). Cet établissement propre et lumineux manque certes de charme, mais ses plats de viande raviront à coup sûr ceux qui font une overdose de produits de la mer. Sa carte éclectique (et pas particulièrement wayuu) comprend aussi wraps, sandwichs et pâtes.

## Renseignements

**Office du tourisme** (727-1015 ; Carr. 1 n°4-42 ; 8h-12h et 14h-18h lun-ven). Sympathique office du tourisme sur le front de mer, donnant des renseignements sur les hébergements, les restaurants et les excursions à La Guajira. Vente de beaux sacs à main et hamacs wayuu.

## Depuis/vers Riohacha

### AVION

L'aéroport est à 3 km au sud-ouest de la ville. Un taxi depuis le centre-ville coûte 6 000 COP. **Avianca** (727-3627 ; www.avianca.com ; C. 7 n°7-04 ; 8h-18h lun-ven, 9h-13h sam) assure 2 vols par jour depuis/vers Bogotá.

### BUS

La gare routière est à l'angle de l'Av. El Progreso et de la Carr. 11, à environ 1 km du centre. Comptez 5 000 COP pour y aller en taxi.

**Expreso Brasilia** (727-2240) dessert Santa Marta (18 000 COP, 2 heures 30) et Barranquilla (25 000 COP, 5 heures) toutes les 30 minutes. Des bus partent également toutes les heures pour Cartagena (35 000 COP, 7 heures) et toutes les 45 minutes pour Maicao (9 000 COP, 1 heure), à la frontière avec le Venezuela. Il y a un bus quotidien pour Bogotá (90 000 COP, 18 heures) à 15h30, qui s'arrête aussi à Valledupar (25 000 COP, 4 heures).

**Coopetran** (313-333-5707) propose des liaisons similaires avec Santa Marta, Cartagena et Bogotá. Assure aussi 2 trajets par jour vers Bucaramanga (85 000 COP, 12 heures).

**Cootrauri** (728-0000 ; C. 15 n°5-39) gère des *colectivos* qui partent dès qu'ils sont complets, tous les jours de 5h à 18h, pour Uribia (12 000 COP, 1 heure), où des voitures assurent le trajet jusqu'à Cabo de la Vela (10 000-15 000 COP, 2 heures 30). Informez simplement le chauffeur que vous allez à Cabo pour qu'il vous dépose au bon endroit. La dernière voiture pour Cabo de la Vela quitte Uribia à 13h. Des circuits privés pour Cabo (400 000 COP ; moins en négociant) pour 4 personnes permettent de faire l'aller-retour dans la journée et de voir les principales curiosités à toute allure, ce qui n'a finalement pas grand intérêt. Vous pouvez aussi faire le trajet avec Kaí Ecotravel (p. 166) pour 50 000 COP s'il reste de la place – départs quotidiens.

Pour visiter le Santuario de Fauna y Flora Los Flamencos, il faut prendre un *colectivo* au rond-point Francisco El Hombre, à côté de l'Almacen 16 de Julio, en direction de la bourgade de Camarones. Le chauffeur vous déposera à l'entrée du parc.

# Cabo de la Vela

5 / 1 500 HABITANTS

Cabo de la Vela est un village de pêcheurs wayuu reculé, à 180 km au nord-ouest de Riohacha. Jusqu'à récemment, ce n'était guère plus qu'une communauté rurale poussiéreuse en bord de mer faite de huttes traditionnelles en cactus. Mais ces deux dernières années, Cabo est devenu un haut lieu de l'écotourisme et a vu naître une foule d'hébergements à l'amérindienne destinés aux visiteurs. Internet, le téléphone fixe et les autres distractions modernes ne sont pas monnaie courante, et des groupes électrogènes fournissent l'électricité. Les environs du village, d'une beauté austère rarement égalée ailleurs dans le pays, forment un secteur incontournable de l'Alta Guajira. Le cap qui a donné son nom à la localité offre un paysage désertique de falaises rocheuses surplombant des plages de sable ocre et une mer bleu-vert.

Si vous recherchez la tranquillité, mieux vaut éviter d'aller à Cabo autour de Pâques et en décembre-janvier, périodes où les Colombiens viennent pour faire la fête.

## À voir et à faire

**El Faro**, un petit phare à la pointe d'un promontoire rocheux, jouit d'une vue époustouflante pour admirer le coucher du soleil, attirant aussi bien les touristes que les Wayuu. On peut s'y rendre à pied depuis le village (45 minutes), ou s'y faire amener en voiture par un habitant (environ 30 000 COP aller-retour). Emportez beaucoup d'eau, de l'antimoustique et un chapeau.

Juste après El Faro, **Ojo del Agua** est une plage de sable gris en croissant entourée de falaises de 5 m de haut. Elle doit son nom à un petit bassin d'eau douce qui fut découvert ici, et qui est un important site sacré pour les Wayuu.

Mais le joyau de la région est la **Playa del Pilón**, de loin la plus belle plage de Cabo. Son étonnant sable orange rouille est bordé de falaises escarpées qui s'embrasent de spectaculaires reflets, en particulier au coucher et au lever du soleil. À la saison des pluies, la faune et la flore désertiques complètent le tableau pour former un décor quasi cinématographique (en haute saison, toutefois, un millier de touristes et quelques kitesurfeurs figurent aussi sur la photo !). Le **Pilón de Azucar** est une colline de 100 m de haut dominant la plage. Plus beau point de vue des environs, il permet d'embrasser du regard toute l'Alta Guajira, avec le massif de la Serranía del Carpintero au loin. La statue de **La Virgen de Fátima**, sainte patronne de Cabo, qui se dresse au sommet de la colline, fut érigée en 1938 par des chercheurs de perles espagnols.

Cabo de la Vela est très apprécié des kitesurfeurs. **Kite Addict Colombia** (☎ 320-528-1665 ; www.kiteaddictcolombia.com) propose des cours particuliers avec tout l'équipement nécessaire pour 100 000 COP/heure – sur le front de mer, à côté du panneau "Area de Kite Surf".

## Où se loger et se restaurer

Plus de 60 *posadas* (auberges) rustiques ont été créées à Cabo de la Vela dans le cadre d'un projet d'écotourisme subventionné par le gouvernement. Il s'agit généralement de huttes wayuu en *yotojoro*, partie interne d'une variété de cactus poussant ici (*Stenocereus griseus*). Vous aurez le choix entre un petit hamac, un *chinchorro* (hamac traditionnel fabriqué localement), plus grand et plus chaud, ou un lit avec salle de bains privative (rarement avec l'eau courante). Apportez une serviette de toilette. Presque toutes les *posadas* se doublent d'un restaurant, servant quasiment invariablement du poisson ou de la chèvre pour 10 000-15 000 COP, et de la langouste au prix du marché.

**Posada Pujuru** PENSION $
(☎ 300-279-5048, 310-659-4189 ; posadapujuru@gmail.com ; hamacs/chinchorros 10 000/15 000 COP, s/d 25 000/50 000 COP). Cette *posada ecoturística* comprend 10 belles huttes avec chambres privatives, et consignes à bagages pour ceux qui dorment en hamac. Les groupes électrogènes fonctionnent de 18h à 22h. Le restaurant (plats 10 000-15 000 COP) sert un savoureux *pargo rojo* (vivaneau rouge) – en revanche, évitez les crevettes et le riz, très gras. Situé sur le front de mer.

**Hostería Jarrinapi** PENSION $
(☎ 311-683-4281 ; hamacs 15 000 COP, ch 35 000 COP/pers, plats 15 000-40 000 COP). L'un des établissements les plus centraux de Cabo, pourvu d'espaces communs très bien entretenus et de chambres impeccables avec sol carrelé (chose rare dans la région !). La réception et l'eau courante donnent presque l'impression d'être dans un véritable hôtel. Les groupes électrogènes fonctionnent toute la nuit – donc les ventilateurs tournent, donc vous pouvez dormir.

**Ranchería Utta** PENSION $
(☎ 313-817-8076, 312-678-8237 ; www.rancheriautta.com ; hamacs/chinchorros/cabañas 15 000/22 000/35 000 COP/pers). Les *cabañas*, collées les unes aux autres, offrent peu d'intimité à travers leurs parois fines, mais elles

se trouvent en plein sur la plage, dans un endroit calme à l'écart de la ville. Une adresse propre et bien tenue, appréciée des petits groupes en route vers Punta Gallinas. Le restaurant est correct.

### Depuis/vers Cabo de la Vela

Rejoindre Cabo de la Vela n'est pas forcément très simple, c'est pourquoi la majorité des visiteurs font appel à un tour-opérateur. Cela dit, il est tout à fait possible de s'y rendre par ses propres moyens : depuis Riohacha, prenez un *colectivo* Cootraurí (p. 167) pour Uribia : des véhicules partent tous les jours de 5h à 18h (12 000 COP, 1 heure), dès qu'ils sont complets. On vous déposera devant la Panadería Peter-Pan (boulangerie), d'où des camions et des 4x4 partent pour Cabo (10 000-15 000 COP, 2 heures 30). La route est impraticable sans 4x4.

## Punta Gallinas

À l'extrémité septentrionale de l'Amérique du Sud, Punta Gallinas offre l'un des paysages les plus impressionnants du continent, dont la rugueuse simplicité ne plaira cependant pas à tout le monde. On y accède par la **Bahía Hondita**, une baie émeraude entourée de falaises orange brûlé et frangée d'une large plage sauvage aux abords peuplés de flamants roses. Seulement huit familles wayuu ont élu domicile dans ce paysage désertique ponctué de végétation, qu'elles partagent avec les chèvres et les sauterelles.

Là où le continent cède la place à la mer des Caraïbes, d'imposantes dunes de sable de 60 m de haut surgissent au pied d'une mer turquoise miroitante. C'est la **Playa Taroa** : la plus belle plage de Colombie, et aussi la moins piétinée. On y accède en dévalant une immense dune de sable qui plonge directement dans l'eau.

Au crépuscule, sur le chemin du retour à travers le désert, remarquez les morceaux de récipients en céramique et les tas de conques brûlées – vestiges de repas partagés autour de feux de camp il y a des milliers d'années.

### Où se loger et se restaurer

Il n'existe que deux endroits où manger et dormir dans les environs de Punta Gallinas. Ils se trouvent à quelques minutes de 4x4 de la pointe et donnent sur la Bahía Hondita.

**Hospedaje Alexandra** PENSION $
(☎318-500-6942, 315-538-2718 ; hospedajealexandra@hotmail.com ; hamacs/chinchorros/cabañas 15 000/20 000/30 000 COP/pers). Superbement située en plein sur la baie, avec vue sur les flamants roses et une épaisse mangrove en contrebas. Huttes sommaires mais ravissantes, et nourriture excellente.

**Hospedaje Luzmila** PENSION $
(☎312-626-8121, 312-647-9881 ; luzmilita10@gmail.com ; hamacs/chinchorros 15 000/20 000 COP/pers, ch 30 000 COP/pers). Le Luzmilla offre une vue époustouflante sur la baie et un hébergement moderne, bien qu'assez spartiate.

### Depuis/vers Punta Gallinas

Il est très difficile de se rendre à Punta Gallinas sans passer par un tour-opérateur. Cela dit, techniquement, ce n'est pas impossible : la majeure partie de l'année, des véhicules 4x4 pourront vous amener de Cabo de la Vela à La Boquita (3-4 heures), à l'extrémité de la baie, du côté opposé aux *posadas*. Si vous prévenez, le personnel des *posadas* pourra venir vous récupérer en bateau (gratuit pour les hôtes). Lorsque les routes sont impraticables à cause des fortes pluies, il faut prendre un bateau (3 heures) à Puerto Bolívar, à quelques kilomètres de Cabo de la Vela, près de la mine de Cerrejón. Pour faire le trajet, contactez Aventure Colombia (p. 143) à Cartagena, ou bien Kaí Ecotravel (p. 166) ou Expotur (p. 166) à Riohacha.

# VALLEDUPAR

Valledupar occupe la longue vallée fertile formée par la Sierra Nevada de Santa Marta à l'ouest, et la Serranía del Perijá vénézuélienne à l'est. Comptant peu de curiosités, elle est restée à l'écart des grands circuits touristiques. Elle fut très isolée durant les jours les plus sombres du conflit civil en Colombie, étant pour ainsi dire prise en otage par les guérilleros qui contrôlaient les montagnes.

Avec son petit centre colonial bien conservé, des activités de plein air à proximité et une vie nocturne animée, Valledupar est de plus en plus prisée des voyageurs.

Cette terre de cow-boys et de bétail pourrait, dans une certaine mesure, être considérée comme le cœur culturel de la Colombie. Valledupar est en effet vénéré par les Colombiens pour avoir vu naître et évoluer le *vallenato*, cette musique omniprésente sur la côte, dominée par l'accordéon, dont les paroles abordent des sujets comme l'amour, la politique et la douleur de voir sa femme (ou son cheval) partir avec un autre homme.

## Activités

On vient à Valledupar pour se détendre et se ressourcer. Elle constitue une halte appréciable après un circuit entre Santa Marta, la Península de la Guajira et Mompox.

**Balneario La Mina** BAIGNADE
(7 000 COP). Un étrange parcours se dessine à travers le lit du Río Badillo en aval de la Sierra Nevada, formant un magnifique bassin propice à la baignade. Prévoyez un bon antimoustique et méfiez-vous du courant lors des mois les plus humides. Depuis la Carrera 6 dans le centre-ville, prenez un *colectivo* (départs 11h-14h) en direction d'Atanquez et descendez à La Mina. Au retour, prenez une moto-taxi (10 000 COP) à 16h au plus tard.

Il y a aussi une coopérative de femmes, qui vend notamment des sacs tissés d'excellente qualité. Tous les bénéfices sont reversés à des femmes de la région ayant perdu leur mari et leurs fils durant les conflits. Dans la cour de sa modeste maison, Maria Martinez, que tout le monde appelle La Maye, sert un savoureux *sancocho de gallina* (10 000 COP), un ragoût de coquelet, cuit au feu de bois.

**Balneario Hurtado** BAIGNADE
Les dimanches et jours fériés, les *Vallenatos* se retrouvent sur les berges du Río Guatapurí en pour se baigner et partager un repas. Il y a quelques modestes restaurants et marchands d'en-cas ambulants, et l'endroit est idéal pour une journée de détente en famille. Proche du Parque Lineal, desservi par des bus au départ de Cinco Esquinas, dans le centre-ville.

## Festival

**Festival de la Leyenda Vallenata** MUSIQUE
(avr). Chaque année, durant 4 jours, le *vallenato* résonne à plein volume et le whisky Old Parr (chouchou dans la région) coule à flots. Ce dernier est tellement apprécié qu'il a valu à la ville le surnom de Valle de Old Parr.

## Où se loger et se restaurer

Pour le Festival de la Leyenda Vallenata en avril, les hôtels, qui affichent complet un an à l'avance, quadruplent leurs prix.

**Provincia Hostel** AUBERGE DE JEUNESSE $$
(580-0558 ; www.provinciavalledupar.com ; C. 16A n°5-25 ; dort/s/d/tr 23 000/60 000/80 000/100 000 COP ; ). Accueillante, sûre et propre, cette ravissante auberge est à privilégier, quel que soit votre budget. Les chambres sont très confortables, malgré un manque de lumière naturelle et une proximité parfois bruyante avec la cuisine et les espaces communs. Dortoirs d'un excellent rapport qualité/prix. Possibilité de louer des vélos. Le propriétaire est de très bon conseil pour des excursions dans les environs.

**Compae Chipuco** COLOMBIEN $
(Carr. 6 n°16-05 ; plats 7 000 COP ; 7h-20h). Charmant restaurant juste à côté de la Plaza Alfonso López. Asseyez-vous sous le grand manguier pour vous rassasier d'une délicieuse *comida corriente*, comprenant chaque jour un choix de poisson, viande et poulet. Service plein d'entrain, cuisine copieuse et saveurs simples.

**El Varadero** CUBAIN $$$
(570-6175 ; C. 12 n°6-56 ; plats 30 000-40 000 COP ; 12h-15h et 18h-22h ; ). Spécialités cubaines à base d'excellents produits de la mer, dans une salle décorée de photographies de célébrités locales. En entrée, nous vous recommandons chaudement la salade de langouste et les moules à l'ail. Pour continuer sur votre lancée latino-américaine, goûtez les fruits de mer Al Macho, servis à la péruvienne, avec des poivrons jaunes.

## Depuis/vers Valledupar

La **gare routière** (Carr. 7 et C. 44) est à 30 minutes du centre en taxi (5 000 COP). Sinon, prenez n'importe quel bus pour le "Terminal" dans la Carrera 7 et la Calle 17. Destinations desservies :

**Bucaramanga** 80 000 COP, 8 heures
**Cartagena** 40 000 COP, 5 heures 30
**Medellín** 100 000 COP, 12 heures
**Mompox** 60 000 COP, 5 heures
**Riohacha** 20 000 COP, 3 heures
**Santa Marta** 22 000 COP, 2 heures

## SUD-EST DE CARTAGENA

Le secteur au sud-est de Cartagena, peu peuplé, est dominé par l'imposant Río Magdalena et par une forêt très dense. L'unique curiosité touristique est la magnifique ville coloniale de Mompox, comme figée dans le passé, qui justifie amplement un crochet dans la région.

# Mompox

Véritable plongée dans le passé colombien, Mompox (également appelée Mompos) est l'une des villes coloniales les mieux conservées du pays. Située en retrait dans les terres, sur les berges du Río Magdalena, elle a connu un important déclin avec la modification des axes de transports fluviaux au milieu du XIXe siècle, se retrouvant alors reléguée au second plan. La ressemblance avec le village de Macondo imaginé par Gabriel García Márquez (voir l'encadré p. 153) est frappante. Mompox est d'ailleurs l'endroit idéal pour se faire une idée de l'atmosphère décrite dans *Cent ans de solitude* - bien plus qu'Aracataca, la ville natale de l'auteur.

Il fallut attendre le XXIe siècle pour que ce petit bijou renaisse de ses cendres : depuis quelques années, les boutiques-hôtels et les restaurants se multiplient. C'est de loin la ville la plus séduisante du nord de la Colombie ; ses façades délavées et ses églises multicolores rappellent davantage La Havane que les rues pimpantes et impeccables de Cartagena. À l'écart des grands circuits touristiques, il y règne une atmosphère authentique et préservée, donnant souvent l'impression d'être l'unique visiteur dans la ville.

## Histoire

Fondée en 1540 par Alonso de Heredia (le frère de Pedro de Heredia, fondateur de Cartagena) sur le bras oriental du Río Magdalena, Mompox était un important centre de commerce et un port actif par lequel transitaient toutes les marchandises en provenance de Cartagena, le long du Canal del Dique et du Río Magdalena, pour être acheminées vers l'intérieur de la colonie. Cette ville florissante frappait aussi la monnaie coloniale, ce qui fit la renommée de ses orfèvres, dont le savoir-faire transparaît encore aujourd'hui dans de superbes bijoux en filigrane. Mompox fut la première ville de Colombie à déclarer son indépendance, en 1810.

Vers la fin du XIXe siècle, le transport de marchandises fut dévié sur l'autre bras du fleuve, le Brazo de Loba, mettant fin à la prospérité de la ville et la plongeant dans l'isolement.

## À voir

Flânez dans les vieilles rues magnifiques, longez les agréables berges du Río Magdalena et imprégnez-vous des couleurs, des sons et des odeurs.

La Carrera 1, qui longe les berges, est appelée localement Calle de la Albarrada, et la Carrerra 2, qui est l'artère principale de la ville, est surnommée Calle del Medio.

### Iglesia de Santa Bárbara — ÉGLISE

(Carr. 1 et C. 14). Cette église insolite de 1613 située au bord du fleuve est l'édifice le plus remarquable de Mompox : elle est ornée de griffons et de lions aux grands yeux, ainsi que d'un étrange clocher entouré d'un balcon. Des colonies de chauves-souris et d'hirondelles animent les offices du soir.

### Museo del Arte Religioso — MUSÉE

(Carr. 2 n°17-07 ; 4 000 COP ; ⏲8h-11h45 et 14h-16h mar-sam). Dans une magnifique maison coloniale, le principal musée de Mompox conserve une superbe collection de peintures religieuses, de croix en or et en argent, et d'autres objets ayant trait à la religion.

### Palacio San Carlos — ÉDIFICE HISTORIQUE

(Carr. 2 et C. 18). Érigé en 1600, cet ancien couvent jésuite abrite aujourd'hui l'hôtel de ville. On y découvre une remarquable statue de la liberté brisant ses chaînes. Les mots *"Si a Caracas debo la vida, a Mompox debo la gloria"* (Si à Caracas je dois ma vie, à Mompox je dois ma gloire) sont signés Simón Bolívar : en effet, quelque 400 hommes de Mompox formèrent la base de son armée révolutionnaire victorieuse.

### Cementerio Municipal — CIMETIÈRE

(C. 18 ; ⏲8h-12h et 14h-17h). Le cimetière de Mompox est l'une des curiosités les plus remarquables de la ville. Les tombes blanches sont empilées les unes sur les autres, parfois par groupes de six, formant des murs funéraires autour d'une chapelle centrale.

## Fêtes et festivals

Deux manifestations sont à retenir : les célébrations de la **Semana Santa**, qui comptent parmi les plus élaborées du pays ; et le **festival de Jazz de Mompox**, début octobre, qui, créé depuis peu, a tout de suite trouvé sa place sur l'agenda des manifestations intimistes en Colombie.

## Où se loger

L'offre hôtelière à Mompox comprend aussi bien des établissements de charme que des hébergements bon marché.

**Hostal La Casa del Viajero** AUBERGE DE JEUNESSE $
(684-0657 ; www.hotelenmompos.besaba.com ; Carr. 2 n°13-54 ; dort avec/sans clim 20 000/25 000 COP, ch 35 000 COP ; ). Cette auberge spacieuse et accueillante offre tout ce dont peut rêver un routard : un emplacement central, une cuisine commune, un patio avec hamacs, et de vastes dortoirs, dont un avec un beau balcon. Il y a même un karaoké pour occuper vos soirées.

**La Casa Amarilla** BOUTIQUE-HÔTEL $$
(310-606-4632, 685-6326 ; www.lacasaamarillamompos.com ; Carr. 1 n°13-59 ; dort/s/d/tr/qua/ste petit-déj inclus 25 000/90 000/145 000/175 000/200 000/185 000 COP ; ). Ce bel hôtel fut créé par un journaliste britannique et sa femme originaire de Mompox, dans une demeure restaurée du XVIIe siècle donnant sur le fleuve. Il renferme plusieurs chambres pleines de charme, ainsi que 2 vastes suites à l'étage, idéales pour un séjour romantique.

Le petit-déjeuner est un moment convivial : il est servi sur une grande table commune dans la cuisine, qui donne sur le jardin. Le personnel, souriant, connaît très bien la ville, et tout sera mis en œuvre pour que vous vous sentiez comme chez vous. Réservation conseillée.

**Hotel Portal de la Marquesa** BOUTIQUE-HÔTEL $$$
(685-6781 ; www.portaldelamarquesa.com ; Carr. 1 n°15-27 ; ch/ste petit-déj inclus 179 000/208 000 COP ; ). Cet imposant bâtiment au bord du fleuve est l'un des plus beaux de Mompox, et sa transformation en hôtel est une grande réussite, notamment dans les parties communes. Il y a seulement 3 chambres, ainsi qu'une suite avec piscine. Elles sont toutes très agréables, malgré un sol modernes trop rutilant et quelques touches décoratives de style Ikea.

## Où se restaurer

**Comedor Costeño** COLOMBIEN $
(Carr. 1 n°18-45 ; plats 7 000 COP ; 7h-17h). Restaurant rustique en bord de fleuve, dans le secteur du marché, proposant des repas sains et savoureux. Les diverses recettes de viande et de poisson – dont du *bocachico*, décliné de différentes manières – sont souvent arrosées d'*ají picante* (sauce au piment) maison. À midi, les plats sont accompagnés d'une excellente soupe, d'une salade et des trois féculents habituels.

**El Fuerte** EUROPÉEN $$$
(685-6762, 314-564-0566 ; Carr. 1 n°12-163 ; plats à partir de 40 000 COP ; dîner ven-dim). Le meilleur restaurant de la ville. Son bel intérieur, son charmant patron polyglotte et sa magnifique carte, composée de spécialités presque intégralement faites maison, en font un endroit incontournable.

Il est conseillé de réserver : en basse saison pour être sûr que le restaurant soit ouvert, et en haute saison parce qu'il affiche presque toujours complet. Pour le trouver, repérez la fourchette géante sur la berge.

## Depuis/vers Mompox

Bien que très reculée, Mompox est desservie par des bus directs depuis Cartagena. Avec un peu plus de logistique, il est également possible de s'y rendre depuis d'autres endroits. La plupart des voyageurs rejoignent Mompox depuis Cartagena avec Caribe Express (p. 144), qui assure un départ quotidien à 7h (50 000 COP, 8 heures).

S'il n'y a plus de places avec Caribe Express, il existe un autre itinéraire via Magangué : des bus Torcoroma (p. 144) quittent Cartagena toutes les 30 minutes de 5h30 à 12h (40 000 COP, 3 heures), et Expreso Brasilia (p. 144) assure un départ à 10h30 (40 000 COP, 3 heures). Une fois à Magangué, longez la route à pied puis tournez à droite au niveau du fleuve. Là, vous pourrez acheter un billet de *chalupa* (bateau) pour Bodega (7 000 COP, 20 min, départs fréquents jusqu'à 15h environ). Le guichet se trouve en face d'El Punto del Sabor. Une fois à Bodega, prenez un *colectivo* pour Mompox (12 000 COP, 45 min). Sinon, des *chalupas* relient parfois directement Magangué à Mompox. Il est également possible de rejoindre Magangué depuis Medellín (103 000 COP, 12 heures, départs 8h45 tlj).

Des bus desservent El Banco Magdalena depuis Santa Marta (35 000 COP, 6 heures, 13h) et depuis Bogotá (100 000 COP, 14 heures, 17h).

À El Banco, des Jeeps attendent pour amener les voyageurs à Mompox (35 000 COP/pers, 1 heure 30).

## SUD-OUEST DE CARTAGENA

La côte caribéenne au sud-ouest de Cartagena se caractérise par des plages intactes et des routes moins fréquentées. En raison de problèmes de sécurité, elle est restée à l'écart des circuits touristiques ces deux dernières décennies. Désormais sûrs, des secteurs comme Tolú et les Islas de San Bernardo, jadis fréquentés uniquement par des Colombiens, ouvrent aujourd'hui grand leurs bras aux visiteurs étrangers. Les paysages des départements de Sucre, Córdoba, Antioquia et Chocó sont assez différents de ceux de la côte nord. Le littoral du Golfo de Morrosquillo est frangé de prairies marécageuses parsemées de kapokiers aériens, de palétuviers envahissants et de lagunes aux eaux cristallines. La forêt de la région de Darién avance jusqu'à une mer d'un bleu azur et des plages où le Golfo de Urabá cède la place au Panama, près des paisibles villages de Capurganá et Sapzurro.

## Tolú

☎5 / 48 000 HABITANTS

On ne le dirait pas, mais le paisible *pueblo* de Tolú, capitale du Golfo de Morrosquillo, est l'une des destinations touristiques les plus prisées du pays. En haute saison, les Colombiens viennent profiter de son ambiance de petite ville, de ses plages et de la nature environnante, mais peu d'étrangers se mêlent aux visiteurs. Le reste de l'année, l'endroit permet de s'écarter des grands circuits touristiques et de passer des vacances à la colombienne. Ici, le vélo a pris le pas sur la voiture. Les vélos-taxis, appelés *bicitaxis*, relèvent quasiment de l'art : chacun est décoré de manière personnalisée – et équipé de gros haut-parleurs diffusant de la salsa et du reggaeton à plein volume.

Le long *malecón*, où se succèdent bars, restaurants et stands d'artisanat, offre un agréable itinéraire de promenade en bord de mer. Le principal intérêt de la ville pour les étrangers reste néanmoins sa proximité avec les Islas de San Bernardo, dans le Parque Nacional Natural (PNN) Corales del Rosario y San Bernardo. Les pittoresques plages de l'Isla Múcura, façonnées par la mangrove et plantées de palmiers, comptent parmi les plus paradisiaques de la côte.

### À voir et à faire

Tolú est le principal point de départ pour des excursions d'une journée dans les Islas de San Bernardo. En haute saison, la ville est prise d'assaut par les touristes colombiens venus profiter de la côte du Golfo de Morrosquillo, qui s'étend d'ici jusqu'à Coveñas. Coveñas compte moins d'infrastructures, mais de plus belles plages, dont bon nombre sont équipées de tables ombragées, où il est agréable de boire un verre l'après-midi.

Pour un peu de verdure, rejoignez la **Ciénaga de Caimanera**, à mi-chemin entre Tolú et Coveñas. Cette magnifique réserve naturelle de 1 800 ha protège un marécage d'eau douce et d'eau de mer avec 5 variétés de mangroves. Les racines de palétuviers rouges s'entremêlent dans et hors de l'eau. Le trajet de 1 heure 30 en canoë permet de glisser à travers des tunnels de mangrove artificiels tout en dégustant des huîtres ramassées à même les racines.

Pour rejoindre la réserve, prenez n'importe quel bus (2 000 COP) en direction de Coveñas et demandez au chauffeur de vous déposer à La Boca de la Ciénega. Des guides attendent sur le pont pour accompagner les touristes en canoë (20 000 COP pour 1 ou 2 pers, 8 000 COP/pers pour les groupes).

Les plages de Tolú n'ont pas grand intérêt – celles de Coveñas, à 20 km au sud, sont bien plus agréables. La **Playa Blanca** est accessible en moto-taxi depuis Coveñas. Des *colectivos* partent tous les jours de Tolú – départs toutes les 10 minutes (2 500 COP) depuis le Supermercado Popular, à l'angle de la Carrera 2 et de la Calle 17. Sinon, **Punta Bolívar** est à 5 minutes de Coveñas en moto-taxi (4 000 COP).

### Où se loger et se restaurer

On trouve ici de nombreux hôtels, où séjournent les vacanciers colombiens. Bien qu'il y ait peu de raisons de passer la nuit à Tolù, vous devrez peut-être y faire une halte en chemin pour les Islas de San Bernardo.

Ne quittez pas la ville sans avoir goûté à la meilleure *arepa* du pays (délicieusement croustillante et fourrée aux œufs et à la viande épicée) au stand de Doña Mercedes, à l'angle sud-est de la place, à côté du bureau d'Expreso Brasilia.

**Villa Babilla** AUBERGE DE JEUNESSE **$**
(☎312-677-1325 ; www.villababillahostel.com ; C. 20 n°3-40 ; s/d à partir de 40 000/60 000 COP ; 📶). À trois *cuadras* du front de mer, cette auberge/hôtel gérée par des Allemands offre un cadre accueillant, avec un agréable salon TV extérieur surmonté d'un toit de chaume, une cuisine, une laverie et du café à volonté toute la journée. Sans enseigne, c'est le plus haut bâtiment de la *cuadra*.

**El Velero** AUBERGE DE JEUNESSE **$$**
(☎312-658-0129, 286-0058 ; info@hostalvelero.com ; Carr. 1 n°9-30 ; s/d 50 000/80 000 COP ; ❄📶). "Le Voilier" est en plein sur le front de mer, avec les vagues au pied de la porte. Accueil chaleureux et chambres très confortables avec TV, réfrigérateur et salle de bains rutilante.

**La Red** POISSON **$$**
(angle C. 20 et Carr. 2 ; plats 8 000-30 000 COP ; ⏲petit-déj, déj et dîner). Goûtez au vivaneau rouge – pêché au large seulement quelques heures auparavant – à l'ail et au beurre. Le service est un peu nonchalant, et l'écaille de tortue domine dans la salle.

## Renseignements

**Hospital de Tolú** (☎288-5256 ; C. 16 n°9-61 ; ⏲24h/24)

**Mundo Mar** (☎288-4431 ; www.clubnauticomundomartolu.com ; Carr. 1 n°14-40). Agence sérieuse proposant des circuits quotidiens pour les Islas de San Bernardo pour 35 000 COP. Départ à 8h30 ; retour avant 16h.

**Office du tourisme** (☎286-0599 ; Carr. 2 n°15-40 ; ⏲8h-12h et 14h-18h). Situé dans l'*alcaldía* (hôtel de ville), du côté ouest de la Plaza Pedro Heredia. Horaires très aléatoires.

## Depuis/vers Tolù

**Expreso Brasilia/Unitransco** (☎288-5180), **Rapido Ochoa** (☎288-5257) et **Caribe Express** (☎288-5223) se partagent une petite gare routière au sud-ouest de la Plaza Pedro de Heredia. Des bus partent toutes les heures pour Cartagena (30 000 COP, 3 heures) et Montería (20 000 COP, 2 heures). Si vous poursuivez vers Turbo et la frontière panaméenne, vous devrez prendre un bus pour Montería, où il y a des correspondances pour Turbo.

# Islas de San Bernardo

Les dix îles qui forment les Islas de San Bernardo, au large de Tolú, constituent une partie bien plus spectaculaire et intéressante du PNN Corales del Rosario y San Bernardo que leurs voisines du nord, les Islas del Rosario.

Les Amérindiens Caraïbes peuplaient jadis ces îles, aujourd'hui terre d'élection des vacanciers colombiens, qui se sont bien gardé de vanter les mérites du lieu aux visiteurs étrangers. Connues pour leurs eaux cristallines, leurs lagunes de mangrove et leurs plages de sable blanc, ces îles pittoresques sont une véritable oasis de tranquilité sur la côte caribéenne.

## Circuits organisés

Des circuits permettant de visiter l'archipel dans la journée partent quotidiennement du Muelle Turístico de Tolú vers 8h30. Ils incluent une visite rapide de l'une des îles les plus densément peuplées au monde, **Santa Cruz del Islote** (où un millier de personnes, principalement des pêcheurs, cohabitent dans un bidonville aquatique tropical de seulement 1 200 m²), et de l'**Isla Tintípan**, la plus grande île de l'archipel.

La plupart des infrastructures touristiques sont sur l'**Isla Múcura**, où vous bénéficierez de 3 heures de temps libre. Vous pourrez louer du matériel de snorkeling pour 5 000 COP, boire une bière et déjeuner (non inclus), ou encore vous promener dans la mangrove. La plus belle plage, qui est aussi la meilleure pour faire du snorkeling, est celle de l'**Isla Palma**, où le circuit s'achève avec la visite de l'aquarium. Celui-ci relève davantage du zoo rustique que du monde aquatique : en plus des créatures marines, vous y verrez notamment des singes, des flamants roses, des oiseaux (dont des aras en liberté) et même un buffle ! Étrange, mais pas inintéressant.

## Où se loger et se restaurer

En haute saison, il est essentiel de réserver et les prix montent en flèche.

**Donde Wilber** BUNGALOWS **$$**
(☎316-605-5840 ; Isla Múcura ; bungalows 30 000 COP/pers, en pension complète 90 000 COP). Pour trouver le seul hébergement pour petits budgets de l'archipel, demandez à

### SE RENDRE AU PANAMA

Il n'est pas possible de rejoindre le Panama par la route depuis la Colombie – la route Panaméricaine ne couvre pas la région de Darién –, même si vous entendrez peut-être parler de quelques fanatiques qui ont bravé les dangers en tentant de parcourir les 87 km de trajet en véhicule tout terrain, et même à pied, au risque de rencontrer des guérilleros, des paramilitaires ou des narcotrafiquants.

Cela dit, il est possible, et relativement sûr, de rejoindre le Panama en privilégiant la route, avec seulement quelques passages en bateau et un en avion. Lors de nos recherches, l'itinéraire suivant était sans danger, mais il convient de se renseigner systématiquement sur les consignes de sécurité et de ne pas s'éloigner de la côte.

- Allez à Turbo. La route Medellín-Turbo (62 000 COP, 8 heures) est aujourd'hui sûre, mais mieux vaut la parcourir en journée. De Cartagena, il faut aller à Montería (50 000 COP, 5 heures), d'où partent des correspondances pour Turbo (30 000 COP, 5 heures). Des bus circulent régulièrement de 7h à 17h (quittez Cartagena avant 11h pour ne pas avoir à passer la nuit à Montería). Vous devrez dormir à Turbo, qui est une ville peu engageante – mais cela fait partie de l'aventure.
- De là, prenez un bateau pour Capurganá (55 000 COP, 2 heures 30). Arrivez au moins 1 heure à l'avance pour être sûr d'avoir une place. Le trajet est parfois mouvementé... Accrochez-vous. Les bagages ne doivent pas peser plus de 10 kg – au-delà, supplément de 500 COP/kg.
- De Capurganá, prenez un bateau pour Puerto Olbaldía, au Panama (30 000 COP, 45 minutes). Au préalable, il vous faudra avoir fait tamponner votre passeport au **Ministerio de Relaciones Exteriores** (☎ 311-746-6234 ; www.migracioncolombia.gov.co ; ⏲ 8h-17h lun-ven, 9h-16h sam), près du port de Capurganá, la veille du départ (le bureau ne sera pas ouvert à l'heure où vous partirez). Des bateaux quittent Capurganá tous les jours à 7h30 (prévoyez d'être sur le quai à 7h). Une fois de plus, le voyage peut être mouvementé, selon les conditions météorologiques.
- Au Panama, faites tamponner votre passeport au poste d'immigration de Puerto Olbaldía. Prenez ensuite un vol avec **Air Panama** (☎ au Panama +507-316-9000 ; www.flyairpanama.com ; 2-3 vols/jour) pour l'aéroport domestique d'Albrook, qui dessert la ville de Panama. Puerto Olbaldía n'a pas vraiment d'intérêt pour les touristes. Évitez de trop vous y attarder et rejoignez directement la capitale panaméenne.

voir Angelo en arrivant sur le quai de l'Isla Múcura, qui vous conduira à cet ensemble en bord de mer comprenant des cabanes très sommaires et un bungalow rustique. Le confort est minimal, mais l'ambiance est détendue et amicale, et la vue spectaculaire. De plus, l'endroit étant tenu par des habitants, vous savez où va votre argent. Le Donde Wilber organise aussi des sorties de pêche et de snorkeling.

**Punta Faro** HÔTEL **$$$**
(☎ à Bogotá 1-616-3136 ; www.puntafaro.com ; Isla Múcura ; ch en pension complète à partir de 590 000 COP/pers ; ❄📶). Le plus bel hôtel de l'archipel utilise abondamment le bois de mangrove dans le mobilier qui orne ses chambres et son vestibule. Il est fréquenté par des Colombiens aisés et des voyageurs d'affaires. Il comprend une plage privée, 3 restaurants et 2 bars, et assure le transport depuis Cartagena. Prêt de kayaks et de matériel de snorkeling notamment, inclus dans le prix.

## Turbo

☎ 4 / 140 000 HABITANTS

À 373 km au nord-ouest de Medellín, dans le département d'Antioquia, Turbo est un port peu engageant où vous passerez la nuit si vous voulez prendre un bateau pour Capurganá ou Sapzurro. Cette ville n'a rien pour retenir le visiteur, et mieux vaut ne pas s'éloigner de son hôtel après la tombée de la nuit.

### Où se loger et se restaurer

Plusieurs petits cafés quasi identiques se succèdent le long du front de mer, près des quais. On peut y manger de 5h du matin à la tombée de la nuit.

**Hotel El Velero** HÔTEL **$$**
(☎312-618-5768, 827-4173 ; Carr. 12 n°100-10 ; ch à partir de 80 000 COP ; ❄📶). À quelques minutes à pied du quai d'où les bateaux partent pour Capurganá, cet hôtel moderne est indéniablement la meilleure adresse de Turbo. Les chambres sont petites mais très confortables, et pourvues de draps impeccables et d'un minibar bien garni. Un véritable coin de paradis après le long voyage jusqu'à Turbo.

### Depuis/vers Turbo

Depuis Cartagena, il faut prendre un bus avant 11h pour Montería (50 000 COP, 5 heures), où l'on trouve une correspondance pour Turbo (30 000 COP, 5 heures). Il n'y a pas de gare routière principale à Turbo, mais la plupart des compagnies sont basées dans la Calle 101. De Turbo, des bus desservent Montería de 4h30 à 16h. Des bus quittent Turbo pour Medellín toutes les heures de 5h à 22h (62 000 COP, 8 heures).

Des bateaux partent tous les jours à partir de 7h pour Capurganá (55 000 COP, 2 heures 30) et Sapzurro (60 000 COP, 2 heures 30).

## Capurganá et Sapzurro

☎4 / 2 000 HABITANTS

L'extraordinaire côte caribéenne colombienne se termine en beauté, avec deux des sites les plus séduisants – et les moins visités – du pays. Ces deux villages idylliques à l'ambiance détendue et leurs plages se cachent dans un secteur isolé du Nord-Ouest. Adossés à des montagnes boisées et baignés par une eau d'un bleu profond, ils sont fréquentés par des habitants de la région en quête de tranquillité. Comme eux, allez-y pour vous couper de la vie colombienne trépidante.

Le trajet fait partie intégrante de l'aventure : Capurganá et Sapzurro ne sont accessibles que par un long trajet en bateau depuis Turbo, ou à bord d'un minuscule avion au départ de Medellín. En conséquence, leurs plages sont les moins fréquentées du pays. Le secteur ayant connu des problèmes de sécurité et d'accès par le passé, 90% des visiteurs étaient jusqu'alors colombiens. Aujourd'hui, ces deux villages sont totalement sûrs, et le tourisme est florissant.

Ils constituent une excellente alternative aux plages du PNN Tayrona, souvent bondées en haute saison. On peut facilement y passer quelques jours, à la découverte des magnifiques plages et des sentiers des environs. Il y a un superbe récif corallien, et plusieurs écoles de plongée permettent désormais d'explorer la côte et des sites méconnus.

Depuis ou vers le Panama par voie terrestre, ces deux paisibles villages constitueront une halte idéale dans votre périple, avec leurs plages de sable blanc et leurs nombreuses activités de plein air. Prévoyez suffisamment d'argent en espèces, car vous ne trouverez pas de DAB.

### Activités

Avec son récif corallien préservé et une visibilité pouvant atteindre 25 m d'août à octobre, Capurganá est un meilleur endroit pour faire de la plongée que Taganga, la destination phare de la côte en la matière. La mer est agitée de janvier à mars. **Dive & Green** (☎311-578-4021, 316-781-6255 ; www.diveandgreen.com) et le **Centro de Buceo Capurganá** (☎314-861-1923 ; centrodebuceocapurgana@gmail.com ; Luz de Oriente) proposent des sorties avec 2 plongées pour 170 000-190 000 COP, et des plongées de nuit pour 110 000 COP.

### Renseignements

**Capurganá Tours** (☎824-3173). Agence accueillante dont le personnel peut réserver des vols au Panama et des excursions dans les environs. Avance de fonds sur carte bancaire (pratique, étant donné qu'il n'y a pas de banque à Capurganá) et réservation de transports depuis Turbo vers toute la Colombie.

**Minsterio de Relaciones Exteriores** (☎311-746-6234 ; Capurganá ; ⊙8h-17h lun-ven, 9h-16h sam). Services d'immigration pour les voyageurs se rendant au Panama. Dans la rue principale. Horaires très aléatoires.

### Depuis/vers Capurganá et Sapzurro

Des bateaux pour Capurganá (55 000 COP, 2 heures 30) et Sapzurro (60 000 COP, 2 heures 30) partent tous les jours du port de Turbo à partir de 7h. Il peut y avoir jusqu'à 4 ou 5 départs par jour, mais celui de 7h est le seul à être systématiquement maintenu (si la météo le permet). Les Colombiens sont nombreux à faire le trajet et les bateaux se remplissent vite : arrivez au moins une heure à l'avance ou réservez votre place la veille. Le trajet peut être humide et mouvementé : transportez vos bagages dans un sac-poubelle (vendus sur place 1 000 COP). Prenez votre passeport et prévoyez suffisamment d'espèces, car il n'y a pas de DAB à Capurganá et à Sapzurro. Au retour, évitez soigneusement les habitants qui vous proposent de vous "aider" jusqu'à votre bus. Ils travaillent à la commission et vous escroqueront à coup sûr.

**Searca** (www.searca.com.co) et **TAC** (www.taccolombia.com) proposent des vols depuis Medellín (400 000 COP aller simple) les lundis et vendredis en basse saison, et jusqu'à 3 vols par jour en haute saison.

**San Blas Tours** (☎321-505-5008; www.sanblasadventures.com) organise des circuits à Guna Yala (Panama) depuis Sapzurro, ou peut vous accompagner pour passer la frontière. Avant de quitter la Colombie pour le Panama, vous devrez faire tamponner votre passeport à Capurganá.

VAUT LE DÉTOUR

### LE GOLFO DE URABÁ

Le golfe d'Urabá compte quelques minuscules villages nichés à la limite de la région de Darién. **Acandí**, **Triganá** et **San Francisco** disposent d'hébergements corrects et abordables, de plages tranquilles et de magnifiques chemins de randonnée. Tous trois sont accessibles en bateau depuis Turbo.

À Acandí, en mars, avril et mai, des centaines de tortues luths, pouvant atteindre 2 m de long et 750 kg, regagnent la côte pour pondre leurs œufs.

Pour vous loger à San Francisco, essayez **Ralle's Hostel** (☎314-703-5151 ; dort 25 000 COP, bungalows 50 000 COP/pers). À Triganá, vous pouvez aller à l'**Hostería Triganá** (☎314-615-6917) ou à **Anayansi Cabañas** (☎320-697-9025) : tous deux louent des chambres et des bungalows pour moins de 40 000 COP/pers (prix variables selon la saison).

## Capurganá

Capurganá se trouve en bordure nord-ouest du département colombien de Chocó, à l'entrée du Golfo de Urabá. Il concentre davantage d'infrastructures touristiques que Sapzurro (dont de nombreux hébergements) et jouit d'une atmosphère délicieusement détendue, sauf durant la Semana Santa et en novembre-décembre.

### À voir et à faire

**El Cielo**, une randonnée d'une heure à travers les montagnes boisées au départ de Capurganá, longe un sentier peuplé de singes hurleurs, de sapajous, de toucans et de perroquets, et jalonné de piscines naturelles et de cascades. L'agréable randonnée côtière jusqu'à **Aguacate** (1 heure) vous fera découvrir des plages paisibles. Enfin, la magnifique **Playa Soledad** est accessible par une marche de 3 heures à l'est de Capurganá, ou par un court trajet en bateau négocié auprès de l'un des pêcheurs de la plage principale de Capurganá.

### Où se loger et se restaurer

Les restaurants étant rares, la plupart des hôtels proposent la pension complète, à l'exception de quelques établissements bon marché près du terrain de football. Les propriétaires passent souvent leurs journées à guetter le chaland, mais ils ne sont ni agressifs ni malhonnêtes.

Des bars ouverts tard le soir entourent le terrain de foot.

♥ **Posada del Gecko** PENSION $
(☎313-651-6435, 314-525-6037 ; www.posadadelgecko.com ; s/d/tr/qua 25 000/70 000/95 000/120 000 COP ; 📶). Pension accueillante louant de sobres chambres en bois d'un excellent rapport qualité/prix, ainsi que des chambres plus haut de gamme avec clim et salle de bains privative. Le propriétaire organise des circuits de 3 jours dans les îles San Blas pour 185 $US. Le bar-restaurant sert des pâtes et des pizzas, et offre un cadre plaisant pour prendre un verre. Excellente playlist de musique indé.

**Hostal Capurganá** AUBERGE DE JEUNESSE $
(☎316-482-3665 ; www.hostalcapurgana.net ; C. de Comercio ; dort 18 000 COP, ch petit-déj inclus 35 000 COP/pers). Dans la rue principale, juste derrière le quai, cette excellente auberge loue 6 chambres avec ventilateur, salle de bains et accès à une ravissante cour arborée. Bon à savoir si vous n'avez pas prévu assez d'espèces : c'est le seul endroit du village qui accepte les cartes bancaires. Personnel avisé, qui pourra vous aider à organiser la suite de votre périple.

**Campamento Wittenberg** HÔTEL $

(☎ 311-436-6215 ; hamacs 10 000 COP, ch 20 000 COP/pers). Hôtel accueillant à la frontière avec le Panama, proposant une ou deux chambres sommaires, un copieux petit-déjeuner bon marché, des sorties de pêche et des cours de voile. Le propriétaire, un Français qui vit en Colombie depuis des années, est sympathique, professionnel et très serviable.

**Luz de Oriente** HÔTEL $$

(☎ 310-371-4902 ; www.luzdeoriente.com ; Playa Blanca ; ch en demi-pension 72 000 COP/pers ; 📶). En plein sur le port, cet hôtel loue des chambres soignées avec ventilateur et vue sur la mer. Le bar sert un mojito à tomber, et on a la sensation d'être pile au centre du village, à quelques secondes de la plage.

♥ **Josefina's** POISSON $$

(plats 20 000-40 000 COP ; ⏲ 12h-21h30). Josefina sert les plus savoureux poissons et fruits de mer de toute la côte – et avec le meilleur accueil qui soit. Son crabe à la crème de coco épicée est servi dans des coupes en bananes plantains d'une finesse et d'un croustillant incroyables. Goûtez aussi à l'excellente *crema de camarón* (velouté de crevettes) et aux *langostinos*. Occupe une cabane toute simple sur la plage principale de Capurganá.

## Sapzurro

Si vous êtes dans le secteur, c'est sûrement pour trouver un endroit tranquille dans un cadre naturel spectaculaire. Sapzurro est alors la meilleure destination qui soit sur cette partie de la côte colombienne : sans aéroport, avec seulement 2 bateaux par jour pour le "continent" et une ambiance qui donne l'impression que personne n'est contraint à un horaire quelconque, c'est l'un des endroits les plus reposants du pays.

La plage du village est ravissante, mais une courte randonnée à travers les collines menant au Panama vous permettra de découvrir la plus célèbre plage des environs, **La Miel** (prenez votre passeport pour passer le poste de contrôle). On y accède par une ascension rapide via un abrupt escalier frontalier, avant de redescendre de l'autre côté (tournez à droite en bas de la colline et suivez le trottoir). La petite plage de sable blanc, léchée par des eaux d'un bleu azur, est pourvue de deux petits snacks vendant bières et poisson frais.

### Où se loger et se restaurer

**La Gata Negra** PENSION $

(☎ 320-610-5571 ; www.lagatanegra.net ; Sapzurro ; ch 20 000-45 000 COP/pers). Cette pension tenue par un Italien occupe une magnifique maison en bois à proximité de la plage du village. Les 3 chambres ont des ventilateurs et se partagent une salle de bains. Prix variables en fonction de la saison et du nombre de personnes. La *cabaña* peut accueillir 4 personnes (1 lit double et 1 lit superposé). Excellents repas italiens concoctés par Giovanni, le propriétaire.

**Zingara** PENSION $

(☎ 320-687-4678 ; www.hospedajesapzurrozingara.com ; ch 25 000-45 000 COP/pers ; 📶). Clemencia, la propriétaire, met d'emblée ses hôtes à l'aise dans cette pension rustique en bois. Les 2 chambres ont chacune une salle de bains privative, une moustiquaire et un balcon entouré d'arbres fruitiers donnant sur la montagne. Celle à l'étage, pour 5 personnes, a un immense balcon offrant une vue sublime. La pension est sur le chemin qui mène à l'ascension vers la frontière panaméenne.

♥ **La Punta del Arrecife** PENSION $$

(☎ 320-687-3431, 314-666-5210 ; luzdelaselva52@yahoo.es ; ch petit-déj inclus 65 000 COP/pers). Construit sur un récif à la lisière du village (suivez la passerelle surélevée qui part du bourg), cet endroit merveilleux est entouré d'un jardin envahi par la végétation. Il est tenu par Rubén et Myriam, amusants et sympathiques reclus du monde moderne. On dort dans des chambres en bois aussi simples que magnifiques, décorées de belles pièces d'artisanat. La plupart des produits sont cultivés sur place, et les hôtes sont encouragés à se déconnecter au maximum. À quelques minutes de marche de la plage, à Cabo Tiburón – excellentes possibilités de snorkeling sur le récif.

♥ **La Posada** AUBERGE DE JEUNESSE $$

(☎ 312-662-7599 ; www.sapzurrolaposada.com ; Sapzurro ; s/d à partir de 65 000/130 000 COP, camping ou hamacs 10 000 COP/pers). C'est l'adresse la plus confortable et la mieux tenue du village : beau jardin planté de goyaviers, de cocotiers et de manguiers ; douches en plein air pour les campeurs, et chambres spacieuses et agréables avec parquets, poutres apparentes et balcons équipés de hamacs. La femme de Mario, le propriétaire, prépare des repas (plats 17 000 COP, appelez si vous comptez manger). Mario a pour projet d'aménager des chambres dans les arbres. C'est *la* personne à qui s'adresser pour organiser un trajet en voilier vers Cartagena (24 heures), vers divers ports panaméens, et vers les Islas de San Bernardo.

**Restaurante Doña Triny** COLOMBIEN **$**
(menus 17 000 COP ; ⌚12h-21h). Juste en face du lieu où accostent les bateaux en provenance de Capurganá, ce restaurant de poisson est extrêmement prisé, autant des habitants que des visiteurs. Le menu comprend une soupe, un plat de poisson ou de fruits de mer et un dessert.

# San Andrés et Providencia

**Dans ce chapitre ➡**



## Le top des restaurants

- Restaurante La Regatta (p. 189)
- Caribbean Place (p. 195)
- Gourmet Shop Assho (p. 189)
- Donde Francesca (p. 189)
- Café Studio (p. 196)

## Le top des hébergements

- El Viajero San Andrés (p. 186)
- Deep Blue (p. 196)
- Frenchy's Place (p. 194)
- Casa Harb (p. 187)
- Sirius Hotel (p. 196)

## Pourquoi y aller

L'archipel de San Andrés et Providencia est proche géographiquement du Nicaragua, lié à l'Angleterre par l'Histoire et à la Colombie sur le plan politique. Certes, le passé de ces îles magnifiques n'est pas exempt d'ombre, mais leurs paysages de carte postale en font un des plus beaux paradis colombiens. Ici s'étirent des plages désertes et des récifs coralliens virginaux, le tout marqué d'une douceur insulaire où affleure la culture, vieille de 300 ans, des Raizales, les Afro-colombiens de langue anglo-créole.

San Andrés, la plus grande île de l'archipel, est aussi son centre marchand et administratif. Si elle attire de nombreux touristes en quête de bonnes affaires détaxées, on y échappe aisément à la foule. Providencia s'enorgueillit des mêmes eaux turquoise et récifs coralliens, mais se révèle bien moins commerciale. Elle est émaillée de hameaux aux maisons en bois colorées, vivant reliquat de son patrimoine colonial.

## Quand partir

### San Andrés

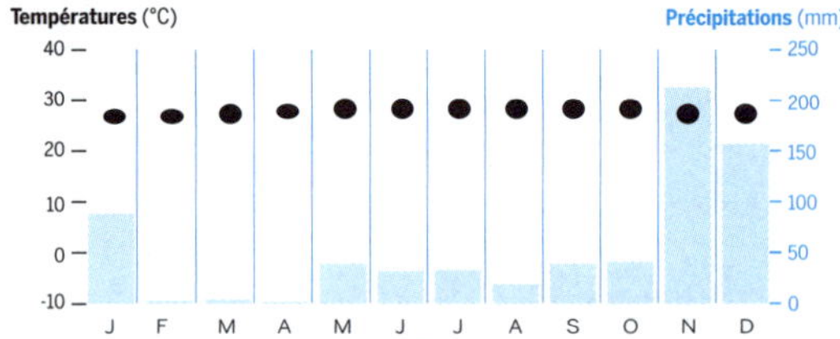


**Jan-juin** La saison sèche est épargnée par les ouragans caribéens.

**Avr-juil** Des routes de Providencia peuvent être fermées pour assurer la protection des crabes migrants.

**Juin-déc** Hors période de Noël, les prix sont beaucoup plus bas sur les deux îles.

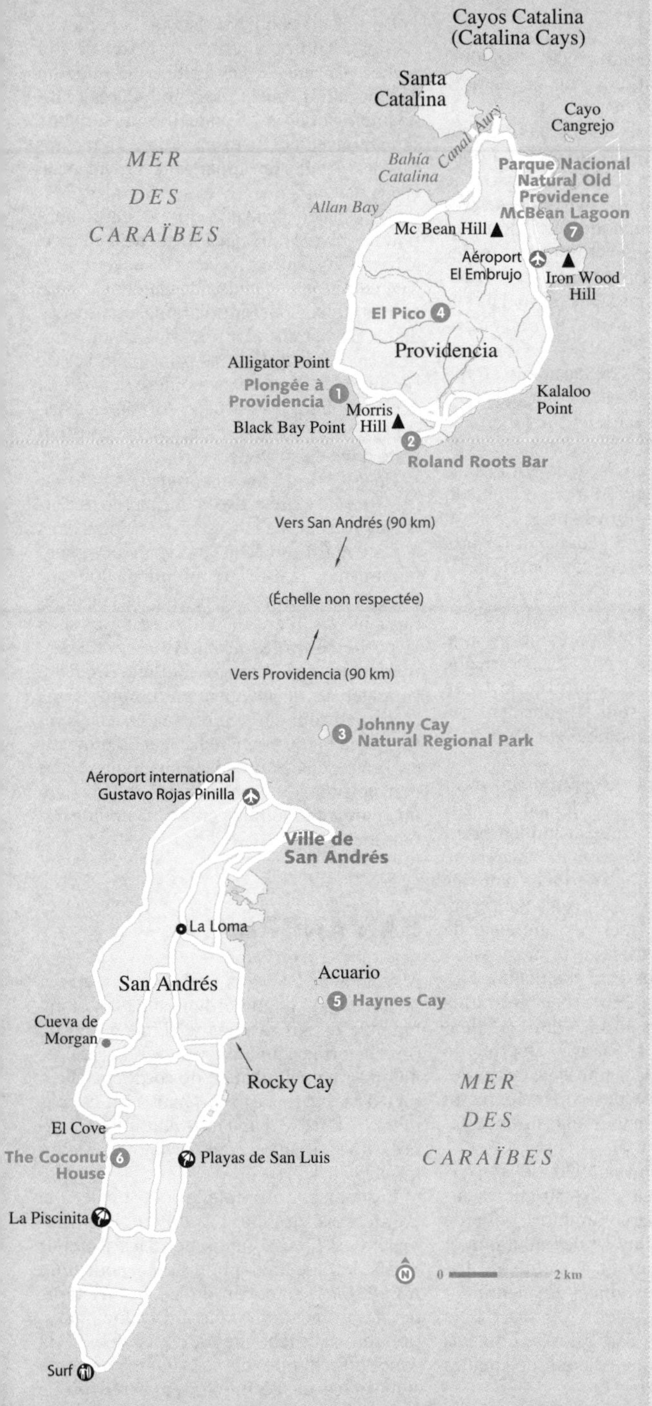


## À ne pas manquer

1 La **plongée sous-marine** (p. 188) dans les eaux bleues de Providencia, riches des coraux et de la vie marine les plus singuliers de Colombie.

2 Une bière à siroter au son du reggae au **Roland Roots Bar** (p. 194).

3 Les sables vierges du magnifique îlet formant le **Johnny Cay Natural Regional Park** (p. 183).

4 Une randonnée à travers le territoire des iguanes jusqu'à **El Pico** (p. 194), pour une vue sublime sur Providencia.

5 Une baignade au coucher du soleil, en compagnie des raies pastenagues au large du **Haynes Cay** (p. 185).

6 L'étonnante **Coconut House** (p. 187) et son jardin, à West View.

7 Une balade en bateau dans les mangroves du **Parque Nacional Natural Old Providence McBean Lagoon** (p. 193), à Providencia.

## Histoire

Les premiers habitants de l'archipel furent probablement des colons néerlandais, établis sur Providencia vers la fin du XVI^e^ siècle. En 1631, ils furent expulsés par les Anglais, qui colonisèrent l'archipel pour de bon et se mirent à cultiver le tabac et le coton avec, pour main-d'œuvre, des esclaves noirs venus de Jamaïque. Les Raizales sont le fruit du mélange ethnique entre les Britanniques et leurs esclaves. Les Espagnols, furieux de la réussite des Anglais sur l'archipel, tentèrent, en vain, de s'en emparer, en 1635.

En raison de leur emplacement stratégique, les îles se révélèrent un abri de choix pour les pirates qui partaient à l'abordage des galions espagnols qui, chargés d'or et de richesses, rentraient en Espagne. En 1670, le célèbre flibustier Henry Morgan établit son quartier général sur Providencia. De là, il organisa des pillages au Panama et à Santa Marta. Selon la légende, son butin serait encore caché sur l'île.

Peu après son indépendance, la Colombie revendiqua l'archipel, prétentions que lui disputa farouchement le Nicaragua. Le conflit trouva une issue avec le traité d'Esguerra-Bárcenas qui, confirmant la souveraineté de la Colombie sur l'archipel, fut conclu en 1928.

Si leur isolement géographique avait longtemps valu aux îles de garder leur caractère anglais, les choses commencèrent à changer du fait de la mise en place d'une liaison aérienne avec le continent dans les années 1950. En 1954, le projet gouvernemental de faire de l'archipel une zone de commerce détaxé ouvrit la porte au tourisme, au commerce et, plus généralement, à l'influence continentale. Peu à peu, cet afflux d'éléments extérieurs porta atteinte à l'identité raizal, mise sous le boisseau au profit de la manne générée par le tourisme de masse. Les insulaires, qui n'étaient ni préparés ni qualifiés pour vivre du tourisme, furent totalement pris au dépourvu.

Au début des années 1990, le gouvernement local imposa des restrictions sur toute installation dans l'archipel, afin de ralentir l'arrivée en masse des migrants et de préserver la culture et l'identité locales. Pour autant, les Colombiens du continent ne représentent pas moins les deux tiers de la population de San Andrés. L'anglais et l'espagnol y ont rang conjoint de langues officielles depuis 1991.

Du fait du boom touristique et commercial, San Andrés a beaucoup perdu de son cachet d'origine. La culture dominante d'aujourd'hui mêle les influences latino-américaines et anglo-caribéennes, même si un mouvement de restauration des racines raizales a fait son apparition. Providencia, elle, a davantage préservé son héritage.

S'il est peu probable que le statut politique de San Andrés et Providencia change, le Nicaragua, qui en réclame la souveraineté, n'en continue pas moins de plaider sa cause auprès de la Cour internationale de justice de La Haye. Celle-ci a réaffirmé la souveraineté colombienne sur les principales îles de l'archipel en 2007, mais a différé *sine die* sa décision quant au tracé des frontières maritimes et aux îles secondaires. La question reste donc en suspens.

En 2005, l'aire marine protégée Seaflower (AMP) a été établie, avec pour but de renforcer la protection d'écosystèmes majeurs dans la zone maritime de la réserve de biosphère homonyme. L'AMP comprend 65 000 km$^2$ d'eaux cristallines classées en zones de différents usages allant de la protection totale à la pêche contrôlée. L'objectif de cette aire marine protégée à usages multiples est d'encourager le développement durable dans l'archipel, tout en renforçant la conservation de la biodiversité marine et en œuvrant en faveur des pratiques écologiques. L'aire marine protégée Seaflower est la première du genre en Colombie, et la plus grande des Caraïbes.

# SAN ANDRÉS

☎8 / 68 000 HABITANTS

À seulement 150 km à l'est du Nicaragua et quelque 800 km au nord-ouest de la Colombie, l'île de San Andrés (27 km$^2$) a peu ou prou la forme d'un hippocampe. Plus grande île de l'archipel, plantée de cocotiers, elle a tout d'un havre caribéen, mais n'en est pas moins le théâtre d'une lutte culturelle acharnée, une situation qui l'avantage autant qu'elle la dessert.

Prenons par exemple le centre-ville, à la pointe nord de l'île. Les Colombiens l'appellent *El Centro*, mais pour les Raizales natifs de l'île, anglophones, il a pour nom *North End*. À partir de là, les frictions ne font qu'aller croissant. Une question en revanche ne fait pas débat : la zone marchande de la ville – ensemble sans grâce de bâtiments en béton où se succèdent les boutiques duty-free, avec, ici ou là, un hôtel ou un restaurant –, ne risque pas de figurer de sitôt sur des cartes postales.

Tout n'est pas perdu pour autant à San Andrés. Ainsi, une charmante promenade en brique, très agréable pour prendre un verre ou se promener le soir venu, borde le front de mer. Sans compter que le paradis n'est qu'à quelques encablures en canoë. En effet, le splendide Johnny Cay se dessine au large, à seulement 1,5 km du rivage. Quoique bondé en haute-saison, cet îlot reste le bijou de l'archipel.

San Andrés s'apprécie d'autant mieux que l'on s'éloigne du tohu-bohu du centre-ville. Une route panoramique goudronnée de 30 km fait le tour de l'île, et plusieurs voies secondaires en sillonnent l'intérieur. Il existe deux autres petites villes : La Loma (The Hill) dans le centre vallonné, et San Luis sur la côte est. Moins dévolues au tourisme que la ville de San Andrés, toutes deux ont l'attrait d'une belle architecture en bois anglo-caribéenne. Les alentours de l'île comptent, quant à eux, pléthore de splendides sites de plongée et de snorkeling. La visibilité et la température de l'eau sont, quant à elles, presque sans pareilles dans les Caraïbes.

Il suffit d'à peine un jour ou deux pour parvenir à distinguer les Raizales des Colombiens. Représentant seulement un tiers de la population de l'île, les premiers constituent désormais une minorité ethnique. Leur culture créole, née d'apports mêlés des colons anglais, des esclaves africains et de visiteurs d'autres îles, a beau être sur le déclin, c'est bien elle qui fait tout le sel de San Andrés, et la rend si singulière en regard de la Colombie continentale.

## San Andrés

## À voir

### Johnny Cay Natural Regional Park PLAGE

Cet îlot corallien protégé de 4 ha se situe à 1,5 km au nord de la ville de San Andrés. Couvert de cocoteraies, il est ourlé d'une ravissante plage de sable blanc, où il fait bon prendre un bain de soleil. Attention, toutefois, en cas de baignade, car les courants sont dangereux. Le *cay* (banc de sable) est rapidement surpeuplé, d'autant que les touristes le partagent avec une population d'iguanes estimée à 500 individus. On peut trouver de quoi manger sur place. Des bateaux partent de la plage principale de la ville de San Andrés (aller-retour 15 000 COP). Le dernier bateau retour revient à 17h en haute saison, à 15h30 en basse saison.

### La Piscinita PLAGE

(2 000 COP). Aussi appelée West View, et située immédiatement au sud d'El Cove, La Piscinita est un bon site de snorkeling. L'eau y est généralement calme et les poissons nombreux (au point de venir manger dans la main des baigneurs). On y trouve quelques infrastructures, dont un restaurant de cuisine traditionnelle et des loueurs de matériel de snorkeling. Quand la mer est

## Ville de San Andrés

agitée, on ne peut nourrir les poissons que depuis le rivage.

### La Loma — LOCALITÉ

Cette bourgade de l'intérieur de San Andrés, aussi appelée The Hill (La Colline), est l'un des lieux de l'île les plus marqués de tradition locale, et se révèle, de ce fait, incontournable. Elle compte notamment une église baptiste, la première construite sur l'île (en 1847). En 1896, l'église a amplement été remaniée, avec pour matériau du pin importé d'Alabama.

### Hoyo Soplador — GEYSER

À la pointe sud de l'île, le Hoyo Soplador est un petit geyser. L'eau de mer est propulsée dans l'air (jusqu'à 20 m de hauteur) à travers un trou naturel de la roche corallienne. Ce phénomène ne se produit qu'à certains moments, lorsque la conjonction entre vents et marée est idéale. Une compétition internationale de surf se tient à proximité au mois de janvier.

### San Luis — LOCALITÉ

Sur la côte est de l'île, San Luis s'enorgueillit de plages de sable blanc et de belles maisons traditionnelles en bois. La mer s'y prête bien au snorkeling, mais est parfois assez agitée. La localité ne compte pas de centre à proprement parler. De fait, elle se résume à un chapelet de maisons en assez piteux état, s'étirant sur 3 km le long de la côte. Mais son calme tranche agréablement avec l'agitation de San Andrés.

### Acuario — PLAGE

Voisin du Haynes Cay, au large de la côte est de San Andrés, Acuario est un mouillage prisé des touristes (aller-retour en bateau 15 000 COP). L'eau est calme et peu profonde, et se prête donc bien au snorkeling. Vous pourrez louer du matériel sur la plage.

### Cayo Bolívar — ÎLE

Cette île minuscule plantée de palmiers et frangée de plages de sable blanc, à 25 km de San Andrés, est un petit bijou caribéen. Appelée Courtown Cay par les Raizales, elle se visite en excursion à la journée. Digne de Robinson Crusoé, l'endroit ne compte aucune infrastructure. Aussi, assurez-vous que votre circuit comprend le déjeuner et des boissons. Pensez aussi à l'écran solaire car il y a très peu d'ombre.

### Cueva de Morgan — GROTTE

(5 000 COP). On dit de cette grotte que le flibustier gallois Henry Morgan y aurait enterré une partie de son butin. Longue de

## Ville de San Andrés

**Activités**

1 Banda Dive Shop ... C2
2 Coonative Brothers ... C2
3 Crucero Rivel ... C3
4 Karibik Diver ... C3
5 San Andrés Diving & Fishing ... B3

**Où se loger**

6 Apartahotel Tres Casitas ... D2
7 Cli's Place ... A1
8 Decameron Los Delfines ... C2
9 El Viajero San Andrés ... A2
10 Hotel Mary May Inn ... A2
11 Hotel Portobelo ... A1
12 Noblehouse Hotel ... B1
13 Posada Henry ... A1
14 Red Cay Hotel ... A2

**Où se restaurer**

15 Gourmet Shop Assho ... B3
16 Mahi Mahi ... B2
17 Miss Celia O'Neill Taste ... B3
18 Mr Panino ... B2
19 Perú Wok ... D2
20 Restaurante La Regatta ... B3

**Où prendre un verre et faire la fête**

21 Banzai ... B3
22 Blue Deep ... B3
23 Éxtasis ... B2

120 m, elle est inondée, aussi n'en voit-on que l'entrée. Il est impossible d'y pénétrer et il ne s'y trouve pas grand-chose à y voir, mais les touristes y affluent en nombre, attirés par le parfum de légende du lieu. Celui-ci n'est, du reste, pas exempt d'autres distractions, dont des danseurs de *mento* traditionnel se déhanchant au son du calypso, et de *Schottische,* une sorte de polka typique de l'île.

## Activités

Du fait de la présence de magnifiques récifs coralliens dans les eaux de l'île, San Andrés est un important centre de plongée sous-marine, fort de quelque 35 spots.

**Banda Dive Shop** PLONGÉE
(☎ 513-1080 ; www.bandadiveshop.com ; Hotel Lord Pierre, Av. Colombia, ville de San Andrés). Ce club propose des plongées 2 bouteilles (180 000 COP) et le brevet PADI Open-Water (800 000 COP). Accueil très sympathique. La meilleure adresse de l'île.

**Chamay's Nautica** SPORTS NAUTIQUES
(☎ 513-2077 ; Via San Luis Km 4, San Luis). L'adresse incontournable pour les sports nautiques. On peut notamment y louer, pour des excursions en indépendant, des kayaks à l'heure (30 000 COP), des planches à voile (80 000 COP) et des kitesurfs (110 000 COP).

**Karibik Diver** PLONGÉE
(☎ 318-863-9552, 512-0101 ; www.karibik-diver.com ; Av. Newball n°1-248, ville de San Andrés). Ce petit club de gérance allemande propose du matériel de qualité et un service personnalisé. La plongée 2 bouteilles coûte 180 000 COP tout compris. Le brevet PADI revient à 770 000 COP.

**San Andrés Divers** PLONGÉE
(☎ 312-448-7230 ; www.sanandresdivers.com ; Av. Circunvalar, Km 9). S'il n'a pas l'atout d'un emplacement aussi central que certains de ses homologues, ce grand club de plongée (boutique et école) jouit d'une excellente réputation. Le brevet PADI coûte 800 000 COP, la plongée 2 bouteilles avec tout le matériel 160 000 COP. Le bureau du club est à l'Hotel Blue Cove, tandis que le bassin d'entraînement et le club lui-même se trouvent un peu plus bas, en bord de la route principale.

## Circuits organisés

**Coonative Brothers** BATEAU
(☎ 512-2522, 512-1923). Sur la plage de la ville de San Andrés, cette coopérative de plaisance organise des excursions au Johnny Cay (10 000 COP) et à Acuario (10 000 COP), ainsi qu'un circuit combiné incluant les deux (15 000 COP). Également : excursion d'une journée (8h-17h) au Cayo Bolívar (170 000 COP, déjeuner inclus), organisée tous les jours du mardi au samedi.

**San Andrés Diving & Fishing** VIE SAUVAGE
(☎ 316-240-2182 ; sanandresfishing@gmail.com ; circuits 3 heures 75 000 COP). Jaime Restrepo propose un circuit très populaire : les participants ont l'occasion de nager parmi les raies pastenagues au Haynes Cay et de pratiquer le snorkeling en haute mer. Ambiance bon enfant, bières fournies et groupes limités à 10 participants. Le circuit part à 14h15 de la marina de Portofino au Barracuda Park, dans la ville de San Andrés. Il est important de réserver.

**Crucero Rivel** BATEAU
(☎512-8840 ; Av. Newball, ville de San Andrés). Circuits quotidiens combinant Acuario et Johnny Cay ; départ à 8h30 (20 000 COP). Également : excursion à la journée au Cayo Bolívar (180 000 COP) incluant le déjeuner et les boissons.

## Où se loger

La ville de San Andrés concentre l'écrasante majorité des hébergements de l'île. Il y a également des hôtels à San Luis, mais, pour le reste, les établissements sont très rares. Se loger sur l'île coûte globalement plus cher que sur le continent. Toutefois, quelques auberges de jeunesse existent désormais pour les budgets plus modestes. Les prix augmentent en haute saison.

### Ville de San Andrés

**El Viajero San Andrés** AUBERGE DE JEUNESSE $$
(☎512-7497 ; www.elviajerohostels.com ; Av. 20 de Julio n°3A-12 ; dort/ch petit-déj inclus 35 000/140 000 COP ; ). Outre qu'elle compte un bar animé, la première auberge de jeunesse de l'île est, à maints égards, une adresse agréable, tant pour son personnel, attentif et de très bon conseil, que son emplacement, au centre de la ville de San Andrés. Tous les dortoirs ont une salle de bains et la clim. Les chambres, propres et simples (voire assez dépouillées) ont une TV à écran plasma et des matelas de grande qualité.

**Apartahotel Tres Casitas** HÔTEL $$
(☎512-5813 ; www.apartahoteltrescasitas.com ; Av. Colombia n°1-60 ; ch/pers en demi-pension 120 000 COP ; ). Ravissant hôtel en bardeaux jaunes et bleus, aux chambres très spacieuses, toutes équipées de kitchenettes et de séjours séparés. Le prix comprend le petit-déjeuner et le dîner. Certaines chambres ont un balcon donnant sur la mer. L'une des adresses les plus séduisantes de la ville.

**Cli's Place** PENSION $$
(☎512-0591 ; luciamhj@hotmail.com ; Av. 20 de Julio n°3-47 ; s/d/tr 70 000/130 000/180 000 COP ; ). Cet établissement de gérance raizal fait partie du programme *posada nativa* de l'île, dévolu aux séjours chez l'habitant. Cli, qui parle anglais, loue 8 chambres modestes, certaines avec kitchenette. Pour y aller, empruntez la ruelle située à côté du parc, en face de Pollo Kikiriki. Le petit-déjeuner coûte 10 000 COP/personne en supplément.

**Posada Henry** PENSION $$
(☎512-6150 ; libiadehenry@hotmail.com ; Av. 20 de Julio n°1-36 ; s/d 40 000/80 000 COP). Pension à l'emplacement central, intégrée au programme *posada nativa*, qui permet aux voyageurs de loger chez l'habitant. Les chambres avec carrelage au sol et ventilateur ont toutes une salle de bains et un réfrigérateur, et sont décorées de couleurs vives, typiques de l'île. Pas de petit-déjeuner.

**Red Cay Hotel** HÔTEL $$
(☎512-4349 ; www.hotelredcay.com ; Av. 20 de Julio ; s/d 70 000/140 000 COP). Derrière une façade peu soignée, des chambres correctes en plein centre-ville, petites mais propres et bien équipées. Bar sur le toit en terrasse, mais pas de petit-déjeuner. La climatisation des chambres confine au polaire.

**Hotel Portobelo** HÔTEL $$
(☎512-7008 ; www.portobelohotel.com ; Av. Colombia n°5A-69 ; s/d petit-déj inclus 165 000/240 000 COP ; ). Cet hôtel modeste en bord de plage est l'un des 4 établissements tenus par les mêmes gérants sur le front de mer. Les chambres, simples, ont la TV câblée et une clim flambant neuve. Certaines ont vue sur la mer (50 000 COP et environ 20m² supplémentaires). Tout est dans l'emplacement.

**Hotel Mary May Inn** HÔTEL $$
(☎512-5669 ; www.marymayinn.com ; Av. 20 de Julio n°3-74 ; s/d 85 000/120 000 COP ; ). Petit établissement sympathique proposant 9 chambres simples mais douillettes, dans une jolie cour à deux pâtés de maisons de la plage. La décoration intérieure fait faire un bond dans le temps jusqu'aux années 1950.

**Decameron Los Delfines** BOUTIQUE-HÔTEL $$$
(☎512-4083 ; www.decameron.com ; Av. Colombia n°16-86 ; ch/pers tout compris 349 000 COP ; ). Premier boutique-hôtel, tant de l'île que de la chaîne Decameron, cet élégant établissement de 36 chambres, aménagé dans un bâtiment design au mobilier à l'avenant, est prisé des couples pour son calme et sa discrétion. Il compte un restaurant en surplomb des flots, et une petite piscine.

**Noblehouse Hotel** HÔTEL $$$
(☎512-8264 ; www.sanandresnoblehouse.com ; Av. Colón n°3-80 ; s/d petit-déj inclus 189 000/200 000 COP ; ). Cet hôtel de gérance

italienne aime marier les styles, entre couleurs automnales et douceur méditerranéenne. Les 15 chambres, spacieuses et assez kitsch, sont confortables, mais la plupart ne voient pas la lumière du jour. Pour autant, cet hôtel reste une bonne adresse, pour qui souhaite loger dans la ville de San Andrés, et son personnel se montre extrêmement serviable. À un pâté de maisons de la plage.

## Île de San Andrés

On trouve plusieurs hôtels et pensions en dehors de la ville de San Andrés, la plupart donnant sur la route côtière. Ces établissements se révèlent en général d'un meilleur rapport qualité/prix que ceux de San Andrés, et ont de surcroît l'attrait d'une atmosphère au calme balnéaire plus marqué.

**Posada Nativa Green Sea** PENSION $

(512-6313, 317-751-4314 ; Harmony Hall Hill ; ch/pers 40 000 COP ; ). Tenus par la formidable Flory Perez, qui n'a jamais quitté l'île de toute sa vie, ces petits bungalows simples et tout équipés donnent dans le calme et l'intimité plutôt que dans le luxe. En plus d'une petite terrasse et d'une cuisine privatives, on profite du mémorable accueil de la patronne.

**Casa Harb** HÔTEL $$$

(512-6348 ; www.casaharb.com ; C. 11 n°10-83 ; d petit-déj inclus à partir de 890 000 COP ; ). Cet hôtel, aménagé dans une impressionnante demeure de style républicain en retrait de l'aéroport, est sans doute le plus luxueux de San Andrés. Les 5 suites ont chacune une décoration personnalisée à l'esthétique très asiatique (il y a notamment beaucoup de meubles en bois sombre) et comportent de grandes baignoires. Les prix, eux, sont en rapport.

**Hotel Playa Tranquilo** BOUTIQUE-HÔTEL $$$

(513-0719 ; www.playatranquilo.com ; Km 8, Via El Cove ; ch petit-déj inclus 290 000-350 000 COP ; ). Le bouddha qui domine la petite piscine donne le ton de ce lieu, aux chambres où se marient éléments modernes et traditionnels. Certaines disposent d'une cuisine et d'un salon, ce qui en fait une bonne adresse pour un voyage en famille. Il y a également sur place un club de plongée. En revanche, la plage que mentionne le nom d'enseigne est inexistante : certes, l'hôtel bénéficie d'un bel emplacement en bord de mer, mais point de sable en vue.

**Cocoplum Hotel** HÔTEL $$$

(513-2121 ; www.cocoplumhotel.com ; Via San Luis n°43-39 ; s/d petit-déj inclus 194 000/264 000 COP ; ). Posé sur une splendide plage privée

### LA COCONUT HOUSE

Derrière le Restaurante West View (où l'on sert un délicieux *rondon* pour 26 000 COP ; voir p. 189), vous découvrirez une **maison** et un **parc écologique** insolite, gérés par l'affable et courtois M. Forbes. Le moindre centimètre carré de cette maison, y compris la totalité de sa décoration, est en fibre de cocotier. Le sol, les murs, les plafonds, les lits, le bureau, les chaises, les lampes, les pales du ventilateur, les rideaux, les tringles à rideaux, les poignées de porte, les patères, les fausses fleurs dans les vases, les vases eux-mêmes : tout est fabriqué à partir de dérivés de la noix de coco ou du cocotier. Même les interrupteurs sont en fibre de cocotier, végétal ligneux dont M. Forbes assure qu'il est le plus utile de la Terre.

Autour d'un verre de délicieux vin de coco , il nous explique que chaque partie de cette plante monocotylédone (souvent prise, à tort, pour un arbre) est utilisable, de l'instant où on le plante jusqu'à son dépérissement, cinquante ans plus tard. Il a rêvé toute sa vie de construire sa maison en cocotier, depuis le jour où, enfant, il fut puni par son père pour avoir volé deux noix de coco. Et quelle fut sa punition ? Tenir justement deux noix de coco à bout de bras, une de chaque côté du corps à hauteur de la tête, durant toute une journée.

M. Forbes est l'architecte, le décorateur, le charpentier et le bâtisseur de cette maison. Celle-ci se dresse dans un paisible jardin entourée des arbres et arbustes fruitiers de l'île et, parmi eux, bien sûr, de nombreux cocotiers. M. Forbes est tout prêt à accueillir des hôtes mais, après plusieurs verres de vin de palme, impossible de lui faire donner un prix. En revanche, il a grimpé dans un cocotier proche et en a fait tomber quelques fruits...

## PLONGÉE À SAN ANDRÉS ET PROVIDENCIA

Les plongeurs seront enchantés par le spectacle sous-marin au large de San Andrés et Providencia. Si les cours de plongée sont plus économiques à Taganga sur le continent, la richesse des coraux et l'extraordinaire diversité des créatures marines sont en mesure de rivaliser avec les plus beaux spots des Caraïbes.

San Andrés et Providencia ont chacune de vastes récifs coralliens, respectivement de 15 km et 35 km. Les récifs des deux îles se distinguent notamment par leurs éponges, de toutes formes, tailles et couleurs. On y aperçoit également des barracudas, des requins, des tortues, des langoustes, des raies et des vivaneaux rouges. Ceux qui aiment plonger sur épave se feront plaisir avec celles du *Blue Diamond* et du *Nicaraguense*, au large de San Andrés.

Voici les cinq grands spots de plongée :

**Palacio de la Cherna** Tombant situé au sud-est de San Andrés, qui commence à 12 m de profondeur puis descend sur encore environ 300 m. On y croise souvent zawags bleus, poissons tigres Goliath, crabes royaux, langoustes, et même des requins-nourrices et autres requins gris de récif.

**Cantil de Villa Erika** Au sud-ouest de San Andrés. Les profondeurs vont de 12 m à 45 m le long de ce récif coloré où abondent les éponges, le corail dur et le corail mou, les tortues, les raies manta, les raies-léopards et les hippocampes.

**Piramide** Plongée en eau peu profonde dans le récif du côté nord de San Andrés, paradis des raies pastenagues. Les poissons, poulpes et murènes sont si nombreux que c'est l'un des spots les plus fréquentés de l'île.

**Tete's Place** De grands bancs de rougets de taille moyenne, de gorettes blanches, de vivaneaux et de poissons-soldats fréquentent ce site semblable à un aquarium, situé à 1 km au large de Bahía Suroeste, à Providencia.

**Manta's Place** Malgré son nom, on ne trouve pas de raies manta sur ce site de Providencia, mais plutôt des raies pastenagues américaines d'une envergure allant jusqu'à 5 m. Tandis que l'on scrute le sable entre les monticules coralliens, on passe au-dessus de véritables champs de plumeaux, où l'on voit les anguilles jardinières s'enfouir à toute vitesse dans le sable à l'approche des plongeurs.

de sable blanc ombragée de palmiers, ce modeste complexe hôtelier multicolore a tout d'un havre caribéen, comme en témoigne son aspect. Le restaurant, qui sert à toute heure des repas fraîchement préparés, est ouvert aux non-résidents. Non loin se trouve un bon spot de snorkeling, Rocky Cay.

**San Luis Village Hotel** HÔTEL **$$$**
(☎ 513-0196 ; www.hotelsanluisvillage.com ; Av. Circunvalar n°71-27, San Luis ; s petit-déj inclus 341 000-390 000 COP, d petit-déj inclus 410 000-460 000 COP ; ❄📶🏊). Situé au bord de la mer, avec la plage à ses pieds, cet hôtel très confortable de 18 chambres, disposant d'une piscine, s'agrémente de petits luxes tels qu'eau chaude, TV à écran plat et balcon ou terrasse privatifs dans chaque chambre. S'il n'a rien, compte tenu de ses tarifs, de l'affaire du siècle, l'endroit reste l'une des meilleures options de l'île pour si vous souhaitez loger sur la plage.

## Où se restaurer

Du fait de la forte imprégnation créole caribéenne, les spécialités font notamment grand emploi du fruit de l'arbre à pain, féculent de choix qui remplace les *patacones* (bananes plantains frites), et de la conque, omniprésente. Ne manquez pas de goûter au *rundown* ("rondon" en créole), le plat le plus traditionnel : une sorte de soupe épaisse comportant poisson, plantain, manioc et autres féculents légèrement panés, le tout lentement mijoté dans du lait de coco.

Les adresses les plus haut de gamme se concentrent dans la ville de San Andrés. Ailleurs dans l'île vous attendent quantité de petits établissements servant du poisson et des fruits de mer tout simples et délicieusement frais.

## Ville de San Andrés

**Gourmet Shop Assho** EUROPÉEN **$$**
(Av. Newball ; plats 30 000-60 000 COP ; ⌚12h30-minuit lun et mer-sam, à partir de 16h30 mar, à partir de 18h dim ; 📶). Cet établissement se distingue par son ravissant décor et sa carte impressionnante. Au lieu des habituelles viandes grillées accompagnées de riz et de bananes plantains, on y sert de la viande bleue, des plats de poisson et fruits de mer merveilleusement assaisonnés, ainsi qu'un choix de salades et de plats végétariens. Également : excellente carte des vins, et le meilleur café de l'île.

**Miss Celia O'Neill Taste** POISSON, FRUITS DE MER **$$**
(Av. Colombia ; plats 20 000-40 000 COP ; ⌚déj et dîner). Bonne adresse pour des spécialités locales comme le *rondon*, le ragoût de crabe et le ragoût de poisson, à déguster dans une maison bigarrée avec grand jardin et patio. En face du Club Náutico.

**Perú Wok** PÉRUVIEN **$$**
(www.peruwok.com ; Av. Colombia n°00001, Big Point ; plats 20 000-40 000 COP ; ⌚déj et dîner ; 📶). Nouvelle adresse proposant une cuisine fusion asiatico-péruvienne, aux spécialités à choisir sur un menu illustré de photos, aussi foisonnant qu'aisé d'emploi. Au nombre des plats : ceviches, poisson et fruits de mer, variantes de riz, mets sautés au wok et grillades. Sa décoration, moderne et chic, classe cet établissement un cran au-dessus de nombre de ses concurrents. Possibilité de manger en salle ou sur une terrasse aérée avec vue sur la mer.

**Mr Panino** ITALIEN **$$**
(Edifico Breadfruit, local n°106-107, Av. Colón ; plats 15 000-40 000 COP ; ⌚déj et dîner). Jambon de Parme, authentiques fromages et spécialités de traiteur italien du type sandwichs, pâtes, risotto, ainsi qu'un délicieux carpaccio de poulpe : malgré son nom d'enseigne touristique, cet établissement est une adresse de choix. Mention spéciale aux succulents paninis, nappés d'huile d'olive.

**Restaurante La Regatta** POISSON, FRUITS DE MER **$$$**
(☎512-0437 ; www.restaurantelaregatta.com ; Av. Newball ; plats 30 000-80 000 COP ; ⌚déj et dîner ; 🍷). La meilleure table de l'île occupe un ponton s'avançant dans la mer au Club Náutico. En dépit de la thématique flibustière assez kitsch du lieu, l'ambiance reste assez formelle (tables recouvertes de nappes blanches) et la cuisine est succulente. Divine *marinera* curry/coco. Le soir, pensez à réserver.

**Fisherman Place** POISSON, FRUITS DE MER **$$$**
(☎512-2774 ; Av. Colombia ; plats 15 000-50 000 COP ; ⌚12h-16h). Ce restaurant de plage permet de se régaler de la pêche locale, et d'en soutenir l'activité. Si le *rondon* et le poisson frit figurent au nombre des plats les plus populaires, c'est la langouste qui, vu son prix, remporte tous les suffrages.

**Mahi Mahi** THAÏLANDAIS **$$$**
(Hotel Casablanca, Av. Colombia ; plats 25 000-85 000 COP ; ⌚déj et dîner ; 📶). Ce restaurant thaïlandais chic du front de mer dépend de l'Hotel Casablanca. Il change agréablement des spécialités colombiennes, en proposant des curries et autres plats d'influence insulaire revisités. Carte de plats thaïlandais, et carte de poissons et fruits de mer colombiens (plus onéreuse).

## Île de San Andrés

**Grog** POISSON, FRUITS DE MER **$$**
(Rocky Cay ; plats 20 000-35 000 COP ; ⌚10h-18h mer-lun). Ce sympathique petit restaurant, dont les tables ombragées sont disséminées sur la plage, sert un délicieux choix de plats de poisson et fruits de mer, dont du ceviche, des plats de riz et sautés au wok, et de savoureuses entrées.

**Restaurante West View** POISSON, FRUITS DE MER **$$**
(☎513-0341 ; Circunvalor Km 11, West View ; plats 20 000-45 000 COP ; ⌚9h-18h). Cette adresse de West View, bien que d'allure ordinaire, propose une excellente cuisine. Goûtez au filet de poisson, et ne manquez pas le luxuriant jardin attenant, où croît un exemplaire de chaque arbre fruitier représenté sur l'île.

**Donde Francesca** POISSON, FRUITS DE MER **$$$**
(San Luis ; plats 28 000-50 000 COP ; ⌚9h-18h ; 📶). Dans cette paillotte de plage est servie une remarquable cuisine caribéenne traditionnelle, avec par exemple des *langostinos al coco* (écrevisses panées frites avec de la noix de coco), du *pulpo al ajillo* (poulpe à l'ail) et des beignets de calmars. Comme il y a des douches et des vestiaires, rien de plus simple que de combiner repas et baignade.

**El Paraíso** POISSON, FRUITS DE MER $$$
(San Luis ; plats 25 000-50 000 COP ; 9h-17h ; ). Posé sur un magnifique coin de plage de sable blanc, El Paraíso est légèrement plus haut de gamme que les paillottes alentour, mais ses produits de la mer frais sont également de grande qualité. Le lieu comptant également douches et vestiaire, il fait bon s'y attarder toute la journée.

## Où sortir

La ville de San Andrés comprend de nombreux lieux de sortie le soir à l'extrémité est de l'Avenida Colombia, mais l'ambiance y est à l'éthylisme et au bruit sans mesure. Nous recommandons ici certaines des meilleures adresses.

**Banzai** BAR À COCKTAILS
(Av. Newball, local n°119, ville de San Andrés ; 19h-2h). Si vous avez envie de prendre un verre tard le soir sans aller en discothèque, optez pour cet excellent bar à cocktails très prisé de la clientèle locale. Les cocktails, savamment préparés, sont servis sur fond de reggae, et l'endroit a juste ce qu'il faut d'élégance.

**Blue Deep** DISCOTHÈQUE
(Sunrise Beach Hotel, Av. Newball, ville de San Andrés ; après 23h 15 000 COP ; 21h30-3h jeu-sam). La plus grande discothèque de la ville peut accueillir quelque 700 personnes. Les concerts (salsa et reggaeton) constituent la bande-son sur laquelle se déhanchent touristes et habitants dans une ambiance enfiévrée. À mesure que la soirée avance, avec son cortège de punchs, le déhanchement tourne au tangage.

**Éxtasis** DISCOTHÈQUE
(512 3043 ; Hotel Sol Caribe San Andrés, Av. Colón, ville de San Andrés ; 25 000 COP ; 21h30-3h lun-jeu, 21h30-4h ven-sam). Une bonne discothèque, équipée d'écrans TV (où passent les incontournables matchs de football) et de trois rangées de transats. On peut récupérer 12 000 COP sur le droit d'entrée en consommant des cocktails.

## Renseignements

**4-72** (Av. Newball, Edificio Cámara de Comercio, local n°101, ville de San Andrés ; 8h-12h et 14h-18h lun-ven, 8h-12h sam). Bureau de poste.

**Office du tourisme** (Secretaría de Turismo ; 513-0801 ; Av. Newball, ville de San Andrés ; 8h-12h et 14h-18h lun-ven). En face du Restaurante La Regatta. Personnel anglophone très serviable. Dispose aussi d'un kiosque d'information (angle Av. Colombia et 20 de Julio).

## Depuis/vers San Andrés

### AVION

L'aéroport international Gustavo Rojas Pinilla (aussi appelé Aeropuerto Internacional Sesquicentenario), se situe au nord-ouest du centre-ville. Il faut acheter une carte touristique sur le continent (44 000 COP) avant d'embarquer à destination de San Andrés. Parmi les compagnies desservant San Andrés, citons **Avianca** (512-3349 ; Av. Colón, edificio Onaissi, ville de San Andrés ; 8h-12h et 14h-18h lun-ven, 8h-13h sam) et **Copa** (512-7619 ; www.copaair.com ; Sucursal Centro Comercial San Andrés, ville de San Andrés ; 8h-12h et 14h-18h lun-ven, 9h-13h sam).

Vous trouverez des vols directs pour :

**Barranquilla** À partir de 320 000 COP
**Bogotá** À partir de 400 000 COP
**Cali** À partir de 430 000 COP
**Cartagena** À partir de 365 000 COP
**Medellín** À partir de 390 000 COP
**Panama (ville)** À partir de 525 000 COP

La compagnie **Satena** (512-3139 ; www.satena.com ; aéroport international Gustavo Rojas Pinilla) assure 2 vols/jour entre San Andrés et Providencia en basse saison (aller-retour à partir de 400 000 COP), et jusqu'à 6 vols/jour en haute saison. La compagnie **Searca** (www.searca.com.co), affiliée à Decameron, dessert également cet itinéraire.

### BATEAU

**Catamaran Sensation** (318-347-2336, 310-223-5403 ; Bay Point Building, suite 6, Av. Newball ; aller simple 65 000 COP) assure la liaison entre San Andrés et Providencia 4 fois/semaine dans les deux sens. Le catamaran part du Muelle de la Casa de Cultura, devant la billetterie, à 7h30 les lundis, mercredis, vendredis et samedis, et revient à 15h30 le même jour. La traversée, qui dure 3 heures, peut être extrêmement agitée. Il est possible de visiter Providencia en excursion d'une journée grâce à ce bateau, mais nous le déconseillons. Providencia mérite qu'on lui consacre plusieurs jours, et n'y passer que quelques heures en frelate les charmes.

Les billets s'arrachent, même en basse saison, il est donc important de téléphoner pour réserver vos places.

## Comment circuler

### DEPUIS/VERS L'AÉROPORT

L'aéroport de San Andrés se trouve dans la ville de San Andrés, à 10 minutes à pied du centre. En taxi/moto-taxi, il en coûte 15 000/7 000 COP. Si vous n'avez pas beaucoup de bagages, faire le trajet à pied est facile : prenez à gauche en sortant du terminal, puis à droite pour suivre la route principale, qui devient ensuite l'Avenida Colombia. Il y a une consigne à l'aéroport (4 000 COP/bagage pour 24 heures).

### BUS

Des bus locaux font le tour de l'île, mais sillonnent aussi la route de l'intérieur menant à El Cove. Ils constituent le moyen de transport le moins cher (2 000 COP/trajet). Ils vous déposeront à proximité de tous les grands sites touristiques.

Un bus indiqué "San Luis" circule sur la route de la côte est jusqu'à la pointe sud de l'île. Empruntez-le pour rejoindre San Luis et le Hoyo Soplador. Le bus indiqué "El Cove" circule sur la route de l'intérieur des terres menant à El Cove, et passe par La Loma. Il vous déposera devant l'église baptiste, qui se trouve à courte distance à pied de la Cueva de Morgan et de La Piscinita. On peut prendre ces deux bus au bout de la Carrera 5 dans la ville de San Andrés.

### SCOOTER

Le scooter (à partir de 60 000 COP/jour) et la voiturette de golf (à partir de 100 000 COP/jour) sont les meilleurs moyens de locomotion pour circuler dans l'île en toute liberté. Nombre des agences de location se trouvent dans l'Avenida Newball, dans la ville de San Andrés, et se concentrent à la pointe de l'île. La plupart assurent également un service de livraison du véhicule à votre hôtel. Visitez-en plusieurs car les prix et les conditions de location sont variables. Nous recommandons entre autres **Rent A Car Esmeralda** (☎315-303-7037 ; Av. Colombia).

### TAXI

Prendre un taxi pour visiter l'île coûte dans les 70 000 COP.

### VÉLO

Le vélo est un excellent moyen de découvrir San Andrés. Les routes sont goudronnées et il y a peu de circulation. Comptez à partir de 10 000/20 000 COP la demi-journée/journée.

# PROVIDENCIA

☎8 / 5 000 HABITANTS

Providencia, à 90 km au nord de San Andrés, est une île caribéenne au charmant isolement. Son paysage fait la part belle aux plages de sable doré ; ses habitants sont très accueillants et les sites de plongée sont superbes. Mieux encore : l'île étant peu facile d'accès, l'affluence touristique s'en trouve réduite. L'unique moyen de rejoindre Providencia consiste en effet à prendre un avion brinquebalant de 20 places ou de faire une traversée de 3 heures en catamaran (tous deux au départ de San Andrés).

Ce qui existe ici en matière d'infrastructures touristiques se trouve dans les hameaux d'Aguadulce et Bahía Suroeste sur la côte ouest. De petits chalets, hôtels et *cabañas* sont disséminés le long de la route, aux côtés d'une poignée de restaurants. Si l'on peut visiter toute l'île ou presque en une seule journée, les voyageurs s'attardent souvent plus longtemps que prévu, et s'adonnent à la plongée, à la randonnée ou simplement paressent dans un hamac en sirotant une bière Club Colombia.

En l'absence de correspondance directe avec la Colombie continentale, Providencia n'a pas été autant imprégnée d'influences extérieures que San Andrés, et ses traditions et coutumes sont plus ou moins demeurées intactes. On entend encore parler partout le créole anglais local, et les panneaux indicateurs portent les anciens noms de lieu anglais plutôt que leur transcription espagnole. Associée à un paysage magique sur fond d'eaux turquoise, cette singularité confère à Providencia l'atmosphère d'un authentique paradis tropical.

## À voir

Les plus belles plages de Providencia sont celles de Bahía Suroeste, Bahía Aguadulce, et Bahía Manzanillo à la pointe sud de l'île. À noter : les panneaux indicateurs portent les noms anglais (respectivement South West Bay, Fresh Water Bay, Manchaneel Bay), ce qui peut prêter à confusion.

Si vous êtes sur l'île un samedi après-midi, tâchez d'assister à la course équestre (les chevaux sont montés à cru) organisée chaque semaine sur la plage de Bahía Suroeste (départ vers 14h).

# Providencia

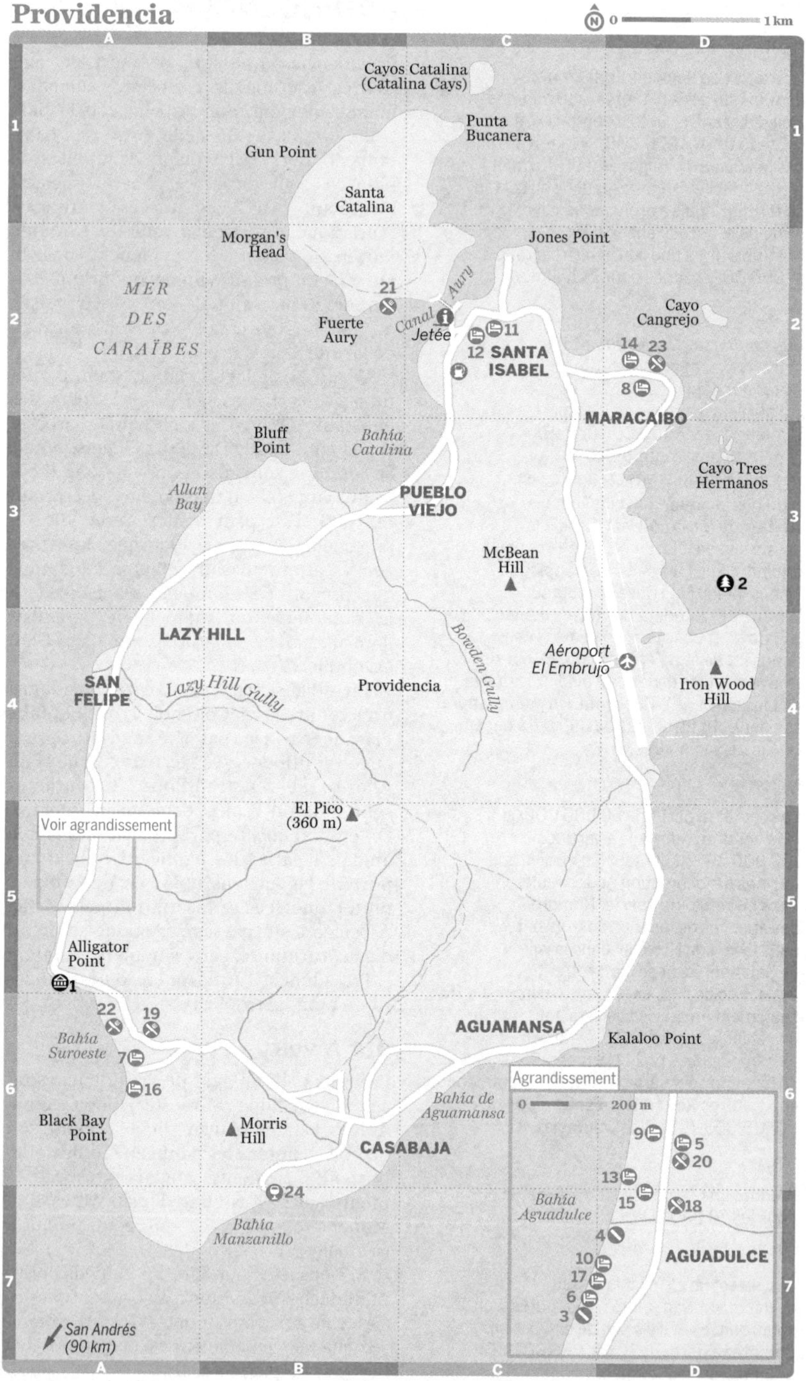

## Providencia

**À voir**

1 Lighthouse .......... A5
2 Parque Nacional Natural (PNN) Old Providence McBean Lagoon .......... D3

**Activités**

3 Felipe Diving Shop .......... C7
Sirius Dive Shop .......... (voir 16)
4 Sonny Dive Shop .......... D7

**Où se loger**

5 Cabañas Aguadulce .......... D6
6 Cabañas Miss Elma .......... C7
7 Cabañas Miss Mary .......... A6
8 Deep Blue .......... D2
9 Frenchy's Place .......... D6
10 Hotel El Pirata Morgan .......... D7
11 Hotel Flaming Trees .......... C2
12 Hotel Old Providence .......... C2
13 Mr Mac .......... D6
14 Posada Coco Bay .......... D2
15 Posada del Mar .......... D7
16 Sirius Hotel .......... A6
17 Sol Caribe Providencia .......... D7

**Où se restaurer**

18 Blue Coral Pizza .......... D7
19 Café Studio .......... A6
20 Caribbean Place .......... D6
21 Don Olivio .......... B2
22 El Diviño Niño .......... A6
23 Restaurante Deep Blue .......... D2

**Où prendre un verre et faire la fête**

24 Roland Roots Bar .......... B7

### Parque Nacional Natural (PNN) Old Providence McBean Lagoon — PARC

(14 500 COP). Un parc naturel de 10 km² a été créé dans le nord-est de l'île en 1995 afin d'en protéger l'habitat. Environ 10% de la superficie du parc englobent une mangrove côtière située à l'est de l'aéroport. Les 905 ha restants couvrent un cordon littoral au large composé entre autres de deux îlots coralliens, le Cayo Cangrejo et le Cayo Tres Hermanos. Un éco-sentier de 800 m aide à identifier les différentes sortes de mangroves et les espèces qui les peuplent.

### Santa Catalina — ÎLE

On trouve de minuscules plages désertes sur l'île de Santa Catalina. Celle-ci mérite le coup d'œil, ne serait-ce que pour Morgan's Head, une falaise rocheuse à forme de visage humain, qui s'apprécie pleinement vue depuis la mer. Une grotte sous-marine se trouve au pied de la falaise. Le rivage change beaucoup en fonction de la marée. À marée haute, les plages se font très étroites, certaines vont même jusqu'à disparaître complètement. Pour visiter le joli littoral de l'île, empruntez le chemin situé à gauche après le pont flottant.

### Lighthouse — GALERIE

(www.lighthouseprovidencia.com ; High Hill ; 17h-21h lun-sam). Doté d'un superbe point de vue sur la mer, cet espace artistique à gestion communautaire sert à la fois de petit centre pédagogique, de galerie d'art, de café et de lieu de rendez-vous (y sont proposés un bon café et divers en-cas typiques de l'île). À la nuit tombée, on y projette des documentaires (demandez à voir celui, fascinant et insolite, sur la migration des crabes). Cette structure œuvre plus largement à sensibiliser le public à la protection de l'environnement.

### Migration des crabes — NATURE

(avr-juil). Ce phénomène se produit à deux reprises et s'étend chaque fois sur une semaine ou deux. Tout d'abord, les crabes noirs adultes descendent par milliers vers les plages pour pondre leurs œufs, avant de retourner dans la montagne. Quelques semaines plus tard, les jeunes crabes quittent la mer et leur emboîtent le pas. Les routes sont généralement coupées durant plusieurs jours pour que les crustacés puissent traverser sans se faire écraser.

Il est très difficile de se déplacer dans l'île à ces périodes de l'année. Le trafic est complètement paralysé, mais le spectacle est fascinant. On peut aussi voir des crabes à d'autres moments, à condition d'ouvrir l'œil.

## Activités

### Plongée et snorkeling

Le snorkeling et la plongée sous-marine sont les deux grandes activités de l'île. Les sorties et cours de plongée peuvent s'organiser avec les clubs locaux recommandés ci-après.

### Sirius Dive Shop — PLONGÉE

(514-8213 ; www.siriusdivecenter.com ; Bahía Suroeste). Le Sirius Dive Shop se trouve dans l'enceinte du Sirius Hotel. Il propose un cours Open-Water ou advanced pour 750 000 COP. La plongée 2 bouteilles avec matériel de qualité revient à 170 000 COP. Également : plongées nocturnes (170 000 COP).

### Felipe Diving Shop — PLONGÉE

(514-8775 ; www.felipediving.com ; Aguadulce). Loue du matériel de snorkeling (10 000 COP).

À NE PAS MANQUER

**LE ROLAND ROOTS BAR**

Ne quittez pas Providencia sans avoir passé une soirée au **Roland Roots Bar** (☎514-8417 ; Bahía Manzanillo ; ⏲10h-minuit, 10h-2h ven-sam), bar dont les paillottes en bambou coiffées de vieux toits en palme sont disséminées sur le sable, et où le reggae est la bande-son de prédilection. Roland est connu pour ses soirées festives se poursuivant tard dans la nuit et pour son *coco loco – piña colada* revisitée servie dans une noix de coco. La cuisine y étant très bonne également (plats 15 000-40 000 COP), l'adresse est incontournable.

Pour les sorties et cours de plongée, vous pouvez vous adresser à cette agence recommandée, gérée par un Raizal originaire de l'île. Le cours Open-Water ou advanced coûte 800 000 COP.

**Sonny Dive Shop** PLONGÉE
(☎318-274-4524 ; www.sonnydiveshop.com ; Aguadulce). Le Sonny's Dive Shop dispense un cours Open-Water ou advanced moyennant 800 000 COP. La plongée 2 bouteilles revient à 160 000 COP.

**Randonnée**

L'intérieur montagneux de l'île, caractérisé par une végétation luxuriante et une abondante faune de petits animaux, est idéal pour la randonnée. Vous ne verrez peut-être nulle part ailleurs en Colombie autant de lézards colorés détaler dans les buissons. Prenez tout particulièrement garde à un buisson commun doté de grandes épines pareilles à des cornes, d'autant que la piqûre des fourmis qui y vivent est très douloureuse. Et c'est sans compter l'importante population de moustiques de Providencia.

Ne manquez pas de visiter le **Parc régional El Pico Natural** pour profiter de la splendide vue à 360° sur les Caraïbes du haut d'El Pico (360 m). Le sentier de randonnée le plus prisé part de Casabaja. Faites-vous indiquer le chemin car plusieurs sentiers sillonnent la partie inférieure (plus haut, il n'y a pas de problème), ou tâchez de trouver un guide à Casabaja. Certains habitants vous conduiront moyennant une petite somme. Il faut 1 heure 30 de marche à un rythme régulier pour rejoindre le sommet. Emportez beaucoup d'eau car vous n'en trouverez pas en chemin.

## Fêtes et festivals

**Fête culturelle** CULTURE
(⏲juin). La plus grande fête culturelle de Providencia se déroule pendant la dernière semaine de juin. Au programme : musique, danse, défilé de motos et... un concours de beauté d'iguanes.

## Où se loger et se restaurer

Globalement, l'hébergement et la restauration sur Providencia coûtent cher, encore plus qu'à San Andrés. Si vous souhaitez faire des courses, des supermarchés, assez onéreux et au choix limité, sont établis à Aguadulce et à Santa Isabel.

### Aguadulce

Ce hameau de 20 maisons est calme et doté d'une charmante plage. On y trouve plus d'une douzaine d'hébergements, dont beaucoup ont leur restaurant. Pour le pire ou le meilleur, la chaîne Decameron s'est emparée de la plupart des meilleures adresses, de sorte que les voyageurs indépendants peuvent ne pas trouver à se loger en haute saison. Réservez.

**Mr Mac** HÔTEL **$$**
(☎316-567-6526, 316-695-9540 ; posadamister-mack@hotmail.com ; Aguadulce ; ch/pers avec cuisine et ventil/clim 50 000/70 000 COP). C'est l'adresse la plus économique de l'île, et même si les chambres sont assez humides et datées, elle reste une bonne affaire. La maison en bois peinte en vert s'avance sur l'eau, et des hamacs sont suspendus dans la véranda. Les chambres sont spacieuses, et les meilleures ont la clim et une kitchenette. Il est possible de se baigner sur place, bien qu'il n'y ait pas de plage.

♥ **Frenchy's Place** APPARTEMENT **$$$**
(☎315-709-6910, 318-306-1901 ; estemayo29@gmail.com ; Aguadulce ; app 180 000 COP). Tenu par Marie, une Parisienne surnommée "Frenchy", cet appartement en bois au charme rustique est peut-être l'établissement de l'île ayant le plus de cachet. Il comprend un ravissant balcon donnant sur la mer, 2 chambres (une double, une simple), une cuisine équipée, une salle de

bains et un salon rempli de babioles. Réservez pour loger dans ce petit havre au secret bien gardé.

**Cabañas Aguadulce** CABANONS $$$
(514-8160 ; www.cabanasaguadulce.com ; ch/pers petit-déj inclus 120 000 COP ; ). Chacune de ces confortables *cabañas* blanches, jaunes et bleues porte le nom d'un animal local. Elles ont une terrasse ombragée et deux niveaux, les lits occupant l'étage. Sur place également : une piscine en forme de poisson et un restaurant décontracté. Une bonne affaire pour les voyageurs en solo.

**Sol Caribe Providencia** HÔTEL $$$
(514-8036 ; www.solarhoteles.com ; Aguadulce ; ch/pers petit-déj inclus 155 000 COP ; ). Cet hôtel jaune vif, qui s'inscrit dans le kaléidoscope de couleurs de l'île, est le plus haut de gamme d'Aguadulce. Il compte un agréable restaurant en bord de mer, des chambres garnies de beau mobilier en bois et d'œuvres d'art caribéen colorées. Juste à côté de la plage.

**Cabañas Miss Elma** HÔTEL $$$
(310-566-3773 ; Aguadulce ; ch/pers petit-déj inclus 130 000 COP ; ). Directement sur la jolie petite plage d'Aguadulce, cette sympathique adresse, tenue en famille, a l'atout de parties communes hautes en couleur et d'un restaurant informel en bord de mer. Les chambres sont spacieuses. Certaines ont vue sur la mer, et toutes disposent d'un réfrigérateur.

**Posada del Mar** HÔTEL $$$
(514-8454 ; www.posadadelmarprovidencia.com ; Aguadulce ; s/d petit-déj inclus 120 000/200 000 COP ; ). Cet établissement affilié à la chaîne Decameron conserve l'atmosphère d'un hôtel à dimension humaine, bien qu'il soit plus grand qu'une authentique *posada* (auberge). Peint de couleurs vives, il est bien entretenu. Les chambres ont des balcons (assez petits) donnant sur la mer. Il y a un jardin d'où l'on peut aller se baigner.

**Hotel El Pirata Morgan** HÔTEL $$$
(514-8232 ; www.elpiratamorganhotel.org ; Aguadulce ; s/d petit-déj inclus 158 000/198 000 COP ; ). Adresse fiable du "centre-ville". Le supermarché le mieux fourni de l'île se trouve en face. Si l'hôtel n'a pas le charme caribéen de ses homologues et compte un intérieur assez daté, l'accueil n'en est pas moins chaleureux et les chambres sont propres. Son restaurant est l'un des rares de l'île ouverts le dimanche.

**Blue Coral Pizza** PIZZAS $$
(514-8224 ; Aguadulce ; plats 15 000-40 000 COP ; 17h-22h mer-lun). Adresse en plein air décontractée et assez bon marché, servant des paninis, des poissons et fruits de mer et bien sûr, des pizzas. C'est aussi l'un des rares restaurants ouverts le dimanche soir sur Providencia.

**Caribbean Place** POISSON, FRUITS DE MER $$$
(311-287-7238 ; Aguadulce ; plats 30 000-75 000 COP ; 12h-16h et 19h-22h lun-sam). Suivez le chemin jonché de bouchons de bouteilles de vin qui mène à ce charmant établissement, et vous découvrirez l'une des perles gastronomiques de l'île. Les poissons et fruits de mer, exquis, sont onéreux, mais le chef Martin Quintero, formé à Bogotá, réussit à marier des plats de haute volée et un cadre détendu. Entre autres grandes spécialités, citons le crabe noir cuisiné de maintes façons, les écrevisses, les crevettes et divers ragoûts de fruits de mer. Mieux vaut réserver.

## Santa Isabel, Santa Catalina et Maracaibo

Étonnamment, Santa Isabel n'accueille guère de touristes, alors qu'elle a pourtant l'attrait d'un cadre splendide dans une baie pittoresque, reliée par un pont flottant à la petite île de Santa Catalina. Peut-être est-ce dû au fait qu'elle ne comporte pas de plage, ce qui ne doit pas pour autant empêcher de venir flâner agréablement en ville et de faire la balade jusqu'à Santa Catalina. Tout près de là, la somnolente Maracaibo possède de plus en plus d'hôtels.

**Hotel Flaming Trees** HÔTEL $$
(514-8049 ; Santa Isabel ; s/d 60 000/120 000 COP ; ). Baptisée du nom des flamboyants (*flaming trees*) qui agrémentent le jardin de leurs teintes vives, cette adresse peinte en rose et bleu, assez charmante, est la meilleure de Santa Isabel et possède 9 chambres spacieuses avec plancher en bois brut, réfrigérateur, TV et œuvres d'art local. Le petit-déjeuner coûte 12 000 COP en supplément.

**Hotel Old Providence** HÔTEL $$
(514-8691 ; grecy06@hotmail.com ; Santa Isabel ; s/d/tr 70 000/120 000/150 000 COP ; ). Cet hôtel compte des chambres correctes

aux dimensions convenables, avec sols carrelés, réfrigérateur et TV câblée. Certaines ont même un balcon. Les parties communes ont connu des jours meilleurs.

**Posada Coco Bay** PENSION **$$**
(☎ 311-804-0373 ; posadacocobay@gmail.com ; Maracaibo ; s/d à partir de 90 000/140 000 COP ; ❄ 📶). Ravissante adresse rustique avec vue sur le Cayo Cangrejo et des hamacs sur les balcons en bois brut : l'idéal pour profiter au mieux de la décontraction de l'île. Les chambres, très bien tenues, sont équipées de moustiquaires, et certaines ont même une cuisine. Bien qu'il n'y ait pas de plage, il est possible de se baigner.

**Deep Blue** HÔTEL DE LUXE **$$$**
(☎ 514-8423 ; www.hoteldeepblue.com ; Maracaibo ; s/d/ste petit-déj inclus à partir de 395 000/560 000/705 000 COP ; ❄ 📶 🏊). De loin l'hôtel le plus chic de Providencia. Les 13 chambres, spacieuses, affichent sols en marbre, douches tropicales, TV à écran plat et articles de toilette de la marque L'Occitane. Les plus haut de gamme ont même des mini-piscines à débordement sur leur balcon. Le Jacuzzi, sur le toit en terrasse, a une vue magnifique sur le Cayo Cangrejo. Il n'y a pas de plage à Maracaibo Bay même.

Autres extras : kayaks à disposition, et navette gratuite (à 10h) à destination de n'importe quelle plage de l'île (retour à 16h).

**Don Olivio** POISSON, FRUITS DE MER **$$**
(Santa Catalina ; menus 20 000 COP ; ⏲ déj). Délicieux poissons et fruits de mer et autres plats maison à déguster sur la terrasse d'une demeure typique du coin, sur l'île de Santa Catalina. L'adresse idéale pour une pause-déjeuner décontractée.

**Restaurante Deep Blue** CARIBÉEN **$$$**
(Maracaibo ; plats 25 000-70 000 COP ; ⏲ 12h-22h). Outre sa vue sensationnelle sur le Cayo Cangrejo, cet établissement s'enorgueillit d'une carte aussi impressionnante qu'inventive. Nous ne saurions trop recommander les *canastillas de mariscos* (petits nids en banane plantain garnis de poisson, de crevettes et de calmars, le tout en sauce tomate à la ciboulette, avec du lait de coco et du riz). Le service est parfois lent ; prévoyez de passer du temps à table.

## Bahía Suroeste

Cette magnifique baie et le village qui la borde constituent la deuxième destination touristique la plus prisée après Aguadulce, mais elle ne compte que quelques hôtels. Sa plage frangée de palmiers a des airs de paradis tropical, et si l'on ajoute que l'on trouve ici deux des meilleurs restaurants de la ville, c'est un lieu d'escapade à ne pas manquer.

**Sirius Hotel** HÔTEL **$$$**
(☎ 514-8213 ; www.siriushotel.net ; cabañas s/d petit-déj inclus à partir de 105 000/170 000 COP, s/d petit-déj inclus à partir de 130 000/230 000 COP ; ❄ 📶). Il ne fait pas de doute que cet établissement négligé était autrefois une adresse très soignée au design impeccable. Les chambres restent très propres, mais l'endroit aurait bien besoin d'un coup de peinture et de travaux de rénovation. Ceci dit, c'est l'adresse parfaite pour paresser quelques jours en ne faisant rien d'autre que de profiter de la plage, magnifique. Demandez l'une des chambres avec vue sur la mer pour contempler le soleil couchant.

**Cabañas Miss Mary** HÔTEL **$$$**
(☎ 514-8454 ; www.hotelmissmary.com ; s/d petit-déj inclus 120 000/200 000 COP ; ❄ 📶). Des chambres joliment aménagées et décorées, sur la plage, chacune avec grand patio et hamacs. TV câblée et eau chaude des plus capricieuses. L'endroit est globalement confortable, les chambres avec vue sur la mer conviennent parfaitement, mais l'ensemble manque de cachet.

♥ **Café Studio** POISSON, FRUITS DE MER **$$**
(☎ 514-9076 ; plats 23 000-50 000 COP ; ⏲ 11h-22h lun-sam). Le meilleur restaurant de l'île est tenu par un couple canadien/raizal. La cuisine est succulente, à la fois mémorable et raisonnable question tarifs. Mention spéciale, entre autres spécialités, au crabe cuisiné à la mode de l'île, aux queues de langouste en sauce à l'ail, ainsi qu'à la conque cuite dans une sauce créole maison à base de basilic sauvage du jardin. Gardez de la place pour la tarte au cappuccino, une merveille !

**El Diviño Niño** POISSON, FRUITS DE MER **$$**
(plats 20 000-44 000 COP ; ⏲ 12h-18h). Ce restaurant tout simple, sur la plus belle plage de Providencia, est idéal pour s'attarder au déjeuner, les pieds dans l'eau (littéralement). Régalez-vous de poisson frais, de langouste, de crabe ou commandez simplement le superbe *plato mixto* (plateau de fruits de mer) et une bière fraîche. Dommage que la musique tonitruante gâche la tranquillité du lieu.

## Renseignements

Les deux seuls DAB de l'île, ainsi que son unique **station-service**, se trouvent à Santa Isabel.

**Office du tourisme** (☎514-8054 ; Santa Isabel ; ⏰9h-12h et 14h-17h lun-ven). Près du quai.

## Depuis/vers Providencia

Satena (p. 190) et **Searca** (www.searca.com.co) assurent toutes deux des vols entre San Andrés et Providencia (aller-retour à partir de 400 000 COP) 2 fois/jour en basse saison, et davantage en haute saison. Il est important d'acheter son billet à l'avance en haute saison. Le poids maximum de bagages autorisé est de 10 kg ; au-delà, il faut payer un supplément.

Catamaran Sensation (p. 190) relie aussi Providencia et San Andrés 4 fois/semaine dans les deux sens.

## Comment circuler

### DEPUIS/VERS L'AÉROPORT

Des véhicules s'agglutinent devant l'aéroport à l'arrivée des vols. Leurs chauffeurs réclament la somme fixe de 23 000 COP quelle que soit la destination. Afin d'éviter de payer trop cher, éloignez-vous un peu de l'aéroport et hélez un *colectivo* ou un pick-up sur la route. Le prix standard est de 2 500 COP. Toutefois, si vous avez beaucoup de bagages, ce n'est peut-être pas la solution idéale. Aguadulce et Bahía Suroeste sont à un quart d'heure en *colectivo* de l'aéroport.

### COLECTIVO

Se déplacer dans l'île est loin d'être facile sans véhicule propre. Des *colectivos* passent toutes les heures sur la route dans les deux sens. Le trajet coûte 2 500 COP quelle que soit la distance parcourue. Étant donné le long temps d'attente, les habitants s'arrêtent souvent pour prendre des auto-stoppeurs.

### TAXI

Outre qu'ils sont difficiles à dénicher, les taxis coûtent assez cher par rapport à ceux du continent. Depuis l'aéroport, comptez dans les 25 000 COP pour rejoindre Santa Isabel ou Aguadulce. Si vous en appelez un, vous paierez ce service. Si vous acceptez de perdre du temps à en attendre un, cela vous reviendra moins cher.

### SCOOTER

Le meilleur moyen de se déplacer sur l'île consiste à louer un scooter (70 000 COP/jour). Vous pourrez le faire chez **Moto Rent Airport** (☎315-308-9566, 514-8943), une maison située à côté de l'aéroport (tournez à gauche dans la route principale, c'est la deuxième maison sur la gauche), ainsi qu'à l'Hotel El Pirata Morgan (p. 195) à Aguadulce, et aux Cabañas Miss Mary (p. 196) à Bahía Suroeste. On peut aussi louer des voiturettes de golf (180 000 COP/jour) chez **Providencia Tours** (☎314-310-1326) à Aguadulce. L'unique station-service de l'île se trouve en lisière de Santa Isabel.

# Medellín et la Zona Cafetera

**Dans ce chapitre ➜**



## Le top des restaurants

- ➜ Carmen (p. 208)
- ➜ Helena Adentro (p. 235)
- ➜ Itaca (p. 208)
- ➜ La Fogata (p. 234)
- ➜ Verdeo (p. 208)

## Le top des hébergements

- ➜ Hotel Casa Victoria (p. 207)
- ➜ 61 Prado (p. 206)
- ➜ Finca Villa Nora (p. 236)
- ➜ Ciudad de Segorbe (p. 238)
- ➜ Hacienda Venecia (p. 225)

## Pourquoi y aller

Bienvenue en *país paisa* – pays *paisa* –, région d'une grande vitalité qui concentre plantations de café et fermes de fleurs, luxuriantes forêts de nuages, villes estudiantines dynamiques et surtout, la fameuse Medellín.

À Medellín, deuxième métropole du pays par la taille, les tours s'élancent vers le ciel depuis le centre d'une vallée encaissée. Ces édifices en béton symbolisent l'ambition qui a placé cette ville à l'avant-garde du grand renouveau colombien. La plupart des voyageurs tombent instantanément sous le charme de ses nombreux atouts : climat parfait, excellents restaurants, musées, art public et discothèques où la musique joue à plein volume.

Plus au sud s'étend la Zona Cafetera, riche mosaïque de villages anciens, de charmantes plantations de café, de superbes réserves naturelles et de grandioses sommets montagneux. Le café est ici plus qu'un produit de récolte : c'est un art de vivre. Parions que vous ne verrez plus jamais du même œil votre petit café du matin...

## Quand partir

### Medellín

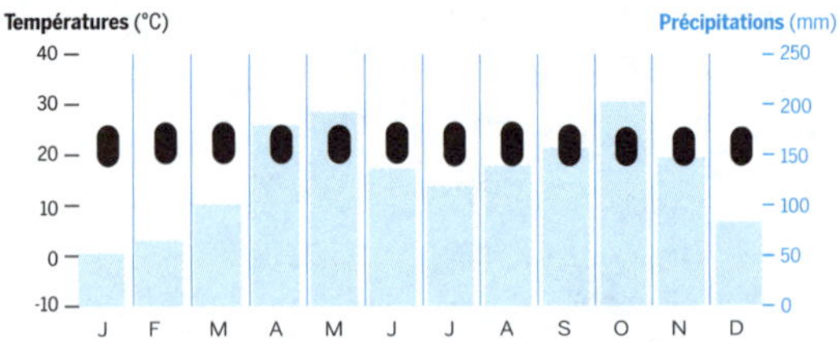


**Jan-mars** Grâce au temps clair, on voit bien les sommets du Parque Nacional Natural (PNN) Los Nevados.

**Août** Un feu d'artifice de couleurs investit les rues de Medellín lors de la Feria de las Flores.

**Oct-déc** Les cueilleurs de café affluent dans les plantations de la Zona Cafetera.

## Parcs régionaux, d'État et nationaux

Le Parque Nacional Natural (PNN) Los Nevados, qui s'élève à plus de 5 000 m d'altitude, est l'ancêtre des parcs nationaux de la région. Le Recinto del Pensamiento, Los Yarumos et la Reserva Ecológica Río Blanco, près de Manizales, protègent de magnifiques espèces d'orchidées et de papillons. À l'est de Pereira se trouvent le Santuario Otún Quimbaya et le Parque Ucumarí, très peu visités. Plus au sud, ne manquez pas le splendide Valle de Cocora, près de Salento, planté d'immenses palmiers à cire du Quindío.

## Comment s'y rendre et circuler

L'aéroport de Medellín est le principal carrefour international des transports de la région. Les aéroports de Pereira et d'Armenia accueillent aussi des vols internationaux. La région est bien desservie par les bus, qui rallient notamment Bogotá, Cali et la côte caraïbe.

Évitez les trajets longue distance par la route durant les périodes de pluies torrentielles (généralement avril-mai et septembre-octobre), car les glissements de terrain sont fréquents.

# MEDELLÍN

4 / 3 MILLIONS D'HABITANTS / 1 494 M D'ALTITUDE

Medellín a l'énergie bouillonnante d'une ville deux fois plus grande. Situés dans une étroite vallée, les gratte-ciel, qui composent sa silhouette à l'horizon, s'élancent vers le ciel avec en arrière-plan des sommets dentelés se dressant de toutes parts. Son agréable climat lui vaut le surnom de "Cité de l'éternel printemps" ; la modération des températures semble se retrouver dans le tempérament de ses habitants, aussi bien lorsqu'ils travaillent que lorsqu'ils s'amusent. Medellín est une ville de commerce et d'industrie, dont l'activité se concentre surtout sur le textile et l'exportation de fleurs coupées. Le week-end, elle se fait plus coquette, et accueille les *beautiful people* dans ses nombreux clubs.

La ville s'étend dans le fond de la vallée en direction du nord et du sud. Des bidonvilles occupent les hauteurs des collines. Fidèle à ses racines *paisas* (terme se référant aux habitants du département d'Antioquia), Medellín affiche une belle indifférence à l'égard du reste de la Colombie, et revêt les atours d'une grande métropole : les agents de circulation sont coiffés de képis, nombre de discothèques préfèrent la techno et le reggaeton à la salsa et au *vallenato*, et, du côté des grands travaux publics, la ville cherche l'inspiration à l'étranger.

## Histoire

Les Espagnols sont arrivés dans la vallée d'Aburrá dans les années 1540, mais Medellín ne fut fondée qu'en 1616. Les historiens pensent que nombre des premiers colons furent des juifs espagnols qui fuyaient les persécutions. Ceux-ci divisèrent la terre en petites haciendas (exploitations agricoles), qu'ils cultivaient eux-mêmes – un schéma très éloigné du modèle esclavagiste qui prédominait dans la majeure partie de la Colombie. Avec cette aspiration profonde à l'autarcie, ces premiers *Paisas* eurent bientôt la réputation de travailleurs durs à la tâche et de tempérament farouchement indépendant – traits qu'ils exportèrent dans toute la Zona Cafetera.

Medellín devint la capitale d'Antioquia en 1826, mais resta longtemps une ville provinciale de seconde zone, raison pour laquelle ses édifices coloniaux ne sont ni nombreux, ni somptueux. La croissance rapide de la cité ne date que du début du XX^e siècle, avec l'arrivée du chemin de fer conjuguée au boom très lucratif de la culture du café. Medellín s'en trouva très vite transformée. Les propriétaires de mines et les barons du café investirent leurs profits dans l'industrie naissante du textile, et leur pari paya au-delà de leurs espérances. En quelques décennies, Medellín devint une grande métropole.

Dans les années 1980, l'esprit d'entreprise de la ville a montré sa face sombre. Sous la férule sanglante de Pablo Escobar, Medellín est devenue la capitale mondiale du commerce de la cocaïne. Les affrontements avec armes à feu étaient monnaie courante, et le taux d'homicides était parmi les plus élevés au monde. La mort d'Escobar en 1993 a inauguré le déclin de la violence. Aujourd'hui, Medellín est l'une des destinations les plus accessibles du pays.

## À voir

**Plazoleta de las Esculturas** PLACE

(Plaza Botero ; carte p. 206). Cette place qui s'étend devant le Museo de Antioquia s'agrémente de 23 grandes sculptures en bronze de Fernando Botero, le célèbre artiste colombien. Les amateurs de Botero ne manqueront pas **La Gorda**, devant le Banco

# À ne pas manquer

1. Une randonnée au milieu des majestueux palmiers à cire du **Valle de Cocora** (p. 239).
2. Un trajet en Metrocable au-dessus des toits de **Medellín** (p. 199), puis la découverte des nombreux restaurants et bars tendance de la ville.
3. La visite d'une plantation de café pour cueillir soi-même des grains dans la **Zona Cafetera** (p. 219).
4. Un bain dans l'eau brûlante des **Termales San Vicente** (p. 230), sources thermales haut perchées dans les montagnes.
5. Une nuit à la réserve du **Río Claro** (p. 218), dans une chambre d'hôtel ouvrant sur la forêt, avec le bouillonnement du fleuve en contrebas.
6. Une randonnée dans les imposants glaciers du **Parque Nacional Natural Los Nevados** (p. 226).
7. L'ascension de la **Piedra del Peñol** (p. 214) pour la vue magnifique sur l'Embalse Guatapé.
8. Une tasse d'arabica à déguster dans l'ambiance joyeuse de la place centrale de **Jardín** (p. 217).

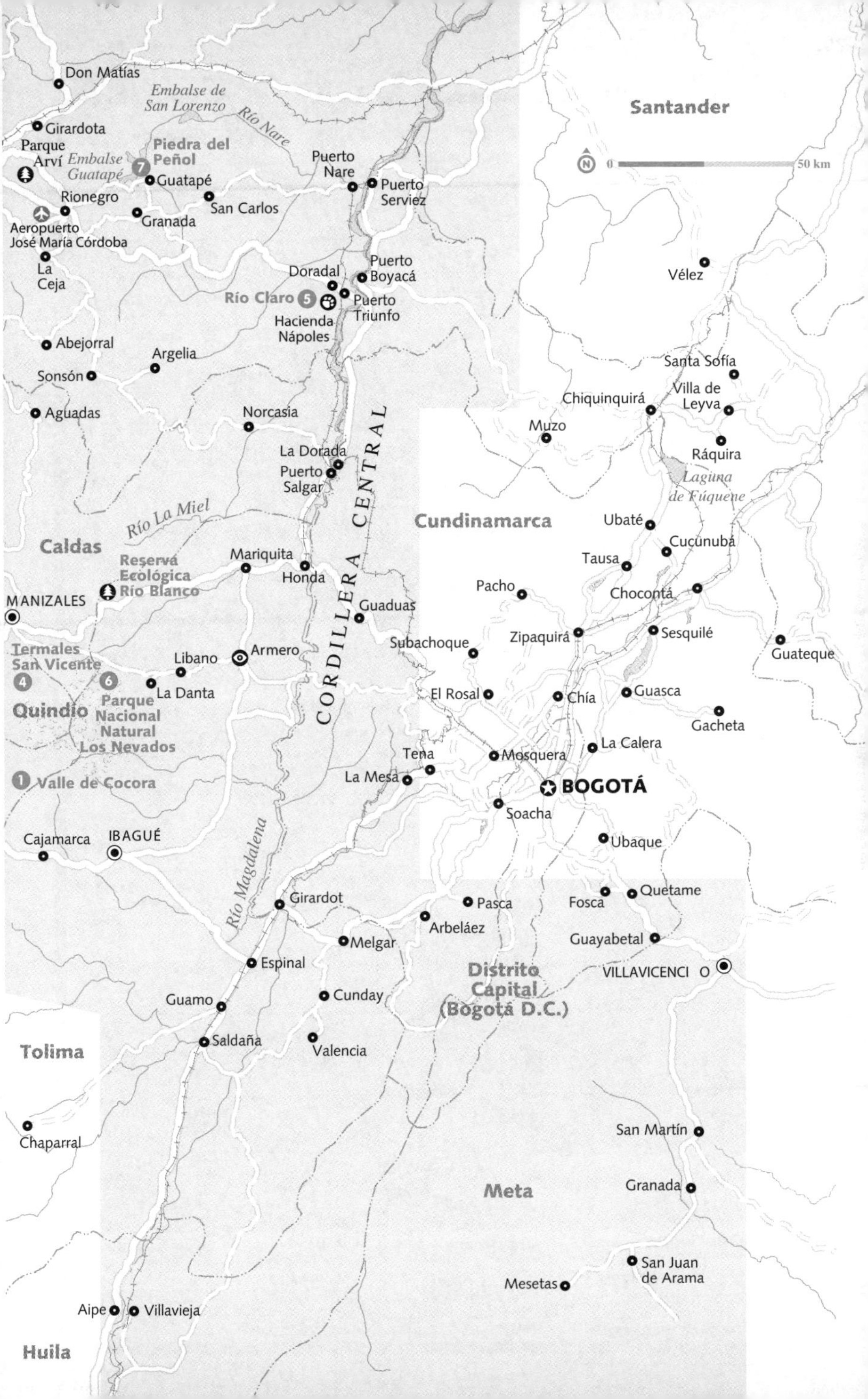
Santander
0
50 km
Don Matías
Embalse de San Lorenzo
Río Nare
Girardota
Parque Arví
Embalse Guatapé
Piedra del Peñol
7
Guatapé
Puerto Nare
Puerto Serviez
Rionegro
San Carlos
Granada
Aeropuerto José María Córdoba
La Ceja
Puerto Boyacá
Doradal
Río Claro
5
Puerto Triunfo
Hacienda Nápoles
Vélez
Abejorral
Argelia
Sonsón
Santa Sofía
Villa de Leyva
Chiquinquirá
Aguadas
Norcasia
Muzo
Ráquira
CORDILLERA CENTRAL
La Dorada
Puerto Salgar
Laguna de Fúquene
Río La Miel
Cundinamarca
Ubaté
Caldas
Cucunubá
Mariquita
Tausa
Reserva Ecológica Río Blanco
Honda
Pacho
Chocontá
MANIZALES
Guaduas
Sesquilé
Zipaquirá
Subachoque
Guateque
Termales San Vicente
Armero
Libano
4
6
La Danta
Guasca
El Rosal
Chía
Quindío
Parque Nacional Natural Los Nevados
Gacheta
La Calera
Tena
Mosquera
1
Valle de Cocora
La Mesa
BOGOTÁ
Soacha
Río Magdalena
Cajamarca
IBAGUÉ
Ubaque
Girardot
Pasca
Fosca
Quetame
Arbeláez
Melgar
Guayabetal
Espinal
Distrito Capital (Bogotá D.C.)
VILLAVICENCIO
Guamo
Cunday
Saldaña
Valencia
Tolima
Chaparral
San Martín
Meta
Granada
San Juan de Arama
Mesetas
Aipe
Villavieja
Huila

# Medellín

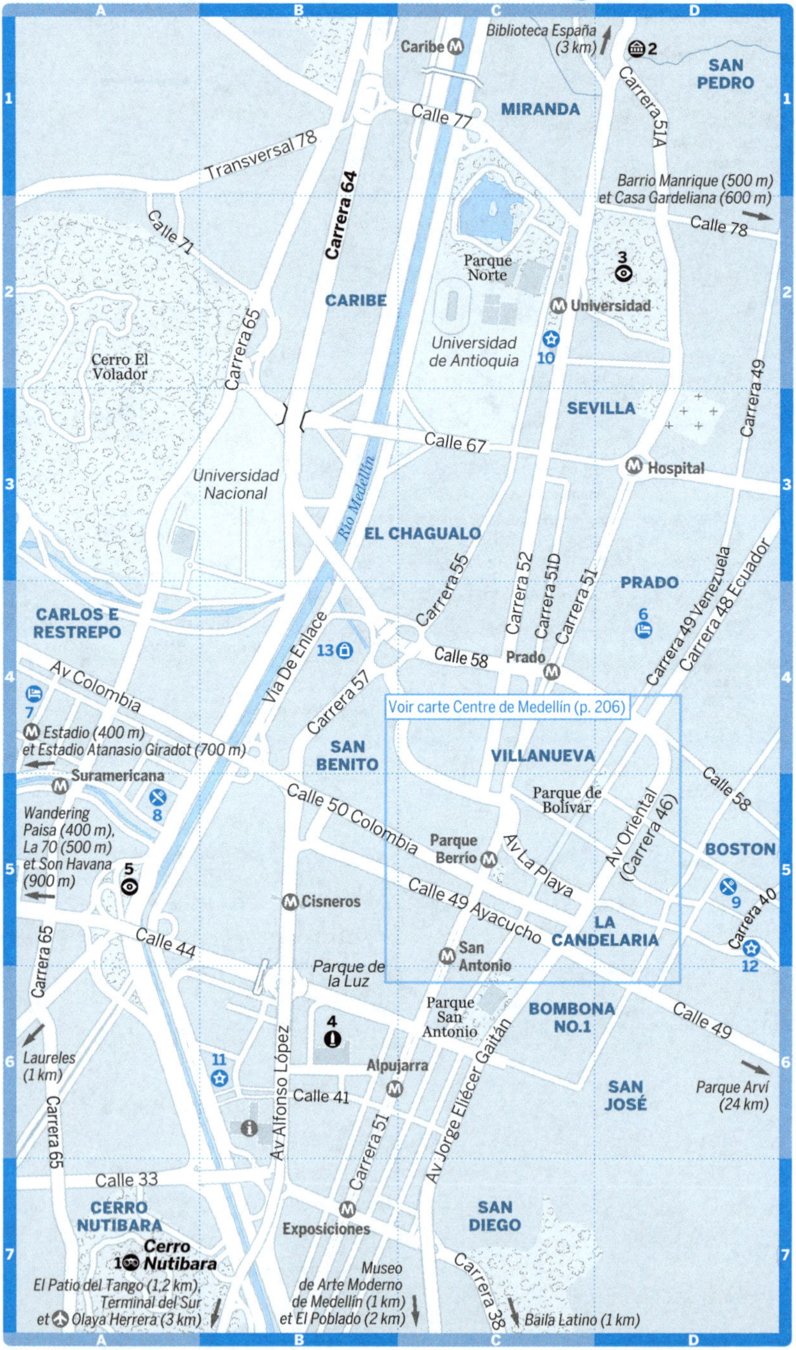
0 500 m
Biblioteca España (3 km)
Caribe
SAN PEDRO
MIRANDA
Calle 77
Carrera 51A
Transversal 78
Carrera 64
Barrio Manrique (500 m) et Casa Gardeliana (600 m)
Calle 78
Calle 71
Parque Norte
CARIBE
Universidad
Carrera 65
Cerro El Volador
Universidad de Antioquia
10
SEVILLA
Carrera 49
Calle 67
Hospital
Universidad Nacional
Río Medellín
EL CHAGUALO
Carrera 55
Carrera 52
Carrera 51D
Carrera 51
PRADO
CARLOS E RESTREPO
Carrera 49 Venezuela
Carrera 48 Ecuador
13
Via De Enlace
Calle 58
Prado
Av Colombia
Carrera 57
7
Estadio (400 m) et Estadio Atanasio Giradot (700 m)
Voir carte Centre de Medellín (p. 206)
SAN BENITO
VILLANUEVA
Suramericana
8
Parque de Bolívar
Calle 58
Wandering Paisa (400 m), La 70 (500 m) et Son Havana (900 m)
Calle 50 Colombia
Parque Berrío
Av La Playa
Av Oriental (Carrera 46)
BOSTON
5
Cisneros
Calle 49 Ayacucho
9
Carrera 40
Calle 44
LA CANDELARIA
Carrera 65
Parque de la Luz
San Antonio
12
Parque San Antonio
BOMBONA NO.1
Calle 49
4
Laureles (1 km)
11
Alpujarra
Av Jorge Eliécer Gaitán
Calle 41
SAN JOSÉ
Parque Arví (24 km)
Av Alfonso López
Carrera 51
Carrera 65
Calle 33
CERRO NUTIBARA
Exposiciones
SAN DIEGO
1 Cerro Nutibara
Museo de Arte Moderno de Medellín (1 km) et El Poblado (2 km)
Carrera 38
El Patio del Tango (1,2 km), Terminal del Sur et Olaya Herrera (3 km)
Baila Latino (1 km)
A B C D
1 2 3 4 5 6 7

## Medellín

**Les incontournables**



**À voir**



**Où se loger**



**Où se restaurer**



**Où sortir**



**Achats**



de la República, dans le Parque Berrío. Trois autres sculptures du maître se trouvent dans le Parque San Antonio, dont le **Pájaro de la Paz** (*Oiseau de la paix*), érigé à côté de sa première version détruite lors d'une attaque terroriste à la bombe.

**Cerro Nutibara** BELVÉDÈRE
(carte p. 202). Au sommet de cette colline de 80 m, située à 2 km au sud-ouest du centre-ville, le **Pueblito Paisa** est une version miniature et kitsch d'un village typique d'Antioquia. Depuis la plate-forme, la vue sur Medellín est sublime. À côté, le **Museo de la Ciudad** (carte p. 202 ; 1 000 COP ; 10h-18h), petit musée consacré à l'histoire de Medellín, expose surtout de vieilles photos de la ville.

Prenez un taxi jusqu'au sommet et redescendez à pied pour voir le **Parque de las Esculturas**, et ses sculptures modernes abstraites d'artistes sud-américains.

**Museo de Antioquia** MUSÉE
(carte p. 206 ; 251-3636 ; www.museodeantioquia.org.co ; Carr. 52 n°52-43 ; 10 000 COP ; 10h-17h30 lun-sam, 10h-16h30 dim). Dans le somptueux Palacio Municipal de style Art déco, le deuxième plus ancien musée de Colombie (après le Museo Nacional de Bogotá) est aussi l'un des plus beaux. La collection comprend des expositions d'art moderne, d'art colonial et d'art précolombien, ainsi que de nombreuses œuvres données par l'enfant du pays, Fernando Botero.

**Parque Arví** PARC
(www.parquearvi.org ; Veredas Mazo et Piedras Blancas, Santa Elena). Accessible grâce au tout nouveau téléphérique Metrocable (Línea L) au départ de la station Santo Domingo (4 600 COP aller, 15 minutes), le Parque Arví, vaste étendue de paysages de montagne située à Santa Elena, fait une escapade idéale hors de la ville. Dans l'enceinte de cette réserve de 17,61 km$^2$, on trouve des sentiers de randonnée, des tyroliennes, des lacs et un *mariposario* (serre à papillons). Des visites guidées gratuites partent toutes les heures de 10h à 15h du point d'information touristique. Le téléphérique est fermé le lundi. Les sites d'intérêt étant très épars, mieux vaut arriver tôt.

**Biblioteca España** ÉDIFICE
(385-6717 ; Carr. 33B n°107A-100 ; 8h-19h lun-ven, 11h-17h dim). Haut perchée à flanc de montagne dans un quartier excentré, cette immense bibliothèque est l'un des emblèmes les plus respectés de Medellín, et symbolise le renouveau de la ville. Lors de notre passage, le bâtiment était entièrement recouvert d'un filet de protection après que l'on eut découvert de graves malfaçons dans sa structure. Cela vaut tout de même la peine de venir jusqu'ici pour découvrir une autre facette de la ville et profiter de la vue depuis le parc attenant. La bibliothèque est à côté de la station Santo Domingo du Metrocable.

**Jardín Botánico** JARDIN
(carte p. 202 ; www.botanicomedellin.org ; C. 73 n°51D-14 ; 9h-17h). GRATUIT Figurant parmi les plus beaux espaces verts de Medellín, le jardin botanique accueille, sur 14 ha, 600 espèces d'arbres et de plantes. Il comprend également un lac, un herbier et une serre aux papillons. Passer quelques heures sur place offre un répit bienvenu par rapport à la frénésie de la ville. Le jardin est facilement accessible depuis la station de métro Universidad, située à proximité.

**Museo de Arte Moderno de Medellín** MUSÉE
(444-2622 ; www.elmamm.org ; Carr. 44 n°19A-100 ; 8 000 COP ; 9h-17h30 mar-ven, 10h-17h30 sam, 10h-16h30 dim). Aménagé dans un bâtiment industriel rénové de Ciudad del Río, "El MAMM" expose des collections

régulièrement renouvelées d'art contemporain. Une nouvelle aile spacieuse censée accueillir la collection permanente était en construction lors de notre passage.

**Casa Museo Pedro Nel Gómez** MUSÉE
(carte p. 202 ; ☎ 444-2633 ; Carr. 51B n°85-24 ; ⏲ 9h-17h lun-sam, 10h-16h dim). GRATUIT Installé dans la maison où l'artiste vécut et travailla, cet intéressant musée présente une vaste collection d'œuvres de Pedro Nel Gómez (1899-1984), peintre des plus prolifiques. Il accueille de temps à autre de grandes expositions, et des ateliers d'art y sont régulièrement organisés.

**Basílica de la Candelaria** ÉGLISE
(carte p. 206 ; angle Carr. 50 et C. 51). L'église la plus importante de Medellín semble surveiller le Parque Berrío. Édifiée dans les années 1770 à l'emplacement d'une église plus ancienne en bois, elle abrite un orgue de fabrication allemande apporté par bateau sur le Río Magdalena, puis à dos de cheval.

**Ermita de la Veracruz** ÉGLISE
(carte p. 206 ; angle C. 51 Boyacá et Carr. 52 Carabobo). Construite grâce aux fonds donnés par des immigrés européens, cette belle église coloniale fut inaugurée en 1803. Sa façade en pierre cache un intérieur blanc et or.

**Monumento a la Raza** MONUMENT
(carte p. 202 ; C. 44, Centro Administrativo La Alpujarra). L'œuvre de Rodrigo Arenas Betancur la plus impressionnante de Medellín, une sculpture en métal tourmentée, s'inspire de l'histoire d'Antioquia.

**Catedral Metropolitana** ÉGLISE
(carte p. 206 ; Carr. 48). Dominant le Parque de Bolívar, la cathédrale néoromane de Medellín fut achevée en 1931. Des vitraux espagnols ornent son intérieur, spacieux mais sombre.

## Activités

Les forts vents ascendants et descendants qui soufflent à Medellín en font un excellent site de parapente. Toutes les agences spécialisées organisent des vols depuis San Felix, dans la municipalité de Bello. Venez en bus (2 800 COP, 45 minutes) depuis le Terminal del Norte. En taxi, comptez 35 000 COP.

**Zona de Vuelo** PARAPENTE
(☎ 388-1556, 312-832-5891 ; www.zonadevuelo.com ; Km 5,6 Via San Pedro de los Milagros). Cette agence chevronnée propose des vols en tandem (85 000 COP-105 000 COP) et des stages de 15 jours (1 500 000 COP).

**Psiconautica** SPORTS AVENTURE
(☎ 426-4948, 312-795-6321 ; www.aventurapsiconautica.com ; Km 5,6 Via San Pedro de los Milagros). À la même adresse que Zona de Vuelo, ce magasin incontournable est spécialisé dans l'escalade, le canyoning, la descente en rappel et le parapente. Ses guides expérimentés organisent des sorties alpinisme et randonnée dans tout le pays.

## Cours

**Universidad EAFIT** COURS DE LANGUE
(☎ 261-9399 ; www.eafit.edu.co ; Carr. 49 n°7 Sur-50). Université privée proposant des cours d'espagnol intensifs et semi-intensifs en groupes. Cours particuliers également.

**Baila Latino** COURS DE DANSE
(☎ 448-1338 ; www.academiabailalatino.com ; Carr. 43 n°25A-233 ; cours particuliers 45 000 COP/heure, cours collectifs 65 000 COP/mois). Apprenez à danser la salsa et d'autres rythmes tropicaux avec des professeurs aussi enthousiastes que sympathiques.

## Circuits organisés

**Real City Tours** VISITES GUIDÉES
(☎ 319-262-2008 ; www.realcitytours.com). Tenue par des jeunes motivés du coin, cette agence propose une visite guidée gratuite dans le centre-ville accompagnée d'explications détaillées sur les principaux points d'intérêt. On est encouragé à laisser un pourboire aux guides. L'agence organise aussi un circuit payant sur le thème des fruits sur le plus grand marché de Medellín. Il faut réserver en ligne pour s'assurer d'avoir une place.

**Paisa Road** VISITES GUIDÉES
(☎ 317-489-2629 ; www.paisaroad.com). Organise une visite originale sur le thème de Pablo Escobar (40 000 COP), ainsi que des circuits conviviaux sur le football (50 000 COP) le week-end, qui donnent l'occasion d'assister à un match de la ligue nationale en compagnie des supporters les plus passionnés.

## Fêtes et festivals

**Festival Internacional de Tango** DANSE
(www.festivaldetangomedellin.com ; ⏲ juin). La ville célèbre son amour du tango au travers de concours, de concerts et d'ateliers.

## LES DIVIDENDES DE PABLO ESCOBAR

Même après sa mort, Pablo Escobar Gaviria, le célèbre baron de la cocaïne, continue à générer des profits. Lorsque les globe-trotters ont commencé à revenir à Medellín (initiative rendue possible uniquement par la chute du patron du cartel de Medellín), de jeunes entrepreneurs ont vu là une belle opportunité. Ils ont mis sur pied des circuits guidés ayant pour thème Pablo Escobar, et englobant les lieux clés de son règne sanglant sur la ville : ses luxueux bureaux et demeures, la maison de banlieue où il fut tué par balles, ainsi que sa tombe. Des tour-opérateurs plus grand public n'ont pas tardé à leur emboîter le pas, et certains membres de la famille Escobar ont même lancé leurs propres circuits, permettant notamment de discuter des goûts du *capo* avec son frère.

Il va sans dire que nombre de Colombiens restent de marbre devant ce qu'ils considèrent comme la glorification d'un terroriste sanguinaire qui a fait exploser des avions et paya ses hommes de main pour chaque policier tué. D'autres voient tout de même en Escobar une figure historique d'importance et comparent ces circuits à ceux consacrés aux gangsters de Chicago.

La plupart des circuits durent environ une demi-journée, mais les prix et la qualité sont très variables. Paisa Road (p. 204) reçoit de bons échos car ses visites sont instructives et impartiales.

On peut se faire une idée plus précise de l'ampleur de la richesse d'Escobar, de son ambition et de ses goûts douteux à l'**Hacienda Nápoles**, ferme gigantesque située à 4 heures de Medellín. Il avait fait du domaine un véritable royaume privé comportant plusieurs demeures et une arène, et peuplé d'animaux exotiques (girafes, zèbres et hippopotames, entre autres).

Lorsque le gouvernement accentua la pression sur Pablo Escobar, l'Hacienda Nápoles fut laissée à l'abandon. Les hippopotames, livrés à eux-mêmes, réussirent tout de même à survivre. Aujourd'hui, ils sont les vedettes du **parc d'aventure** (☎1800-510-344 ; www.haciendanapoles.com ; 32 000-60 000 COP) qui a ouvert sur le site. L'endroit est pour le moins étrange : on peut y faire des safaris, se promener dans la demeure abandonnée d'Escobar et voir ses véhicules détruits par des bombes. Il y a également des manèges pour enfants, un parc aquatique, une serre à papillons et des expositions imagées sur la violence qui a marqué le règne d'Escobar. Cela vaut le détour, ne serait-ce que pour le côté vraiment bizarre de l'ensemble.

L'embranchement pour l'Hacienda Nápoles est à 1 km de Doradal sur l'autoroute Medellín-Bogotá. De là, il faut parcourir 2 km sur une piste en terre pour rejoindre l'entrée du parc. En taxi depuis la ville, comptez 10 000 COP. Demandez son numéro de téléphone au chauffeur pour le retour. Le parc se visite facilement en excursion d'une journée depuis la réserve du Río Claro.

**Festival de Poesía de Medellín** LITTÉRATURE
(www.festivaldepoesiademedellin.org ; ⏲juil). Un festival international réputé, qui attire des poètes du monde entier.

**Feria de las Flores** FÊTE CULTURELLE
(www.feriadelasfloresmedellin.gov.co ; ⏲août). Cette fête des fleurs, qui dure une semaine, est la manifestation la plus spectaculaire de Medellín. Elle culmine avec le Desfile de Silleteros. Pour l'occasion, 400 *campesinos* (paysans) descendent des montagnes pour défiler dans les rues avec des fleurs sur le dos.

**Festival Internacional de Jazz** MUSIQUE
(Medejazz ; www.festivalmedejazz.com ; ⏲sept). De nombreux groupes nord-américains participent à ce festival, qui propose généralement quelques concerts gratuits.

**Alumbrado Navideño** FÊTE RELIGIEUSE
(⏲déc et jan). Belles illuminations de Noël avec des milliers de lumières dans les rues de la ville et le long du Río Medellín.

### Où se loger

El Poblado est rapidement devenu le QG de la majorité des voyageurs. Outre que le quartier est proche des bars et des restaurants, il est généralement sûr, même tard le soir. Ceux que la fête n'intéresse pas particulièrement, ou qui souhaitent découvrir une Medellín moins aseptisée, opteront pour le centre, un peu plus "brut de décoffrage". À

## Centre de Medellín

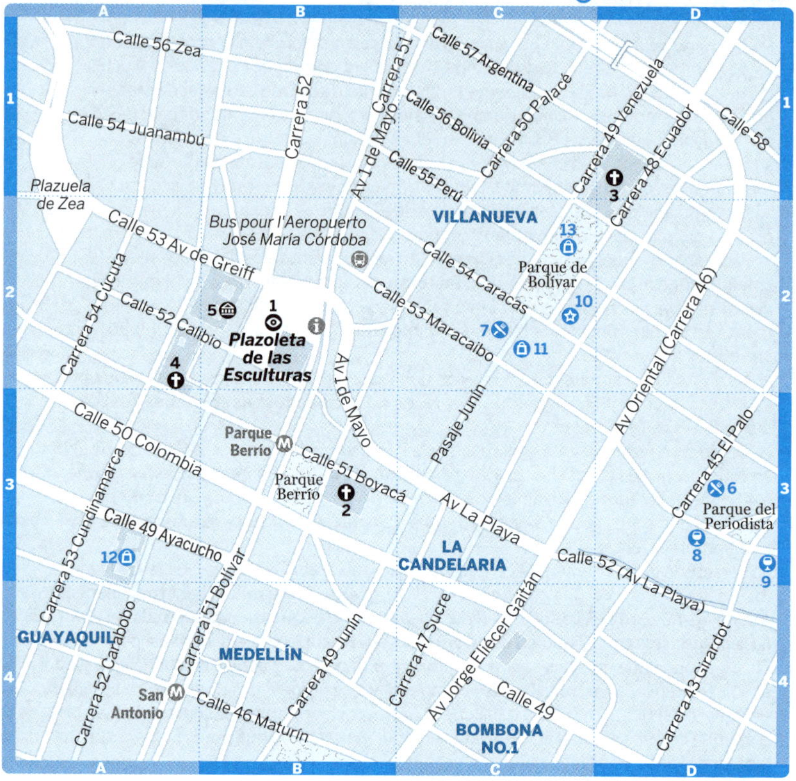




mi-chemin entre les deux, le secteur de La Setenta est moins clinquant qu'El Poblado et plus policé que le centre.

**Black Sheep** AUBERGE DE JEUNESSE $
(carte p. 210 ; ☎311-1589, 317-518-1369 ; www.blacksheepmedellin.com ; Transversal 5A n°45-133 ; dort 22 000-25 000 COP, s/d 60 000/80 000 COP, sans sdb 50 000/65 000 COP ; @ 📶). Bien située, près du métro d'El Poblado, cette auberge de jeunesse bien tenue baigne dans une ambiance agréablement conviviale sans être débridée. Ravissante terrasse neuve, et choix intéressant de chambres individuelles, modernes et confortables. Le personnel, bien informé, est particulièrement serviable s'agissant d'organiser des activités et la poursuite du voyage. Les cours d'espagnol donnés sur place reçoivent d'excellents échos.

**61 Prado** PENSION $
(carte p. 202 ; ☎254-9743 ; www.61prado.com ; C. 61 n°50A-60 ; s/d/ste 55 000/75 000/85 000 COP ; @ 📶). Cet établissement élégant, dans le quartier historique du Prado, fait une excellente base pour visiter les sites du centre. Les chambres rénovées avec soin, spacieuses, ont une belle hauteur sous plafond, et des œuvres d'art agrémentent toute la pension. La salle à manger, éclairée de bougies, est idéale pour savourer un repas concocté au restaurant. Les clients ont accès à une cuisine très bien équipée.

**Casa Kiwi** AUBERGE DE JEUNESSE $
(carte p. 210 ; ☎268-2668 ; www.casakiwi.net ; Carr. 36 n°7-10 ; dort 20 000-24 000 COP, s/d 60 000/80 000 COP, sans sdb 40 000/60 000 COP ; @ 📶 🏊). Bénéficiant d'une situation enviable en lisière de la *zona rosa* (quartier de la vie nocturne) à El Poblado, la Casa Kiwi est une adresse prisée de ceux qui sont bien décidés à profiter de la célèbre vie nocturne de Medellín. Des chambres individuelles élégantes côtoient des dortoirs standards. Les parties

## Centre de Medellín



communes, attrayantes, comprennent une terrasse spacieuse avec piscine, un salon TV semblable à une salle de cinéma, un bar animé et un grand balcon donnant sur la rue.

L'établissement organise des sorties rafting d'une journée (180 000 COP) au Río Buey et au Río San Juan, dans l'Antioquia rural.

**Wandering Paisa** AUBERGE DE JEUNESSE $
(436-6759 ; www.wanderingpaisahostel.com ; C. 44A n°68A-76 ; dort 21 000-25 000 COP, s/d 55 000/60 000 COP ; @ wi-fi). Juste à côté des bars et restaurants de La Setenta (La 70), cette excellente auberge de jeunesse est un juste milieu entre les lumières rutilantes d'El Poblado et la rugosité du centre-ville. L'établissement compte un petit bar, et les gérants, dynamiques, organisent rassemblements conviviaux et sorties en groupe. Vélos à disposition pour découvrir le quartier.

**Grand Hostel** AUBERGE DE JEUNESSE $
(carte p. 210 ; 444-6612 ; www.grandhostelmedellin.com ; Transversal 6 n°45-70 ; dort 20 000-25 000 COP, s/d 70 000/90 000 COP, sans sdb 50 000/60 000 ; wi-fi). Adresse paisible et sympathique près du métro d'El Poblado, appréciée des voyageurs cherchant un endroit familial. Les chambres situées dans la partie principale de la maison sont lumineuses et confortables ; celles avec salle de bains commune, à l'arrière, sont sombres et mal aérées.

**Palm Tree Hostal** AUBERGE DE JEUNESSE $
(carte p. 202 ; 444-7256 ; www.palmtreemedellin.com ; Carr. 67 n°48D-63 ; dort 25 000 COP, ch sans sdb 66 000 COP ; @ wi-fi). Dans un quartier de la classe moyenne proche du métro et de nombreux restaurants bon marché, l'auberge de jeunesse pour routards de Medellín comporte des chambres simples mais confortables. Personnel sympathique.

**Happy Buddha** AUBERGE DE JEUNESSE $$
(carte p. 210 ; 311-7744 ; www.thehappybuddha.co ; Carr. 35 n°7-108 ; dort/ch/lits jum petit-déj inclus 30 000/110 000/120 000 COP ; wi-fi). Profitant d'équipements haut de gamme et d'une conception moderne et élégante, cette nouvelle auberge de jeunesse en lisière de la *zona rosa* à El Poblado est rapidement devenue l'adresse de choix auprès des touristes en quête de vie nocturne et de confort. Les parties communes comprennent une agréable terrasse ainsi qu'un salon avec canapés, table de ping-pong et billard. Autres extras : le barbecue hebdomadaire gratuit et les cours de danse.

**In House Hotel** HÔTEL $$
(carte p. 210 ; 444-1786 ; www.inhousethehotel.com ; Carr. 34 n°7-109 ; s/d/tr petit-déj inclus 138 000/155 000/212 000 COP ; @ wi-fi). Ce petit hôtel d'un excellent rapport qualité/prix se distingue du lot dans l'animation d'El Poblado. Ses chambres coquettes et stylées s'agrémentent de mobilier en pin, de bureaux et de grandes fenêtres. Le service est sympathique et professionnel. Les chambres en façade ont un balcon privatif, mais celles de l'arrière sont plus calmes.

**Hotel Casa Victoria** HÔTEL $$$
(268-5099 ; www.hotelcasavictoria.com ; Carr. 32 n°1 Sur-13 ; s/d/ste petit-déj inclus 168 240/175 240/226 240 COP ; clim @ wi-fi). Situé à flanc de colline en contrebas d'El Tesoro, ce bel hôtel compte des chambres spacieuses avec parquet et d'immenses fenêtres offrant une vue magnifique sur la ville. Les suites ouvrent sur des terrasses privatives. Réductions le week-end.

**Hotel Dann Carlton** HÔTEL $$$
(carte p. 210 ; 444-5151 ; hotelesmedellin.danncarlton.com ; Carr. 43A n°7-50 ; s/d 229 000/363 000 COP, ste à partir de 621 000 COP ;

). Cet hôtel, géré avec efficacité, est un cran au-dessus de ses homologues grâce à la qualité de l'hébergement et aux nombreux extras tels que fruits exotiques frais et élégantes compositions florales. Les suites, notamment, sont immenses et ont un salon attenant, un dressing et une gigantesque salle de bains.

## Où se restaurer

El Poblado abonde en restaurants haut de gamme. Au sud-ouest du centre, le quartier de Laureles, autour de l'Avenida Nutibara, compte beaucoup d'adresses sans prétention. Pour faire vos courses, rendez-vous au **Plaza Minorista** (carte p. 202 ; angle Carr. 57 et C. 55), un grand marché couvert où l'on vend quantité de fruits et légumes.

### El Poblado

**Cafe Zorba** INTERNATIONAL $
(carte p. 210 ; C. 8 n°42-33 ; pizza 11 500-18 500 COP ; 17h-23h45 ; ). Niché en lisière du Parque La Presidenta, ce café en plein air tendance sert d'excellentes pizzas, salades et petites choses à grignoter, ainsi que de délicieux desserts. Une très bonne adresse également pour un verre après le dîner.

**El Taxista** COLOMBIEN $
(carte p. 210 ; Carr. 43B n°10-22 ; repas 6 500 COP ; 7h-16h). Les commerçants sont au coude-à-coude avec les hommes d'affaires en complet dans cette cafétéria pratique et sans prétention proche du Parque Poblado. Elle sert des classiques bon marché de la cuisine *paisa* concoctés dans une minuscule cuisine, où des femmes s'affairent à faire frire les plats.

**Verdeo** VÉGÉTARIEN $$
(carte p. 210 ; www.ricoverdeo.com ; Carr. 35 n°8A-3 ; plats 14 500-21 800 COP ; 12h-22h mar-dim, 12h-16h lun ; ). Il n'est pas nécessaire d'être végétarien pour apprécier les plats inventifs proposés dans ce restaurant tendance d'El Poblado. Au choix : délicieux *chawarmas*, burgers, raviolis et salades végétariens. L'épicerie attenante est idéale pour acheter des légumes bio, du tofu et autres denrées introuvables dans les supermarchés du coin.

**Il Castello** ITALIEN $$
(carte p. 210 ; 312-8287 ; Carr. 40 n°10A-14 ; plats 16 000-28 000 COP ; 12h-14h30 et 18h-22h30 lun-sam). Pour une cuisine italienne authentique et de qualité, cap sur ce bistrot sans prétention. Si les pizzas sont savoureuses, les pâtes remportent la palme, en particulier les raviolis. Accompagnez votre repas d'une bouteille choisie sur la longue carte des vins.

**Mondongos** COLOMBIEN $$
(carte p. 210 ; www.mondongos.com.co ; C. 10 n°38-38 ; plats 21 000-28 000 COP ; 11h30-21h30 lun-sam, 11h30-20h dim). Les familles de Medellín se pressent dans ce restaurant d'allure quelconque pour se régaler de *sopa de mondongo* (soupe de tripes). Celle-ci est servie avec de l'avocat, de la banane, du citron et des *arepas* (pains de maïs), que l'on ajoute à la soupe ou que l'on trempe simplement dans le bol, selon les goûts. Pour un déjeuner complet, venez le dimanche. Autre enseigne dans La 70.

**Bahía Mar** POISSON, FRUITS DE MER $$
(carte p. 210 ; C. 9 n°43B-127 ; plats 20 000-40 000 COP ; 12h-22h lun-sam, 12h-15h dim). Ce restaurant de poisson haut de gamme sert des plats variés dans un cadre caribéen sans prétention.

**Carmen** INTERNATIONAL $$$
(carte p. 210 ; 311-9625 ; www.carmenmedellin.com ; Carr. 36 n°10A-27 ; plats 39 000-50 000 COP ; 12h-15h lun, 12h-15h et 19h-22h30 mar-ven, 19h-22h30 sam). Tenu par un couple de cordons bleus américano-colombien, ce restaurant propose une cuisine internationale sophistiquée nettement influencée par la gastronomie californienne. L'établissement possède une salle intimiste donnant sur la cuisine ouverte, un jardin d'hiver et un patio à l'arrière. Les serveurs pourront vous conseiller sur le choix du vin (carte très fournie). Réservation indispensable.

### Centre de Medellín

**Itaca** COLOMBIEN $
(carte p. 202 ; Carr. 42 n°54-60 ; menu 8 500 COP, plats 10 000-25 000 COP ; 12h-15h et 18h-22h lun-sam, 12h-17h dim). Bien que d'allure très ordinaire, ce minuscule établissement en lisière du centre-ville propose de sensationnelles assiettes gastronomiques pleines de saveurs, et à des prix très bon marché. Il n'y a pas de carte. Dites au sympathique chef Juan Carlos ce dont vous avez envie, et il concoctera un classique de la cuisine colombienne moderne avec ses produits frais du marché (goûtez à une portion de saucisses maison : elles ont été désignées comme les meilleures d'Antioquia). Il n'y a pas d'enseigne non plus : repérez la porte bleue.

**Salón Versalles** COLOMBIEN **$**

(carte p. 206 ; www.versallesmedellin.com ; Pasaje Junín 53-39 ; plats 13 900 COP ; 7h-21h lun-sam, 8h-18h dim). Réputée pour ses délicieuses *empanadas*, cette institution de Medellín propose aussi un bon menu. C'est une adresse idéale pour échapper à la cohue du centre-ville. La clientèle est très variée, des retraités modestes aux jeunes entrepreneurs, et l'endroit mérite la visite ne serait-ce que pour observer les clients.

**Ciao Pizza Gourmet** ITALIEN **$$**

(carte p. 202 ; angle C. 49 et Carr. 64A, Carlos E Restrepo ; plats 12 000-27 000 COP ; 12h-21h30 lun-sam, 12h-19h30 dim). Installez-vous à la terrasse de ce restaurant de quartier, donnant sur une petite place, pour savourer de délicieuses pizzas et pâtes maison cuisinées à la perfection par un chef italien. Le restaurant est caché dans un quartier résidentiel, derrière le bâtiment Suramericana.

**Café Colombo Credenza** COLOMBIEN **$$$**

(carte p. 206 ; Carr. 45 n°53-24, 9e ét ; plats 23 000-31 000 COP ; 12h-22h lun-sam). Au dernier étage du bâtiment qui abrite le Centro Colombo Americano, ce bistrot sympa sert des repas de qualité à savourer en contemplant la vue magnifique sur la ville. Une excellente adresse également pour siroter des cocktails en début de soirée.

## Où prendre un verre et faire la fête

La *zona rosa* (quartier de la vie nocturne) de la ville se trouve autour du Parque Lleras à El Poblado, une concentration dense de restaurants et bars haut de gamme. Quelques-uns des bars les plus sélects de Medellín se trouvent dans le centre commercial **Río Sur** (Carr. 43A n°6 Sur-26) et aux alentours, sur un tronçon de l'Avenida El Poblado appelé la Milla de Oro ("Mile d'or"). Les bars des environs de La 33 et La 70 (La Setenta), près du quartier de Laureles, sont moins clinquants. Pour une ambiance plus bohème, choisissez les adresses autour du Parque del Periodista, dans le centre.

Beaucoup d'endroits restant ouverts tard sont rassemblés dans le Barrio Colombia, ancien quartier industriel, et le long de l'Autopista Sur (l'autoroute sud qui conduit hors de la ville).

### LA BANDEJA PAISA

La très calorique *bandeja paisa* ("plateau *paisa*") est réputée dans toute la Colombie comme le plat le plus typique d'Antioquia et de la Zona Cafetera. Ce plat trouve son origine chez les paysans pauvres, à qui ce repas apportait l'énergie nécessaire au travail dans le climat froid des montagnes. De nos jours, il en existe de nombreuses variantes, servies dans les restaurants de tout le pays. On s'accorde difficilement sur son contenu. Toutefois, aux yeux des puristes, une *bandeja paisa* digne de ce nom doit comporter du riz, des haricots rouges, de la viande hachée, des couennes de porc, de l'avocat, des œufs frits, des bananes plantains, des saucisses, des *arepas* (pains de maïs), de l'*hogao* (sauce à la tomate) et du boudin. Et le tout doit tenir dans une assiette de forme ovale.

**Pergamino** CAFÉ

(carte p. 210 ; www.pergamino.co ; Carr. 37 n°8A-37 ; 8h-21h lun-ven, 9h-21h sam). Cela vaut la peine de faire la queue pour prendre un verre dans cet établissement populaire, qui sert le meilleur café de Medellín. Il propose un choix complet de boissons chaudes et froides, toutes préparées avec les meilleurs grains issus de petites plantations de tout le pays. On peut aussi acheter des paquets de café à rapporter chez soi.

**Trilogia Bar** CLUB

(www.trilogiabar.com ; Carr. 43G n°24-08 ; 20h30-3h30). Pour une soirée animée, cap sur cette sympathique discothèque du Barrio Colombia, où des groupes jouent du crossover colombien sur une scène pivotante, chansons reprises en chœur par les clients un peu éméchés. Réservez en ligne.

**El Acontista** BAR

(carte p. 206 ; www.elacontista.com ; C. 53 Maracaibo n°43-81 ; fermé dim). Attirant une clientèle d'intellectuels, ce café-bar décontracté est proche du Parque del Periodista. Concert de jazz le lundi, librairie à l'étage.

**Calle 9 + 1** BAR

(carte p. 210 ; Carr. 40 n°10-25 ; 21h-tard). Installé autour d'une spacieuse cour couverte, ce bar branché et alternatif accueille des DJ qui mixent de l'électro indé. Clientèle bohème et ambiance unique.

## El Poblado

## El Poblado

**Où se loger**

1 Black Sheep ... A3
2 Casa Kiwi ... D3
3 Grand Hostel ... B2
4 Happy Buddha ... D3
5 Hotel Dann Carlton ... C3
6 In House Hotel ... D3

**Où se restaurer**

7 Bahía Mar ... B2
8 Cafe Zorba ... C3
9 Carmen ... D2
10 El Taxista ... C2
11 Il Castello ... D2
12 Mondongos ... D2
13 Verdeo ... D3

**Où prendre un verre et faire la fête**

14 Bendito Seas ... D2
15 Berlín ... C2
16 Calle 9 + 1 ... C2
17 Pergamino ... D3

**Achats**

18 Centro Commercial Monterrey ... A1

**Son Havana** CLUB
(Carr. 73 n°44-56 ; 20h30-3h mer-sam). Adresse de choix pour les fous de salsa, cet établissement très prisé, tout près de La 70, baigne dans une agréable ambiance tropicale. La petite piste étant très vite bondée, la plupart des clients finissent par danser entre les tables. Il y a foule lors des concerts du jeudi et du samedi.

**Berlín** PUB
(carte p. 210 ; 266-2905 ; C. 10 n°41-65 ; 18h-2h). L'unique vrai pub d'El Poblado est comme de juste mal éclairé, avec tables de billard et grands classiques du rock. Il offre une alternative correcte aux bars à néons tous identiques du secteur.

**Eslabon Prendido** CLUB
(Papayera ; carte p. 206 ; C. 53 n°42-55 ; 21h-3h). Très populaire auprès des routards et des expatriés de Medellín, ce bar à salsa sans prétention attire une foule nombreuse les mardis et jeudis grâce à ses concerts. Ambiance conviviale. Il n'est pas nécessaire de venir avec un partenaire de danse.

**Luxury** CLUB
(Carr. 43G n°24-15 ; 22h30-4h jeu-dim). Boîte parmi les plus branchées du Barrio Colombia, le Luxury est plein de jeunes *Paisas* qui

se déhanchent au son du reggaeton et du hip-hop. Évitez le carré VIP de l'étage, car l'action se concentre au rez-de-chaussée. À moins d'apprécier vraiment le reggaeton, mieux vaut venir en ayant déjà un peu bu...

**Bendito Seas** CLUB
(carte p. 210 ; C. 10A n°38-21 ; 22h-4h jeu-sam). Cette discothèque sans prétention, à quelques pâtés de maisons du Parque Lleras, attire en nombre les jeunes venus danser sur du crossover et du reggaeton, surtout le jeudi, où il y a open bar.

## Où sortir

### Cinéma

**Teatro Lido** CINÉMA, THÉÂTRE
(carte p. 206 ; 251-5334 ; www.medellincultura.gov.co ; Carr. 48 n°54-20). Au bord du Parque de Bolívar, cette salle rénovée accueille régulièrement des projections gratuites de documentaires et de films indépendants, mais aussi des concerts et autres manifestations.

**Parque de los Deseos** CINÉMA
(carte p. 202 ; 516-6404 ; www.fundacionepm.org.co ; Carr. 52 n°71-11). Apportez de quoi vous asseoir pour assister aux projections gratuites de cinéma en plein air, sur cette vaste place en ciment en face du Jardín Botánico. Les films sont généralement projetés à 18h30 le mardi et le week-end.

### Tango

Autrefois danse préférée des *Paisas*, qui ne se voulaient pas tout à fait Colombiens, le tango a toujours la faveur des plus âgés, et de ceux qui ont le goût de la nostalgie.

**Casa Gardeliana** DANSE
(444-2633 ; Carr. 45 n°76-50 ; entrée libre ; 9h-17h lun-ven). Dans le Barrio Manrique, la Casa Gardeliana fut des années durant la principale salle de tango de Medellín, accueillant à la fois des orchestres et des spectacles de danse. S'il y a encore des spectacles à l'occasion, l'endroit est maintenant essentiellement un petit musée du tango et une académie de danse proposant des cours collectifs (33 000 COP/mois) et particuliers (40 000 COP/heure).

**El Patio del Tango** DANSE
(235-4595 ; www.patiodeltango.com ; C. 23 n°58-38 ; plats 28 000 COP ; 12h-20h lun-mer, 12h-1h30 jeu-sam). Devenu la grande scène de tango de Medellín, ce restaurant de viande est décoré comme une milonga typique de Buenos Aires. Pensez à réserver pour les spectacles des vendredis et samedis. À quelques pâtés de maisons du zoo.

### Sports

Medellín a deux équipes de football, l'**Independiente Medellín** (DIM ; www.dimoficial.com) et l'**Atlético Nacional** (www.atlnacional.com.co). Toutes deux jouent à l'**Estadio Atanasio Giradot** près de la station de métro Estadio.

La banlieue de Medellín a aussi sa propre équipe, l'**Envigado Fútbol Club** (www.envigadofutbolclub.net), qui joue dans la municipalité d'Envigado au sud de la ville.

### Théâtre

Medellín possède la scène artistique la plus dynamique après Bogotá.

**Teatro Metropolitano** SALLE DE SPECTACLE
(carte p. 202 ; 232-2858 ; www.teatrometropolitano.com ; C. 41 n°57-30). La salle la plus grande et la plus moderne de la ville accueille des concerts, des opéras et des ballets. C'est la résidence de l'orchestre philharmonique de Medellín.

**Teatro Pablo Tobón Uribe** THÉÂTRE
(carte p. 202 ; 239-7500 ; www.teatropablotabon.com ; Carr. 40 n°51-24). Le principal théâtre grand public.

## Achats

**Centro Comercial Palacio Nacional** CENTRE COMMERCIAL
(carte p. 206 ; angle Carr. 52 et C. 48). Ce majestueux édifice de 1925, dans le centre, a été transformé en centre commercial de plus de 200 boutiques bon marché (vendant pour la plupart des vêtements et des chaussures). Le secteur environnant le Palacio, surnommé

> **DEMANDEZ LE PROGRAMME**
>
> **Planepoly** (www.planepoly.com). Site très complet répertoriant les manifestations culturelles et les séances de cinéma.
>
> **Opción Hoy** (www.opcionhoy.com). Lieux de sortie, choisis selon une orientation culturelle.
>
> **Medellín en Escena** (www.medellinenescena.com). Programmation théâtrale.
>
> **Medellín Zona Rosa** (www.medellinzonarosa.com). Programmation des concerts, et vie nocturne.

El Hueco ("Le Trou") par les habitants, compte de nombreux magasins de soldes.

**Centro Artesanal Mi Viejo Pueblo** ARTISANAT

(carte p. 206 ; Carr. 49 n°53-20 ; ⌚9h-19h30 lun-jeu, 9h-20h ven-sam, 10h-18h dim). Ce marché artisanal visant la clientèle touristique propose un vaste choix de souvenirs, notamment des hamacs, des sacs et des vêtements traditionnels.

**Mercado de San Alejo** MARCHÉ

(carte p. 206 ; Parque de Bolívar ; ⌚1er sam du mois). Marché artisanal bigarré, parfait pour des emplettes peu onéreuses ou pour une balade.

**Centro Commercial Monterrey** MATÉRIEL ÉLECTRONIQUE

(carte p. 210 ; Carr. 48 n°10-45). Grand centre commercial regorgeant de matériel électronique à prix réduits.

## ℹ Renseignements

Les DAB sont nombreux dans toute la ville. On en trouve notamment au Parque Berrío dans le centre, dans l'Avenida El Poblado et aux alentours du Parque Lleras.

Il est facile pour les touristes de se renseigner sur Medellín grâce au réseau de Puntos de Información Turística (PIT), gérés par un personnel courtois et bien documenté. Outre ceux que nous indiquons, il y a également des antennes au Pueblito Paisa, ainsi que dans tous les aéroports et gares routières.

**4-72** (carte p. 210 ; C. 10A n°41-11 ; ⌚8h-12h et 13h-18h lun-ven, 9h-12h sam). Poste à El Poblado.

**Clínica Las Vegas** (☎315-9000 ; www.clinicalasvegas.com ; C. 2 Sur n°46-55). Clinique privée de qualité. Le personnel parle un peu anglais.

**Clínica Medellín** (☎311-2800 ; www.clinicamedellin.com ; C. 7 n°39-290). Clinique privée d'El Poblado dont le personnel parle un peu anglais. Autre adresse dans le centre de Medellín.

**Migración Colombia** (☎345-5500 ; www.migracioncolombia.gov.co ; C. 19 n°80A-40, Barrio Belén ; ⌚8h-16h lun-ven). Pour les prorogations de visa. Depuis El Poblado, prenez le bus Circular Sur n°302/303 qui longe l'Avenida Las Vegas en direction du sud.

**PIT Plaza Botero** (carte p. 206 ; www.medellin.travel ; angle Carr. 51 et C. 53 ; ⌚8h-17h lun-sam). Office du tourisme à la sortie de la Plazoleta de las Esculturas.

**PIT Plaza Mayor** (carte p. 202 ; ☎261-7277 ; www.medellin.travel ; C. 41 n°55-80 ; ⌚8h-18h lun-ven). Office du tourisme principal, dans le Palacio de Exposiciones.

## ℹ Depuis/vers Medellín

### AVION

Medellín compte deux aéroports. Tous les vols internationaux et domestiques à destination des grandes villes partent de l'**Aeropuerto Internacional José María Córdoba**, à 35 km au sud-est de la ville, près de la ville de Ríonegro. Il y a des navettes entre le centre-ville et l'aéroport toutes les 15 minutes (8 600 COP, 1 heure, 5h-21h). L'**arrêt des navettes** (carte p. 206 ; Carr. 50A n°53-13) en ville se trouve derrière l'Hotel Nutibara. En taxi, comptez 60 000 COP.

Plus petit, l'**Aeropuerto Olaya Herrera** est juste à côté de la gare routière Terminal del Sur. Les vols domestiques régionaux partent de cet aéroport, y compris ceux desservant des destinations dans le Chocó.

### BUS

Medellín possède deux gares routières. Le **Terminal del Norte**, à 3 km au nord du centre-ville, gère les bus à destination du nord, de l'est et du sud-est, notamment Santa Fe de Antioquia (13 000 COP, 2 heures), Cartagena (130 000 COP, 13 heures), Santa Marta (130 000 COP, 16 heures) et Bogotá (60 000 COP, 9 heures). Cette gare est aisément accessible depuis El Poblado en métro (descendez à la station Caribe) ou en taxi (12 500 COP).

Le **Terminal del Sur**, à 4 km au sud-ouest du centre, gère toutes les liaisons à destination de l'ouest et du sud, notamment Manizales (35 000 COP, 5 heures), Pereira (35 000 COP, 5 heures), Armenia (40 000 COP, 6 heures) et Cali (50 000 COP, 9 heures). Depuis El Poblado, le trajet en taxi est rapide (6 000 COP).

## ℹ Comment circuler

### BUS

Medellín est bien desservie par les bus, mais le métro et le taxi suffisent à la plupart des voyageurs. La majorité des itinéraires partent de l'Avenida Oriental et du Parque Berrío. Les bus arrêtent de circuler vers 22h ou 23h.

### MÉTRO/TRAIN DE BANLIEUE

Le **Metro** de Medellín (www.metrodemedellin.gov.co ; billet simple 1 900 COP ; ⌚4h30-23h lun-sam, 5h-22h dim) est l'unique train de banlieue de Colombie. Inauguré en 1995, il consiste en une ligne nord-sud de 23 km et une ligne est-ouest de 6 km. Il circule à l'extérieur, à hauteur du sol, exception faite d'un tronçon de 5 km dans le centre sur des rails surélevés. La compagnie du "métro" gère aussi trois lignes de téléphérique, appelées

Metrocable, construites pour desservir les *barrios* (quartiers) pauvres des collines environnantes, ainsi que le Parque Arví à Santa Elena. Les trajets, qui offrent une vue magnifique, sont un excellent moyen de découvrir la ville. Les deux principales lignes de Metrocable sont incluses dans le prix d'un billet de métro, ce qui n'est pas le cas de la ligne desservant le Parque Arví.

### TAXI

Les taxis, très nombreux à Medellín, sont tous équipés de compteurs. La prise en charge coûte 4 700 COP. Un trajet du centre à El Poblado revient à environ 10 000 COP.

### VÉLO

Medellín dispose d'un tout récent système de prêt de vélos gratuit appelé **Encicla** (www.encicla.gov.co). Les touristes peuvent emprunter un vélo pour de courts trajets en présentant leur passeport. Un réseau de nouvelles pistes cyclables doit être mis en place lors de la seconde phase du projet. Consultez l'emplacement des stations sur le site Internet.

# ENVIRONS DE MEDELLÍN

## Guatapé

☎4 / 4 230 HABITANTS / 1 925 M D'ALTITUDE

L'agréable villégiature de Guatapé se trouve sur les rives de l'Embalse Guatapé, un grand lac artificiel. Elle est connue pour les décorations de ses maisons traditionnelles, semblables à des fresques. Des bas-reliefs aux couleurs vives représentant des êtres humains, des animaux et des formes recouvrent la partie inférieure de nombreuses maisons.

Guatapé fait une belle excursion d'une journée depuis Medellín (elle est à 2 heures en bus), mais il y a de quoi vous occuper et vous divertir un peu plus longtemps si vous avez envie d'une pause au calme. Pour profiter de son ambiance festive, venez plutôt le week-end, quand Guatapé accueille de nombreux touristes colombiens. En semaine, vous aurez tout le loisir d'explorer la nature environnante à un rythme plus tranquille.

### À voir

À un pâté de maisons au sud de la place principale, la **Calle de los Recuerdos**, rue pavée qui monte à flanc de colline, présente les plus beaux exemples de fresques décoratives.

**Iglesia del Calma** ÉGLISE

L'Iglesia del Calma s'orne d'une façade gréco-romaine et d'un intérieur en bois poli. Elle fut érigée en 1811 en manière de pénitence, paraît-il, par un homme qui avait tué un voleur d'oranges.

**Casa del Arriero** ÉDIFICE D'INTÉRÊT

(Carr. 28). La maison la plus grande et la plus ancienne de Guatapé est toujours occupée par les descendants des propriétaires d'origine. Ils laissent généralement la porte ouverte, de sorte que les visiteurs puissent se promener dans la cour centrale. Remarquez les portes peintes et ornementées en entrant. Le lieu est très typique de Guatapé.

### Activités

Plusieurs agences de plaisance sur le *malecón* (promenade) organisent tour à tour des sorties sur le lac. Les circuits standards passent devant La Cruz (monument en hommage à l'ancienne ville inondée d'El Peñol, dont beaucoup croient à tort qu'il faisait partie de l'ancienne église), et par l'Isla de las Fantasias. La plupart des grands bateaux sont équipés de puissantes sonos et d'une piste de danse, mais ne marquent aucune escale permettant de descendre à terre. Tous facturent environ 10 000 COP/personne et vendent des boissons bon marché.

Il est également possible de louer des bateaux plus petits (90 000 COP, jusqu'à 6 passagers) pour visiter les sites à l'occasion d'un circuit privé. Les arrêts comprennent la visite d'un musée consacré à la création du lac et, sur demande, la Finca La Manuela, ferme abandonnée de Pablo Escobar, où l'on peut boire un verre au bar-discothèque rénové.

Une **tyrolienne** (10 000 COP/descente ; ⏲13h-18h lun-ven, 9h-18h sam-dim) longe la rive du lac au départ d'une grande colline proche de l'entrée de la ville. Un système hydraulique permet de tracter les clients en haut de la colline depuis le *malecón* (il n'est pas nécessaire de monter à pied).

### Où se loger et se restaurer

Les tarifs indiqués ici sont ceux pratiqués le week-end. La plupart des hébergements proposent des réductions en semaine.

**El Encuentro** AUBERGE DE JEUNESSE $
(☎311-619-6199 ; www.hostelelencuentro.com ; Vereda Quebrada Arriba ; dort 22 000 COP, s/d à partir de 55 000/65 000 COP, ste à partir de 95 000 COP ; 📶). Alliant une atmosphère paisible, une vue spectaculaire et des jardins en pente qui descendent jusqu'à une zone de baignade privée, cet établissement évoque davantage une luxueuse retraite qu'une auberge de jeunesse. Certaines des chambres élégantes ont un balcon privatif donnant sur le lac. Le personnel organise d'intéressantes randonnées dans les montagnes environnantes. À 10 minutes à pied de la ville – si vous avez des bagages, prenez une moto-taxi (3 000 COP).

**Guatatur** HÔTEL $$
(☎861-1212 ; www.hotelguatatur.com ; s/d à partir de 50 000/100 000 COP, ste 224 000 COP ; 📶). Cet hôtel aux tarifs modiques, près de la place, est spécialisé dans les formules week-end tout compris s'adressant aux visiteurs venus de Medellín. En semaine, on peut obtenir de très bons prix. Plusieurs chambres ont vue sur le lac. Les suites bénéficient de Jacuzzis et de vues encore plus belles.

**Donde Sam** INDIEN, INTERNATIONAL $$
(C. 32 n°31-57 ; menu 8 000 COP, plats 18 000-22 000 COP ; ⌚9h-21h). Ce spacieux restaurant situé au 1er étage jouit d'une très belle vue sur le lac, et la nourriture y est délicieuse. Au choix : divers classiques indiens et thaïlandais, aussi frais qu'authentiques, mais aussi des plats italiens, chinois et mexicains. Les végétariens ne sont pas oubliés, et les prix sont très raisonnables au vu de la qualité de la cuisine.

**La Fogata** COLOMBIEN $$
(plats 13 000-20 000 COP ; ⌚7h-21h). Juste en face du lac, cette adresse populaire, dotée d'un espace surélevé en plein air, sert une cuisine *paisa* de qualité, notamment de copieux petits-déjeuners (9 000 COP). Goûtez à la *trucha* (truite), ou si vous avez très faim, optez pour une *bandeja paisa*.

### Renseignements

Il y a deux DAB en ville, l'un près de la place, l'autre à côté de la gare routière.

**Office du tourisme** (☎861-0555 ; Alcaldía ; ⌚8h-13h et 14h-18h). L'office situé dans l'*Alcaldía* (hôtel de ville), sur la place principale, est ouvert en semaine. Le week-end, une petite cabane en bord de lac prend le relais, et une autre antenne ouvre à l'entrée de la Piedra del Peñol .

### Depuis/vers Guatapé

Si vous venez en excursion d'une journée depuis Medellín, il est judicieux de faire l'ascension de la Piedra del Peñol avant de vous rendre à Guatapé, car, l'après-midi, les nuages et la pluie sont parfois au rendez-vous. Les bus depuis/vers Medellín (12 000 COP, 2 heures) circulent environ 1 fois/heure. Des *colectivos* (minibus ou taxis collectifs) font régulièrement la navette entre l'embranchement menant à la Piedra del Peñol et Guatapé (1 500 COP, 10 min). On peut aussi prendre une moto-taxi jusqu'à l'entrée (10 000 COP).

Si vous rentrez de Guatapé à Medellín le week-end, assurez-vous d'acheter votre billet retour dès votre arrivée, car les bus affichent rapidement complet. La billetterie se trouve au bord du lac.

## Piedra del Peñol

2 100 M D'ALTITUDE

Ce **monolithe de granit** (El Peñon de Guatapé ; 10 000 COP/ascension ; ⌚8h-17h40) haut de 200 m se dresse près de l'Embalse Guatapé. Il est aussi appelé El Peñon de Guatapé, à cause de la rivalité farouche opposant les deux villes sur lesquelles il se tient à cheval. Un escalier de briques de 659 marches monte à travers une large crevasse creusée dans le flanc du rocher. Du sommet, la vue est magnifique, les bras du lac s'étendant au milieu d'un vaste paysage de montagnes verdoyantes.

En venant de Medellín, ne descendez pas du bus dans la ville d'El Peñol : demandez au chauffeur de vous déposer à “La Piedra”, qui se trouve à 10 minutes. Empruntez la route qui décrit une courbe en montant après la station-service (1 km) pour rejoindre le parking situé au pied du monolithe. Chauffeurs de taxis et propriétaires de chevaux tenteront de vous convaincre que la montée est longue et difficile. Certes, le terrain est escarpé, mais le rocher n'est pas loin.

Au pied du rocher vous attendent des cabanes vendant des babioles pour touristes et de nombreux restaurants servant à déjeuner (8 000 à 12 000 COP). Au sommet, des échoppes vendent des jus de fruits, des glaces et du *salpicón* (salade de fruits au jus de pastèque).

## Santa Fe de Antioquia

# Santa Fe de Antioquia

☎4 / 23 600 HABITANTS / 550 M D'ALTITUDE

Cette ville coloniale assoupie, implantation espagnole la plus ancienne de la région, fut jadis la capitale d'Antioquia. Elle fut fondée en 1541 par Jorge Robledo, mais le temps s'y est arrêté en 1826, année où le gouvernement s'établit à Medellín, située à 80 km au sud-est. Du fait de cette éclipse, son centre colonial a été épargné par les démolitions et a aujourd'hui quasiment le même aspect qu'au XIXe siècle. Les rues étroites sont bordées de maisons blanchies à la chaux, à un seul étage, dont beaucoup s'organisent autour d'une splendide cour centrale. Vous verrez aussi de nombreux chambranles de portes et de fenêtres en bois délicatement sculptés – éléments typiques d'Antioquia.

La ville fait une superbe escapade d'une journée depuis Medellín. Ne manquez pas de goûter à la *pulpa de tamarindo,* confiserie aigre-douce très appréciée, confectionnée avec des tamarins provenant de la vallée environnante.

## Santa Fe de Antioquia

**À voir**

1 Iglesia de Santa Bárbara ........ C2
2 Museo de Arte Religioso ........ C2
3 Museo Juan del Corral ........ B1

**Où se loger**

4 Hotel Caserón Plaza ........ B2
5 Hotel Mariscal Robledo ........ A1
6 Hotel Plaza ........ B2

**Où se restaurer**

7 Restaurante Portón del Parque ........ B2

## À voir

**Puente de Occidente** PONT

Ce pont de 291 m enjambant le Río Cauca est à 5 km à l'est de la ville. Lorsqu'il fut achevé en 1895, c'était l'un des premiers ponts suspendus du continent américain. José María Villa, son concepteur, a également participé à la création du pont de Brooklyn, à New York. La descente de 45 minutes pour y accéder est ennuyeuse, d'autant plus qu'il fait chaud. Mieux vaut prendre une moto-taxi (aller-retour 15 000 COP). Le chauffeur attendra sur place pendant que vous franchirez le pont. Pour une vue aérienne du pont, grimpez le chemin de terre derrière l'entrée.

**Iglesia de Santa Bárbara** ÉGLISE

(angle C.11 et Carr.8 ; 17h-18h30 et messe dim matin). Construite par les Jésuites au milieu du XVIIIe siècle, l'église la plus intéressante de Santa Fe s'orne d'une belle façade baroque. L'intérieur abrite un retable au-dessus du maître-autel qui, bien qu'usé par le temps, mérite le coup d'œil.

**Museo Juan del Corral** MUSÉE
(☎853-4605 ; C. 11 n°9-77 ; ⏲9h-12h et 14h-17h30, fermé mer). GRATUIT Visitez cet intéressant musée consacré à l'histoire de la région pour le plaisir également d'admirer la demeure coloniale parfaitement conservée qui lui sert de cadre.

**Museo de Arte Religioso** MUSÉE
(☎853-2345 ; C. 11 n°8-12 ; 3 000 COP ; ⏲10h-13h et 14h-17h ven-dim). Ce musée occupe l'ancien collège jésuite construit dans les années 1730, à côté de l'Iglesia de Santa Bárbara. La belle collection d'art religieux colonial comprend notamment des tableaux de Gregorio Vásquez de Arce y Ceballos.

## Fêtes et festivals

**Semana Santa** FÊTE RELIGIEUSE
(semaine sainte ; ⏲Pâques). Comme la plupart des villes traditionnelles datant des débuts de la conquête espagnole, Santa Fe célèbre la Semana Santa en grande pompe et avec beaucoup de solennité. Réservez votre hébergement.

**Fiesta de los Diablitos** FÊTE CULTURELLE
(⏲déc). La fête la plus populaire de la ville a lieu les 4 derniers jours de l'année. Au programme : musique, danse, défilés et, comme dans presque toutes les fêtes du pays, un concours de beauté.

## Où se loger et se restaurer

La plupart des visiteurs de Santa Fe sont en excursion d'une journée, mais la ville compte plus d'une dizaine d'hôtels s'adressant à tous les budgets. Nous indiquons les prix pratiqués le week-end. Des réductions sont couramment accordées en semaine.

**Hotel Plaza** AUBERGE DE JEUNESSE $
(☎853-2851 ; Plaza Mayor ; ch/pers 35 000 COP ; 📶). Dans un vieux bâtiment colonial sur la place principale, cet hôtel pour petits budgets est d'un bon rapport qualité/prix vu son emplacement. Les chambres, récemment rénovées, sont agréables dans l'ensemble mais beaucoup sont dépourvues de fenêtres, et les toilettes sont littéralement dans la douche.

**Hotel Caserón Plaza** HÔTEL $$
(☎853-2040 ; www.hotelcaseronplaza.com.co ; Plaza Mayor ; ch 150 000-216 000 COP ; ❄📶🏊). Sur la place principale, cette auberge était autrefois la demeure d'un propriétaire terrien local. Les chambres sont disposées autour d'une jolie cour, et l'on trouve un agréable jardin avec piscine à l'arrière. Les chambres en étage sont plus spacieuses et bénéficient d'une vue sur la montagne, mais ont des salles de bains minuscules. En semaine, c'est une bonne affaire, mais les tarifs pratiqués le week-end sont trop élevés.

La clim coûte 10 000 COP en supplément. Les non-résidents peuvent se restaurer et accéder à la piscine moyennant 30 000 COP.

♥ **Hotel Mariscal Robledo** HÔTEL $$$
(☎853-1563 ; www.hotelmariscalrobledo.com ; angle Carr. 12 et C. 10 ; ch/pers 2 repas inclus 190 000 COP ; P❄@📶🏊). Bénéficiant d'un emplacement privilégié sur le Parque de la Chinca, le plus bel hôtel de Santa Fe a beaucoup de cachet. Les chambres, spacieuses, sont remplies d'objets anciens, dont la plupart sont en vente, et reflètent une élégance coloniale sobre. On peut admirer la vue depuis le toit-terrasse, profiter d'une grande piscine ainsi que de la ravissante cour intérieure. Le grand point négatif : les douches électriques.

**Restaurante Portón del Parque** COLOMBIEN $$
(☎853-3207 ; C. 10 n°11-03 ; plats 22 000-28 000 COP ; ⏲12h-20h). Dans une élégante demeure coloniale avec hauts plafonds et cour fleurie, ce restaurant est, de l'avis du plus grand nombre, le meilleur de la ville. Si les murs sont ornés d'œuvres d'art médiocres, la cuisine traditionnelle et les grands classiques internationaux sont excellents.

## Renseignements

**Bancolombia** (Carr. 9 n°10-72). DAB à une demi-*cuadra* de la place principale.

**Punto de Información Turística** (PIT ; ☎853-4139 ; Plaza Mayor ; ⏲8h-12h et 14h-18h). Renseignements utiles sur l'hébergement. On vous indiquera au besoin artisans et créateurs de bijoux locaux.

## Depuis/vers Santa Fe de Antioquia

Il y a des bus (10 000 COP, 2 heures) et des minibus (14 000 COP, 1 heure 30) toutes les heures depuis/vers le Terminal del Norte de Medellín. Le dernier minibus retour pour Medellín part vers 19h30.

# Jardín

4 / 14 100 HABITANTS / 1 750 M D'ALTITUDE

Autoproclamée plus belle ville d'Antioquia, Jardín est une agglomération rurale enchanteresse aux maisons à un étage peintes de couleurs vives. Elle est entourée de petites plantations de café semblant accrochées en équilibre précaire aux flancs de majestueuses montagnes verdoyantes.

C'est sur la place pavée, dominée par une immense église néogothique, que bat le cœur de la ville. Cette place fourmille de tables et chaises en bois colorées : les marchands de fruits y vendent de délicieux cocktails à la criée tandis que les personnes âgées bavardent en sirotant du café. Le soir, on a l'impression que toute la ville se donne rendez-vous ici autour d'un verre, tandis que des quinquagénaires corpulents coiffés de sombreros font exécuter des pas de danse à leurs chevaux bien pansés.

Toutefois, l'intérêt de la visite ne se résume pas au charme d'une petite ville. En explorant la spectaculaire campagne des environs, vous découvrirez des grottes cachées et des cascades. Vous pourrez aussi observer quantité d'oiseaux et vous adonner à de nombreux sports d'aventure.

## À voir

**Cerro Cristo Rey** BELVÉDÈRE

On aperçoit ce belvédère, avec sa statue blanche représentant le Christ, depuis le centre de Jardín. Prenez le téléphérique moderne (aller-retour 5 000 COP) pour profiter d'une vue fantastique sur la ville et, au-delà, sur les montagnes. Au sommet, une échoppe vend des bières fraîches et des en-cas.

**Basilica Menor de la Inmaculada Concepción** ÉGLISE

Dominant la place centrale, cette imposante église néogothique ne semble vraiment pas à sa place dans une aussi petite ville. Ses murs de granit gris coiffés de flèches en aluminium offrent un contraste marqué avec l'environnement plein de couleurs. L'intérieur, d'un bleu flamboyant, présente des arches et des chapiteaux plaqués or.

## Activités

**Cueva del Esplendor** RANDONNÉE, ÉQUITATION

(6 000 COP). Située à 2 200 m, cette grotte spectaculaire abrite une cascade de 10 m qui se déverse au travers d'un grand trou creusé dans son plafond. La grotte n'est accessible qu'à cheval ou à pied par des chemins de montagne boueux et parfois étroits. L'entrée est à environ 3 heures de marche de la ville (2 heures à cheval).

La cascade entame sa chute 70 m au-dessus de l'entrée, et tombe sur plusieurs niveaux avant de se déverser dans un petit bassin au fond de la grotte, en formant des nuages de brume d'eau. On peut se baigner mais l'eau est glacée.

Comptez dans les 60 000-65 000 COP/personne pour le trajet à cheval avec déjeuner traditionnel. Parmi les guides recommandés, citons **Bernardo Lopez** (314-714-2021), qui viendra vous chercher en ville avec les chevaux, et **Jaime Marín** (314-780-4070, 313-719-1017) qui vous conduira en Jeep jusqu'à sa ferme, d'où une balade à cheval d'une heure mène à la grotte.

**Condor de los Andes** CIRCUITS AVENTURE

(310-379-6069 ; condordelosandes@colombia.com ; Carr. 6 n°1-100). Cette agence de sports d'aventure propose un choix d'activités à sensations fortes dans les environs de la ville, notamment de la descente en rappel dans la Cueva del Esplendor (97 000 COP) et la Cascada la Escalera (65 000 COP). Elle organise aussi des circuits authentiques dans les plantations de café, et une visite de la ville bien documentée. Vous trouverez sur place une confortable **auberge de jeunesse** (dort 25 000 COP, ch 35 000-40 000 COP/pers), dont les chambres aménagées dans un ravissant édifice colonial entourent un joli jardin. L'établissement est situé immédiatement à l'entrée de la ville.

**Tienda de Parapente** PARAPENTE

(311-362-0410 ; armandovuelo@gmail.com ; C. 15, Av. la Primavera ; vols en tandem 80 000 COP ; 10h-18h). Survolez les montagnes verdoyantes et les jolis toits de tuiles de la ville lors de vols en tandem. Pour vous rendre au bureau de l'agence, marchez en montée sur environ 5 *cuadras* en partant de derrière l'église.

## Où se loger et se restaurer

L'agence de sports d'aventure Condor de los Andes loue de confortables chambres d'auberge de jeunesse.

Pour un en-cas de style local, cap sur la place centrale en soirée. Vous y dégusterez des *callos fritos y orejas fritas* (tripes de bœuf et oreilles de porc frites) tout juste sortis des récipients d'huile bouillante installés sur de petits chariots en rangs serrés.

**Balcones del Parque** HÔTEL **$$**
(☎845-6844 ; www.balconesdelparque.com ; C. 9 n°2-75 ; ch pension complète 60 000-80 000 COP/pers ; 📶). Dans un angle en face de la place centrale (appelée "le parc"), cet hôtel d'un bon rapport qualité/prix loue des chambres soignées, hautes sous plafond, aux salles de bains un peu exiguës. Demandez-en une avec balcon car celles donnant sur l'intérieur sont parfois sombres. Tarifs réduits en semaine.

**Hotel Jardín** HÔTEL **$$**
(☎310-380-6724 ; www.hoteljardin.com.co ; Carr. 3 n°9-14 ; ch/app par pers 40 000/50 000 COP ; 📶). Directement sur la place, cet hôtel peint de couleurs vives comporte des chambres et des appartements avec cuisine, tous disposés autour d'une ravissante cour. Un superbe et large balcon donne sur la place, tandis que la véranda à l'arrière a vue sur les montagnes. Certaines chambres du rez-de-chaussée manquent de lumière. Tâchez d'en obtenir une en étage avec une fenêtre donnant sur la rue.

**Hostal Selva y Cafe** AUBERGE DE JEUNESSE **$$**
(www.hostalselvaycafe.co ; Casa del Lago, Vereda La Salada ; dort/s/d 27 000/80 000/90 000 COP ; 📶). Cette petite auberge de jeunesse bénéficie d'un cadre naturel et calme. La douillette maison à un étage offre un hébergement confortable. Le personnel organise quantité d'activités intéressantes, dont des circuits d'observation des oiseaux dans la forêt de nuages, des randonnées dans la nature, des cours de yoga, des balades à cheval et des circuits sur le thème du café. À un quart d'heure à pied de la ville – on peut aussi prendre une moto-taxi (3 000 COP).

**Pastellate** INTERNATIONAL **$**
(Carr. 4 n°3-45 ; plats 7 000-12 000 COP ; ⏲12h-20h30 mar-dim). Ravissant café servant de délicieux repas légers à des prix raisonnables. Les desserts sont eux aussi excellents.

## Achats

**Dulces del Jardín** CONFISERIE
(dulcesdeljardin@hotmail.com ; C. 13 n°5-47). Cette fabrique de douceurs est célèbre dans tout le département d'Antioquia pour son choix très fourni d'*arequipe* (confiture de lait), de fruits au sirop et de fruits confits.

## Renseignements

**Bancolombia** (C. 8 n°3-33). DAB sur la place.

**Punto de Información Turística** (angle Carr. 3 et C. 10 ; ⏲9h-13h et 14h-17h, fermé mar). Office du tourisme pratique à deux pas de l'église.

## Depuis/vers Jardín

Une bonne dizaine de bus (18 000 COP, 3 heures) partent chaque jour du Terminal del Sur de Medellín à destination de Jardín. À Jardín, les bus démarrent des bureaux situés dans la Calle 8. Assurez-vous d'acheter votre billet aller-retour à l'avance car les places s'arrachent en période d'affluence.

Si vous poursuivez vers le sud et l'Eje Cafetero (ou Zona Cafetera, la zone caféière), **Rapido Ochoa** (☎845-5051 ; C. 8 n°5-24) assure une liaison directe avec Manizales (37 000 COP, 5 heures) à 6h25. Sinon, prenez le bus pour Río Sucio (19 000 COP, 3 heures), puis une correspondance pour Manizales.

# Río Claro

350 M D'ALTITUDE

La **Reserva Natural Cañon del Río Claro** (☎313-671-4459, 4-268-8855 ; www.rioclaroelrefugio.com ; Km 152 Autopista Medellín-Bogotá ; 10 000 COP, empl tente 15 000 COP/pers, ch 3 repas inclus 80 000-140 000 COP/pers), à 3 heures à l'est de Medellín et à 5 heures à l'ouest de Bogotá, se situe à 2 km au sud de l'autoroute Medellín-Bogotá. Ici, le fleuve a creusé dans son lit une gorge splendide. On peut visiter une grotte fascinante, faire du rafting, de la tyrolienne, ou simplement se baigner et randonner sur les berges. C'est également un rendez-vous prisé des amateurs d'ornithologie, qui viennent voir une foule d'oiseaux allant des colibris aux hérons.

La réserve offre un choix varié d'hébergements. Le plus impressionnant, El Refugio, se trouve à 15 minutes à pied du restaurant en remontant le fleuve. Les chambres donnent sur la forêt, on s'endort en écoutant les flots bouillonner et le puissant crissement des grillons dans la nuit. Au réveil, des langues de brume s'élèvent de la forêt qui tapisse les flancs du canyon. Pensez à réserver pour être certain d'avoir vue sur le fleuve. Il y a également une propriété de style motel en bordure de l'autoroute mais, outre que la nature est absente, on entend constamment le bruit de la circulation.

Ne manquez pas de visiter la **Caverna de los Guácharos** (visite guidée 20 000 COP).

Cette très belle enfilade de grottes, située à proximité, évoque de hautes et imposantes cathédrales naturelles. Un cours d'eau de 1 km traverse la grotte. Les entrées sont gardées par des nuées de *guacharos* des cavernes, oiseau nocturne au cri strident ressemblant à une chauve-souris. On vous remettra un gilet de sauvetage car il faut nager sur une partie du chemin.

Il est également possible de faire du rafting (25 000 COP), mais l'expérience tient davantage de la tranquille balade au milieu de paysages splendides que de l'exploit sportif. Les purs et durs risquent d'être déçus. Des tyroliennes sillonnent le fleuve, et permettent une amusante promenade dans les cimes l'après-midi (20 000 COP).

Apportez un maillot de bain, une serviette et une lampe-torche. Le week-end, la réserve est souvent prise d'assaut par les lycéens colombiens. Vous préfèrerez peut-être venir en semaine. Le restaurant vend de la bière, mais les alcools forts sont interdits.

### Renseignements

La réserve est à 24 km à l'ouest de Doradal, où vous trouverez quelques hôtels pour petits budgets et des cybercafés près de la place principale. Le DAB le plus proche se trouve à Puerto Triunfo, 15 minutes plus loin à l'est en taxi ou en bus.

### Depuis vers le Río Claro

Nombre de bus faisant le trajet Medellín-Bogotá, à l'exception de certains des plus grands bus express, vous déposeront à l'entrée de la réserve. Si vous arrivez de n'importe quel autre endroit, trouvez d'abord un transport pour Doradal, d'où vous pourrez prendre un bus jusqu'à l'entrée principale (5 000 COP, 20 min).

# ZONA CAFETERA

Si la Colombie est un pays réputé pour son café, cette culture est particulièrement importante dans les départements de Caldas, Risaralda et Quindío, qui forment à eux trois la Zona Cafetera (zone caféière), également appelée l'Eje Cafetero (littéralement "axe du café"). On croise ici des Jeeps bondées de cueilleurs de café moustachus. Les anciens, vêtus de ponchos, bavardent dans les cafés, et bien sûr, les gens boivent l'arabica brûlant comme... du petit lait. Nombre de *fincas* (fermes, plantations de café) en activité se sont ouvertes au tourisme et accueillent les visiteurs souhaitant découvrir tout le processus de culture du café. Il est particulièrement intéressant de venir pendant la cueillette (d'avril à mai, et d'octobre à décembre), car les plantations bourdonnent alors d'activité.

La région fut colonisée par les *Paisas* au XIXe siècle au cours de la *colonización antioqueña*. Aujourd'hui encore, elle reste culturellement liée à Medellín sur bien des plans, de l'architecture traditionnelle à la cuisine. C'est une véritable merveille naturelle. Partout, les paysages sont splendides, mais ils sont proprement époustouflants à Salento, et dans le Valle de Cocora voisin. Le Parque Nacional Natural (PNN) Los Nevados, à plus de 5 000 m d'altitude, donne l'occasion de faire des randonnées dans le *páramo* (plaines de haute altitude).

## Manizales

☎6 / 388 530 HABITANTS / 2 150 M D'ALTITUDE

Point septentrional de l'Eje Cafetero, Manizales est une ville universitaire de taille moyenne à l'ambiance agréable, flanquée de toutes parts de montagnes verdoyantes. Capitale du département de Caldas, elle fut fondée en 1849 par des colons venus d'Antioquia qui fuyaient les guerres civiles de l'époque. Le développement de la ville fut entravé par deux séismes en 1875 et 1878, et un incendie en 1925. Cela explique qu'il ne reste guère de monuments et bâtiments historiques. L'intérêt de Manizales réside avant tout dans les activités à faire dans la nature environnante, et dans sa vie nocturne dynamique.

### À voir

**♥ Monumento a Los Colonizadores** MONUMENT

(Av. 12 de Octubre, Chipre). Au sommet d'une colline dans le quartier de Chipre, ce monument massif rendant hommage aux fondateurs de la ville a été façonné dans 50 tonnes de bronze. L'œuvre impressionne, mais le véritable atout du lieu est la vue spectaculaire sur la ville et jusqu'au PNN Los Nevados.

**Torre Panorámica** BELVÉDÈRE

(Av. 12 de Octubre, Chipre ; 3 000 COP ; ⏲9h-21h). Cette tour panoramique de 30 m aux airs de vaisseau spatial offre une vue à 360° sur les majestueux paysages de montagne qui entourent la ville. Pour venir, prenez

# Manizales

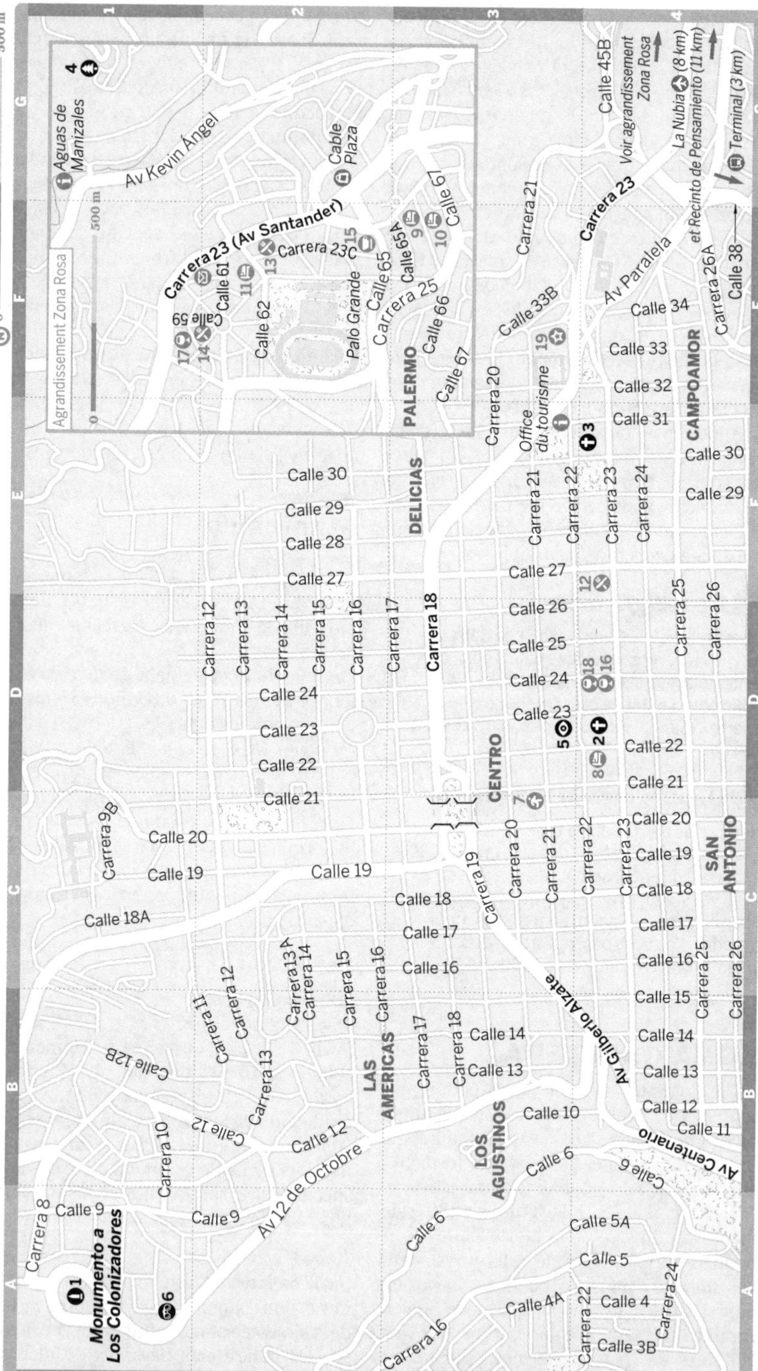

Agrandissement Zona Rosa
Aguas de Manizales
Av Kevin Ángel
Cable Plaza
Carrera 23 (Av Santander)
Carrera 23C
Calle 59
Calle 61
Calle 62
Palo Grande
Calle 65
Calle 65A
Carrera 25
Calle 66
Calle 67
PALERMO
Voir agrandissement Zona Rosa
La Nubia (8 km)
et Recinto de Pensamiento (11 km)
Terminal (3 km)
Calle 45B
Carrera 21
Carrera 23
Av Paralela
Calle 33B
Carrera 20
Office du tourisme
Carrera 22
Calle 34
Calle 33
Calle 32
Calle 31
Calle 30
Calle 29
CAMPOAMOR
Carrera 26A
Calle 38
DELICIAS
Calle 28
Calle 27
Calle 26
Calle 25
Calle 24
Calle 23
Calle 22
Calle 21
Calle 20
Calle 19
Calle 18
Calle 17
Calle 16
Calle 15
Calle 14
Calle 13
Calle 12
Calle 11
Calle 10
Carrera 12
Carrera 13
Carrera 14
Carrera 15
Carrera 16
Carrera 17
Carrera 18
Carrera 19
Carrera 24
Carrera 25
Carrera 26
CENTRO
SAN ANTONIO
Carrera 9B
Calle 18A
Carrera 13A
Carrera 11
LAS AMERICAS
Calle 12B
Av Gilberto Alzate
LOS AGUSTINOS
Av Centenario
Calle 6
Carrera 10
Av 12 de Octobre
Calle 9
Carrera 8
Monumento a Los Colonizadores
Calle 5A
Calle 5
Calle 4A
Calle 4
Calle 3B
Carrera 16

## Manizales

**Les incontournables**
1 Monumento a Los Colonizadores .......... A1

**À voir**
2 Catedral de Manizales .......... D4
3 Iglesia de Inmaculada Concepción .......... E4
4 Los Yarumos .......... G1
5 Plaza de Bolivar .......... D3
6 Torre Panoramico .......... A1

**Activités**
7 Ecosistemas .......... C3
Kumanday Adventures .......... (voir 9)

**Où se loger**
8 Estelar Las Colinas .......... D4
9 Kumanday Hostal .......... F3
10 Mountain Hostels .......... F3
11 Varuna Hotel .......... F2

**Où se restaurer**
12 La Suiza .......... E4
13 Rushi .......... F2
14 Spago .......... F2

**Où prendre un verre et faire la fête**
15 Bar La Plaza .......... F2
16 Los Faroles .......... D4
17 Prenderia .......... F1
18 Reminiscencias .......... D4

**Où sortir**
19 Teatro Los Fundadores .......... F3

n'importe quel bus du centre commercial Cable Plaza à Chipre ; il y en a constamment.

**Plaza de Bolívar** PLACE
La place principale s'orne de l'incontournable statue de Simón Bolívar, exécutée par Rodrigo Arenas Betancur, que l'on appelle ici Bolívar-Cóndor car le sculpteur a doté le fondateur de la Colombie de traits évoquant clairement un oiseau. Le Palacio de Gobierno, bel édifice néoclassique datant de 1927, se tient sur le flanc nord de la place.

**Catedral de Manizales** ÉGLISE
(visite adulte/enfant 10 000/7 000 COP ; 9h-20h). Le côté sud de la Plaza de Bolívar est dominé par l'insolite et impressionnante silhouette de la Catedral de Manizales. Commencée en 1929, cette construction en béton renforcé est l'une des premières églises de cette sorte en Amérique latine. Sa tour principale, haute de 106 m, est la plus haute tour d'église du pays. On peut monter au sommet pour contempler la ville.

**Iglesia de la Inmaculada Concepción** ÉGLISE
(angle C. 30 et Carr. 22). Construite au début du XXe siècle, cette belle église abrite un intérieur en bois superbement sculpté rappelant la coque d'un bateau.

### Activités

Manizales est une bonne base pour organiser des randonnées dans le PNN Los Nevados.

**Kumanday Adventures** CIRCUITS AVENTURE
(315-590-7294, 887-2682 ; www.kumanday.com ; C. 66 n°23B-40). Ce tour-opérateur d'aventure offrant une gamme complète de prestations occupe l'auberge de jeunesse éponyme. Il organise des randonnées dans le PNN Los Nevados et des expéditions d'alpinisme dans tout le pays. Il propose aussi de beaux circuits à VTT en montagne jusqu'aux plantations de café voisines, une descente à sensations fortes depuis la crête du Nevado del Ruiz (4 050 m) pour revenir à Manizales, et des circuits à vélo de 3 jours dans les Andes. Location de matériel d'alpinisme et de tentes.

**Ecosistemas** CIRCUITS AVENTURE
(312-705-7007, 880-8300 ; www.ecosistemastravel.com.co ; Carr. 21 n°20-45). Tour-opérateur expérimenté proposant des excursions et des circuits de plusieurs jours au PNN Los Nevados, avec notamment des randonnées jusqu'aux sommets du Nevado Santa Isabel et du Nevado del Tolima. Spécialiste également des visites dans les plantations de café du coin.

### Fêtes et festivals

**Feria de Manizales** FÊTE CULTURELLE
(jan). La fête annuelle de Manizales accueille les habituels défilés et foires artisanales, et bien sûr, le concours de beauté de rigueur.

**Festival Internacional de Teatro** THÉÂTRE
(août). Organisé tous les ans depuis 1968, ce festival de théâtre est l'un des deux plus importants de Colombie (l'autre est celui de Bogotá). Il dure environ une semaine, et comporte notamment du théâtre de rue gratuit.

## LE CAFÉ COLOMBIEN

La Colombie est le troisième exportateur mondial de café et l'unique grand producteur qui cultive exclusivement de l'arabica. Cette variété de grains de café fut introduite depuis le Venezuela au début du XVIIIe siècle par les Jésuites. Elle fut d'abord cultivée dans le secteur devenu l'actuel Norte de Santander avant de se répandre dans tout le pays.

Les conditions climatiques se révélèrent idéales pour la culture de l'arabica. La Colombie se trouvant près de l'équateur, on peut cultiver le café en montagne à de hautes altitudes, où les grains arrivent à maturité plus lentement. Plus durs et plus consistants, ils ont ainsi un parfum plus prononcé une fois torréfiés. Du fait des précipitations fréquentes dans cette région, les caféiers sont presque toujours en fleur. Cela permet de procéder à deux cueillettes par an. En outre, les arbustes profitent au mieux des sols volcaniques, qui contiennent une forte concentration de matières organiques.

Les principales variétés d'arabica cultivées en Colombie ont pour nom Tipica, Bourbon, Maragogipe, Tabi, Caturra et Colombia. Comme les grains d'un seul et même caféier ne mûrissent pas tous en même temps, le café colombien doit être cueilli à la main. C'est le travail de petites escouades de *recolectores* (cueilleurs) qui se déplacent de région en région au gré des saisons de cueillette.

Du fait des fortes pluies, les grains ne peuvent sécher en plein air comme dans d'autres régions caféières. Les grains colombiens sont passés à l'eau ou "nettoyés", de sorte à détacher le fruit qui les entourent avant de procéder au séchage. Ce procédé permet d'ôter la plus grande partie de son acidité au grain, et donne en bout de chaîne un produit plus riche en arôme.

Bien que le pays soit un grand producteur, en dehors de la Zona Cafetera, les Colombiens ne sont pas de grands consommateurs de café. La quasi-totalité des meilleurs grains est destinée à l'exportation. Si vous souhaitez rapporter du café chez vous, le mieux est de visiter des plantations en indépendant et d'acheter des grains d'origine unique directement auprès des producteurs.

## Où se loger

La plupart des hébergements sont concentrés dans le secteur du grand centre commercial Cable Plaza, où se trouvent la plupart des meilleures tables de la ville.

**Mountain Hostels** AUBERGE DE JEUNESSE $
(☎887-0871, 887-4736 ; www.manizaleshostel.com ; C. 66 n°23B-91 ; dort 20 000-23 000 COP, s/d/t 60 000/65 000/90 000 COP ; Wi-Fi). À courte distance à pied de la *zona rosa* (quartier de la vie nocturne), cette bonne adresse occupant deux bâtiments est l'une des rares auberges de jeunesse du pays où routards étrangers et voyageurs colombiens se mélangent. Il y a diverses parties communes dont des patios avec hamacs à l'arrière, et le personnel est très efficace pour l'organisation d'activités dans les alentours. Les chambres du bâtiment abritant la réception sont les plus confortables.

**Kumanday Hostal** AUBERGE DE JEUNESSE $
(☎315-590-7294, 887-2682 ; www.kumanday.com ; C. 66 n°23B-40 ; dort petit-déj inclus 25 000 COP, s/d petit-déj inclus 50 000/70 000 COP ; Wi-Fi). Petite auberge de jeunesse compacte et accueillante, près de la *zona rosa*, avec des chambres modestes, mais propres et confortables.

**Estelar Las Colinas** HÔTEL $$$
(☎884-2009 ; www.hotelesestelar.com ; Carr. 22 n°20-20 ; s/d 160 000/218 000 COP ; P Wi-Fi). Établissement le plus luxueux du centre, cet hôtel moderne en verre et béton ne flatte pas le regard, mais il propose des chambres spacieuses et confortables, ainsi qu'un restaurant raffiné. Les prix comprennent un généreux buffet petit-déjeuner. Les chambres des étages supérieurs jouissent d'une plus jolie vue et sont plus lumineuses. Réductions le week-end.

**Varuna Hotel** HÔTEL $$$
(☎881-1122 ; www.varunahotel.com ; C. 62 n°23C-18 ; s/d 203 000/251 000 COP ; Wi-Fi). Adresse prisée des voyageurs d'affaires, cet hôtel moderne loue des chambres minimalistes avec parquet ciré, à courte distance à pied du Cable Plaza. Le restaurant sert le petit-déjeuner, le déjeuner et le dîner. Demandez une chambre en étage pour la vue. Tarifs réduits le week-end.

## Où se restaurer

**La Suiza** BOULANGERIE $

(Carr. 23 n°26-57 ; plats 8 500-17 500 COP ; ⌚9h-20h30 lun-sam, 10h-19h30 dim). Cette boulangerie propose d'excellentes pâtisseries et même du chocolat maison. Également : savoureux petits-déjeuners, et déjeuners légers (du type crêpes aux champignons et sandwichs au poulet). Autre enseigne près du Cable Plaza.

**Rushi** VÉGÉTARIEN $

(Carr. 23C n°62-73 ; plats 7 000-9 000 COP ; ⌚8h-21h lun-sam ; ✎). Restaurant végétarien branché où l'on sert de très bons jus de fruits et d'intéressants plats préparés sous vos yeux, dans la cuisine ouverte. La formule déjeuner, renouvelée régulièrement, est d'un excellent rapport qualité/prix.

**Spago** ITALIEN $$

(☎885-3328 ; C. 59 n°24A-06 ; plats 17 000-33 000 COP ; ⌚12h-15h et 18h-22h lun-sam). Manizales est un peu limitée en matière de cuisine internationale, mais ce bistrot moderne propose une excellente cuisine familiale italienne. Les saveurs sont subtiles, les ingrédients sont frais, et le personnel est très professionnel. Belle carte des vins.

## Où prendre un verre et faire la fête

La principale *zona rosa* (quartier de la vie nocturne) se trouve dans l'Avenida Santander près du Cable Plaza. On trouve une poignée de bars à tango à l'ancienne dans la Calle de Tango (C. 24). Faites un tour à **Los Faroles** (C. 24 n°22-46 ; ⌚20h-2h ven-sam) et chez son voisin, le **Reminiscencias** (C. 24 n°22-42 ; ⌚21h-2h ven-sam). Portez des chaussures de ville, sans quoi vous n'entrerez pas.

**Bar La Plaza** CAFÉ, BAR

(Carr. 23B n°64-80 ; ⌚11h-23h lun-mer, 11h-2h jeu-sam). Traiteur en journée, bar le soir : voici l'adresse où commencer la soirée. L'endroit affiche vite complet, et, dès 21h, il faut attendre pour obtenir une table. Le volume de la musique n'est pas trop fort, ce qui permet de bavarder, et l'ambiance est assez jeune et estudiantine. On sert des sandwichs gastronomiques (5 900-14 800 COP) ainsi que des planches garnies de salami et de fromage de qualité. Les cocktails sont bons également.

**Prenderia** BAR

(Carr. 23 n°58-42 ; ⌚20h-2h jeu-sam). Bar merveilleusement décontracté où de talentueux musiciens locaux jouent pour une clientèle plus mûre et plus calme. Goûtez au *carajillo* (expresso très corsé aromatisé au rhum) sans glisser de votre tabouret de bar...

**Bar C** CLUB

(Via Acueducto Niza ; ⌚21h-5h jeu-sam). Quand tous les bars de Manizales ferment, à 2h, ceux qui veulent continuer à faire la fête se replient ici. Installé au sommet d'une montagne à 3 km à l'est du Cable Plaza, l'établissement offre une vue superbe sur la ville et les étoiles. Des DJ passent essentiellement du crossover colombien pour le plaisir des étudiants noctambules.

## Où sortir

**Teatro Los Fundadores** THÉÂTRE

(☎878-2530 ; www.ccclosfundadores.com ; angle Carr. 22 et C. 33). Le principal théâtre grand public de Manizales abrite aussi un cinéma.

## Renseignements

Les alentours du marché central, au nord de la ville, sont le repaire favori des voleurs. À éviter.

Attention aux plots de circulation sans peinture sur les trottoirs : on s'y heurte facilement le tibia.

Il y a plusieurs DAB dans le Cable Plaza.

**4-72** (Carr. 23, n°60-36 ; ⌚8h-12h et 13h-18h lun-ven, 9h-12h sam). Poste.

**Banco de Bogotá** (angle Carr. 22 et C. 22). Emplacement central ; dispose d'un DAB.

**Office du tourisme** (☎873-3901 ; www.ctm.gov.co ; angle Carr. 22 et C. 31 ; ⌚7h-19h). Personnel enthousiaste, nombreuses cartes et brochures.

## Depuis/vers Manizales

### AVION

L'**Aeropuerto La Nubia** (☎874-5451) est à 8 km au sud-est du centre-ville, près de la route de Bogotá. Prenez le bus municipal pour La Enea, puis marchez 5 minutes jusqu'au terminal, ou bien prenez un taxi (10 000 COP). Les retards et annulations étant fréquents à cause du brouillard, mieux vaut ici prévoir des correspondances flexibles.

### BUS

Rutilante et moderne, la **gare routière** (☎878-7858 ; www.terminaldemanizales.com ; Carr. 43 n°65-100) se situe au sud du centre. Elle est reliée au centre-ville par un téléphérique (1 500 COP) qui fonctionne efficacement et offre une très belle vue sur la ville. Une seconde ligne de téléphérique part de la gare située en face de Villa María, tout au bout de la vallée. Si vous logez près du Cable Plaza, il est plus facile de prendre un taxi directement à la gare routière (6 500 COP).

Des bus partent régulièrement pour Cali (38 000 COP, 5 heures), Bogotá (50 000 COP, 8 heures) et Medellín (35 000 COP, 5 heures).

Les minibus pour Pereira (9 000 COP, 1 heure 15) et Armenia (17 000 COP, 2 heures 15) circulent à peu près tous les quarts d'heure.

# Environs de Manizales

## Réserves naturelles

### Recinto del Pensamiento

Situé dans la forêt de nuages à 11 km de Manizales, ce **parc naturel** (☎6-889-7073 ; www.recintodelpensamiento.com ; Km 11 Vía al Magdalena ; entrée avec/sans telesilla 17 400/13 000 COP ; ⏲9h-16h mar-dim) compte un beau *mariposario* (serre à papillons) et un jardin potager d'herbes médicinales. On peut y faire plusieurs courtes randonnées dans une forêt pleine de très belles orchidées. Vous verrez aussi des plantations de *guadua* et de *chusqué* (deux variétés de bambou colombiennes). Une *telesilla* (télésiège) conduit au sommet du flanc de la montagne où est installé le parc.

L'entrée comprend les services obligatoires d'un guide pendant 2 heures 30. Quelques-uns parlent un peu anglais. La faune aviaire est ici très impressionnante. Réservez pour un circuit d'observation des oiseaux (8 000 COP), de 6h à 9h. Pensez à porter des vêtements marron ou verts et à emporter des jumelles.

Pour venir, prenez le bus indiqué "Sera Maltería" depuis le Cable Plaza à Manizales (1 550 COP, 30 minutes, toutes les 10 minutes), ou bien un taxi (8 000 COP).

### Reserva Ecológica Río Blanco

Cette réserve de forêt de nuages de 3 600 ha (à une altitude entre 2 150 m et 3 700 m) se trouve à 3 km au nord-est de Manizales. La biodiversité y est d'une grande richesse, et la réserve protège de nombreuses espèces menacées, notamment l'*oso andino* (ours à lunettes). On recense ici 362 espèces d'oiseaux, dont 13 sont endémiques. Les passionnés d'ornithologie viennent des quatre coins du monde, mais les simples amateurs trouveront aussi leur bonheur grâce aux nombreux colibris, papillons et orchidées à contempler dans le calme de cette forêt tropicale d'altitude. Elle fait une excellente excursion d'une demi-journée (mieux vaut venir en matinée, car il pleut souvent l'après-midi).

Il faut, préalablement à la visite, demander une autorisation (gratuite) deux jours à l'avance à l'office du tourisme d'**Aguas de Manizales** (☎311-775-5159, 887-9770 ; practi_cuencas@aguasdemanizales.com.co ; Av. Kevin Ángel n°59-181). On vous mettra en contact avec un guide ornithologue local (espagnol/anglais 30 000/45 000 COP la demi-journée), qui vous attendra à l'entrée et vous conduira dans la réserve. Si vous voulez simplement randonner, les services d'un guide sur le sentier découverte (2 heures) coûtent 20 000 COP/groupe.

Il est possible de loger dans la réserve dans des maisons typiques (chambres Colombiens/étrangers 35 000/70 000 COP). Les habitants pourront vous préparer des repas bon marché (8 500-13 500 COP). Il faut réserver l'hébergement, qui ne nécessite toutefois pas d'autorisation.

La course en taxi de Manizales à l'entrée principale coûte dans les 25 000 COP. Procurez-vous le numéro du chauffeur pour le retour, car aucun véhicule ou presque ne passe dans le coin.

### Los Yarumos

Aménagé sur une colline offrant une vue magnifique sur Manizales, ce **parc d'aventure** (☎6-875-3110 ; C. 61B n°15A-01 ; ⏲8h30-17h30 mar-dim) municipal de 53 ha comporte des chemins forestiers et des tyroliennes. On peut faire de nombreuses courtes balades à travers une forêt secondaire, notamment une randonnée guidée de 2 heures menant à quatre petites cascades (8 000 COP). On peut aussi faire de la descente en rappel (15 000 COP) et franchir un vertigineux pont suspendu de 80 m de haut au-dessus de la canopée (6 000 COP).

Le parc est également un lieu de détente agréable l'après-midi par temps clair, d'où l'on peut contempler les sommets du PNN Los Nevados.

Un nouveau téléphérique le relie au secteur de Cable Plaza. Toutefois, l'engin, affligé de maints problèmes techniques, ne circule que très irrégulièrement. Sinon, comptez 40 minutes de marche ou 4 000 COP en taxi.

## Plantations de café

### Hacienda Venecia

Cette **hacienda** (☎320-636-5719 ; www.haciendavenecia.com ; Vereda el Rosario, San Peregrino ; ch bâtiment principal avec/sans sdb 250 000/340 000 COP, auberge de jeunesse dort 30 000 COP, ch avec/sans sdb 95 000/80 000 COP ; ) produit un café maintes fois primé. Elle propose un circuit thématique (45 000 COP) en anglais incluant une présentation instructive du café colombien, une introduction à la dégustation, un cours de préparation du café et une balade dans la plantation. On peut ensuite piquer une tête dans la piscine, et se régaler d'un déjeuner typique pour 12 000 COP. Le prix de la visite comprend le transport depuis/vers votre hôtel à Manizales.

La plantation se déploie autour d'un corps de ferme *paisa* bien conservé avec vue majestueuse, qui a été converti en ravissant boutique-hôtel. Les jardins sont bien entretenus, il y a sur place un bassin à nénuphars, ainsi qu'une piscine ronde. Les chambres recèlent quantité de livres, d'objets anciens et de vieilles photos. La véranda qui fait tout le tour du bâtiment est pourvue de hamacs et de rocking-chairs – l'idéal pour paresser en soirée.

Un bâtiment neuf, de l'autre côté de la rivière et en face de la maison principale, offre un hébergement moins pittoresque mais propre et bon marché. Il possède aussi sa propre piscine.

### Hacienda Guayabal

Cette **plantation** (☎314-772-4900 ; www.haciendaguayabal.com ; Km 3 Vía Peaje Tarapacá, Chinchiná ; ch/pers petit-déj inclus 60 000 COP, pension complète 95 000 COP ; ) en activité, proche de Chinchiná, est parfaite pour se détendre. Le rythme y est en effet tranquille et l'on est en plein dans la culture caféière, dans tous les sens du terme. L'hacienda propose un circuit thématique (espagnol/anglais 30 000/35 000 COP) qui suit tout le processus de fabrication du café, de la plante à la tasse. Il est un peu plus personnel et singulier que ceux proposés par certaines haciendas de plus grande envergure, et les guides sont très soucieux de faire partager leurs connaissances. Possibilité d'acheter des paquets de café.

Ne manquez surtout pas de déjeuner sur place car la cuisine traditionnelle de style rural est absolument délicieuse (les végétariens ne sont pas oubliés). Après quoi, il est possible de s'attarder pour profiter de la piscine. L'endroit se prête aussi parfaitement à l'observation des oiseaux (procurez-vous la liste des espèces ; on en recense plus de 120 sur le domaine).

Si vous souhaitez rester plus longtemps, l'hacienda propose un hébergement simple et fonctionnel dans une maison moderne. Celle-ci est construite au sommet d'une colline avec vue magnifique sur les plantations environnantes.

Pour venir, prenez n'importe quel bus de Manizales à Chinchiná (3 000 COP, 30 minutes). Ensuite, de la place principale de Chinchiná, prenez le bus indiqué « Peaje Guayabal » (1 100 COP, 10 minutes, toutes les 15-30 minutes). Demandez au chauffeur de vous déposer avant le péage à la "Tienda Guayabal". De là, il reste 1 km à pied en descente par la petite route qui serpente entre les maisons.

## Thermes

### Termales El Otoño

Ce **spa thermal** (☎6-874-0280 ; www.termaleselotono.com ; Km 5 Antigua Via al Nevado ; 30 000 COP/jour ; 7h-minuit) haut de gamme, entouré d'impressionnants sommets montagneux, compte plusieurs grands bassins thermaux. Son hôtel dispose de chambres variées (de la classique au chalet luxueux avec plafond en bois, cheminée et spa privatif). Il n'est pas nécessaire de loger sur place pour avoir accès aux bassins. On peut venir simplement pour la journée. L'endroit est un peu trop fréquenté et construit pour que l'on ait l'impression d'être en pleine nature, mais il offre une bonne journée de détente loin de la ville.

Autre ensemble de bassins thermaux meilleur marché, les **Ecotermales El Otoño** (15 000/20 000 COP ; 13h-22h mar-jeu, 13h-minuit ven, 10h-minuit sam, 9h-22h dim), de l'autre côté du parking, sont sans conteste plus agréables. Il y a moins de béton et la vue sur les montagnes est plus spectaculaire. En revanche, en période d'affluence, il faut partager les lieux avec une foule de visiteurs. Sur les 3 bassins, celui du haut, le plus proche de l'entrée, est le plus chaud. De spacieux abris en bois entourent les bassins. Un café sert des repas et de l'alcool.

Pour venir, prenez le bus (1 650 COP, 30 minutes) dans l'Avenida Kevin Ángel en contrebas du Cable Plaza, ou dans la Carrera 20, dans le centre de Manizales. En taxi depuis le Cable Plaza, comptez dans les 15 000 COP.

### Termales Tierra Viva

Ces petits **thermes** (☎6-874-3089 ; www.termalestierraviva.com ; Km 2 Vía Enea-Gallinazo ; 12 000-14 000 COP ; ⏲9h-23h30) sont situés au bord du Río Chinchiná, immédiatement au sortir de Manizales. Il y a là deux bassins en rochers disposés dans un joli jardin peuplé de colibris et de papillons. Le restaurant en plein air, sur une plate-forme surélevée, est excellent, et des massages sont proposés dans le petit spa. Les thermes sont calmes en semaine, mais un peu bondés le week-end.

Si vous avez envie de loger sur place, les 4 chambres modernes et chics, avec éléments en bambou et grandes fenêtres donnant sur le fleuve, sont une bonne affaire (ch 165 000 COP).

Pour venir, prenez le bus Enea-Gallinazo (1 650 COP) depuis le centre-ville de Manizales. En taxi, comptez environ 10 000 COP.

## Parque Nacional Natural (PNN) Los Nevados

2 600-5 325 M D'ALTITUDE

Suivant une crête ponctuée de sommets volcaniques enneigés, ce **parc national** (www.parquesnacionales.gov.co ; Colombiens/étrangers 14 000/37 500 COP) de 583 km² donne accès à certains des plus beaux paysages des Andes colombiennes. Du fait du changement d'altitude, on y trouve aussi bien des forêts tropicales humides qu'un paysage de *páramo* ou des glaciers sur les plus hauts sommets. Les principaux, du nord au sud, sont le Nevado del Ruiz (5 325 m), le Nevado El Cisne (4 750 m), le Nevado de Santa Isabel (4 965 m), le Paramillo del Quindío (4 750 m) et le Nevado del Tolima (5 215 m).

Trente-sept cours d'eau prennent leur source ici, approvisionnant en eau 3,5 millions de personnes réparties dans 4 départements. Les glaciers du parc ont cependant reculé, et des travaux de recherche sont en cours afin de mesurer l'impact de ce phénomène sur l'environnement.

Les meilleurs mois pour voir de la neige dans les Nevados sont octobre et novembre, ainsi que la période de mars à mai. Le reste du temps, vous rencontrerez plus probablement le temps sec et venteux favorable à la randonnée et à une vue dégagée.

Lors de nos recherches, la majeure partie de la section nord, autour du Nevado del Ruiz, était hors d'atteinte en raison de l'activité volcanique. Ces restrictions sont susceptibles de changer. Renseignez-vous à Manizales avant de vous mettre en route.

Heureusement pour les amoureux de la nature, la partie sud du parc reste accessible, et donne l'occasion de faire toute une gamme de très belles excursions d'une journée ou des randonnées de plusieurs jours. Les principaux points d'accès sont Potosí, près de Santa Rosa de Cabal ; le Refugio La Pastora dans le Parque Ucumarí, d'où un sentier de 12 km monte jusqu'à la magnifique Laguna del Otún ; et Cocora, près de Salento, d'où un chemin monte jusqu'au *páramo* environnant le Paramillo del Quindío (4 750 m).

### ☞ Circuits organisés

La plupart des entrées du parc ne sont pas desservies par les transports en commun. S'il est possible de randonner jusque dans le parc au départ du Parque Ucumarí ou du Valle de Cocora, il est souvent plus pratique d'organiser un circuit tout compris (guides et transports) à Manizales ou à Salento.

Ecosistemas (p. 221) et Kumanday Adventures (p. 221), à Manizales, proposent tous deux des excursions d'une journée au Nevado del Ruiz et au Nevado de Santa Isabel, ainsi que des randonnées de plusieurs jours dans le parc, et l'ascension de divers autres sommets. Il est possible d'opter pour un circuit randonnée partant de Manizales pour s'achever à Pereira ou dans le Valle de Cocora, près de Salento. Demandez à l'agence de faire transférer vos bagages de sorte à ne pas avoir à rebrousser chemin.

À Salento, **Paramo Trek** (☎311-745-3761 ; paramotrek@gmail.com) propose diverses randonnées entrant dans le parc via le Valle de Cocora.

### Nevado del Ruiz

C'est le plus haut volcan de la chaîne. Son éruption, le 13 novembre 1985, a fait plus de 20 000 morts et détruit la ville d'Armero, au bord du Río Lagunillas. Une autre éruption s'était produite en 1845, avec un résultat beaucoup moins catastrophique. Aujourd'hui, le volcan continue de gronder, de sorte que les activités dans cette partie du parc sont soumises à restrictions.

## Parque Nacional Natural Los Nevados

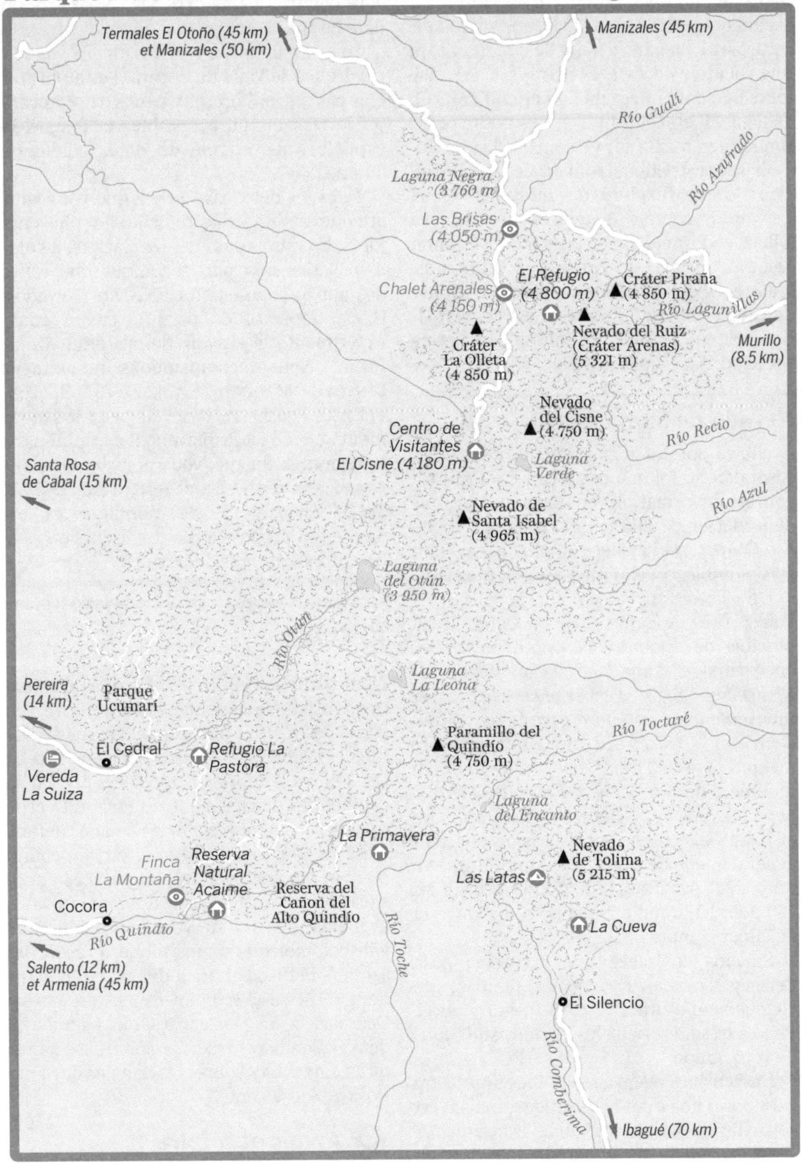


La principale route d'accès au parc vient du nord. Elle bifurque de la route Manizales-Bogotá à La Esperanza, à 31 km à l'est de Manizales. L'entrée du parc se trouve à Las Brisas (4 050 m), où il faut s'inscrire au bureau des gardiens.

Lors de nos recherches, l'accès n'était autorisé que du jeudi au dimanche entre 8h et 14h, et tous les visiteurs devaient repartir dès 15h30. En outre, on avait uniquement le droit de parcourir un court tronçon routier de 5 km à travers le *páramo* jusqu'au Valle de las Tumbas (4 350 m). Bien que les tour-opérateurs continuent d'organiser des excursions (100 000 à 130 000 COP) dans cette partie du parc, il s'agit de circuits visant une clientèle de voyages organisés. Les visiteurs passent l'intégralité du circuit dans un véhicule. Il est interdit d'en descendre ou de randonner, même sur de courtes distances.

Si les restrictions sont levées, il devrait être possible d'explorer davantage le secteur. Le volcan compte 3 cratères : Arenas, La Olleta et Piraña. Il est possible de monter jusqu'au principal, Arenas (5 321 m). Le cratère Olleta (4 850 m), éteint, se trouve de l'autre côté de la route. Il est couvert de couches multicolores de sols sableux, et en principe, il n'y a pas de neige.

## Nevado de Santa Isabel

À cheval sur les départements de Caldas, Risaralda et Tolima, ce volcan endormi est couvert de formations en dôme et couronné d'un glacier de 2 km$^2$ qui est la source du Río Otún. C'est le glacier le plus bas restant en Colombie, et celui qui recule le plus vite.

On accède au volcan par le village de Potosí, près de Santa Rosa de Cabal. Il est possible de rejoindre la lisière du glacier en excursion d'une journée au départ de Manizales, mais l'expérience est assez mouvementée : après un périple en voiture d'environ 3 heures sur une route en terre menant à 4 050 m, il faut randonner en montée dans un beau paysage de *páramo* pendant encore 3 heures pour atteindre la ligne des glaces. Les excursions partent généralement de Manizales vers 5h et l'on ne revient pas avant 19h. Comptez dans les 160 000 COP/randonneur, petit-déjeuner et déjeuner compris.

Si vous envisagez une excursion à la journée, soyez conscient de l'impact du changement d'altitude sur votre état général. Prenez très au sérieux les recommandations de votre guide.

L'ascension jusqu'au sommet (4 965 m) n'est pas d'une grande technicité, mais il est conseillé d'engager un guide expérimenté. Il est également recommandé de passer un jour ou deux en altitude avant d'entamer l'ascension.

## Nevado del Tolima

Le Nevado del Tolima (5 215 m), deuxième plus haut volcan de la chaîne, est aussi le plus beau car il compte un cône d'une symétrie parfaite. Par beau temps, on l'aperçoit depuis Bogotá. Sa dernière éruption date de 1943.

Pour les alpinistes novices, mieux vaut s'y rendre par le Valle de Cocora. Les alpinistes chevronnés préfèreront peut-être emprunter le versant sud accessible via Ibagué, la capitale sans charme du département de Tolima.

Dans les deux cas, sachez que vous vous attaquez à un trek difficile de plusieurs jours. En raison de l'état des glaciers, il s'agit d'une ascension plus technique que celles des autres sommets du PNN Los Nevados. Il est impératif de partir avec un guide expérimenté et d'avoir du matériel d'alpinisme. Nous recommandons notamment **German "Mancho"** (☎ 312-211-7677, 312-268-4130 ; La Primavera). Basé au petit lodge de montagne de La Primavera, il a grandi dans la région. À Ibagué, vous pouvez contacter **David "Truman" Bejarano** (☎ 313-219-3188, 315-292-7395), guide de montagne expérimenté qui propose aussi des excursions sur les autres sommets du pays.

# Pereira

☎ 6 / 457 000 HABITANTS / 1 410 M D'ALTITUDE

L'industrieuse Pereira n'a rien de la destination touristique classique. En fait, elle n'a rien d'une destination touristique. La quasi-totalité des visiteurs y viennent pour une chose : les affaires. Fondée en 1863, Pereira est la capitale du département de Risaralda et le moteur économique de la Zona Cafetera. C'est un haut lieu du négoce, surtout connu pour sa vie nocturne trépidante. Les curiosités n'y sont certes pas légion, mais si vous avez envie de vivre au rythme endiablé d'une ville colombienne sympathique, à l'écart des sentiers battus, Pereira a de quoi vous satisfaire. C'est aussi le point d'accès au Parque Ucumarí et au Santuario Otún Quimbaya, deux splendides réserves naturelles, ainsi qu'aux agréables sources thermales de Santa Rosa et San Vicente.

## À voir et à faire

Le centre-ville manque cruellement de sites d'intérêt. En plein milieu de la place principale (Plaza Bolívar), le **Bolívar Desnudo** de Rodrigo Arenas Betancur veille sur les transactions commerciales qui animent la ville. Ce bronze de 8,5 m de haut et de 11 tonnes à l'effigie du Libertador le représente nu à califourchon sur l'encolure de son cheval, et donnant une impulsion à sa monture lancée en avant.

**Jardín Botánico** JARDIN
(☎321-2523 ; www.utp.edu.co/jardin ; Vereda la Julita ; 1-3 visiteurs 20 000 COP, plus de 4 visiteurs 6 000 COP/pers ; ⊙8h-16h lun-ven, 9h-13h sam, 11h-13h dim). Dans l'enceinte de l'Universidad Tecnológia de Pereira, le jardin botanique recèle des orchidées, des bambous et des plantes médicinales. Il permet d'échapper agréablement à la frénésie citadine. L'entrée comprend une visite guidée.

**Finca Don Manolo** PLANTATION
(☎313-655-0196 ; www.cafedonmanolo.com ; Vereda El Estanquillo ; visite guidée 20 000 COP). Visitez cette plantation de café familiale à flanc de montagne, immédiatement au sortir de Pereira, pour découvrir tout le processus de fabrication (culture, cueillette et conditionnement). Après la visite, vous dégusterez du café frais de la *finca* avec un biscuit tout en admirant la vue. C'est Don Manolo, le sympathique propriétaire, qui conduit la visite. Téléphonez au préalable pour être sûr qu'il soit là.

La course en taxi depuis la ville coûte dans les 8 000 COP. Sinon, prenez le bus indiqué "Vereda El Estanquillo" à la gare routière.

## Où se loger

**Kolibrí Hostel** AUBERGE DE JEUNESSE $
(☎331-3955 ; www.kolibrihostel.com ; C. 4 n°16-35 ; dort 22 000 COP, ch avec/sans sdb 65 000/50 000 COP ; 📶). Située idéalement tout près de la principale *zona rosa*, cette nouvelle auberge de jeunesse répond à tous les besoins des voyageurs à petit budget. Elle propose un choix varié de chambres confortables et une superbe terrasse avec vue sur les montagnes. Les propriétaires, pleins d'entrain, sont particulièrement serviables s'agissant d'organiser des activités en ville et dans les environs. Pour un savoureux repas à prix doux, rendez-vous dans le restaurant en plein air situé à l'avant.

**Hotel Cumanday** HÔTEL $
(☎324-0416 ; Carr. 5 n°22-54 ; s/d 35 000/45 000 COP ; 📶). Un cran au-dessus des autres établissements bon marché du centre-ville, ce petit hôtel soigné est d'un excellent rapport qualité/prix (eau chaude, TV câblée et service de blanchissage). Optez pour une chambre à l'arrière donnant sur le patio.

**Hotel Condina** HÔTEL $$
(☎333-4484 ; www.luxorhoteles.com ; C. 18 n°6-26 ; s/d avec clim 99 000/119 000 COP, avec ventil 83 000/107 000 COP ; P ❄ 📶). Dans une rue animée mais sans circulation automobile, en plein cœur du centre-ville, cet hôtel de taille moyenne est d'un très bon rapport qualité/prix. Ses chambres, modernes et lumineuses, ont de grandes salles de bains impeccables, des bureaux et même un menu d'oreillers.

**Hotel Abadia Plaza** HÔTEL $$$
(☎335-8398 ; www.hotelabadiaplaza.com ; Carr. 8 n°21-67 ; s/d petit-déj inclus 232 200/238 200 COP ; ❄ @ 📶). Cet établissement stylé, en plein centre-ville, est une adresse de choix en termes de confort et de service (très professionnel). Des œuvres d'art originales ornent les murs. La salle de sport est bien équipée, et les chambres luxueuses ont des salles de bains en marbre et des doubles-vitrages. Les prix baissent d'environ 30% le week-end.

## Où se restaurer

♥ **Vegetariano La 23** VÉGÉTARIEN $
(C. 23 n°9-60 ; plats 6 000-9 500 COP ; ⊙11h-14h lun-ven ; 🌱). En haut d'un escalier qui n'est pas indiqué, dans une maison quelconque du centre, ce restaurant végétarien accueillant est une véritable institution. La carte, qui change constamment, propose toujours un choix très fourni de céréales et de légumes frais de la ferme.

**Grajales Autoservicios** CAFÉTÉRIA $
(Carr. 8 n°21-60 ; plats 10 000 COP ; ⊙24h/24). Ce grand self-service ouvert 24h/24, à la fois restaurant et boulangerie, sert un buffet au déjeuner et au dîner. C'est aussi une bonne adresse au petit-déjeuner.

**El Mirador** ARGENTIN $$$
(☎331-2141 ; www.elmiradorparrillashow.com ; Entrada Av. Circunvalar C. 4 ; plats 24 000-38 000 COP ; ⊙11h-23h lun-jeu, 11h-1h ven-sam). Ce restaurant de plein air haut de gamme se trouve au sommet d'une montagne dominant les lumières scintillantes de Pereira. La cuisine est argentine pour l'essentiel. Longue carte des vins.

## Où prendre un verre et faire la fête

Le Sector Circunvalar fourmille de bars et de petites discothèques. C'est devenu le principal lieu de fête et de sortie à Pereira. En centre-ville, on trouve plusieurs bars prisés par une clientèle bohème. Tard le soir, pour trouver de l'animation, il faut sortir de la ville et rejoindre La Badea.

♥ **Rincón Clásico** BAR
(angle Carr. 2 et C. 22 ; ⏲16h-23h lun-sam). Les amateurs de musique de tous âges investissent ce tout petit bar de quartier pour boire un verre et reprendre en chœur les airs de tango, les boléros et autres classiques tirés de la collection de disques (pas moins de 7 000) des propriétaires âgés. Don Olmedo passe ses disques ici depuis plus d'un demi-siècle. Il mettra n'importe quel morceau du moment que c'est un classique (ne venez pas lui parler de reggaeton !).

**El Parnaso** BAR
(Carr. 6 n°23-35 ; ⏲14h-minuit lun-sam). Il faut parcourir un long couloir avant d'émerger dans ce bar artiste en plein air, avec jardin et cheminée. On y sert de savoureux hamburgers et pizzas, et le rock indé branché qui passe en fond sonore est suffisamment bas pour ne pas entraver les conversations.

**Bar Celona** BAR
(Av. Circunvalar n°1-76, La Rebeca ; ⏲15h-2h). Tout au bout de l'Avenida Circunvalar, ce bar sans prétention passe un mélange de musique latina et de tubes internationaux qui plaît au plus grand nombre. Ne vous étonnez pas si les clients reprennent en chœur leurs chansons favorites. La cour agréable, à l'arrière, est parfaite pour entamer la soirée. De nombreux écrans TV permettent d'assister à des matchs.

**Leña Verde** CLUB DE SALSA
(La Badea ; ⏲21h-6h ven-sam). Idéale pour observer les danseurs, cette *salsateca* populaire attire une foule très variée allant du jeune en baggy au romantique en chemise cintrée et à la moustache parfaitement taillée. Mais tous ont un seul et unique but : s'enivrer et danser toute la nuit. Mieux vaut venir à deux car ce n'est pas l'endroit le plus sûr pour faire des rencontres.

## ℹ Renseignements

Il y a de nombreux DAB dans la gare routière, autour de la Plaza Bolívar et dans l'Avenida Circunvalar.

**4-72** (Carr. 9 n°21-33 ; ⏲8h-12h et 14h-18h lun-ven, 9h-12h sam). Poste.

**Office du tourisme** (☎324-8753 ; www.pereiraculturayturismo.gov.co ; angle Carr. 10 et C. 17 ; ⏲8h-12h et 14h-18h lun-ven). Dans le Centro Cultural Lucy Tejada. Autre antenne à l'aéroport.

## ℹ Depuis/vers Pereira

### AVION

L'**Aeropuerto Matecaña** (☎314-8151), aéroport international de Pereira, est à 5 km à l'ouest du centre-ville (20 min en bus municipal). En taxi, comptez 12 000 COP. Copa assure des vols directs à destination du Panama.

### BUS

La **gare routière** (☎321-5834 ; C. 17 n°23-157) est à 1,5 km au sud du centre-ville. De nombreux bus municipaux y conduisent en moins de 10 minutes. Départs réguliers pour Bogotá (50 000 COP, 9 heures). Plusieurs bus desservent Medellín (35 000 COP, 6 heures) et Cali (24 000 COP, 4 heures). Des minibus partent tous les quarts d'heure pour Armenia (7 000 COP, 1 heure) et Manizales (9 000 COP, 1 heure 15).

## ℹ Comment circuler

Le réseau **Megabus** (www.megabus.gov.co ; aller simple 1 800 COP) sillonne toute la ville et dessert Dosquebradas. Il est semblable au TransMilenio de Bogotá et au Mio de Cali, mais à une échelle plus restreinte.

Le coût minimal d'une course en taxi est de 4 000 COP, avec un supplément de 700 COP après 19h.

# Termales de Santa Rosa

☎6 / 1 950 M D'ALTITUDE

Ces spectaculaires **sources thermales** (☎320-680-3615, 364-5500 ; www.termales.com.co ; adulte/enfant ven-dim 42 000/21 000 COP, lun-jeu 30 000/15 000 COP ; ⏲9h-22h) sont situées au pied de trois cascades adjacentes, la plus haute mesurant 170 m. Inaugurés en 1945 et construits dans le style d'un chalet suisse, l'hôtel et le complexe touristique semblent venus d'ailleurs et d'une autre époque. Une grande piscine est ouverte au tout venant, tandis que les clients de l'hôtel jouissent de l'accès exclusif à une piscine de taille moyenne située sous la source d'origine, ainsi qu'à deux bassins plus petits. Il y a également un spa offrant une gamme complète de prestations, un bar et une cafétéria.

Sur place, l'**Hotel Termales** (☎321-799-8186, 365-5500 ; www.termales.com.co ; ch/pers petit-déj inclus 100 000-170 000 COP ; P 📶) comporte 3 ailes distinctes. L'hébergement dans la maison d'origine (la Casa Finca) semble trop onéreux étant donné son état de délabrement, sans compter que nombre de chambres partagent des douches communes. L'hébergement proposé dans le bâtiment adjacent (Montañas) est à peine plus cher mais d'une qualité bien supérieure (davantage d'espace, et vue sur les cascades). Les chambres les plus luxueuses sont dans le bâtiment Cabaña, qui a une piscine thermale privative installée sur une terrasse surélevée dominant la rivière. Réductions en semaine.

Propriété de l'Hotel Termales, qui les gère également, les **Termales Balneario** (☎314-701-9361 ; www.termales.com.co ; adulte/enfant 32 000/16 000 COP ; ⏲9h-22h), à 1 km en arrière sur la route qui ramène en ville, sont moins chers mais tout aussi impressionnants que les Termales de Santa Rosa. La cascade de 25 m se scinde en plusieurs cours d'eau tandis qu'elle se déverse à côté de 4 piscines thermales. Il y a ici plus de verdure et moins de béton. Un café-bar sert de la nourriture, de la bière et des alcools forts à une foule de touristes colombiens.

Aucun hébergement sur place pour ces piscines thermales, mais plusieurs petits hôtels rassemblés à 500 m de l'entrée. Vous pouvez opter pour l'accueillante **Cabaña El Portal** (☎320-623-5315 ; ch 30 000 COP/pers), qui a l'eau chaude et la TV satellite. L'établissement sert aussi des repas copieux et bon marché. Le personnel vous renseignera sur les balades équestres dans la campagne environnante (15 000 COP/heure).

Plus loin sur la même route, immédiatement au sortir de Santa Rosa de Cabal, **Mamatina** (☎311-762-7624 ; mamatina.src@hotmail.com ; La Leona Km 1 Via Termales ; s/d petit-déj inclus 35 000/70 000 COP, ste 120 000 COP) propose un hébergement moderne et confortable avec vue sur les plantations des environs. Son restaurant de grillades, très apprécié, est l'endroit idéal pour goûter aux *chorizos santarosanos*, considérés comme les meilleures saucisses de Colombie.

### ℹ Depuis/vers les Termales de Santa Rosa

Les piscines thermales sont à 9 km à l'est de Santa Rosa de Cabal, tout près de la route Pereira-Manizales. Des bus municipaux (1 300 COP, 45 min) partent de la place principale de Santa Rosa de Cabal toutes les 2 heures de 6h à 18h (retour 1 heure plus tard depuis l'Hotel Termales).

Un bus Santa Rosa-Pereira circule régulièrement en journée (2 500 COP, 40 min). Les bus pour Manizales (7 000 COP, 1 heure) s'arrêtent à la station-service, sur la route Pereira-Chinchiná, à 4 *cuadras* de la place.

## Termales San Vicente

☎6 / 2 250 M D'ALTITUDE

Aménagés à l'embouchure d'une vallée boisée très escarpée, et à cheval sur un ruisseau très froid, ces **thermes** (www.sanvicente.com.co ; adulte/enfant 30 000/12 000 COP, ch petit-déj inclus 74 000-198 000 COP/pers ; ⏲8h-minuit) ne sont qu'à 18 km à l'est de Santa Rosa de Cabal. On a pourtant l'impression d'être à mille lieues. Il y a 5 piscines thermales (37°C), dont deux sont réservées aux clients de l'hôtel. La plupart des visiteurs restent dans la piscine principale en ciment, mais la Piscina de las Burbujas, piscine naturelle proche de l'entrée, est beaucoup plus agréable. À courte distance à pied un peu plus bas dans la vallée se trouvent les spectaculaires Pozos del Amor. Là, les eaux thermales se mélangent à un ruisseau bouillonnant, formant un splendide spa naturel entouré d'une épaisse forêt – on imagine difficilement plus romantique.

L'établissement compte aussi 3 saunas naturels construits sur des sources chaudes d'une température de 80°C à 90°C, et propose une gamme complète de soins de spa. Le choix d'hébergements est très complet lui aussi. Il va de la cabane rustique en rondins au bungalow moderne et minimaliste avec cheminée et bassins thermaux privatifs. La plupart ont des douches à pommeau électrique. Il y a également des chambres d'hôtel, moins charmantes, et des chambres bon marché au-dessus de la réception. Les prix comprennent le droit d'entrée et le petit-déjeuner.

Les thermes sont gérés depuis le **bureau de réservation** (☎333-6157 ; Av. Circunvalar n°15-62 ; ⏲8h-17h lun-ven, 8h-15h sam) à Pereira, où l'on peut demander des renseignements. La formule d'une journée pour les visiteurs (adulte/enfant 60 000/40 000 COP) comprend le transport aller-retour depuis Pereira, l'entrée, le déjeuner et un rafraîchissement. Le bus part du bureau à 8h et revient à 17h. Sinon, vous pouvez louer une Jeep au marché – La Galería – à Santa Rosa de Cabal (50 000 COP aller, jusqu'à 6 passagers).

## Santuario Otún Quimbaya

Cette réserve naturelle, à 18 km au sud-est de Pereira, couvre un terrain de 489 ha d'une grande biodiversité, à une altitude entre 1 800 m et 2 400 m. Aménagée au

## LA JEEP WILLYS, UNE ICÔNE COLOMBIENNE

Si vous passez quelque temps dans la Zona Cafetera, il est très probable que vous ferez un ou deux trajets en Jeep Willys, la fameuse Jeep de la Seconde Guerre mondiale.

Ces vieilles Jeeps, outre qu'elles ont beaucoup d'allure quand on les voit garées autour de la place principale d'une ville, constituent encore le principal moyen de transport dans les contrées rurales de la Zona Cafetera. Elles servent à transporter aussi bien des passagers que des porcs, des *platanos* (bananes plantains), du mobilier, et bien sûr, du café. Contrairement aux bus, une Jeep Willys n'est jamais vraiment considérée comme remplie. Ne vous étonnez pas si votre chauffeur embarque 16 passagers voire plus.

Les premières Jeeps arrivées en Colombie étaient des surplus de l'armée venus des États-Unis en 1950. Afin de pouvoir vendre des véhicules aux fermiers de la Zona Cafetera, une sorte de spectacle fut inventé : des chauffeurs experts dans la conduite manœuvraient sur les marches des églises et participaient à des courses d'obstacles sur les places, avec leurs Jeeps chargées à plein. Les véhicules se vendirent instantanément et c'est ainsi que commença l'histoire d'amour entre la Jeep Willys et la Colombie – une histoire qui dure aujourd'hui encore.

La Jeep Willys est à ce point intégrée à la culture rurale colombienne qu'un "yipao" (une Jeep chargée de sa cargaison) est considéré comme un authentique étalon de mesure des denrées agricoles en Colombie (équivalant à 20-25 sacs d'oranges).

bord du Río Otún, elle compte plus de 200 espèces d'oiseaux et de papillons, ainsi que deux espèces rares de singes, entre autres. La réserve est sillonnée par plusieurs sentiers de randonnée le long du fleuve et en forêt. On peut louer les services de guides hispanophones (40 000 à 45 000 COP/groupe).

Vous acquitterez le droit d'entrée (5 000 COP) au **centre d'accueil des visiteurs** (Vereda La Suiza ; dort/ch/lits jum 32 000/70 000/80 000 COP), qui fournit également l'hébergement et les repas. Il y a des douches électriques (électricité 24h/24) mais pas de chauffage central, et il est interdit de faire du feu. L'alcool est interdit également. Demandez une chambre au 1er étage car elles ont de petits balcons donnant sur la forêt, où l'on entend le gazouillis des oiseaux. Les réservations peuvent s'effectuer par l'intermédiaire de **Yarumo Blanco** (☎ 310-379-7719, 314-674-9248 ; www.yarumoblanco.co), excellent organisme de tourisme communautaire.

**Transporte Florida** (☎ 334-2721 ; C. 12 n°9-40, La Galería, Pereira) assure des liaisons quotidiennes en *chiva* (bus colombien typique ; 4 000 COP, 1 heure 30) à 7h, 9h et 15h. Il y a un trajet supplémentaire à 12h le week-end, qui va de Pereira au centre d'accueil des visiteurs dans la petite localité de Vereda La Suiza. Les bus de 9h et 15h passent devant le centre des visiteurs et poursuivent jusqu'à El Cedral, où ils font immédiatement demi-tour pour effectuer le trajet retour. Le terminus de la *chiva* est un endroit dangereux : demandez à votre chauffeur de taxi de vous conduire jusque dans le parking même.

## Parque Ucumarí

Établie en 1984 juste à côté de la lisière ouest du PNN Los Nevados, cette réserve de 42 km$^2$ délimite un terrain boisé, au relief accidenté, se trouvant à hauteur du cours moyen du Río Otún, à 30 km au sud-est de Pereira. Plus de 185 espèces d'oiseaux ont été recensées ici.

Les chalets du **Refugio La Pastora** (dort/empl tente par pers 22 000/5 000 COP), situés à 2 500 m, sont au cœur du parc. Ils proposent un hébergement en dortoir et d'excellents repas bon marché. L'ambiance y est particulièrement décontractée. Demandez à la personne qui gère l'établissement de faire un feu de camp (pour faire griller des marshmallows en sirotant du vin, à apporter vous-même).

Des sentiers écologiques sont tracés dans les collines verdoyantes, et permettent d'observer de près la végétation luxuriante et quelques-uns des représentants de la riche faune du parc, mais aussi d'aller jusqu'à la grande cascade située à 30 minutes de marche du "camp de base".

Au départ de La Pastora, on peut remonter à pied le cours du Río Otún. Ce trajet, qui traverse une gorge, conduit au PNN Los Nevados. On peut même rejoindre la

**Laguna del Otún** (3 950 m), mais la randonnée, en montée (12 km), dure 6-8 heures. Il est possible de faire l'aller-retour en une journée, mais l'exercice est exténuant. Mieux vaut donc couper la poire en deux et loger sous tente ou dans la maison toute simple de "Los Machetes", une famille locale connue pour son hospitalité. Si vous séjournez un peu plus longtemps, vous aurez aussi l'occasion d'aller vous promener dans le *páramo*. Les conditions et le climat étant très rudes en haut, vous devrez engager un guide pour vous montrer le chemin.

Le téléphone ne passe pas dans le parc. Vous pouvez toutefois appeler Yarumo Blanco (p. 232) à l'avance pour réserver au *refugio* et engager les guides dont vous aurez besoin pour le trek. Yarumo Blanco peut aussi louer les services de guides (100 000 COP/jour) ainsi que des tentes pour les randonnées jusqu'au Lago del Otún et au-delà.

Pour venir de Pereira, prenez la *chiva* Transporte Florida (p. 232) jusqu'à El Cedral (5 800 COP). De là, il faut parcourir 5 km à pied (2 heures 30), ou louer un cheval (20 000 COP l'aller).

## Armenia

6 / 290 000 HABITANTS / 1 640 M D'ALTITUDE

Armenia évoque davantage un gros bourg qu'une capitale départementale, et vit à un rythme beaucoup plus nonchalant que Manizales et Pereira, ses rivales de la zone caféière. Les sites susceptibles d'intéresser les touristes sont denrée rare. Dévastée en 1999 par un séisme qui a détruit la majeure partie du centre-ville, Armenia ne s'est jamais complètement remise. Le centre est donc de bric et de broc, ce que vous constaterez en jetant un coup d'œil à la cathédrale reconstruite à la hâte avec des dalles de béton préfabriquées. Ce qui tient lieu aujourd'hui de centre se trouve en fait au nord de l'ancien centre-ville, dans l'Avenida Bolívar.

La plupart des voyageurs se contentent de transiter par Armenia pour prendre une correspondance en bus. Cependant, la ville compte un musée intéressant et un très beau jardin botanique – de quoi s'occuper une bonne journée.

### À voir

**Jardín Botánico del Quindío** JARDIN

(742-7254 ; www.jardinbotanicoquindio.org ; Km 3 Via al Valle, Calarcá ; adulte/enfant 17 000/8 000 COP ; 9h-16h). S'étendant sur 15 ha, le magnifique jardin botanique d'Armenia recèle le plus beau *mariposario* de la Zona Cafetera. Cette serre aux papillons de 680 m² en forme de papillon géant abrite près de 2 000 coléoptères de 50 espèces différentes. Il y a également une tour d'observation haute de 22 m, des fougères, des orchidées, une forêt de *guadua* (bambou) et une vaste collection d'espèces de palmiers.

Pour venir, prenez le bus indiqué "Mariposario" (1 600 COP, 40 minutes) depuis la Plaza de la Constitución, dans le centre d'Armenia, ou depuis l'Avenida Bolívar.

Le droit d'entrée comprend les services d'un guide. Ceux-ci étant tous bénévoles, les pourboires sont appréciés. Le matin est le meilleur moment pour la visite car les papillons sont alors particulièrement actifs.

**Museo del Oro Quimbaya** MUSÉE

(749-8169 ; museoquimbaya@banrep.gov.co ; Av. Bolívar 40N-80 ; 10h-17h mar-dim). GRATUIT Cet excellent musée de l'Or, qui abrite aussi une belle collection de céramiques, permet de découvrir la civilisation précolombienne des Quimbaya. Vous le trouverez dans le Centro Cultural, à 5 km au nord-est du centre. Prenez le bus n°8 ou n°12 en direction du nord dans l'Avenida Bolívar.

**Parque de la Vida** PARC

(746-2302 ; angle Av. Bolívar et C. 7N ; 1 000 COP ; 7h-19h). Si vous êtes lassé du béton, faites une pause dans ce parc paisible situé dans une vallée, en plein milieu de la ville. Il comporte des jardins et des zones boisées, ainsi que plusieurs petits lacs et un ruisseau au cours rapide. Attention aux *guatines* (une espèce de gros rongeur), qui pourraient bien chiper votre pique-nique.

À NE PAS MANQUER

**LE DÉFILÉ DE YIPAO**

**Desfile de Yipao** (oct). N'oubliez pas votre appareil photo pour immortaliser le spectacle qu'offre cette parade. Moment clé des célébrations annuelles fêtant l'anniversaire d'Armenia, le défilé de Yipao voit des Jeeps chargées et décorées de cargaisons de bananes plantains, de sacs de café et d'articles ménagers parader dans les rues, et parfois effectuer des acrobaties sur deux roues.

## Où se loger

**Casa Quimbaya** AUBERGE DE JEUNESSE $
(☎732-3086 ; www.casaquimbaya.com ; C. 16N n°14-92 ; dort 23 000 COP, s/d 50 000/70 000 COP ; @ Wi-Fi). Bien situé près de l'université, des bars et des restaurants, cet établissement décontracté est l'adresse privilégiée des voyageurs à petit budget (même si le bar très fréquenté du rez-de-chaussée peut la rendre un peu bruyante). Son très bon point : l'extrême obligeance des gérants, qui vous aideront à organiser des activités dans tout le département.

**Hotel Casa Real** HÔTEL $
(☎734-0606 ; Carr. 18 n°18-36 ; s/d 25 000/ 31 000 COP ; Wi-Fi). Installé au-dessus de boutiques dans une rue commerçante animée, ce sympathique hôtel n'a rien de chic, mais il propose des équipements que l'on ne trouve généralement pas pour ce prix-là (eau chaude, TV câblée et Wi-Fi notamment). Les chambres de l'arrière sont plus calmes, mais celles situées en façade sont plus lumineuses.

**Armenia Hotel** HÔTEL $$$
(☎746-0099 ; www.armeniahotelsa.com ; Av. Bolívar n°8N-67 ; s/d/tr 199 000/ 254 000/310 000 COP ; ❄ @ Wi-Fi). Le meilleur hôtel d'Armenia se déploie sur 8 étages autour d'un atrium voûté à plafond de verre. Les chambres spacieuses s'agrémentent d'élégants meubles en *guadua* (bambou), et beaucoup offrent une vue imprenable sur la Cordillère centrale ou sur la ville. Piscine extérieure chauffée, et restaurant au rez-de-chaussée.

## Où se restaurer

Il est aisé de manger pour pas cher dans le centre le midi, et également dans le secteur de l'Universidad de Quindío, où nombre de bars et de restaurants ciblent la clientèle estudiantine.

**Natural Food Plaza** VÉGÉTARIEN $
(www.naturalfoodplaza.com ; Carr. 14 n°4-51 ; plats 9 000-15 000 COP ; ⏲7h30-18h30, fermé sam ; ✎). Véritable petite oasis dans cette ville où les restaurants végétariens sont une denrée rare, ce café prépare un excellent buffet déjeuner (9 000 COP), mais aussi des hamburgers et autres versions végétariennes de plats classiques.

**La Fonda Antioqueña** COLOMBIEN $
(Carr. 13 n°18-59 ; plats 12 000-15 000 COP ; ⏲8h-18h lun-sam, 8h-15h dim). Ce bon restaurant *paisa* se trouve à une *cuadra* de la Plaza de Bolívar. Il sert une cuisine traditionnelle préparée avec amour, notamment la fameuse *bandeja paisa* et, le week-end, du *sancocho* (soupe ou ragoût). L'*almuerzo ejecutivo* (déjeuner d'affaires ; 7 000 COP), qui change tous les jours, est d'un excellent rapport qualité/prix. Ne manquez pas de goûter à la *mazamorra*, un plat typique à base de maïs cuit servi avec un trait de lait et de la *panela* (sorte de mélasse de canne à sucre).

**La Fogata** COLOMBIEN $$
(Carr. 13 n°14N-47 ; plats 23 000-34 000 COP ; ⏲12h-22h lun-sam, 12h-17h dim). Ce très bon restaurant est l'un des plus connus d'Armenia, à juste titre. On y concocte d'excellentes viandes, des poissons et fruits de mer, ainsi que le *vuelve a la vida*, une soupe de poisson aux vertus supposément aphrodisiaques. Bon choix de vins également.

## Où prendre un verre et faire la fête

Armenia compte des bars animés, qui n'ont toutefois pas autant de charme que ceux de Manizales ou Pereira. Le secteur proche de l'Universidad de Quindío, au nord-est du centre sur la route de Pereira, en compte plusieurs aux tarifs bon marché. La plupart des bars ouverts tard le soir se concentrent dans la *zona rosa*, située sur une colline en dehors de la ville.

♥ **La Fonda Floresta** BAR
(Av. Centenario ; ⏲20h-3h ven-sam). Aménagé comme un village traditionnel d'Antioquia, avec de vieux objets suspendus au plafond et des boules à facettes un peu partout, ce bar populaire attire une clientèle mélangée qui vient prendre place autour de ses petites tables pour boire un verre. Une fois que l'alcool a fait son effet, l'endroit se transforme en grande piste de danse. À 10 minutes en taxi du centre.

**Club 3:00AM** CLUB
(Km 1 Via Circasia ; ⏲14h30-7h45 ven-sam). Immédiatement au sortir de la ville (et échappant par là aux restrictions sur la consommation d'alcool), cette discothèque est le rendez-vous des branchés qui veulent continuer à faire la fête lorsque tous les autres établissements ferment.

## Renseignements

**4-72** (C. 22 n°15-17 ; ⏲8h-18h lun-ven, 9h-12h sam). Poste.

**Banco AV Villas** (angle Carr. 14 et C. 15N). DAB dans le nord de la ville.

**Banco de Bogota** (C. 21 n°17-02). DAB dans le centre.

**Office du tourisme** (Corporación de Cultura y Turismo ; Plaza de Bolívar ; ⏲9h-12h et 14h-17h). Au 3e étage du bâtiment de la Gobernación del Quindío, cet office du tourisme est tenu par un personnel très serviable qui fournit quantité de renseignements. Il y a également des points d'information touristique pratiques à la gare routière et à l'aéroport.

## ℹ Comment s'y rendre et circuler

### AVION

L'Aeropuerto Internacional El Edén (p. 349) est à 18 km au sud-ouest d'Armenia, près de la ville de La Tebaida. En taxi, comptez environ 26 000 COP.

### BUS

La **gare routière** (www.terminaldearmenia.com ; C. 35 n°20-68) est à 1,5 km au sud-ouest du centre-ville. Elle est accessible grâce aux bus municipaux fréquents qui passent dans la Carrera 19 (1 500 COP).

VAUT LE DÉTOUR

### FILANDIA

Filandia, ville caféière traditionnelle au rythme nonchalant, a tout autant de charme que Salento, sa populaire voisine, mais attire beaucoup moins de visiteurs. Son architecture est l'une des mieux conservées de la région. Elle se distingue aussi par la **Colina Iluminada** (Km 1 Via Quimbaya ; 3 000 COP ; ⏲14h-19h lun-ven, 10h-19h sam-dim), mirador en bois de 19 m de haut offrant une vue à couper le souffle sur trois départements et, par beau temps, sur le Parque Nacional Natural (PNN) Los Nevados.

De nombreuses petites **plantations de café**, dont beaucoup accueillent volontiers les visiteurs, entourent la ville. L'**office du tourisme** (☎6-758-2195 ; C. 6 n°6-04 ; ⏲7h-12h et 13h30-16h30 lun-ven), dans le bâtiment de l'Alcaldía à deux pas de la place, se charge d'organiser visites et hébergement, mais aussi des balades à cheval (25 000 COP).

Les amoureux de la nature ne manqueront pas le **Cañon del Río Barbas** et la **Reserva Natural Bremen – La Popa**, zones boisées sans constructions peuplées de nombreux oiseaux, où l'on peut apercevoir de temps à autre des singes hurleurs. **Turaco** (☎315-328-0558 ; turaco@hotmail.es ; C. 7 n°4-51) propose des randonnées guidées dans les deux réserves, ainsi que des excursions à destination des cascades et plantations du coin. Comptez dans les 80 000 COP (jusqu'à 5 randonneurs).

Il y a plusieurs hébergements d'un excellent rapport qualité/prix en ville. Le meilleur est **La Posada del Compadre** (☎315-354-5253 ; Carr. 6 n°8-06 ; ch petit-déj inclus 60 000-70 000 COP), paisible établissement aménagé dans une maison coloniale restaurée avec soin. Sa terrasse à l'arrière bénéficie d'une vue splendide sur les montagnes. Si vous avez un budget serré, rendez-vous à l'**Hostal Colina de Lluvia** (☎312-715-6245 ; aguadelluvia@outlook.com ; Carr. 4 n°5-15 ; dort 25 000 COP, ch avec/sans sdb 65 000/45 000 COP). Les gastronomes passeront nécessairement chez **Helena Adentro** (Carr. 7 n°8-1 ; plats 9 000-18 000 COP ; ⏲12h-22h mer-jeu, 12h-minuit ven, 12h-1h sam), bar-restaurant branché servant une délicieuse cuisine colombienne moderne et d'excellents cocktails.

Filandia est réputée pour sa vannerie, une activité en lien direct avec les cueilleurs de café qui utilisent depuis toujours des paniers tressés pour la cueillette. Vous en apprendrez davantage sur le sujet en visitant le **Centro de Interpretación de la Cestería de Bejucos** (☎312-234-4055 ; angle Carr. 5 et C. 6, Casa del Artesano ; ⏲14h-18h) GRATUIT dans le centre, petit musée-galerie consacré à cet artisanat. Sinon, faites un tour dans les ateliers du Barrio San Jose, où vous pourrez faire des emplettes directement auprès des *artesanos* (artisans) et même apprendre à tresser vous-même un panier.

Les bus depuis/vers Armenia (4 200 COP, 45 minutes) circulent toutes les 20 minutes jusqu'à 20h. Il y a également un bus direct pour Pereira (5 300 COP, 1 heure) toutes les heures jusqu'à 19h. En venant de Salento, vous pourrez prendre un bus à Las Flores, où la route de Salento rejoint l'axe routier principal.

De nombreux bus rallient Bogotá (40 000 COP, 8 heures), Medellín (35 000 COP, 5 heures) et Cali (22 000 COP, 3 heures 30).
Des minibus desservent régulièrement Pereira (8 000 COP, 1 heure) et Manizales (17 000 COP, 2 heures 30).

### TAXI

La nuit tombée, le centre-ville devient dangereux. Les taxis constituent un moyen de transport bon marché et sûr. Le tarif minimum est de 3 500 COP.

## Environs d'Armenia

Le minuscule département du Quindío a beaucoup à offrir malgré sa taille modeste, notamment des plantations de café enchanteresses, des paysages somptueux et d'amusants parcs à thème qui plairont aux visiteurs de tous âges.

Le tourisme caféier est né ici, où l'on trouve une foule de *fincas* (fermes/plantations) pour tous les goûts. Elles sont répertoriées et notées dans de nombreuses publications. L'office du tourisme d'Armenia dispose d'une longue liste d'adresses. Renseignez-vous également auprès des **Haciendas del Café** (www.clubhaciendasdelcafe.com).

### À voir et à faire

**Recuca** PLANTATION
(☎310-830-3779 ; www.recuca.com ; Vereda Callelarga, Calarcá ; visites guidées 18 000 COP ; ⏲9h-15h). Cette *finca* novatrice propose des visites offrant un aperçu de la vie sur une plantation de café. Les visiteurs sont amenés à se vêtir de tenues traditionnelles, à accrocher une corbeille sur leur dos pour aller ensuite cueillir eux-mêmes leurs grains de café, avant de rentrer à l'hacienda où on leur enseigne le processus de fabrication. Ils peuvent aussi apprendre des danses traditionnelles. Certes, le tout est très kitsch, mais l'expérience est amusante. Mieux vaut réserver si vous comptez déjeuner sur place (14 000 COP).

À Armenia, prenez n'importe quel bus (1 600 COP) depuis la gare routière à destination de Río Verde et demandez qu'on vous dépose à l'entrée de la plantation. De là, il faut marcher sur 2 km à travers des cultures de bananes plantains, ou demander au gardien d'appeler une Jeep (8 000 COP/véhicule). En taxi depuis Armenia, comptez dans les 30 000 COP.

**Parque Nacional del Café** PARC DE LOISIRS
(☎6-741-7417 ; www.parquenacionaldelcafe.com ; Km 6 Via Montenegro ; 23 000-56 000 COP ; ⏲9h-16h mer-dim). Ce parc à thème a étonnamment peu à voir avec le café mais... il compte des montagnes russes et un toboggan aquatique. Il y a également un petit musée du café, des autos tamponneuses et un sentier de promenade à cheval. À l'entrée, une tour panoramique de 18 m offre une très belle vue sur Armenia. Le téléphérique permet, lui, d'avoir une vue imprenable sur le parc, et relie le musée à la reconstitution d'un bourg typique du Quindío. Des bus partent de la gare routière d'Armenia toutes les 15 minutes (2 000 COP, 30 minutes, 7h-18h).

### Où se loger

**Hacienda Combia** SÉJOUR À LA FERME $$
(☎6-748-8403 ; www.combia.com.co ; s/d petit-déj inclus à partir de 113 000/144 000 COP ; @ 🛜 🏊). Cet hôtel géré de manière très professionnelle, dans une grande plantation en activité proche du Jardín Botánico del Quindío d'Armenia, jouit d'une vue fantastique sur les montagnes et possède des équipements de tout premier choix, notamment une piscine à débordement et un spa. L'ambiance n'y est pas aussi intimiste que dans d'autres plantations plus petites, mais on ne fait pas plus confortable pour ce prix, et surtout, le café est le véritable atout du lieu (la même famille le cultive depuis quatre générations).

Les chambres situées dans la vieille ferme ont plus de cachet que celles de la nouvelle aile. Un spacieux restaurant en plein air sert des repas typiques. La visite guidée, haut de gamme et raffinée, sur le thème du café (95 000 COP, 4 heures) est accessible aux non-résidents. Pour venir d'Armenia en taxi, comptez environ 25 000 COP.

**Finca Villa Nora** SÉJOUR À LA FERME $$$
(☎311-389-1806, 310-422-6335 ; www.quindiofincavillanora.com ; Vereda la Granja, Quimbaya ; s/d petit-déj et dîner inclus 220 000/320 000 COP ; 🏊). Située entre Armenia et Pereira, cette plantation de café, d'avocats et de goyaves propose un hébergement confortable dans une belle ferme rouge et blanche entourée d'une véranda. Les propriétaires gèrent l'hébergement et la ferme, offrant un service personnalisé à leurs hôtes. C'est une adresse paisible pleine de cachet. Le personnel organise au besoin le transfert privé depuis les aéroports d'Armenia ou Pereira.

## Salento

6 / 4 000 HABITANTS / 1 900 M D'ALTITUDE

Nichée au cœur de belles montagnes vertes à 24 km au nord-est d'Armenia, cette petite agglomération subsiste grâce à la production de café, à l'élevage de truites et, de plus en plus, grâce aux touristes séduits par ses rues pittoresques, son architecture *paisa* typique et sa proximité avec le spectaculaire Valle de Cocora. Fondée en 1850, c'est l'une des plus anciennes villes du Quindío.

La Calle Real (Carr. 6), l'artère principale, abonde en stands d'*artesanías* (artisanat) et en restaurants. Au bout de cette rue, des marches mènent à l'Alto de la Cruz, une colline coiffée d'une croix. De là, le regard embrasse le verdoyant Valle de Cocora et les montagnes qui l'entourent. Lorsque le ciel est dégagé (en principe tôt le matin), on aperçoit au loin les sommets enneigés des volcans.

### Activités

L'équitation est une activité très populaire à Salento. Toutefois, des accidents impliquant des touristes se sont déjà produits. Partez avec un guide expérimenté.

**Álvaro Gomez** ÉQUITATION

(759-3343, 311-375-8293). Guide de tourisme équestre expérimenté organisant des balades à destination de cascades voisines via une vieille voie ferrée inachevée, une randonnée plus longue dans le Valle de Cocora et des expéditions de plusieurs jours. Il facture 40 000 COP/personne pour une sortie d'une demi-journée.

**Kasa Guadua** RANDONNÉE

(313-889-8273 ; www.kasaguaduanaturalreserve.org). À 30 minutes à pied de la ville, cette réserve naturelle privée compte 14 ha de forêt tropicale humide andine. Les dynamiques propriétaires conduisent des randonnées pédestres instructives (15 000-25 000 COP/visiteur) sur plusieurs sentiers. Pour l'hébergement, de novatrices *cabañas* (des bungalows surélevés), entourées de forêt, étaient en construction lors de notre passage.

**Los Amigos** TEJO

(Carr. 4 n°3-32 ; 15h-23h). Si vous êtes d'humeur à boire de la bière et à lancer des projectiles sur des sachets de poudre à canon (principe du *tejo*, le sport national), rendez-vous dans ce club pittoresque.

### Circuits organisés

Plusieurs plantations proposent des circuits aux visiteurs désireux de se documenter sur le processus de fabrication du café. Les adresses recommandées se trouvent dans la zone rurale proche de Vereda Palestina. Depuis la ville, comptez environ 45 minutes de marche, la plupart du temps en descente. Au départ de la place du centre de Salento, marchez vers le nord sur une *cuadra*, puis vers l'ouest de l'autre côté du pont jaune, et continuez le long de la route principale.

De là, il est possible de marcher 30 minutes en descendant dans la vallée pour rejoindre Boquia, sur la route Armenia-Salento, et de prendre l'un des bus réguliers (1 000 COP) qui rentrent à Salento. Une Jeep privée de Salento aux plantations proche de Vereda Palestina coûte dans les 24 000 COP.

**Ferme bio de Don Elías** CIRCUIT SUR LE CAFÉ

(près de Vereda Palestina ; circuit 5 000 COP). Le charismatique Don Elías, cultivateur de café local, propose une visite guidée de sa ferme bio traditionnelle.

**El Ocaso** CIRCUIT SUR LE CAFÉ

(310-451-7194 ; www.fincaelocasosalento.com ; près de Vereda Palestina ; circuit 8 000 COP). La visite la plus raffinée de Salento sur la thématique du café s'effectue sur une vaste plantation de jolis caféiers comportant une belle ferme ancienne. Après la visite de la plantation, vous assisterez au processus de transformation et de conditionnement des grains pour la vente. Les circuits durent environ 1 heure et débutent à 9h, 11h, 13h, 14h et 16h. Les tours de 10h et de 15h sont proposés en espagnol.

### Où se loger

**Tralala** AUBERGE DE JEUNESSE $

(314-850-5543 ; www.hosteltralalasalento.com ; Carr. 7n°6-45 ; dort 20 000-22 000 COP, s/d 50 000/65 000 COP, sans sdb 40 000/50 000 COP ; ). Dans une maison coloniale joliment rénovée, cette petite auberge de jeunesse bien tenue a, à l'évidence, été pensée par quelqu'un qui connaît bien les besoins des voyageurs. Il y a notamment de confortables matelas, des douches brûlantes, 2 cuisines, une DVDthèque très fournie, une connexion Wi-Fi rapide et même des bottes en caoutchouc à louer pour les randonnées par les chemins boueux.

**La Floresta Hostel** AUBERGE DE JEUNESSE $
(☎759-3397 ; www.laflorestahostel.com ; Carr. 5 n°10-11 ; dort 18 000-20 000 COP, s/d 44 000/54 000 COP, sans sdb 34 000/44 000 COP ; 📶). Dans un nouveau bâtiment, de l'autre côté du pont jaune en face du centre de Salento, cette sympathique auberge de jeunesse tenue par des gens du coin est d'un excellent rapport qualité/prix. Les chambres sont bien équipées et confortables. Le vaste jardin, où l'on peut planter sa tente, est doté de hamacs et jouit d'une belle vue sur les montagnes. La Floresta loue aussi des vélos corrects pour explorer les environs.

♥ **Ciudad de Segorbe** HÔTEL $$
(☎759-3794 ; www.hostalciudaddesegorbe.com ; C. 5 n°4-06 ; s/d petit-déj inclus 70 000/95 000 COP ; P📶). Si les élégantes chambres avec parquet et minuscules balcons donnant sur les montagnes, dans une maison à un étage, sont une excellente affaire, c'est surtout l'accueil merveilleusement chaleureux des hôtes hispano-colombiens qui place ce petit hôtel paisible bien au-dessus du lot. Un délicieux petit-déjeuner est servi dans la cour intérieure.

**La Serrana** AUBERGE DE JEUNESSE $$
(☎316-296-1890 ; www.laserrana.com.co ; Km 1,5 Via Palestina ; dort 23 000-25 000 COP ; s/d 80 000/85 000 COP, sans sdb 70 000/75 000 COP ; P📶). Dans une ferme laitière paisible, au sommet d'une colline avec vue splendide sur la vallée, cette auberge de jeunesse dispose d'équipements haut de gamme, et l'ambiance y est fantastique. Le restaurant sert de bons repas pour petits budgets, et l'on peut planter sa tente dans la jolie cour à l'arrière. Il y a également de luxueuses tentes permanentes (s/d/tr 65 000/70 000/80 000 COP). L'endroit mérite amplement les 20 minutes de marche depuis la ville. Si vous avez de lourds bagages, louez une Jeep (6 000 COP).

## Où se restaurer et prendre un verre

Le week-end, la place disparaît littéralement sous les étals de nourriture qui proposent des spécialités locales telles que la truite et les croustillants *patacones* (plantains frites) nappés de *hogao* (sauce tiède de tomates).

**La Eliana** INTERNATIONAL $
(Carr. 2 n°6-65 ; plats 10 000-14 000 COP ; ⏲12h-21h). Petits-déjeuners de qualité, pizzas et sandwichs gastronomiques et, pour changer un peu, d'authentiques curries indiens. Les portions sont généreuses et les prix très raisonnables pour une telle qualité. Goûtez aux délicieux brownies à l'orange.

**Rincón del Lucy** COLOMBIEN $
(Carr. 6 n°4-02 ; plats 6 000 COP). Prenez place aux grandes tables rustiques taillées dans des troncs d'arbre pour vous régaler du repas offrant le meilleur rapport qualité/prix de la ville : du poisson, du bœuf ou du poulet servi avec du riz, des bananes plantains et de la soupe.

**Billar Danubio Hall** BAR
(Carr. 6 n°4-30 ; ⏲8h-minuit lun-ven, 8h-2h sam-dim). Le cliché de la petite ville latino-américaine dans toute sa splendeur. De vieux messieurs en poncho et chapeau de cow-boy sirotent de l'*aguardiente* (liqueur à l'anis) en jouant aux dominos. Chaque fois que passe une chanson touchante pour l'un ou l'autre, tous les clients l'entonnent ensemble, avec un résultat plus ou moins harmonieux. C'est un bastion de machos : les dames seront parfois regardées avec curiosité, mais ces messieurs sont de parfaits gentlemen.

**Café Jesús Martín** CAFÉ
(www.cafejesusmartin.com ; Carr. 6A n°6-14 ; ⏲8h-20h). Cet établissement branché sert un expresso premier choix confectionné avec des grains torréfiés et moulus dans la fabrique du propriétaire. L'endroit baigne dans une ambiance nettement huppée (vous ne croiserez guère de cultivateurs locaux). Également : vin, bière et repas légers. Renseignez-vous sur les circuits de dégustation de café.

**Donde Mi Apá** BAR
(Carr. 6 n°5-24 ; ⏲16h-23h lun-jeu, 13h-2h sam, 13h-23h dim). C'est là que les montagnards durs à la tâche viennent s'enivrer après une journée de labeur. L'intérieur douillet est garni de nombreux objets anciens et de tout un bazar provenant des quatre coins de la Zona Cafetera. Derrière le bar se trouve une extraordinaire collection de 18 000 vieux vinyles couvrant tous les genres de *musica vieja* (musique d'antan).

## Renseignements

**Banco Agrario de Colombia** (Carr. 7). DAB sur la place.

**Bancolombia** (Carr. 6). DAB sur la place.

## Depuis/vers Salento

Des minibus assurent le trajet depuis/vers Armenia toutes les 20 minutes (3 800 COP, 45 min, 6h-20h). Les bus partent de la place, sauf le dimanche, jour où il faut se rendre à la billetterie située dans la Carrera 2. On peut aussi prendre un taxi direct depuis Armenia (30 min, 50 000 COP).

Il y a un bus direct au départ de Pereira (6 000 COP, 1 heure 30) à 6h50, 11h30, 13h30 et 16h30 en semaine. Les bus quittent Salento à destination de Pereira à 7h50, 12h50, 14h50 et 17h50. Le week-end, ils sillonnent cet itinéraire toutes les heures. En venant de Pereira, on peut aussi prendre un bus pour Armenia jusqu'à Los Flores et traverser la route afin d'emprunter, en sens inverse, le bus pour Salento au départ d'Armenia.

# Valle de Cocora

Dans un pays où les somptueux paysages sont légion, le Valle de Cocora figure parmi les plus beaux. Il s'étend à l'est de Salento et va jusqu'aux parties inférieures du PNN Los Nevados. La large vallée verdoyante est flanquée de pics effilés. Partout, on voit des *palmas de cera* (palmiers à cire), le plus grand palmier du monde (pouvant atteindre 60 m de haut) et l'arbre national de la Colombie. Se dressant au milieu de collines verdoyantes embrumées, ils offrent un spectacle magique.

La randonnée la plus populaire (2 heures 30) part du hameau de Cocora pour rejoindre la **Reserva Natural Acaime** (entrée boisson comprise 5 000 COP). À l'arrivée à Cocora, le sentier se trouve à droite quand on pénètre dans la vallée en s'éloignant de Salento. La première partie du sentier traverse des prairies, la seconde une épaisse forêt de nuages. À Acaime, vous pourrez déguster un chocolat chaud (avec du fromage), et vous verrez de nombreux colibris. Un hébergement sommaire vous attend sur place.

Environ 1 km avant Acaime, un embranchement mène à la **Finca La Montaña**. Cette randonnée d'une heure assez fatigante grimpe au flanc d'une montagne escarpée, d'où l'on peut ensuite emprunter un sentier en descente assez facile pour retourner à Cocora (1 heure 30). L'effort supplémentaire pour compléter la boucle (au lieu de rentrer par le même chemin) vaut la peine, car la vue sur la vallée du haut de la montagne est splendide. En outre, cela permet de se promener au milieu des palmiers à cire. Il est possible de louer des chevaux à Cocora pour une balade guidée jusqu'à Acaime (45 000 COP/pers).

Des Jeeps partent de la place principale de Salento à destination de Cocora (3 400 COP, 30 minutes) à 6h10, 7h30, 9h30, 11h30, 14h et 16h, et rentrent 1 heure plus tard. Il y a des départs supplémentaires le week-end. On peut aussi louer une Jeep privée moyennant 27 000 COP.

# Cali et le Sud-Ouest

**Dans ce chapitre ➜**



## Le top des restaurants

- Hotel Camino Real (p. 255)
- Platillos Voladores (p. 246)
- Lulodka (p. 246)
- Donde Richard (p. 261)

## Les meilleurs endroits où danser

- Zaperoco (p. 247)
- New York (p. 256)
- Tin Tin Deo (p. 247)
- Viejoteca Pardo Llada (p. 247)

## Pourquoi y aller

Loin des sentiers battus et miné par de persistants problèmes de sécurité, le Sud-Ouest colombien est souvent boudé par les voyageurs. Pourtant, véritable festival pour les sens, la région, au carrefour entre monde andin et racines africaines, entre modernité et traditions précolombiennes, vous vaudra moisson de souvenirs et d'anecdotes inoubliables.

De fait, le secteur devient notablement plus sûr, et des baroudeurs défricheurs remettent peu à peu sur la carte touristique des zones autrefois fermées. Le Sud-Ouest recèle, outre les plus grands trésors archéologiques de Colombie et quelques-unes des merveilles de son architecture coloniale, une biodiversité époustouflante. Ainsi peut-on, dans une même journée, traverser désert, forêt tropicale et *páramo* (plaines de haute montagne). Les mordus de nature y trouveront également des volcans en activité, des sources chaudes et de spectaculaires massifs montagneux, le tout aisément accessible depuis des villes à la culture bien vivante.

## Quand partir

**Cali**

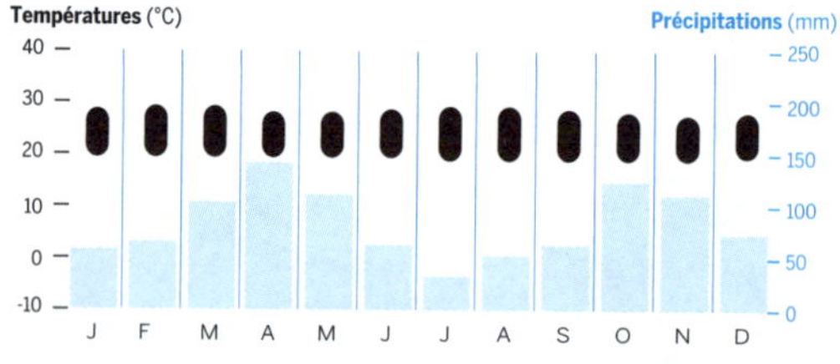


**Août** Cali s'enflamme pour les rythmes afro-colombiens du Festival Petronio Álvarez.

**Juil-sept** Les courants ascendants portent loin les kitesurfeurs sur le Lago Calima.

**Déc-jan** Randonnées sous un ciel dégagé dans le Parque Nacional Natural Puracé.

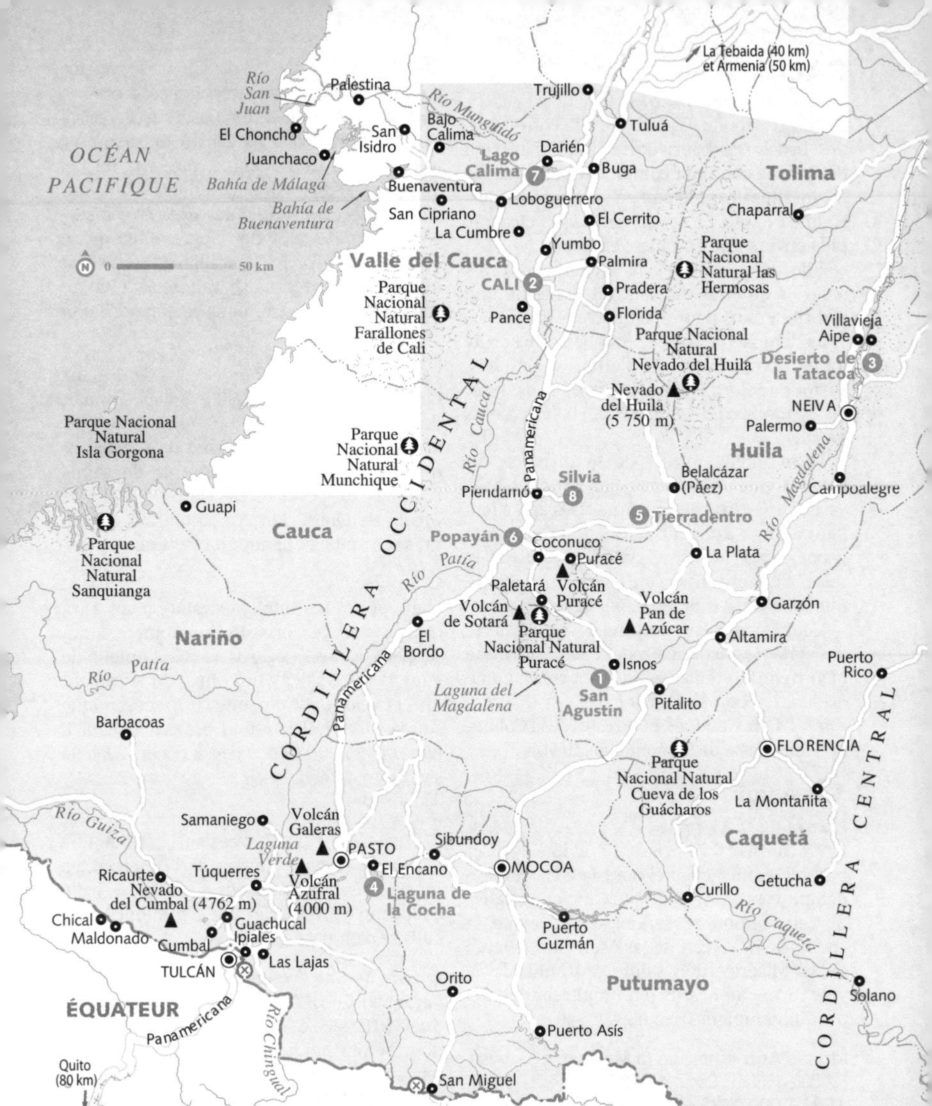


## À ne pas manquer

1. Les sculptures mégalithiques précolombiennes et les magnifiques paysages de **San Agustín** (p. 257).
2. Ambiance survoltée et apprentissage accéléré dans les boîtes de salsa de **Cali** (p. 242).
3. Constellés d'étoiles, les ciels clairs du **Desierto de la Tatacoa** (p. 264).
4. La **Laguna de la Cocha** (p. 269) en bateau et la forêt de nuages de l'Isla Corota.
5. Belle randonnée dans les collines et jusqu'aux chambres funéraires précolombiennes de **Tierradentro** (p. 262).
6. Flânerie le long des rues bordées de demeures coloniales de **Popayán** (p. 251).
7. Des vents de rêve pour les kitesurfeurs, sur le **Lago Calima** (p. 250).
8. Rencontre avec les Indiens guambianos sur le marché de **Silvia** (p. 254).

# CALI

☎2 / 2,5 MILLIONS D'HABITANTS / ALTITUDE 969 M

Pas assez ripolinée pour faire la couverture des brochures touristiques, Cali (Santiago de Cali, de son nom complet et moins usité) le mériterait pourtant à maints égards. Animée d'une vie brute, cette ville charme, puis envoûte quiconque vient à elle.

Elle ne se dévoile pas facilement (rares sont les *Caleños* qui font du tourisme une priorité), mais pour peu que vous cherchiez, vous dénicherez d'excellents lieux de sortie, de bons restaurants et pléthore d'activités, surtout le soir, quand un vent frais venu de la montagne tempère la chaleur de la journée.

Harmonieux miroir de la diversité du pays, la ville se distingue par la richesse de sa culture afro-colombienne. Des quartiers pauvres aux clubs ultrachics, tout le monde y bouge sur le même rythme : celui de la salsa. Plus encore qu'un art et un loisir, la musique est, à Cali, un élément fédérateur.

Cette singularité culturelle fait la fierté des *Caleños,* connus pour leur caractère bien trempé, et enclins à lâcher, comme une évidence : *"Cali es Cali y lo demás es loma, ¿oís?"* ("Cali, c'est Cali, et le reste [de la Colombie], c'est juste de la montagne, tu vois ?").

## À voir

### Iglesia de la Merced — ÉGLISE

(angle Carr. 4 et C. 7 ; 6h30-10h et 16h-19h). Cet humble édifice chaulé, dont la construction débuta vers 1545, est la plus ancienne église de Cali. Au bout de sa longue nef étroite, la statue de la Virgen de las Mercedes (Vierge de la Miséricorde), sainte patronne de la ville, trône au-dessus d'un maître-autel aux ors éminemment baroques.

### Museo Arqueológico la Merced — MUSÉE

(☎885-4665 ; Carr. 4 n°6-59 ; adulte/enfant 4 000/2 000 COP ; 9h-13h et 14h-18h lun-sam). Aménagé dans l'ancien couvent de La Merced, qui forme, avec l'église, le plus ancien complexe architectural de la ville, ce musée expose une intéressante collection de céramiques des grandes cultures précolombiennes du centre et du sud de la Colombie.

### Museo de Arte Moderno La Tertulia — MUSÉE

(☎893-2939 ; www.museolatertulia.com ; Av. Colombia 5 Oeste-105 ; 4 000 COP ; 10h-18h mar-sam, 14h-18h dim). Expositions de peinture, de sculpture et de photographie contemporaines, à 15 minutes à pied du centre-ville en longeant le Río Cali.

### Zoológico de Cali — ZOO

(☎488-0888 ; www.zoologicodecali.com.co ; angle Carr. 2A Oeste et C. 14 Oeste ; adulte/enfant 15 000/10 000 COP ; 9h-16h30). Ce vaste zoo, le plus beau de Colombie, présente un bel aréopage d'espèces endémiques dont des *chiguiros* (capybaras), des *osos hormigueros* (fourmiliers) et des singes, ainsi qu'un *mariposario* (serre à papillons). Le taxi est le meilleur moyen de s'y rendre (à 2 km au sud-ouest du centre, dans le Barrio Santa Teresita).

### Iglesia de San Antonio — ÉGLISE

Cette petite église de 1747 trône au sommet de la Colina de San Antonio, à l'ouest de la vieille ville. Elle renferme de précieuses *tallas quiteñas,* des sculptures de saints réalisées au XVII^e^ siècle dans le style de l'école de Quito. Le parc entourant l'église ménage un beau panorama sur Cali.

### Cristo Rey — MONUMENT

Haut de 26 m (hors piédestal) pour 21 m d'envergure, ce Christ-Roi monumental, qui rappelle à divers égards le Rédempteur de Paul Landowski à Rio, offre, du somment du Cerro los Cristales, une vue panoramique sur la ville. L'aller-retour en taxi revient à environ 50 000 COP ; il est déconseillé de s'y rendre à pied.

### Museo del Oro — MUSÉE

(C. 7 n°4-69 ; 10h-17h mar-sam). GRATUIT À une *cuadra* à l'est de l'Iglesia de la Merced, ce musée présente une modeste mais très belle collection d'orfèvrerie et de céramiques de la culture calima.

### Iglesia de San Francisco — ÉGLISE

(angle Carr. 6 et C. 10). Cette église néoclassique du XVIII^e^ siècle est surtout remarquable pour la tour qui la flanque : la **Torre Mudéjar** (angle Carr. 6 et C. 9), étonnant clocher de brique et très bel exemple d'architecture mudéjare en Colombie.

### Iglesia de la Ermita — ÉGLISE

(angle Av. Colombia et C. 13). Surplombant le Río Cali, cette église néogothique renferme *El Señor de la Caña* ("le seigneur de la canne à sucre"), tableau du XVIII^e^ siècle auquel sont attribués maints miracles.

## Activités

### Colombia Walking Tours — CIRCUITS ORGANISÉS

(☎310-398-5513 ; www.colombiawalkingtours.com). GRATUIT De jeunes guides pleins d'enthousiasme proposent une visite guidée gratuite du centre-ville les lundis et vendredis : rendez-vous à 16h devant l'Iglesia de la Merced. Ils organisent aussi, sur demande, d'autres visites dans Cali.

**Club Social Los Amigos** TEJO
(☎442-1258 ; C. 49 n°8A-23 ; ⏲15h-minuit mar-dim). À l'est du centre-ville, ce grand bar ouvrier possède 3 *canchas de tejo,* des *canchas de sapo* (pendant local du jeu de la grenouille, qui consiste à lancer des pièces de fonte dans les trous, marqués chacun d'une valeur différente, d'une grosse boîte en bois) et des billards. En taxi, comptez 10 000 COP.

### Randonnée

Vous n'aurez pas vraiment visité Cali si vous n'êtes pas monté au **Cerro de las Tres Cruces**, un calvaire surmonté de trois croix dominant la ville, d'où le panorama est spectaculaire. De Granada vers le nord-ouest, c'est l'occasion d'une bonne marche (2 à 3 heures aller-retour), à moins que vous ne préfériez le taxi (35 000 COP).

À 18 km de Cali en direction de Buenaventura, au niveau du **Km 18**, sont aménagés de nombreux bars et restaurants. On apprécie la fraîcheur à 1 800 m d'altitude, et la forêt tropicale alentour abrite une "zone importante pour la conservation des oiseaux" (détails des espèces sur www.mapalina.com) à la riche biodiversité. De là, la randonnée jusqu'à la petite ville de **Dapa** (4 heures ; bifurcation depuis la route Cali-Yumbo) est très agréable ; les carrefours sont nombreux, prenez toujours à gauche.

Des bus réguliers rejoignent le Km 18 depuis la gare routière (2 000 COP, 45 minutes). Des bus et des Jeeps partent toutes les demi-heures pour Dapa (3 500 COP, 30 minutes) depuis le secteur de Sameco, dans le nord de Cali.

## Cours

De nombreux visiteurs viennent à Cali pour apprendre la salsa, dans sa trépidante version *caleña* ou dans des styles plus traditionnels. Les écoles ne manquent pas, chacune ayant ses atouts et sa méthode. Comptez 35 000 à 50 000 COP l'heure de cours particulier, avec d'intéressants rabais si vous achetez un forfait de plusieurs cours.

Parmi les écoles recommandées figurent **Son de Luz** (☎370-2692 ; www.sondeluz.co ; Carr. 28 n°6-118) et la **Compañía Artística Rucafé** (☎556-0300 ; www.rucafe.com.co ; Carr. 36 n°8-49, El Templete), spécialisée dans la salsa *casino* (ou *rueda de casino*). Si votre budget est serré, pensez aux cours collectifs, très appréciés, de **Manicero** (☎314-658-7457 ; C. 5 n°39-71).

Si vous êtes déjà *salsero/a* et souhaitez vous perfectionner, la prestigieuse école **Swing Latino** (☎374-2226 ; www.elmulatoy-suswinglatino.com ; Carr. 31 n°7-25) jouit d'une belle reconnaissance internationale. Elle propose des cours particuliers (75 000 COP l'heure) et des séances collectives par niveaux. Tarifs beaucoup plus intéressants sur les forfaits.

Pour des cours de langue, contactez l'**Universidad de Santiago de Cali** (☎518-3000, ext 421 ; www.usc.edu.co ; angle C. 5 et Carr. 62), dont le programme d'espagnol pour les étrangers a bonne réputation.

## Fêtes et festivals

♥ **Festival de Música del Pacífico Petronio Álvarez** MUSIQUE
(www.festivalpetronioalvarez.com ; ⏲août). La musique du Pacifique, très marquée par les rythmes africains apportés par les nombreux esclaves implantés sur la côte Pacifique, fédère très largement les *Caleños,* grands amateurs de danse et d'*arrechón* (un alcool sucré, artisanal).

**Festival Mundial de Salsa** DANSE
(www.mundialdesalsa.com ; ⏲sept). Cette grande compétition de salsa voit s'affronter d'éblouissants danseurs de Cali et d'ailleurs.

**Calle del Arte** CULTURE
(⏲sept) On boucle les rues du quartier de San Antonio pour célébrer la musique, l'artisanat, le théâtre, la danse et la bonne chère.

**Feria de Cali** CULTURE
(www.feriadecali.com ; ⏲déc). Défilés, musique, théâtre, concours de beauté et ambiance festive généralisée : c'est la grande fête du calendrier *caleño,* entre Noël et le Nouvel An.

## Où se loger

Pour dormir dans l'ancienne Cali coloniale, optez pour le quartier tranquille de San Antonio. Les oiseaux de nuit, eux, préféreront Granada.

**Guest House Iguana** AUBERGE DE JEUNESSE $
(☎382-5364 ; www.iguana.com.co ; Av. 9N n°22N-46 ; dort 19 000-21 000 COP, s/d 50 000/60 000 COP, sans sdb 40 000/50 000 COP ; @📶). Une adresse sympa proposant des

# Cali

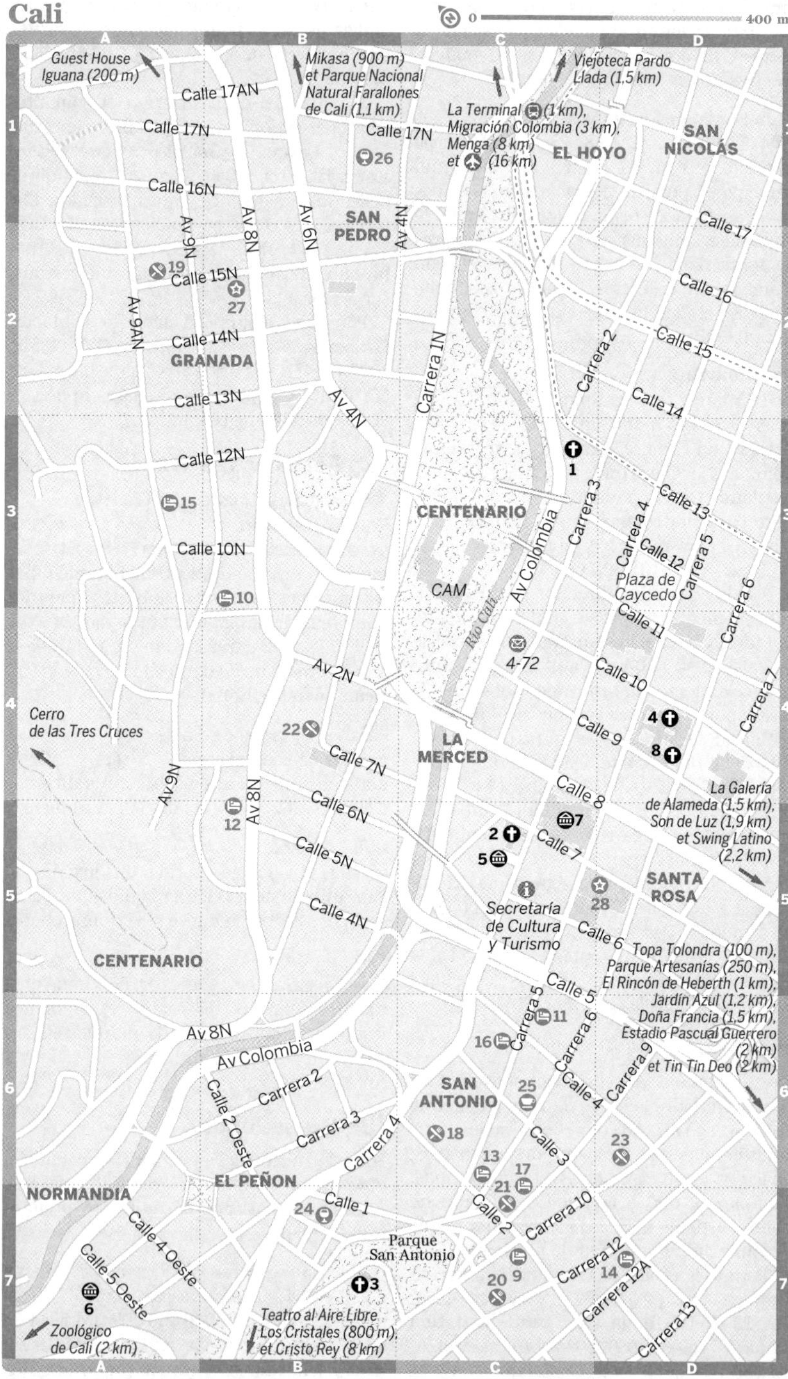
0
400 m
A
B
C
D
1
2
3
4
5
6
7
Guest House Iguana (200 m)
Mikasa (900 m) et Parque Nacional Natural Farallones de Cali (1,1 km)
Viejoteca Pardo Llada (1,5 km)
La Terminal (1 km), Migración Colombia (3 km), Menga (8 km) et (16 km)
EL HOYO
SAN NICOLÁS
SAN PEDRO
GRANADA
CENTENARIO
CAM
LA MERCED
SANTA ROSA
CENTENARIO
SAN ANTONIO
EL PEÑON
NORMANDIA
Calle 17AN
Calle 17N
Calle 17N
Calle 16N
Calle 15N
Calle 14N
Calle 13N
Calle 12N
Calle 10N
Av 9N
Av 9AN
Av 8N
Av 6N
Av 4N
Av 4N
Av 2N
Av 9N
Av 8N
Av 8N
Calle 7N
Calle 6N
Calle 5N
Calle 4N
Carrera 1N
Av Colombia
Av Colombia
Río Cali
Calle 17
Calle 16
Calle 15
Calle 14
Calle 13
Calle 12
Calle 11
Calle 10
Calle 9
Calle 8
Calle 7
Calle 6
Calle 5
Calle 4
Calle 3
Calle 2
Calle 1
Carrera 2
Carrera 3
Carrera 4
Carrera 5
Carrera 6
Carrera 7
Carrera 5
Carrera 6
Carrera 9
Carrera 10
Carrera 12
Carrera 12A
Carrera 13
Carrera 2
Carrera 3
Carrera 4
Calle 2 Oeste
Calle 4 Oeste
Calle 5 Oeste
Plaza de Caycedo
4-72
Secretaría de Cultura y Turismo
Parque San Antonio
Cerro de las Tres Cruces
La Galería de Alameda (1,5 km), Son de Luz (1,9 km) et Swing Latino (2,2 km)
Topa Tolondra (100 m), Parque Artesanías (250 m), El Rincón de Heberth (1 km), Jardín Azul (1,2 km), Doña Francia (1,5 km), Estadio Pascual Guerrero (2 km) et Tin Tin Deo (2 km)
Zoológico de Cali (2 km)
Teatro al Aire Libre Los Cristales (800 m), et Cristo Rey (8 km)
1
2
3
4
5
6
7
8
9
10
11
12
13
14
15
16
17
18
19
20
21
22
23
24
25
26
27
28

## Cali

**À voir**

1 Iglesia de la Ermita....C3
2 Iglesia de la Merced....C5
3 Iglesia de San Antonio....B7
4 Iglesia de San Francisco....D4
5 Museo Arqueológico La Merced....C5
6 Museo de Arte Moderno La Tertulia....A7
7 Museo del Oro....C5
8 Torre Mudéjar....D4

**Où se loger**

9 Café Tostaky....C7
10 Casa de Alférez....B3
11 El Viajero....C6
12 La Casa Azul....B5
13 La Casa Café....C6
14 La Maison Violette....D7
15 Now Hotel....A3
16 Posada San Antonio....C6
17 Ruta Sur....C6

**Où se restaurer**

18 El Buen Alimento....C6
19 El Solar....A2
20 El Zaguán de San Antonio....C7
21 Lulodka....C7
22 Platillos Voladores....B4
23 Zahavi....D6

**Où prendre un verre et faire la fête**

24 La Colina....B7
25 Macondo....C6
26 Zaperoco....B1

**Où sortir**

Cinemateca La Tertulia....(voir 6)
27 Lugar a Dudas....B2
28 Teatro Municipal....D5

hébergements variés dans deux maisons mitoyennes. Le jardin est agréable, le personnel aux petits soins et les cours de salsa, gratuits (plusieurs fois par semaine). Au nord du centre-ville ; les restaurants de Granada et Chipichape restent accessibles à pied.

**La Maison Violette** AUBERGE DE JEUNESSE $

(☎371-9837 ; www.maisonviolettehostel.com ; Carr. 12A n°2A-117 ; dort 23 000 COP, s/d 65 000/ 75 000 COP, ste 85 000 COP ; 📶). Cette nouvelle auberge de San Antonio a l'attrait de chambres décorées avec goût, de suites spacieuses et d'un toit-terrasse avec vue panoramique sur la ville.

**Café Tostaky** AUBERGE DE JEUNESSE $

(☎893-0651 ; www.tostakycali.com ; Carr. 10 n°1-76 ; dort 20 000 COP, s/d sans sdb 35 000/ 50 000 COP ; @📶). Au cœur de San Antonio, cette auberge courue loue des chambres simples mais fonctionnelles et met à disposition une cuisine (et l'eau courante est bien chaude). Au rez-de-chaussée, un plaisant café sert crêpes, sandwichs et bon café, qui vaut le détour même si vous logez ailleurs.

**La Casa Café** AUBERGE DE JEUNESSE $

(☎893-7011 ; lacasacafecali@gmail.com ; Carr. 6 n°2-13 ; dort 18 000 COP, s/d sans sdb 25 000/ 40 000 COP ; @📶). Une ambiance auberge de jeunesse pour baroudeurs règne sur ce sympathique bar qui propose, à prix avantageux, des lits en dortoir et des chambres privatives à l'étage du bâtiment colonial qu'il occupe.

**Jardín Azul** PENSION $$

(☎556-8380 ; www.jardinazul.com ; Carr. 24A n°2A-59 ; ch 115 000-165 000 COP ; 📶🏊). Établi dans une maison à flanc de colline à l'est du centre, près du quartier colonial, cet irréprochable petit hôtel renferme des chambres gaies et spacieuses aux grands lits garnis de linge en coton. Certaines ont un balcon privatif avec vue, et le beau jardin, doté d'une petite piscine, attire les oiseaux en pagaille.

**El Viajero** AUBERGE DE JEUNESSE $$

(☎893-8342 ; Carr. 5 n°4-56 ; dort 23 000-25 000 COP, s/d 75 000/100 000 COP, sans sdb 47 000/88 000 COP ; 📶🏊). Une demeure coloniale rénovée qui séduit les jeunes voyageurs avides de rencontres. Les chambres privatives sont un peu exiguës, mais la grande piscine aménagée dans la cour offre une fraîcheur bienvenue, et le quartier voisin, avec ses nombreux bars, est très animé le soir. Des cours de danse sont régulièrement organisés, gratuitement.

**La Casa Azul** PENSION $$

(☎374-4766 ; www.lacasaazulhotelboutique.com ; Av. 4N n°5-09, Centenario ; ch petit-déj inclus 100 000 COP ; ❄). Bien placée dans Centenario, d'où l'on rejoint à pied de nombreux sites touristiques, cette pension moderne loue de vastes chambres climatisées avec TV à écran plat et grand lit. Copieux petit-déjeuner.

**Posada San Antonio** HÔTEL $$

(☎893-7413 ; www.posadadesanantonio.com ; Carr. 5 n°3-37 ; s/d/tr petit-déj inclus 100 000/120 000/

150 000 COP ; @ ). Cet hôtel tranquille, aménagé dans un vieil édifice colonial de San Antonio, loue des chambres spacieuses, avec salle de bains privative et TV câblée, distribuées autour d'une cour agréable. Celles de la cour du fond, moins charmantes, sont aussi moins chères.



**Ruta Sur** AUBERGE DE JEUNESSE **$$**
(893 6946 ; hostalrutasur@gmail.com ; Carr. 9 n°2-41 ; s/d 75 000/95 000 COP). Des voyageurs soucieux de combiner tranquillité et centralité choisissent cette auberge chaleureuse de San Antonio, aux chambres joliment décorées, mais aux salles de bains minuscules.

**Casa de Alférez** HÔTEL **$$$**
(393-3030 ; www.movichhotels.com ; Av. 9N n°9-24 ; ch 179 000-330 000 COP, ste 500 000 COP ; @). Le summum du luxe : chambres élégantes équipées de lits king size, salles de bains spacieuses et portes-fenêtres donnant sur de petits balcons, en surplomb d'une jolie rue plantée d'arbres.

**Now Hotel** BOUTIQUE-HÔTEL **$$$**
(488-9797 ; www.nowhotel.com.co ; Av. 9AN n°10N-74, Granada ; ch 521 000 COP ; @). Cet hôtel design branché a opté pour une déco très "chic industriel", qui mise sur le métal, le béton ciré et le verre coloré. Le toit-terrasse, avec sa piscine et son bar, est tout indiqué pour un cocktail en début de soirée.

## Se restaurer

Pour bien manger à petit prix, direction **La Galería** (angle C. 8 et Carr. 26) à Alameda, un marché pittoresque où de nombreux petits stands servent des fruits de mer et des *comidas típicas* ("repas typiques").

**El Buen Alimento** VÉGÉTARIEN **$**
(375-5738 ; C. 2 n°4-53 ; menu 10 000 COP, plats 12 500-15 500 COP ; 11h30-22h lun-sam, 11h30-17h dim ; ). Ce restaurant branché a adapté les classiques de la cuisine colombienne en version végétarienne, et propose aussi d'inventives recettes fusion, comme les lasagnes mexicaines, et d'excellents jus frais.

**Doña Francia** GLACIER **$**
(Carr. 27 n°3-100 ; en-cas 2 000-5 000 COP ; 8h-19h). Sur un banc devant cette institution *caleña*, vous dégusterez des jus et sorbets succulents et sans doute le meilleur *salpicón* (salade de fruits) de toute la Colombie. À une *cuadra* à l'est du Parque del Perro.

**Zahavi** BOULANGERIE **$**
(Carr. 10 n°3-81 ; pâtisseries 2 000-6 000 COP ; 11h-20h lun-ven, 8h-19h30 sam et dim). Une boulangerie chic, à San Antonio, qui propose du très bon café, des brownies fondants et de délicieux sandwichs gourmets.

**Lulodka** FUSION **$$**
(C. 2 n°6-17 ; menu 15 000 COP, plats 14 000-28 000 COP ; 10h-15h30 et 18h-23h lun-sam). Voilà une épatante table fusion, aménagée dans une jolie demeure coloniale, et au rapport qualité/prix imbattable. Le midi, le menu gourmet comprend soupe, salade, plat, jus frais et dessert. Tout est cuisiné à la perfection, et saveurs et textures sont savamment équilibrées. Goûtez au Lulodka, cocktail maison à base de jus de *lulo* (narangille) et de vodka.

**El Zaguán de San Antonio** COLOMBIEN **$$**
(Carr. 12 n°1-29 ; plats 25 000 COP ; 12h-minuit). Cette institution de San Antonio prépare de la cuisine traditionnelle *vallecaucana* (du Valle del Cauca) en copieuses portions, et d'excellents jus de fruits. Les assiettes sont délicieuses mais rien ne vaut le panorama qu'offre le toit-terrasse, idéal aussi pour prendre un verre.

**Platillos Voladores** FUSION **$$$**
(668-7750 ; www.platillosvoladores.com.co ; Av. 3N n°7-19 ; plats 27 000-45 000 COP ; 12h-15h et 19h-23h lun-ven, 13h-16h sam). La meilleure table gastronomique de Cali affiche une carte mâtinée d'influences asiatiques, européennes et locales, aux mets joliment servis, soit dans le jardin, soit dans l'une des salles climatisées. Choix de vins impressionnant. Réservation impérative.

**El Solar** ITALIEN **$$$**
(C. 15N n°9-62 ; plats 28 500-44 000 COP ; 12h-15h et 18h-23h). Ce restaurant aux très nombreux fidèles sert dans une vaste cour des plats italiens et internationaux aussi roboratifs que délicieux : pâtes fraîches, risottos, pizzas gastronomiques et salades sont au menu, ainsi qu'un beau choix de fruits de mer, accompagnés de sauces à base de fruits de saison.

## Où prendre un verre et faire la fête

Les *Caleños* ne sortent pas, à proprement parler, pour prendre un verre, mais pour danser. Si vous aspirez à une soirée plus tranquille, direction le Parque del Perro, aux environs parsemés de petits bars, à moins que vous ne préfériez boire dans le parc, formule authentiquement locale. Au nord de Cali, la commune limitrophe de Menga abrite de nombreuses discothèques ouvertes jusqu'à l'aube. Un peu plus loin, à Juanchito, se concentrent plusieurs grandes *salsatecas*.

**Zaperoco** CLUB DE SALSA
(www.zaperocobar.com ; Av. 5N n°16-46 ; 21h-tard jeu-sam). Quitte à n'aller que dans un seul bar à salsa de Cali, choisissez le Zaperoco. Le DJ, un vétéran à demeure, passe de vieux vinyles d'excellente *salsa con golpe* ("salsa qui tape") tandis que de gros ventilateurs en rangs d'oignons brassent un air lourd. La foule est si dense qu'on a peine à savoir où commence et s'arrête la piste de danse.

**Tin Tin Deo** CLUB DE SALSA
(www.tintindeocali.com ; C. 5 n°38-71 ; 20h-tard jeu-sam). À l'étage, cette petite institution sans chichis comprend une immense salle de danse placardée d'affiches de célèbres interprètes de salsa. Sous ses airs de repaire d'expatriés (le jeudi soir en particulier), il s'agit d'une excellente adresse pour tester ses pas de *salsero* débutant. Et nulle obligation de venir accompagné : vous trouverez de nombreux volontaires parmi les sympathiques habitués.

**Viejoteca Pardo Llada** CLUB DE SALSA
(Av. 2N n°32-05 ; entrée 5 500 COP ; 14h-19h dim). Dans une belle salle de bal à l'air libre près du Parque del Avión, au-dessus de l'association des anciens, la toute première et la meilleure *viejoteca* (discothèque senior) de Cali voit de vénérables *Caleños*, sur leur trente et un, faire la démonstration de leurs impressionnants talents de danseurs. Même si vous ne dansez pas, venez boire une bière et apprécier le spectacle.

**Mikasa** BAR
(C. 26N n°5AN-51 ; 21h-3h jeu-sam). Bons DJ mixant des sons de tous horizons, piste de danse extérieure sous un toit rétractable et terrasse à l'étage : ce bar branché fait une bonne solution de repli pour les allergiques à la salsa. Ne vous laissez pas impressionner par l'équipe de vigiles façon commando : l'ambiance à l'intérieur est décontractée.

**El Rincón de Heberth** BAR
(Carr. 24 n°5-32 ; 20h-3h jeu-sam). On ne s'attend pas à le trouver derrière la vitrine de ce centre commercial, mais cet humble bar à salsa remporte un franc succès grâce à d'excellents choix musicaux et à une ambiance bon enfant. Les habitués sirotent leur verre devant, au frais, en attendant le morceau qui les attirera irrésistiblement sur la piste.

### DES SOIRÉES CAROTTÉES

La réglementation sur la fermeture de nuit à Cali est surnommée *ley zanahoria* ("loi carotte") : ce qui sous-entend qu'il faut être aussi rasoir qu'une carotte pour aller se coucher si tôt (3h le week-end lors de notre passage).

**Macondo** CAFÉ
(Carr. 6 n°3-03 ; 11h-23h, à partir de 16h dim). Un café excellent et un grand choix de desserts distinguent cette institution de San Antonio, qui sert aussi vins et bière jusqu'à une heure avancée, ainsi que de délicieux cocktails.

**Topa Tolondra** BAR
(C. 5 n°13-27 ; 18h-tard jeu-lun). Ambiance très sympathique, près de la Loma de la Cruz, dans cet humble bar à salsa où l'on pousse les tables dans les coins pour créer une piste de danse.

**La Colina** BAR
(C. 2 Oeste n°4-83). Cette boutique se double d'un agréable bar de quartier, pour une bière à petit prix, et des classiques de la salsa et du boléro dans San Antonio.

**Lolas** CLUB
(www.lolasclub.com.co ; Km 2 Antigua Vía Yumbo ; entrée 10 000 COP ; 21h-tard jeu-sam). Sous un énorme dôme blanc à Menga, ce club très tape-à-l'œil ressemble au décor d'un clip à gros budget, avec des *Caleñas* en jambes dansant sur les tables sous des lasers et des nuages de fumée. Les groupes d'hommes seuls ne passent pas l'entrée.

## ☆ Où sortir

### Cinéma

Envie de voir des films qui donnent à réfléchir ? Consultez la programmation de la **Cinemateca La Tertulia** (893 2939 ; www.museolatertulia.com ; Av. Colombia n°5 Oeste-105 ; 5 000 COP), qui propose généralement deux séances quotidiennes, du mardi au dimanche. Les amateurs apprécient aussi les séances gratuites de ciné art et essai au **Lugar a Dudas** (668 2335 ; www.lugaradudas.org ; C. 15N n°8N-41 ; 11h-20h mar-ven, 16h30-20h sam) GRATUIT.

### Football

Cali a deux clubs de *fútbol* : le **Deportivo Cali** (www.deportivocali.co) évolue en première division, tandis que l'**América de Cali** (www.america.com.co) a tendance à végéter dans des ligues inférieures. Les matchs à domicile se jouent généralement à l'**Estadio Pascual Guerrero** (angle C. 5 et Carr. 34), devant lequel s'arrêtent des bus Mio.

### Spectacles

**Teatro Municipal** ARTS VIVANTS
(☎881-3131 ; www.teatromunicipal.gov.co ; Carr. 5 n°6-64). Achevé en 1918, le plus ancien théâtre de Cali accueille des spectacles variés, dont des concerts, du théâtre et de la danse. Si rien n'est en cours, vous pouvez demander à l'agent de sécurité de vous faire visiter.

**Teatro al Aire Libre Los Cristales** CONCERTS
(☎558-2009 ; Carr. 14A n°6-00). Des concerts gratuits sont souvent programmés dans cet amphithéâtre à ciel ouvert.

**Delirio** TROUPE DÉLIRANTE
(☎893-7610 ; www.delirio.com.co ; C. 69N n°4N-98 ; billets 150 000 COP). Il faut réserver longtemps à l'avance pour pouvoir admirer la troupe légendaire des salseros circassiens de Cali, mais le jeu en vaut la chandelle : ce cabaret sauvage au carrefour entre chapiteau de cirque et club de danse endiablé célèbre la culture *caleña* de façon explosive, une fois par mois, dans le Parque del Amor. Adultes uniquement.

## Achats

**Parque Artesanal** MARCHÉ
(⌚10h-20h). Sur la Loma de la Cruz se tient l'un des plus intéressants marchés d'artisanat de Colombie, où dénicher d'authentiques objets en provenance d'Amazonie, de la côte Pacifique, du sud des Andes et même des Llanos.

## Renseignements

### DÉSAGRÉMENTS ET DANGERS

Le centre de Cali, noir de monde et très animé en journée, devient moins rassurant en soirée et le dimanche. Évitez la zone à l'est de la Calle 5 et les abords du Río Cali le soir. Déplacez-vous en taxi et soyez plus vigilants encore avec vos affaires.

### ARGENT

Les grandes banques ont des agences autour de la Plaza Caycedo dans le centre-ville et sur l'Av. Sexta (Av. 6N).

**Banco de Occidente** (Av. Colombia 2-72). Le distributeur de billets le plus sûr à proximité de San Antonio. Le soir, évitez les DAB du centre-ville.

### FORMALITÉS ET VISAS

**Migración Colombia** (☎397 3510 ; www.migracioncolombia.gov.co ; Av. 3N 50N-20, La Flora ; ⌚8h-12h et 14h-17h lun-ven). Pour prolonger un visa.

### OFFICE DU TOURISME

**Secretaría de Cultura y Turismo** (☎885 6173 ; www.cali.gov.co/turista ; angle C. 6 et Carr. 4 ; ⌚8h-12h et 14h-17h lun-ven, 10h-14h sam). L'office du tourisme municipal.

### POSTE

**4-72** (Carr. 3 n°10-49 ; ⌚8h-12h et 14h-18h lun-ven, 9h-12h sam). Bureau de poste.

### SERVICES MÉDICAUX

**Centro Médico Imbanaco** (☎682 1000 ; www.imbanaco.com ; Carr. 38A n°5A-100). Centre médical privé de bonne réputation.

## Depuis/vers Cali

L'aéroport Alfonso Bonilla Aragón (p. 350) se trouve à 16 km au nord-est de Cali par la route de Palmira. Des minibus circulent entre l'aéroport et la gare routière toutes les 10 minutes jusqu'à 20h (5 000 COP, 45 minutes) ; un taxi revient environ à 55 000 COP. Cali est desservie par des vols internationaux depuis Miami, Madrid et diverses villes d'Amérique centrale et du Sud.

La gare routière, appelée **La Terminal** (www.terminalcali.com ; C. 30N n°2AN-29), est à 2 km au nord du centre-ville, mais sachez que la marche est éprouvante dans la chaleur de Cali : préférez le taxi (6 000-8 000 COP).

Des bus rallient régulièrement Bogotá (65 000 COP, 12 heures), Medellín (50 000 COP, 9 heures) et Pasto (40 000 COP, 9 heures). Les bus pour Pasto passent par Popayán (15 000 COP, 3 heures), également desservie par des minibus qui partent toutes les heures (16 000 COP). Il existe aussi des départs réguliers pour Armenia (21 000 COP, 4 heures), Pereira (24 500 COP, 4 heures) et Manizales (38 000 COP, 5 heures).

## Comment circuler

À Cali, le réseau de bus climatisés **Mio** (www.mio.com.co) ressemble beaucoup au TransMilenio de Bogotá. La ligne principale part du nord de la gare routière pour longer le fleuve en traversant le centre-ville et l'Av. Quinta (Av. 5) sur toute sa longueur. D'autres couvrent toute la ville. Un trajet en Mio coûte 1 600 COP.

Les taxis sont plutôt bon marché à Cali : le tarif minimum est fixé à 4 200 COP, et la majoration de nuit à 1 100 COP.

# ENVIRONS DE CALI

## Parque Nacional Natural (PNN) Farallones de Cali

Ce parc national de 1 500 km² protège les écosystèmes des hauteurs de Cali. Au plus fort du conflit armé, il était fermé, et sa réouverture officielle au public se fait encore attendre.

Lors de notre passage, les conditions de sécurité restaient précaires dans certaines zones, sans compter que des mesures de protection de cette nature fragile fermaient encore l'essentiel du parc aux visiteurs. Le seul parcours ouvert était la randonnée au Pico de Loro (une grosse journée), accessible en louant les services d'un guide au village de Pance. La réouverture du trek de 5 jours au Pico de Pance, sommet emblématique du parc des Farallones, était à l'étude : avant de partir, renseignez-vous auprès du **bureau du parc** (☎2-667-6041 ; C. 29N n°6N-43 ; ⏲8h-12h et 14h-16h lun-ven) à Cali.

L'accès au parc était gratuit lors de notre passage, ce qui devrait cependant changer après sa réouverture officielle.

## Pance

☎2 / 2 000 HABITANTS / ALTITUDE 1 550 M

Entourée de sommets imposants, cette petite villégiature de montagne à la lisière orientale du parc des Farallones rassemble de nombreuses *fincas* (fermes) de vacances, et les *Caleños* oppressés par la chaleur apprécient ici la fraîcheur de l'air et les eaux pures de la rivière. Le week-end, l'unique rue du village s'éveille et tous les bars et restaurants font le plein ; en semaine, il n'y a plus personne et vous risquez même d'avoir du mal à trouver de quoi vous restaurer.

Outre la baignade dans la rivière et les torrents, Pance fait une bonne base pour une randonnée d'une journée vers des cascades, voire un trek plus long dans le parc des Farallones de Cali.

Le Pico de Loro est la destination d'une boucle de 7 heures au départ de Pance. Un guide du village vous accompagnera moyennant 80 000 COP environ par groupe. Pour cette randonnée, vous devez entrer dans le parc avant 10h : mieux vaut donc dormir à Pance la veille.

Pour vous rendre aux cascades, il vous faut solliciter l'autorisation et payer le droit d'accès (adulte/enfant 4 700/2 300 COP) à l'agence de la **Corporación Autónoma Regional del Valle de Cauca** (☎620-6600 ; www.cvc.gov.co ; Carr. 56 n°11-36) à Cali, qui gère la zone. Du *pueblo* de Pance, descendez 1 km jusqu'au pont puis prenez à droite. Suivez cette route qui monte sur 3 km jusqu'à El Topacio et au centre d'accueil des visiteurs où vous attendra un guide. De là, deux courts sentiers sont à explorer : le sentier de Barranquero conduit à une cascade de 40 m, et celui de la Naturaleza rejoint des chutes hautes de 130 m. Demandez aussi que l'on vous conduise à La Nevera ("le frigo"), un bassin de baignade alimenté par les eaux fraîches et cristallines de la montagne.

### Où se loger et se restaurer

**Reserva Natural Anahuac** CAMPING $

(☎556 6894 ; www.reservanaturalanahuac.com.co ; Vereda El Pato, Pance ; empl par pers avec/sans location de tente 18 000/9 000 COP, ch par pers lun-sam 9 000 COP, dim 28 000 COP ; ). Cette petite réserve naturelle privée est nichée en pleine forêt secondaire, près du Río Pance. On y trouve un choix de chambres spartiates, aménagées dans des lodges passablement défraîchis, mais la plupart des voyageurs préfèreront l'intimité des minuscules *bohíos* (cabanons) à étage, au bord de la rivière.

On peut aussi venir simplement en journée (entrée 6 000 COP) pour se baigner dans les bassins, alimentés pour certains par la rivière.

♥ **La Fonda Pance** AUBERGE $$

(☎558-1818, 317-664-3004 ; www.lafondapance.com ; à côté de la Finca Nilo ; empl par pers avec/sans location de tente 15 000/10 000 COP, dort 20 000 COP, ch avec/sans sdb 80 000/50 000 COP ; @). De loin la meilleure adresse des environs avec, pour atouts, un cadre paisible, des chambres modernes et confortables, la vue sur les montagnes et un immense jardin traversé d'un cours d'eau. On apprécie également le Jacuzzi au grand air, parfait au retour d'une randonnée, et le bassin naturel alimenté par les eaux fraîches de la montagne.

Des repas sont servis, et la sympathique équipe se propose en outre d'organiser vos treks dans la région. À 200 m avant la bifurcation vers El Topacio.

### Depuis/vers Pance

Des minibus partent pour Pance toutes les heures environ (2 300 COP, 1 heure 30) de

5h15 à 20h, devant la gare routière de Cali ; ils affichent la direction "Recreativo" et "Pueblo Pance".

# Lago Calima

Les vents qui soufflent toute l'année sur ce lac artificiel attirent kitesurfeurs et véliplanchistes du monde entier. Le barrage, créé en 1965, a inondé la vallée de Darién creusée par le Río Calima. À 86 km au nord de Cali, il s'agit d'une destination dont les *Caleños* apprécient la fraîcheur le temps d'un week-end. Les verts coteaux des abords du lac sont d'ailleurs jalonnés de *fincas* de villégiature.

La plupart des activités touristiques se concentrent sur la rive nord du lac, de la petite ville de Darién, à l'est, jusqu'au barrage à l'ouest. Pas de plage sur les rives du Calima : les sportifs partent des pentes herbeuses qui dévalent dans l'eau.

Les transports étant aléatoires, le Lago Calima n'est pas la destination idéale d'une excursion à la journée : mieux vaut venir pour une nuit ou deux, en particulier le week-end, quand l'affluence crée une ambiance festive.



# Darién

☎2 / 7 000 HABITANTS / ALTITUDE 1 800 M

Cette bourgade compte quelques hôtels bon marché, un ou deux supermarchés, une poignée de distributeurs de billets et de cybercafés, et plusieurs discothèques animées le week-end. Tout ou presque se concentre sur deux ou trois pâtés de maisons autour du Parque Los Fundadores, la place principale. On retient aussi le **Museo Arqueológico Calima** (☎253-3496 ; www.inciva.org ; C. 10 n°12-50 ; adulte/enfant 3 000/2 000 COP ; 8h-17h lun-ven, 10h-18h sam et dim) et sa collection de quelque 2 000 céramiques précolombiennes. Si Darién est une localité fort agréable, la destination phare reste ici le Lago Calima.

## Activités

### Kitesurf et planche à voile

De nombreuses écoles proposent des cours et du matériel à louer, et la plupart tiennent aussi des hébergements. Comptez environ 60 000 COP l'heure de cours de planche à voile, et 90 000-100 000 COP l'heure de kitesurf. La location de kite revient à 60 000 COP/heure approximativement.

**Cogua Kiteboarding** KITESURF
(☎318-608-3932, 253-3524 ; www.coguakiteboarding.com ; C. 10 n°4-51). Non content de dispenser des cours de kitesurf, le jeune propriétaire de cette sympathique école fabrique aussi des planches sur mesure en fibre de coco et *guadua* (une sorte de bambou). Visiteur curieux ou kitesurfeur désireux de concevoir sa planche, vous êtes les bienvenus dans l'atelier.

Cogua peut vous proposer un hébergement petits budgets en ville, et vous louer des stand-up paddles (SUP).

**Escuela Pescao Windsurf y Kitesurf** PLANCHE À VOILE, KITESURF
(☎316-401-6373, 311-352-3293 ; www.pescaokitesurf.com). Dans cette école installée dans un grand entrepôt au bord du lac, un ancien champion de kite, en fauteuil roulant, donne cours sur les berges avant de mettre ses élèves à l'eau en compagnie d'un moniteur. Hébergement dans l'entrepôt (par pers étudiant/tarif plein 20 000/35 000 COP) avec matelas et sacs de couchage.

### Sorties en bateau

De nombreux capitaines proposent des excursions sur le lac au départ du port de l'Entrada 5, à la sortie de la ville, en général autour de 8 000 COP par pers ; la location d'un bateau revient dans les 50 000-60 000 COP. Complexe hôtelier et restaurant surplombant le lac, **El Arriero Paisa** (☎315-439-5939 ; www.elarrieropaisa.com.co ; Entrada 5 ; 7h-18h) est un prestataire bien établi pour des sorties sur l'eau.

## Où se loger et se restaurer

**La Casa del Viento** AUBERGE $
(☎315-265-6540 ; www.casadelviento.com.co ; Carr. 6 n°12-40 ; dort/ch 30 000/65 000 COP). L'unique auberge de Darién se distingue par des chambres confortables et une équipe avenante qui vous proposera des leçons de kitesurf et d'autres activités à base de skateboards survitaminés et de buggys, ou encore du parachute ascensionnel pour admirer la campagne environnante.

**Hostería Los Veleros** HÔTEL $$$
(☎684-1000 ; www.comfandi.com.co ; s/d/tr en demi-pension 197 600/235 000/275 600 COP ; ). "Les Voiliers" est le plus bel hôtel du lac, intégré au complexe de loisirs Comfandi : les tarifs comprennent la demi-pension et l'accès aux installations et aux piscines.

Certaines chambres possèdent un balcon avec une très belle vue sur le lac. Si l'endroit affiche complet le week-end, vous l'aurez rien que pour vous en semaine.

**El Fogón de la Abuela** COLOMBIEN $
(C. 9 n°5-58 ; menu 7 500 COP, plats 17 500 COP ; 7h-20h). Ce restaurant bon marché, à quelques rues du parc, sert un menu copieux.

**Mesón llama** COLOMBIEN $$
(667-9703 ; www.mesonilama.com ; plats 19 000-22 000 COP ; 7h30-19h lun-ven, jusqu'à 21h sam et dim). À 10 km de Darién, ce grand restaurant, construit tout en bois, a l'attrait d'une très belle vue sur le lac et mitonne une cuisine classique de qualité : *sancocho* (soupe), *churrasco* (viandes grillées), veau et truite notamment. Il propose aussi un choix d'hébergements confortables au bord du lac.

### Depuis/vers Darién

Un bus direct et fréquent relie Darién à Cali (13 600 COP, 2 heures 30) en journée. En venant du nord, descendez à Buga pour prendre celui qui part pour Darién toutes les 30 minutes (6 800 COP, 1 heure 30).

Notez que deux lignes de bus partent de Cali vers le Lago Calima et Darién, pratiquant les mêmes tarifs. Si vous allez directement à Darién, prenez le bus qui passe par Jiguales ; pour les écoles de kitesurf et de planche à voile, demandez celui qui passe "*por el lago*" ("par le lac").

### Comment circuler

Il n'y a pas de taxis à Darién. Des Jeeps stationnées sur la place principale pourront vous conduire en ville et vers le lac, mais moyennant un prix élevé (environ 15 000 COP jusqu'au Comfandi).

Des minibus font la navette toutes les heures de 7h à 19h entre Darién et le barrage du Lago Calima (1 500 COP), via les écoles de kite. Vous pourrez aussi prendre un des bus direction Buga/Cali, mais assurez-vous qu'ils prennent bien la sortie du lac.

# CAUCA ET HUILA

Dans ces deux départements vous attendent Popayán, belle cité coloniale, et deux des plus grands sites archéologiques de Colombie, San Agustín et Tierradentro. Vous y découvrirez aussi une véritable curiosité naturelle, près de Neiva, à mi-chemin entre Bogotá et San Agustín : le Desierto de la Tatacoa.

Durant l'âge d'or de la navigation fluviale en Colombie, le Cauca et le Huila étaient d'importants centres de commerce. L'arrivée du rail et du réseau routier au début du XXe siècle gela leur essor, et une vraie langueur règne aujourd'hui sur la région.

## Popayán

2 / 266 000 HABITANTS / ALTITUDE 1 760 M

Connue pour ses façades chaulées, la "Ciudad Blanca" ("ville blanche") est une cité coloniale dont la beauté n'a de rivale, en Colombie, que celle de Cartagena. Sise à l'ombre de hauts sommets, dans le Valle de Pubenza, elle fut, des siècles durant jusqu'à ce que Cali la détrône, la capitale du Sud colombien.

Popayán fut fondée en 1537 par Sebastián de Belalcázar et devint une halte importante sur la route menant de Cartagena à Quito. Son climat tempéré attira les riches familles propriétaires d'haciendas sucrières dans l'étouffant Valle del Cauca, qui y bâtirent à partir du XVIIe siècle des demeures, des écoles et plusieurs églises et monastères imposants.

En mars 1983, alors que la grande procession du jeudi saint était sur le départ, un violent séisme ébranla Popayán, faisant des centaines de victimes et détruisant le toit de la cathédrale. Ses stigmates ne sont plus guère visibles aujourd'hui.

Forte de plusieurs universités, la ville tire sa vitalité d'une importante population étudiante.

### À voir

**Iglesia de San Francisco** ÉGLISE
(angle Carr. 9 et C. 4 ; visite guidée 2 000 COP). La plus grande et la plus belle des églises coloniales de Popayán renferme un délicat maître-autel et une précieuse série de sept autels latéraux. Le séisme de 1983 fendit l'ossuaire et mit au jour sept momies non identifiées. Deux demeurent sur place et sont visibles lors de la visite guidée d'une heure, quand des guides sont disponibles ; renseignez-vous au bureau à gauche de l'entrée.

**Museo Guillermo Valencia** MUSÉE
(Carr. 6 n°2-69 ; 10h-12h et 14h-17h mar-dim). GRATUIT Cet édifice du XVIIIe siècle recèle du mobilier ancien, des tableaux, des photos et des documents ayant appartenu au poète Guillermo Valencia, dont c'était la maison ;

## Popayán

tout y est resté peu ou prou inchangé depuis sa mort en 1943 dans l'une des chambres à l'étage.

**Casa Museo Mosquera** MUSÉE
(C. 3 n°5-38 ; 2 000 COP ; ⌚9h-12h et 15h-17h). Intéressant musée, aménagé dans une demeure du XVIIIe siècle, naguère celle du général Tomás Cipriano de Mosquera, président de la Colombie à quatre reprises entre 1845 et 1867. Le lustre de cristal français, d'origine, fit tout le trajet de la côte caraïbe à Popayán à dos de mule. Remarquez l'urne dans le mur : elle renferme le cœur de Mosquera.

**Puente del Humilladero** PONT
Monument emblématique de Popayán, ce pont de brique à 11 arches, long de 240 m, fut construit au milieu du XIXe siècle pour améliorer l'accès au centre des faubourgs nord défavorisés. Plus modeste, son charmant voisin le Puente de la Custodia fut, quant à lui, bâti en 1713, pour permettre aux prêtres de franchir, autrement qu'à gué, le Río Molino afin de se rendre au chevet des malades.

**Museo de Historia Natural** MUSÉE
(museo.unicauca.edu.co ; Carr. 2 n°1A-25 ; 3 000 COP ; ⌚9h-11h et 14h-16h). Sur le campus universitaire, ce Muséum d'histoire naturelle, l'un des meilleurs du genre en Colombie, se distingue par ses riches collections d'insectes, de papillons et d'oiseaux naturalisés.

**Museo Arquidiocesano de Arte Religioso** MUSÉE
(C. 4 n°4-56 ; 5 000 COP ; ⌚9h-12h30 et 14h-18h lun-ven, 9h-14h sam). Peintures, statues, retables, argenterie, vases liturgiques : inutile d'être expert en art religieux pour apprécier cette belle collection, remontant pour l'essentiel du XVIIe au XIXe siècle.

**Iglesia La Ermita** ÉGLISE
(angle C. 5 et Carr. 2). La plus vieille église de Popayán (1546) est à voir pour le beau retable de son maître-autel et les vestiges de fresques anciennes découverts après le séisme de 1983.

**Catedral** ÉGLISE
(Parque Caldas). Cette cathédrale néoclassique est l'église la plus récente du centre de Popayán : elle fut érigée de 1859 à 1906 sur le site d'une autre cathédrale détruite par un tremblement de terre.

### Points de vue

On a de beaux panoramas sur Popayán depuis la **Capilla de Belén**, une chapelle

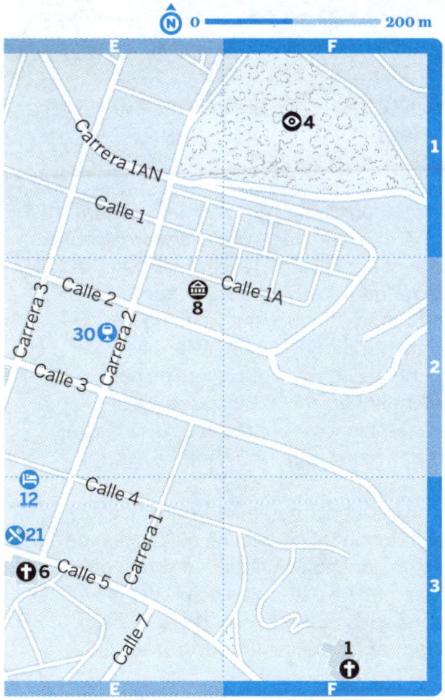


## Popayán

**À voir**

1 Capilla de Belén ........ F3
2 Casa Museo Mosquera ........ D2
3 Catedral ........ C3
4 El Morro de Tulcán ........ F1
5 Iglesia de San Francisco ........ B1
6 Iglesia La Ermita ........ E3
7 Museo Arquidiocesano de Arte Religioso ........ D2
8 Museo de Historia Natural ........ E2
9 Museo Guillermo Valencia ........ D2
10 Puente del Humilladero ........ D1

**Où se loger**

11 Casa Familiar Turística ........ D1
12 Hostel Caracol ........ E3
13 Hosteltrail ........ A1
14 Hotel Colonial ........ A2
15 Hotel Dann Monasterio ........ B1
16 Hotel La Plazuela ........ B2
17 Hotel Los Balcones ........ C1
18 Parklife Hostel ........ C2

**Où se restaurer**

19 Hotel Camino Real ........ C3
20 La Fresa ........ B2
21 La Semilla Escondida ........ E3
22 Mora Castilla ........ D1
23 Restaurante Italiano ........ B2
24 Sabores del Mar ........ A2
25 Tequila's ........ B2
26 Tienda Regional del Macizo ........ D1

**Où prendre un verre et faire la fête**

27 Bar La Iguana ........ B2
28 Capriccio Café ........ C2
29 El Sotareño ........ B3
30 Wipala ........ E2

sur une colline à l'est du centre, mais la vue est plus saisissante encore du haut du **Morro de Tulcán**, éminence coiffée d'une statue équestre du fondateur de la ville. Cette colline, que certains pensent être une pyramide précolombienne, est un bel endroit pour admirer le coucher du soleil. Des vols nous ont été signalés sur ces deux sites, assez isolés : n'emportez aucun objet de valeur.

## Activités

**Popayán Tours** CIRCUITS D'AVENTURE

(☎831 7871 ; www.popayantours.com). Bon choix d'activités sportives dans la région de Popayán, dont une descente à VTT depuis les thermes de Coconuco.

## Fêtes et festivals

**Semana Santa** CÉLÉBRATIONS RELIGIEUSES

(semaine sainte ; Pâques). La réputation des célébrations pascales à Popayán n'est plus à faire, en particulier celle des processions nocturnes des jeudi et vendredi saints. Ces fêtes catholiques, et le festival de musique religieuse qui les accompagne, attirent visiteurs et fidèles par milliers. Réservez votre hébergement longtemps à l'avance si vous voulez y assister.

**Congreso Nacional Gastronómico** GASTRONOMIE

(www.gastronomicopopayan.org ; sept). De grands cuisiniers d'un pays invité, différent chaque année, débarquent la première semaine de septembre pour mettre toutes les papilles en émoi. L'entrée à l'ensemble des manifestations de la semaine coûte 350 000 COP.

## Où se loger

**Hosteltrail** AUBERGE DE JEUNESSE $

(☎831-7871 ; www.hosteltrail.com ; Carr. 11 n°4-16 ; dort 20 000 COP, s/d 45 000/65 000 COP, sans sdb 35 000/50 000 COP ; @ wifi). À l'orée du centre colonial, ce havre pour voyageurs fourbus est, aussi accueillant que moderne, l'adresse favorite des petits budgets à Popayán. Internet haut débit, laverie express, cuisine tout équipée et

VAUT LE DÉTOUR

## SILVIA

Pittoresque bourgade de montagne à 53 km au nord-est de Popayán, **Silvia** est le cœur du territoire des Indiens guambianos, une communauté de quelque 12 000 membres. Ceux-ci vivent toutefois plutôt dans les villages de Pueblito, La Campana, Guambia et Caciques.

Ils forment l'un des peuples indiens les plus traditionnalistes de Colombie, et sont très attachés à leur langue, à leur costume traditionnel et à leurs techniques agraires, toutes rudimentaires qu'elles soient. Les Guambianos sont par ailleurs d'excellents tisserands.

Le mardi, jour de marché, les Guambianos se rendent à Silvia pour y vendre leurs fruits et légumes et leur artisanat : c'est à ce moment qu'il faut visiter la bourgade. Tous ou presque y viennent en costume traditionnel : jupe bleue à liseré rose et chapeau trilby pour les hommes, vêtements tissés main et colliers de perles pour les femmes, affairées à filer leur laine. Ils viennent en *chiva* (bus coloré) et se rassemblent autour de la place principale. Les Guambianos n'appréciant guère d'être pris en photo, nous vous recommandons de garder, par respect élémentaire, votre appareil dans votre sac.

Le marché débute à l'aube pour se terminer en début d'après-midi. Fruits et légumes, viande crue, vêtements et chaussures à petit prix dominent ce marché qui n'a rien de touristique, mais où vous dénicherez d'aventure un poncho ou un tricot à votre goût.

L'église située au-dessus de la place principale offre un panorama à 360 degrés de la campagne alentour. En bas, près de la rivière, vous pourrez louer des chevaux pour une promenade autour d'un petit lac, ou dans la montagne vers un autre lac perdu dans les nuages.

Des bus quittent Popayán à peu près toutes les heures (7 000 COP, 1 heure 30) ; des départs supplémentaires ont lieu tôt le mardi. De Cali, prenez un bus direction Popayán jusqu'à Piendamó (12 000 COP, 2 heures), d'où vous prendrez une correspondance pour Silvia (3 000 COP, 30 minutes).



personnel attentif, enclin à dispenser de bons tuyaux.

**Parklife Hostel** AUBERGE DE JEUNESSE $
(☎300-249-6240 ; www.parklifehostel.com ; C. 5 n°6-19 ; dort 20 000 COP, s/d 45 000/55 000 COP, sans sdb à partir de 35 000/48 000 COP ; @ 📶). Difficile de trouver mieux situé que le Parklife : il est collé à la cathédrale ! Cette demeure déborde de charme avec ses parquets, ses lustres et son mobilier d'époque, et vous entendrez peut-être le chœur de l'église chanter depuis le salon. Les chambres à l'avant ont une très belle vue sur le Parque Caldas.

**Hostel Caracol** AUBERGE DE JEUNESSE $
(☎820-7335 ; www.hostelcaracol.com ; C. 4 n°2-21 ; dort 20 000 COP, s/d sans sdb 35 000/50 000 COP ; @ 📶). Dans une maison coloniale rénovée, cette auberge chaleureuse et décontractée a les faveurs des baroudeurs. Ses chambres, petites mais confortables, sont disposées autour d'une agréable cour commune, et vous dénicherez ici des trésors d'informations sur les sites à voir et les sorties à faire à Popayán.

**Casa Familiar Turística** AUBERGE DE JEUNESSE $
(☎824-4853 ; casafamiliarturistica@hotmail.com ; Carr. 5 n°2-07 ; dort 15 000 COP, s/d 30 000/35 000 COP ; 📶). La toute première adresse petits budgets de Popayán est idéale pour un séjour en immersion. Cette famille colombienne loue en effet des chambres simples et spacieuses, et met une cuisine à disposition.

♥ **Hotel Los Balcones** HÔTEL $$
(☎824-2030 ; www.hotellosbalconespopayan.com ; Carr. 7 n°2-75 ; s/d/app 73 700/137 500/171 000 COP ; @ 📶). Un escalier de pierre vieux de deux siècles conduit aux chambres de cette adresse princière débordant de charme, entre mobilier ancien en bois, aigles naturalisés et dédale de corridors. Dans le hall, des dessins de M. C. Escher voisinent d'antiques céramiques et de profonds canapés en cuir. Préférez les chambres du dernier étage, plus calmes.

**Hotel La Plazuela** HÔTEL $$
(☎824-1084 ; www.hotellaplazuela.com.co ; C. 5 n°8-13 ; ch petit-déj inclus 116 000 COP ; 📶). Cette belle demeure chaulée, à la jolie cour, a été modernisée tout en conservant son mobilier

ancien. Les chambres en façade sont insonorisées au moyen d'un bon double vitrage et donnent sur l'Iglesia San José.

**Hotel Colonial** HÔTEL $$
(☎831-7848 ; hotelcolonial@hotmail.es ; C. 5 n°10-94 ; s/d/tr 55 000/75 000/120 000 COP ; @ 📶). Fraîchement rénové, ce petit hôtel installé dans une maison coloniale du centre offre un bon rapport qualité/prix. Les chambres, avec lit confortable, TV écran plat et sdb étincelante, sont toutefois un peu bruyantes quand l'hôtel affiche complet. Préférez celles à l'étage.

**Hotel Dann Monasterio** HÔTEL $$$
(☎824 2191 ; www.hotelesdann.com ; C. 4 n°10-14 ; s/d 222 720/288 840 COP, ste 362 000-436 000 COP ; @ 📶 🏊). Cet hôtel, aménagé dans un ancien monastère franciscain plein de caractère, propose, autour d'un cloître, des chambres élégantes sans être particulièrement luxueuses, et de surcroît de qualité variable – demandez à en voir plusieurs. Le Wi-Fi passe mal à travers des murs aussi épais, mais des câbles Ethernet pourront vous être fournis.

## Où se restaurer

Les saveurs de la cuisine de Popayán sont réputées dans toute la Colombie. Ne manquez pas les *carantantas,* sortes de chips de maïs, et les *empanadas de pipián,* des beignets de pomme de terre servis avec une sauce épicée aux cacahuètes. Côté boissons traditionnelles, le *champús* mêle maïs, lulo et ananas, tandis que le *salpicón payanés* est un cocktail glacé à la mûre fraîche.

**Tienda Regional del Macizo** COLOMBIEN $
(Carr. 4 n°0-42 ; repas 3 500 COP ; 🕗8h-16h). Ce petit café appartient à une association qui aide les agriculteurs du Macizo Colombiano à commercialiser leurs produits. Inutile de dire que les repas servis ici, à prix dérisoire, sont préparés à partir de denrées très fraîches et débordent de saveurs.

**Mora Castilla** CAFÉ $
(C. 2 n°4-44 ; en-cas 2 500-4 000 COP ; 🕗9h-19h). Une adresse minuscule qui excelle dans les recettes traditionnelles du genre *salpicón payanés, champús, tamales* (beignets de maïs à la vapeur) et *carantantas.* Si vous avez de la place pour un dessert, attrapez juste à côté quelques *aplanchados* (biscuits "repassés", plats) de la très estimée doña Chepa.

**Sabores del Mar** POISSON, FRUITS DE MER $
(C. 5 n°10-97 ; formule déj 6 000 COP ; 🕗7h-20h). Dans son tout petit resto à la déco marine, cette famille dynamique originaire de Guapi sert une épatante formule déjeuner tournée vers la mer ; essayez les filets de *toyo* (requin).

**Tequila's** MEXICAIN $
(C. 5 n°9-25 ; formule déj 6 500 COP, plats 10 000-20 000 COP ; 🕗12h-22h). Tenu par un couple mexicano-colombien, ce petit restaurant du centre sert de bons classiques mexicains à prix avantageux.

**La Fresa** CAFÉ $
(C. 5 n°8-89 ; en-cas 200-2 000 COP ; 🕗7h-19h). Cette gargote installée à un coin de rue, avec quelques tables en plastique, est réputée dans tout Popayán pour ses délicieuses *empanadas de pipián* que les habitués aiment accompagner d'une *malta* (soda au malt).

**La Semilla Escondida** FRANÇAIS $$
(C. 5 n°2-26 ; plats 10 000-25 000 COP ; 🕗12h-15h lun, 12h-15h et 18h-22h mar-sam). Cette table du vieux Popayán mitonne de succulentes crêpes et galettes et des plats de pâtes, et son menu gastronomique, le midi, affiche un rapport qualité/prix imbattable (7 700 COP).

**Restaurante Italiano** ITALIEN $$
(C. 4 n°8-83 ; plats 15 000-26 000 COP ; 🕗12h-22h). Poussez les portes façon saloon de ce restaurant italien tenu par des Suisses pour vous attabler devant d'excellentes pâtes et pizzas, ou bien une authentique fondue, parfaite par une froide soirée dans ces montagnes. Le menu (7 500 COP) est une délicieuse affaire.

**Hotel Camino Real** FRANCO-COLOMBIEN $$$
(☎824-3595 ; C. 5 n°5-59 ; plats 25 000-35 000 COP ; 🕗12h-15h et 18h-22h). Les propriétaires de cet hôtel sont des figures du Congreso Nacional Gastronómico (p. 253), et leur amour de la bonne chère transparaît dans la carte du restaurant, au carrefour culinaire entre la France et la Colombie. Optez pour l'un des excellents menus (45 000 COP), comprenant 2 entrées, un plat, un choix de fromages et une mousse de fruits. Réservation recommandée.

## Où prendre un verre et faire la fête

Le soir, les étudiants désargentés se retrouvent au Pueblito Patojo, sorte de

Popayán miniature en contrebas du Morro de Tulcán, pour refaire le monde autour d'alcools apportés par leurs soins. Sinon, l'essentiel du Popayán noctambule se concentre autour de la grande route qui quitte la ville.

**Wipala** BAR
(Carr. 2 n°2-38 ; ⌚14h30-21h30 lun-jeu, jusqu'à 23h30 ven et sam ; 📶). Ce bar doublé d'un petit jardin sert café bio, *hervidos* (infusions aux fruits) et une boisson énergétique maison à partir de maté de coca, de gingembre et de ginseng. Son burger végétarien n'est pas mal non plus. On y vient pour les animations, éclectiques, entre rock et danse du ventre.

**New York** CLUB DE SALSA
(Contiguo Salón Comunal, Barrio Pueblillo ; ⌚21h-3h jeu-dim). À la sortie de Popayán, un club de quartier vibrant et authentique. Prenez place dans un box à l'ancienne sous les centaines de vieux vinyles, de jouets en plastiques et autres icônes de la salsa qui décorent la salle du sol au plafond. Le quartier n'a rien de sûr : prenez un taxi jusqu'à la porte de l'établissement (6 000 COP).

**El Sotareño** BAR
(C. 6 n°8-05 ; ⌚16h-1h lun-jeu, jusqu'à 3h ven et sam). Dans une rue centrale animée, cette accueillante institution fait tourner de vieux vinyles de tango, de bolero et de ranchera.

**Capriccio Café** CAFÉ
(C. 5 n°5-63 ; ⌚9h30-12h30 et 14h-20h lun-sam). Une adresse sympathique, qui torréfie du café du Cauca et en prépare de succulentes versions frappées.

**Bar La Iguana** BAR
(C. 4 n°9-67 ; ⌚12h-tard). C'est ici qu'il faut se rendre, à Popayán, pour faire étalage de ses talents de *salsero*, parfois sur de la musique live.

## ℹ Renseignements

Vous trouverez de nombreux distributeurs de billets autour du Parque Caldas.

**4-72** (C. 4 n°5-74 ; ⌚9h-17h). Bureau de poste.

**Migración Colombia** (☎823-1027 ; C. 4N n°10B-66 ; ⌚9h-12h et 14h-17h). Prorogations de visas.

**Policía de Turismo** (☎822-0916 ; Carr. 7 n°4-36). Office du tourisme, sur la place principale.

## ℹ Depuis/vers Popayán

### AVION

L'**Aeropuerto Guillermo León Valencia** se trouve juste derrière la gare routière, à 1 km au nord du centre-ville. Avianca assure trois vols directs quotidiens pour Bogotá.

### BUS

La **gare routière** est à 1 km au nord du centre-ville. Des bus fréquents rejoignent Cali (16 000 COP, 3 heures) ; les directs pour Bogotá (85 000 COP, 12 heures) et Medellín (70 000 COP, 11 heures) partent le soir.

Des minibus partent régulièrement pour San Agustín (30 000 COP, 5 heures). Pour Tierradentro (22 000 COP, 5 heures), départs à 5h, 8h, 10h30, 13h et 15h. Celui de 10h30 vous déposera juste à l'entrée du Museo Arqueológico.

Toutes les heures partent aussi des bus pour Pasto (32 000 COP, 6 heures) et Ipiales (40 000 COP, 8 heures). Les conditions de sécurité sur la route de Popayán vers la frontière équatorienne se sont améliorées, et les attaques sont désormais rares, même si les bus de nuit continuent, par précaution, de couvrir une partie du trajet en convois. Si possible, autant voyager de jour.

# Coconuco

Deux sources thermales vous attendent dans la montagne, sur la route de San Agustín passé Popayán, près de la bourgade de Coconuco (2 360 m). Le week-end, des familles en font leur terrain de jeu, mais les bains sont quasi déserts en semaine. La fraîcheur du climat local rend ces sources chaudes d'autant plus agréables.

Le week-end, les Colombiens viennent faire la fête, musique à fond, à **Agua Hirviendo** (☎314 618 4178 ; 7 000 COP ; ⌚24h/24), des thermes tenus par une communauté indienne. Ils tiennent en deux grands bassins et plusieurs petits, complétés par un sauna naturel. Le restaurant voisin sert jusque tard.

Sis dans un merveilleux cadre montagnard, les **Termales Aguatibia** (☎315-578-6111 ; www.termalesaguatibia.com ; 12 000 COP ; ⌚8h-18h), voisins, ont l'attrait de vastes espaces verts, mais leurs eaux sont plutôt tièdes (c'est d'ailleurs le sens d'"agua tibia"). Le site compte quatre bassins thermaux, un bain de boue et un "toboggan" de 53 m (plutôt une rampe bétonnée propice aux ecchymoses...).

En semaine, vous trouverez entre Popayán et Coconuco (4 000 COP, 1 heure, 31 km) des départs toutes les heures, plus fréquents le week-end. De là, une Jeep (10 000 COP par véhicule) ou une moto-taxi (3 000 COP) vous conduira aux thermes.

## LE PARQUE NACIONAL NATURAL PURACÉ

À 45 km à l'est de Popayán par la route non goudronnée de La Plata, les 830 km² de ce **parc national** (☎313-680-0051, 521 2578 ; Colombien/étranger 5 000/10 000 COP ; guide par groupe 35 000 COP ; ⏲8h-18h) font partie, presque intégralement, du *Resguardo Indígena Puracé*, le territoire officiel des Indiens Puracé.

Lors de notre passage, les intéressés, mécontents de sa gestion par le gouvernement national, avaient pris le contrôle du parc. Ainsi, les services des parcs nationaux et les offices du tourisme officiels vous diront que le parc est fermé, mais les Puracé continuent d'y accueillir les visiteurs afin de faire vivre leur fragile programme d'écotourisme. En sus du billet d'entrée, chaque groupe doit, pour visiter le parc, louer les services d'un guide indien (35 000 COP par groupe).

Le PNN Puracé est le seul endroit en Colombie où l'on peut voir des condors des Andes à l'état sauvage. Près d'une dizaine de ces grands rapaces y avaient été réintroduits, dont seuls restent trois individus. Votre guide tentera vraisemblablement d'en attirer avec de la nourriture pour vous permettre de les voir de près.

Par beau temps, vous pourrez aussi faire l'ascension du **Volcán Puracé** (4 750 m), le plus haut des sept volcans de la chaîne des Coconucos. Comptez 5 heures pour monter et 3 heures pour descendre, par un chemin souvent boueux. Le dénivelé avec Popayán est tel que la dernière partie de la randonnée se révèle pénible. Décembre-janvier est la période la plus favorable : de juin à août, la météo peut être épouvantable. Pour partir tôt, pensez éventuellement à passer la nuit dans l'un des chalets.

Le centre d'accueil des visiteurs (3 350 m) loue des **chalets** sans chauffage (ch/pers 20 000 COP) et sert des repas simples. Il n'y a pas d'eau chaude, mais certains chalets ont une cheminée en état de marche.

Pour rejoindre le parc, prenez n'importe quel bus à destination de La Plata jusqu'au **Cruce de la Mina** (12 000 COP, 1 heure 15). Si vous ne venez que pour la journée, mieux vaut prendre le tout premier, à 4h30, ou au plus tard celui de 6h45.

Du Cruce de la Mina, il faut grimper sur 1,5 km jusqu'au **Cruce de Pilimbalá**, puis prendre à gauche et continuer encore sur 1 km pour atteindre le centre d'accueil des visiteurs. En général, un guide attend à l'arrêt de bus pour vous montrer le chemin.

À environ 8 km du Cruce de la Mina, les **Termales de San Juan** (3 200 m) bouillonnent dans un très beau paysage de *páramo* (plaine d'altitude). Malheureusement, contrairement à Coconuco, on ne se baigne pas dans ces sources chaudes. Ces bassins se trouvent en dehors de la réserve indienne, et vous trouverez ici un poste forestier où des employés des Parques Nacionales vous interdiront peut-être l'accès, en fonction de l'avancée des négociations. Renseignez-vous à Popayán avant de partir.

Le dernier bus pour Popayán passe au Cruce de la Mina autour de 17h.

Pour cette excursion, emportez de la nourriture, de l'eau, des vêtements chauds, une crème solaire et une copie de votre passeport.

# San Agustín

☎8 / 31 300 HABITANTS / ALTITUDE 1 695 M

Il y a plus de 3 000 ans, deux cultures s'épanouissaient dans les vallées voisines du Río Magdalena et du Cauca, séparées par d'infranchissables sommets. Les fleuves, leurs grands axes de communication, prenaient chacun leur source à quelques jours de marche : c'est par ici, près de San Agustín, que ces deux peuplades se retrouvaient pour commercer, rendre un culte à leurs dieux et enterrer leurs morts.

Dans de la roche éjectée par les volcans voisins, aujourd'hui éteints ou presque, des sculpteurs façonnèrent de monumentales statues. On en dénombre aujourd'hui plus de 500, dispersées dans les collines verdoyantes autour de San Agustín. La plus grande dépasse 7 m de haut. Beaucoup arborent des formes anthropomorphes, certaines réalistes, d'autres ont des airs de monstres masqués. Certaines représentent des animaux sacrés tels l'aigle, le jaguar ou la grenouille. Les archéologues ont également mis au jour de nombreuses céramiques, mais très peu d'orfèvrerie :

## San Agustín

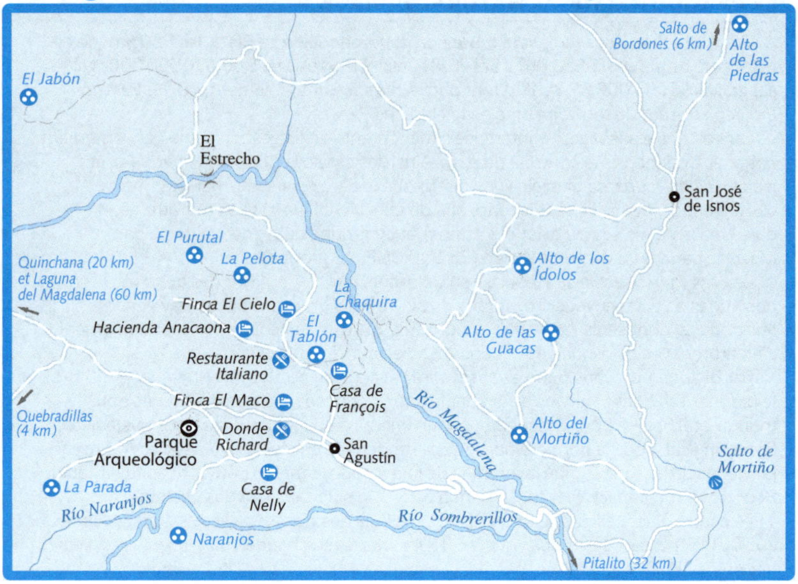


contrairement aux Tayronas, sur la côte caraïbe, les peuplades locales n'avaient pas accès à des mines d'or.

On n'en sait guère plus sur les cultures de San Agustín, qui ne possédaient pas d'écriture et disparurent bien des siècles avant l'arrivée des Européens. Elles n'en ont pas moins laissé un patrimoine archéologique parmi les plus précieux du continent : ce site empreint de mysticisme, dans des paysages époustouflants, mérite largement le détour.

### À voir

Comptez deux journées bien remplies (ou trois plus tranquilles) pour visiter les principaux sites archéologiques : une journée pour le parc archéologique et le circuit à cheval vers El Tablón, La Chaquira, La Pelota et El Purutal (4 heures aller-retour), et une autre pour l'excursion en Jeep à El Estrecho, El Alto de los Ídolos, El Alto de las Piedras, au Salto de Bordones et au Salto de Mortiño (six heures).

Avec l'achat du billet d'entrée, au Parque Arqueológico ou à l'Alto de Los Ídolos, vous sera remis un "passeport" valable deux jours consécutifs pour la visite des deux sites.

Nous vous recommandons chaudement de louer les services d'un guide pour visiter les sites les plus isolés : en dehors du Parque Arqueológico, la signalisation et les informations sont très rares. Sans compter que des vols ont été rapportés dans les zones les plus à l'écart.

Le tarif officiel pour un guide certifié est de 60 000 COP la demi-journée, un peu plus pour un guide anglophone. Vous trouverez des chevaux à louer à 30 000 COP environ la demi-journée, à quoi il faut ajouter la location de la monture de votre guide (il est donc avantageux de constituer un groupe). Les circuits en Jeep vers les sites les plus lointains reviennent à 150 000-180 000 COP environ la journée (max 5 personnes), sans compter les services d'un guide compétent.

**Parque Arqueológico** SITE PRÉCOLOMBIEN (www.icanh.gov.co ; tarif plein/enfant/étudiant 20 000/5 000/10 000 COP ; 8h-16h). À 2,5 km de San Agustín, ce parc archéologique de 78 ha renferme quelque 130 statues, trouvées sur place ou apportées depuis d'autres sites ; elles comptent au nombre des plus beaux exemples de l'art précolombien local. Prévoyez environ 3 heures pour le parc. De bons guides se postent autour du musée.

À l'entrée du parc, le **Museo Arqueológico** expose des statues plus petites, de la céramique, des bijoux et d'autres objets, et fournit un éclairage intéressant sur la culture de San Agustín.

Outre les différents ensembles de statues, groupées sur des *mesitas,* ne manquez pas la Fuente de Lavapatas. Creusé à même le lit du cours d'eau, ce réseau complexe de rigoles et de petits bassins en terrasses est gravé de serpents, de lézards et de représentations humaines. Les archéologues estiment que ces bains servaient à des ablutions rituelles et au culte de divinités aquatiques.

De là, le chemin monte vers l'Alto de Lavapatas, le plus ancien site de San Agustín, où des statues veillent sur plusieurs sépultures ; beau panorama sur la campagne environnante.

**Alto de los Ídolos** SITE PRÉCOLOMBIEN
(tarif plein/enfant/étudiant 20 000/5 000/10 000 COP ; ⌚8h-16h). De l'autre côté du Río Magdalena, à 4 km au sud-ouest de San José de Isnos (un hameau à 26 km au nord-est de San Agustín), le deuxième parc archéologique de la région en importance renferme la plus imposante statue, haute de 7 m, dont seuls 4 émergent du sol.

**Alto de las Piedras** SITE PRÉCOLOMBIEN
À 7 km au nord d'Isnos, vous découvrirez des sépultures bordées de dalles qui pour certaines conservent des traces de leurs pigments rouges, noirs et jaunes d'origine. L'une des statues les plus célèbres de San Agustín se trouve ici : examinez attentivement ce *Doble Yo* (“double moi”), qui réunit en fait quatre personnages. On remarquera aussi une fascinante silhouette féminine enceinte.

**El Tablón, La Chaquira, La Pelota et El Purutal** SITES PRÉCOLOMBIENS
La plupart des visiteurs visitent ces quatre sites relativement proches dans le cadre d'une promenade équestre. La Chaquira est à voir absolument, pour ses divinités sculptées à même la montagne, au-dessus de magnifiques gorges du Río Magdalena.

### Autres sites

Si vous avez du temps devant vous, d'autres sites archéologiques méritent la visite, notamment **La Parada**, **Quinchana**, **El Jabón**, **Naranjos** et **Quebradillas**. La richesse archéologique de la région ne doit pas faire oublier sa beauté naturelle, et, en particulier, les cascades spectaculaires du **Salto de Bordones** et du **Salto de Mortiño**, ou encore **El Estrecho**, un goulet rocheux où le Río Magdalena se réduit à 2,20 m de large. Tous ces sites sont accessibles par la route, ou à cheval.

## Activités

Le cheval est l'un des meilleurs moyens d'explorer la montagne autour de San Agustín, d'autant que, contrairement à ce que l'on voit parfois en Colombie, les montures proposées ici aux touristes sont généralement en excellente condition physique. Une bonne formule pour visiter certains sites archéologiques, mais aussi, en soi, pour des circuits équestres de plusieurs jours.

Pensez à **Francisco “Pacho” Muñoz** (☎311-827-7972), un guide recommandé que vous trouverez le plus souvent aux abords de la Finca El Maco. Il pourra vous guider dans la région de San Agustín, mais aussi vous conduire à la Laguna del Magdalena, à Tierradentro, voire, si vous êtes prêt à acheter des chevaux, vous emmener jusqu'en Équateur.

**Laguna del Magdalena** ÉQUITATION
Intéressante expédition équestre que ce circuit de 3 jours à la Laguna del Magdalena (3 327 m), source du Río Magdalena, à 60 km de San Agustín dans le Macizo Colombiano. Cette région, longtemps investie par la guérilla, est aujourd'hui jugée sûre. Comptez 3 à 5 jours en fonction de l'itinéraire, et environ 150 000 COP par personne et par jour, selon la taille de votre groupe.

**Magdalena Rafting** RAFTING
(☎311-271-5333 ; www.magdalenarafting.com ; C. 5 n°16-04). Les eaux tumultueuses du Río Magdalena dévalent dans des paysages parfois époustouflants, et Magdalena Rafting propose aux novices des sorties de 1 heure 30 (50 000 COP par pers) sur des rapides de classes II et III, et aux plus expérimentés des circuits d'une journée en classe V (120 000 COP). Minimum 4 personnes par groupe. Cours de kayak également.

## Où se loger

Les hôtels petits budgets ne manquent pas, dans le centre de San Agustín : pile sur la place principale, le confortable **Hotel Hipona Plaza** (☎314-454-8497 ; www.hiponaplazahotel.com ; C. 3 n°13-24 ; s/d 30 000/60 000 COP) affiche le meilleur rapport qualité/prix du centre-ville. Autre option, **Residencias El Jardín** (☎314-488-6220 ; Carr. 11 n°4-10 ; ch par pers avec/sans sdb 22 000/17 000 COP, cabaña s/d 30 000/50 000 COP ; wifi) loue des chambres bon marché dans une vieille maison spacieuse, non loin de l'arrêt du bus.

HORS DES SENTIERS BATTUS

## MOCOA : L'ÉQUATEUR EN PASSANT PAR LA JUNGLE

Si vous envisagez de rejoindre l'Équateur après avoir visité San Agustín, inutile de retourner à Popayán. À seulement 4 heures de bus de Pitalito (juste à l'est de San Agustín), le département de Putumayo est une contrée de rivières, de jungles épaisses et de nature en majesté. Si vous n'avez pas prévu d'aller à Leticia, ce petit coin d'Amazonie facile d'accès mérite largement un détour. Mocoa, la capitale du Putumayo, est une bourgade agricole sans grand intérêt, mais la région alentour, elle, n'en manque pas, entre cascades, bassins de baignade et superbes randonnées.

Juste à côté de superbes bassins de baignade au sud-est de Mocoa, la charmante **Casa del Río** (☎8-420-4004 ; www.casadelriomocoa.com ; Vereda Caliyaco, via Mocoa-Villagarzón ; dort/s/d 18 000/35 000/43 000 COP ; @ wifi) loue des chambres confortables dans un jardin verdoyant où pépient quantité d'oiseaux – guettez aussi les tout petits singes.

De Mocoa, vous pouvez rejoindre Pasto (35 000 COP, 6 heures) en empruntant le Trampolín de la Muerte. Ce "tremplin de la mort", l'une des routes les plus spectaculaires (et dangereuses) du continent, se résume à une seule voie non goudronnée flanquée du début à la fin de précipices de 400 m de profondeur. En cas de croisement avec d'autres véhicules, il n'y a parfois d'autre option que de faire marche arrière... Le pick-up est considéré plus sûr que le bus sur cette route. De Pasto, la frontière n'est plus qu'à 2 heures. On peut aussi préférer prendre un bus jusqu'au village de San Miguel, non loin de la frontière (27 000 COP, 6 heures) pour entrer en Équateur à proximité de Nueva Loja (Lago Agrio), ville qui fait une bonne base vers l'Amazonie équatorienne et d'où l'on rejoint facilement Quito, en bus ou en avion.

La sécurité reste précaire autour de San Miguel, mais de nombreux visiteurs y ont franchi la frontière sans problème. Renseignez-vous auprès des autorités à Mocoa avant de partir, et voyagez exclusivement de jour.

Cependant, vous apprécierez plus encore votre séjour à San Agustín en optant pour l'une des charmantes propriétés rurales, présentes en nombre en dehors de la ville.

**Finca El Maco** AUBERGE DE JEUNESSE $
(☎320-375-5982, 837-3847 ; www.elmaco.ch ; empl par pers 10 000 COP, dort 18 000 COP, s/d à partir de 44 000/63 000 COP ; @ wifi). Cette adresse paisible propose plusieurs bungalows disséminés dans un joli jardin, et son restaurant sert du yaourt bio maison et un excellent curry. Le propriétaire peut organiser des excursions dans toute la région. Sur la route du Parque Arqueológico, prenez à droite à l'Hotel Yalconia et grimpez sur 400 m : c'est là. Si vous êtes chargé, optez pour le taxi (7 000 COP).

**Casa de François** AUBERGE DE JEUNESSE $
(☎837-3847 ; www.lacasadefrancois.com ; empl par pers 10 000 COP, dort 19 000 COP, ch avec/sans sdb 50 000/40 000 COP, cabane 80 000 COP ; wifi). C'est au milieu d'un jardin surplombant la ville et les collines que François, un Français, a eu la riche idée d'installer son auberge écologique (remarquez les bouteilles en verre encastrées dans les murs de chaume). Le dortoir, en hauteur et aéré, a une vue magnifique, et la cuisine commune est spacieuse. Sur place, le petit restaurant prépare des repas et en-cas de qualité.

**Casa de Nelly** AUBERGE DE JEUNESSE $
(☎310-215-9067 ; www.hotelcasadenelly.co ; Vereda La Estrella ; dort 18 000 COP, s/d 35 000/70 000 COP, sans sdb 25 000/50 000 COP ; wifi). La toute première auberge de San Agustín, tenue par une équipe sympathique, propose un choix de logements confortables, dans l'un des plus jolis jardins des environs. Cheminée ouverte dans la spacieuse salle commune, et coin barbecue.

**Hacienda Anacaona** HÔTEL $$
(☎311-231-7128 ; www.anacaona-colombia.com ; Vía al Estrecho ; s/d/tr 70 000/120 000/150 000 COP ; wifi). Cet hôtel au style colonial et à l'atmosphère paisible a, outre son confort abouti, l'attrait d'un jardin soigné, et d'une belle vue. Copieux petit-déjeuner compris. Le personnel à l'accueil règlera le taxi à votre arrivée.

**Finca El Cielo** HÔTEL $$
(☎313-493-7446 ; www.fincaelcielo.com ; Vía al Estrecho ; ch par pers petit-déj inclus 60 000 COP).

Sur la route d'El Estrecho, cette belle *posada* en guadua (variété de bambou) donne sur des collines verdoyantes souvent nimbées de brume. Les accueillants propriétaires, qui vivent au rez-de-chaussée, font table d'hôtes sur demande.

## Où se restaurer

**Pastelería Le Péché Mignon** FRANÇAIS $
(C. 5 n°16-09 ; pâtisserie 3 000-3 500 COP ; 13h-19h mer-dim). Cette boulangerie française, dont les beaux gâteaux et pâtisseries sont vendus frais du jour, rencontre un succès mérité.

**Donde Richard** COLOMBIEN $$
(312-432-6399 ; Vía al Parque Arqueológico ; plats 24 000 COP ; 8h-18h mer-lun). Sur la route du Parque Arqueológico, ce grill est le meilleur restaurant de San Agustín, tant pour ses généreuses portions de viandes grillées, que pour ses plats de poisson préparés dans la cuisine ouverte. La halte idéale pour déjeuner en revenant du parc.

**El Fogón** COLOMBIEN $$
(320-834-5860 ; C. 5 n°14-30 ; plats 18 000-20 000 COP ; 7h-21h). Cette petite institution locale sert de copieuses portions de classiques colombiens, et propose une formule déjeuner très avantageuse (6 000 COP). Autre adresse près du Parque Arqueológico.

**Restaurante Italiano** ITALIEN $$
(314-375-8086 ; Vereda El Tablón ; plats 16 000-23 000 COP ; 12h-21h30 mar-dim, 12h-18h lun). Un peu excentré, ce restaurant sans chichis sert des spécialités italiennes authentiques, dont des pâtes maison. Comptez 4 000 COP pour vous y rendre en taxi.

## Où prendre un verre et faire la fête

**El Faro** BAR
(Carr. 13 n°6-50 ; 17h-23h30 mar-dim). Bar tranquille et bohème où les conversations se nouent aisément devant une bière ou un cocktail. Du four à bois sortent les meilleures pizzas de San Agustín.

**Macizo Coffee** CAFÉ
(C. 2 N°13-17 ; café 3 000-6 000 COP ; 8h30-20h). Sur la place centrale, une adresse appréciée pour son large choix de boissons préparées à partir du café labellisé de producteurs locaux. Autres adresses dans le Parque Arqueológico.

## Achats

Les agriculteurs se retrouvent le lundi pour mener leurs affaires au marché de San Agustín, **La Galería** (angle C. 3 et Carr. 11 ; 5h-16h) : spectacle garanti, et maigre affluence touristique. Le marché se tient les autres jours, mais dans une ambiance beaucoup plus calme.

## Renseignements

Des rabatteurs pour des hôtels et des excursionnistes prétendument bon marché rôdent dans le centre-ville et jettent souvent leur dévolu sur les passagers des bus interurbains. Pour louer une Jeep ou les services d'un guide professionnel, passez plutôt par votre hôtel ou par le parc archéologique.

**Banco de Bogotá** (C. 3 n°10-61). Distributeur de billets.

**Oficina de Turismo** (320-486-3896 ; Carr. 11 n°3-61 ; 8h-12h et 14h-17h lun-ven). Dans la Casa de Cultura.

## Depuis/vers San Agustín

Les compagnies de bus ont leurs bureaux à l'angle Calle 3/Carrera 11 (surnommé Cuatro Vientos). Des minibus réguliers rallient Neiva (28 000 COP, 4 heures), Popayán (30 000 COP, 5 heures) et Cali (40 000 COP, 8 heures). Plusieurs bus partent tôt le matin ou en début de soirée pour Bogotá (50 000 COP, 11 heures).

Pour davantage de confort, **Colombia on the Road** (837-3437 ; www.colombiaontheroad.com) propose le voyage en van, de porte à porte, vers Popayán (40 000 COP) et Cali (70 000 COP).

Vers Popayán, la route traverse les sublimes paysages de *páramo* du Parque Nacional Puracé. Des vols ayant été signalés, ne l'empruntez pas de nuit.

Pour Tierradentro, rendez-vous à Pitalito (6 000 COP, 45 minutes) où vous changerez en direction de La Plata (25 000 COP, 2 heures 30) : de là, un bus ou un *colectivo* vous conduira à San Andrés (10 000 COP, 2 heures 30).

Les bus arrivant de Popayán avec peu de passagers vous déposeront au carrefour à 5 km de la ville en vous payant le taxi jusqu'à San Agustín. Les chauffeurs de taxi en profitent souvent pour conduire leurs clients dans un hôtel avec qui ils sont en affaire : aussi montrez-vous ferme quant à votre destination.

## Comment circuler

Les taxis de San Agustín, au nombre d'une dizaine, vous conduiront partout en ville, en particulier à votre hébergement s'il est excentré.

Les tarifs sont fixes, mais faites-vous confirmer le montant de la course avant de monter.

Un bus parcourt toutes les 15 minutes les 2 km du centre jusqu'au parc (1 200 COP), au départ de l'angle Calle 5/Carrera 14. Les *colectivos* qui sillonnent les petites routes de campagne sont un autre moyen de circuler depuis/vers les hôtels excentrés.

# Tierradentro

☎2 / ALTITUDE 1 750 M

Deuxième trésor de l'archéologie en Colombie, juste derrière San Agustín, Tierradentro est étonnamment peu visité. Loin des sentiers battus et desservi par des routes de terre parfois cahoteuses, c'est un site paisible où la population est accueillante et où les vestiges précolombiens sont mémorables. Si San Agustín est remarquable par sa statuaire, ce sont ses délicates sépultures souterraines qui distinguent Tierradentro. Les archéologues ont pour l'heure mis au jour une centaine de ces singuliers monuments funéraires, uniques en leur genre sur tout le continent américain. Une randonnée à travers de sublimes paysages d'altitude permet d'en découvrir les principaux.

## À voir

Tierradentro se compose de cinq sites distincts (quatre de sépultures souterraines, et un de statues en surface), disséminés dans les collines autour du village de San Andrés de Pisimbalá, plus deux musées.

D'un diamètre de 2 à 7 m, les chambres funéraires ont été creusées à même la roche volcanique tendre. De profondeurs variables, certaines sont situées juste sous le niveau du sol tandis que d'autres sont profondes de quelque 9 m. La coupole des plus grandes est soutenue par des piliers, et nombre des tombeaux sont ornés de motifs géométriques rouges et noirs sur fond blanc.

On sait peu de choses du peuple à l'origine de ces sépultures et de ces statues ; les Indiens Páez (ou Nasa) qui vivent aujourd'hui dans la région n'ont vraisemblablement aucun lien avec ces vestiges, attribués à d'autres cultures, et dont les architectes des tombeaux auraient vécu là avant les sculpteurs des statues. Certains chercheurs situent de la sorte la "culture des tombeaux" entre le VII^e^ et le IX^e^ siècle de notre ère, tandis que celle dite "des statues" serait à associer à une phase plus tardive de la culture de San Agustín, laquelle se serait manifestée quelque 500 ans plus tard.

La billetterie du **Parque Arqueológico** (☎311-3900-324 ; www.icanh.gov.co ; tarif plein/enfant/étudiant 20 000/5000/10 000 COP ; ⏲8h-16h) se trouve dans le complexe des musées. Vous y recevrez un "passeport" donnant accès aux deux musées et aux sites funéraires, valable deux jours consécutifs. Il est conseillé de visiter les musées avant de se rendre dans les sépultures, les explications étant très rares in situ.

Depuis les musées, une montée de 25 minutes mène au village de **San Andrés de Pisimbalá**. Son principal attrait, une belle **église** d'adobe au toit de chaume, a malheureusement été la cible d'un incendie criminel, et sa restauration n'avait pas encore commencé lors de notre passage.

### Sites funéraires et statues

Tous les sites de Tierradentro peuvent se visiter en une bonne journée de marche (14 km) ; un circuit à recommander, compte tenu de la beauté des paysages qu'il traverse. Vous pourrez couvrir cette boucle dans un sens comme dans l'autre, mais, au départ des musées, mieux vaut adopter celui inverse des aiguilles d'une montre, de sorte à éviter d'entamer la randonnée par une ascension pénible. On peut aussi partir du village et payer son entrée au premier site archéologique visité.

Seules certaines chambres funéraires étant éclairées, apportez une lampe torche pour mieux voir. Elles sont ouvertes de 8h à 16h.

Dans le sens inverse des aiguilles d'une montre en partant des musées, une ascension de 20 minutes conduit à **Segovia** (1 650 m), le principal site funéraire : il rassemble 18 tombeaux, dont 12 possèdent un éclairage électrique – certains ont des décors merveilleusement préservés.

De Segovia, 15 minutes d'ascension supplémentaires vous mènent à **El Duende** (1 850 m), dont aucune des quatre sépultures n'a conservé ses décors. Suivez la route pendant 25 minutes pour rejoindre **El Tablón** (1 700 m), où sont rassemblées 9 statues de pierre érodée, semblables à celles de San Agustín, mises au jour dans la région et réunies ici. Ce site, mal signalisé, se trouve derrière une maison d'adobe au toit de tôle perchée sur une colline sur la gauche de la route. On rejoint aussi El Tablón par le sentier qui part de la route principale de San Andrés.

Une fois entré en ville, vous trouverez, à côté du restaurant La Portada, le chemin

## Tierradentro

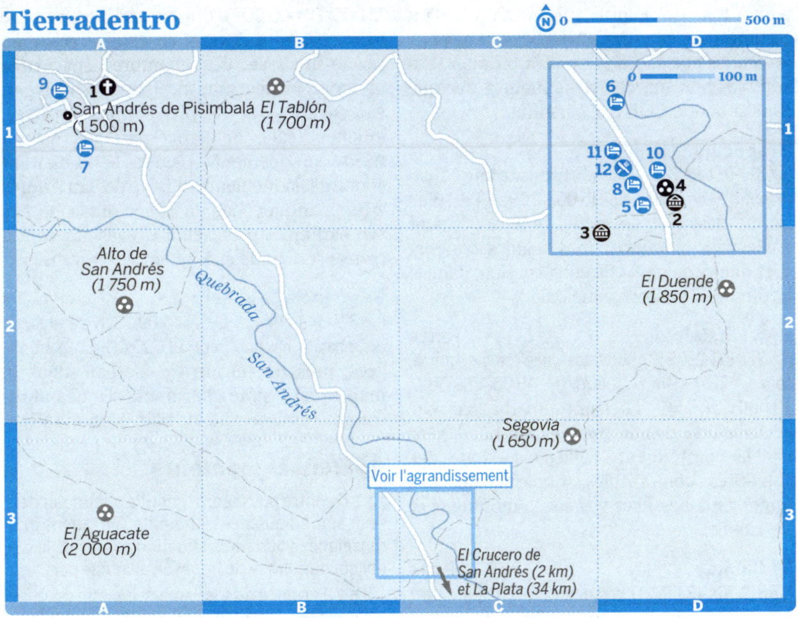




menant à l'**Alto de San Andrés** (1 750 m) : ici vous attendent six imposantes chambres funéraires, dont deux riches de peintures remarquablement préservées. Sur ces six chambres, l'une a été fermée en raison de l'humidité et de l'instabilité des sols, et une autre s'est déjà totalement effondrée.

**El Aguacate** (2 000 m) est le plus isolé des sites de Tierradentro, mais le panorama en vaut le détour. De l'Alto de San Andrés, ce site est à 1 heure 30 de marche, et encore autant (en descente) pour rejoindre ensuite les musées. El Aguacate compte plusieurs dizaines de tombeaux, mais la plupart ont été saccagés par des *guaqueros* (pillards). Seules quelques chambres recèlent des vestiges de leurs décors d'origine.

### Musées

**Museo Arqueológico** ARCHÉOLOGIE

Ce musée, consacré à la culture qui édifia ces tombes, renferme des urnes funéraires, ainsi que des maquettes donnant une idée des décors d'origine des sépultures.

**Museo Etnográfico** ETHNOGRAPHIE

Dévolu aux communautés indiennes postérieures aux sépultures de Tierradentro, ce musée possède des outils et objets liées aux Páez et des collections de l'ère coloniale, dont un *trapiche* (moulin à canne à sucre), des *bodoqueras* (sarbacanes) et des costumes traditionnels.

### Tierradentro

**À voir**

1 Église .......... A1
2 Museo Arqueológico .......... D1
3 Museo Etnográfico .......... D2
4 Parque Arqueológico .......... D1

**Où se loger**

5 Hospedaje Tierradentro .......... D1
6 Hotel El Refugio .......... D1
7 La Portada .......... A1
8 Mi Casita .......... D1
9 Residencia El Viajero .......... A1
10 Residencias Lucerna .......... D1
11 Residencias y Restaurante Pisimbalá .......... D1

**Où se restaurer**

12 Super Jugos .......... D1

## Où se loger et se restaurer

### Parque Arqueológico

Une demi-douzaine d'hébergements simples et un hôtel jalonnent les 500 m de côte qui rejoignent les musées. La plupart sont tenus par de gentils propriétaires d'un certain âge, les perspectives d'emploi pour les jeunes étant, par ici, plutôt réduites. Les adresses bon marché reviennent à quelque 10 000-15 000 COP par personne.

**Hospedaje Tierradentro** PENSION $
(☎313-651-3713 ; alorqui@hotmail.com ; Tierradentro ; ch par pers 15 000 COP). La plus intime des adresses petits budgets. Y sont louées des chambres impeccables, aménagées dans une nouvelle construction, dans le jardin de la maison principale.

**Hotel El Refugio** HÔTEL $
(☎321-811-2395 ; hotelalbergueelrefugio@gmail.com ; Tierradentro ; s/d/tr 45 000/63 000/80 000 COP ; 🏊). Le summum du luxe par ici, avec une grande piscine : cet hôtel, géré par la communauté villageoise, loue des chambres confortables, quoique un peu impersonnelles, avec vue sur la montagne et TV câblée.

**Mi Casita** PENSION $
(☎312-764-1333 ; Tierradentro ; ch par pers 12 000 COP). Adresse appréciée, notamment pour la gentillesse de ses propriétaires et son agréable jardin avec vue sur les montagnes.

**Residencias y Restaurante Pisimbalá** PENSION $
(☎311-605-4835, 321-263-2334 ; Tierradentro ; ch par pers avec/sans sdb 15 000/10 000 COP). Réparties dans la maison familiale, les chambres ont chacune leur salle de bains privative. Sur place, le restaurant, bon marché, n'oublie pas les végétariens et sert par ailleurs des vins de fruits artisanaux.

**Residencias Lucerna** PENSION $
(Tierradentro ; ch par pers 10 000 COP). Un hébergement simple et si désuet qu'il n'a pas le téléphone – mais il y a une cuisine à disposition.

**Super Jugos** PETIT-DÉJEUNER $
(Tierradentro ; jus 2 000 COP ; ⏲8h-18h). Prenez des forces avant votre randonnée, en vous régalant, juste à l'entrée du parc, de jus de fruits frais ou de yaourt maison.

### San Andrés de Pisimbalá

Cette option est sans doute préférable pour s'attarder dans la région.

♥ **La Portada** PENSION $
(☎311-601-7884 ; laportadahotel.com ; San Andrés de Pisimbalá ; s/d 30 000/35 000 COP, sans sdb 15 000/20 000 COP). Immanquable, puisque le bus s'arrête devant, ce chalet recèle, au rez-de-chaussée, des chambres spacieuses et propres avec salle de bains privative et eau chaude. D'autres plus simples, à l'étage, affichent salle de bains partagée et eau froide uniquement. L'agréable restaurant sert aussi la meilleure cuisine de San Andrés – ne manquez pas la glace maison. Les sympathiques propriétaires vous aideront à trouver un guide et à louer des chevaux.

**Residencia El Viajero** PENSION $
(☎321-349-4944 ; C. 6 n°4-09, San Andrés de Pisimbalá ; ch par pers 12 000 COP). Aménagées, près du terrain de football, dans la maison d'un hôte charmant, des chambres sommaires avec salle de bains commune.

### ℹ Renseignements

Lors de notre passage, la guérilla continuait de sévir sporadiquement autour de Tierradentro : renseignez-vous sur la situation auprès de la police touristique de Popayán avant de partir.

Il n'y a ni office du tourisme ni banque dans les environs de Tierradentro. À San Andrés, vous pourrez surfer (débit étonnamment rapide) et téléphoner chez **Puerta Virtual** (Vía Sta Rosa, San Andrés de Pisimbalá ; l'heure 1 500 COP ; ⏲9h-20h lun-sam).

### ℹ Depuis/vers Tierradentro

À l'arrivée à Tierradentro, la plupart des bus vous déposeront au Crucero de San Andrés, soit à 20 minutes de marche (en montée) des musées, et 20 minutes de plus jusqu'à San Andrés. Des *colectivos* (1 000 COP) très irréguliers font aussi le trajet ; en moto-taxi, comptez 3 000 COP.

Un bus direct pour Popayán (22 000 COP, 4 heures) quitte San Andrés de Pisimbalá à 6h et passe devant les musées. Les autres bus pour Popayán (9h, 11h, 13h et 16h) partent du Crucero de San Andrés.

Des bus et des pick-up partent de San Andrés de Pisimbalá à 6h30, 8h, 12h et 16h direction La Plata (10 000 COP, 2 heures), d'où vous trouverez des correspondances pour Bogotá, Neiva (pour le Desierto de la Tatacoa) et Pitalito (pour San Agustín).

## Desierto de la Tatacoa

À mi-chemin entre Bogotá et San Agustín surgissent d'étonnants paysages arides et ravinés par les rares précipitations. Un ciel clair et sec, l'absence de pollution lumineuse et une situation sur l'Équateur font aussi de ce désert de la Tatacoa un haut lieu de l'astronomie, d'où admirer la voûte nocturne des deux hémisphères.

Quoi qu'en dise le thermomètre, qui peut afficher ici 50°C, la Tatacoa n'est pas *stricto sensu* un désert : il s'agit d'une forêt tropicale sèche, qui n'enregistre en moyenne que 1 070 mm de précipitations. De fait, des montagnes l'encadrent de tous côtés, et les sommets du Nevado del Huila (5 750 m) arrêtent l'essentiel des pluies. Les 330 km² du Desierto de la Tatacoa forment ainsi un écosystème sans égal en Colombie, où cohabitent scorpions et belettes, où poussent des cactus fructifères, et où sont recensées pas moins de 72 espèces d'oiseaux.

Pour vous rendre dans la Tatacoa, vous devrez passer par **Neiva**, brûlante capitale du département de Huila, traversée par le Río Magdalena. Il n'y a pas grand-chose à y faire : prenez plutôt un *colectivo* pour Villavieja, à une heure vers le nord-ouest. Vous pourrez passer la nuit à Villavieja ou mieux encore, dans le désert.

N'oubliez pas de vous munir de bonnes chaussures (le sol est jonché d'épines de cactus) et d'une lampe-torche.

## Villavieja

☎8 / 7 338 HABITANTS / ALTITUDE 440 M

Cette localité fut fondée en 1550 dans le désert, et il ne s'y est pas passé grand-chose depuis. Une poignée de familles vit encore de l'élevage des chèvres, mais la plupart travaillent dans le tourisme. Le week-end et pendant les vacances, Villavieja a les faveurs de *Bogotanos*, mais le reste du temps, vous aurez la ville rien que pour vous.

### À voir et à faire

Jadis submergée, la région recèle de nombreux fossiles du miocène, et des paléontologues travaillent toujours à La Venta, loin dans le désert. Vous admirerez quelques-unes de leurs découvertes, dont les os d'un tatou aussi gros qu'un tracteur, au **Museo Paleontológico** (☎879-7744, 314-347-6812 ; 2 000 COP ; ⏲8h30-12h et 14h-17h), sur la place principale. Avec son personnel très coopératif, le musée tient aussi lieu d'office du tourisme officieux, le bureau tenu par la police touristique étant rarement ouvert.

En quittant Villavieja, vous traverserez une petite forêt de cactus baptisée **Bosque del Cardón**. À 4 km de la ville, à **El Cusco**, se trouve l'**Observatorio Astronómico de la Tatacoa** (☎312-411-8166 ; www.tatacoa-astronomia.com ; El Cusco ; observation 10 000 COP ; ⏲centre d'accueil des visiteurs 10h-21h). Le centre d'accueil de l'observatoire pourra aussi vous trouver un guide pour explorer la région. L'observatoire n'est en soi ouvert que de 19h à 21h, créneau à la faveur duquel l'astronome **Javier Fernando Rua Restrepo** (☎310-465-6765) vous fera "visiter" le ciel nocturne à l'aide de 2 télescopes – appelez pour vérifier que les conditions sont favorables. Chaque année, à la nouvelle lune de juillet, des associations universitaires et des mordus d'astronomie se retrouvent ici pour célébrer durant 4 jours et 3 nuits la **Fiesta de Estrellas** (fête des étoiles).

De l'autre côté de la route depuis l'observatoire, un point de vue offre un panorama impressionnant, notamment sur le coucher du soleil. En contrebas, les **Laberintos del Cusco** dessinent un dédale de formations rocheuses rouges, à des lieues de la carte postale tropicale de la Colombie.

À 4 km de l'observatoire, le point de vue des **Ventanas** est de fait une belle "fenêtre" sur le désert. Encore 5 km et vous atteindrez **Los Hoyos** et leur piscine alimentée par une source naturelle au fond d'une aride et grise vallée.

### Où se loger et se restaurer

Villavieja compte plusieurs hôtels modestes, mais la plupart des voyageurs préfèrent passer la nuit dans le désert. Là, les hébergements se résument pour l'essentiel à quatre murs de béton et un toit de tôle, moyennant 25 000 COP par personne ; tous servent des repas simples (7 000-15 000 COP).

**Villa Paraíso** HÔTEL $
(☎879-7727 ; hotelvillaparaisovillavieja@gmail.com ; C. 4 n°7-69, Villavieja ; s/d 20 000/50 000 COP). La meilleure option en ville, pour des chambres propres, distribuées autour d'un agréable patio, avec salle de bains privative, climatisation réversible et TV par câble. Équipe sympathique et aux petits soins.

**Campamento Observatorio** CAMPING $
(☎312-411-8166 ; Cusco, Tatacoa ; empl par pers 7 000 COP). Derrière l'observatoire, ce vaste camping peut accueillir 40 tentes, mais vous pourrez aussi louer un hamac (10 000 COP) à suspendre entre les colonnes du porche. Des panneaux solaires assurent l'alimentation électrique.

**Estadero Doña Lilia** PENSION $
(☎313-311-8828 ; 400 m à l'est de l'Observatorio, Tatacoa ; ch par pers 25 000 COP). L'adresse la plus proche de l'observatoire a l'atout de chambres confortables et d'un beau panorama, ainsi que d'une délicieuse cuisine – essayez la chèvre, spécialité locale.

**Noches de Saturno** PENSION $
(☎313-305-5898 ; 700 m à l'est de l'Observatorio, Tatacoa ; ch par pers 25 000 COP, camping avec/sans loc de tente par pers 10 000/5 000 COP ; 🏊). À proximité de l'observatoire, cette pension possède un joli jardin ombragé et une piscine. Ses chambres simples et propres sont rafraîchies par une petite brise, et certaines ont une jolie vue ; l'endroit comprend également un terrain de camping. Piscine accessible aux non-résidents (4 000 COP).

**Estadero Villa de Marquez** LODGE $
(☎311-883-1570 ; 1,8 km à l'est de l'Observatorio, Tatacoa ; empl par pers 8 000 COP, empl avec location de tente d 20 000 COP, s/d 30 000/50 000 COP, d tipi 35 000 COP ; 🏊). La famille qui produisait à Villavieja les fameuses *Conservas del Desierto* a déménagé pour le désert. La bonne nouvelle, c'est qu'elle mitonne toujours ses délices cactées (bonbons, cœurs de cactus en conserve, vin à 8,7%). La nouveauté tient à son choix d'hébergements, dont de petits tipis en dur (déconseillés aux claustrophobes) et de modestes *cabañas*.

En prime, une piscine de bonne taille, et, pour les végétariens, des repas adaptés.

♥ **El Peñón de Constantino** LODGE $$
(☎317-698-8850, 310-255-5020 ; elpenonconstantino@hotmail.com ; 2 km à l'est de l'Observatorio, Tatacoa ; empl/cabane par pers 10 000/25 000 COP, tente luxe d/tr 80 000/100 000 COP ; 🏊). Un esprit safari règne sur cette adresse, la plus pimpante et la plus confortable du désert. On y prend ses quartiers dans des cabanes en pisé et en bambou ou sous des tentes fixes, toutes avec salle de bains extérieure. Mention spéciale pour la zone commune ombragée, et l'accès à la piscine d'eau de source, jolie et bien entretenue.

Les repas (16 000-20 000 COP) sont servis en plein air. Après l'entrée, signalisée sur la route principale, le lodge est encore à 1,2 km – faites-vous conduire jusqu'au bout.

**Sol y Sombra** COLOMBIEN $
(C. 4 n°7-41, Villavieja ; repas 5 000-6 000 COP ; ⏲7h-20h). Cuisine savoureuse dans le centre de Villavieja, pour un petit-déjeuner simple et un bon choix de classiques colombiens.

**Rincón de Cabrito** DOUCEURS $
(1 km à l'est de l'Observatorio, Tatacoa ; en-cas 3 000-8 000 COP ; ⏲6h-21h). À environ 1 km de l'observatoire en s'éloignant de la ville, ce stand vend fromages de chèvre et *arequipe* (confiture de lait).

## ℹ Renseignements

Les deux cybercafés près du parc font payer environ 1 200 COP l'heure.

**Banco Agrario** (C. 4 n°4-30 ; ⏲8h-13h lun-ven) Seul distributeur de la ville – et ne comptez pas dessus.

## ℹ Depuis/vers Villavieja

Des minibus font la navette sur les 37 km entre Neiva et Villavieja (6 000 COP, 1 heure) de 5h à 19h. Comme ils ne partent qu'avec 5 passagers minimum, les départs sont fréquents tôt le matin et en fin d'après-midi, mais dans la journée, vous attendrez peut-être une heure ou deux.

Les liaisons sont fréquentes entre Bogotá et Neiva (45 000 COP, 6 heures), et plusieurs bus directs rallient chaque jour San Agustín (30 000 COP, 4 heures). Pour Tierradentro, correspondance à La Plata (20 000 COP, 4 heures).

## ℹ Comment circuler

Les rares moto-taxis de Villavieja n'exigent pas moins de 20 000 COP pour conduire 3 personnes maximum à l'observatoire. Vous trouverez en ville quelques loueurs de vélos, à moins que vous ne préfériez marcher les 4 km – sachez qu'il n'y a ni ombre, ni abri, ni eau sur le chemin.

Plusieurs *posadas* dans le désert louent des chevaux (10 000-15 000 COP/heure) ; pour un circuit équestre avec guide vers les sites intéressants, comptez environ 50 000 COP par personne.

# NARIÑO

Le Nariño, dans l'extrême Sud-Ouest colombien, subit l'influence marquée de son voisin équatorien.

Ici, les Andes dominent le paysage, tandis que s'ouvre la fameuse "allée des volcans" qui court tout le long de l'Équateur – Pasto, l'agréable capitale du Nariño, n'est qu'à 8 km d'un volcan actif aux versants tapissés de parcelles cultivées.

La plupart des visiteurs ne passent par ici que pour franchir la frontière, mais la région mérite bien quelques jours de pause. Le centre compact de Pasto se prête à la balade, la Laguna de la Cocha est enchanteresse, et le Santuario de Las Lajas, accroché à la montagne près d'Ipiales, est un site étonnant.

## Pasto

2 / 411 706 HABITANTS / ALTITUDE 2 551 M

À tout juste deux heures de l'Équateur, la capitale du département est une halte naturelle pour qui veut passer la frontière. Assez agréable, la ville est riche de quelques beaux édifices coloniaux et d'un centre animé, mais rien qui suffise toutefois à retenir le voyageur plus d'une nuitée.

Les mordus de nature, en revanche, auront peut-être envie de s'attarder : la région de Pasto déroule en effet des paysages grandioses, et la ville fait une bonne base si vous souhaitez vous rendre à la Laguna de la Cocha, à la Laguna Verde et au Volcán Galeras.

Le climat par ici est plutôt frais – à tel point que l'*helado de paíla,* une crème glacée traditionnelle, se prépare dans la rue, dans son saladier de cuivre simplement posé sur de la glace.

### À voir

**Museo Taminango de Artes y Tradiciones** MUSÉE
(723-5539 ; museotaminango@gmail.com ; C. 13 n°27-67 ; tarif plein 2 000 COP ; 8h-12h et 14h-18h lun-ven, 9h-13h sam). Si sa collection d'objets anciens est hétéroclite, ce musée mérite la visite pour la *casona* (grosse maison) de 1623 méticuleusement restaurée qu'il occupe, qui serait la plus ancienne construction à étage de toute la Colombie.

**Museo del Oro** MUSÉE
(C. 19 n°21-27 ; 10h-17h mar-sam). GRATUIT Une petite mais intéressante collection d'orfèvrerie et de céramiques précolombiennes, qui se révèle un bon aperçu des cultures indiennes du Nariño de l'époque.

**Iglesia de San Juan Bautista** ÉGLISE
Entre extérieur imposant et intérieur tout en dorures, cette église, sur la place principale de Pasto, illustre à merveille le baroque colonial.

**Pasto**

### Pasto

**À voir**
1 Iglesia de San Juan Bautista ... A2
2 Museo del Oro ... B3

**Où se loger**
3 Hotel Casa Lopez ... B3
4 Koala Inn ... A3

**Où se restaurer**
5 Caffeto ... A2
6 Salón Guadalquivir ... B2

**Où prendre un verre et faire la fête**
7 Andina Peña Bar ... B2
8 Cola de Gallo ... A2

### Où se loger

**Koala Inn** AUBERGE DE JEUNESSE $
(722-1101 ; hotelkoalainn@hotmail.com ; C. 18 n°22-37 ; s/d 30 000/45 000 COP, sans sdb 20 000/40 000 COP ; ). Aménagée dans

## UN CARNAVAL EN NOIR ET BLANC

Plus grande fête de Pasto, le **Carnaval de Blancos y Negros** (www.carnavaldepasto.org) se tient les 5 et 6 janvier. Sous la colonisation espagnole, les esclaves avaient obtenu une journée de congé, le 5, lors de laquelle leurs maîtres se maquillaient le visage de noir en signe d'approbation ; le lendemain, les esclaves se peinturluraient de blanc.

Pendant ces deux jours, une vraie folie s'empare de Pasto, et chacun s'emploie allègrement à badigeonner son voisin de graisse mécanique, de craie, de talc, de farine et ou de n'importe quelle substance vaguement noire ou blanche. Ne prenez pas l'affaire à la légère : ne portez que des vêtements auxquels vous ne tenez pas trop, et achetez un *antifaz*, un masque devenu l'accessoire indispensable de la fête. Si vous êtes asthmatique, évitez de vous trouver là : vous passeriez ensuite des jours entiers à expectorer du talc.

une grande maison coloniale, l'unique auberge de jeunesse de Pasto est accueillante, centrale et, de surcroît, bon marché. Chambres spacieuses équipées de TV câblée, mais bruyantes s'agissant de celles côté rue.

**Hotel Sello Dorado** HÔTEL $
(☎721-3688 ; hotelsellodorado@hotmail.com ; C. 13 n°14-19 ; s/d 30 000/40 000 COP ; wi-fi). À distance de marche du centre-ville, et entouré de magasins de pièces détachées automobiles, ce nouvel hôtel n'affiche certes pas un cadre renversant. Mais son rapport qualité/prix est en revanche remarquable, à considérer les chambres, accueillantes et flambant neuves, avec matelas confortables, eau bien chaude et TV à écran plat.

♥ **Hotel Casa López** HÔTEL $$
(☎720-8172 ; hcasalopez@gmail.com ; C. 18 n°21B-07 ; s/d/lits jum 122 000/157 000/162 000 COP ; wi-fi). Dans le centre, cette maison coloniale restaurée à la perfection abrite un hôtel géré en famille, sans égal en termes de confort, de services et de souci du détail. Distribuées autour d'une jolie cour, ses chambres au parquet ciré sont pourvues de mobilier ancien.

Les propriétaires se montrent aux petits soins : ne vous étonnez pas de les voir vous apporter, dans la soirée, une bouillotte ou un bon chocolat chaud.

## Où se restaurer

Le Nariño est la seule région colombienne où le *cuy* (cochon d'Inde) fait partie intégrante des habitudes culinaires. Pour découvrir la restauration rapide typiquement locale, rendez-vous dans une *picantería*, un genre de cantine où déguster les *llapingachos* (galettes de pommes de terre garnies de différentes viandes).

**Salón Guadalquivir** CAFÉ $
(C. 19 n°24-84 ; en-cas 600-3 300 COP, menu 6 800 COP, plats 12 500-16 500 COP ; ⏲8h-12h30 et 14h30-19h30 lun-sam). Cet accueillant café sur la place sert d'avantageuses formules ainsi que des classiques de la *cocina pastusa* (de Pasto) : *empanadas de añejo* (petits chaussons de maïs), *quimbolitos* (pâtisseries au maïs, raisins et vanille) ou encore *envueltos de choclo* (gâteaux au maïs).

**Asadero de Cuyes Pinzón** COLOMBIEN $$
(☎731-3228 ; Carr. 40 n°19B-76, Palermo ; cuy 32 000 COP ; ⏲13h-21h lun-sam, 12h-14h dim). Les *Pastusos* se mettent sur leur trente et un pour se rendre, à environ 1,5 km au nord de leur ville, dans ce restaurant qui n'a qu'une seule spécialité à la carte : l'*asado de cuy* (cochon d'Inde grillé). Cette spécialité copieuse (un *cuy* pour deux suffit) se mange plus facilement avec les doigts (on vous donnera des gants jetables).

**Caffeto** CAFÉ $$
(www.krkcaffeto.com ; C. 19 n°25-62 ; plats 8 500-19 000 COP ; ⏲8h-22h lun-sam). Ce plaisant café-boulangerie prépare sandwichs, omelettes et salades gourmet, en sus de formidables pâtisseries, de *sundaes* gargantuesques et d'un véritable expresso.

## Où prendre un verre et faire la fête

**Andina Peña Bar** BAR
(angle C. 19 et Carr. 25, Centro Comercial San Sebastián de Belalcázar ; ⏲19h-tard jeu-sam). Ce bar à thématique andine passe une bande-son éclectique. Les jeudis et vendredis soir, c'est open bar de *guayusa* (19h-23h,

6 000-7 000 COP), une boisson chaude concoctée à partir d'alcools locaux.

**Cola de Gallo** BAR À COCKTAILS
(☎722-6194 ; C. 18 n°27-47 ; café 2 500-4 800 COP, cocktails 15 500-18 000 COP ; ⏲15h-20h lun-mer, jusqu'à 1h jeu-sam). Dans ce café chic, sirotez l'une des 80 variétés de cocktails ou une tasse fumante d'excellent café local sur une bonne bande-son jazz/blues/world.

## Achats

La ville est réputée pour le *barniz de Pasto,* une technique artisanale indienne de vernissage coloré du bois à l'aide de la résine d'un arbre d'Amazonie. Vous trouverez ces beaux produits au **Barniz de Pasto Obando** (☎722-4045, 301-350-0030 ; Carr. 25 n°13-04 ; ⏲8h30 12h30 et 14h30-18h30 lun-ven, 9h-12h30 et 15h-18h30 sam), où vous pourrez demander à voir les artisans au travail.

## Renseignements

La plupart des banques sont autour de la Plaza de Nariño.

**4-72** (C. 15 n°22-05 ; ⏲8h-18h lun-ven, 9h-12h sam). Bureau de poste.

**Office du tourisme du Nariño** (Oficina Departamental de Turismo ; ☎723-4962 ; www.turismonarino.gov.co ; C. 18 n°25-25 ; ⏲8h-12h et 14h-18h lun-ven). Spécialisé dans les sites du département. Une agence à l'air clinquant, mais pauvre quant à l'aide fournie.

**Office du tourisme de Pasto** (Punto Información Turística ; ☎722-1979 ; culturapasto.gov.co ; angle C. 19 et Carr. 25 ; ⏲8h-12h et 14h-18h). Pour les activités et visites en ville.

## Depuis/vers Pasto

### AVION

L'aéroport est à 33 km au nord de la ville en direction de Cali. Des *colectivos* (10 000 COP, 45 minutes) s'y rendent depuis la Plaza de Nariño, à l'angle Calle 18/Carrera 25. En taxi, comptez 35 000-40 000 COP.

### BUS

La **gare routière** (www.terminaldepasto.com) se trouve à 2 km au sud du centre-ville.

Des bus, des minibus et des *colectivos* partent très régulièrement pour Ipiales (6 000-8 000 COP, 1h30 à 2 heures). Asseyez-vous du côté gauche pour avoir les plus beaux panoramas. Les bus sont également très nombreux sur la spectaculaire route de Cali (40 000 COP, 9 heures) et font halte à Popayán (30 000 COP, 6 heures).

Pour Bogotá (90 000 COP, 20 heures), vous trouverez une bonne dizaine de départs par jour.

# Laguna de la Cocha

☎2 / ALTITUDE 2 760 M

Au milieu d'ondoyantes et verdoyantes collines et souvent nimbé de brume, ce très beau lac a rang d'excursion quasi incontournable depuis Pasto. Vous pourrez y faire une sortie en bateau avec halte à l'**Isla Corota** (corota@parquesnacionales.gov.co ; 1 000 COP). Cette île est un parc national qui, à 2 830 m, recèle l'occasion – rare – d'admirer une belle forêt tropicale d'altitude de persistants. Outre une petite chapelle et une station de recherche biologique, une promenade de planches longue de 550 m longe toute l'île jusqu'à un mirador. Un bateau pour l'Isla



### LE VOLCÁN GALERAS

À seulement 8 km de Pasto, le Galeras (4 267 m) manifeste par ses grondements menaçants qu'il reste l'un des volcans les plus actifs de Colombie. Sa partie la plus élevée est protégée par un **parc national** (2 000 COP), tandis que les versants plus bas forment de bucoliques paysages de fermes et de cultures verdoyantes.

Si la majeure partie du parc est fermée au public en raison de l'activité volcanique, la région de Telpis demeure accessible, avec la Laguna de Telpis, lac onirique perdu au milieu du *páramo* (plaines d'altitude) à plus de 3 000 m.

Depuis Pasto, prenez, depuis le parking devant la gare routière, un taxi pour Yacuanquer (3 500 COP), puis continuez en moto-taxi ou en *colectivo* (2 000 COP l'un comme l'autre) jusqu'au village de San Felipe. Là, vous devrez louer les services d'un guide (20 000 COP par groupe de 15 personnes max) pour la randonnée de 3 heures jusqu'au mirador. Le plus commode est d'organiser tout cela avant de partir par le biais de l'agence des **Parques Nacionales** (☎732-0493, 313-733-3911, 314-796-4085 ; galeras@parquesnacionales.gov.co ; Carr. 41 n°16B-17, Barrio El Dorado) de Pasto.

Cette randonnée exige de bonnes chaussures et des vêtements adaptés au froid.

VAUT LE DÉTOUR

### LA LAGUNA VERDE

Vous verrez partout dans le Nariño des photos de ce lac émeraude situé très haut dans les Andes. Il s'est formé au fond du cratère de l'Azufral, un volcan éteint (4 000 m), près de Túquerres (qui est, à 3 070 m, la plus élevée des villes moyennes en Colombie). La Laguna Verde peut faire l'objet d'une journée d'excursion depuis Pasto ou Ipiales, à condition de partir très tôt.

Une fois à Túquerres, prenez un taxi pour rejoindre, en une trentaine de minutes, "La Cabaña" (3 600 m), point de départ du sentier. Accordez-vous d'emblée avec votre chauffeur sur l'heure à laquelle il reviendra vous chercher (aller-retour 50 000 COP). Si vous voyagez en solo, vous pourrez aussi opter pour le moto-taxi (aller-retour environ 20 000 COP). Il vous faudra vous acquitter de modestes frais d'accès à l'entrée du site, où se trouvent des toilettes et une petite boutique. De là, vous marcherez 6 km, soit 1 heure 30 à 2 heures de douce montée, jusqu'au point de vue au bord du cratère. Il est possible de s'approcher davantage du lac via un sentier abrupt, qui descend de 700 m dans le cratère.

Cette marche, de distance relativement courte, est rendue difficile par l'altitude, en particulier lorsqu'il s'agit de remonter du bord du lac jusqu'au point de vue. Comptez 5 heures pour l'aller-retour depuis El Refugio et prévoyez des vêtements adaptés au froid, en nombreuses couches successives : on a chaud en marchant, mais la météo change rapidement, et le vent peut se révéler terriblement froid. Emportez aussi impérativement de la crème solaire, même par temps couvert.

Vous trouverez des bus pour Túquerres depuis Pasto (6 000 COP, 1 heure 45) mais aussi d'Ipiales (7 000 COP, 1 heure 30).

Corota revient à 25 000 COP (10 personnes maximum) : il vous attendra pendant votre exploration et vous fera faire un tour de l'île en cabotant au retour.

### Où se loger et se restaurer

À l'embouchure du Río Encano dans le lac se concentrent de nombreux hôtels simples et des restaurants proposant poulet rôti, *sancocho* (soupe) et, bien sûr, truite issue des élevages installés sur les berges alentour.

Sur le rivage même de la Laguna de la Cocha (également appelée Lago Guamuez) sont implantées des adresses d'un peu plus de standing, la plus connue étant l'**Hotel Sindamanoy** (☎721 8222 ; reservas@hotel-sindamanoy.com ; s/d/tr/ste 120 000/165 000/212 000/220 000 COP ; wifi), imitation de chalet suisse jouissant d'un cadre magnifique face à l'Isla Corota. La vue est impressionnante, mais les chambres un peu défraîchies. En revanche, l'élégant **restaurant** (plats 18 000-24 500 COP) est très recommandable.

Non loin, le **Chalet Guamuez** (☎721-9308 ; www.chaletguamuez.com ; ch avec/sans cheminée 205 200/147 200 COP, cabaña 207 400 COP ; wifi), plus connu sous le nom de Chalet Suizo, est mieux entretenu, et ses chambres donnent sur un jardin qui dévale jusqu'au lac. Les plus chères ont leur propre cheminée et un petit balcon.

Les deux hôtels sont accessibles en taxi depuis El Encano (7 000-8 000 COP), ou bien en bateau depuis le port moyennant environ 30 000 COP, avec l'excursion à l'Isla Corota.

### Depuis/vers la Laguna de la Cocha

Les taxis partagés jusqu'au Río Encano, près du lac, (4 000 COP, 40 minutes) partent de la Plaza de Carnaval, dans le centre de Pasto, et de derrière l'Hospital Departamental (angle Calle 22/Carrera 7). Ces taxis ont 4 places ; vous aurez la possibilité de partir sans attendre, à condition de payer pour quatre.

## Ipiales

☎2 / 123 341 HABITANTS / ALTITUDE 2 900 M

À 7 km de la frontière équatorienne, Ipiales est une ville sans grand intérêt, essentiellement tournée vers les échanges commerciaux transfrontaliers. Il n'y a pas grand-chose à y faire, hormis l'excursion vers le tout proche Santuario de Las Lajas, et les beautés que l'on découvre à suivre la Panamericana depuis Pasto.

## Où se loger et se restaurer

On voit mal pourquoi passer la nuit à Ipiales : Pasto est une ville bien plus agréable, et, pour qui souhaite visiter Las Lajas, il se trouve des hébergements corrects et à petits prix juste à côté du sanctuaire.

Pour un repas typique, rendez-vous dans le Barrio El Charco où une bonne dizaine d'adresses préparent du *cuy* au barbecue – l'animal, dûment aplati, est cuit à la broche au-dessus du feu.

**Gran Hotel** HÔTEL $
(☎773-2131 ; granhotel_ipiales@hotmail.com ; Carr. 5 n°21-100 ; s/d/tr 35 000/50 000/90 000 COP ; ). Dans un quartier commerçant à deux pas du centre-ville, ce nouvel hôtel sympathique loue des chambres simples mais impeccables, avec écran plasma et eau chaude. Demandez toutefois à en voir plusieurs, car certaines se révèlent bruyantes.

**Hotel Belmonte** HÔTEL $
(☎773-2771 ; Carr. 4 n°12-111 ; s/d 16 000/26 000 COP ; ). Cette accueillante institution familiale, chère aux baroudeurs, ne date certes pas d'hier (installations défraîchies, douche à chauffe-eau électrique individuel et mini TV), mais n'en est pas moins une adresse bon marché, propre et sûre. Essayez d'obtenir une chambre avec salle de bains privative, au même tarif que celles avec sdb commune.

**Hotel Los Andes** HÔTEL $$
(☎773-4338 ; hotellosandes@gmail.com ; Carr. 5 n°14-44 ; s/d/tr 62 500/93 200/127 600 COP ; @). Le plus grand hôtel d'Ipiales compte 33 chambres aménagées autour d'une cour intérieure, d'où l'on entend résonner la télé mise à plein volume dans le hall. Certaines chambres donnent sur la rue, ce qui n'est guère mieux.

## Renseignements

**Artesys** (C. 12 n°6-16 ; l'heure 1 300 COP ; 8h-22h). Accès Internet.

**Banco de Bogotá** (Carr. 6 n°13-55). Sur la Plaza La Pola.

## Depuis/vers Ipiales

### AVION

L'aéroport, à 7 km au nord-ouest d'Ipiales par la route de Cumbal, est accessible en taxi (15 000 COP). Satena (p. 354) y assure 3 vols par semaine pour Bogotá ; tarifs plus intéressants en réservant bien à l'avance.

### BUS

Ipiales possède une nouvelle gare routière à environ 1 km au nord-est du centre, desservie par les bus urbains (1 000 COP), à moins que vous ne préfériez le taxi (3 000 COP).

Plusieurs compagnies rallient Bogotá (100 000 COP, 22 heures) et Cali (45 000 COP, 11 heures), toutes via Popayán (30 000 COP, 8 heures).

De très nombreux bus, minibus et *colectivos* rejoignent Pasto (6 000-8 000 COP, 1 heure 30 à 2 heures), tous au départ de la gare routière. Prenez place à droite dans le bus pour apprécier le panorama.

# Santuario de Las Lajas

ALTITUDE 2 600 M

Construit à cheval sur une gorge, à l'extrémité d'un pont de pierre, le Santuario de Las Lajas surprend et fascine. Le dimanche, ce monument néogothique voit affluer pèlerins et marchands du Temple ; la semaine, il est bien plus calme. Les croyants rendent ici hommage à la Vierge, dont l'image serait apparue au XVIII^e^ siècle, gravée dans la falaise à 45 m au-dessus de la rivière. Les parois du précipice sont tapissées d'ex-voto, dont beaucoup ont été placés là par d'illustres personnalités politiques colombiennes.

La basilique est adossée directement à la falaise où serait apparue Marie. Une Vierge dorée flanquée, de part et d'autre, de Santo Domingo et de San Francisco a d'ailleurs été peinte à l'endroit exact de son apparition. La première chapelle du site datait de 1803, mais la basilique actuelle, conçue par l'architecte du Nariño Lucindo Espinoza, fut bâtie entre 1926 et 1944.

Dans la crypte, un **musée** (2 000 COP ; 8h30-17h) illustre l'histoire de la basilique et présente quelques œuvres d'art religieux. C'est de la cascade, dans la partie la plus éloignée de la gorge, qu'on a la plus belle vue sur le monument.

## Où se loger et se restaurer

Le Santuario de Las Lajas est aisé à rejoindre depuis Ipiales, mais vous pourrez séjourner sur place dans les quelques hôtels sommaires installés en bas de la première volée de marches, sur la gauche en remontant de la route vers la basilique. De l'autre côté du pont, le restaurant, ouvert uniquement aux périodes de forte affluence, a une magnifique vue sur le monument. Sinon, vous trouverez pléthore de petites gargotes sur le chemin qui descend du village.

## SE RENDRE EN ÉQUATEUR

Les formalités douanières s'effectuent à Rumichaca, poste-frontière situé entre Ipiales et la ville équatorienne de Tulcán. La frontière est ici toujours ouverte, et le passage se fait sans encombre.

Des taxis partagés font la navette sur les 2,5 km d'Ipiales à Rumichaca de 5h à 20h environ au départ de la gare routière (1 600 COP), ou bien du marché près du carrefour entre la Calle 14 et la Carrera 8 (1 500 COP). En taxi individuel, comptez 7 000 COP. Une fois la frontière franchie à pied, prenez un autre *colectivo* (minibus ou taxi partagé) jusqu'à Tulcán (6 km). Les chauffeurs sur ces deux trajets acceptent indifféremment les monnaies colombienne et équatorienne.

Il n'existe pas de vol direct d'Ipiales vers l'Équateur, mais l'on rejoint facilement Tulcán, d'où la compagnie Tame a des vols quotidiens pour Quito. Après la frontière, l'aéroport se trouve 2 km avant Tulcán.

**Casa Pastoral** HÔTEL **$**
(☎318-370-2651 ; s/d/tr/qua 12 000/18 000/36 000/48 000 COP). Longtemps tenu par des religieuses, ce vaste hôtel tout simple accueille aussi bien des pèlerins que des visiteurs profanes. Certaines chambres donnent sur la basilique, et toutes possèdent leur salle de bains privative (eau chaude). La grande cafétéria sert des repas simples à prix doux (4 000-6 000 COP). Prenez les premiers escaliers à gauche en descendant vers le sanctuaire. Réservation recommandée.

### Depuis/vers le Santuario de Las Lajas

Le sanctuaire est à 7 km au sud-est d'Ipiales. Des taxis partagés et des minibus partent régulièrement d'Ipiales, de l'angle Carrera 6/Calle 4 (2 000 COP, 20 minutes) et de la gare routière (2 000 COP, 15 minutes). Si vous voulez partir plus vite, payez pour les 4 sièges, ou bien prenez un taxi classique, qui de n'importe où à Ipiales vous reviendra à environ 9 000 COP. Le dimanche, des taxis partagés viennent directement de Pasto.

# La côte pacifique

**Dans ce chapitre ➡**



## Le top des hébergements

- Morromico (p. 282)
- El Cantil Ecolodge (p. 283)
- El Almejal (p. 280)

## Le top des lieux où observer les baleines

- Parque Nacional Natural (PNN) Ensenada de Utría (p. 280)
- Juanchaco et Ladrilleros (p. 285)
- El Valle (p. 279)

## Pourquoi y aller

Peu de destinations se révèlent aussi spectaculaires que la région pacifique colombienne. Ici, la forêt ne rencontre pas la mer : elle s'y jette. Du haut de promontoires couverts de forêt, les cascades se déversent sur de spectaculaires plages de sable gris. La forêt dense est clairsemée de piscines d'eau thermale et des villages indiens s'égrènent le long des berges de rivières sauvages. Les baleines et les dauphins s'ébattent si près des côtes que l'on peut les observer depuis un hamac ; et les majestueuses tortues de mer sont encore plus proches. Les *resorts* écologiques confortables abondent dans la région et l'on trouve des pensions bon marché dans les chaleureuses communautés d'origine africaine dont les habitants vivent de la pêche et de l'agriculture.

L'accès difficile et le manque d'infrastructures freinent les visiteurs, mais sans doute plus pour longtemps. Aussi, allez-y avant que les tour-opérateurs s'y installent.

## Quand partir

**Buenaventura**

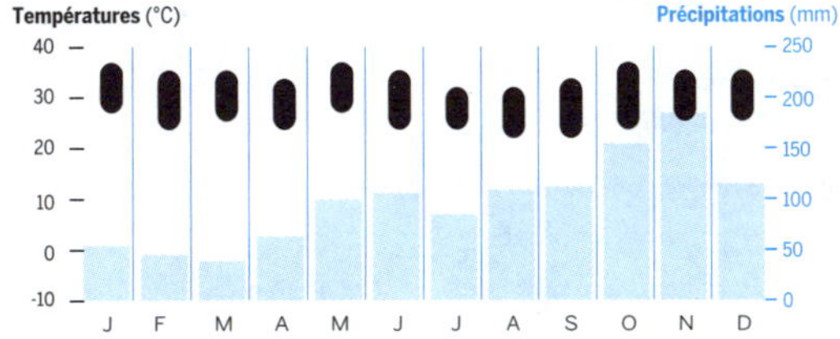


**Jan-mars** Moins pluvieux, le temps devient propice à la randonnée et aux activités de plein air.

**Juil-oct** Arrivées de l'Antarctique, les baleines à bosse croisent au large.

**Sept-déc** Les tortues marines viennent nidifier sur les plages où elles ont éclos.

# À ne pas manquer

1. Les jardins tropicaux sur les plages de sable gris de **Guachalito** (p. 283).
2. Les baleines à bosse du **Parque Nacional Natural (PNN) Ensenada de Utría** (p. 280).
3. Les vagues hautes de 2 m du Pacifique, près d'**El Valle** (p. 279).
4. Des requins-marteaux par centaines, dans les eaux de l'**île de Malpelo** (p. 286), le site de plongée le plus isolé de Colombie.
5. Les piscines d'eau thermale brûlante, au cœur de la forêt des environs de **Jurubidá** (p. 282).
6. Le **Río Joví** (p. 282) en pirogue monoxyle jusqu'à des cascades isolées.
7. Une randonnée de **Bahía Solano** (p. 275) jusqu'à des bassins enveloppés dans la forêt vierge.
8. La traversée de la forêt sur une plateforme sur rail entraînée par une moto, à **San Cipriano** (p. 287).
9. Le dédale de mangroves en bateau dans les alentours de **Ladrilleros** (p. 285).

## Parcs nationaux, d'État et régionaux

Le Parque Nacional Natural (PNN) Isla Gorgona et le Parque Nacional Natural (PNN) Isla Malpelo sont des parcs marins protégés, propices à d'intéressantes plongées. Le Parque Nacional Natural (PNN) Ensenada de Utría, à mi-chemin entre El Valle et Nuquí, voit affluer les baleines en saison. Celles-ci s'ébattent dans une baie étroite à quelques centaines de mètres au large des côtes. Vous pourrez aussi en apercevoir dans le Parque Nacional Natural (PNN) Uramba Bahía Málaga, la partie sauvage de la côte pacifique la plus accessible de Colombie.

### Désagréments et dangers

La sécurité s'est nettement améliorée dans la région, mais la guérilla et les groupes paramilitaires restent actifs dans les secteurs isolés, en particulier autour de Tumaco, près de la frontière équatorienne, et dans les parties nord du Chocó, près du Panama.

Lors de notre passage, les secteurs couverts dans ce guide étaient tous calmes, mais renseignez-vous sur la situation du moment avant d'organiser votre visite.

### Comment s'y rendre et circuler

Seule la route Cali-Buenaventura relie la côte pacifique au reste de la Colombie. De Buenaventura, des bateaux montent et descendent le long de la côte, mais la plupart des voyageurs arrivent dans le Chocó en avion léger, via Medellín. Il existe aussi une ligne de bateau, très irrégulière, depuis le Panama.

La côte pacifique ne compte qu'une route, au demeurant très courte. Presque tous les déplacements se font dans de petites embarcations, qui relient les villages aux nœuds de transports. Enfermez hermétiquement vos bagages dans des sacs-poubelle pour les garder au sec. Les villages et complexes hôteliers étant, pour nombre d'entre eux, dépourvus de quai, vous serez probablement mouillé en descendant, et gagnerez donc à porter un short et de simples sandales.

# CHOCÓ

Avec en moyenne 16 à 18 m de précipitations annuelles, le Chocó affiche l'une des plus importantes pluviosités au monde. Cette pluie a façonné la région, ses habitants et leur culture. Lorsque le soleil brille, il fait trop chaud pour se presser, et quand il pleut – à savoir, presque tous les jours – nul ne souhaite sortir et se faire tremper. De ce rythme lent, à la limite de l'indolence forcée, les Colombiens ont tiré des plaisanteries sur la *hora chocoana* (l'heure du Chocó).

La région, faiblement peuplée, est couverte d'une forêt épaisse. Avant 2001, elle avait rang de destination touristique populaire, mais la guerre civile a, un temps durant, réduit l'afflux de visiteurs au quasi néant. Les militaires colombiens sont désormais largement présents dans le secteur et la situation s'y est nettement améliorée. Vous en croiserez sans doute en patrouille sur la plage, mais ils se montrent discrets.

Le Chocó n'est pas une destination bon marché. Les déplacements, principalement à bord de petits bateaux, y reviennent beaucoup plus cher qu'un trajet comparable en bus. L'hébergement y est également bien plus onéreux que dans le reste de la Colombie. Cependant, les voyageurs à petit budget ne doivent pas se décourager. Avec un peu d'organisation, un itinéraire flexible et en préparant soi-même ses repas, il est possible de découvrir cette fabuleuse région sans se ruiner.

## Bahía Solano

☎4 / 9 200 HABITANTS

Plus grande localité sur la côte du Chocó, Bahía Solano est réputée pour la pêche sportive hauturière – l'une des meilleures au monde – et comme base d'observation des baleines. Elle se trouve à l'embouchure du Río Jella et fait face à l'océan. La ville ne possède pas de plage, mais, à marée basse, il est possible d'en rejoindre une à pied par la baie, et plusieurs jolies bandes de sable sont rapidement accessibles en bateau.

### À voir et à faire

Près de l'extrémité sud de la ville coule la Quebrada Chocolatal. Vous pourrez remonter cette rivière à pied pendant une demi-heure environ jusqu'à la **Cascada Chocolatal**, une cascade qui se jette dans un bassin d'eau froide avec, sur chaque rive, une forêt en majesté, véritable tourbillon de fleurs et de chant d'oiseaux. Sur le même versant, plus près du front de mer, un

### CONTRE LE MAUVAIS ŒIL

Les enfants indiens portent la *cabalonga*, une noix qui pousse dans le Chocó, en collier, pour éloigner le *mal de ojo* (mauvais œil) que l'on attribue à certaines vieilles femmes.

sentier envahi de végétation grimpe jusqu'à un petit sanctuaire dédié à la Vierge Marie, d'où l'on a une superbe vue sur la bourgade et sur la plage.

Pile en face de l'aéroport se situe l'entrée vers le **Salto del Aeropuerto**, une impressionnante cascade qui se déverse dans un profond bassin d'eau cristalline, où vivent des crevettes d'eau douce géantes. Le site est à environ 15 minutes de marche de la route.

Avec 150 m de profondeur, Bahía Solano réserve une belle **plongée**. Le navire de guerre *Sebastián de Belalcázar,* qui a survécu à l'attaque de Pearl Harbor, a été coulé près de la Playa Huína pour créer un récif artificiel (Buqué Hundido). Les plongeurs en grotte pourront explorer celles donnant près du Cabo Marzo. La ville compte deux centres de plongée ; prévoyez environ 220 000 COP pour 2 immersions. La direction enthousiaste de la **Posada del Mar** (☎314-630-6723 ; www.posadadelmarbahiasolano.com ; Barrio El Carmen) affiche des formules incluant plongées et hébergement ; près du pont, de l'autre côté de la rivière, **Cabo Marzo** (☎314-861-8742 ; blackmarlin19@hotmail.com) propose des sorties similaires mais est moins bien organisé.

La côte pacifique de la Colombie est l'un des meilleurs endroits d'Amérique du Sud pour pêcher des marlins bleus et des pèlerins. Comptez environ 1 800 000 COP la journée pour 4 à 5 pêcheurs à la ligne. **Vicente Gonzalez** (☎320-694-5256) est un marin recommandé.

## Où se loger et se restaurer

Tous les hôtels de la ville sont près du bord de mer dans le Barrio El Carmen. Pour manger local et bon marché, rendez-vous dans les cabanes près de l'hôpital, où sont servis du poisson frit et des *patacones* (bananes plantains frites).

**♥ Posada del Mar** PENSION $

(☎314-630-6723 ; www.posadadelmarbahiasolano.com ; ch par pers 42 000 COP, s/d sans sdb 25 000/45 000 COP ; wi-fi). Meilleure option bon marché de la ville, avec ses quelques cabanes en bois aux couleurs vives posées dans un agréable jardin, et ses chambres moins chères, avec salles de bains communes, au-dessus de la réception. Comptez 30 000 COP supplémentaires pour 3 délicieux repas. Les chaleureux hôtes, très informés sur les sites de la région, organisent des circuits d'observation des baleines (70 000 COP).

**Hotel Balboa Plaza** HÔTEL $$

(☎682-7401 ; hotelbalboa@hotmail.com ; Carr. 2 n^os 6-73 ; s/d à partir de 70 000/110 000 COP ; piscine). Construit par Pablo Escobar, le Balboa est le plus grand hôtel de Bahía Solano. Quoique accusant légèrement son âge, il reste d'un bon rapport qualité/prix. Les chambres, spacieuses et lumineuses, disposent d'un conditionneur d'air à deux blocs et beaucoup ont un balcon privatif. Il n'y a pas d'eau chaude, mais ici, on peut s'en passer. Grande piscine ouverte aux visiteurs pour 5 000 COP.

**Rocas de Cabo Marzo** HÔTEL $$$

(☎682-7525 ; www.posadaturisticarocasdecabomarzo.com ; s/d repas inclus 110 000/200 000 COP ; @). L'attentif propriétaire de ce petit hôtel confortable organise des sorties pêche et propose ses services de guide dans les environs. La cuisine est excellente et l'agréable terrasse en haut donne sur le parc et la baie. Cartes de crédit acceptées.

**Restaurante Cazuela** POISSON, FRUITS DE MER $$

(plats 15 000-30 000 COP ; ⏰8h-21h). Ce minuscule restaurant aux quelques tables en plastique ne paie pas de mine mais sert un large choix d'excellents plats de produits de la mer, dont les *ollitas en salsa* (bulots en sauce), et des steaks de thon. Peu de légumes. Face au Banco Agrario.

**La Casa Negra** FRUITS DE MER $$

(plats 13 000-22 000 COP ; ⏰7h-15h30 et 17h-21h). Dans une nouvelle maison en bois face au parc, à une *cuadra* de la baie, ce restaurant, non signalé, est prisé des habitants pour ses délicieux fruits de mer et ses plats de viande à la mode locale.

## Achats

Vous trouverez un bon choix d'*artesanías* à Bahía Solano, notamment des objets fabriqués par les tribus indiennes locales. Ne manquez pas les sculptures de *tagua,* une résine issue du fruit d'un palmier, parfois appelée "ivoire végétal". La boutique d'*artesanía* de l'aéroport vend une belle variété d'articles.

## Renseignements

**4-72** (8h-12h et 14h-18h lun-sam). L'agent postal local tient guichet dans une boutique, en face de la porte arrière du Balboa Plaza.

**Banco Agrario de Colombia** (8h-11h30 et 14h-16h30 lun-ven). L'unique banque de la ville et le seul DAB de la côte du Chocó. Celui-ci n'étant pas toujours approvisionné, ne comptez pas trop dessus.

**Ministerio de Relaciones Exteriores** (321-271-7745 ; www.migracioncolombia.gov.co ; 24h/24). Applique les tampons d'entrée/sortie. Dans le Barrio El Carmen.

**Soluciones JG** (2 000 COP/heure ; 8h-21h). Seul véritable cybercafé de Bahía. Dans la même *cuadra* que la banque.

**Super Giros** (7h30-20h lun-sam, 9h-12h dim). Ici, vous pourrez recevoir des virements bancaires nationaux. Face à l'Hotel Bahía.

## Depuis/vers Bahía Solano

### AVION

L'Aeropuerto José Celestino Mutis est desservi par Satena (p. 354) et ADA (p. 354), mais ces deux compagnies suspendent parfois leurs lignes en raison du mauvais état de la piste. Quand les compagnies aériennes ne circulent plus, un groupe de pilotes de charters prend le relais dans de minuscules appareils à hélices.

L'aéroport est surnommé "Sal Si Puedes" (Sors si tu peux). Les fortes pluies empêchent parfois les avions de décoller. Il serait imprudent de prévoir une correspondance internationale le même jour que votre départ de Bahía Solano.

Une moto-taxi depuis/vers l'aéroport coûte 3 000 COP par personne.

### BATEAU

Il est possible de rejoindre Buenaventura sur un cargo chargé du ravitaillement. Le trajet dure environ 24 heures, les cargos partent généralement dans l'après-midi (dans les deux directions), suivant les marées.

La ligne la plus régulière, Bahía-Cupica, est gérée par **Transportes Renacer** (2-242-0518, 315-402-1563 ; Muelle El Piñal). Elle quitte Buenaventura le mardi après-midi et repart de Bahía Solano le samedi autour de midi. Comptez 150 000 COP pour un *camarote* (lit superposé) avec les repas. Si vous ne voulez pas rester coincé à Buenaventura, appelez à l'avance pour confirmer le départ.

Vous pourrez pousser jusqu'au Panama (6 à 8 heures). Les bateaux partent généralement une fois toutes les 2 semaines pour Jaqué, au Panama. Comptez autour de 100 $US par personne. Parmi les capitaines qui couvrent ce trajet, le **"Profesor" Justino** (313-789-0635) est un vétéran de la ligne ; il navigue lentement, mais sûrement, en évitant les ballottements inutiles.

Avant de quitter la ville, passez au bureau Migración Colombia de Bahía Solano pour obtenir votre tampon de sortie de Colombie. Pour entrer au Panama, vous devrez être vacciné contre la fièvre jaune et avoir assez de liquide pour prouver que vous serez en mesure de poursuivre votre voyage (500 $US minimum). Une fois à Jaqué avec votre tampon d'entrée au Panama, des vols (90 $US) Air Panama conduisent 3 fois par semaine à Panama. Il y a aussi un bateau hebdomadaire pour 20 $US environ.

### TAXI ET TUK-TUK

Pour rejoindre El Valle, des taxis collectifs (10 000 COP/pers, 1 heure), stationnés en face de l'école, partent une fois pleins. Une course rapide en *tuk-tuk* coûte, quant à elle, 30 000 COP.

# Environs de Bahía Solano

## Punta Huína

Un trajet de 20 minutes en bateau conduit à cette jolie plage mêlant sable noir et doré. Elle est bordée de cocotiers et de plusieurs modestes complexes hôteliers. Une petite communauté indienne vit ici aux côtés de descendants d'esclaves africains. Il n'y a aucun réseau téléphonique à Punta Huína, mais un kiosque **Vive Digital** (1 000 COP/heure ; 8h-12h et 14h-18h lun-sam) propose des appels par téléphone satellite et un accès Internet.

Plusieurs balades sont possibles dans la forêt alentour, notamment jusqu'à la **Playa de los Deseos**, la **Cascada El Tigre** et la **Playa Cocalito**.

Aucun transport public ne mène à Punta Huína, mais tous les hôtels mentionnés proposent de vous y conduire. Autrement, en patientant près du quai de Bahía Solano à l'heure du déjeuner, vous devriez trouver un villageois pour vous y emmener (10 000 COP). Vous pourrez aussi louer un bateau rapide (100 000 COP).

## Où se loger

**Los Guásimos** MAISON $

(☎320-796-6664 ; ch 30 000 COP/pers). Au nombre des meilleures offres de toute la côte pacifique, cette petite maison trône, solitaire, sur une colline de l'autre côté de la rivière, au bout de la plage. Elle accueille jusqu'à 10 personnes, mais il est possible, à partir de 6, d'avoir la jouissance de la maison entière. Grande terrasse avec vue magnifique et petite cuisine pour préparer les repas.

La plupart des habitants ne connaissant pas la maison par son nom, demandez son propriétaire, Pambelé, qui loue aussi un emplacement pour tente derrière son bar, près de la rivière, et organise des sorties de plongée bon marché.

**Choibana** CABANE $$

(☎2-321-8819, 312-548-2969 ; www.choibana.com ; ch 50 000-60 000 COP/pers). Sise sur une plage privée adossée à la forêt, cette charmante construction en bois est idéale pour se détendre. Les meilleures chambres sont aménagées dans de romantiques cabanes sur pilotis, sur un affleurement rocheux à l'écart de la maison principale – la vue depuis le lit est splendide. Les tarifs incluent le petit-déjeuner. L'établissement se trouve derrière le promontoire, à l'extrémité de la Playa Huína. À marée basse, on peut se rendre au village à pied. Le transport depuis Bahía Solano coûte 30 000 COP par personne.

**Cabañas Brisas Del Mar** HÔTEL $$

(☎312-898-6724 ; ch repas inclus 70 000-80 000 COP/pers). Cet établissement bon marché propose, outre un choix complet de services, de nombreuses chambres en bois au-dessus de la maison familiale. Certaines sont mieux que d'autres et toutes n'ont pas de salle de bains privative ; aussi demandez à y jeter un coup d'œil. Superbe vue sur l'océan depuis le balcon, et kiosque sur la plage. Les tarifs incluent le transport depuis Bahía Solano, une sortie en bateau et une randonnée guidée.

**Playa de Oro Lodge** HÔTEL $$$

(☎à Medellín 4-361-7809 ; www.hotelesdecostaacosta.com ; ch repas inclus 188 000 COP/pers). Complexe hôtelier familial autour d'un petit jardin avec aire de jeux pour enfants. Chaque chambre dispose d'un petit balcon en bois avec hamac, et celles à l'étage ont une belle vue sur l'Océan. Idéal pour prendre un verre le soir, le grand bar a l'atout de ce même panorama.

**Pacific Sailfish** PENSION $$$

(☎314-375-0941 ; pacific.sailfish21@gmail.com ; ch repas inclus 120 000 COP/pers ; 📶). Cette pension, tenue par un Espagnol amateur de pêche et sa femme colombienne, propose plusieurs chambres en bois, propres, avec petite salle de bains privative. Y sont organisées des excursions de pêche dans la région. Les tarifs incluent les repas et le transport aller-retour depuis Bahía Solano.

## Playa Mecana

À 25 minutes en bateau de Bahía Solano, la **Playa Mecana** est une longue plage jalonnée de cocotiers. On peut y visiter le **Jardín Botánico del Pacífico** (☎321-759-9012 ; www.jardinbotanicodelpacifico.org ; ch 195 000 COP/pers), à but non lucratif : cette réserve naturelle de 170 ha s'étire le long du Río Mecana et abrite des mangroves, une forêt vierge tropicale et un jardin botanique riche de plantes et d'arbres endémiques. Le personnel comprend des membres du groupe indien local, les Emberá, qui pourront vous guider lors de superbes treks (15 000-50 000 COP/pers) dans la réserve, sur trois circuits principaux de 2 à 6 heures. Ils pourront également vous conduire en bateau sur la rivière jusqu'à leurs terres ancestrales et organiser des excursions pour observer les baleines. La direction organise aussi des sorties snorkeling et plongée, et l'on peut observer les oiseaux juste à côté de l'hébergement.

Si vous souhaitez rester quelque temps, des chambres simples, mais fonctionnelles, sont en location dans le bâtiment principal. Elles ne sont pas particulièrement spacieuses mais il y a une vaste terrasse, et il serait dommage de rester enfermé après avoir fait tout ce chemin. Quelques *cabañas* privatives plus isolées, encadrées de nature, se trouvent plus loin sur la plage. Les tarifs d'hébergement incluent les repas et le transport depuis/vers Bahía Solano.

Il est possible de venir à pied depuis Bahía Solano mais il faut partir avant ou pendant la marée basse *(mareada baja)*. Le trajet dure 1 heure dans chaque direction. Autrement, appelez pour qu'un bateau vienne vous chercher (60 000 COP/bateau jusqu'à 8 passagers).

## El Valle

☎4 / 3 500 HABITANTS

La localité d'El Valle se trouve du côté sud de la péninsule par rapport à Bahía Solano. À l'extrémité ouest de la ville, l'agréable Playa Almejal, une large plage de sable noir, se prête au surf et offre des hébergements corrects. El Valle est un bon point de départ pour visiter Ensenada de Utría. C'est aussi un bon endroit pour observer les tortues marines en saison de nidification (de septembre à décembre) et les baleines croisant au large.

### À voir et à faire

**Estación Septiembre** RÉSERVE NATURELLE

(☎321-793-7746, 314-677-2488). La Playa Cuevita, à 5 km au sud d'El Valle en longeant la côte, accueille à la fois la réserve pour la nidification des tortues et la station de recherche Estación Septiembre. De juin à décembre, les tortues marines viennent y pondre leurs œufs. La nuit est le meilleur moment pour les observer. La survie de ce projet de préservation, dirigé par l'organisation communautaire Caguama, dépend des visiteurs et de leurs dons récoltés à l'entrée. Vous pourrez loger dans des cabanes (avec/sans repas 80 000/40 000 COP par pers).

Le sanctuaire est accessible à pied depuis El Valle (2 heures) via une piste traversant les taillis ou par la plage. Si vous optez pour la plage, vous devrez vous mouiller jusqu'à la taille pour traverser quelques cours d'eau. Quant à la piste, il est recommandé de prendre un guide (20 000 COP). Le personnel organise aussi des visites de nuit au départ d'El Valle pour observer les tortues.

**Cascada del Tigre** EXCURSION

(5 000 COP). Une difficile randonnée de 4 heures au nord d'El Valle, dans la forêt et le long du rivage, conduit à la Cascada del Tigre, une impressionnante cascade où l'on peut se baigner. Les guides locaux reviennent à quelque 40 000 COP par personne. L'excursion d'une journée est épuisante si l'on fait l'aller-retour à pied : pensez à la location d'un bateau (100 000 COP/groupe) pour le retour.

Vous pourrez prendre un déjeuner typique (10 000 COP) à côté de la cascade et, au moment de nos recherches, le propriétaire aménageait un espace d'hébergement en hamacs et tentes.

BON PLAN

**LES MEILLEURS BREAKS DE SURF**

Deux bonnes nouvelles : le Chocó possède les meilleurs spots de surf de Colombie, et, ces derniers étant difficilement accessibles, vous les aurez pour vous seul :

- Pico de Loro, Cabo Corrientes près d'Arusí – gauche sur un *reef break*
- Bananal, nord d'El Valle – gauche sur un *reef break*
- Playa Almejal, El Valle – *beach break*
- Juna, nord de Valle – droite sur un *reef break*

### Où se loger et se restaurer

**Posada Ecoturistica El Valle** HÔTEL $

(☎310-472-0114 ; ecohotelvalle@gmail.com ; ch avec/sans sdb 35 000/25 000 COP). Cette *posada* (auberge) traditionnelle est la meilleure option bon marché de la ville. Les plus petites chambres partagent des douches. Terrasse avec hamacs à l'étage. Les propriétaires tiennent aussi deux spacieuses *cabañas* près de la Playa Almejal.

**Humpback Turtle** AUBERGE DE JEUNESSE $$

(☎312-756-3439 ; thehumpbackturtle@gmail.com ; empl camping 15 000 COP, hamac 15 000 COP, dort 30 000 COP, ch par pers 45 000 COP). Parmi les auberges de jeunesse les plus isolées du pays, cet établissement tendance au bout de la Playa Almejal se trouve à côté de deux cascades. Les huttes en bois, au milieu d'un potager, partagent des salles de bains. Le bar au toit de chaume est idéal pour se détendre par temps de pluie. Cuisine ouverte à disposition et plats de poisson à prix doux. La direction loue des planches et propose des virées surf dans les environs.

**Posada El Nativo** PENSION $$

(☎310-381-4729 ; ch par pers repas inclus 60 000 COP). "El Nativo", une légende du tourisme ici, et sa femme, proposent un hébergement bon marché couleur locale, à savoir deux *cabañas* au toit de chaume installées dans un jardin luxuriant, à 100 m environ derrière la plage. Pour vous y rendre, traversez le pont sur la gauche après le bureau Telecom et suivez la route.

**El Almejal** HÔTEL $$$

(☎412-5050 ; www.almejal.com.co ; cabañas 144 000-230 000 COP/pers). Hébergement le plus luxueux des environs de Bahía Solano, El Almejal est installé au milieu de la Playa Almejal, dans une réserve naturelle de 8 ha. Les *cabañas* arborent un design astucieux : la zone de détente, totalement ouverte, laisse entrer la brise. Les repas sont servis dans un vaste espace en plein air.

Un ruisseau s'écoule dans un bassin artificiel derrière les cabanes ; choisissez une cabane à proximité pour profiter du son apaisant. Derrière l'hôtel, un escalier en béton grimpe jusqu'à un paisible espace de yoga et un point de vue d'où l'on aperçoit parfois des baleines.

**Rosa del Mar** COLOMBIEN $

(plats 10 000 COP ; ⏲7h-20h). Dans la rue face à l'église, Doña Rosalia cuisine les meilleurs repas de la ville. Installez-vous dans son salon, devant la TV, et régalez-vous de fruits de mer.

## Où prendre un verre et faire la fête

**El Mirador** BAR

(⏲10h-18h dim). Construit sur un affleurement rocheux au milieu de la Playa Almejal, El Mirador est l'un des bars les plus spectaculaires de Colombie. Prenez place à l'une des tables de fortune pour siroter un rhum sur fond de *vallenato* et de reggaeton.

## Renseignements

Il n'y a plus aucun office du tourisme dans la ville mais le personnel du bureau des Parques Nacionales est en mesure de répondre à certaines questions sur la région.

Quelques adresses proposent, pour 2 000 COP l'heure, un accès Internet d'une lenteur incroyable.

## Depuis/vers El Valle

Les taxis collectifs pour Bahía Solano (10 000 COP/pers, 1 heure), stationnés devant la salle de billard, partent une fois pleins. Ils sont plus fréquents le matin.

De petits bateaux conduisent à Nuquí (60 000 COP, 1 heure 30) les lundis et vendredis après-midi. Les horaires de départ dépendent des marées.

Des taxis et Jeeps circulent de la ville à la Playa Almejal en passant sur une importante plage de nidification de tortues. Mieux vaut donc marcher (ce n'est pas loin).

# Parque Nacional Natural (PNN) Ensenada de Utría

Ce **parc national** (Colombiens/étrangers 14 500/38 000 COP), lové autour d'une étroite crique, est idéal pour voir des baleines de près depuis la terre ferme. Pendant la période de mise bas, elles entrent dans l'*ensenada* (crique) et jouent à quelques centaines de mètres seulement du rivage. Le **Centro de Visitantes Jaibaná** (s/d 130 000/189 000 COP), sur la côte est de l'*ensenada*, peut accueillir jusqu'à 30 personnes dans des chalets rénovés. Les tarifs comprennent tous les repas, du snorkeling et du kayak. Il est géré par l'organisation communautaire Mano Cambiada (p. 281), qui s'occupe des réservations.

Si vous prévenez à l'avance, le personnel peut organiser des plongées dans le parc et ses alentours. Quelques courtes randonnées sont envisageables dans les mangroves voisines et la forêt environnante. Peut-être verrez-vous, la nuit, des champignons phosphorescents.

Les bateaux publics de Nuquí à El Valle/Bahía Solano pourront vous déposer dans le parc moyennant 60 000 COP. Pour les groupes, un transfert privé coûte 250 000 COP à 350 000 COP depuis Nuquí ou El Valle.

Le parc peut aussi prévoir un guide pour vous accompagner à pied d'El Valle à Lachunga, à l'embouchure du Río Tundo, dans le coin nord-ouest de l'*ensenada* (50 000 COP, 4 heures). De là, vous serez récupéré par un bateau (15 000 COP/pers) puis conduit au centre des visiteurs.

# Nuquí

☎4 / 8 000 HABITANTS

Au milieu de la côte du Chocó se trouve la petite ville de Nuquí. Une large plage se déploie juste devant et une longue portion accidentée de sable s'étire de l'autre côté de la rivière. La plage isolée de Guachalito, accessible par un court trajet en bateau, abrite certains des meilleurs complexes hôteliers de la côte. Plusieurs communautés indiennes vivent en amont de la rivière de Nuquí, mais elles ne reçoivent pas de visiteurs.

La ville est couverte d'un mélange de béton et de graviers, mais il n'y a pas de circulation automobile. Si l'endroit n'a pas particulièrement de charme en soi, il se révèle pratique pour explorer les magnifiques environs. Vous ne trouverez ici ni banque ni DAB.

## À voir et à faire

**Playa Olímpica** PLAGE

Juste au sud de l'embouchure du Río Nuquí, la Playa Olímpica, accidentée, s'étend à perte de vue. Un habitant dénommé Señor Pastrana pourra vous faire traverser la rivière dans sa pirogue monoxyle (5 000 COP). Pour le trouver, suivez le sud sur la principale route de la plage, après l'église ; il vit à un pâté de maisons de la rivière dans une maison orangée.

**Transporte Ecce Homo** SORTIES EN BATEAU

(683-6124, 314-449-4446). Doté d'un bureau près du parc, Transporte Ecce Homo propose des sorties en bateau dans toute la région. Parmi les itinéraires figurent le PNN Utría, via la Playa Blanca et Morromico (60 000 COP), les mangroves et piscines thermales de Jurubidá (40 000 COP), et Guachalito avec la Cascada de Amor et Las Termales (50 000 COP). Les tarifs (variables suivant la taille du groupe et le prix de l'essence) s'appliquent à une personne sur la base d'un groupe de 6 passagers.

Le bureau organise aussi des transports rapides et loue quelques chambres basiques avec accès à la cuisine.

## Où se loger

La plupart des hôtels sont regroupés à l'extrémité nord de Nuquí, près de la plage. En ville, on trouve quelques *posadas* simples.

**Hotel Palmas del Pacifico** PENSION $

(683-6010, 314-753-4228 ; ch 35 000 COP/pers). Cette *cuadra* en retrait de plage, la meilleure option de la ville pour les petits budgets, loue des chambres simples, avec matelas moelleux et salle de bains privative, et comprend une terrasse avec hamacs et vue sur la mer. Ce n'est certes pas luxueux – pomme de douche et lunette de toilettes ne sont pas garanties – mais c'est propre et calme.

Préférez les chambres à l'étage et à l'avant pour la brise fraîche.

**Donde Jesusita** PENSION $

(ch 20 000 COP/pers). Cette pension toute simple, proche du quai, est tenue par la grand-mère du tourisme dans le secteur de Nuquí. Cette dame est un personnage en soi, et réserve un accueil chaleureux. L'établissement gagnerait à être rénové mais les chambres à l'étage ont une belle vue sur la rivière.

**Hotel Nuquí Mar** HÔTEL $$

(609-1074 ; www.hotelnuquimar.com ; ch 90 000-140 000 COP/pers). Sur la plage, juste après le terrain de football, cet hôtel renferme d'attrayantes chambres tout en bois, avec moustiquaires aux fenêtres et d'impeccables salles de bains carrelées. La suite, au dernier étage, possède un grand balcon privatif. Petit-déjeuner inclus.

## Où se restaurer

À l'aéroport, des femmes vendent des *cocadas* (1 500 COP), de délicieuses friandises à la noix de coco et à la pâte de goyave.

**Aqui es Chirringa** COLOMBIEN $

(repas 12 000 COP ; 7h-20h). La famille entière semble s'affairer dans la cuisine de ce restaurant de plein air sans prétention, tout proche de l'aéroport. On y sert de bonnes assiettes de spécialités colombiennes, accompagnées d'un bol de soupe de poisson.

**Doña Pola** COLOMBIEN $

(683-6254 ; repas 11 000 COP ; 7h-21h). Dans une petite rue, entre l'hôpital et le terrain de football, Doña Pola prépare de copieux repas traditionnels.

## Achats

**Artesanías Margot** ARTISANAT

(8h-17h). Près de l'aéroport, cette petite boutique d'*artesanías* vend un beau choix de sculptures sur bois et d'autres pièces d'art et d'artisanat local. Vous y trouverez aussi d'authentiques sarbacanes.

## Renseignements

Emportez suffisamment d'espèces, car Nuquí ne compte aucun DAB. Quelques cybercafés proposent une connexion lente, moyennant environ 2 000 COP de l'heure.

**Mano Cambiada** (313-759-6270 ; corporacionmanocambiada@yahoo.es ; horaires variables). Cette organisation touristique communautaire gère les hébergements et services du PNN Utría. Le personnel dispense également des renseignements touristiques généraux sur la région et peut organiser des circuits dans de nombreux villages.

**Super Giros** (683-6067 ; 8h-12h et 14h-18h). Pour recevoir des virements bancaires nationaux.

## Depuis/vers Nuquí

À l'**Aeropuerto Reyes Murillo** (☎683-6001), **Satena** (☎1 800 091 2034 ; www.satena.com) et **ADA** (☎4-444-4232 ; www.ada-aero.com) proposent des vols pour Medellín et Quibdó.

**Transporte Yiliana** (Donde Sapi ; ☎314-764-9308, 311-337-2839) gère des lignes de bateau pour El Valle (60 000 COP, 1 heure 30) et, suivant la demande, jusqu'à Bahía Solano (70 000 COP, 2 heures) les lundis et vendredis. Les bateaux partent généralement tôt le matin.

Plusieurs cargos desservent Nuquí depuis Buenaventura. Le *Valois Mar*, un bateau recommandé, part de Nuquí tous les 10 jours. Demandez **Gigo** (☎312-747-8374), le propriétaire. Le trajet dure 16 heures et coûte 120 000 COP repas compris. À Buenaventura, le *Valois Mar* part du quai Maderas del Patía, sur l'Avenida Simón Bolívar.

# Environs de Nuquí

## Jurubidá

Cette localité haute en couleur, à 45 minutes en bateau de Nuquí, possède de nombreux attraits mais accueille peu de visiteurs. La baie, devant le village, est dominée par l'Archipelago de Jurubidá, un ensemble de formations rocheuses spectaculaires, couvertes de forêt. Quand la mer se retire, un bassin naturel se forme dans les rochers de l'une des îles.

Le Grupo Los Termales, une coopérative locale, peut organiser des visites guidées aux **Termales de Jurubidá** (10 000 COP/pers), deux piscines thermales entourées d'une épaisse forêt. L'excursion comprend un court trajet en canoë et une belle balade le long d'une rivière cristalline. La coopérative peut aussi organiser des balades en canoë dans les mangroves (10 000-20 000 COP/pers), des sorties d'observation des baleines (120 000 COP/bateau) et des excursions en bateau vers des villages indiens, à quelques heures en amont de la rivière (150 000 COP/bateau).

Les transports publics sont inexistants mais des villageois vont à Nuquí ou en reviennent presque tous les jours. La plupart des bateaux se mettent à quai devant l'Almacén Wilmer Torres, un bar/épicerie dans le centre. Le tarif pratiqué avoisine les 15 000 COP par personne pour un trajet de 45 minutes. Autrement, vous pourrez louer un bateau rapide pour environ 150 000 COP.

VAUT LE DÉTOUR

### COQUÍ ET JOVÍ

À 25 minutes en bateau de Nuquí, ces deux villages accueillants possèdent tous deux une organisation touristique communautaire. À Joví, le **Grupo de Guias Pichinde** (☎321-731-1092) peut vous emmener sur le Río Joví en canoë monoxyle jusqu'aux cascades de Chontadura et d'Antaral. Chontadura est plus proche, mais Antaral est plus alimentée en eau et a une plus grande piscine naturelle. Il pourra aussi vous faire visiter des villages indiens le long de la rivière. À Coquí, le **Grupo de Ecoguias** (☎310-544-8904) organise des sorties en bateau dans les mangroves.

Dans les deux villages, des *posadas* proposent un hébergement très basique pour environ 30 000 COP par personne. Le bateau Nuquí-Arusí pourra vous déposer dans chacun d'entre eux.

### Où se loger et se restaurer

**Cabaña Brisa del Mar** CABANE $

(Donde Tita ; ☎314-684-9401 ; ch 25 000-30 000 COP/pers). Hébergement le plus isolé, ce havre tranquille et sans artifices loue, près de la rivière, des chambres aménagées dans une *cabaña* au toit de chaume. Joli petit balcon avec hamac et vue sur l'océan. Formule 3 repas : 28 000 COP.

**Restaurante Artesenal Jessica** PENSION $

(☎311-753-4110 ; ch 20 000 COP/pers). Sise au cœur de Jurubidá, cette pension toute simple compte quelques chambres en étage d'une maison familiale dotée d'une véranda. On y fabrique d'intéressants articles artisanaux. Les repas sont servis dans le restaurant de plein air voisin.

**Cabaña Emberafro** CABANE $$

(☎313-776-849 ; nohepro@hotmail.com ; ch par pers repas inclus 70 000 COP). Cette cabane de plage, au toit de chaume, a le double attrait de son isolement et d'une brise rafraîchissante.

## Morromico

Sur une magnifique plage privée, protégée par des promontoires boisés, **Morromico** (☎312 795 6321 ; www.morromico.com ; ch 240 000-270 000 COP/pers) est un beau petit *resort* écologique, entouré d'une épaisse forêt, à 10 minutes de bateau de Jurubidá. L'hôtel est installé dans un jardin luxuriant flanqué de cascades où l'on peut se baigner dans l'eau cristalline des montagnes. Les belles chambres semi-ouvertes laissent entrer les bruits de la forêt et l'électricité est produite au moyen d'une petite centrale hydroélectrique. Le charismatique propriétaire organise des balades en bateau et quelques treks ardus dans les montagnes, à la découverte des localités indiennes. Les tarifs incluent trois repas copieux. Réservation indispensable.

## Guachalito

Guachalito se trouve à une demi-heure à l'ouest de Nuquí en bateau. C'est une longue plage, dépourvue de déchets. Orchidées et héliconias abondent, la forêt empiète sur la plage, d'énormes champignons poussent sur les arbres et les cocotiers se balancent au-dessus du sable gris.

La famille Gonzalez habite l'extrémité est de la plage. Plusieurs hôtels sont disséminés le long des 8 km de plage jusqu'à Las Termales. En chemin, vous croiserez El Terco et El Terquito, deux presqu'îles servant de repères. La plage peut se parcourir à pied (1 heure 30) et mieux vaut se mettre en route à marée basse.

À 1 km (20 minutes) à pied des Gonzalez, à 200 m derrière la plage, se trouve la **Cascada de Amor**, une jolie cascade entourée de forêt qui se déverse dans un bassin rocheux naturel. À 10 minutes à pied en amont, une autre cascade, plus grande et plus belle, se sépare en deux cours d'eau qui se jettent dans un bassin en contrebas.

### Où se loger

À l'origine, Guachalito ne désignait que l'emplacement occupé par la famille Gonzalez, à l'extrémité est de la plage. Aujourd'hui, plusieurs générations y vivent, et leurs quatre *posadas* – tenues par des frères en concurrence – proposent divers hébergements en pension complète allant de 100 000 COP à 210 000 COP par personne.

**La Joviseña** (☎314-683-8856 ; www.lajovisena.com ; ch 210 000 COP/pers) est la plus confortable, avec de solides cabanons en bois séparés, distribués dans un jardin luxuriant et voisins d'un beau restaurant de plein air. Les tarifs incluent le transport depuis/vers Nuquí. Au **Mar y Río** (☎314-656-9688 ; elmardeldiego@gmail.com ; ch 120 000 COP/pers), dans un coin calme de la plage à côté d'un cours d'eau, vous logerez avec la famille et mangerez à sa table. Les nouvelles chambres, à côté de la maison principale, affichent plus d'intimité mais moins de charme.

**Luna de Miel** (☎311-602-3742, 314-431-2125 ; clunademiel@hotmail.com ; ch 120 000 COP/pers) possède deux chambres rustiques et un agréable balcon, avec une belle vue. Les propriétaires gèrent le quai touristique de Nuquí, où vous pourrez demander des renseignements. **Peñas de Guachalito** (☎320-5671-356 ; ch 100 000 COP/pers) loue des chambres toutes simples jouxtant un jardin de cocotiers.

Plusieurs hôtels écologiques et complexes hôteliers sont installés à l'ouest du village de Guachalito. La plupart proposent des formules incluant le transport depuis l'aéroport, l'hébergement et les repas.

♥ **El Cantil Ecolodge** HÔTEL **$$$**
(☎448-0767 ; www.elcantil.com ; ch 327 000 COP/pers). Hôtel le plus luxueux de cette plage, El Cantil possède 6 cabanons duplex nichés dans un cadre de papayers et de cocotiers. Le restaurant, réputé pour sa cuisine, est perché au sommet d'une colline et a une vue imprenable. Une petite centrale hydroélectrique produit de l'électricité pour le restaurant ; les cabanons, eux, sont éclairés aux chandelles. Repas et transport depuis/vers Nuquí inclus dans les tarifs.

Des excursions pour observer les baleines peuvent être organisées et des guides se proposent de conduire les hôtes aux meilleurs spots de surf.

**La Cabaña de Beto y Marta** HÔTEL **$$$**
(☎311-775-9912 ; betoymarta@hotmail.com ; ch repas inclus 200 000 COP/pers). Ce charmant hôtel, tenu par deux *paisas* (personnes originaires de l'Antioquia) possède 4 cabanons isolés, avec hamacs et transats sur la terrasse, d'où l'on observe le coucher du soleil. L'établissement est installé dans un remarquable jardin où poussent nombre des fruits et légumes que vous trouverez dans votre assiette au dîner.

**Pijibá Lodge** HÔTEL **$$$**
(☎311-762-3763 ; ch repas inclus à partir de 190 000 COP/pers). Aménagés dans un jardin luxuriant, les 3 cabanons duplex du Pijibá sont entièrement construits à partir de matériaux naturels et laissent entrer l'air frais. La cuisine est très réputée.

**Piedra Piedra** HÔTEL $$$

(☎315-510-8216 ; www.piedrapiedra.com ; ch repas inclus 190 000 COP/pers). Posé sur une colline, cet établissement semble plus intimiste que ses voisins. Il possède une piscine d'eau douce sur un affleurement rocheux donnant sur El Terco. L'emplacement pour tente est onéreux 50 000 COP/pers.

Les propriétaires louent également une fabuleuse maison voisine, perchée sur un promontoire donnant sur l'eau.

## Termales

Le village de Termales compte une large plage de sable gris, ainsi que quelques hébergements pour qui souhaite se rapprocher de la culture locale. Au coucher du soleil, les enfants jouent au football sur la grève tandis que des poules traversent le terrain. Au loin, des jeunes (et moins jeunes) surfent sur des planches offertes par une association à but non lucratif.

Depuis l'unique route du village, un sentier de graviers conduit à 500 m dans les terres jusqu'à **Las Termales** (12 000 COP ; 8h-18h), deux piscines thermales voisines d'un cours d'eau cerné par la forêt. Le site, aménagé avec goût par la communauté, comprend un grand restaurant (repas 13 000 COP) et un spa, ouverts uniquement pendant les périodes de forte fréquentation.

L'organisation communautaire locale **Cocoter** (☎310-419-4411 ; Oficina Corporación Comunitario) peut trouver des guides pour le trek d'une demi-journée vers la Cascada Cuatro Encantos, un ensemble d'imposantes cascades dont les bassins sont entourés d'une forêt luxuriante.

Avec des hébergements moins chers – quoique tout de même onéreux – que les *resorts* voisins, et une ambiance décontractée, Termales est une bonne base pour explorer les environs. Doté d'un grand balcon donnant sur la plage, l'accueillant **Refugio Salomon** (☎313-756-7970 ; ch repas inclus 90 000 COP/pers, repas 12 000-15 000 COP) loue des chambres simples avec salles de bains privatives et sert de délicieux repas traditionnels. De l'autre côté du sentier, **Donde Paulino** (☎321-778-1165 ; ch repas incl 90 000 COP/pers) propose, à l'étage de la maison familiale, des chambres simples et propres, où le bois domine, et avec accès à des salles de bains communes.

Il n'y a pas de couverture téléphonique à Termales mais vous pourrez laisser un message, les commerçants vérifient régulièrement leur boîte vocale.

### Depuis/vers Termales

Le bateau rapide (25 000 COP, 45 min) de Nuquí à Arusí, à l'ouest de Termales, pourra vous déposer n'importe où en chemin. Il quitte Arusí les lundis, mercredis et vendredis matin autour de 6h et repart vers 13h. Un bateau plus lent et moins ponctuel (22 000 COP, 1 heure) couvre le même trajet les mardis, jeudis et samedis.

# CÔTE SUD

## Buenaventura

☎2 / 327 000 HABITANTS

Plus grande ville de cette côte, Buenaventura est le port le plus actif de Colombie. Or, malgré la croissance économique de la nation, la condition de ses habitants les plus pauvres ne connaît nulle embellie. Plus de 60% des exportations légales du pays passent par ces quais, mais Buenaventura reste terriblement pauvre et sous-développée. Une grande partie des exportations illégales passe également par ici, avec les luttes d'influence et les débordements de violence afférents.

Les transports sont l'unique raison de s'y rendre. La plupart des touristes empruntent le *muelle turístico* (quai touristique). Cette partie de la ville est plutôt sûre, et de nombreux restaurants et hôtels sont regroupés non loin.

### Où se loger

Les environs du *muelle turístico* comptent plusieurs hôtels confortables donnant sur l'eau.

**Hotel Titanic** HÔTEL $$

(☎241-2046 ; hoteltitanic@gmail.com ; C. 1A nos 2A-55 ; s et d 76 500 COP, lits jum/tr 88 200/118 000 COP ; ). À une *cuadra* de l'entrée du quai touristique, cet hôtel de quatre étages loue des chambres assez confortables, mais la petite fenêtre donnant sur le couloir ne laisse entrer qu'une faible lumière naturelle. Bar-restaurant sur le toit avec belle vue sur l'eau.

**Hotel Tequendama Estación** HÔTEL $$$

(☎243-4070 ; www.sht.com.co ; C. 2 nos 1A-08 ; s/d 201 700/217 800 COP ; @). Un séjour dans le meilleur hôtel de la ville tient d'une immersion dans le passé colombien. Construit dans les années 1920 et rénové depuis, ce bâtiment blanc néoclassique

### LES MÉLODIES DE LA FORÊT

Dans la région du Pacifique, comme en maintes autres parties de Colombie, la musique et la danse ont une importance majeure. Or ici, la mélodie en faveur n'est ni le retentissant reggaeton, ni la salsa ; de nombreux villages n'ont pas d'électricité, et ce sont les douces sonorités acoustiques de la *marimba de chonta* qui baignent ces lieux. Fabriquée à partir du bois d'un palmier épineux, endémique à la région, et des tiges de *guadua* (un bambou), la *marimba de chonta* possède un son distinct, connu dans tout le pays.

L'instrument est originaire d'Afrique et fait partie de l'héritage culturel apporté dans la région par les esclaves affranchis. Il est toujours fabriqué de manière traditionnelle dans des ateliers artisanaux de la région, mais surtout à Guapi et Tumaco.

La *marimba de chonta* est traditionnellement suspendue au plafond, bien qu'aujourd'hui elle soit souvent posée sur un support. Elle s'accompagne de percussions comme les *bombos*, les *cununos* et les *guasas*. C'est l'instrument principal du *currulao*, la danse typique de la région.

Le Festival Petronio Álvarez (p. 243), à Cali, est le meilleur endroit pour écouter la *marimba de chonta* dans toute sa splendeur.

arbore des chambres deluxe et des balcons tout autour. Piscine (9h-18h) ouverte au public (adulte/enfant 22 000/18 000 COP).

## Renseignements

Buenaventura est la grande agglomération la moins sûre du pays. Si les simples touristes n'y risquent a priori rien, mieux vaut rester dans les environs du *muelle turístico* et se montrer particulièrement prudent.

**Banco AV Villas** (C. 2 n^os^ 2A-46). DAB.

**Bancolombia** (angle C. 2 et Carr 2a). DAB.

**Ciber P@cífico** (C. 1 n^os^ 2-11 ; 2000 COP/heure ; 8h-19h30 lun-sam). Internet et appels téléphoniques ; juste devant le quai touristique.

## Depuis/vers Buenaventura

Des bus relient fréquemment Cali et Buenaventura (19 000 COP, 4 heures). Le terminal des bus se trouve dans le centre, à quelques *cuadras* du *muelle turístico*. Au départ de Cali, la vue est meilleure du côté gauche du bus.

Des lignes touristiques de bateaux rapides partent du *muelle turístico* vers le nord et le sud. Des cargos partent d'El Piñal, un secteur industriel accessible en taxi pour 6 000 COP.

# Environs de Buenaventura

## Juanchaco et Ladrilleros

2 / 3 500 HABITANTS

Juanchaco et Ladrilleros sont à 1 heure en bateau au nord de Buenaventura. Juanchaco fait face à la Bahía Málaga et reçoit bon nombre des déchets de Buenaventura sur ses plages. Ladrilleros, de l'autre côté de la péninsule, fait face aux déferlantes de l'océan Pacifique.

Pendant la saison des pluies (ou plutôt, la période la plus pluvieuse, d'août à novembre), des vagues de 2 m à 3 m se forment et attirent les surfeurs.

Juanchaco et Ladrilleros n'ont pas de plages où lézarder, mais font une bonne base pour explorer le **Parque Nacional Natural (PNN) Uramba Bahía Málaga** (entrée libre) environnant. Ce secteur protégé, l'un des parcs nationaux les plus récents de Colombie, arbore des paysages sauvages qui alternent entre puissantes vagues s'écrasant sur des promontoires rocheux couverts de jungle et luxuriantes baies isolées.

La plus belle plage des environs est située au nord de Ladrilleros à **La Barra**, où la vaste étendue de sable gris est dominée par un petit village de pêcheurs.

Le week-end, Juanchaco et Ladrilleros sont des destinations prisées des habitants de Cali ; en semaine, vous y serez probablement seul.

## Activités

Juanchaco est un bon endroit où observer les baleines à peu de frais. Comptez entre 25 000 COP et 30 000 COP par personne pour environ 1 heure sur l'eau dans un bateau collectif. Renseignez-vous sur les départs au quai principal.

**Nativos** CIRCUITS AVENTURE
(317-297-3703 ; manuel.nativos@gmail.com ; Ladrilleros ; à partir de 20 000 COP/pers). Tour-opérateur

VAUT LE DÉTOUR

## L'ÎLE DE MALPELO

Cette minuscule île colombienne, isolée à 378 km du continent, recèle des plongées parmi les plus belles au monde. Classée au patrimoine mondial de l'Unesco, l'île mesure 1 643 m de long pour 727 m de large. C'est le centre du vaste **Santuario de Flora y Fauna Malpelo** (☎1-353-2400 poste direct 138 ; ecoturismo@parquesnacionales.gov.co ; entrée à la journée sur bateau Colombien/étranger 88 500/165 500 COP), la plus grande zone d'exclusion de pêche dans le Pacifique tropical oriental, qui constitue un habitat primordial pour des espèces marines menacées.

La diversité et, surtout, le nombre d'animaux marins sont surprenants. On trouve plus de 200 requins-marteaux et 1 000 requins soyeux. C'est aussi l'un des rares endroits où a été confirmée la présence de l'odontospide féroce, un requin des profondeurs. L'île volcanique possède des parois à pic et d'impressionnantes grottes. La meilleure période pour voir des requins s'étend de janvier à mars, lorsque le climat plus froid les pousse à remonter à la surface pour se nourrir. Un petit contingent de soldats colombiens garde Malpelo ; il est interdit de poser le pied sur l'île.

La plongée, complexe, est aussi superbe que l'accès est difficile. Le lieu ne se visite que dans le cadre de croisières de plongée. Le trajet dure 30 à 36 heures aller depuis Buenaventura, et il n'y a pas de caisson de recompression sur l'île. De forts courants attirent vers le haut, le bas et sur les côtés – vous pouvez remonter à la surface à des kilomètres de votre point d'entrée dans l'eau. L'aventure n'est conseillée qu'aux plongeurs expérimentés et confiants.

Des bateaux de divers pays proposent cette excursion. Les moins chers sont les bateaux colombiens qui partent de Buenaventura, mais ils transportent généralement de nombreux plongeurs et n'ont pas de Nitrox. Comptez environ 3 100 000 COP par plongeur pour 7 jours de plongée. Le *Maria Patricia* d'Asturias (p. 287) part régulièrement.

Les bateaux internationaux partant du Panama sont plus confortables. Le plus spacieux est le **MV Yemaya** (☎au Panama 507-232-0215 ; www.coibadiveexpeditions.com) qui part de Puerto Mutis. Il possède 3 sortes de cabines doubles et peut accueillir jusqu'à 16 plongeurs. Autre option recommandée, l'**Inula** (☎en Allemagne 49 5130 790326, au Panama 507-6672-9091 ; www.inula-diving.com), depuis Puerto David, est tenu par un skipper allemand expérimenté. Les tarifs vont de 3 700 $US à 4 660 $US par plongeur, hors entrée du parc, pour une croisière de 10 jours, comprenant 6 jours de plongée environ.

Sinon, contactez **Pura Colombia Travel** (☎310-373-0113 ; www.puracolombia.com), un tour-opérateur de Medellín, spécialiste de la plongée et doté d'une grande expérience à Malpelo, qui tient une liste de départs imminents.

local proposant diverses expériences dans la nature, comme une traversée des mangroves en bateau jusqu'à une piscine naturelle et des excursions à La Barra. En face de l'Iglesia Mary.

**Pedro Romero** SURF
(☎313-752-3170 ; Cabaña Villa Malaty, Vía La Barra, Ladrilleros ; leçons 25 000 COP /heure). L'aimable Pedro Romero propose leçons de surf, location de planches, sorties en kayak dans les estuaires des environs et camping dans le bush. Pendant les week-ends et jours fériés, vous le trouverez sur la plage ; sinon, rejoignez-le à l'adresse indiquée ci-avant. Il met également à disposition des hébergements bon marché et des emplacements de camping, avec accès à la cuisine, sur sa propriété, sur la route de La Barra.

### Où se loger et se restaurer

Ladrilleros compte une dizaine d'hôtels, la plupart assez rudimentaires. Une demi-douzaine de restaurants simples sert des repas bon marché de poisson et de riz. Les *empanadas* aux crevettes du Restaurante Delfin font de savoureux en-cas.

À La Barra, plusieurs familles locales ont bâti des *cabañas* pour les visiteurs (chambre 15 000-25 000 COP/pers) et l'on trouve de nombreux endroits où planter sa tente (avec/sans location de tente à partir de 12 500/5 000 COP par pers). La plupart des hébergements et quelques restaurants servent des repas de poisson pour 12 000 COP environ.

**Hotel La Cooperativa** PENSION $

(☎321-854-7956 ; Ladrilleros ; ch 20 000 COP/pers). Perchée sur un promontoire, La Cooperativa se démarque parmi les établissements bon marché. Chambres propres avec salles de bains privatives et vrais murs (une relative rareté dans les environs).

**Aguamarina Cabañas** HÔTEL $$

(☎311-728-3213, 246-0285 ; www.reservaaguamarina.com ; Ladrilleros ; ch/cabaña par pers 2 repas inclus 110 000/90 000 COP ; ). Sur le promontoire face à l'océan, chaleureux établissement bien tenu, aux charmants cabanons à étage et aux chambres climatisées plus modernes. Grande piscine. Cartes bancaires acceptées.

**Hotel Palma Real** HÔTEL $$

(☎317-502-5931 ; www.hotelpalmarealcolombia.com ; Ladrilleros ; ch 2 repas inclus 85 000 COP/pers ; ). Hôtel haut de gamme prisé des *Caleños* en escapade romantique. Confortables chambres climatisées, avec parquet et TV câblée, distribuées autour de la jolie piscine avec bar.

**Yubartas** LODGE $$

(☎310-849-6741 ; Juanchaco ; ch 3 repas inclus 90 000 COP/pers). Abritant d'élégantes *cabañas*, avec salle de bains privative, essaimées dans un vaste jardin, cette propriété de Juanchaco est l'un des hébergements les plus confortables de ce côté de la piste d'atterrissage. La direction organise des activités écologiques autour de la Bahía Málaga. Face à la piste d'atterrissage.

### Où prendre un verre

**Templo del Ritmo** BAR

(Ladrilleros ; 12h-tard ven et sam). Sur le promontoire face à la mer, le Templo del Ritmo monte le son le week-end, lorsque les *Caleños* viennent faire la fête.

### Renseignements

Il n'y a aucun DAB, et rares sont les établissements à accepter les cartes bancaires. Le DAB le plus proche est devant le *muelle turístico* de Buenaventura.

Ladrilleros et Juanchaco ont des cybercafés.

### Depuis/vers Juanchaco et Ladrilleros

La compagnie de bateaux la plus fiable du *muelle turístico* est **Asturias** (☎313-767-2864, 240-4048 ; barcoasturias@hotmail.com). Ses bateaux quotidiens pour Juanchaco (aller-retour 54 000 COP, 1 heure 15) partent à 10h, 13h et 16h, et repartent à 8h, 13h et 16h. Le billet aller-retour est valable pendant 15 jours. Le trajet peut se révéler agité – asseyez-vous à l'arrière pour une traversée plus confortable.

Juanchaco est à 2,5 km de Ladrilleros. La route contourne une base aéronautique navale qui sépare les deux localités. Vous pouvez marcher (30 min), prendre une moto (2 000 COP, 5 min) ou attendre que l'une des Jeeps soit pleine (2 000 COP/pers).

Pour rejoindre La Barra, vous pourrez prendre une moto-taxi ou un petit bateau sur la rivière – tous deux facturent 15 000 COP par personne. Sinon, 45 minutes de marche sur un sentier parfois boueux vous y conduiront.

## San Cipriano

☎2 / 500 HABITANTS

Donnant sur la voie ferrée Cali-Buenaventura, peu fréquentée, et à 15 km de la route la plus proche, ce hameau afro-colombien est aussi célèbre que le moyen utilisé pour s'y rendre. Les résidents ont en effet mis au point d'ingénieuses plateformes sur rail, entraînées par une moto dont l'avant est fixé à la plateforme et la roue arrière posée sur l'un des rails. Les passagers, assis sur de petits bancs en bois, traversent la forêt luxuriante à une allure folle – une expérience mémorable. Il n'y a qu'une voie et les freins sont défectueux sur de nombreuses plateformes. Bien qu'elles soient peu fréquentes, des collisions ont été rapportées. Tenez-vous fermement et portez des chaussures adaptées à un éventuel bond de côté en cas d'urgence.

Le hameau se trouve au cœur de la jungle, côté Pacifique de la chaîne montagneuse. Non loin, on peut se baigner et pratiquer le tubing (descente en bouée) sur une grande portion d'une rivière à l'eau cristalline – de nombreux endroits louent des bouées pour environ 5 000 COP. Plusieurs cascades sont aussi accessibles à pied. Les guides pour les treks coûtent autour de 20 000 COP par groupe.

Emportez des vêtements de pluie car celle-ci tombe à verse. La Fundación San Cipriano facture 1 500 COP l'entrée dans le secteur.

### Où se loger et se restaurer

Une demi-douzaine d'hôtels offrent un hébergement très basique. La plupart proposent des repas bon marché. Pendant le week-end, la musique retentit dans quelques bars pour les *Caleños* venus faire la fête.

**Hotel David** PENSION $
(☎312-815-4051 ; s/d sans sdb 15 000/25 000 COP). Vous trouverez cette chaleureuse pension plusieurs centaines de mètres après avoir payé l'entrée. Chambres simples en étage, avec sol en béton et toit en tôle, qui ajoute un charme tambourinant aux fortes pluies. Les cloisons en bois entre les chambres sont extrêmement fines. L'établissement sert l'une des meilleures cuisines de la ville.

**Hotel Ivankar** PENSION $
(☎310-456-8120 ; s/d 25 000/50 000 COP). L'hôtel le plus confortable de la ville loue des chambres propres avec salle de bains privative et TV câblée. La plupart n'ont qu'une minuscule fenêtre donnant sur le couloir et reçoivent donc peu de lumière ou d'aération naturelles. Essayez d'obtenir la chambre à l'avant, qui possède une fenêtre sur rue.

### Depuis/vers San Cipriano

Depuis Cali, prenez n'importe quel bus pour Buenaventura et descendez au croisement pour Córdoba (18 000 COP, 3 heures). De là, une marche de 1 km en descente conduit à la voie ferrée.

Le tarif officiel des plateformes sur rails jusqu'à San Cipriano est de 5 000 COP l'aller pour les visiteurs ; les habitants, eux, paient moins cher : c'est pourquoi les conducteurs aiment se disputer les touristes. Soyez prêt à être escorté par des rabatteurs en descendant du bus.

Depuis Buenaventura, prenez le bus de la Ruta 5, signalé Córdoba au terminal (2 000 COP, 45 min). Il part toutes les demi-heures environ. Si vous ne voulez pas remonter à pied, vous pouvez prendre ce bus jusqu'au croisement.

Les taxis de Buenaventura pourront aussi vous conduire jusqu'à Córdoba pour 25 000 COP à 40 000 COP.

## Parque Nacional Natural (PNN) Isla Gorgona

Fin 2014, une attaque des FARC sans précédent, menée dans le PNN Isla Gorgona, s'est soldée par la destruction du poste de sécurité de l'île et la mort d'un policier. En conséquence, l'agence responsable des installations touristiques a quitté les lieux, et le gouvernement a fermé le parc aux visiteurs. Une fois la sécurité rétablie, les installations pourraient bien rouvrir sous une nouvelle direction. Renseignez-vous auprès des Parques Nacionales (p. 76) avant de vous organiser.

Le parc se prête idéalement à la plongée et à l'observation des baleines, qui se pratiquent, de préférence, de pair. Gorgona ne figurant dans aucun des principaux couloirs de navigation, les baleines continuent d'y venir chaque année pour mettre bas et élever leurs petits.

Située à 38 km des côtes, l'île mesure 11 km de long et 2,3 km de large. Elle est couverte d'une jeune forêt tropicale secondaire (la plupart des arbres ont été abattus pour produire du combustible) qui abrite de nombreux serpents venimeux. Gorgona est aussi connue pour ses nombreuses espèces endémiques : singes, lézards, chauves-souris et oiseaux. Pendant la saison de reproduction, les tortues de mer viennent pondre leurs œufs sur les plages.

Paradoxalement, en des temps plus troublés, Gorgona était l'un des rares endroits sûrs pour les touristes de la côte pacifique. Maintenant que les conditions se sont améliorées dans d'autres parties de la région, vous découvrirez qu'il existe de plus belles plages et une forêt plus sauvage ailleurs.

### Circuits organisés

Les plongeurs ne souhaitant pas séjourner sur l'île pourront se fendre d'une excursion de plongée le week-end. Des bateaux partent du *muelle turístico* de Buenaventura le vendredi soir et rentrent le lundi matin. Sur le *Maria Patricia* d'Asturias (p. 287), comptez autour de 1 350 000 COP par plongeur, avec 4 plongées, repas, transport et visite de l'île inclus. Comptez 800 000 COP sans plongée.

### Renseignements

Ce n'est pas un hasard si Gorgona porte ce nom issu de la mythologie grecque : l'île est en effet hantée de serpents venimeux. Emportez de bonnes chaussures si vous prévoyez des randonnées ou empruntez des bottes en caoutchouc. La vaccination contre la fièvre jaune est indispensable : les guides du parc pourront demander votre certificat à l'arrivée.

## Depuis/vers le PNN Isla Gorgona

Quand le parc est ouvert, des hors-bord conduisent à l'île depuis la petite ville de Guapi (1 heure 15) les lundis et vendredis.

Plusieurs compagnies proposent des lignes de hors-bord couverts (95 000 COP, 3 à 4 heures) entre Buenaventura et Guapi, notamment **Transporte Jomar** (☎313-761-7571, 313-715-3335 ; Muelle Turístico, Buenaventura) et **Embarcaciones Alfa** (☎316-842-9861, 241-7599 ; sheli2838@hotmail.com ; Muelle Turístico, Buenaventura). L'Aeropuerto Juan Casino Solis, à Guapi, est desservi par **Satena** (☎1 800 091 2034 ; www.satena.com) avec des vols vers Cali. TAC (p. 177) propose 3 vols par semaine depuis/vers Popayán.

# Le bassin amazonien

**Dans ce chapitre ➡**



## Le top des restaurants

- El Santo Angel (p. 296)
- El Cielo (p. 296)
- Tierras Amazónicas (p. 296)
- Las Margaritas (p. 301)
- São Jorge (p. 299)

## Le top des hébergements

- Reserva Natural Palmarí (p. 302)
- Malokas Napü (p. 301)
- Amazon B&B (p. 295)
- Waira Suites Hotel (p. 295)
- Mahatu Jungle Hostel (p. 294)

## Pourquoi y aller

Amazone : à ce mot surgissent des images de forêt vierge, d'une vie sauvage exubérante et d'un célèbre fleuve. Appelé Amazonia en Colombie, le bassin amazonien représente un tiers de la superficie totale du pays : 343 000 km$^2$, soit plus de la moitié de la France métropolitaine. L'étrange sentiment d'euphorie d'une première rencontre avec la forêt tropicale humide est pratiquement indescriptible.

Les voies de transport se limitant aux rivières qui sillonnent la forêt, la culture des groupes amérindiens peuplant les parties les plus reculées s'est trouvée relativement préservée. Dans les villes, toutefois, nombre d'Indiens et de *mestizos* (métisses) vivent désormais de façon moderne, ne revenant à leurs us et coutumes traditionnels que pour épater les touristes. Depuis les treks dans la forêt jusqu'aux simples siestes dans un hamac, sur fond de bruits sylvestres, toute visite du bassin amazonien n'en est pas moins marquée de l'omniprésence de la nature.

## Quand partir

### Leticia

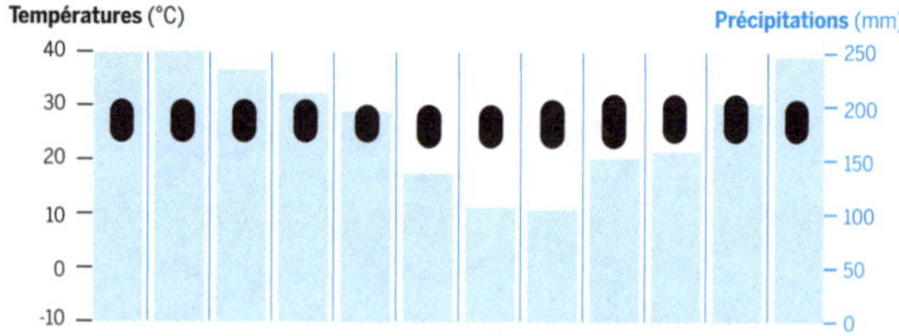


**Sept-nov** L'étiage se prête particulièrement aux randonnées et le Río Yavarí dévoile des plages de sable blanc.

**Mars-mai** La saison des pluies est la plus propice à la vie sauvage et à l'observation des oiseaux.

**Juil-août** Moment de répit : dans la forêt de *terra firme*, la plupart des moustiques remontent vers la canopée.

# Leticia

☎8 / 39 667 HABITANTS / ALTITUDE 95 M

Agglomération la plus importante à des centaines de kilomètres à la ronde, la capitale du département de l'Amazonas n'en a pas moins l'aspect de la petite ville-frontière qu'elle est. Trônant au confluent amazonien de la Colombie, du Brésil et du Pérou, Leticia est distante de quelque 800 km de la route majeure colombienne la plus proche.

Lors de sa fondation en 1867, la ville fut baptisée San Antonio ; l'origine de son nom actuel s'est perdue dans les méandres de l'Histoire. Initialement péruvienne, elle fut cédée à la Colombie après la signature, en 1922, du traité de Salomón-Lozano. Un conflit n'en éclata pas moins, en 1932, entre

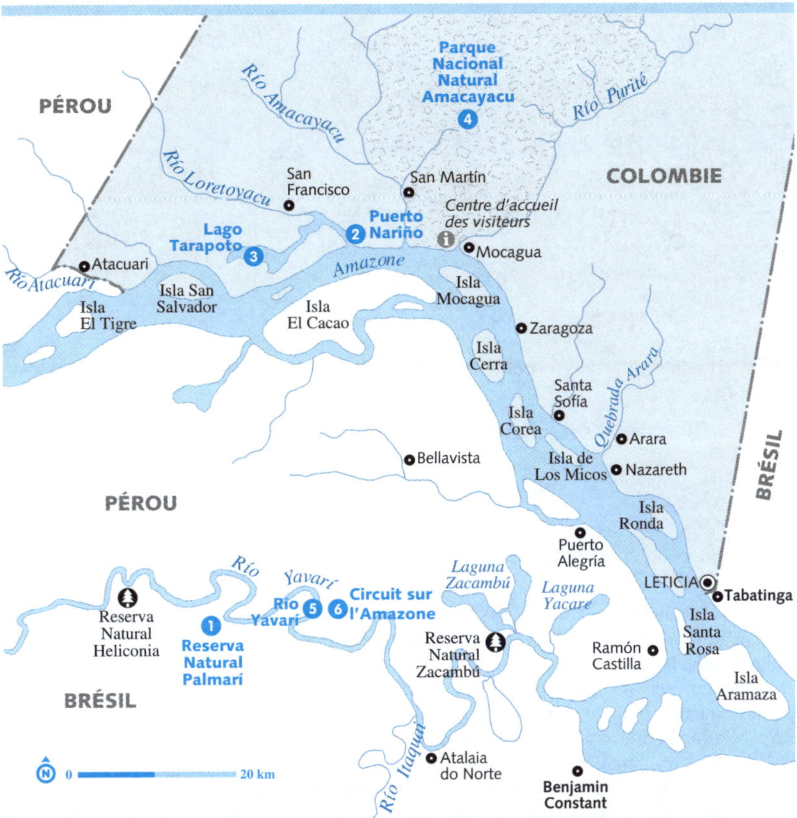


## À ne pas manquer

1. La **Reserva Natural Palmarí** (p. 302), où observer une abondante vie sauvage.

2. Une escale-détente à **Puerto Nariño** (p. 300), bourgade tournée vers le développement durable, et inaccessible aux voitures.

3. Les évolutions des *botos* et dauphins gris, à surprendre dans les eaux chaudes du **Lago Tarapoto** (p. 301).

4. Les jacasseries des perroquets, dans la forêt tropicale humide du **Parque Nacional Natural Amacayacu** (p. 299).

5. Les affluents du **Río Yavarí** (p. 302), à remonter en canoë pour pénétrer en silence dans la forêt.

6. Un **circuit sur l'Amazone** (p. 293) de plusieurs jours, pour une véritable immersion dans la forêt.

## Leticia

les deux nations. Il s'acheva en 1933, après une médiation de la Société des Nations qui confirma le statut colombien de Leticia. Dans les années 1970, la ville devint une plaque tournante du narcotrafic avant que l'armée colombienne n'y remette de l'ordre.

Du côté brésilien de la frontière, Tabatinga, de taille comparable, possède un aérodrome et un port (départ des bateaux qui descendent vers Manaus). On peut se déplacer librement entre les deux villes de même que vers Benjamin Constant (Brésil), à 25 km en aval, et vers la petite localité insulaire péruvienne de Santa Rosa de Yavarí sur l'Isla Santa Rosa, en face de Leticia et de Tabatinga. Les voyageurs souhaitant s'aventurer plus loin dans l'un des deux pays devront, en revanche, se fendre des démarches administratives d'usage.

Malgré la chaleur étouffante, l'humidité et les continuels assauts des moustiques, Leticia constitue un agréable point de chute pour explorer le reste de l'Amazonie colombienne.

## À voir et à faire

**Mundo Amazónico** JARDINS

(592-6087, 321-472-4346 ; www.mundoamazonico.com ; Km 7,7, Vía Tarapacá ; circuits 10 000 COP ; 8h-15h). Conçue pour préserver les espèces menacées de la faune et de la flore amazoniennes, cette réserve de 29 ha fonctionne comme un centre d'éducation environnementale. Ses vastes jardins botaniques recèlent quelque 700 espèces végétales, à découvrir au long de 4 circuits à thème (le jardin botanique, les processus durables, les scénarios culturels et l'aquarium) de 20 à 45 minutes chacun.

Les visites peuvent se combiner de toutes les façons, et un déjeuner (20 000 COP/pers) est même servi si vous souhaitez y passer la journée. Seuls deux guides parlent anglais ; il est judicieux d'appeler pour réserver.

## Leticia

**À voir**
1 Galería Arte Uirapuru ... B3
2 Marché ... A3
3 Museo Etnográfico Amazónico ... A2
4 Parque Santander ... B2

**Activités**
5 Amazon Jungle Trips ... D3
6 Selvaventura ... C3
7 Excursions de Tanimboca ... B1

**Où se loger**
8 Amazon B&B ... B1
9 Hospedaje Los Delfines ... A1
10 Hotel de la Selva ... C3
11 Hotel Malokamazonas ... D2
12 Hotel Yurupary ... C2
13 La Casa del Kurupira ... C3
14 La Jangada ... B2
15 Waira Suites Hotel ... B3

**Où se restaurer**
16 El Cielo ... D3
17 El Santo Angel ... B1
18 La Casa del Pan ... B1
19 La Cava Tropical ... C3
20 Restaurante Amektiar ... B3
21 Supermercado Hiper ... B3
22 Tierras Amazónicas ... C2
23 Viejo Tolima ... B3

**Où prendre un verre et faire la fête**
24 Barbacoas ... B3
25 Kawanna Bar ... C3

**Où sortir**
26 Blue ... B4



Depuis Leticia, prenez n'importe quel bus jusqu'au Km 7,7 puis descendez en suivant la piste pendant 10 minutes, à partir du panneau donnant sur la route principale.

**Museo Etnográfico Amazónico** MUSÉE
(592-7729 ; Carr. 11 n°9-43 ; 8h30-11h30 et 13h30-17h lun-ven, 9h-13h sam). Sis dans le bâtiment, aux couleurs du *boto* (dauphin rose de l'Amazone), de la Biblioteca del Banco de la República, ce musée expose une petite collection d'objets amérindiens (instruments de musique, textiles, outils, poteries, armes, masques de cérémonie). Une bonne introduction aux cultures de la région.

**Galería Arte Uirapuru** BOUTIQUE ET MUSÉE
(C. 8 n°10-35 ; 8h30-12h et 13h-19h lun-sam, 8h30-12h dim). La plus grande boutique d'artisanat de Leticia, où acheter des articles en provenance des communautés amérindiennes, ainsi que des produits naturels de pharmacopée amazonienne. Au fond de la boutique, le Museo Uirapuru présente un modeste florilège d'artefacts anciens, dont aucun n'est à vendre.

**Parque Santander** PARC
Le spectacle des milliers de petits *pericos* (perroquets) venus, au couchant, se poser dans le parc pour la nuit, à grand renfort de cris stridents, est mémorable.

**Reserva Tanimboca** GRANDS ESPACES
(592-7679, 310-791-7470 ; www.tanimboca.com ; Km 11, Vía Tarapacá ; pass journée 120 000 COP, tyrolienne 65 000 COP, kayak 40 000 COP 8h-16h ; ). Les visiteurs pourront ici grimper à 35 m, à hauteur des cimes, puis glisser d'arbre en arbre sur 80 m de tyrolienne à travers la canopée. Il est également possible de faire du kayak, ou de s'offrir une nuitée dans une des deux cabanes dans les arbres (110 000 COP/pers, petit-déjeuner inclus) avec randonnée nocturne. À moindre coût, on trouve des hamacs et des lits en dortoir (hamac/lit 25 000/35 000 COP par pers). La réserve organise aussi des excursions de plusieurs jours dans la forêt au départ de son bureau, à Leticia.

## Circuits organisés

La forêt se déploie bien avant d'atteindre le cours principal de l'Amazone, et s'épanouit déjà le long de ses petits affluents. Plus on s'y enfonce, plus nombreuses sont les occasions d'observer la vie sauvage dans des habitats relativement préservés et de visiter des localités amérindiennes. Si elle demande du temps et de l'argent, l'expérience n'en est pas moins enrichissante. Un circuit de 3-4 jours justifie en soi la dépense, à condition de se montrer réaliste en matière d'attentes. Non seulement la faune amazonienne se montre-t-elle discrète, mais diverses espèces ont souffert, autant de l'extension du tourisme que du fait des coutumes et activités locales. Vous aurez toutefois des chances raisonnables d'apercevoir aras, singes et *botos* ou dauphins gris, en sus de nombreux oiseaux et d'éventuelles apparitions d'animaux plus rares. Du reste, l'Amazonie est aussi affaire de sons, de fragrances et, plus généralement, d'atmosphère.

Différentes sociétés organisent des circuits de plusieurs jours vers les petites réserves naturelles le long du Río Yavarí, aux frontières du Brésil et du Pérou. Accordez-vous toujours sur le prix, les activités et la durée au préalable. Les guides accostant le chaland à l'aéroport ou dans la rue sont à éviter.

Parmi les guides chevronnés que nous recommandons, citons **Elaise Cuao** (☎311-828-7430 ; aguilaharpia@hotmail.es), qui parle anglais, portugais et un peu français, et **Eliceo Matapi** (☎321-412-8372 ; elima725_2@hotmail.com), spécialisé dans l'observation ornithologique et les activités d'aventure en forêt, qui parle anglais couramment.

En forêt, les infrastructures font la différence ; les agences ci-après gèrent leurs propres réserves.

**Amazon Jungle Trips** CIRCUITS
(☎592-7377, 321-426-7757 ; www.amazonjungle-trips.com.co ; Av. Internacional n°6-25). L'agence de circuits la plus ancienne et la plus fiable de Leticia est au service des baroudeurs depuis plus de 25 ans. Son propriétaire, Antonio Cruz Pérez, propose des circuits individuels sur mesure, dont des excursions vers les deux réserves gérées par l'agence : la Reserva Natural Zacambú et la Reserva Natural Tupana Arü Ü, très différentes l'une de l'autre.

Zacambú est sur le Río Yavarí, côté péruvien, tandis que Tupana Arü Ü est à 60 km en amont sur l'Amazone, davantage dans la forêt. Les deux lodges sont à environ une heure de bateau de Leticia mais rejoindre Tupana Arü Ü implique 45 minutes supplémentaires à pied depuis le fleuve, une fois atteinte la localité de La Libertad. L'idéal est de jeter son dévolu sur une excursion avec 1 ou 2 nuits dans les deux réserves, moyennant le tarif, assez abordable et tout compris, de 250 000 COP par personne et par jour. Élémentaires, les équipements incluent toutefois l'eau courante et des moustiquaires, la nourriture y est bonne, les guides sont professionnels, et l'accueil est chaleureux.

**Selvaventura** CIRCUITS
(☎592-3977, 311-287-1307 ; www.selvaventura.org ; Carr. 9 n°6-85). Le propriétaire Felipe Ulloa organise différentes excursions vers les écosystèmes de la *terra firme* et de l'*igapó* (forêt inondée). Il vend également des billets pour diverses excursions sur le fleuve vers le Pérou et le Brésil. L'agence gère le campement de jungle de Maloka et celui, moins isolé, d'Agape (au Km 10).

Depuis ce dernier, on peut descendre une rivière en kayak jusqu'à l'Amazone : l'occasion de voir des nénuphars géants. Autre possibilité, plus économique : des excursions vers Palmarí et Zacambú pour un séjour avec les villageois plutôt que dans les camps de jungle. Pour deux, compter autour de 1 300 000 COP par personne pour un circuit de 5 jours tout compris.

**Excursions de Tanimboca** CIRCUITS
(☎592-7679 ; www.tanimboca.org ; Carr. 10 n°11-69). Outre les activités de la Reserva Tanimboca (voir p. 293) au nord de Leticia, les chaleureux habitants organisent des excursions en bateau ou à pied dans la forêt à l'extérieur de Leticia, notamment vers des villages amérindiens. Le propriétaire parle plusieurs langues, et plusieurs guides parlent anglais.

## Où se loger

Attention : les prix grimpent parfois en flèche en haute saison, notamment vers Noël et Pâques.

**La Casa del Kurupira** AUBERGE DE JEUNESSE $
(☎592-6160, 311-287-1307 ; www.casadelkurupira.com ; Carr. 9 n°6-85 ; dort 25 000 COP, d 75 000 COP, sans sdb 40 000-60 000 COP ; wifi). Une nouvelle auberge de jeunesse très propre, lumineuse et moderne, tenue par les deux propriétaires de Selvaventura, de l'autre côté de la rue (leurs bureaux font également bar et lieu d'échange pour les hôtes). Ventilateurs au plafond dans les chambres, grande cuisine commune et toit-terrasse parsemé de hamacs où se détendre. Laverie 10 000 COP ; petit-déjeuner 7 000 COP.

**Mahatu Jungle Hostel** AUBERGE DE JEUNESSE $
(☎311-539-1265 ; www.mahatu.org ; C. 7 n°1-40 ; dort 25 000 COP, s/d 60 000/70 000 COP ; wifi, piscine). Votre exploration de la forêt peut commencer à 5 minutes à pied du centre de Leticia, dans cette belle auberge de jeunesse, aux 5 ha de terrain ponctués de mares aux canards et aux oies, d'une foule de *pericos* et d'une multitude d'arbres fruitiers exotiques, dont des anacardiers, des *asaís* (açaïs), des *cananguches* (palmiers-bâches) et des *copasús* (cupuaçus). Basiques, les chambres sont ventilées et ont des salles de bains communes, mais c'est le cadre luxuriant

que l'on paie. Le propriétaire-philosophe Gustavo Rene est polyglotte.

**La Jangada** PENSION **$**
(☎312-361-6506, 311-498-5447 ; lajangadaleticia@gmail.com ; Carr. 9 n°8-106 ; dort 25 000 COP, s/d avec sdb 50 000/70 000 COP, sans sdb 35 000/50 000 COP ; @ wifi). Excellente pension tenue par un jeune couple helvético-colombien. Le Suisse a traversé 45 000 km de rivières amazoniennes à bord de son bateau propulsé au moyen d'un vélo, embarcation sur laquelle on peut désormais faire des excursions à la journée (à partir de 60 000 COP). Dortoir 5 lits avec balcon exposé à la brise et tendu d'un hamac ; quelques chambres privatives avec ventilateur.

**Hospedaje Los Delfines** PENSION **$**
(☎592-7488 ; losdelfinesleticia@hotmail.com ; Carr. 11 n°12-85 ; s/d/tr 40 000/70 000/90 000 COP ; wifi). Avec de l'eau potable traitée sur place, un ravissant jardin où poussent fruits et fleurs, et de chaleureux propriétaires enclins à négocier leurs tarifs, cet établissement pour petits budgets se révèle d'un bon rapport qualité/prix, même si ses 10 chambres ventilées sont plutôt sombres et rudimentaires. Doña Betty vous réservera un accueil fantastique.

**Omshanty** LODGE **$**
(☎311-489-8985 ; www.omshanty.com ; Km 11 Vía Tarapaca ; dort/s/d/tr/qua 15 000/40 000/60 000/80 000/95 000 COP). Nichée dans un cadre sylvestre, un peu en dehors de Leticia, cette adresse est envisageable pour qui souhaite vivre en forêt son séjour amazonien. Les cabanons peuvent accueillir jusqu'à 4 personnes, et chacun a sa propre cuisine. L'aimable propriétaire, Kike, qui parle anglais, organise des excursions dans la forêt. Possibilité d'y camper (10 000 COP par pers et par nuit), mais avec sa propre tente.

♥ **Amazon B&B** CHAMBRES D'HÔTES **$$**
(☎592-4981 ; www.amazonbb.com ; C. 12 n°9-30 ; s/d petit-déj inclus 102 000/169 000 COP, cabaña s/d/tr 130 000/216 000/290 000 COP ; wifi). Petit hôtel avec 6 *cabañas* et 4 chambres autour d'un jardin très bien entretenu. Les *cabañas* sont magnifiques, avec leurs hauts plafonds, leurs minibars bien garnis et leurs petites terrasses closes tendues de hamacs. Quant aux chambres, leur esthétique au chic minimaliste est une nouveauté pour Leticia. La propriété loge également l'Amazon Spanish College ("école d'espagnol de l'Amazone"). Cette adresse est la plus agréable en ville.

**Hotel Malokamazonas** BOUTIQUE-HÔTEL **$$**
(☎592-6642, 311-474-3571 ; malokamazonasleticia@gmail.com ; C. 8 n°5-49 ; dort/s/d/lits jum/tr petit-déj inclus 45 000/60 000/120 000/140 000/180 000 COP ; clim wifi). Charmante adresse soigneusement agencée, avec 9 jolies chambres confortables (dont certainement le plus grand dortoir de Leticia) disposées au milieu d'un jardin foisonnant d'orchidées et d'arbres fruitiers. Meubles en bois naturel et objets d'artisanat amérindiens en abondance. Accueil chaleureux et professionnel.

**Hotel de la Selva** HÔTEL **$$**
(☎314-803-4661 ; hoteldelaselvaleticia@hotmail.com ; C. 7 n°7-28 ; s/d avec clim 65 000/115 000 COP, sans clim 50 000/95 000 COP ; clim wifi). Les nombreuses plantes dans le couloir de l'entrée et dans la cour rendent encore plus attrayant ce chaleureux établissement, très bien situé. Les 14 chambres ont toutes des salles de bains privatives, et certaines ont été garnies d'objets d'artisanat et de cadres de lit en bois avec *costillas* (barreaux). Supplément de 8 000 COP pour le petit-déjeuner.

**Hotel Yurupary** HÔTEL **$$**
(☎592-6529, 311-505-6875 ; www.hotelyurupary.com ; C. 8 n°7-26 ; ch petit-déj inclus 98 000-165 000 COP ; clim wifi piscine). Si les énormes porte-clefs ethniques en bois fournis détonnent un peu avec l'étincelante modernité du hall, cet établissement milieu de gamme renferme aussi de plus discrets objets d'artisanat traditionnels, et ses chambres sont lumineuses et confortables. Grande piscine, jardin, bar et restaurant dans la cour extérieure.

**Waira Suites Hotel** HÔTEL **$$$**
(☎592-4428 ; www.wairahotel.com.co ; Carr. 10 n°7-36 ; s/d petit-déj inclus 164 000/256 000 COP ; clim wifi piscine). Les lignes épurées de son bâtiment blanc et ses équipements distinguent cet hôtel de ses concurrents amazoniens poussiéreux. S'il est indéniablement confortable, certaines chambres sont un peu petites et les prix sont élevés en regard de la prestation. Cela dit, la piscine est la meilleure de Leticia, et le personnel se montre professionnel et courtois. Jardin tracé de neuf, encore en croissance au moment de notre passage.

## Où se restaurer

La spécialité de Leticia ? Le poisson, dont le délicieux *gamitana* (tambaqui) et le *pirarucú* (arapaïma), victime de surpêche et

**NE RATEZ PAS VOTRE BATEAU !**

Attention aux horaires ! Tabatinga a 1 heure d'avance sur Leticia.

encore plus rare hors saison. Les habitants ignorent systématiquement l'interdiction de pêcher ces espèces en période de frai.

Les prix sont généralement un peu plus élevés qu'en Colombie "continentale", mais de nombreux restaurants servent des menus bon marché. On peut aussi se restaurer à peu de frais au **marché local** (angle C. 8 et berge ; 5h-19h).

**La Cava Tropical** COLOMBIEN $
(Carr. 9 n°8-22 ; menus 7 000 COP ; 10h-18h ; ). Ce restaurant de plein air est prisé de la clientèle locale à l'heure du déjeuner. Les menus affichent soupe (souvent un savoureux *sancocho*, ragoût colombien), petite salade, plat de viande accompagné de haricots ou de légumes, et jus frais à volonté à un prix très raisonnable. Parfois assez bondé à l'heure du déjeuner en semaine. Une partie est climatisée.

**Viejo Tolima** COLOMBIEN $
(C. 8 n°10-20 ; plats 2 500-15 000 COP ; 8h-20h lun-sam). Accueillante, propre et conviviale, cette adresse est l'idéal pour un petit-déjeuner (de succulents *caldos*, bouillons), ainsi que pour des jus de fruits frais et autres en-cas locaux servis à tout autre moment.

**La Casa del Pan** BOULANGERIE $
(C. 11 n°10-20 ; petit-déj 5 000-10 000 COP ; 7h-12h et 13h-20h). Sympathique établissement très apprécié des petits budgets, pour un petit-déjeuner basique mais roboratif avec œufs, pain et café. Face au Parque Santander.

**Supermercado Hiper** SUPERMARCHÉ $
(C. 8 n°9-29 ; 8h-18h lun-sam). Le supermarché le plus fourni de Leticia. Pour préparer ses repas ou s'approvisionner en vue d'une excursion dans la forêt.

**El Santo Angel** INTERNATIONAL $$
(Carr. 10 n°11-119 ; plats 10 000-25 000 COP ; 17h-minuit mar-sam, 12h-minuit dim). Wraps, *nachos*, salades, grillades, burgers, paninis ou encore pizzas : ce nouveau restaurant, sans doute le meilleur de Leticia, affiche la carte la plus variée et la plus intéressante, avec des touches culinaires créatives et une agréable terrasse (l'intérieur est sans intérêt).

**Tierras Amazónicas** POISSON, AMAZONIEN $$
(C. 8 n° 7-50 ; plats 15 000-20 000 COP ; 11h-22h mar-dim ; ). Les murs recouverts de colifichets amazoniens kitsch et l'énorme sculpture métallique de piranha de l'entrée font d'abord penser à un attrape-touristes, mais ce restaurant de poisson n'en vaut pas moins le détour pour un dîner original et succulent. Bar avec concerts à l'occasion.

**El Cielo** FUSION AMAZONIENNE $$
(C. 7 n°6-50 ; plats 13 000-25 000 COP ; 18h-23h lun-sam). Avec ses *casabes* (mini-galettes à base de manioc et non de farine) aux garnitures où se mêlent ingrédients régionaux et nationaux de toutes sortes, ce sympathique établissement présage du futur de la cuisine locale. Le personnel est très aimable, et la salle à manger tapissée de motifs forestiers est ce qui se fait de plus design dans les environs.

**Restaurante Amektiar** COLOMBIEN $$
(Carr. 9 n°8-15 ; plats 10 000-30 000 COP ; 12h-23h30 ; ). Autre nouveau venu à Leticia, l'Amektiar sert un beau choix de plats, des simples mais énormes *arepas* (pains de maïs) et sandwichs au fast food mexicain et aux spécialités à la *parrilla* (gril), plus élaborées. L'établissement est franchement moderne, avec un intérieur joliment éclairé et frais ; la terrasse, exposée à la brise, convient cependant pour un dîner.

## Où prendre un verre et sortir

**Barbacoas** BAR, SALLE DE BILLARD
(Carr. 10 n° 8-28 ; 10h-minuit). La plupart des clubs de billard colombiens ne s'adressent qu'aux hommes, mais les femmes sont ici les bienvenues, sans doute parce que les tables de billard occupent une salle distincte, au fond. Le café, qui donne sur la rue, est agréable pour observer les allées et venues.

**Kawanna Bar** BAR
(Carr. 9 et C. 7 ; 18h-minuit dim-jeu, 18h-2h ven-sam). Pour siroter, en toute quiétude, une bière vespérale en terrasse. Plus tard dans la soirée et les week-ends, on y danse en intérieur.

**Blue** DISCOTHÈQUE
(Carr. 11 n° 6-19 ; 19h-tard jeu-sam). Singulier mélange de musique live le jeudi et le vendredi avec de la *pagoda* (genre de

samba) et du reggaeton, et place aux DJ le samedi. Les habitants aisés comme les touristes composent la clientèle de ce night-club, le plus huppé de Leticia.

## Renseignements

### DÉSAGRÉMENTS ET DANGERS

Malgré une présence militaire bien implantée, Leticia/Tabatinga et leurs environs connaissent leur lot de problèmes. Les anciens narcotrafiquants, paramilitaires et *raspachines* (cueilleurs de coca), réinsérés et installés aux abords de Leticia et de Puerto Nariño, tiennent des établissements de poker et des bars louches. Ne vous aventurez pas seul dans ces parages la nuit venue, en particulier sur la route "Los Kilómetros", tristement célèbre. Côté péruvien, les narcotrafiquants opèrent encore dans ce qui est une région de non-droit, et s'en sont déjà pris à des touristes aventurés hors des sentiers battus. Les tour-opérateurs et lodges de la région ont publié des avis relatifs aux lieux où ils conduisent les touristes et sur ceux qu'ils évitent : ne vous éloignez donc pas tout seul des secteurs où les guides locaux ont l'habitude de travailler.

### ARGENT

On trouve des DAB dans tout le centre-ville, mais il est impossible d'échanger des chèques de voyage. Pour le change, les *casas de cambio* (bureaux de change) dans C.8, entre Carr. 11 et le marché, échangent les dollars américains, les pesos colombiens, les *reais* brésiliens et les nouveaux soles péruviens. Les tarifs varient : comparez-les. Les commerces de Tabatinga et de Leticia acceptent généralement aussi bien les *reais* que les pesos.

**Cambios El Opita** (angle C. 11 et C. 8 ; ⌚9h-17h lun-sam). Bureau de change.

### OFFICE DU TOURISME

**Office du tourisme** (Secretaría de Turismo y Fronteras ; ☎592-7569 ; C. 8 n° 9-75 ; ⌚7h-12h et 14h-17h lun-sam, 7h-12h dim). Personnel accueillant et anglophone. Ouvre un petit comptoir à l'aéroport au moment des vols réguliers.

### POSTE

**4-72** (C. 8 n° 9-56 ; ⌚8h-12h et 14h-17h lun-ven). Bureau de poste.

### SERVICES MÉDICAUX

**Hôpital San Rafael de Leticia** (☎592-7826 ; Carr. 10 n°13-78). L'unique hôpital de Leticia.

### URGENCES

**Police** (☎592-5060 ; Carr. 11 n°12-32). Entre C. 12 et C. 13.

## Depuis/vers Leticia

Le bateau et l'avion sont les seuls moyens de se rendre à Leticia.

Tous les étrangers doivent payer une taxe de séjour dès leur arrivée à l'Aeropuerto Internacional Alfredo Vásquez Cobo, l'aéroport de Leticia, au nord de la ville.

**Avianca** (☎592-6021 ; www.avianca.com ; aéroport Alfredo Vásquez Cobo ; ⌚8h-13h30 lun-sam et 15h-18h lun-ven) et **Lan** (www.lan.com ; aéroport Alfredo Vásquez Cobo ) assurent



### SE RENDRE AU PÉROU

Gérés par **Transtur** (☎3-412-2945 ; www.transtursa.com ; Rua Marechal Mallet 248, Tabatinga) et **Transportes Golfinho** (☎313-202-6679 ; www.transportegolfinho.com ; Rua Marechal Mallet 306, Tabatinga), les bateaux rapides de tourisme entre Tabatinga et Iquitos (Pérou) partent d'Isla Santa Rosa tous les jours vers 5h excepté le lundi, pour arriver à Iquitos 10 heures plus tard environ. N'oubliez pas d'obtenir votre tampon de sortie de la Colombie la veille du départ au bureau du ministère des Affaires étrangères, à l'aéroport de Leticia. Aucune compagnie n'ayant de bureau en ville pour le moment, Selvaventura (p. 294) vend des billets à Leticia.

Le voyage coûte 70 $US dans les deux sens, petit-déjeuner et déjeuner compris (billets de banque en parfait état uniquement ; ou 150 000 COP). Pendant la saison sèche, Isla Santa Rosa n'est parfois accessible que depuis le Porto da Feira de Tabatinga, où l'eau est toujours à un haut niveau. Pensez à réserver : il est plus facile de partir de Tabatinga même en pleine nuit, et une course en taxi depuis Leticia peut grimper jusqu'à 30 000 COP.

Des bateaux plus lents et moins chers vont vers Iquitos, mais ils ne sont guère confortables, à peine en état de naviguer et peu recommandables. Vous voilà prévenu.

Vous remarquerez qu'aucune route ne traverse le Pérou depuis Iquitos. Il vous faudra prendre l'avion ou poursuivre par voie fluviale jusqu'à Pucallpa (5-7 jours), d'où rejoindre Lima par voie de terre.

des vols quotidiens vers Bogotá. Réservez tôt pour les meilleurs prix.

**Trip** (www.voetrip.com.br) et **Tam** (www.tam.com.br) assurent des vols quotidiens à destination de Manaus depuis l'aéroport international de Tabatinga, à 4 km au sud de Tabatinga même. Depuis Leticia, des *colectivos* avec l'indication "Comara" vous déposeront à proximité. Avant de partir, n'oubliez pas d'obtenir votre tampon de sortie de Colombie à l'aéroport de Leticia et, si besoin, un visa brésilien.

Au moment de leur départ de l'aéroport de Leticia, tous les étrangers doivent s'enregistrer au ministère des Affaires étrangères avant de passer les contrôles de sécurité, qu'ils aient ou non quitté la Colombie. On vous y conduira lors du *check-in* si vous ne l'avez pas encore fait. Cette procédure, peu contraignante, est plutôt rapide.

### LA FRONTIÈRE : INFOS PRATIQUES

Les Colombiens comme les étrangers peuvent aller et venir entre Leticia, Tabatinga, Benjamin Constant et la forêt colombienne, brésilienne et péruvienne environnante dans un rayon de 80 km depuis Leticia, sans visa ou contrôle de passeport. Cependant, si vous envisagez d'aller plus loin, vous devrez faire tamponner votre passeport au bureau du ministère des Affaires étrangères, à l'aéroport de Leticia. Attention : il vous faudra un deuxième tampon (de l'autorité soit brésilienne soit péruvienne) dans les 24 heures ; organisez-vous donc bien. Si vous partez de Leticia tôt en bateau, votre tampon devra être obtenu à l'aéroport la veille.

Pour entrer au Brésil, les ressortissants de certains pays (le Canada, notamment) ont besoin d'un visa, qui peut se révéler coûteux. Pour vous épargner stress et regrets, il est vivement recommandé de vous en occuper avant votre arrivée en Amazonie. Dans le cas inverse, apportez une photo d'identité et un certificat de vaccination contre la fièvre jaune au consulat du Brésil (reportez-vous au chapitre *Carnet pratique*, p. 336). La procédure prend 1 à 3 jours en fonction du volume. Si vous venez d'Iquitos ou en partez, votre tampon d'entrée ou de sortie doit s'obtenir au bureau de la **Policía Internacional del Perú** (Isla Santa Rosa). Les voyageurs arrivant du Brésil devront peut-être se rendre au **consulat de Colombie** (☎412-2104 ; Rua General Sampaio 623, Tabatinga ; ⊙8h-14h lun-ven) pour obtenir le visa nécessaire.

S'il vous faut une prorogation de visa, vous n'aurez pas à payer de frais. Il vous suffira de partir pour le Brésil ou le Pérou pour une journée et de revenir en Colombie pour 30 à 90 jours de plus dans la limite annuelle autorisée.

## ℹ Comment circuler

Le principal moyen de transport en commun est la moto-taxi, dont les chauffeurs veillent à disposer d'un casque supplémentaire. Le tarif de base est de 2 000 COP. Réguliers, les *colectivos* (2 000-6 000 COP) relient Leticia à Tabatinga et aux villages du "Kilomètre" au nord de l'aéroport de Leticia. Les taxis standard sont plus onéreux que dans le reste de la Colombie : comptez 8 000 COP pour un court trajet depuis l'aéroport vers la ville, 15 000 COP vers l'aéroport de Tabatinga et 10 000 COP vers le Porto Bras.

# Tabatinga (Brésil)

☎97 / 52 272 HABITANTS / ALTITUDE 95 M

Cette ville frontière industrieuse ne présente pas un grand intérêt touristique. De fait, la plupart des visiteurs s'y rendent uniquement pour prendre un bateau vers Manaus ou Iquitos, ou y font un saut de puce afin de dire qu'ils sont entrés au Brésil. Elle est clairement moins agréable

### SE RENDRE AU BRÉSIL

Des bateaux lents descendant l'Amazone jusqu'à Manaus (Brésil) quittent le port de Tabatinga le mardi, le mercredi et le samedi à 12h, mais l'embarquement et les contrôles douaniers commencent dès 9h30. D'une durée de 3 jours, le trajet coûte 200 reais si vous apportez votre hamac, ou environ 800 reais à 1 000 reais pour 2 personnes dans une cabine double.

En amont de Manaus à Tabatinga, le voyage prend généralement 6 jours et coûte 200 reais avec votre hamac, ou 900 reais à 1 300 reais pour une cabine double.

**Lancha Rápida Puma** (☎97-9154-2597 ; Tabatinga) gère des bateaux rapides vers Manaus partant de Tabatinga le vendredi et le samedi à 9h (430 reais, 30 heures). Embarquement et contrôles douaniers commencent à partir de 6h30.

Pour ces deux liaisons, vous obtiendrez plus facilement des billets auprès des agences de voyages de Leticia ; elles prennent une commission, mais cela vaut la peine.

que Leticia, mais il est judicieux d'y séjourner si vous prenez un bateau pour Iquitos le matin tôt. Les prix indiqués sont en *reais* brésilien, mais les pesos colombiens sont acceptés. L'indicatif téléphonique du Brésil est le +55.

## Où se loger

Nous vous déconseillons les hôtels près de la frontière : certains sont des hôtels de passe.

**Novo Hotel** HÔTEL **$**
(97-3412-3846 ; novohoteltbt@hotmail.com ; Rua Pedro Texeira 9 ; s/d/tr 55 000/65 000/75 000 COP ; ). Propre, accueillant et bien situé, cet hébergement à seulement 3 *cuadras* du Porto da Feira est l'idéal si vous prenez le bateau tôt.

## Où se restaurer

**São Jorge** PÉRUVIEN **$$**
(Av. da Amizade 1941 ; plats 20-40 reais ; 9h-21h30 lun-sam, jusqu'à 18h dim). Les habitants des deux côtés de la frontière ne tarissent pas d'éloges sur l'authentique ceviche de cette adresse sans prétentions, tenue par des Péruviens. La pile d'excellents poissons et oignons cuits aux agrumes, servis sur un lit de patates douces et de gros grains de maïs, nourrit bien deux personnes. Marcher de la Colombie au Brésil pour un ceviche péruvien : tel est le charme de la frontière !

**Bella Epoca** BRÉSILIEN **$$**
(Rua Pedro Texeira 589 ; 22 reais/kg ; 11h-15h). Un restaurant brésilien *por kilo* (au kilo) correct proposant salades, plats et *churrascos* (viandes grillées, dont la *picanha*, la pièce la plus savoureuse du Brésil) variés.

## Où prendre un verre et faire la fête

**Scandalos** DISCOTHÈQUE
(angle Av. da Amizade et Rua Pedro Texeira ; droit d'entrée 5 reais ; 21h-4h ven-sam). À environ 5 *cuadras* de la frontière, cette discothèque attire une clientèle jeune et sexy jusqu'à l'aube.

## Renseignements

Tabatinga possède un **office du tourisme** (Centro de Informação Turística ; Av. da Amizade s/n ; 8h-18h lun-ven, jusqu'à 12h dim) où obtenir des plans de la ville et d'autres informations utiles. Serviable, le personnel parle anglais.

# Isla Santa Rosa (Pérou)

À 5 minutes en bateau de Leticia, ce hameau insulaire sur l'Amazone compte un petit nombre d'*hospedajes* (pensions) rustiques et quelques bars et restaurants, mais sa réputation reste interlope. L'unique curiosité touristique, ou peu s'en faut, est son gigantesque panneau "Bienvenue au Pérou". Si vous voyagez depuis ou vers Iquitos, vous devrez vous y rendre pour obtenir un tampon d'entrée ou de sortie au bureau de la **Policía Internacional del Perú**. Tout se situe le long du sentier qui traverse la bourgade. Les bateaux-taxis (3 000 COP) font le trajet Leticia-Isla Santa Rosa de l'aube au crépuscule pendant la saison des hautes eaux. En saison sèche, on doit souvent prendre un bateau de Tabatinga vers Isla Santa Rosa (6 000 COP).

# Parque Nacional Natural Amacayacu

Étalé sur près de 300 000 ha, le **Parque Nacional Natural Amacayacu** (8-520-8654 ; www.parquesnacionales.gov.co ; tarif plein/étudiant -26 ans 38 000/7 000 COP) est l'endroit idéal pour observer la forêt tropicale amazonienne de très près. À environ 75 km en amont de Leticia, il abrite quelque 500 espèces d'oiseaux, 150 de mammifères et des dizaines de reptiles, dont des crocodiles, des boas et des anacondas. Et des millions de moustiques. Kayak, observation ornithologique et randonnées de plusieurs jours comptent parmi les activités proposées.

Les installations touristiques incluent des dortoirs en lodge avec salles de bains communes, 7 cabanons avec salles de bains privatives, et un bon restaurant. La chaîne hôtelière Decameron gère les équipements, et les prix sont à la hauteur du luxe. De simples lits superposés en dortoir coûtent entre 112 000 COP et 210 000 COP selon la saison ; pour les chambres, comptez un minimum de 375 000 COP pour une double.

Des bateaux rapides à destination de Puerto Nariño vous déposeront au centre d'accueil des visiteurs (24 000 COP, 1 heure 30 depuis Leticia). Les bateaux étant souvent bondés, mieux vaut acheter vos billets à l'avance. Pour revenir à Leticia, appelez les **Transportes Fluviales** (8-592-5999, 8-592-6711) de Leticia (à l'intérieur du centre commercial au bord de l'eau ; guettez la Cafetería PAN Colombia) et réservez : vous devrez payer plein tarif (29 000 COP), mais c'est le meilleur moyen de vous garantir de la place. En dernier recours, essayez de héler un des cargos lents ou des *peque-peques* (petits bateaux motorisés) qui retournent à Leticia.

# Puerto Nariño

☎8 / 6 000 HABITANTS / ALTITUDE 110 M

Preuve vivante que les humains et la nature peuvent cohabiter harmonieusement, ce village amazonien à 75 km en amont de Leticia a fait de la vie au vert un art. Les véhicules à moteur y sont interdits (hors deux exceptions : une ambulance et un pick-up pour le recyclage des déchets). L'impeccable agglomération se compose d'un réseau d'avenues paysagères intégralement piétonnes. Chaque matin, les habitants se déploient en brigades dans la ville pour y remettre de l'ordre.

Ses ambitieux programmes de recyclage et de gestion des déchets organiques feraient honte à la plupart des villes dans le monde. On trouve poubelles et bacs de recyclage à pratiquement chaque coin de rue. Des citernes recueillent l'eau de pluie pour la lessive et le jardinage. L'électricité provient du générateur à basse consommation de la ville, mais elle est disponible uniquement jusqu'à minuit. On s'endort au bruit de la forêt et du tambourinement de la pluie sur la tôle des toits. Ce village se distingue tellement de ceux que l'on trouve habituellement dans le bassin amazonien qu'il mérite en soi une visite.

Les habitants de Puerto Nariño sont en majorité des Indiens Tikuna, Cocoma et Yagua. Leur expérience en communauté du mode de vie écologique a généré une source de revenus importante : l'écotourisme. Cette ville tranquille fait un excellent point de chute d'où visiter le beau Lago Tarapoto et l'Amazone en général.

## À voir et à faire

Le jovial **Willinton Carvajal** (☎313-375-5788), uniquement hispanophone, est un excellent guide local.

**Mirador** POINT DE VUE

(Calle 4 ; haute/basse saison 7 000/5 000 COP ; 6h-17h). Trônant sur une éminence au centre du village, la tour du mirador offre une vue panoramique sur le village, la forêt environnante et l'Amazone.

**Centro de Interpretación Natütama** MUSÉE

(5 000 COP ; 9h-17h mer-lun). Ce centre d'interprétation renferme un fascinant musée, riche de près de 100 sculptures en bois grandeur nature de la flore et de la faune amazoniennes. À l'extérieur, on trouve une petite écloserie de tortues.



HORS DES SENTIERS BATTUS

### SAN MARTIN DE AMACAYACU

Quitter réellement les sentiers battus se révèle délicat dans l'Amazonie colombienne pour qui souhaite combiner nature et immersion dans la vie quotidienne des peuples amérindiens. Une solution : la **Casa Gregorio** (☎310-279-8147, 311-201-8222 ; casagregorio@outlook.com ; San Martin de Amacayacu ; pension complète à partir de 170 000 COP/pers), un merveilleux petit hôtel familial dans la communauté Tikuna de San Martin de Amacayacu, entouré de majestueuses rivières et d'une impressionnante forêt tropicale humide.

Avec 2 chambres doubles seulement dans la maison principale et un cabanon indépendant pour 5 personnes, la pension fait partie intégrante de la communauté, sans repli sur soi ni isolement. Pension complète, vêtements de pluie, bottes en caoutchouc et eau potable, mais aussi diverses activités dans la nature, ateliers et excursions sur le fleuve sont inclus. Les prix oscillent entre 170 000 COP et 250 000 COP par personne et par jour en fonction des activités et du nombre de voyageurs (4 pers/groupe maximum). Les avis sont élogieux, et nombre de voyageurs y retournent, nouant à mesure des liens forts avec la communauté.

Pour atteindre la Casa Gregorio depuis Leticia, prenez un des 3 bateaux quotidiens pour Puerto Nariño et demandez à descendre à Bocana Amacayacu. Là, les membres du personnel de la Casa Gregorio viendront vous chercher (30 000 COP/pers) : il est donc indispensable de réserver.

**Fundación Omacha** MUSÉE

(www.omacha.org). GRATUIT Centre de sauvegarde et de recherche engagé dans la préservation des *botos* et des lamantins, sur la berge juste à l'est des quais. On y trouve une petite exposition sur ces créatures, et le personnel peut aider à organiser des sorties d'observation de la faune.

**Lago Tarapoto** LAC

À 10 km à l'ouest de Puerto Nariño, ce beau lac dans la forêt accueille *botos* et dauphins gris, lamantins et victorias d'Amazonie (nénuphars géants). Les demi-journées d'excursion à bord d'un *peque-peque* au départ de Puerto Nariño (jusqu'à 4 pers : 50 000 COP) font son succès.

## Où se loger

Avec plus d'une vingtaine d'adresses, l'hébergement à Puerto Nariño ne pose aucun problème. Certains propriétaires attendent sur le quai les bateaux en provenance de Leticia.

**Malokas Napü** PENSION $

(☎314-235-3782 ; www.maiocanapo.com ; C. 4 n° 5-72 ; ch avec/sans balcon 30 000/25 000 COP/pers ; @). Nichée dans un jardin, lui-même entouré de forêt, notre adresse favorite est marquée d'un charme sylvestre. Équipées d'un mobilier de base, les chambres, sommaires mais confortables, sont ventilées et ont accès à des salles de bains communes, avec douches à effet de pluie très rafraîchissantes. Essayez d'obtenir une de celles aménagées dans le bâtiment rouge et noir : elles partagent un balcon avec hamacs surplombant la luxuriante cour et la forêt. Supplément de 10 000 COP pour le petit-déjeuner. L'ensemble du personnel est plus qu'accueillant.

**Cabañas del Friar** CABAÑAS $

(☎311-502-8592 ; altodelaguila@hotmail.com ; ch 20 000 COP/pers). À environ 15 minutes à l'ouest de la ville, le célèbre frère Hector José Rivera et ses singes fous tiennent cette oasis, aménagée au sommet d'une colline donnant sur l'Amazone. Le complexe comprend plusieurs *cabañas* rudimentaires, des installations communes et une tour d'observation. Voir les singes, les chiens et les aras se taquiner est un vrai bonheur, tout comme l'isolement absolu.

Prenez la rue principale (parallèle à l'Amazone, 2 *cuadras* plus loin) qui part de la ville vers l'ouest et traverse le pont jusqu'à l'avenue bien entretenue. Au cimetière, gardez votre gauche et traversez le campus (fascinant en soi), puis tournez à droite immédiatement après le terrain de football du lycée.

**Hotel Lomas del Paiyü** HÔTEL $

(☎313-871-1743, 313-268-4400 ; hotellomasdelpaiyu@yahoo.com ; C. 7 n° 2-26 ; s 25 000-35 000 COP, d 50 000-80 000 COP). Avec son toit en tôle, cet hôtel fiable de 22 chambres n'est pas dénué d'un charme brut. Certaines salles de bains sont presque aussi grandes que les chambres. Et si les moins chères sont des *cabañas* rustiques avec hamacs communs, la très belle double a, quant à elle, l'attrait d'un balcon avec vue sur la ville.

**Hotel Casa Selva** HÔTEL $$

(www.casaselvahotel.com ; Carr. 2 n° 6-72 ; s/d/tr/qua 130 000/155 000/205 000/254 000 COP petit-déj inclus). Douze chambres spacieuses, du bois sombre à foison et une situation centrale de premier choix : cette adresse, assurément la plus belle de Puerto Nariño, permet d'aborder la forêt dans un certain confort.

## Où se restaurer et prendre un verre

Puerto Nariño compte un très bon restaurant, prisé de tous. Certains hôtels servent également à manger. On trouve en outre quelques établissements de cuisine rapide et des épiceries dans la rue principale, face au fleuve. La "vie nocturne", elle, bat son plein du côté des bouis-bouis qui font face aux terrains de basket.

♥ **Las Margaritas** COLOMBIEN $$

(C. 6 n° 6-80 ; menus 15 000 COP ; ⏲8h-21h). Caché derrière une palissade sous une immense *palapa* (toit de chaume), juste derrière le terrain de football, ce restaurant est le meilleur de la ville. D'excellentes spécialités locales y sont servies, à la manière d'un buffet, dans des plats traditionnels en argile. Victime de son succès, l'établissement est parfois bondé lorsque arrivent de grands groupes de voyageurs.

## Renseignements

Puerto Nariño ne comptant ni banques ni DAB et les cartes bancaires n'étant pas acceptées partout, il vous faudra venir de Leticia avec une bonne quantité de liquide.

**Compartel** (angle Carr. 6 et C. 5 ; 2 000 COP/heure ; ⏲lun-sam). Accès Internet et service d'appels téléphoniques en Colombie et à l'international.

**Hôpital** (angle Carr. 4 et C. 5)

**Office du tourisme** (313-235-3687 ; angle Carr. 7 et C. 5 ; 9h-12h et 14h-17h lun-sam). Dans l'*alcaldía* (mairie), avec en outre un kiosque juste devant, sur la berge.

### Depuis/vers Puerto Nariño

Les bateaux rapides à destination de Puerto Nariño quittent l'embarcadère de Leticia à 8h, 10h et 14h tous les jours (29 000 COP, 2 heures) ; les liaisons aller-retour en bateau vers Leticia partent à 7h30, 11h et 16h.

À Leticia, près de la berge, les **Transportes Fluviales** (592-6752 ; C. 8 n° 11) vendent des billets. Les bateaux étant parfois particulièrement bondés, mieux vaut acheter son billet tôt, ou la veille.



## Río Yavarí

Donnant sur de vastes étendues de forêt vierge, le sinueux Río Yavarí offre une des plus belles occasions de voir l'Amazone de près et en toute quiétude. Quelques réserves privées y proposent des hébergements sommaires ainsi que des visites guidées et des activités : kayak, observation ornithologique, observation des dauphins, treks dans la forêt et visites des localités indiennes. Les lodges fournissent hébergement et nourriture.

Les tarifs varient selon le nombre de personnes qui s'invitent, la durée du séjour, la saison et le nombre de visites guidées : comptez de 180 000 COP à 280 000 COP par personne et par jour. Il n'y a pas de bateaux à horaires réguliers, vous devrez organiser votre transport. La location d'un bateau privé depuis Leticia fait partie des (très chères) possibilités. Il faut prévoir au moins 150 000 COP l'aller simple, et du carburant (à partir de 250 000 COP) : mieux vaut donc vous assurer que votre forfait inclut le transport.

### Reserva Natural Palmarí

À quelque 105 km de Leticia par le fleuve et sur la haute rive sud (brésilienne), en surplomb d'un méandre où convergent souvent *botos* et dauphins gris, le labyrinthique lodge écologique et centre de recherche de Palmarí est le seul lodge à donner accès aux trois écosystèmes d'Amazonie : la forêt de *terra firme* (non inondable), de *várzea* (inondable) et d'*igapó* (inondée).

En grande partie reconstruit après un incendie criminel en 2010, le lodge est en soi rudimentaire. Il emploie des guides serviables, originaires des villages alentour et offre un vaste choix de sorties pédestres et de treks nocturnes, d'excursions en bateau et en kayak. Son équipe de cuisiniers brésiliens mitonne d'excellents plats. Vous constaterez bientôt que Palmarí, outre d'offrir les meilleures possibilités de randonnée dans la région, est la seule réserve englobant de la *terra firme*, et le meilleur endroit pour voir des animaux, dont des tapirs et, pour les plus chanceux, des jaguars.

Pour les voyageurs indépendants, les tarifs comprennent gîte et couvert (275 000 COP/nuit pour un lit ou un hamac) ainsi que toutes les excursions et activités, hormis l'excellente visite de la canopée, riche en sensations fortes (70 000 COP). Les *cabañas*, plus belles et avec salle de bains privative, sont réservées aux hôtes ayant pris un forfait de plusieurs jours avec transport inclus. Leur grande taille ne justifie pas l'augmentation de tarifs initialement prévus pour les routards.

Le propriétaire, **Axel Antoine-Feill** (310-786-2770, 1-610-3514 ; www.palmari.org ; Carr. 10 n° 93-72, Bogotá), gère la réserve depuis Bogotá. Sa représentante à Leticia est **Victoria Gomez** (310-793-2881), qui parle uniquement espagnol.

### Reserva Natural Zacambú

Zacambú est une des réserves les plus proches de Leticia, à environ 70 km en bateau. Sur la rive péruvienne du Río Zacambú, un affluent du Río Yavarí, son lodge simple propose de petites chambres avec salles de bains communes, pour une capacité totale d'environ 30 hôtes. Prévoir 180 000 COP par personne et par nuit, nourriture, excursions et transports compris.

La réserve s'étend sur une forêt inondée abritant de nombreuses espèces de papillons. Hélas, elle est aussi très courue des moustiques. Sa proximité avec les villages péruviens signifie également que ce n'est pas la meilleure pour observer la faune, bien que dauphins, piranhas et caïmans s'y aperçoivent encore facilement dans le fleuve, de même qu'une riche variété d'oiseaux dans la forêt.

Le lodge en lui-même et les circuits sont gérés depuis Leticia par Amazon Jungle Trips (p. 294).

# Comprendre la Colombie

# La Colombie aujourd'hui

**La violence liée aux activités des paramilitaires, des rebelles armés et des cartels de la drogue relève désormais pour bonne part du passé. Les autorités colombiennes s'emploient à mettre un terme aux décennies de conflit avec les FARC, qui ternissent encore l'image de la Colombie à l'étranger. De fait, la réalité locale a changé, et change encore, dans cette nation dont l'essor, marqué de défis présents et à venir, profite d'une embellie économique et touristique.**

### À voir

**Todos tus muertos** ("Tous tes morts", 2011). Un réquisitoire accablant contre la corruption et l'indifférence en Colombie.
**Apaporis : les maîtres du curare** (2010). Un documentaire pénétrant sur la vie des Indiens d'Amazonie.
**Perro come perro** ("Les chiens mangent les chiens", 2008). Un film de gangsters à la Tarantino.
**Maria, pleine de grâce** (2004). Une émouvante histoire de grossesse adolescente et de trafic de drogue.
**Soñar no cuesta nada** ("Rêver ne coûte rien", 2006). Des soldats colombiens trouvent des millions de dollars appartenant aux FARC... et les gardent.
**Rosario** (2005). L'histoire d'une tueuse à gages vengeresse.

### À lire

**Cent ans de solitude** (Gabriel García Márquez). Le chef-d'œuvre du réalisme magique.
**Calamarí** (Emilio Ruiz Barrachina). Une histoire d'amour historique, avec pour cadre Cartagena.
**Délire** (Laura Restrepo). Une exploration de la folie personnelle et politique du Bogotá des années 1980.
**Six Months on Minimum Wage** ("Six mois au salaire minimum ", Andrés Felipe Solano). Le quotidien dans une usine de Medellín.

## Une nation en plein essor

La Colombie a pour bonne part circonvenu l'instabilité et la violence qui la meurtrissent depuis le milieu du XXe siècle, et est actuellement une des économies latino-américaines les plus dynamiques, aux croissances les plus rapides. De fait, elle a dépassé, en 2014, son voisin péruvien, historiquement bien plus stable et développé. Le pays a échappé à la récession qui a récemment frappé nombre de ses voisins, et ses principales ressources naturelles, le pétrole et le charbon, lui garantissent une croissance régulière.

Si pour nombre de paysans pauvres, il est grand temps que la vie s'améliore, la Colombie a aujourd'hui rang de destination parmi les plus en vue du continent, comme en témoigne le rôle croissant qu'y joue le tourisme.

Le pays revient de loin, et est encore marqué par une histoire récente traversée de violence. Ayant enfin amené à la table des négociations les FARC (Fuerzas Armadas Revolucionarias de Columbia ; Forces armées révolutionnaires de Colombie) désormais diminuées, le gouvernement est soucieux d'instaurer une paix durable.

## Un processus de paix clivant

Formé à Harvard, Juan Manuel Santos est devenu président de la Colombie en 2010, à la suite d'une victoire écrasante sur un ancien maire de Bogotá. Trié sur le volet par son prédécesseur Álvaro Uribe et se définissant au départ comme un intraitable adversaire des FARC, Santos a, contre toute attente, initié des pourparlers vivement controversés avec leurs représentants, à La Havane. Ces premières discussions, vouées à terme à faire déposer les armes aux guérilleros, et à tourner la page de décennies de violence, ont déchaîné la colère d'Uribe, devenu depuis le plus féroce détracteur de Santos.

Mis en balance par une forte opposition populaire aux pourparlers, Santos a perdu le premier tour de l'élection présidentielle de 2014 face à Óscar Iván Zuluaga, nouveau poulain d'Uribe, mais a décroché de justesse, à l'issue du scrutin, un second mandat de quatre ans avec 51% des voix. Sur le fond, ce suffrage, révélateur d'une société colombienne profondément divisée, a tenu lieu de référendum sur la poursuite des négociations, Zuluaga ayant promis d'y mettre fin.

Profondément divisé quant à la pertinence de négocier avec un groupe armé ayant entraîné des milliers de morts sur des décennies, le pays est toutefois uni dans son désir d'une paix durable.

Les discussions entre le gouvernement et les négociateurs des FARC avaient encore cours fin 2014, avec des avancées certes laborieuses, mais néanmoins significatives.

## Libre-échange ?

Les liens étroits de Santos avec les États-Unis se sont encore resserrés en 2011, avec l'entrée en vigueur de l'accord de libre-échange États-Unis/Colombie. Retardé au Congrès américain durant des années, au motif de la violation des droits de l'homme en Colombie, ce traité a supprimé les droits de douane ou les taxes sur environ 80% des produits en circulation entre les deux pays.

L'accord n'a toutefois rien eu de la franche victoire politique qu'attendait Santos. En 2011, la police a confisqué et détruit la récolte de riz de toute une ville, les agriculteurs ayant gardé leurs propres semences pour les réutiliser et en commercialiser le produit. Or, selon la résolution 9.70 du traité, cet usage séculaire est devenu illégal, du fait de l'obligation de se fournir auprès de grands semenciers américains. En a résulté un véritable tollé, tant contre le gouvernement que contre l'emploi de la force pour contraindre les fermiers. La résolution 9.70 a été suspendue temporairement en 2013, mais demeure théoriquement applicable en Colombie. En 2013, une série de grèves d'agriculteurs à travers le pays causa des ennuis supplémentaires à Santos. En effet, après avoir affirmé publiquement qu'"*El tal paro nacional agrario no existe*" ("La soi-disant grève nationale des agriculteurs n'existe pas"), celui-ci ne s'en trouva pas moins contraint, par la suite, à une humiliante négociation pour éviter un blocage national.

Les exports colombiens posent bien sûr toujours problème : le pays produit encore quelque 345 tonnes de cocaïne par an, et cet éternel sujet d'inquiétudes à Bogotá vient entacher davantage la réputation du pays, même si la production colombienne a désormais été dépassée par celles de la Bolivie et du Pérou. Lors de son élection, Santos a appelé à repenser profondément la guerre contre la drogue, déclarant que tant que la demande resterait forte aux États-Unis et en Europe, la production et l'approvisionnement demeureraient rentables, et que, en dépit des

NOMBRE D'HABITANTS : **48 MILLIONS**

SUPERFICIE : **1,14 MILLION DE KM²**

TAUX DE CROISSANCE DU PIB : **4,2%**

CHÔMAGE : **9,7%**

ESPÉRANCE DE VIE : **73 ANS (HOMMES), 79 ANS (FEMMES)**

### Sur 100 personnes en Colombie

### Religions
(en % de la population)

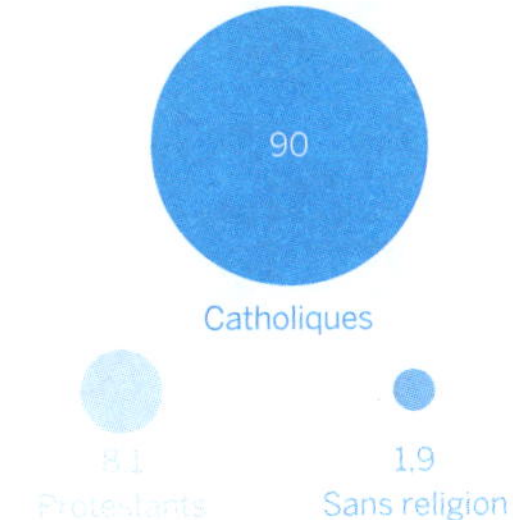


### Population au km²

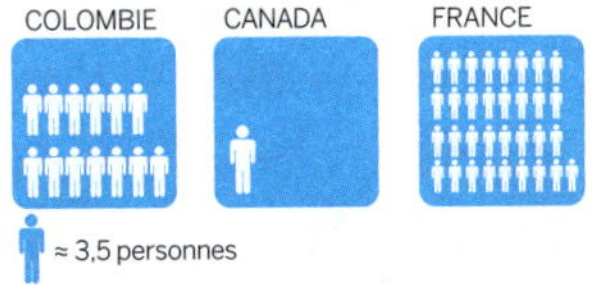

### Le top des chansons de salsa

**El Preso** (Fruko y sus Tesos)
**La Pantera Mambo** (La 33)
**Rebelión** (Joe Arroyo)
**Oiga, mire, y vea** (Orquesta Guayacán)
**Gotas de Lluvia** (Grupo Niche)

### Pas d'impairs !

**Marchandage** Vous pouvez marchander en douceur pour la quasi-totalité des bus intercités : on obtient souvent jusqu'à 20% de réduction.
**Bus** Ne vous sentez pas obligé d'acheter les babioles que les vendeurs vous mettront sous le nez lors de vos trajets.
**Jus** Lorsque vous achèterez un jus dans la rue, on vous resservira invariablement : cette coutume s'appelle la *ñapa* (supplément).
**Soupe** Vous ne voulez pas de soupe en plus de votre repas ? Commandez votre déjeuner ou votre dîner "*seco*" ("sec").
**Drogues** Ne prenez pas, n'achetez pas de cocaïne. En plus d'être plus que néfaste à votre voyage en Colombie, tout achat de drogue alimente les conflis armés.

coûteuses offensives menées pour éradiquer les cultures et les démanteler les cartels, la production globale avait peu diminué, y compris depuis l'instauration de la paix.

## D'ennemi passé… à allié incertain

La politique colombienne demeure aussi versatile qu'imprévisible. Ainsi, l'accession à la mairie de Bogotá, en 2011, de Gustavo Petro, a-t-elle bouleversé l'establishment. En effet, l'intéressé n'était autre que l'ancien chef du Movimiento 19 de Abril (M-19), un mouvement de gauche qui avait pris d'assaut le palais de justice de Bogotá en 1985, une opération qui s'était soldée par un grand nombre de morts. Si la politique de ce nouvel édile se révéla, dans l'ensemble, aussi autoritaire qu'impopulaire, ce fut sa tentative de remplacer le service privé de collecte des déchets par une compagnie publique d'enlèvement des ordures qui le mena à sa perte. Lorsque les ordures ne furent plus ramassées dans les rues (certes, pendant deux jours seulement), la mairie finit par acheter des camions afin de prévenir toute catastrophe.

Peu de temps après, Petro fut révoqué par le bureau du Procureur général de la nation pour avoir outrepassé ses pouvoirs, écopant de quinze ans d'interdiction de toute candidature ou mandat. Cette révocation fut approuvée par Santos, une prise de position qui revint hanter le président en avril 2014, lorsque Petro fut réhabilité dans ses fonctions de maire de Bogotá à la suite d'un des nombreux recours déposés par son équipe. Malgré leur acrimonie, les deux hommes ont fait la paix à motif d'alliance politique, Petro soutenant Santos aux élections de 2014.

# Histoire

**L'histoire de la Colombie est marquée de violence, entre la brutalité des conquêtes coloniales, la lutte pour arracher l'indépendance à l'Espagne, la guerre civile opposant, depuis un demi-siècle, guérilleros des FARC et paramilitaires, et le chaos né du narcotrafic dans les années 1980 et 1990. Ces dernières années, le pays est devenu plus sûr, tant pour ses habitants que pour les voyageurs, sans pour autant qu'il y faille tenir la sécurité pour acquise.**

## La Colombie préhispanique

Située au point de rencontre entre l'Amérique du Sud et l'Amérique centrale, l'actuelle Colombie a accueilli les premiers habitants du continent, venus du nord, il y a entre 12 500 et 70 000 ans (selon les hypothèses et recherches). La plupart d'entre eux – tels les ancêtres des Incas – se sont contentés de transiter par là. On sait fort peu de choses des groupes restés sur place (comme les Calimas, les Muiscas, les Nariños, les Quimbayas, les Tayronas, les Tolimas et les Tumacos). À l'époque où arrivèrent les Espagnols, vivaient ici de petites communautés éparses, subsistant d'agriculture et de négoce. Ils faisaient pâle figure, à l'aune des civilisations majeures qui prospéraient alors au Mexique et au Pérou.

Les plus grands sites précolombiens de la région (San Agustín, Tierradentro et Ciudad Perdida) étaient déjà abandonnés de longue date lorsque les Espagnols s'y aventurèrent, dans les années 1500. Ciudad Perdida, cité des Tayronas perdue dans la forêt, fut construite vers l'an 700. Elle se compose de centaines de terrasses en pierre reliées entre elles par des volées de marches. Les Muiscas, l'une des plus grandes ethnies amérindiennes du pays, occupaient les actuelles Boyacá et Cundinamarca, près de Bogotá (nom lui-même dérivé d'un terme muisca). Ils étaient quelque 600 000 à l'arrivée des Espagnols.

Plus grand groupe amérindien entre les Mayas et les Incas à l'époque de la Conquête espagnole, les Muiscas (Chibchas) ont inspiré les mythes de l'El Dorado avec leurs *tujos* (offrandes) en or. Leur *chicha* (bière de maïs fermenté) est encore consommée en Colombie aujourd'hui.

## La conquête espagnole

La Colombie tient son nom de Christophe Colomb, même si le célèbre explorateur n'y vint jamais. C'est Alonso de Ojeda, l'un des compagnons

## CHRONOLOGIE

**5 500 av. J.-C.**

Les premiers Amérindiens s'établissent dans l'actuelle Colombie. Ils continuent de vivre en petites communautés éparses d'agriculture de subsistance, alors que les Aztèques et les Incas bâtissent leurs empires.

**700**

Les Tayronas se lancent dans la construction de leur plus grande cité, la légendaire Ciudad Perdida (Cité perdue), qui ne sera redécouverte qu'en 1972.

**1499**

Lors de sa deuxième expédition vers le Nouveau Monde, Alonso de Ojeda débarque à Cabo de la Vela – un scientifique surprend l'équipage en découvrant qu'il ne s'agit pas de l'Asie.

## EL DORADO

Dès leur arrivée, les conquistadors eurent vent de récits faisant état de grandes richesses en or, et en conçurent une obsession durable. La vue d'objets en or, conjuguée aux histoires selon lesquelles il y avait d'incroyables quantités d'or à l'intérieur des terres, donna naissance au mythe de l'El Dorado. Ce mystérieux royaume enfoui dans la jungle aurait croulé sous les richesses et, selon certaines versions, était même entouré de montagnes d'or et d'émeraudes. Durant une longue partie de la période coloniale, la difficile existence de la vice-royauté de Nouvelle-Grenade dépendit d'une économie appuyée sur les exportations d'or.

Peu à peu, la légende se trouva liée aux Muiscas et à leur célèbre Laguna de Guatavita, objet d'interminables efforts destinés à récupérer les trésors que ce lac était supposé receler. Hélas, on eut beau creuser, on ne trouva pas grand-chose.

Ironique retournement de l'histoire, ces dernières années, les FARC se sont détournées de l'or blanc (la cocaïne) pour revenir à l'or métal, au motif que ce commerce est plus lucratif (avec l'envolée des cours) et infiniment moins risqué. En résulte une grave menace pour les écosystèmes locaux, l'extraction se révélant très polluante.

de voyage de sa deuxième expédition, qui fut le premier Européen à poser le pied sur ce territoire en 1499. Il explora brièvement la Sierra Nevada de Santa Marta et fut saisi d'étonnement devant la richesse des peuples amérindiens locaux. Les rivages de l'actuelle Colombie devinrent alors la cible de nombreuses expéditions espagnoles. Plusieurs lieux de peuplement éphémères virent le jour le long du littoral, mais il fallut attendre 1525 pour que Rodrigo de Bastidas pose les premières pierres de Santa Marta, la plus ancienne colonie européenne du continent sud-américain parvenue jusqu'à nous. La région fut, des décennies durant, le théâtre d'une farouche résistance menée par les descendants des Tayronas. En 1533, Pedro de Heredia fonda Cartagena (Carthagène des Indes) ; son emplacement stratégique et son port, bien mieux aménagé, en firent rapidement le principal centre de négoce de la côte colombienne.

> Pour une introduction à l'histoire de l'Amérique latine, lisez l'ouvrage de Pierre Chaunu, *Histoire de l'Amérique latine*, (Que sais-je ?, PUF, 2009).

En 1536, une avancée dans l'intérieur des terres s'opéra de manière indépendante au départ de trois points différents : depuis Santa Marta sous le commandement de Gonzalo Jiménez de Quesada ; depuis l'actuel Équateur sous celui de Sebastián de Belalcázar (aussi appelé Benalcázar) ; enfin, depuis le Venezuela sous celui de Nikolaus Federmann. Les trois hommes parvinrent à conquérir la majeure partie de la colonie et fondèrent plusieurs villes, avant de se rejoindre en territoire muisca en 1539. Jiménez de Quesada arriva le premier, franchissant le Valle del Magdalena et la Cordillera Oriental en 1537. À l'époque, les Muiscas

**1533**
Pedro de Heredia fonde Cartagena (Carthagène des Indes).

**1537-1538**
Gonzalo Jiménez de Quesada fonde par deux fois une nouvelle colonie, Santa Fe de Bogotá. La première en 1537, sans autorisation de la Couronne espagnole ; la seconde avec l'approbation de cette dernière, en 1538.

**1564**
La Couronne espagnole établit la Real Audiencia del Nuevo Reino de Granada à Bogotá, placée sous domination de la vice-royauté du Pérou, établie à Lima.

**1717**
Bogotá devient la capitale de la vice-royauté de Nouvelle-Grenade, territoire englobant l'actuelle Colombie, l'Équateur, le Venezuela et le Panama.

étaient divisés en deux clans rivaux, l'un dirigé par le Zipa de Bacatá (l'actuelle Bogotá), l'autre par le Zaque de Hunza (l'actuelle Tunja). Leur rivalité aida Jiménez de Quesada, qui se trouvait à la tête de 200 hommes seulement, à assujettir les deux clans. Belalcázar, qui avait participé à l'expédition de Francisco Pizarro en pays inca, assujettit quant à lui la partie sud de la Colombie, fondant Popayán et Cali. Après avoir traversé Los Llanos et les Andes, Federmann arriva à Bogotá peu après Belalcázar. Les trois groupes de conquérants s'en remirent à la Couronne pour les départager, jusqu'à ce que Charles Quint eut établi une cour de justice à Bogotá en 1550, et placé la colonie sous domination de la vice-royauté du Pérou.

Le conquistador Sebastián de Belalcázar, récompensé pour avoir massacré des milliers d'Amérindiens, fut finalement condamné à mort par la Couronne espagnole pour avoir commandité l'assassinat de son rival, le conquistador Jorge Robledo, en 1546.



## La période coloniale

En 1564, la Couronne espagnole créa la Real Audiencia del Nuevo Reino de Granada, nouvelle juridiction suprême dotée des pouvoirs civil et militaire, ainsi que d'une plus grande autonomie. Cette juridiction était placée sous l'autorité d'un gouverneur désigné par le roi d'Espagne. Le royaume de Nouvelle-Grenade (Nuevo Reino de Granada) de l'époque englobait l'actuel Panama, le Venezuela (à l'exception de Caracas) et la totalité de la Colombie, exceptés les actuels Nariño, Cauca et Valle del Cauca, alors sous juridiction de la Presidencia de Quito (l'actuel Équateur).

La population de la colonie, à l'origine composée de communautés amérindiennes et d'Espagnols, se métissa avec l'arrivée d'esclaves africains à Cartagena, principal port sud-américain de traite des esclaves. Au cours des XVI^e^ et XVII^e^ siècles, les Espagnols firent venir par bateau tant d'Africains que ceux-ci finirent par dépasser en nombre la population d'Amérindiens. Les *Criollos* (Créoles, ou Blancs nés sur place) s'ajoutèrent à ce creuset.

Avec la croissance de l'Empire espagnol dans le Nouveau Monde, une nouvelle division territoriale fut créée en 1717. Bogotá devint alors la capitale de sa propre vice-royauté, dite de Nouvelle-Grenade (Virreinato de la Nueva Granada). Cette entité comprenait les territoires de ce que sont aujourd'hui la Colombie, le Panama, l'Équateur et le Venezuela.

Pendant la période coloniale, le visage démographique local ne cessa de se complexifier en raison de l'interpénétration croissante entre les trois grands groupes ethniques du pays : les *mestizos* (d'origine européenne et amérindienne), les *mulatos* (d'origine européenne et africaine) et les *zambos* (d'origine africaine et amérindienne).

## L'indépendance

À mesure que s'affirmait la domination espagnole sur le continent, croissait le mécontentement de ses sujets d'outre-mer, nourri par la pression fiscale et le monopole en matière de commerce exercés par la Couronne. La première rébellion manifeste contre le pouvoir fut la révolte des Comuneros, qui fit rage dans la ville de Socorro (Santander) en 1781. Initié en protestation contre l'augmentation des taxes imposée par Madrid, le mouvement prit bientôt un tour plus marqué d'autonomisme

**1808**

Suite à sa victoire sur le roi d'Espagne Ferdinand VII, Napoléon installe son frère sur le trône ibérique. Ce cataclysme politique nourrit des velléités d'indépendance dans toute l'Amérique du Sud.

**1819**

Après avoir traversé Los Llanos avec une armée de Vénézuéliens et d'habitants de la Nouvelle-Grenade issus de l'actuelle Colombie, Simón Bolívar bat l'armée espagnole à Boyacá ; la Grande Colombie, une république, est fondée.

**1830**

La Grande Colombie se divise en Colombie (incluant l'actuel Panama), Équateur et Venezuela.

**1830**

Simón Bolívar s'exile. Il meurt à Santa Marta.

## LA CHUTE DE SIMÓN BOLÍVAR

Surnommé El Libertador, Simón Bolívar leva des armées pour lutter contre les Espagnols dans tout le nord de l'Amérique du Sud, fut élu président de la Colombie, et est aujourd'hui considéré comme l'un des grands héros de la nation. Pourtant, il termina sa vie humilié, sans fonction, seul et sans le sou. Peu de temps avant de mourir de la tuberculose en 1830, il déclara : "L'Histoire a connu trois grands fous : Jésus, Don Quichotte et moi."

Comment l'expliquer ? Partisan d'une république centralisée, Bolívar fut absent (car occupé à se battre contre les Espagnols au Pérou et en Bolivie) durant une grande partie de sa présidence, dont il laissa la gouvernance à son vice-président et rival, Francisco de Paula Santander. Ce jeune fédéraliste entacha l'image de Bolívar et ses ambitions de présidence à vie, qualifiant ce dernier de monarchiste.

En 1828, Bolívar s'autoproclama finalement dictateur d'une république hors de contrôle, et restaura les taxes sur les ventes en vigueur à l'époque coloniale – une mesure immensément impopulaire. Quelque temps après, il échappa de peu à une tentative d'assassinat (dont certains pensent qu'elle aurait été commanditée par Santander). En outre, le Venezuela, qui se montrait rétif depuis longtemps, finit par se séparer de la République colombienne. En 1830, Bolívar jeta l'éponge et abandonna la présidence. Puis il perdit son pécule au jeu, et mourut quelques mois plus tard.

(au point de manquer de gagner tout Bogotá), mais trouva son terme avec la capture et l'exécution de ses chefs.

Dans son roman *Cent ans de solitude*, modèle du réalisme magique, Gabriel García Márquez dépeint la brutalité des rivalités et vendettas entre libéraux et conservateurs lors des conflits qui les ont opposés de 1885 à 1902.

Lorsque Napoléon Bonaparte eut placé son propre frère sur le trône d'Espagne, en 1808, les colonies refusèrent de reconnaître le nouveau monarque. L'une après l'autre, les villes colombiennes s'émancipèrent.

En 1812, Simón Bolívar, qui allait devenir le héros de la lutte pour l'indépendance, fit son entrée en scène. Il remporta six batailles contre les troupes espagnoles, mais fut vaincu l'année suivante. Les Bourbons d'Espagne, ayant regagné leur trône, se lancèrent dans la reconquête de leurs colonies, qu'ils achevèrent en 1817. Retiré en Jamaïque en 1815, Simón Bolívar reprit bientôt les armes, soutenu notamment par Haïti, où il avait également séjourné. De retour au Venezuela, il rencontra une si forte résistance espagnole à Caracas qu'il décida de mettre cap au sud avec ses troupes. Marchant sur les Andes jusqu'en Colombie, il remporta victoire après victoire.

La bataille la plus décisive eut lieu à Boyacá le 7 août 1819. Trois jours plus tard, Bolívar entra triomphalement dans Bogotá, après avoir libéré la Colombie du joug espagnol. Les temps demeurant incertains, d'autres batailles s'ensuivirent toutefois (dont une, victorieuse, à Cartagena en 1821).

**1880**

Arrivée au pouvoir de Rafael Núñez, qui s'emploie à apaiser les tensions entre l'État et l'Église grâce aux mesures de La Regeneración définies dans une Constitution qui régira le pays pendant plus d'un siècle.

**1899**

Début de la guerre des Mille Jours, opposant libéraux et conservateurs. Cette période servira de toile de fond au roman de Gabriel García Márquez, *Cent ans de solitude*.

**1903**

Depuis longtemps coupé du reste de la Colombie, le Panama fait sécession.

**1948**

Leader populiste et candidat libéral à la présidentielle ayant toutes les chances d'être élu, Jorge Eliécer Gaitán est assassiné au sortir de son bureau.

## La formation des partis politiques

Une fois la Colombie devenue indépendante, un congrès révolutionnaire se tint à Angostura (l'actuelle Ciudad Bolívar, au Venezuela) en 1819. Encore grisés de la victoire, les délégués instituèrent un nouvel État, la Grande Colombie, qui incluait le Venezuela, la Colombie, le Panama et l'Équateur (alors même que ce dernier, ainsi que plusieurs régions du Venezuela, se trouvaient encore dans les faits sous domination espagnole).

Au congrès d'Angostura succéda un autre, organisé à Villa del Rosario de Cúcuta, en 1821. Deux tendances opposées s'y firent plus nettement jour ; l'une centralisatrice et l'autre fédéraliste. Ces deux courants perdurèrent tout au long de la gouvernance de Bolívar, laquelle s'acheva avec sa disparition, en 1830. S'ensuivit un nouveau chapitre peu glorieux de l'histoire de la Colombie. La scission fut formalisée en 1849 avec la création de deux partis politiques : les conservateurs (de tendance centralisatrice) et les libéraux (de tendance fédéraliste). La rivalité farouche entre ces deux forces politiques se solda par une suite d'insurrections et de troubles. De fait, sur l'ensemble du XIXe siècle, la Colombie fut le théâtre de huit guerres civiles. Rien qu'entre 1863 et 1885, il y éclata plus de cinquante insurrections antigouvernementales.

En 1899, une révolte du Parti libéral déboucha sur la guerre des Mille Jours, qui fit 100 000 morts et consacra la victoire du Parti conservateur. En 1903, les États-Unis tirèrent parti du conflit pour mettre sur pied un mouvement sécessionniste au Panama, alors province colombienne. La création, dans l'isthme, d'une république indépendante, facilita, pour les États-Unis, le creusement du canal et sa prise de contrôle. Il

L'ouvrage *Histoire de la Colombie, de la conquête à nos jours* (Jean-Pierre Minaudier, 2000), est un livre abordable qui retrace les grandes lignes de l'histoire de la Colombie.

### LE CAFÉ COLOMBIEN

Le boom du café colombien a commencé au début du XXe siècle et a atteint son apogée en 1959 lorsque l'effigie de Juan Valdez et de sa mule devint le logo de la Fédération nationale des producteurs de café de Colombie (tout récemment encore, en 2005, il a été classé comme la meilleure icône publicitaire du monde). En 2004, Juan Valdez a ouvert plus de 60 cafés en Colombie, aux États-Unis et en Espagne.

Malgré la concurrence des grains à bas prix et de moindre qualité provenant du Vietnam, l'industrie colombienne de l'arabica haut de gamme continue d'employer environ 570 000 personnes et rapporte au pays des milliards de dollars chaque année. Curieusement, si les grains de café sont omniprésents, le café colombien consommé dans le pays est en général de piètre qualité. En dehors des grandes villes, n'escomptez pas déguster des expressos corsés. Vous devrez plutôt vous contenter d'un *tinto* (café noir) très dilué.

**1953**
Coup d'État du général Gustavo Rojas Pinilla. Ce sera l'unique l'unique épisode militaire que connaîtra le pays au XXe siècle.

**1964**
L'armée colombienne lâche du napalm sur une zone contrôlée par la guérilla. Suite à cela naissent les Fuerzas Armadas Revolucionarias de Colombia (FARC) ; l'Ejército de Liberación Nacional (ELN) et le M-19 voient bientôt le jour.

**1974**
L'intermède du Front national touche à sa fin. Le président nouvellement élu, Alfonso López Michelsen, lance le premier grand mouvement contre-insurrectionnel visant les trois principaux groupes de guérilla.

**1982**
Gabriel García Márquez remporte le prix Nobel de littérature.

### LES DÉPLACÉS

Pris sous les tirs croisés des paramilitaires et des groupes de guérilla, et parfois franchement pris pour cible de ce que les Nations unies appellent une "stratégie de guerre", environ 4 millions de Colombiens (soit un sur vingt selon le Centre de surveillance des déplacements internes) ont été déplacés de force depuis les années 1980. Ce phénomène fait de la Colombie le pays abritant le plus grand nombre de personnes déplacées sur son territoire, le Soudan mis à part.

Des milliers de gens deviennent chaque jour des déplacés, contraints de quitter leurs maisons sous la menace d'une arme, parce qu'on convoite leurs terres, leur bétail, ou leur maison, en raison de son emplacement sur un itinéraire de transport de la drogue. Ces menaces vont jusqu'à l'assassinat froid d'une personne, pour obliger sa famille à partir. La plupart de ces expropriés, dépossédés de tout, en sont réduits à se débrouiller par eux-mêmes, et à vivre dans des cabanes couvertes de bâches à l'extérieur des grandes villes. Ceux qui parviennent à obtenir de nouvelles terres les trouvent fréquemment dans des zones dépourvues d'infrastructures, d'écoles et d'hôpitaux. Souvent, les enfants déplacés finissent par sombrer dans la drogue et la criminalité.

Il y a eu quelques améliorations ces dernières années avec l'adoption en 2011 d'une loi de réparation pour les victimes et de restitution des terres. Les progrès sont inévitablement lents, la priorité étant la sécurité des personnes qui rentrent chez elles plutôt que l'organisation de retours massifs.

fallut attendre 1921 pour que la Colombie finisse par reconnaître la souveraineté du Panama et trouve un accord mettant un terme à sa querelle avec les États-Unis.

## Le XXe siècle : les prémices de la guérilla

L'ouvrage *Les Farc : une guérilla sans fins ?* (2008) de Daniel Pécaut, bien que daté, permet de comprendre la naissance des FARC et l'évolution du conflit armé entre les FARC et l'armée.

Le début du XXe siècle vit s'ouvrir une période de paix, propice à l'essor de l'économie (notamment grâce au café) et au développement d'infrastructures, sous la présidence du général Rafael Reyes Prieto. Hélas, ce moment d'apaisement ne dura guère. Les tensions sociales s'envenimèrent (suite à la répression d'un mouvement de grève des ouvriers des bananeraies en 1928), et la lutte entre libéraux et conservateurs finit par tourner à l'affrontement en 1948, année qui marqua le début d'une période de guerre civile baptisée La Violencia ("La Violence"), la plus destructrice ayant jusqu'alors fait rage dans le pays (avec plus de 200 000 morts). Après l'assassinat (dont les coupables ne furent jamais identifiés) de Jorge Eliécer Gaitán, leader libéral charismatique et autodidacte, les émeutes firent tache d'huile. Bogotá et le pays tout entier furent plongés dans un climat insurrectionnel aggravé de massacres. L'épisode violent fondateur de cette période prit le nom de

**1982**

Pablo Escobar est élu député au Congrès colombien. Le président Betancur accorde l'amnistie aux mouvements de guérilla et libère des centaines de prisonniers.

**1984**

Le ministre de la Justice Rodrigo Lara Bonilla est assassiné pour s'être prononcé en faveur du traité d'extradition avec les États-Unis.

**1990**

Le M-19 se démilitarise. Les cartels déclarent la guerre au gouvernement et au traité d'extradition. Un bâtiment gouvernemental à Bogotá est détruit par un attentat à la bombe.

**1993**

Pablo Escobar, le grand baron de la cocaïne, est tué le lendemain de son 44e anniversaire sur un toit de Medellín par la police colombienne aidée des États-Unis.

"El Bogotazo" à Bogotá (où Gaitán avait été tué) et de "El Nueve de Abril" (9 avril, date de son assassinat) ailleurs. Bientôt, les libéraux prirent les armes dans tout le pays. Des générations de Colombiens restèrent scindées en deux camps. On pense que ces "haines héréditaires" ont alimenté les attaques vengeresses et ont été cause des innombrables atrocités (notamment des viols et des meurtres) commises au cours de la décennie suivante, en particulier dans les zones rurales.

Le coup d'État perpétré par le général Gustavo Rojas Pinilla en 1953 est l'unique épisode militaire qu'ait connu le pays au XXe siècle, mais il ne dura pas. En 1957, les dirigeants des deux partis signèrent un accord instituant le partage du pouvoir entre eux deux au cours des seize années suivantes. Validée par un plébiscite (premier suffrage à avoir été ouvert aux femmes), cette collusion prit le nom de Front national (Frente Nacional). Durant toute cette période de cogestion, les deux partis s'échangèrent de fait la présidence tous les quatre ans, avec, au pouvoir, les responsables des lourdes pertes humaines des années de guerre civile. Pire encore : cet agrément prohibait tout parti politique autre que ceux libéral et conservateur, rejetant par là toute opposition hors du système légal, et semant les graines de l'insurrection.

Le livre d'Alfredo Molano *Desterrados : Crónicas del Desarraigo* (2005) regroupe les histoires personnelles de personnes déplacées et raconte la pauvreté à laquelle elles sont confrontées.

## La naissance des FARC et des paramilitaires

Tandis que le Front national pérennisait la trêve entre conservateurs et libéraux, de nouveaux conflits prenaient de l'ampleur entre les riches propriétaires terriens et le quart-monde rural composé de *mestizos* (métis) et d'Amérindiens, dont les deux tiers vivaient dans un dénuement plus marqué encore depuis la fin de La Violencia. On vit émerger des groupes dissidents de gauche, réclamant une réforme agraire. Dès lors, la politique colombienne ne fut plus jamais la même. L'essentiel des événements qui suivirent a été rapporté et certifié par des organismes internationaux de défense des droits de l'Homme tels que Human Rights Watch.

Les nouvelles enclaves communistes apparues dans le secteur de Sumapáz, au sud de Bogotá, inquiétaient à tel point le gouvernement colombien que son armée bombarda la zone en mai 1964. Cette attaque conduisit à la création des Fuerzas Armadas Revolucionarias de Colombia (FARC ; Forces armées révolutionnaires de Colombie), avec à leur tête Manuel Marulanda Vélez, et Jacobo Arenas (membre fondateur d'orientation plus militaire), qui jurèrent de renverser l'État et de redistribuer les terres et les richesses prises aux élites colombiennes.

Parmi les autres groupes de guérilla figurait l'Ejército de Liberación Nacional (ELN ; Armée de libération nationale). Cette faction rivale

Vous trouverez des informations actualisées sur le pays sur le site Internet du consulat général de Colombie à Paris (paris.consulado.gov.co/fr).

**1995**
Les villes de San Agustín et Tierradentro, connues pour leurs mystérieuses statues, leurs sculptures et leurs tumulus funéraires, sont classées au patrimoine mondial de l'Unesco.

**2000**
La Colombie et les États-Unis s'accordent sur le lancement du vaste Plan Colombie censé mettre un terme à la culture de la coca à l'horizon 2005.

**2002**
Le président Álvaro Uribe est élu sur la base d'un programme anti-FARC sans concessions. Il lance aussitôt un train de mesures répressives et efficaces.

**2004**
Carlos "El Pibe" Valderrama, milieu de terrain à la flamboyante coupe de cheveux, est inclus à la FIFA 100, liste des plus grands joueurs de football vivants créée par Pelé pour fêter le centenaire de la FIFA.

marxiste avait appuyé sa popularité sur le charisme d'un prêtre radical, le père Camilo Torres Restrepo, qui fut tué lors de son tout premier combat. On trouvait aussi le M-19 (Movimiento 19 de Abril ou Mouvement du 19 avril, date renvoyant à l'élection présidentielle controversée de 1970). Ce mouvement de guérilla citadine privilégiait les actions symboliques, comme le vol d'une épée de Simón Bolívar ou la prise du palais de justice de Bogotá en 1985. Lorsque les militaires l'eurent repris, laissant 115 morts derrière eux (dont de nombreux civils décédés dans des circonstances douteuses), le M-19 se délita progressivement.

De leur côté, les FARC continuèrent de prospérer, notamment dans les années 1980, époque où le président Belisario Betancur négocia une trêve avec les rebelles. Les riches propriétaires terriens constituèrent, en réaction, les Autodefensas Unidas de Colombia (AUC ; Autodéfenses unies de Colombie), des groupes paramilitaires créés pour défendre leurs acquis face à l'avancée des FARC. Il existait déjà de ces groupes, généralement formés d'anciens militaires, depuis les années 1960, mais ils se développèrent considérablement dans les années 1980.

## La cocaïne et les cartels de la drogue

La Colombie est l'un des plus importants fournisseurs mondiaux de cocaïne, et ce malgré les efforts très poussés du gouvernement pour localiser les chefs des cartels, détruire les plantations de coca par pulvérisation d'herbicide, et renforcer la présence et l'intervention de l'armée.

Tout cela pour la petite feuille d'*Erythroxylum coca*, que l'on peut acheter en vrac sur certains marchés colombiens. Lorsque les premiers Européens arrivèrent sur le continent sud-américain, ils commencèrent par prohiber la mastication de la feuille de coca, mais en autorisèrent à nouveau l'usage lorsqu'ils eurent constaté qu'à son interdiction correspondait une baisse de rendement du travail forcé. Au final, les dérivés de cette plante firent leurs entrées dans de nombreux pays : au cours des siècles suivants, la cocaïne andine se répandit à travers le monde pour un usage médical et récréatif.

L'industrie de la cocaïne connut un véritable boom au début des années 1980, époque où le cartel de Medellín, avec, à sa tête, l'ancien voleur de voitures et futur politicien Pablo Escobar, devint la principale mafia colombienne. Ses chefs finirent par fonder leur propre parti politique, créèrent deux journaux, et financèrent de gigantesques travaux publics et chantiers de construction de logements sociaux. Pablo Escobar en arriva même à attiser des velléités séparatistes dans la région de Medellín. En 1983, sa fortune personnelle était estimée à plus de vingt milliards de dollars, faisant de lui l'un des hommes les plus riches du monde (le septième d'après le magazine *Forbes*).

Le livre *Il faut tuer Pablo Escobar* (2002), du journaliste américain Mark Bowden, relate en détail la vie du grand criminel ainsi que la traque qui conduisit à sa chute. L'ouvrage, qui comporte quelques inexactitudes, n'en est pas moins un polar captivant.

**2006**
Grâce à son programme de "sécurité démocratique", qui apporte la stabilité et la prospérité à nombre de Colombiens, Álvaro Uribe est de nouveau porté au pouvoir.

**2006**
Près de 20 000 paramilitaires des AUC (Autodefensas Unidas de Colombia, Autodéfenses unies de Colombie) déposent les armes en échange de sentences clémentes en regard de leurs actes.

**2006**
La chanson de Shakira *Hips Don't Lie* est vendue à plus de 10 millions d'exemplaires dans le monde et devient numéro un dans 25 pays – le plus grand tube du monde pour cette année.

**2008**
Au cours de l'opération Jaque montée par l'armée colombienne, les FARC "rendent" leur otage le plus précieux, Ingrid Betancourt, ancienne candidate franco-colombienne à la présidentielle.

## LE PLAN COLOMBIE

En 2000, les États-Unis sont entrés en guerre contre les cartels de la drogue. Le très controversé "Plan Colombia", concocté par les gouvernements de Bill Clinton et Andrés Pastrana, était censé faire baisser la culture de la coca de 50% en 5 ans. Dix ans plus tard, et après que les États-Unis ont dépensé 6 milliards de dollars, même la Commission du commerce international des États-Unis (US International Trade Commission), d'ordinaire plutôt enthousiaste, a taxé l'efficacité de ce programme de "restreinte et de court-terme". Le prix de la cocaïne colombienne vendue dans les rues du monde entier n'avait pas changé (preuve qu'il n'y avait pas défaut d'approvisionnement). En outre, après quelques années de diminution de la culture de la coca, un rapport des Nations unies a conclu en 2007 que la production de cocaïne avait augmenté de 27% pour cette seule année, remontant à son niveau de 1998.

À l'origine, les fonds devaient être répartis à parts égales pour financer d'un côté l'équipement et l'entraînement de l'armée colombienne, de l'autre des programmes de développement offrant aux *campesinos* (paysans) des alternatives séduisantes à la culture de la coca. En réalité, les choses ont pris une tournure bien différente. Près de 80% de l'argent sont revenus aux militaires (et ont été notamment investis dans des herbicides pulvérisés par hélicoptère qui ont endommagé des cultures vivrières en même temps que d'hypothétiques champs de coca). En 2007, un officiel du Pentagone a déclaré à *Rolling Stone* que le Plan Colombie avait pour finir davantage servi à la "stabilisation politique", particulièrement concernant le conflit avec les FARC, plutôt qu'à la "lutte contre le narcotrafic".

Dans la première décennie du XXIe siècle, de nouveaux *cartelitos* (groupes mafieux de plus petite envergure), plus difficiles à pister, ont remplacé les anciens grands cartels (dont la disparition a été couronnée par l'extradition vers les États-Unis, en 2008, de Don Berna, roi du narcotrafic de Medellín). Les *cartelitos* se sont réimplantés dans des vallées plus difficiles d'accès (en particulier près de la côte Pacifique). Beaucoup sont liés aux FARC, qui taxent les cultivateurs de coca (ce qui rapporte aux FARC entre 200 et 300 millions de dollars chaque année selon le *New York Times*). D'autres *cartelitos* sont eux en lien étroit avec les groupes paramilitaires.

En conséquence, la Colombie continue de fournir environ 90% de la cocaïne consommée aux États-Unis. Elle y parvient pour bonne part via la route, avec comme intermédiaires les cartels mexicains.

Dans le budget proposé en 2011 par l'administration Obama, le Plan Colombie n'était pas expressément mentionné. La Colombie a continué à recevoir une aide militaire, quoique d'un montant inférieur de 20% à l'année précédente (soit 228 millions de dollars).

Après que le gouvernement eut lancé une campagne contre le narcotrafic, les chefs des cartels disparurent de la vie publique et proposèrent même un "traité de paix" au président Betancur. En

**2008**

Les FARC annoncent que leur fondateur, Manuel Marulanda (surnommé Tirofijo, "Tir précis"), est mort dans la jungle d'une crise cardiaque, à l'âge de 78 ans.

**2009**

Les services secrets du pays sont accusés d'avoir mis sur écoute les téléphones d'innombrables journalistes, politiciens, militants et travailleurs d'ONG, et d'employer ces renseignements à fins de coercition.

**2009**

Les Nations unies confirment l'existence de milliers de cas de "faux positifs" et soulignent le caractère "systématique" des exécutions.

**2010**

La Colombie accueille 1,4 million de touristes étrangers, selon les statistiques officielles. Les mesures de sécurité du président Uribe font mouche, et le pays se débarrasse peu à peu de sa réputation de dangerosité.

1988, selon le *New York Times*, les cartels avaient offert d'investir leurs capitaux dans des programmes de développement nationaux et de régler l'intégralité de la dette extérieure colombienne (soit quelque 13 milliards de dollars). Le gouvernement déclina leur offre, et la violence s'intensifia.

Le conflit entre les cartels et le pouvoir s'envenima encore en août 1989 avec l'assassinat de Luis Carlos Galán, candidat libéral à l'élection présidentielle, tué par balles par des barons de la drogue. En représailles, le gouvernement confisqua près d'un millier de propriétés appartenant aux cartels et signa un nouveau traité d'extradition avec les États-Unis. Suite à cela, les cartels se lancèrent à leur tour dans une campagne terroriste marquée par des attentats à la bombe dans des banques, des résidences privées et les bureaux de journaux. En novembre 1989, l'attaque d'un appareil de la compagnie Avianca entre Bogotá et Cali tua les 107 personnes qui se trouvaient à bord.

En 1990, après l'élection à la présidence de César Gaviria, du Parti libéral, les choses se calmèrent brièvement. Les lois d'extradition furent peu ou prou démantelées et Pablo Escobar accepta de se rendre, suivi par de nombreux autres chefs de cartels. Toutefois, il ne tarda pas à s'échapper de la luxueuse demeure où il était assigné à résidence. Il fallut une unité spéciale d'élite forte de 1 500 hommes, financée par les États-Unis, et une traque de 499 jours pour le retrouver. Lors de l'assaut final, en 1993, il fut tué par balles sur un toit de Medellín.

Au milieu de toute cette violence, le narcotrafic ne ralentit pas un seul instant. Les nouveaux cartels apprirent à délaisser les feux des projecteurs et, au milieu des années 1990, guérillas et paramilitaires se lancèrent dans le même négoce.

Il y a très peu de censure officielle ouvertement pratiquée en Colombie. Toutefois, de peur d'être la cible des violences bipartites qui marquent l'actuelle guerre civile, les journalistes ont pris l'habitude de s'autocensurer, ainsi que l'affirme Reporters sans frontières. L'organisme a classé la Colombie 129e sur 179 pays dans son enquête sur la liberté de la presse menée en 2013.

## L'intensification du conflit

Avec l'effondrement du communisme partout dans le monde, le paysage politique pour les mouvements de guérilla glissa peu à peu dans le domaine de la drogue et du kidnapping (à lui seul, le kidnapping aurait rapporté aux FARC quelque 200 millions de dollars par an). Les groupes paramilitaires s'alignèrent sur les cartels de la drogue et, avec la bénédiction de ces derniers, poursuivirent les guérillas.

Après le 11-Septembre, le mot de "terrorisme" se trouva appliqué aux guérillas, voire à certains groupes paramilitaires. Les célèbres AUC, dont tout le monde savait qu'elles avaient reçu 1,7 million de dollars de la part de la Chiquita Brands International Inc. (anciennement United Fruit Company), figuraient sur la liste américaine des organisations terroristes internationales. La firme fut condamnée à une amende de 25 millions de dollars par les tribunaux nord-américains en 2007 pour avoir financé les AUC de manière répétée.

**2010**

Juan Manuel Santos, ancien ministre de la Défense de la présidence Uribe et membre d'une famille influente, est élu président à une écrasante majorité.

**2011**

Alfonso Cano, chef des FARC et principal idéologue du mouvement, est abattu lors d'un raid de l'armée. L'espoir naît alors de voir s'éteindre le conflit.

**2011**

Au terme d'années de délibérations et d'ajournements, le Congrès américain accepte l'accord de libre échange entre les États-Unis et la Colombie.

**2012**

Des négociations entre le gouvernement colombien et les FARC en vue de l'instauration d'une paix durable en Colombie commencent à La Havane (Cuba).

Liées au trafic de cocaïne depuis 1997, les AUC étaient inspirées de groupes paramilitaires précédemment dirigés par José Rodríguez Gacha, l'un des piliers du cartel de Medellín, abattu en 1989. Les AUC passèrent ensuite aux mains de Fidel et Carlos Castaño, deux frères déterminés à venger leur père, assassiné par les FARC. Les AUC, fortes de près de 10 000 hommes, attaquaient les *campesinos* (paysans) qu'elles estimaient être des sympathisants de la guérilla. Et les mouvements de guérilla s'en prenaient à n'importe quel paysan supposé soutenir les AUC.

Lorsque l'administration d'Álvaro Uribe proposa d'infliger des peines clémentes aux paramilitaires et guérilleros prêts à se démobiliser, les AUC déposèrent les armes en 2006.

## Le règne d'Álvaro Uribe

À bout face à la violence, aux kidnappings et à l'impossibilité même d'emprunter les routes tant elles étaient dangereuses, la nation se tourna vers Álvaro Uribe. Cet homme politique de droite, originaire de Medellín et partisan de la manière forte, avait étudié à Oxford et à Harvard. Son père avait été tué par les FARC. Uribe déploya un train de mesures antiguérilla très complet après avoir remporté la présidentielle de 2002. Là où son prédécesseur, Andrés Pastrana, avait tenté de négocier avec les FARC et l'ELN, lui ne tarda pas à l'inverse à lancer deux programmes simultanés : recrutement massif de soldats professionnels pour lutter contre les groupes tels que les FARC, et amnistie partielle bénéficiant aux rebelles qui acceptaient de déposer les armes, dans le cadre du processus *Justicia y Paz.*

Même les critiques les plus virulents d'Uribe reconnaissent les nombreuses avancées opérées sous sa présidence – avancées qui n'avaient que trop tardé. Entre 2002 et 2008, tout particulièrement, le taux d'homicides a baissé de 40% dans l'ensemble, et les grandes voies de communication, débarrassées des barrages routiers des FARC, sont redevenues sûres.

En mars 2008, Uribe donna son accord à une épineuse opération militaire de l'autre côté de la frontière équatorienne, qui aboutit à l'assassinat de Raúl Reyes, un chef des FARC. Mais l'opération entraîna une crise diplomatique, et le président vénézuélien Hugo Chávez envoya immédiatement des chars à la frontière colombienne. Le calme finit tout de même bientôt par revenir, et le taux de popularité d'Álvaro Uribe atteignit les 90%.

Toutefois, sa présidence finit par être entachée de scandales, notamment celui dit de la "parapolitique", porté sur la place publique. Dès 2008, soixante membres du Congrès, identifiés par la Cour suprême de justice, ont été arrêtés ou interrogés sur leurs liens avec les paramilitaires.

**2014**

Le plus célèbre écrivain colombien et lauréat du prix Nobel de littérature, Gabriel García Márquez, meurt à Mexico.

**2014**

Juan Manuel Santos remporte un second mandat présidentiel, battant son opposant avec seulement 51% des voix.

**2014**

Les FARC proclament un cessez-le-feu indéfini avec l'armée colombienne au terme de deux années de négociations de paix à La Havane (Cuba).

Le scandale des faux positifs (*falsos positivos*), tel que documenté par les Nations unies dans un rapport très détaillé de 2010 (Phillip Alston, rapporteur spécial des Nations unies sur les exécutions extrajudiciaires, décrit une stratégie "systématique"), a démontré que l'armée colombienne était encouragée, sous la présidence d'Uribe, à augmenter le nombre de victimes dans le cadre du conflit armé avec les mouvements de guérilla. Des ONG dénonçaient ces exactions depuis des années, et étaient désignées comme des sympathisantes des terroristes par le gouvernement Uribe. Depuis 2004, les cas de faux positifs (de jeunes hommes innocents, souvent sans instruction, tués par l'armée qui les faisait passer pour des guérilleros morts au combat) s'étaient multipliés. L'armée colombienne aurait assassiné quelque 3 000 jeunes paysans. Le scandale prenant de l'ampleur, Uribe destitua 27 officiers en novembre 2008, et le général Mario Montoya, commandant en chef de l'armée, démissionna.

## Vers une paix durable

En 2010, après que la Cour constitutionnelle eut refusé l'organisation d'un référendum qui aurait pu permettre à Álvaro Uribe de se présenter à un troisième mandat, c'est son ministre de la Défense, Juan Manuel Santos, qui remporta une victoire écrasante. Presque aussitôt, il put s'enorgueillir de la plus grande victoire jamais remportée contre les FARC : l'assassinat de leur nouveau chef, Alfonso Cano.

En quelques jours, un nouveau commandant en chef, Rodrigo Londoño Echeverri (alias Timochenko), pour la capture duquel le département d'État américain offre une récompense de 5 millions de dollars, prit le contrôle de l'organisation. Réputé comme étant l'un des membres les plus belliqueux du mouvement, Timochenko surprit la nation tout entière en proposant des pourparlers de paix avec le gouvernement.

Las du conflit armé, le gouvernement colombien n'en est pas moins resté dubitatif quant à la sincérité de cette offre. Lorsque les négociateurs de l'administration Santos consentirent enfin à s'asseoir à la même table que les représentants des FARC à La Havane en 2012, il y eut un tollé dans le pays. Beaucoup tiennent en effet cette évolution comme une trahison à l'égard des victimes du conflit. En résulta une bipolarisation lors de l'élection présidentielle, et une division de l'opinion quant à la pertinence de tels pourparlers.

Ce processus complexe est toujours à l'œuvre à l'heure actuelle. À la fin 2014, les parties en présence étaient parvenues à des accords provisoires concernant trois des cinq points des négociations. Mais on est encore loin d'une résolution définitive, laquelle, si elle aboutissait, devrait de toute façon être ratifiée par référendum. Même s'il s'agit là d'une avancée majeure, le chemin à parcourir est encore long avant d'arriver au terme d'un conflit qui dure depuis un demi-siècle. De manière à encourager davantage encore le processus de paix, les FARC ont annoncé un cessez-le-feu indéfini avec l'armée colombienne en décembre 2014. La trêve a été rompue en mai 2015, et les affrontements ont repris, mais les discussions ne devraient pas moins continuer pour autant, puisque le cessez-le-feu n'était pas une condition préalable au dialogue de paix.

# La société colombienne

**Chaleureux et accueillants, les Colombiens prennent la vie du bon côté. À la diversité géographique du pays – entre mer et montagnes – correspond celle de mentalités et des usages. Tandis que les dynamiques habitants des villes andines de Bogotá, Medellín et Cali s'expriment en un espagnol plutôt soutenu, aux syllabes détachées, les *Costeños* (habitants de la côte) le parlent avec un accent plus traînant.**

## Mode de vie et état d'esprit

En Colombie, les citadins aisés ont une vie radicalement différente de celle de leurs compatriotes plus pauvres. Leurs enfants vont dans des écoles privées ; ils prennent des vols interurbains comme on prend le taxi et arpentent les rues accrochés à leur smartphone. Le week-end, ils jouent au golf dans des country-clubs, et nombre d'entre eux possèdent une petite *finca* (ferme) privée où ils s'accordent parfois un peu de répit. Les plus pauvres passent leurs appels depuis des téléphones loués à la minute en pleine rue, restent bloqués dans d'interminables embouteillages et rêvent d'envoyer leurs enfants à l'école. Quant aux membres des communautés indiennes et aux habitants des localités rurales isolées dans les secteurs encore en proie à la guerre civile, leur préoccupation première tient à la simple subsistance.

Entre ces deux extrêmes, la classe moyenne colombienne est l'une des plus importantes de cette Amérique latine où de nombreux pays affichent une grande disparité des richesses. Sa progression est favorisée par les politiques de libre marché du pays et le niveau relativement bas de corruption.

Les Colombiens sont très attachés à leur famille, y compris étendue. Les visiteurs de plus de 21 ans sans enfant seront donc invariablement interrogés sur leur souhait de fonder un foyer. Le catholicisme est la confession dominante, mais peu de gens assistent régulièrement à la messe.

Les femmes sont le cœur du foyer colombien, qui fut longtemps leur seul espace de décision dans une société dominée par les hommes. Mais désormais, elles représentent une part importante des personnalités politiques et des diplomates haut placés du pays, notamment parmi les ministres et les ambassadeurs. De fait, une loi imposant des quotas, passée en 2000, requiert qu'au moins 30% des postes de l'exécutif soient occupés par des femmes.

Ne vous formalisez pas si un Colombien est en retard – jusqu'à trois quarts d'heure – et ne le prenez pas pour vous : cette forme d'indolence est inhérente aux usages locaux. Les horaires de bus, par exemple, tiennent d'une vue de l'esprit.

Les Colombiens ne s'adonnent pas davantage aux stupéfiants que dans d'autres pays, mais beaucoup aiment boire – et ne s'en privent pas. Ainsi le Carnaval de Barranquilla est-il un festival de grivoiseries arrosées de rhum.

En Colombie, les mariages homosexuels ont vu le jour en 2013, au terme d'une empoignade entre la Cour constitutionnelle et le Congrès. Il n'existe toujours pas de cadre juridique entourant ces unions, mais elles peuvent être officialisées individuellement sur décision d'un tribunal.

### DES NATIONS À L'INTÉRIEUR D'UNE NATION

Malgré l'incroyable brassage ethnique que présente la Colombie, sa population amérindienne forme bien souvent des nations à part, plus ou moins en retrait du reste de la société civile. Comprenant autour de 1,4 million d'individus divisés en 87 groupes différents, dont certains restent isolés, elle tient d'un pan de la société colombienne largement méconnu des voyageurs.

Parmi les groupes indigènes que vous rencontrerez probablement figurent les Ticuna en Amazonie, les Wiwa, Kogui et Arhuaco de la Sierra Nevada, les Wayuu de La Guajira et les Muiscas vers Bogotá. Les réserves couvrent jusqu'à un tiers de la superficie de la Colombie, le territoire étant détenu collectivement par les communautés indiennes. Toutefois, malgré des protections légales, ces groupes ont souvent pâti de violences ces dernières décennies, leurs vastes réserves offrant de parfaites cachettes aux guérillas, aux groupes paramilitaires et aux plantations de coca. Et pour couronner le tout, les aspersions, dans le cadre du Plan Colombie, de nombreuses zones rurales par l'armée de l'air américaine pour détruire les fermes de coca ont, collatéralement, anéanti ou endommagé des cultures bel et bien licites, compromettant la subsistance de nombreux groupes traditionnels.

## La population : un *sancocho* culturel

Bien que le pays n'ait pas connu de recensement depuis 2005, la population actuelle est estimée à quelque 48 millions d'habitants, ce qui en fait la nation la plus peuplée d'Amérique latine, derrière le Brésil et le Mexique. La démographie évolue rapidement, et affichait encore, en 2013, un taux de croissance de 1,3%.

Chaque ville colombienne tenant d'un mélange culturel distinct, un voyage dans le pays se révèle aussi varié que l'emblématique *sancocho* (soupe). De nombreux immigrés européens se sont installés à Medellín, tandis que la majeure partie de la population de Cali descend d'anciens esclaves. Bogotá et la région alentour ont vu maintes unions entre colons européens et indiens, tandis qu'à Cali et sur les côtes caribéenne et Pacifique vit une large proportion d'Afro-Colombiens.

Ce pays, où l'esclavage fut aboli en 1821, abrite, après le Brésil, la population noire la plus importante d'Amérique du Sud. Les mariages mixtes ont été légion ces derniers siècles, et on aurait mauvais jeu à prétendre distinguer un "type" colombien.

James Rodríguez, que la plupart des Colombiens appellent simplement James (prononcé à l'espagnole), est aujourd'hui le footballeur le plus célèbre du pays et l'un des jeunes joueurs les plus prometteurs au monde. Il a joué dans l'équipe nationale lors de la Coupe du monde 2014 et est devenu le meilleur buteur du Mondial.

## *Fùtbol* et *toro*

Les Colombiens aiment le *fútbol*. Le championnat national oppose 18 équipes à travers le pays et attire une foule tapageuse durant les deux phases (de février à juin et d'août à décembre). Le niveau de jeu, parfois un peu brouillon, n'en est pas moins porté par l'enthousiasme.

Les amoureux des animaux se désoleront de la faveur que connaît ici la tauromachie, que ce soit lors d'événements officiels ou de *correlejas*, la version folle où des amateurs se mesurent au *toro*, avec parfois les conséquences dramatiques que l'on devine. La saison officielle des corridas bat son plein pendant les vacances, de mi-décembre à mi-janvier, et attire certains des meilleurs matadors du monde. La Feria de Manizales, en janvier, séduit les amateurs. Les combats de coqs sont également très populaires en milieu rural.

Derrière le football, le base-ball est le sport d'équipe le plus populaire. Le cyclisme est aussi très apprécié : chaque dimanche, la Ciclovía de Bogotá entraîne des milliers de cyclistes et d'adeptes du roller dans les rues de la ville, dont beaucoup sont fermées pour la journée.

# Arts et culture

**L'écrivain Gabriel García Márquez, le sculpteur Fernando Botero et la chanteuse pop Shakira sont les artistes colombiens les plus connus à l'étranger... et encore le grand public ignore-t-il souvent leur nationalité. Lors de votre voyage, vous apprendrez que le pays a bien davantage à offrir, en matière de culture, que ce trio de tête.**

## Musique

La Colombie est célèbre pour sa musique, qui règne sans partage, que ce soit sur les deux côtes du pays, dans les montagnes, dans la capitale, ou dans les plaines qui s'étirent vers le Venezuela.

Né il y a un siècle sur la côte caribéenne, le *vallenato* repose sur l'accordéon et a Valledupar pour foyer spirituel. En le modernisant, Carlos Vives, artiste musical moderne parmi les plus célèbres d'Amérique du Sud, en est devenu le symbole. Si ce style musical n'est pas du goût de tous, on ne saurait quitter la Colombie sans avoir dansé dessus.

La cumbia, un rythme entraînant à quatre temps, avec guitares, accordéon, basse, percussions et parfois un cor, est le style musical colombien le plus populaire à l'étranger. Les groupes tels que Pernett and The Caribbean Ravers l'ont modernisé, tout comme Bomba Estéreo, qui y ajoute une dose d'acid rock. Choc Quib Town est une formation de hip-hop de la côte pacifique, dont les morceaux distillent, sur fond de gros rythmes, des commentaires incisifs sur la société.

La salsa a essaimé dans les Caraïbes et a fait souche en Colombie à la fin des années 1960. Si Cali et Barranquilla en sont les fiefs, elle est appréciée partout dans le pays. La mort, en 2011, de Joe Arroyo (surnommé El Joe) a été pleurée à l'échelle de la nation. La salsa moderne, très urbaine, est incarnée par La 33 de Bogotá.

Le *joropo,* la musique des Llanos, est accompagnée à la harpe, au *cuatro* (un genre de guitare à quatre cordes) et aux maracas. Il est très semblable à la musique des Llanos vénézuéliens. Son principal représentant, le Grupo Cimarrón, éblouit le public par sa virtuosité et la rapidité de son jeu de jambes.

De nombreux rythmes distincts découlent de la fusion des influences afro-caribéennes et espagnoles, notamment le *porro*, le *currulao*, le *merecumbe*, le *mapalé* et la *gaita*. Originaire de Cartagena, la *champeta* mêle rythmes africains et décontraction latine : on l'entend dans les clubs les moins touristiques de Cartagena, comme le Bazurto Social Club (p. 141). Le reggaeton, avec ses lancinantes boucles de basse et caisse claire, et le merengue, au rythme entraînant, sont également populaires, y compris à l'étranger.

La musique andine de Colombie, largement influencée par les rythmes et instruments espagnols, se distingue clairement de la musique indienne des montagnes péruviennes et boliviennes. *Bambuco*, *pasillo* et *torbellino*, des styles instrumentaux joués principalement avec des instruments à cordes, comptent parmi les genres anciens typiques.

En ville, notamment à Bogotá et Medellín, de nombreux clubs passent de la techno et de la house ; de grands DJ internationaux se produisent parfois dans les deux villes.

Bogotá est la capitale culturelle de Colombie. Pour savoir ce qui s'y passe, consultez le site www.culturarecreacionydeporte.gov.co.

Le Festival Iberoamericano de Teatro de Bogotá, la plus grande manifestation du genre au monde, fut créé en 1976 par l'actrice la plus influente de Colombie, Fanny Mikey (1930-2008). Pour en savoir plus, consultez le www.festivaldeteatro.com.co.

On ne pourrait parler de l'univers musical colombien sans aborder le phénomène Shakira. L'artiste pop que certains qualifient de produit marketing détient le record de ventes d'albums pour un artiste colombien et connaît un immense succès international depuis 2001. Ses chansons mêlent des influences très diverses, rock, musique traditionnelle latino-américaine et musique orientale, entre autres.

## Littérature colombienne

La longue (bien que modeste) tradition littéraire colombienne est née peu après l'obtention de l'indépendance face à l'Espagne en 1819 et fut influencée par le romantisme, alors très en vogue en Europe. Rafael Pombo (1833-1912) est généralement présenté comme le père de la poésie romantique colombienne ; Jorge Isaacs (1837-1895) est un autre auteur important de l'époque, en particulier pour son roman *María,* qui se lit aussi bien dans les cafés que dans les salles de classe du pays.

José Asunción Silva (1865-1896), l'un des poètes colombiens majeurs, est considéré comme le précurseur du modernisme en Amérique latine. Il ouvrit la voie qu'emprunta plus tard le poète nicaraguayen Rubén Darío. Autre talent littéraire, Porfirio Barba Jacob (1883-1942), surnommé "le poète de la mort", a introduit, dans son œuvre, les idées d'irrationalisme et l'expression d'avant-garde.

Parmi les talentueux contemporains du célèbre Prix Nobel de littérature Gabriel García Márquez figurent le poète, romancier et peintre Héctor Rojas Herazo, et Álvaro Mutis, l'un de ses amis proches. Dans la jeune génération, Fernando Vallejo est un iconoclaste, très respecté même s'il fait étalage, au gré des interviews, du peu d'estime en lequel il tient García Márquez. Jeune expatrié populaire, Santiago Gamboa écrit des récits de voyage et des romans ; Mario Mendoza publie, quant à lui, des fictions urbaines, modernes et réalistes, tandis que Laura Restrepo s'intéresse aux effets de la violence sur l'individu et la société. Tous sont des écrivains prolifiques qui ont produit des œuvres majeures ces dernières années.

### GABRIEL GARCÍA MÁRQUEZ, LAURÉAT DU PRIX NOBEL

Gabriel García Márquez est le géant de la littérature colombienne. Né en 1928 à Aracataca et mort en 2014, il a écrit principalement sur la Colombie, bien qu'il ait passé la majeure partie de sa vie au Mexique et en Europe.

García Márquez débuta comme journaliste dans les années 1950 et travailla en tant que correspondant étranger, critiquant le gouvernement colombien d'alors et s'imposant l'exil. Le roman qui le fit connaître, *Cent ans de solitude,* parut en 1967. Il mêlait mythes, rêves et réalité, et introduit le genre dit du "réalisme magique".

En 1982, l'auteur remporta le prix Nobel de littérature. Pendant les années qui suivirent, il produisit une foule d'œuvres de premier plan, dont *L'Amour au temps du choléra* (1985), un récit librement inspiré de l'histoire de ses parents, et *Le Général dans son labyrinthe* (1989), où sont relatés les tragiques derniers mois de Simón Bolívar. *Douze contes vagabonds* (1992) regroupe douze récits écrits par l'auteur en dix-huit ans. *De l'amour et autres démons* (1994) est l'histoire d'une jeune fille élevée par les esclaves de ses parents, à l'époque de l'inquisition de Cartagena.

À sa mort, en 2014, García Márquez fut enterré à Mexico, en présence des présidents colombien et mexicain. Sa ville natale, Aracataca, source d'inspiration de la fictive Macondo dans *Cent ans de solitude,* organisa également des funérailles symboliques.

Si Aracataca, ville natale de l'écrivain, possède une bonne reconstruction de sa maison familiale convertie en musée, la ville en soi décevra quiconque cherche à se faire une idée géographique des livres de García Márquez. Pour un meilleur aperçu du monde de celui que les Colombiens appelaient "Gabo", préférez Cartagena ou, mieux encore, la ville coloniale isolée de Mompox, une Macondo moderne qui ravira les lecteurs de *Cent ans de solitude*.

### FERNANDO BOTERO : PLUS GRAND QUE NATURE

Fernando Botero (né en 1932) est le peintre et sculpteur colombien le plus connu. Né à Medellín, il organisa, à 19 ans, sa première exposition à Bogotá puis développa progressivement son style facilement reconnaissable, caractérisé par les courbes, plantureuses jusqu'au paroxysme, de ses personnages. En 1972, il s'installa à Paris. Il se mit à la sculpture et réalisa une collection de *gordas* et *gordos* (grosses et gros), comme les appellent les Colombiens.

Aujourd'hui, ses peintures sont exposées dans des musées de classe internationale et ses sculptures publiques monumentales ornent les places, avenues et parcs de métropoles à travers le monde, dont Paris, Madrid, Lisbonne, Florence et New York.

Délaissant son sujet de prédilection en 2004, il choqua ses compatriotes avec une collection d'œuvres portant sur la guerre civile colombienne. En 2005, il divisa la critique, en peignant des scènes inspirées des événements de la prison irakienne d'Abou Ghraib en Irak, où des soldats américains avaient torturé et humilié des détenus. Si certains ont loué l'engagement de Botero, d'autres ont considéré qu'il se manifestait un peu après la bataille. Certaines voix se sont même élevées contre ce qu'elles tenaient pour une récupération pure et simple.

## Art et arts abstraits

Fernando Botero est à la peinture colombienne ce que Gabriel García Márquéz est à la littérature du pays : le grand nom qui éclipse ses homologues. Deux autres célèbres peintres colombiens, Omar Rayo (1928-2010), connu pour ses dessins géométriques, et Alejandro Obregón (1920-1992), peintre de Cartagena célèbre pour ses peintures abstraites, sont souvent oubliés.

La Colombie est riche d'un beau patrimoine d'art religieux colonial, où figure en bonne place Gregorio Vásquez de Arce y Ceballos (1638-1711), peintre le plus remarquable de son temps. Ayant vécu et travaillé à Bogotá, il laissa, à sa mort, plus de 500 œuvres, aujourd'hui essaimées dans les églises et musées du pays.

Les artistes les plus éminents depuis la fin de la Seconde Guerre mondiale sont Pedro Nel Gómez, connu pour ses fresques, ses aquarelles, ses tableaux à l'huile et ses sculptures ; Luis Alberto Acuña, peintre et sculpteur qui usa des motifs de l'art précolombien ; Guillermo Wiedemann, peintre germano-colombien qui passa le plus clair de sa période créative en Colombie et puisa son inspiration dans des thèmes locaux, puis se tourna vers l'abstrait ; Edgar Negret, sculpteur abstrait ; Eduardo Ramírez Villamizar, qui s'exprima principalement à travers des formes géométriques ; et Rodrigo Arenas Betancur, à qui l'on doit les monuments les plus célèbres du pays.

Ces maîtres furent suivis par une génération née pour bonne part dans les années 1930, avec des artistes comme Armando Villegas, un Péruvien vivant en Colombie, dont les influences allaient des motifs précolombiens au surréalisme ; Leonel Góngora, connu pour ses dessins érotiques ; et Fernando Botero, l'artiste colombien le plus renommé à l'international.

La période récente est caractérisée par une floraison des écoles, des tendances et des techniques. Parmi les artistes à surveiller figurent Bernardo Salcedo (sculpture et photographie conceptuelle), Miguel Ángel Rojas (peinture et installations), Lorenzo Jaramillo (peinture expressionniste), María de la Paz Jaramillo (peinture), María Fernanda Cardozo (installations), Catalina Mejía (peinture abstraite) et Doris Salcedo (sculpture et installations).

Les *telenovelas* (feuilletons TV) sont le baromètre culturel de la Colombie. Bien qu'elles ne soient pas du grand art, elles reflètent, aussi fidèlement qu'un documentaire, les inquiétudes et les passions du pays. La série populaire *Chepe Fortuna* est une histoire improbable mêlant amour, politique, écologie et... sirènes.

# Nature et environnement

**Sommets escarpés et enneigés des Andes, vastes plaines des Llanos, forêts tropicales luxuriantes du bassin amazonien, côtes maritimes et vallées ondoyantes, la Colombie est un pays incroyablement beau et varié. En matière de biodiversité, et malgré sa taille relativement modeste, le pays arrive au deuxième rang mondial, après le Brésil.**

## Géographie

La Colombie couvre 1,14 million de km², soit à peu près l'équivalent de la France, de l'Espagne et du Portugal réunis. Il s'agit du 26e pays le plus grand du monde, et du quatrième en Amérique du Sud, après le Brésil, l'Argentine et le Pérou.

On identifie souvent la Colombie à un territoire tropical, mais sa géographie est bien plus variée. L'environnement du pays est généralement divisé en cinq catégories d'habitats : les forêts tropicales humides, les forêts tropicales sèches, les prairies tropicales, les pâturages de montagne, les déserts et les formations arbustives.

La Colombie est le seul pays d'Amérique du Sud à être baigné à la fois par l'océan Pacifique et par la mer des Caraïbes.

La partie ouest, soit quasiment la moitié du territoire national, est montagneuse, avec trois chaînes andines – la Cordillera Occidental, la Cordillera Central et la Cordillera Oriental – s'étendant plus ou moins parallèlement, sur un axe nord-sud, à travers la quasi-totalité du pays. Bon nombre des sommets dépassent les 5 000 m d'altitude. Deux vallées, le Valle del Cauca et le Valle del Magdalena, sont prises en tenailles entre les trois cordillères. Chacune des deux abrite une rivière éponyme : le Río Cauca et le Río Magdalena coulent direction nord, se rejoignent puis se jettent dans la mer des Caraïbes près de Barranquilla.

Outre ses trois chaînes andines, la Colombie possède un petit massif indépendant, la Sierra Nevada de Santa Marta, qui grimpe de la côte caribéenne à de vertigineux pics enneigés. Il s'agit du plus haut massif côtier du monde, et les sommets jumeaux du Simón Bolívar et du Cristóbal Colón (tous deux à 5 775 m) sont les plus élevés du pays.

Plus de la moitié du territoire s'étendant à l'est des Andes est une vaste plaine, généralement divisée en deux régions : Los Llanos, au nord, et le bassin amazonien, au sud. Les Llanos (250 000 km² environ) forment une immense étendue de prairies constituant le bassin de l'Orénoque. Les Colombiens disent qu'il s'agit d'une mer verte intérieure. La région amazonienne (400 000 km²) couvre tout le sud-est de la Colombie et se situe dans le bassin de l'Amazone. Ce secteur est presque entièrement couvert d'épaisses forêts tropicales humides et sillonné de cours d'eau. Il est coupé du reste du pays et complètement inaccessible par voie terrestre, ce qui n'empêche malheureusement pas l'abattage illégal des arbres.

La Colombie possède également un certain nombre d'îles. Les principales sont l'archipel de San Andrés et Providencia (dans la mer des Caraïbes, à 750 km au nord-ouest du continent), les Islas del Rosario et de San Bernardo (près de la côte caribéenne), ainsi que Gorgona et Malpelo (au large de la côte pacifique).

## Faune et flore

La grande variété de zones climatiques et géographiques et de microclimats a contribué à créer des écosystèmes divers et a permis aux différentes espèces de se développer de façon indépendante. La Colombie possède plus d'espèces de plantes et d'animaux au kilomètre carré que tout autre pays de la planète. Après le Brésil, elle peut se targuer de posséder la plus grande diversité de faune et de flore au monde, alors qu'elle est sept fois plus petite que son voisin.

### Animaux

Des dauphins roses aux perroquets bigarrés, et des minuscules félins aux rongeurs géants, le royaume animal de la Colombie figure parmi les plus éclectiques de la planète. Il existe près de 1 700 espèces d'oiseaux recensées – dont 74 sont endémiques – ce qui représente environ 19% de tous les oiseaux de la planète. La Colombie abrite aussi environ 450 espèces de mammifères (dont 15% des primates de la Terre), 600 espèces d'amphibiens, 500 espèces de reptiles et 3 200 espèces de poissons.

Parmi les mammifères les plus fascinants figurent d'élégants félins comme le jaguar et l'ocelot, le singe hurleur roux, le singe-araignée, le paresseux à trois doigts, le fourmilier géant, le facétieux pécari (qui ressemble à un cochon) et le tapir, ainsi que le capybara, ou *chiguiro*, le plus gros rongeur du monde, qui peut atteindre 48 cm de hauteur et peser 55 kg.

Dans les eaux de l'Amazone évoluent le célèbre *boto* (dauphin rose de l'Amazone), le lamantin d'Amazonie et l'un des serpents les plus redoutés du monde, l'anaconda (*Eunectes murinus*), qui peut mesurer jusqu'à 6 m.

La fameuse volière naturelle de la Colombie comprend 132 espèces de colibris, 24 espèces de toucans, 57 types d'aras et perroquets colorés, ainsi que des martins-pêcheurs, des trogons, des fauvettes et six des sept vautours existant dans le monde, dont le condor des Andes – un symbole national de la Colombie.

Une abondante faune marine peuple les nombreux cours d'eau du pays et ses deux côtes. Les îles de San Andrés et Providencia possèdent certains des récifs de coraux les plus étendus et productifs du continent américain. En 2000, l'Unesco a déclaré ce secteur aire marine protégée et réserve de biosphère Seaflower, afin de protéger son écosystème. Les récifs figurent parmi les mieux préservés des Caraïbes et jouent un rôle écologique important pour la santé de la mer. Ils fournissent de la nourriture et des lieux de nidification pour quatre espèces de tortues

Les férus d'ornithologie pourront se procurer *A Guide to the Birds of Colombia* (1986), de Stephen L. Hilty et William L. Brown, et consulteront deux excellents sites, www.colombiabirding.com et www.proaves.org.

#### LA GRANDE MIGRATION DES CRABES DE PROVIDENCIA

Voici l'un des spectacles les plus extraordinaires qu'il vous sera donné de voir : pendant toute une semaine en avril, les crabes noirs de Providencia, une espèce terrestre unique, descendent de leur habitat montagneux et gagnent maladroitement la mer. Une fois dans l'eau, les femelles pondent leurs œufs, que les mâles fécondent, puis juste après, tout ce beau monde regagne la terre ferme. Pendant cette période, l'unique route qui fait le tour de cette minuscule île des Caraïbes est fermée, et la vie devient encore plus paisible et silencieuse qu'à l'accoutumée, puisque les habitants se déplacent uniquement à pied.

Quelques mois plus tard, généralement en juillet, les petits crabes rampent hors de la mer et se dirigent vers les montagnes. Pendant cette seconde migration, la route de l'île est à nouveau fermée, et l'on entend constamment un bruissement, de jour comme de nuit, tandis que les minuscules crabes gravissent par millions les versants des collines. Si vous avez la chance de vous trouver à Providencia pendant l'une de ces deux périodes, vous profiterez d'une expérience inoubliable, quoiqu'un peu hitchcockienne.

menacées et pour de nombreuses espèces de poissons et de langoustes. Il a été démontré que la santé de certains bancs de poissons des Keys de Floride dépendait directement de leur capacité à frayer dans les récifs colombiens. L'île de Providencia fournit un habitat au crabe noir de Providencia (*Gecarcinus ruricola*), un crabe terrestre unique, qui accomplit chaque année une migration extraordinaire pour pondre et féconder ses œufs dans la mer.

Le célèbre géographe et botaniste allemand Alexander von Humboldt a exploré et étudié plusieurs régions colombiennes et les a décrites de façon incroyablement détaillée dans son ouvrage *Voyage aux régions équinoxiales du Nouveau Continent, fait en 1799 et 1800.*

## Espèces menacées

La vaste savane des Llanos compte certaines des espèces les plus menacées de Colombie. Parmi elles, citons le crocodile de l'Orénoque, qui peut atteindre 7 m de longueur. Selon l'organisation Nature Conservancy, il ne reste que 1 800 crocodiles de ce type dans la nature, et ce sont de ce fait les reptiles les plus susceptibles de disparaître au monde. Autres espèces en danger dans la région des Llanos : la tortue de l'Orénoque, le tatou géant, la loutre géante et l'aigle d'Isidore.

Le tamarin à crête blanche, un minuscule singe pesant tout juste 500 g, et son cousin le singe-araignée à tête brune, plus grand, sont deux des primates les plus menacés dans le monde, selon la Liste rouge des espèces menacées publiée par l'Union internationale pour la conservation de la nature (UICN) en 2008. Autres espèces inscrites sur la liste de l'UICN : la souris-opossum gracile à longue queue, le quiscale montagnard et le tapir des montagnes. Et deux des plus célèbres habitants de l'Amazone, le dauphin rose et le lamantin d'Amazonie, sont considérés comme des espèces vulnérables.

Sachez que certains restaurants installés dans des secteurs isolés proposent des œufs de tortue, de l'iguane et d'autres espèces menacées sur leur carte. Il est bon de signaler également que le *pirarucú* (poisson très prisé dans la région du bassin amazonien, autour de Leticia) a été victime de la surpêche – les habitants ignorent souvent la législation qui interdit de pêcher cette espèce en période de frai. Ces créatures sont

## LA FIÈVRE VERTE

La Colombie est le leader mondial de l'émeraude (50% de la production mondiale, contre 20% pour la Zambie et 15% pour le Brésil). Certains spécialistes estiment que les mines colombiennes pourraient contenir jusqu'à 90% des gisements d'émeraude de la planète. C'est une bonne nouvelle pour les prospecteurs mais pas vraiment pour l'environnement – ni pour la Colombie dans son ensemble, d'ailleurs. À l'instar de la cocaïne, la production de ces joyaux glamour a entraîné de sérieux conflits et destructions dans le pays.

Les principaux centres d'extraction d'émeraudes sont Muzo, Coscuez, La Pita et Chivor, tous dans le département de Boyacá. Certes, les Muiscas exploitaient déjà les émeraudes à l'époque précolombienne, mais les colons espagnols s'entichèrent de ces pierres vertes étincelantes et développèrent considérablement les opérations. Ils asservirent les Amérindiens, puis les remplacèrent peu à peu par des esclaves venus d'Afrique. Aujourd'hui, beaucoup de mineurs sont des descendants directs de ces esclaves, et leurs conditions de vie ne se sont que très peu améliorées.

Les riches gisements de ces régions ont entraîné de nombreux problèmes environnementaux et sociaux. Les forages permanents ont déchiqueté la campagne, et, afin de trouver de nouveaux sites et d'améliorer leur cadre de vie sordide, les mineurs n'ont eu de cesse de repousser les limites de la forêt. Les bandes rivales se livrent des combats acharnés, qui engendrent de nombreux morts et ravagent les mines. Entre 1984 et 1990, durant l'une des "guerres de l'Émeraude" les plus sanglantes de l'histoire récente, 3 500 personnes ont été tuées à Muzo. Pourtant, la "fièvre verte" continue de sévir parmi les chasseurs de trésor et les aventuriers des quatre coins du pays, et ne se calmera peut-être pas avant que la dernière petite pierre verte n'ait été extraite.

menacées et leur consommation contribue à accélérer leur disparition. D'autres poissons sont généralement proposés dans les restaurants d'Amazonie.

### Plantes

La flore colombienne est tout aussi impressionnante et comporte plus de 130 000 types de plantes, dont un tiers d'espèces endémiques. Et cette richesse ne reflète pas complètement la réalité : de grands pans du pays, notamment des parties inaccessibles de l'Amazonie, recèlent des espèces encore inconnues. Selon les spécialistes, il reste au moins 2 000 espèces de plantes à identifier, et d'autres, encore plus nombreuses, doivent être analysées pour découvrir d'éventuelles vertus médicinales.

La Colombie voit pousser quelque 3 500 espèces d'orchidées, le record mondial. Beaucoup sont endémiques, par exemple la *Cattleya trianae*, la fleur nationale. Les orchidées poussent quasiment dans toutes les régions et sous tous les climats du pays, mais elles sont surtout présentes entre 1 000 et 2 000 m d'altitude, en particulier dans le département d'Antioquia, au nord-ouest.

Encore plus haut, vous découvrirez le *frailejón*, un arbuste vivace unique, à fleurs jaunes, qui pousse uniquement à plus de 3 000 m d'altitude. Il existe 88 espèces de *frailejónes* et la plupart sont endémiques. Vous pourrez les admirer dans des secteurs protégés comme la Sierra Nevada de Santa Marta, la Sierra Nevada del Cocuy et le Santuario de Iguaque.

La Colombie est le deuxième exportateur mondial de fleurs coupées, après les Pays-Bas. Les exportations annuelles de fleurs, principalement vers les États-Unis, représentent environ un milliard de dollars américains. Le jour de la Saint-Valentin, les Américains achètent 300 millions de roses colombiennes. Mais le pays cultive plus de 1 500 variétés de fleurs.

## Parcs nationaux

La Colombie possède 55 parcs nationaux, des sanctuaires de flore et de faune et d'autres réserves naturelles, tous gérés par l'organisme gouvernemental des **Parques Nacionales Naturales (PNN) de Colombia** (☎353 2400 ; www.parquesnacionales.gov.co).

Malheureusement, donner le statut de parc national à un secteur ne suffit pas à arrêter la guérilla, la production de drogue, l'exploitation agricole illégale, l'abattage d'arbres, l'exploitation minière ou le braconnage. La plupart des parcs du bassin amazonien (à l'exception d'Amacayacu) et le long de la frontière équatorienne sont inaccessibles, pour des raisons de sécurité. D'autres parcs, comme Los Katios, un site classé au patrimoine mondial de l'Unesco, près de la faille de Darién, sont ouverts mais n'offrent pas encore des conditions de sécurité pleinement satisfaisantes (d'où un accès limité). Renseignez-vous bien sur la situation actuelle avant de vous y rendre.

La bonne nouvelle, c'est que de nombreux parcs jadis interdits ont rouvert au public ces dernières années et sont couverts dans ce guide. Avec le récent essor du tourisme et de l'écotourisme, le gouvernement a finalement investi de l'argent dans son système de parcs nationaux, longtemps sous-financé. De nouveaux parcs ont récemment été créés et d'autres sont prévus. Les parcs établis de longue date sont enfin équipés des infrastructures touristiques qui leur ont longtemps fait défaut, par exemple des hébergements et des lieux de restauration (qui restent rares en Colombie).

Ces aménagements ne se sont pas faits sans controverse. Le PNN a commencé à solliciter des entreprises privées pour développer et gérer les équipements touristiques à l'intérieur de certains parcs nationaux, une tendance dénoncée par certains écologistes qui craignent une exploitation effrénée. Certains redoutent aussi une augmentation des tarifs, qui rendraient les parcs inaccessibles à de nombreux Colombiens. Toutefois, les écologistes ont remporté quelques victoires. En 2011, un projet d'hôtel sept étoiles dans le PNN Tayrona a été abandonné à la suite de protestations de groupes de défense de l'environnement.

La Colombie est le troisième exportateur mondial de café (après le Brésil et le Vietnam).

Les parcs nationaux les plus fréquentés de Colombie sont situés le long des plages immaculées du pays. Le PNN Tayrona est de loin le plus populaire, suivi du PNN Corales del Rosario y San Bernardo et du PNN Isla Gorgona.

Beaucoup d'autres parcs nationaux proposent de modestes hébergements : cabanons rudimentaires, dortoirs ou camping. Les voyageurs souhaitant passer une nuit sur place doivent réserver auprès du bureau central des PNN à Bogotá (p. 76). Il y a aussi des bureaux régionaux des PNN dans la plupart des grandes villes et dans les parcs eux-mêmes. La plupart des parcs sont payants (il faut régler à l'entrée ou dans un bureau régional des PNN).

Avant toute visite, il est prudent de se renseigner sur la situation en termes de sécurité et de météo, auprès d'une agence de voyages ou d'un bureau des PNN.

## Réserves et parcs privés

Ces dernières années, le nombre de réserves naturelles privées a augmenté. Elles sont gérées par des particuliers, des communautés rurales, des fondations et des organisations non gouvernementales. Beaucoup sont de petites réserves familiales, proposant parfois le gîte et le couvert. Environ 230 de ces parcs privés sont affiliés à l'**Asociación Red Colombiana de Reservas Naturales de la Sociedad Civil** (resnatur.org.co).

Conservación Internacional est l'un des groupes de défense de l'environnement les plus influents en Colombie. Pour en savoir plus sur son travail, consultez le site conservation.org.co.

Toutefois, il faut désormais compter avec les grandes entreprises. Les parcs du futur ressembleront sans doute beaucoup au nouveau Parque Nacional del Chicamocha (p. 116), près de Bucaramanga. Cette propriété à but lucratif, gérée par une entreprise, a ouvert en décembre 2006 après des investissements qui s'élèveraient à 20 millions de dollars américains. Outre les possibilités de randonnée, ce parc à thème commercial compte des dizaines de restaurants, des cafés, des manèges à sensation, un zoo, un téléphérique et un parc aquatique.

## Problèmes environnementaux

Il reste encore beaucoup de problèmes à affronter, et non des moindres : changement climatique, disparition des habitats et diminution de la biodiversité à cause des immenses plantations des géants de l'agroalimentaire. La pression pour développer une économie de marché et être compétitif à l'échelle mondiale a poussé la Colombie à construire sur son territoire et à exploiter ses ressources naturelles : l'agriculture, l'exploitation forestière - légale et illégale -, l'exploitation minière et la prospection pétrolière constituent autant de menaces pour l'environnement naturel du pays. La déforestation a accru le taux de disparition de nombreuses espèces de plantes et d'animaux et a déséquilibré les sols, provoquant l'envasement des rivières et la disparition d'espèces marines.

L'impact environnemental du trafic de drogue est encore plus préoccupant. Outre la coca (pour la cocaïne), la marijuana et le pavot font partie des cultures illégales. Les tentatives visant à empêcher les agriculteurs de cultiver la coca ont simplement entraîné un déplacement de la production. Les cultivateurs grimpent plus haut sur les versants des montagnes et pénètrent plus profondément dans la forêt vierge des Andes (de plus, le pavot, dont la production est en augmentation, se développe encore mieux à haute altitude), dans les parcs et dans le bassin amazonien. Par ailleurs, les campagnes anti-drogue menées par le gouvernement colombien (et dans une large mesure financées par les États-Unis) ont aussi laissé des traces. La méthode d'éradication la plus courante a été la fumigation aérienne des champs de coca, mais les pesticides utilisés ont détruit, certes, la coca, mais aussi toute la végétation alentour, et très certainement les nappes phréatiques.

Néanmoins, les écologistes ont désormais plus d'influence sur la politique du gouvernement. En 2006, le président de l'époque Álvaro Uribe a approuvé le très controversé Code forestier général, qui autorisait l'exploitation des forêts colombiennes. Des associations écologistes de Colombie et du monde entier ont alors poursuivi le gouvernement en justice, et ont obtenu gain de cause. En 2009, la Cour constitutionnelle de la Colombie a déclaré que le Code forestier était anticonstitutionnel, dans la mesure où les communautés autochtones n'avaient jamais été consultées.

# Colombie pratique

# Sécurité en voyage

Plus que n'importe quel autre pays d'Amérique latine ou d'ailleurs, la Colombie a déployé de prodigieux efforts pour corriger son image. Pendant la majeure partie des années 1980 et 1990, le pays a traversé un terrible trou noir touristique, en raison d'un conflit intérieur complexe et d'une guerre de la drogue internationale qui ont ravagé la vie quotidienne des habitants. Aujourd'hui, la plupart des voyageurs trouvent la Colombie globalement plus sûre que ses voisins les plus proches – un incroyable revirement de situation. Bien sûr, tous les problèmes ne sont pas résolus. La petite criminalité perdure, et a même tendance à augmenter à Bogotá, donc la vigilance et le bon sens restent de mise. En outre, les guérilleros, les paramilitaires et les narcotrafiquants continuent de sévir dans de nombreux départements colombiens (même s'ils sont constamment repoussés et contraints de se cacher en permanence). Gardez le sens des responsabilités, évitez de vous rendre dans des quartiers louches en ville et soyez particulièrement vigilant après la tombée de la nuit. En respectant ces quelques précautions indispensables, votre séjour en Colombie ne vous laissera que de bons souvenirs.

## Secteurs sûrs et secteurs dangereux

Tous les secteurs que nous couvrons dans ce guide sont généralement à l'abri des guérilleros et de groupes paramilitaires. Si vous ne vous éloignez pas trop des destinations traitées, vous ne rencontrerez probablement aucun problème. Si votre curiosité est éveillée par une région que nous n'avons pas couverte pour ce guide, n'oubliez pas que notre choix est sans doute lié à une question de sécurité. Les Fuerzas Armadas Revolucionarias de Colombia (FARC) et/ou les paramilitaires sont encore présents dans le Chocó, le Cauca, certains secteurs du Nariño, des zones rurales du Huila, le Putumayo, le Meta, la forêt amazonienne à l'est des Andes (à l'exception de la région de Leticia) et des secteurs du Nord-Est (en particulier l'Arauca). Il convient donc d'éviter les secteurs de ces régions absentes du guide.

### CONSEILS AUX VOYAGEURS

La plupart des gouvernements possèdent des sites Internet qui recensent les dangers possibles et les régions à éviter. Consultez notamment les sites suivants avant votre départ :

**Ministère des Affaires étrangères français** (www.diplomatie.gouv.fr)

**Ministère des Affaires étrangères de Belgique** (diplomatie.belgium.be)

**Département fédéral des Affaires étrangères suisse** (www.eda.admin.ch/eda/fr)

**Ministère des Affaires étrangères du Canada** (www.voyage.gc.ca)

## Guérilla et activité paramilitaire

Il reste des poches de guérilla dans des secteurs reculés de Colombie, mais les FARC, grands spécialistes du kidnapping, ont désormais renoncé à cette pratique. L'Ejército de Liberación (ELN ; Armée de libération nationale) ferait bien de les imiter. Une extrême prudence est de mise si vous vous écartez des sentiers battus (et mieux vaut vraiment éviter de le faire). Le pire scénario envisageable

**CONSEILS UTILES**

- Évitez de vous écarter des sentiers battus, surtout si vous n'avez pas vérifié les conditions de sécurité sur le terrain.
- Soyez prudent lorsque vous utilisez un DAB après la tombée de la nuit, et ne le faites pas dans une rue déserte.
- Gardez sur vous une liasse de petites coupures enroulées, facilement accessible, en cas d'agression.
- Ne vous impliquez dans aucune histoire de drogue.
- Méfiez-vous des cigarettes ou des boissons offertes par des étrangers ou de nouveaux "amis".
- Prenez garde aux escrocs se faisant passer pour des policiers en civil.
- Soyez particulièrement prudent à Taganga, où l'insécurité s'est aggravée ces dernières années. Ne vous rendez pas à pied aux plages en dehors de la ville, car des vols se sont produits, même en plein jour. Prenez plutôt le bateau.
- Évitez de voyager de nuit entre Popayán et San Agustín, car les bus se font régulièrement dévaliser.

est un kidnapping, motivé par des critères financiers ou politiques. La moitié de la Colombie n'est pas traitée dans ce guide, parce que la sécurité demeure problématique et que les infrastructures touristiques sont tout simplement inexistantes pour l'instant. Les secteurs concernés sont notamment la majeure partie de l'ouest du pays et un large pan de la région amazonienne – toutefois, la partie de l'Amazonie que nous couvrons dans ce guide est particulièrement sûre.

## Vols et attaques à main armée

Les vols constituent le principal danger auquel sont confrontés les voyageurs. En général, le phénomène est plus problématique dans les grandes villes. La méthode la plus couramment utilisée est le vol à l'arraché des sacs, téléphones portables ou appareils photo. Attention également aux pickpockets et aux individus qui profiteront d'un instant d'inattention pour prendre vos affaires et partir en courant.

Détourner l'attention de la victime fait souvent partie de la stratégie des voleurs. Ces derniers opèrent généralement en duo ou en groupe, souvent à moto : un ou plusieurs individus font diversion pendant qu'un complice effectue la besogne. Certains jouent la carte de la sympathie, d'autres se font passer pour des policiers et demandent à vérifier vos effets personnels. Dans les banques, soyez particulièrement prudent lorsque vous retirez de l'argent depuis un DAB et méfiez-vous des escrocs qui se font passer pour des employés de banque et proposent leur aide – une tactique de vol classique.

Si possible, laissez votre argent et vos objets de valeur dans un endroit sûr avant d'aller vous balader dans les rues. Dans la pratique, le mieux est d'avoir sur vous une liasse de petits billets (50 000 à 100 000 COP maximum), que vous donnerez à votre assaillant en cas d'agression – si vous n'avez vraiment rien sur vous, les voleurs frustrés peuvent devenir encore plus agressifs.

Dans les grandes villes, il y a parfois des attaques à main armée, même dans certains quartiers huppés. Si vous êtes abordé par des voleurs, il vaut mieux leur donner ce qu'ils cherchent, mais essayez de garder votre calme et ne leur remettez pas tous vos objets de valeur d'un coup – ils se satisferont peut-être de votre liasse de petites coupures. Ne tentez pas de fuir ou de lutter – vous avez peu de chance de leur échapper et des malheureux ont perdu la vie pour de la menue monnaie. Ne comptez pas sur l'aide des passants.

## Drogues

La cocaïne et la marijuana sont peu chères et il est très facile de s'en procurer dans les grandes villes de Colombie. Toutefois, acheter et consommer de la drogue est une très mauvaise idée. Beaucoup de Colombiens regardent d'un très mauvais œil le tourisme lié à la drogue, en particulier dans les petites localités. Il est important de noter que la plupart des Colombiens ne sont pas des usagers de substances illicites, et que beaucoup considèrent que le trafic de drogue avec l'étranger a provoqué des décennies de violents conflits. Ainsi, demander où se procurer de la drogue, ou en consommer ouvertement, pourrait vous attirer de graves ennuis (sachez aussi qu'il est illégal d'acheter, de vendre ou de consommer de la drogue, en quelque quantité que ce soit).

La récente augmentation du nombre de voyageurs venant en Colombie pour prendre de l'ayahuasca (ou *yagé*, comme on le désigne

### VACANCES SOUS COCAÏNE ? SONGEZ AUX CONSÉQUENCES

Le tourisme lié à la drogue est une triste réalité en Colombie. Ce qui peut apparaître à certains comme une distraction inoffensive contribue à la violence et au chaos qui ravagent chaque jour les campagnes colombiennes. Des individus se battent et meurent pour obtenir le contrôle du commerce de la cocaïne. Acheter et consommer de la cocaïne est une façon de financer ce conflit. On estime qu'à elles seules, les Fuerzas Armadas Revolucionarias de Colombia (FARC) perçoivent 200 à 300 millions de dollars américains par an sur la production de cocaïne.

Plus encore, la production de cette drogue a des conséquences catastrophiques pour l'environnement. Le processus de fabrication requiert l'utilisation de produits chimiques comme le kérosène, l'acide sulfurique, l'acétone et le carbure, qui sont simplement déversés sur le sol ou dans les cours d'eau après usage. En outre, on estime que 500 à 3 000 km$^2$ de forêt tropicale vierge sont rasés chaque année pour permettre la culture de la coca.

La Colombie est un pays absolument magnifique. Les habitants, la musique, la danse, la nourriture – il y a largement de quoi mettre tous vos sens en éveil !

souvent en Colombie) est également préoccupante. Cette drogue hallucinogène, fabriquée à partir de diverses plantes de la forêt tropicale et utilisée pendant des siècles par les Amérindiens de Colombie pendant leurs cérémonies, provoque une purge et des vomissements ainsi que des hallucinations incroyablement puissantes. En 2014, un Britannique de 19 ans est mort près de Putumayo, sous l'emprise de cette drogue, et nous vous déconseillons plus que fortement de l'essayer.

On vous proposera parfois de la drogue dans la rue, dans un bar ou en boîte de nuit : n'acceptez jamais. Il se peut que les vendeurs soient de mèche avec la police, ou que leurs complices vous suivent puis vous arrêtent, se faisant passer pour des policiers et vous menaçant de vous faire jeter en prison si vous refusez de leur donner de l'argent.

Il est arrivé que de la drogue soit dissimulée dans les affaires de voyageurs, donc restez attentif. À l'aéroport, si un inconnu vous demande de prendre ses bagages à bord, refusez systématiquement.

### Boissons et produits contaminés

La *burundanga* est une drogue obtenue à partir d'une espèce d'arbre très répandue en Colombie. Utilisée par les voleurs pour provoquer la soumission de leur victime, elle peut être incorporée à des bonbons, des cigarettes, un chewing-gum, de l'alcool – n'importe quel aliment ou boisson, en fait – et n'a aucun goût ou odeur détectable.

Avec une dose "normale", le principal effet est la perte de discernement, même si la victime reste consciente. Le voleur peut alors lui demander de donner tous ses objets de valeur, ce qu'elle fera docilement. Mais pire, des cas de viol sous l'effet de la *burundanga* ont été rapportés. Autres effets : perte de mémoire et insomnie, pouvant durer de quelques heures à plusieurs jours. Une surdose peut être fatale.

Aussi soyez très attentif à ce que vous consommez et à ne pas accepter n'importe quoi de n'importe qui.

## Relations avec la police et les militaires

Si l'armée colombienne est parfaitement digne de confiance et la police fédérale réputée incorruptible, les policiers locaux ont une renommée un peu moins glorieuse. Ils sont mal payés et des incidents de corruption et de brutalité envers des touristes ont été rapportés.

Conservez toujours une photocopie de votre passeport (avec votre tampon d'arrivée) sur vous, et ne transportez jamais quelque drogue que ce soit, dans la rue ou lors de vos déplacements.

Dans les secteurs concernés par le tourisme, la police touristique est de plus en plus présente, et beaucoup de ces policiers se débrouillent bien en anglais. Ils sont en uniforme et facilement identifiables à leur brassard "Policía de Turismo". Au moindre souci, adressez-vous à eux dans la mesure du possible.

Si vous vous faites voler votre passeport, des objets de valeur ou d'autres biens, rendez-vous au poste de police et déposez une *denuncia* (plainte). L'officier de service rédigera un rapport, qui doit comporter le récit des événements et la liste des effets volés. Choisissez bien vos mots, n'omettez aucun objet ou document volé et relisez soigneusement le compte-rendu avant de signer. Votre exemplaire du rapport vous servira de pièce d'identité temporaire et vous devrez la présenter à votre assurance pour obtenir un dédommagement.

Si vous avez affaire à la police, restez calme, soyez poli et utilisez la forme de vouvoiement "*usted*". Et ouvrez bien les yeux en cas de fouille de vos affaires.

### Escroqueries

Vous ne devez, en aucune circonstance, vous soumettre à un contrôle de votre passeport et de votre argent par des policiers en civil. Il se peut que des malfrats se faisant passer pour des policiers en civil vous abordent dans la rue, présentent une fausse pièce d'identité, et demandent à voir votre passeport et votre argent. L'escroquerie est classique : ces "policiers" prétendront que vos billets sont faux et les confisqueront (il existe une variante, avec les bijoux). Un vrai policier colombien ne vous demandera jamais une telle chose. Cherchez un policier en uniforme, ou interpellez un passant vous inspirant confiance pour avoir un témoin de la scène, et insistez pour téléphoner à un commissariat. Cela devrait inciter les faux policiers à s'éloigner discrètement.

## Déplacements par voie terrestre

Dans la majeure partie de la Colombie, voyager par voie terrestre, en particulier la journée, ne devrait pas poser de problème (exception faite de la musique à plein volume et pas nécessairement à votre goût). Dans le passé, les bus de nuit étaient dangereux – les FARC contrôlaient la plupart des grands axes – mais ce n'est plus le cas. La plupart des bus de nuit sont confortables, évitent de perdre une journée de transport et permettent d'économiser une nuit d'hôtel.

Les seules grandes voies qu'il faut éviter d'emprunter la nuit sont la route de Popayán à Pasto, la frontière avec l'Équateur et dans une moindre mesure (même si des problèmes subsistent) la route de Bucaramanga à Santa Marta. Il n'y a plus de guérilleros, mais on nous a signalé des agressions et des voleurs armés arrêtant les bus et dévalisant les passagers.

# Carnet pratique

## Ambassades et consulats

La plupart des ambassades et consulats se trouvent à Bogotá, mais quelques pays possèdent aussi des consulats dans d'autres villes colombiennes.

**Ambassade de Belgique** (☎1-380-0370 ; bogota@diplobel.fed.be, diplomatie.belgium.be/colombia/ ; C. 26B n°4 A-45, piso 7, La Macarena, Bogotá). Consulats honoraires dans d'autres villes.

**Ambassade du Brésil** (☎1-218-0800 ; www.bogota.itamaraty.gov.br ; C. 93 n°14-20, piso 8, Bogotá). Également à Leticia (☎8-592-7530 ; C. 9 n°9-73).

**Ambassade du Canada** (☎1-657-9800 ; www.colombia.gc.ca ; Carr. 7 n°114-33, Bogotá). Consulat honoraire à Cartagena.

**Consulat d'Équateur** (☎1-212-6512 ; www.colombia.embajada.gob.ec ; C. 89 n°13-07, Bogotá). Également à Ipiales (☎2-773-2292 ; Carr. 7 n°14-10).

**Ambassade de France** (☎1-638-1400 ; www.ambafrance-co.org ; Carr. 11 n°93-12, Bogotá). Également à Bucaramanga (☎7-645-9393 ; www.bucaramanga.alianzafrancesa.org.co ; C. 42 n°37-19).

**Ambassade du Panama** (☎1-257-5067 ; www.panamaenelexterior.gob.pa/bogota ; C. 92 n°7A-40, Bogotá). Également à Barranquilla (☎5-360-1870 ; Carr. 57 n°72-25, Edificio Fincar 207-208), Cali (☎2-486-1116 ; Av. 6 n°25-58, piso 3), Cartagena (☎5-655-1055 ; Carr. 1 n°10-10, Bocagrande) et Medellín (☎4-312-4590 ; C. 10 n°42-45, oficina 266).

**Ambassade du Pérou** (☎1-746-2360 ; www.embajadadelperu.org.co ; C. 80A n°6-50, Bogotá). Également à Leticia (☎8-592-7755 ; C. 11 n°5-32).

**Ambassade de Suisse** (☎1-349-7230 ; bog.vertretung@eda.admin.ch ; Cra. 9 n°74-08, piso 11, Edificio Profinanzas, Bogotá). Consulats à Cali (☎2-668-6693/4 ; cali@honrep.ch ; Av. 6 Bis n°35N-100, oficina 802, Edificio Centro Empresarial Chipichape), Cartagena (☎5-660-2102 ; cartagena@honrep.ch ; C. del Curato n°38-82, Centro histórico) ; Medellín (☎4-311-33 14 ; medellin@honrep.ch ; C. 6 Sur n°43A-96, officina 802, Edificio Torre 6 Sur).

**Ambassade du Venezuela** (☎1-644-5555 ; www.colombia.embajada.gob.ve ; Carr. 11 n°87-51, piso 5, Edificio Horizonte, Bogotá). Également à Barranquilla (☎5-360-6285 ; Carr. 52 n°69-96), Cartagena (☎5-665-0382 ; Edificio Centro Executivo, Carr. 3 n°8-129, piso 14), Cúcuta (☎7-579-1951 ; cucuta.consulado.gob.ve ; Av. Camilo Daza au niveau de C. 17, Cucutá) et Medellín (☎4-444-0359 ; www.consulvenemedellin.org C. 32B n°69-59).

## Alimentation

La Colombie n'est pas forcément un paradis pour les gourmets (d'ailleurs

### CONSEILS AUX VOYAGEURS

La plupart des gouvernements possèdent des sites Internet qui recensent les dangers possibles et les régions à éviter. Consultez notamment les sites suivants :

**Ministère des Affaires étrangères français** (www.diplomatie.gouv.fr)

**Ministère des Affaires étrangères de Belgique** (diplomatie.belgium.be)

**Département fédéral des Affaires étrangères suisse** (www.eda.admin.ch/eda/fr)

**Ministère des Affaires étrangères du Canada** (www.voyage.gc.ca)

**PRIX DES RESTAURANTS**

Ces catégories concernent le prix d'un plat principal, pour un déjeuner ou un dîner.

| | |
|---|---|
| **$** | moins de 15 000 COP |
| **$$** | 15 000 à 30 000 COP |
| **$$$** | plus de 30 000 COP |

on voit rarement des restaurants colombiens ailleurs dans le monde), mais cela ne veut pas dire que vous mangerez mal. En Colombie, la nourriture est souvent de bonne qualité, copieuse et à des prix très raisonnables.

Les Colombiens bénéficient d'un territoire fertile : poisson et bananes plantains sur la côte, incroyable éventail de fruits tropicaux, café, chocolat et produits laitiers dans les montagnes, et légumes frais et viande bon marché au quatre coins du pays. La cuisine traditionnelle est appelée *comida criolla* (nourriture créole).

De nombreux établissements économiques servent des repas pour 12 000 COP voire moins. Le déjeuner est le repas le plus simple : la *comida corriente* (litéralement "nourriture rapide" ; menu du jour) comprend deux plats, généralement une soupe et de la viande accompagnée de riz, haricots et salade, le tout avec un verre de jus de fruits. Les restaurants de catégorie moyenne (15 000-30 000 COP) sont souvent un cran au-dessus en termes de qualité et de service, et un repas dans un restaurant haut de gamme coûte généralement plus de 30 000 COP.

Ne manquez pas les spécialités typiquement colombiennes comme l'*ajiaco* (ragoût de poulet andin avec du maïs, différentes sortes de pommes de terre, de l'avocat et une herbe locale appelée *guasca*) et la *bandeja paisa* ("assiette *paisa*"), une orgie de saucisses, haricots, riz, œuf et *arepa* (galette à base de farine de maïs) – le plat national de la Colombie, même si certains affirment qu'on le consomme peu en dehors de l'Antioquia.

Dans toutes les rues du pays, vous trouverez des *arepas* salées en tout genre (au fromage, au jambon et à l'œuf, au poulet, etc.), de la *mazamorra* (boisson à base de maïs), des *empanadas* (chaussons fourrés), des jus d'orange fraîchement pressés et des salades de fruits. Parmi les spécialités régionales, citons les *llapingachos* (gâteaux de pommes de terre frits à la viande) et le *helado de paíla* (crème glacée fouettée dans une marmite en étain) dans le Nariño, le ceviche sur la côte caribéenne et les *tamales* dans le Tolima et le Huila. Les becs sucrés ne sont pas oubliés : les *obleas con arequipe* sont de fines gaufres nappées de confiture de lait, et la *cuajada con melao* est un fromage frais servi avec du jaggery (sucre non raffiné) fondu.

Côté fruits : *zapote, nispero, lulo, uchuwa, borojo, curuba, mamoncillo*. Vous êtes un peu perdu ? C'est normal, mais ne cherchez pas la traduction de ces fruits : ils poussent uniquement en Colombie et vous ne les trouverez nulle part ailleurs.

# Argent

- La monnaie nationale de la Colombie est le peso colombien (COP).

## Change

- En Colombie, mieux vaut utiliser les DAB car ils offrent un taux de change bien plus intéressant. Seuls les dollars américains peuvent être changés à un taux correct ; pour les euros ou les dollars canadiens, les taux sont mauvais.
- Beaucoup de banques, mais pas toutes, changent les espèces. Dans les grandes villes et dans les régions frontalières, il y a généralement quantité de *casas de cambio* (bureaux de change). Ne changez pas d'argent dans la rue. La plupart des changeurs informels blanchissent de l'argent provenant du trafic de drogue ; ceux qui travaillent dans la rue manipulent les billets très rapidement et utilisent souvent des calculatrices truquées, ce qui multiplie les risques de se faire escroquer. Si le Pérou est le numéro un mondial de la production de faux dollars américains, la Colombie est aussi considérée comme un leader sur ce marché.
- Vous devrez présenter votre passeport pour toute transaction bancaire. Vous devrez aussi fournir une empreinte de pouce. Changer de l'argent implique pas mal de paperasserie (en prévention du blanchiment d'argent).

## Cartes bancaires

- Les cartes bancaires sont courantes en Colombie et très utilisées dans les grandes villes. Lorsque vous paierez par carte bancaire, on vous demandera *"¿a cuantas cuotas?"* ("Combien de paiements ?"). Les Colombiens peuvent choisir d'échelonner leur réglement sur 1 à 24 mois. Les étrangers doivent demander un paiement en une fois.
- Vous pourrez obtenir des avances d'espèces au guichet des banques ou via un DAB. Dans tous les cas,

### LE PAYS DU CAFÉ

La Colombie est très réputée pour son café, mais en réalité, le pays se distingue surtout pour ses prouesses de marketing. La boisson servie au quotidien, appelée *tinto*, ne comblera pas les connaisseurs. Mais le pays essaie peu à peu d'être à la hauteur de sa renommée – des établissements avec personnel expérimenté servant du café d'origine unique commencent à apparaître dans les grandes villes, en particulier à Bogotá.

vous aurez besoin de votre code.

➡ La carte la plus utile pour obtenir des avances d'espèces est la Visa, acceptée par la majorité des banques. La MasterCard est admise par quelques banques. Les autres cartes sont rarement utilisables.

## Distributeurs automatiques de billets (DAB)

➡ Quasiment toutes les grandes banques sont équipées de DAB, qui fonctionnent généralement sans problème avec les cartes bancaires étrangères (Bancolombia étant l'exception embêtante pour certaines). Les DAB affiliés aux établissements Banco de Bogotá, BBVA et ATH sont mieux.

➡ Pour la plupart des banques, les retraits sont limités à 300 000 COP par transaction, mais cette somme varie. Davivienda et Citibank permettent de retirer le double depuis la plupart de leurs branches, mais cela n'est pas toujours possible dans la pratique. Si vous avez besoin de davantage, effectuez deux retraits, et soyez rapide. Les machines ne sont pas indulgentes avec les personnes qui prennent leur temps pour consulter le menu : une seconde d'hésitation et la transaction est annulée.

➡ Si vous devez retirer de l'argent après la tombée de la nuit, utilisez toujours un DAB installé à l'intérieur d'une station-service.

➡ Certains DAB peuvent poser problème pour les cartes bancaires sans puce ni code.

## Espèces

➡ Il existe des billets de 1 000, 2 000, 5 000, 10 000, 20 000 et 50 000 COP. Les pièces les plus utilisées sont celles de 100, 200 et 500 COP. Hormis dans les supermarchés, il est rare de voir des pièces de 20 et 50 COP, et certains commerçants les refusent. Une nouvelle pièce de 1 000 COP (comportant deux métaux), a été introduite en 2012.

## Transferts internationaux

➡ Si vous avez besoin qu'on vous envoie de l'argent rapidement, **MoneyGram** (www.moneygram.com) et **Western Union** (www.westernunion.com) sont les deux principales options. Beaucoup moins cher, MoneyGram est utilisé par la plupart des Colombiens vivant à l'étranger pour envoyer des fonds à leur famille.

➡ La personne qui envoie l'argent paie une commission dans la branche de MoneyGram ou de Western Union la plus proche de chez elle, et donne les coordonnées et le lieu de retrait du bénéficiaire. Vous pourrez obtenir l'argent en 15 minutes. Pour le retrait, vous devrez présenter une pièce d'identité avec photo et le code secret chiffré communiqué à l'expéditeur.

➡ Les deux prestataires possèdent des agences dans toutes les grandes villes et dans la plupart des petites localités.

## Pourboire et marchandage

➡ En vertu d'une loi nationale, les serveurs des restaurants de catégories moyenne et supérieure (partout où le service est facturé) doivent demander aux clients s'ils acceptent que leur addition soit majorée de 10% pour le service. Dans les restaurants de catégorie moyenne, il est acceptable de refuser en répondant poliment *"sin servicio, por favor"* si vous n'êtes pas satisfait de la prestation. Dans les restaurants de catégorie supérieure, si vous refusez de payer le supplément, un membre de la direction viendra certainement à votre table pour savoir ce qui vous a déplu.

➡ Le marchandage se pratique uniquement dans un cadre informel, par exemple sur les marchés ou auprès des stands de rue.

➡ Dans les régions où les taxis ne sont pas équipés de compteurs, en particulier sur la côte caribéenne, il est essentiel de marchander. Si le prix annoncé ne vous convient pas, dirigez-vous vers le taxi suivant.

# Assurance

Il est conseillé de souscrire une police d'assurance qui vous couvrira en cas d'annulation de votre voyage, de vol, de perte de vos affaires, de maladie ou encore d'accident. Vérifiez notamment que les "sports à risques", comme la plongée, la moto ou même la randonnée ne sont pas exclus de votre contrat, ou

## PRATIQUE

**Poids et mesures** Les Colombiens utilisent le système métrique et le système de poids en litres et kilogrammes sauf pour l'essence, mesurée en gallons américains. La nourriture est souvent vendue en *libras* (livres), ce qui correspond à 500 g.

**Journaux** Toutes les grandes villes ont leurs quotidiens. Le principal journal de Bogotá, **El Tiempo** (www.eltiempo.com), propose une couverture correcte de l'actualité nationale et internationale, de la culture, du sport et de l'économie ; **El Espectador** (www.elespectador.com) est une bonne publication également. Dans les autres villes, les journaux les plus lus sont notamment **El Colombiano** (www.elcolombiano.com) à Medellín et **El País** (www.elpais.com.co) à Cali. **Semana** (www.semana.com) est le principal magazine hebdomadaire du pays.

**Télévision** La Colombie possède une kyrielle de chaînes nationales et locales. Chaque région a sa propre chaîne ; à Bogotá, c'est **City TV** (www.citytv.com.co) qui prédomine. Parmi les chaînes nationales, citons **Caracol TV** (www.canalcaracol.com.co), **RCN TV** (www.canalrcn.com), **Noticias Uno** (www.noticiasuno.com) et **Señal Colombia** (www.senalcolombia.tv).

**Radio** Nombreuses stations de radio également. Essayez **Radionica** (www.senalradionica.gov.co ; 99.1 ; Bogotá) pour du rock moderne/alternatif, **UN Radio** (www.unradio.unal.edu.co ; 98.5 ; Bogotá), gérée par l'Universidad Nacional, pour des programmes culturels et **La Z** (101.5 ; Cali) pour de la salsa et de la musique latine.

**Tabac** Depuis l'entrée en vigueur des lois anti-tabac en 2009, il est interdit de fumer dans les espaces clos, notamment les bars et les restaurants.

encore que le rapatriement médical d'urgence, en ambulance ou en avion, est couvert. De même, le fait d'acquérir un véhicule dans un autre pays ne signifie pas nécessairement que vous serez protégé par votre propre assurance.

Vous pouvez contracter une assurance qui réglera directement les hôpitaux et les médecins, vous évitant ainsi d'avancer des sommes qui ne vous seront remboursées qu'à votre retour. Dans ce cas, conservez avec vous tous les documents nécessaires (les consultations médicales se règlent généralement en espèces : demandez un reçu pour le remboursement).

Avant de souscrire une police d'assurance, vérifiez bien que vous ne bénéficiez pas déjà d'une assistance par votre carte de crédit, votre mutuelle ou votre assurance automobile.

N'oubliez pas de prendre avec vous les documents relatifs à l'assurance ainsi que les numéros à appeler en cas d'urgence.

Reportez-vous également à la rubrique *Santé*.

Pour plus d'informations sur l'assurance automobile, voir p. 356.

## Bénévolat

La Colombie offre un certain nombre de possibilités intéressantes pour faire du bénévolat. Certaines associations s'adressent plus spécifiquement aux jeunes. Les chantiers proposés vont de la réfection d'une école aux travaux liés à l'environnement. Il s'agit d'une bonne formule pour s'immerger dans le pays, connaître l'envers du décor touristique et bénéficier d'une ambiance internationale. Voici quelques adresses :

**Techo** (☎1-285-3057 ; www.techo.org). Le but de cette association gérée par des jeunes est de transformer les quartiers pauvres en communautés entreprenantes, dans 19 pays d'Amérique latine et notamment en Colombie. Les bénévoles participent à la construction de maisons aux côtés de familles vivant dans une pauvreté extrême.

**Globalteer** (☎+44-117-230-9998 ; www.globalteer.org). Cette ONG britannique propose des expériences de bénévolat de 12 semaines à Medellín, pour travailler avec les enfants des rues dans des écoles, des projets communautaires et des centres de soins. La participation financière (à partir de 725 £) comprend l'hébergement et un soutien logistique sur place.

**Let's Go Volunteer** (☎321-235-0846 ; www.letsgovolunteer.info ; Carr. 5 n°22-40, Ibagué). Cette petite ONG colombienne propose des expériences de bénévolat pour travailler avec des enfants défavorisés, des femmes voulant sortir de la prostitution, des enfants porteurs du VIH et des personnes âgées. La participation financière varie selon la durée : une semaine (250 $US), un mois (500 $US) ou neuf mois (3 500 $US).

En France, quelques organismes offrent des opportunités de travail bénévole sur des projets de développement ou d'environnement, parfois sur des périodes courtes, de une à quatre semaines. **Cotravaux** (☎01 48 74 79 20 ; www.cotravaux.org ; 11 rue de Clichy, 75009 Paris) et **Jeunesse et Reconstruction** (☎01 47 70 15 88 ; www.volontariat.org ; 10 rue de Trévise, 75009 Paris) proposent des missions en Colombie.

## Cartes et plans

➡ Il est difficile de trouver des cartes détaillées de la Colombie en-dehors du pays lui-même, où des cartes routières pliables sont publiées par différents éditeurs et vendues en librairies. Mention spéciale à la **Guía de Rutas** (www.rutascolombia.com) de Movistar, un guide de la Colombie en espagnol, doté d'excellentes cartes. Vous pourrez vous le procurer à tous les péages (demandez au chauffeur de l'acheter pour vous), ou dans certaines librairies.

➡ Le plus large choix de cartes de la Colombie est édité et vendu par l'**Instituto Geográfico Agustín Codazzi** (IGAC ; ☎1-369-4000 ; www.igac.gov.co ; Carr. 30 n°48-51, Bogotá), un organe gouvernemental qui a son siège à Bogotá et des branches dans les capitales départementales.

## Cours de langue

Dans les grandes villes, les universités et les écoles de langues assurent des cours d'espagnol mais il est généralement moins cher et plus efficace de prendre des cours privés particuliers. Les auberges de jeunesse très fréquentées sont les meilleurs endroits pour dénicher un professeur. S'inscrire à un cours à l'université est une bonne idée si vous comptez rester dans le pays pour une période de plus de six mois.

## Douane

➡ La priorité des douaniers colombiens est d'intercepter de grosses sommes d'argent en espèces (à l'arrivée) et de la drogue (au départ). S'ils ont le moindre doute, ils procèdent à une fouille complète du voyageur soupçonné et de ses bagages. En outre, un interrogatoire (en espagnol ou en anglais) est mené par un officier de police chevronné. La dernière méthode en date consiste à passer le système digestif aux rayons X : si vous avez l'air suspect, ou que vos réponses n'ont pas donné satisfaction au policier, vous serez "scanné" pour déterminer si vous êtes une mule (passeur de drogue).

➡ Vous pourrez apporter des affaires personnelles et des cadeaux pour des résidents colombiens, mais la quantité, la nature et la valeur de ces biens ne doivent pas laisser croire à une activité commerciale. Vous pourrez aussi apporter sans problème des objets tels que matériel de camping, appareil photo, accessoires de sport ou ordinateur portable, en vue d'une utilisation personnelle.

➡ Conservez bien vos factures pour tout achat de produits onéreux. Les étrangers peuvent demander la restitution de la TVA de 16% pour tout achat effectué avec une carte bancaire étrangère dont le montant dépasse 250 000 COP. Rendez-vous à l'aéroport suffisamment à l'avance pour remettre vos factures à la DIAN (Dirección de Impuestos y Aduanas Nacionales ; bureau des douanes). Vous devez faire cette démarche *avant* de vous faire enregistrer sur votre vol.

## Électricité

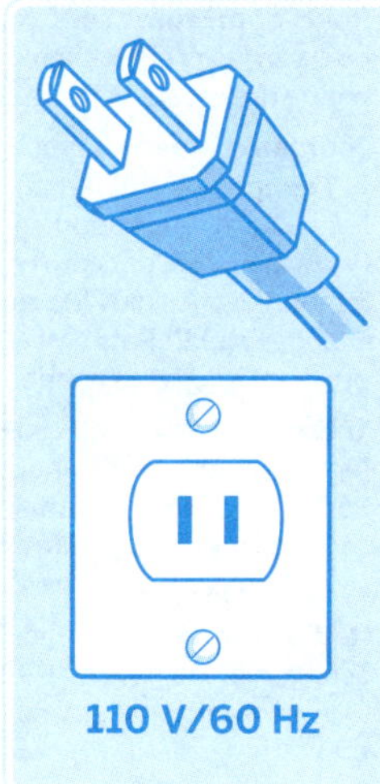

## Enfants

➡ Comme la plupart des Sud-Américains, les Colombiens adorent les enfants. En raison de la forte croissance démographique, les enfants constituent une part significative de la population, et ils sont

### QUELQUES IDÉES DE SOUVENIRS À RAPPORTER

La Colombie est réputée pour offrir le choix d'une foule de jolies choses à rapporter, des grosses émeraudes aux gigantesques hamacs. Voici quelques suggestions :

**Émeraudes** Exploitées principalement dans la région de Muzo, les émeraudes sont vendues dans un effervescent marché de rue, à l'angle sud-ouest de l'Avenida Jiménez et de la Carrera 7 et à proximité de la Plaza Rosario à Bogotá, où des dizaines de *negociantes* (marchands) achètent et vendent des pierres – parfois sur les trottoirs. Voir p. 74.

**Artisanat** Le département de Boyacá est le premier producteur d'artisanat du pays, avec d'excellentes pièces de tissage, de vannerie et de poterie. On trouve aussi une intéressante sélection de vannerie ainsi que des sarbacanes sur la côte Pacifique. Le Guapi est réputé pour ses instruments de musique, en particulier ses tambours fabriqués de façon artisanale. Il se peut que vous y trouviez aussi de beaux bijoux en or travaillés à la main. Si vous n'allez pas sur la côte pacifique, le **Parque Artesanías** (⌚10h-20h), à Cali, sera l'occasion de faire de belles trouvailles.

**Travail du bois** Pasto est renommé pour ses sculptures en bois – les objets décoratifs sont couverts de *barniz de Pasto*, une sorte de résine végétale. Les miniatures de *chivas* (bus traditionels) en céramique sont devenues des souvenirs très prisés.

**Hamacs** Il existe de nombreuses variantes régionales, des hamacs rudimentaires et pratiques fabriqués dans la région de Los Llanos aux *chinchorros* sophistiqués des Wayuu.

**Ruanas** Les ponchos en laine colombiens, appelés *ruanas*, sont utilisés dans les secteurs les plus froids de la région andine. Dans beaucoup de villages, ils sont encore confectionnés à la main, avec des motifs simples et des couleurs naturelles. Bogotá et Villa de Leyva sont de bons endroits pour en acquérir.

**Mochilas** Ce sont les Arhuacos de la Sierra Nevada de Santa Marta qui fabriquent les plus belles *mochilas* (sac agrémenté de tissages). Les prix sont assez élevés, mais les réalisations sont superbes et la qualité est généralement au rendez-vous.

Si le montant de vos achats dépasse 250 000 COP, utilisez votre carte bancaire et conservez la facture. Les étrangers peuvent se faire rembourser la TVA de 16%.

omniprésents. Peu de touristes voyagent avec des enfants en Colombie, mais si vous tentez cette aventure, vos petits trouveront une foule de petits compagnons.

➡ Dans les grandes villes, vous n'aurez pas de mal à trouver les produits de première nécessité. Il existe quelques boutiques spécialisées de jouets, vêtements et chaussures pour enfants ; **Pepeganga** (www.pepeganga.com) est particulièremnt recommandée. Vous trouverez des couches et des petits pots dans les supermarchés et les pharmacies.

➡ Pour des informations d'ordre général, procurez-vous le guide *Voyager avec ses enfants* de Lonely Planet.

## Formalités et visas

Les ressortissants de l'Union européenne et de l'espace Schengen, ainsi que les Canadiens, n'ont pas besoin de visa pour se rendre en Colombie.

À l'arrivée, tous les visiteurs obtiennent un tampon sur leur passeport et un visa touristique de 90 jours. Vérifiez immédiatement votre tampon, car il y a parfois des erreurs.

Si vous arrivez par voie terrestre, assurez-vous d'obtenir votre tampon d'arrivée, sans quoi vous risquez d'avoir des problèmes plus tard. Dépasser la durée de séjour autorisée peut entraîner une lourde amende, et parfois causer une interdiction de territoire. Assurez-vous aussi d'obtenir un tampon de départ, afin de ne pas avoir de difficulté à entrer à nouveau sur le territoire colombien dans le futur.

### Prorogations de visas

À Bogotá, **Migración Colombia** (☎511-1150 ; www.migracioncolombia.gov.co ; C. 100 n°11B-27 ; ⌚8h-16h lun-ven) gère les prorogations de visas touristiques, via les différents Centros Facilitadores de Servicios Migratorios répartis à travers le pays. Les visiteurs disposant d'un visa touristique peuvent le proroger de 90 jours supplémentaires, à la discrétion du fonctionnaire de l'immigration. Pour faire une demande de prorogation, appelée "*Permiso Temporal de Permanencia*", vous devrez présenter votre passeport, deux photocopies de votre passeport (page avec la photo et tampon d'arrivée), deux photos d'identité et (la plupart du temps) une facture de billet d'avion au départ de la Colombie. Le montant de 78 300 COP doit être déposé sur le compte bancaire du gouvernement. Lors de notre passage, il fallait s'adresser au Banco de Occidente dans la plupart des régions (au Banco de Bogotá à Maicao, Leticia et Arauca), mais les changements sont fréquents. Présentez-vous d'abord pour remplir les formulaires, puis on vous orientera vers la banque la plus proche.

Prévoyez une matinée ou une après-midi entière pour accomplir cette démarche. Elle peut être effectuée dans n'importe quel Centro Facilitador de Servicios Migratorios de Colombia ; il y a des bureaux dans toutes les grandes villes et dans certaines localités plus modestes (la liste est publiée sur le site Internet de Migración Colombia). Vous obtiendrez généralement la prorogation sur le moment, mais parfois vos empreintes digitales seront prises et envoyées à Bogotá pour un contrôle supplémentaire, et vous devrez revenir une semaine plus tard. Les amendes pour des séjours dépassant la durée autorisée coûtent de la moitié à sept fois le salaire minimum (589 500 COP en 2013), selon la durée du dépassement.

Avant le départ, il est impératif de contacter votre ambassade pour vous assurer que les modalités d'entrée sur le territoire n'ont pas changé.

Nous vous conseillons de scanner ou de photocopier tous vos documents importants (pages d'introduction de votre passeport, cartes de crédit, police d'assurance, billets de train/d'avion/de bus, permis de conduire, etc.). Conservez ces copies à part des originaux. Vous remplacerez ainsi plus aisément ces documents en cas de perte ou de vol.

## Handicapés

L'**APF** (Association des paralysés de France ; ☎01 40 78 69 00 ; www.apf.asso.fr ; 17 bd Auguste-Blanqui, 75013 Paris) et l'association **Handi Voyages** (handivoyages.free.fr) peuvent fournir des informations utiles sur les voyages accessibles. L'association **Ailleurs & Autrement** (www.ailleursetautrement.fr) organise des voyages adaptés aux personnes à mobilité réduite. **Yanous** (www.yanous.com) et **handicap.fr** (www.handicap.fr) constituent également de bonnes sources d'information.

## Hébergement

Il y a trois grands types d'hébergements en Colombie : les auberges de jeunesse pour baroudeurs, les hôtels bon marché (fréquentés par les Colombiens) et les hôtels de catégorie supérieure. Les hôtels de catégorie moyenne s'adressent principalement aux voyageurs d'affaires colombiens.

**RÉSERVER EN LIGNE**

Trouvez un vol, un séjour ou un hôtel en quelques clics dans la rubrique "Réserver" de *www.lonelyplanet.fr*.

En théorie, les étrangers n'ont pas à payer la TVA de 16%, mais la loi semble être appliquée avec beaucoup de confusion. Dans tous les cas, vous paierez le prix affiché, car la TVA est généralement incluse, et seuls les voyageurs ayant réservé et payé depuis l'étranger, pour un hôtel haut de gamme, peuvent bénéficier d'une exemption de TVA – dans ce cas, la taxe aura déjà été déduite du prix annoncé.

### Auberges de jeunesse

- Le tourisme pour voyageurs à petit budget est en plein essor en Colombie. Toutes les auberges de jeunesse disposent de dortoirs (18 000 à 30 000 COP) et la plupart louent aussi quelques chambres privées (50 000 à 80 000 COP).
- La plupart des auberges de jeunesse bien implantées sont membres de la **Colombian Hostels Association** (www.colombianhostels.com.co). Une liste d'auberges de jeunesse très complète est publiée sur le site www.hosteltrail.com.

### Camping

- Pendant très longtemps, le camping était interdit

**PRIX DES HÉBERGEMENTS**

Ces catégories de prix concernent une chambre double standard, avant remise.

| | |
|---|---|
| **$** | moins de 75 000 COP |
| **$$** | 75 000 à 175 000 COP |
| **$$$** | plus de 175 000 COP |

## ORIENTATION

Les villes et villages colombiens sont traditionnellement organisés sous forme de quadrillage. Une rue orientée du nord au sud est appelée Carrera, souvent abrégé Cra, Cr ou K sur les plans locaux (Carr. dans ce guide), tandis qu'une rue orientée est-ouest est une Calle, souvent indiquée Cll, Cl ou C sur place (C. dans ce guide). Cette configuration basique peut être complétée par des rues en diagonale, appelées Diagonales (plutôt orientées est-ouest, comme les Calles), ou Transversales (plutôt nord-sud, comme les Carreras).

Toutes les rues sont numérotées et chaque adresse est indiquée par une série de nombres. Ainsi, "C. 6 n°12-35" désigne un bâtiment dans la Calle 6, à 35 m de l'angle avec la Carrera 12 en direction de la Carrera 13, tandis que Carr. 11A n°7-17 désigne une maison dans la Carrera 11A, à 17 m de l'angle avec la Calle 7 en direction de la Calle 8.

Vous vous adapterez vite à ce système très pratique. Il est généralement facile de trouver une adresse. Il s'agit même de l'un des systèmes d'adresses les plus précis du monde.

Dans les grandes villes, les rues principales sont appelées Avenidas ou Autopistas. Toutes ont leur propre nom et numéro, mais elles sont souvent désignées par leur numéro uniquement.

La vieille ville de Cartagena est la seule localité de Colombie dans laquelle les noms de rue, vieux de plusieurs siècles, ont résisté à la numérotation moderne. Dans d'autres villes (par exemple à Medellín), les rues ont à la fois des noms et des numéros, mais ailleurs seuls les numéros sont utilisés.

en Colombie. Bien que la guerre civile ne soit pas complètement réglée dans les régions isolées, de plus en plus de Colombiens empoignent leur sac à dos et renouent avec les superbes paysages de leur pays.

➡ Bien souvent, dormir sous la tente est considéré comme une nouveauté, et beaucoup de campings sont plus chers que les petits hôtels.

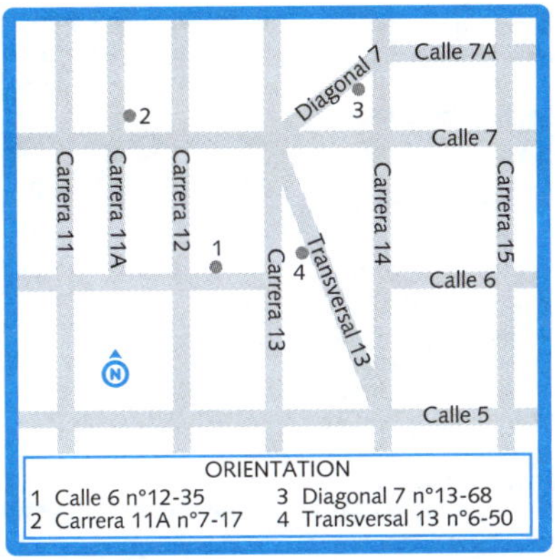


### Hôtels

➡ Parfois appelés *residencias, hospedajes* ou *posadas*, les hôtels sont généralement plus modestes et surtout moins chers qu'on pourrait l'imaginer. Les hôtels les plus économiques se concentrent habituellement autour des marchés et des gares routières, et dans les ruelles des centres-villes. Si vous parlez espagnol et que vous voulez vous écarter des adresses fréquentées par les étrangers, vous pourrez obtenir une chambre privée avec eau chaude, climatisation et TV câblée pour 25 000 à 30 000 COP – moins cher qu'une auberge de jeunesse.

➡ Les hôtels de catégorie moyenne sont rares en Colombie. Les prix tendent à faire le grand écart entre les établissements bon marché et les hôtels trois ou quatre-étoiles. Néanmoins, il y a souvent quelques adresses oscillant entre 75 000 et 180 000 COP, généralement dans le centre-ville, qui visent surtout une clientèle de voyageurs d'affaires colombiens.

➡ Toutes les grandes villes possèdent des hôtels haut de gamme facturant à partir de 200 000 COP par nuit. Les meilleures adresses se trouvent à Bogotá, Medellín et Cartagena.

### Complexes hôteliers

➡ Quelques complexes hôteliers proposant

différentes formules sont installés sur la côte caribéenne et sur San Andrés. La plupart sont fréquentés par des Colombiens, plutôt que par des étrangers en voyage de groupe, et la plupart du temps le rapport qualité/prix est excellent.

➡ La côte pacifique compte aussi quelques beaux complexes "all inclusive", mais ils s'adressent à des voyageurs plus aventureux car ils se situent dans des secteurs isolés, dans lesquels la présence militaire reste très importante.

➡ Pour une sélection des meilleurs complexes hôteliers à taille humaine, voir www.posadasturisticas-decolombia.gov.co.

➡ Si vous réservez un séjour dans un complexe hôtelier depuis l'étranger, vous n'aurez pas à payer la TVA de 16%. Certains hôtels ne respectent pas la loi : demandez bien la remise.

## Heures d'ouverture

Dans les bureaux, les journées de travail durent théoriquement huit heures, en général de 8h à 12h et de 14h à 18h en semaine. Dans la pratique, les bureaux tendent à ouvrir plus tard et à fermer plus tôt. La plupart des offices du tourisme sont fermés les samedis et dimanches, et les agences de voyages ferment à midi le samedi.

**Banques** De 9h à 16h du lundi au vendredi, de 9h à 12h le samedi. En zone rurale, les banques ferment parfois à l'heure du déjeuner.

**Bars et discothèques** Les bars ouvrent généralement vers 18h et une loi leur impose une heure de fermeture (souvent 3h). Les discothèques ouvrent habituellement du jeudi au samedi, de 21h à très tard.

**Bureaux de poste** Les horaires varient énormément. À Bogotá, beaucoup sont ouverts de 9h à 17h du lundi au vendredi ; quelques bureaux ouvrent aussi le samedi matin. Sur la côte caribéenne, beaucoup ferment pour la pause déjeuner.

**Commerces** De 9h à 17h du lundi au vendredi ; certains ferment pour la pause déjeuner. Le samedi, la plupart des commerces sont ouverts de 9h à 12h, ou parfois 17h. Les grands magasins et les supermarchés sont généralement ouverts jusqu'à 20h ou 21h du lundi au vendredi ; certains ouvrent aussi le dimanche.

**Restaurants** Les restaurants assurant le service du déjeuner ouvrent à 12h. Ceux qui servent le petit-déjeuner ouvrent à 8h. Dans les grandes villes, en particulier à Bogotá, la plupart des meilleurs établissements restent ouverts jusqu'à 22h voire plus tard. Dans les petites villes, les restaurants ferment souvent à 21h voire plus tôt. Beaucoup sont fermés le dimanche. La plupart des cafés sont ouverts de 8h à 22h.

## Heure locale

➡ Toute la Colombie est rattachée à un seul fuseau horaire, qui a cinq heures de retard sur l'heure de Greenwich (GMT). Il n'y a pas de différence entre heure d'hiver et heure d'été.

## Homosexualité

➡ En comparaison avec d'autres pays d'Amérique latine, l'homosexualité est bien tolérée en Colombie (elle a été légalisée par le gouvernement en 1981). Il y a une culture gay assez importante dans les grandes villes et à moins de vous exposer ouvertement en public, vous aurez peu de risque d'être tracassé. Aujourd'hui, avec la popularité croissante des applications comme Grindr (pour les hommes), les premiers contacts se font généralement en ligne.

➡ En 2011, la Cour constitutionnelle de Colombie a ordonné au Congrès de légiférer sur le mariage entre personnes de même sexe avant juin 2013. En l'absence d'une législation, ces couples bénéficieraient automatiquement de tous les droits inhérents au mariage à partir de cette date. Le Congrès n'a pas rempli sa mission et le premier mariage gay du pays a été célébré le 24 juillet 2013. Pour plus de détails, consultez le site www.guiagaycolombia.com.

## Internet (accès)

➡ La Colombie est un pays très connecté. Internet est partout et les connexions sont bon marché – rarement plus de 2 500 CO/heure.

➡ Grâce à l'ambitieux programme du gouvernement appelé Plan Vive Digital, il y a le Wi-Fi gratuit presque partout dans les petites villes et les secteurs isolés. Il suffit généralement de s'arrêter à la bibliothèque locale pour se procurer le mot de passe.

➡ Quasiment tous les hôtels et auberges de jeunesse disposent du Wi-Fi, tout comme beaucoup de centres commerciaux, les grands aéroports et la plupart des restaurants et cafés.

## Jours fériés

Les jours suivants sont fériés en Colombie. Quand les dates marquées d'un astérisque ne tombent pas un lundi, le jour férié est décalé au lundi suivant pour faire un long week-end, ou *puente* (pont). En général, tout jour férié tombant un mardi (ou un jeudi) transforme aussi le lundi précédent, ou le vendredi suivant, en jour férié.

**Año Nuevo** (Nouvel An) 1er janvier

**Los Reyes Magos** (Épiphanie) 6 janvier*

**San José** (Saint-Joseph) 19 mars*

**Jueves Santo et Viernes Santo** (jeudi saint et vendredi saint) mars/avril (Pâques). Le lundi qui suit est également férié.

**Día del Trabajo** (fête du Travail) 1er mai

**La Ascensión del Señor** (Ascension) mai*

**Corpus Cristi** (Corpus Christi) mai/juin*

**Sagrado Corazón de Jesús** (Sacré-Cœur) juin*

**San Pedro y San Pablo** (Saint-Pierre-et-Paul) 29 juin*

**Día de la Independencia** (fête de l'Indépendance) 20 juillet

**Batalla de Boyacá** (bataille de Boyacá) 7 août

**La Asunción de Nuestra Señora** (Assomption) 15 août*

**Día de la Raza** (découverte de l'Amérique) 12 octobre*

**Todos los Santos** (Toussaint) 1er novembre*

**Independencia de Cartagena** (indépendance de Cartagena) 11 novembre

**Inmaculada Concepción** (Immaculée Conception) 8 décembre

**Navidad** (Noël) 25 décembre*

## Offices du tourisme

La Colombie possède de nombreux sites Internet régionaux et nationaux donnant des renseignements sur les activités et les hébergements. Le principal site du pays est l'excellent www.colombia.travel (pages en français).

## Poste

➡ Le service postal colombien est le tout nouveau **4-72** (www.4-72.com.co), bizarrement nommé, qui a transformé Adpostal (disparu en 2006), l'ancien service postal gouvernemental, inefficace et endetté, en une entreprise performante et rentable. Il existe également de nombreuses entreprises privées, notamment **Avianca** (www.aviancaexpress.com), **Deprisa** (www.deprisa.com) et **Servientrega** (www.servientrega.com).

➡ Si vous voulez recevoir un colis en Colombie, vous avez le choix. L'expéditeur peut envoyer le paquet par le biais d'un transporteur comme DHL, qui assure une livraison rapide et fiable, mais vous pouvez être sûr que les douanes colombiennes ouvriront le colis et factureront des taxes exorbitantes. Si vous n'êtes pas pressé, faites-vous envoyer le paquet par courrier classique (4 à 8 semaines).

➡ Pour envoyer des lettres ou des colis depuis la Colombie, vous devrez présenter une pièce d'identité.

## Problèmes juridiques

Si vous êtes arrêté par la police, vous aurez le droit de contacter un avocat. Si vous n'en connaissez pas, votre avocat sera désigné d'office (et payé par le gouvernement). La présomption d'innocence s'applique et vous pouvez vous attendre à un procès rapide.

La plupart des problèmes juridiques impliquant des voyageurs concernent la drogue. En 2012, la Cour constitutionnelle de Colombie a dépénalisé la possession de petites quantités de cocaïne (1 g ou moins) et de marijuana (20 g ou moins) pour la consommation personnelle, mais avoir ces substances sur vous n'est vraiment pas une bonne idée. Certes vous ne serez pas poursuivi pénalement, mais vous pourrez être contraint de suivre un traitement physique ou psychologique en fonction de votre degré d'intoxication.

## Santé

La plupart des personnes voyageant en Colombie ne rencontrent pas de problèmes, mais il faut tenir compte de certains éléments pour rester en bonne santé. La plupart des maladies sont dues à l'emplacement de la Colombie en zone tropicale. Si vous voyagez le long de la côte ou dans la forêt amazonienne, vous subirez probablement quelques petits désagréments tropicaux : piqûres d'insectes infectées, éruptions cutanées ou coup de chaleur.

D'autres affections plus dangereuses, notamment le paludisme et la fièvre jaune, peuvent toucher les voyageurs qui s'écartent des sentiers battus ou effectuent de longs treks dans les parcs nationaux. La dengue et le chikungunya, également transmis par les moustiques et présent en Colombie depuis 2014, constituent des risques dans les villes des basses terres. D'autres problèmes peuvent apparaître en montagne, par exemple le *soroche* (mal des montagnes).

La bonne nouvelle est que la Colombie possède l'un des meilleurs systèmes de soins d'Amérique du Sud.

➡ Assurez-vous que vous êtes en bonne santé avant de partir. Si vous suivez un traitement de façon régulière, n'oubliez pas votre ordonnance (avec le nom du principe actif).

➡ Il existe de très bons sites Internet consacrés à la santé en voyage. Avant de partir, vous pouvez consulter les conseils en ligne du **ministère des Affaires étrangères** (www.diplomatie.gouv.fr), de l'**Organisation**

## SE PROTÉGER DES MOUSTIQUES

Hormis les traitements préventifs, la protection contre les piqûres de moustique est le premier moyen d'éviter d'être contaminé par le paludisme.

- En dehors du port de vêtements longs, l'utilisation d'insecticides ou de répulsifs à base de DEET (de type Cinq sur Cinq) sur les parties découvertes du corps est à recommander (sauf pour les enfants de moins de 2 ans). La durée d'action de ces répulsifs est généralement de 3 à 6 heures.
- En vente en pharmacie, les moustiquaires sont en outre une protection efficace, à condition qu'elles soient imprégnées d'insecticide. L'Organisation mondiale de la santé (OMS) préconise fortement ce mode de prévention. De plus, ces moustiquaires sont radicales contre les insectes à sang froid (puces, punaises, etc.) et permettent d'éloigner serpents et scorpions. Vérifiez bien que celles dans les hôtels n'ont pas de trous.
- Évitez de sortir vers le lever et le coucher du soleil.
- Dès le coucher du soleil, couvrez vos bras et surtout vos chevilles, et mettez de la crème antimoustique.
- Les moustiques sont parfois attirés par le parfum ou par l'après-rasage.
- D'une manière générale, le risque de contamination est plus élevé en zone rurale et pendant la saison des pluies.

**mondiale de la santé** (OMS ; www.who.int/fr), ou le site très complet du **ministère de la Santé** (www.sante.gouv.fr).

### Soins médicaux

- Des soins médicaux efficaces sont disponibles dans les grandes villes, mais peuvent être difficiles à trouver en zone rurale.
- L'ambassade des États-Unis publie un document PDF en ligne utile, indiquant une liste des médecins, dentistes, hôpitaux et pharmacies en Colombie (bogota.usembassy.gov/root/pdfs/medservices.pdf).
- En cas de problème mettant votre vie en péril, vous serez probablement évacué vers un pays offrant des prestations médicales plus avancées.

### Affections liées à l'environnement

- Le **mal des montagnes** affecte la plupart des individus, de façon plus ou moins forte. Il survient à des altitudes variables, mais en général il frappe plutôt à partir de 3 500 à 4 500 m. Il est recommandé de dormir à une altitude inférieure à l'altitude maximale atteinte dans la journée. Il peut toucher les voyageurs qui montent rapidement à des altitudes dépassant 2 500 m. Cela concerne aussi les personnes qui atterrissent directement à Bogotá.

  Symptômes : manque de souffle, toux sèche irritante, fort mal de tête, perte d'appétit, nausée et parfois vomissements. Les symptômes disparaissent généralement au bout d'un jour ou deux, mais s'ils persistent ou empirent, le seul remède consiste à redescendre, ne serait-ce que de 500 m.
- À Bogotá et dans les grandes villes, l'eau du robinet est potable mais si vous êtes enceinte (ou particulièrement prudent), mieux vaut boire de l'eau en bouteille. Dans les secteurs isolés, il faut faire bouillir l'eau, la désinfecter avec des comprimés d'iode ou s'en tenir aux bouteilles d'eau.

### Maladies infectieuses

- La **dengue**, une infection virale transmise par les moustiques tigres (généralement pendant la journée et à proximité des habitations humaines, souvent à l'intérieur), est surtout présente dans les départements de Santander, Tolima, Valle del Cauca, Norte de Santander, Meta et Huila. Ces moustiques pondent dans les réserves d'eau artificielles (citernes, barils, tonneaux, pots à eau, conteneurs en plastique ou pneus jetés aux ordures). En conséquence, la dengue est surtout répandue dans les environnements urbains densément peuplés.

  Il n'existe pas de traitement prophylactique contre cette maladie. Poussée de fièvre, maux de tête, douleurs articulaires et musculaires précèdent une éruption cutanée sur le tronc qui s'étend ensuite aux membres puis au visage. Au bout de quelques jours, la fièvre régresse, et la convalescence commence.

  La meilleure prévention est de suivre les protections d'usage contre le paludisme.

  En cas de fièvre à votre retour en France, signalez à votre médecin votre voyage en Colombie.
- Le **paludisme**, ou malaria, également transmis

par les moustiques, est courant dans les zones rurales situées à moins de 800 m d'altitude dans les départements d'Amazonas, Chocó, Córdoba, Guainía, Guaviare, Putumayo et Vichada. Il est transmis par un moustique, l'anophèle, dont la femelle pique surtout la nuit, entre le coucher et le lever du soleil. Le paludisme sévit dans tous les pays d'Amérique du Sud, excepté le Chili et l'Uruguay.

Il survient généralement dans le mois suivant le retour de la zone d'endémie. Symptômes : maux de tête, fièvre et troubles digestifs. Non traité, il peut avoir des suites graves, parfois mortelles. Il existe différentes espèces de paludisme et le traitement devient de plus en plus difficile à mesure que la résistance du parasite aux médicaments gagne en intensité.

Les médicaments antipaludéens n'empêchent pas la contamination mais ils suppriment les symptômes de la maladie. Si vous voyagez dans des régions où la maladie est endémique, il faut absolument suivre un traitement préventif (uniquement sur ordonnance), qu'il faut en général poursuivre après le retour. Renseignez-vous auprès d'un médecin spécialisé. Indispensable également : vous protéger des moustiques (voir l'encadré p. 346).

Tout voyageur atteint de fièvre ou montrant les symptômes de la grippe doit se faire examiner. Il suffit d'une analyse de sang pour établir le diagnostic. Contrairement à certaines croyances, une crise de paludisme ne signifie pas que l'on est touché à vie.

➡ La **fièvre jaune** est une infection virale qui peut être mortelle ; elle est transmise par les moustiques dans les zones boisées, surtout au-dessus de 2 300 m, dans de nombreux départements et dans le Parque Nacional Natural Tayrona et la Ciudad Perdida. Un vaccin contre la fièvre jaune est requis pour les personnes visitant les parcs nationaux le long du littoral. Les voyageurs se limitant aux grandes villes et aux régions montagneuses n'ont pas forcément besoin de se faire vacciner contre la fièvre jaune, mais sachez que certains pays, notamment frontaliers, ne vous laisseront pas pénétrer sur leur territoire si vous arrivez directement de Colombie sans ce vaccin. Pour plus de détails, renseignez-vous auprès des autorités médicales de votre pays.

### Vaccins

Le **ministère des Affaires étrangères** (www.diplomatie.gouv.fr/fr/conseils-aux-voyageurs) effectue une veille sanitaire et met régulièrement en ligne des recommandations sur les vaccinations.

Vous pouvez obtenir la liste complète des centres habilités à vacciner contre la fièvre jaune sur le site www.sante.gouv.fr.

Planifiez vos vaccinations au moins 6 semaines avant le départ, car certains vaccins demandent des rappels ou sont incompatibles entre eux. Faites-les inscrire dans un carnet international de vaccination (petit livret jaune) que vous pourrez vous procurer auprès de votre médecin ou d'un centre.

## Téléphone

En Colombie, le système de téléphonie est moderne et fonctionne bien, pour les appels nationaux et internationaux. Telefónica Telecom est l'opérateur national ; ETB et Orbitel offrent des services compétitifs. On trouve de rares téléphones publics dans les grandes villes, mais ils sont éloignés les uns des autres et beaucoup sont hors service. Pour les renseignements téléphoniques, composez le ☎113.

Les cybercafés possèdent presque toujours des *cabinas* d'où vous pourrez passer des appels locaux pour quelques centaines de pesos par minute. La plupart assurent aussi un service de fax.

### Téléphones portables

En zone urbaine, quasiment tout le monde possède au moins un portable. Les trois principaux opérateurs sont **Claro** (www.claro.com.co), **Movistar** (www.movistar.co) et **Tigo** (www.tigo.com.co). Claro se targue de la meilleure couverture nationale, et c'est le plus utile pour les voyageurs.Les portables sont bon marché, et beaucoup de visiteurs finissent par en acheter un – un modèle basique coûte environ 60 000 à 70 000 COP. Vous pourrez aussi apporter votre propre téléphone et acheter une carte SIM colombienne. À titre d'exemple, une carte SIM Claro coûte 5 000 COP, avec 1 000 COP de minutes d'appel incluses, mais le prix des cartes SIM varie selon les opérateurs. Appeler d'un fournisseur à l'autre revient cher, donc en théorie il faut acheter trois cartes SIM et les changer selon le besoin du moment. Quasiment partout, des vendeurs de rue proposent des *minutos* (minutes).

Beaucoup d'épiceries disposent aussi de téléphones portables. Ces vendeurs achètent des minutes de communication en grosse quantité, et il revient toujours moins cher de recourir à leurs services plutôt que d'utiliser votre propre crédit. Par conséquent, beaucoup de Colombiens se servent de leur téléphone uniquement pour recevoir des communications et s'adressent aux vendeurs de rue lorsqu'ils doivent appeler.

Les vendeurs ont en général trois téléphones

minimum – un pour chaque réseau. Les trois premiers chiffres du numéro à dix chiffres indiquent l'opérateur, donc donnez ce préfixe et le vendeur vous donnera le portable adéquat. Comptez 100 à 400 COP par minute pour un appel, selon le réseau.

Pour acheter un téléphone ou une carte SIM, vous devrez présenter une pièce d'identité et fournir une adresse (celle de votre hôtel conviendra). Il s'agit officiellement d'une mesure de sécurité, mais en réalité elle vise à empêcher les vendeurs de rue de se procurer trop de portables et de concurrencer les centres d'appels des fournisseurs. Des cas d'usurpation d'identité ont été signalés (vos papiers seront photocopiés) donc assurez-vous d'acheter votre téléphone dans un point de vente officiel de l'opérateur.

### Indicatifs téléphoniques

Il est possible d'appeler directement à peu près partout en Colombie, mais pour joindre un téléphone portable depuis une ligne fixe, vous devrez composer le ☎03 avant le numéro (sur certaines lignes fixes, les appels vers les portables sont bloqués). Pour appeler une ligne fixe depuis un portable, il faut composer le ☎03 et l'indicatif de la ville avant le numéro. Dans tout le pays, les numéros de ligne fixe comportent sept chiffres, tandis que les numéros de portable en comptent dix. Les indicatifs régionaux ont un seul chiffre.

Par défaut, tous les appels passent par Telefónica Telecom (☎09). Vous pouvez toutefois spécifier Orbitel (☎05) ou ETB (☎07) en composant le préfixe correspondant juste avant le numéro. Vous n'avez pas vraiment à vous préocuper de cela, sauf si vous séjournez suffisamment longtemps en Colombie pour ouvrir votre propre ligne fixe.

L'indicatif pays de la Colombie est le ☎57. Si vous appelez un numéro colombien depuis l'étranger, oubliez le préfixe de l'opérateur (☎05, ☎07 ou ☎09) et composez seulement l'indicatif de la région et le numéro local.

## Toilettes

➡ Les toilettes publiques ne sont pas légion en Colombie. Lorsqu'il n'y en a pas, utilisez les toilettes d'un restaurant. Les musées et les grands centres commerciaux disposent généralement de toilettes publiques, tout comme les gares routières et les aéroports.

➡ Il y a parfois du papier dans les toilettes, mais mieux vaut en avoir sur vous. Ne jetez jamais le papier toilette dans la cuvette. Les canalisations sont étroites et la pression faible, donc le papier n'est pas évacué correctement. Il y a généralement une poubelle.

➡ Dans les gares routières, il faut habituellement débourser 500 à 800 COP pour utiliser les toilettes, plus 200 COP pour le papier. Les hommes peuvent parfois utiliser l'urinoir *(orinario)* des chauffeurs gratuitement. Demandez à un employé de la compagnie de bus de vous l'indiquer ; il s'agit généralement d'un mur à l'extérieur de la gare.

## Voyager en solo

➡ Généralement, voyager seul ne pose aucun problème en Colombie. Il y a des auberges de jeunesse dans toutes les grandes villes et dans la plupart des localités plus modestes. Il est très courant de voyager quelque temps avec d'autres visiteurs étrangers rencontrés en route.

➡ Si vous vous rendez dans des régions isolées, peu ou pas fréquentées par les voyageurs étrangers, ou si vous êtes préoccupé par la sécurité de façon générale, voyager avec un ami vous apaisera certainement, et diminuera peut-être les risques d'être victime de la petite criminalité.

### Femmes seules

➡ Les femmes voyageant seules en Colombie ne devraient pas rencontrer de problèmes.

➡ Les précautions d'usage s'appliquent : soyez vigilante dans la rue, ne vous baladez pas seule dans un quartier louche après la tombée de la nuit et surveillez votre verre dans les bars.

➡ Les femmes ont plus de risques de subir des vols à l'arraché ou des tentatives d'agression, car elles sont considérées comme moins promptes à se défendre.

➡ Enfin, soyez très prudente si vous prenez un taxi seule le soir – même s'ils sont rares, des viols de passagères seules par des chauffeurs de taxi ont été rapportés.

# Transports

## DEPUIS/VERS LA COLOMBIE

### Entrer en Colombie

La plupart des voyageurs arrivent en Colombie par avion, ou par voie de terre depuis l'Équateur, le Venezuela ou le Brésil. De nombreux voiliers partent également du Panamá via les îles San Blas.

Il vous faut un passeport valide (pendant encore 6 mois au moins) et, pour certains ressortissants, un visa de tourisme valide 90 jours, prorogeable 90 jours supplémentaires par année civile. Si vous arrivez par avion (et non par voie de terre), un formulaire des douanes vous sera remis : vous êtes censé le garder et le rendre au moment de quitter le pays (sous peine d'une amende salée), même si nous n'avons jamais vu personne être prié de le produire. Cela dit, gardez-le avec votre passeport, au cas où.

#### Billets

Pour pouvoir entrer en Colombie, un billet retour est – du moins techniquement – exigé, ce qu'appliquent rigoureusement les compagnies aériennes et les agences de voyages : aucune ne vous vendra un aller simple si vous n'avez pas déjà un billet retour. À votre arrivée, cependant, presque aucun agent d'immigration ne vous le demandera.

Si vous ne voulez pas prévoir de retour, nous vous conseillons d'acheter un billet retour intégralement remboursable avec votre carte bancaire et de demander un remboursement après votre arrivée. Si vous arrivez par voie de terre, la sortie papier d'une réservation non réglée suffit parfois à ce que les gardes-frontières vous laissent passer. On demandera plus facilement leur billet retour aux voyageurs au look négligé qu'à ceux soigneusement habillés.

### Voie aérienne

#### Aéroports

Le plus grand aéroport international du pays est l'**Aeropuerto Internacional El Dorado** (carte p. 46 ; www.elnuevodorado.com ; Av. El Dorado) de Bogotá, rénové depuis peu.

Parmi les autres aéroports assurant des vols internationaux :

**Aeropuerto Internacional El Edén** (www.aeropuertoeleden.com). L'aéroport d'Armenia, près de La Tebaida.

**Aeropuerto Internacional José María Córdova** (www.

**VOYAGES ET CHANGEMENT CLIMATIQUES**

Tous les moyens de transport fonctionnant à l'énergie fossile génèrent du $CO_2$ – la principale cause du changement climatique induit par l'homme. L'industrie du voyage est aujourd'hui dépendante des avions. Si ceux-ci ne consomment pas nécessairement plus de carburant par kilomètre et par personne que la plupart des voitures, ils parcourent en revanche des distances bien plus grandes et relâchent quantité de particules et de gaz à effet de serre dans les couches supérieures de l'atmosphère. De nombreux sites Internet utilisent des "compteurs de carbone" permettant aux voyageurs de compenser le niveau des gaz à effet de serre dont ils sont responsables par une contribution financière à des projets respectueux de l'environnement. Lonely Planet "compense" les émissions de tout son personnel et de ses auteurs.

### AVERTISSEMENT

Les informations contenues dans ce chapitre sont particulièrement susceptibles de changements. Vérifiez directement auprès de la compagnie aérienne ou de l'agence de voyages les modalités d'utilisation de votre billet d'avion. N'hésitez pas à comparer les prestations. Les détails fournis ici doivent être considérés à titre indicatif et ne remplacent en rien une recherche personnelle attentive.

aeropuertojosemariacordova.com ; Medellín). Hors de Medellín, près de Rionegro.

**Aeropuerto Internacional Rafael Núñez** (www.sacsa.com.co ; Cartagena)

**Aeropuerto Alfonso Bonilla Aragón** (Aeropuerto Palmaseca ; www.aerocali.com.co). L'aéroport de Cali est à 16 km au nord-ouest de la ville, non loin de la route vers Palmira.

**Aeropuerto Internacional Camilo Daza** (Barrio La Laguna, Cúcuta)

**Aeropuerto Ernesto Cortissoz** (www.baq.aero ; Barranquilla)

**Aeropuerto Internacional Gustavo Rojas Pinilla** (Aeropuerto Internacional Sesquicentenario ; San Andrés)

**Aeropuerto Internacional Matecaña** (Pereira)

**Aeropuerto Internacional Palonegro** (Bucaramanga)

## Vols en Amérique du Sud

Les billets d'avion en Amérique du Sud sont onéreux. Si vous voyagez vers l'Équateur, le Venezuela ou le Brésil, prendre un vol intérieur jusqu'à la frontière terrestre (Ipiales, Cúcuta ou Leticia, respectivement), la franchir et prendre un autre vol intérieur jusqu'à votre destination finale vous reviendra moins cher.

Cela dit, Bogotá est souvent le point d'entrée sud-américain le moins cher, et les vols intercontinentaux sont nombreux à en partir ; quelques-uns partent de Cali et de Medellín. On peut par exemple effectuer un vol Bogotá-Quito (à partir de 250 $US) ou Cali-Quito (à partir de 320 $US). Les vols rallient également Bogotá et Caracas (900 $US), bien que les places depuis/vers Caracas soient de plus en plus difficiles à obtenir.

Pour voyager plus loin, un vol vers Santiago du Chili vous coûtera environ 900 $US, et 800 $US vers Buenos Aires. Comptez environ 600 $US jusqu'à São Paulo ou Rio de Janeiro (Brésil). Bien sûr, les tarifs indiqués varient beaucoup selon les saisons et les compagnies.

## Depuis la France

Seule la compagnie Air France propose des vols sans escale entre Paris et Bogotá. Les autres vols comportent au moins une escale. Iberia assure des vols avec escale à Madrid, et plusieurs compagnies américaines proposent également des vols avec escale aux États-Unis. Comptez entre 600 et 1 100 € pour un vol entre Paris et Bogotá, en fonction des saisons et des compagnies.

Voici quelques adresses d'agences et de transporteurs :

**Air France** (☎36 54, 0,34 €/min ; www.airfrance.fr ; agence Opéra, 49 av. de l'Opéra, 75002 Paris). Assure tous les jours des vols Paris-Bogotá sans escale. Les vols durent environ 11 heures.

**American Airlines** (☎1-800 433 7300 ; www.aa.com)

**Delta Air Lines** (☎0 892 702 809, 0,34 €/min ; www.delta.com)

**Iberia** (☎0 825 800 965, 0,15 €/min ; www.iberia.com). Nombreux vols vers les grandes villes colombiennes au départ de Paris, Toulouse, Nantes, Nice, Lyon et Marseille, avec une escale à Madrid.

**Nouvelles Frontières** (☎0 825 000 747, 0,15 €/min ; www.nouvelles-frontieres.fr). Nombreuses agences en France.

**Thomas Cook** (☎0 826 826 777, 0,15 €/min ; www.thomascook.fr). Nombreuses agences en France.

**Voyageurs du Monde** (☎01 42 86 16 00 ; www.vdm.com ; 55 rue Sainte-Anne, 75002 Paris). Autres agences en France.

## Depuis la Belgique

Il n'existe pas de vols directs depuis la Belgique.

Voici une liste d'agences recommandées :

**KLM** (☎0 892 70 26 08, 0,34 €/min ; www.klm.fr). La filiale d'Air France-KLM

### TAXE DE DÉPART

D'un montant de 38 $US, la taxe internationale de départ ne s'applique qu'à partir d'un séjour en Colombie de 60 jours ou plus. Que ce soit pour payer ou pour obtenir votre tampon d'exonération, il vous faudra vous rendre au comptoir de l'Aeronáutica Civil (Autorité de l'aviation civile). Les dollars américains comme les pesos sont acceptés. Pour les vols intérieurs, 12 600 COP sont facturés et sont généralement inclus dans le prix de votre billet, mais certains aéroports (Cúcuta, par exemple) facturent des taxes supplémentaires à régler à l'aéroport.

### AGENCES EN LIGNE

Vous pouvez réserver votre vol via une agence en ligne ou vous renseigner auprès d'un comparateur de vols :

- www.bourse-des-vols.com
- www.ebookers.fr
- www.expedia.fr
- www.govoyages.com
- www.illicotravel.com
- www.kayak.fr
- www.opodo.fr
- www.skyscanner.fr
- voyages.kelkoo.fr
- www.voyages-sncf.com

propose trois vols par semaine à destination de Bogotá et de Cali, au départ d'Amsterdam.

**Iberia** (070-700 050 ; www.iberia.com/be). Escales à Madrid.

**Airstop** (070-233 188 ; www.airstop.be ; bd E. Jacquemain 76, 1000 Bruxelles)

**Connections** (070-23 33 13 ; www.connections.be) Bruxelles (02-550 01 30 ; rue du Midi 19-21, 1000 Bruxelles ; 02-287 70 70 ; Karel de Grotelaan 68, 1000 Bruxelles ; 02-647 06 05 ; Av. de l'Université 5, 1050 Ixelles). Nombreuses agences en Belgique.

**Éole** (02-672 35 03 ; www.gigatour.be ; Pl Keym 3, 1170 Bruxelles). Nombreuses agences en Belgique.

### Depuis la Suisse

Il n'existe pas de vols directs depuis la Suisse. Quelques adresses utiles :

**Iberia** (0 848 000 015 ; www.iberia.com/ch)

**KLM** (0 848 874 444 ; www.klm.com/travel/ch_fr)

**STA Travel** (058 450 49 49 ; www.statravel.ch)

**Swiss International Airlines** (41 848 700 700 ; www.swiss.com)

### Depuis le Canada

Il n'existe pas de vols directs entre Montréal et Bogotá. Delta, American Airlines et US Airways (actuellement en fusion avec la précédente) proposent de nombreux vols vers Bogotá, Medellín et Cali depuis Montréal, avec des escales aux États-Unis (souvent Miami). Air Canada propose des vols au départ de Toronto ou d'Ottawa, voire de Québec.

Voici quelques adresses d'agences et de transporteurs :

**Air Canada** (1-888 247 2262 ; www.aircanada.ca)

**American Airlines** (1-800 433 7300 ; www.aa.com)

**Delta Airlines** (1-404 773 0305 ; www.delta.com)

**Travel Cuts** (1-866 246 9762 ; www.travelcuts.com)

## Passages de frontière

La Colombie est frontalière du Panama, du Brésil, du Pérou, du Venezuela et de l'Équateur, mais elle n'est reliée par la route qu'avec les deux derniers. Ces frontières sont les plus faciles à franchir et les plus empruntées.

On peut également passer la frontière vers le Pérou et le Brésil aux trois angles près de Leticia, et un service de bateau est assuré depuis/vers le Panama et l'Équateur.

### Brésil et Pérou

Le seul moyen viable de passer la frontière depuis ces deux pays est par Leticia, à l'angle de l'extrême sud-est de l'Amazonie colombienne. Leticia est accessible depuis Iquitos (Pérou) et Manaus (Brésil) par cargo mixte.

### Équateur

Pratiquement tous les voyageurs passent par le poste-frontière de la route Panaméricaine, entre Tulcán (Équateur) et Ipiales (Colombie). La rudimentaire portion entre Pasto et Popayán s'est améliorée question sécurité, mais les bus s'y mettent encore à plusieurs pour la parcourir. Pour éviter les problèmes et profiter de la superbe vue, mieux vaut l'emprunter en journée.

On peut théoriquement passer la frontière en skiff en longeant la côte pacifique près de Tumaco, mais l'accès routier à la ville et sa sécurité problématique en font un lieu à éviter.

Plus incertain qu'inaccessible, un autre poste-frontière est celui de San Miguel (Putumayo). Les routards commencent à y être en sécurité, mais renseignez-vous sur la situation sur le terrain auprès de votre hôtel avant de vous engager : ce secteur oscille souvent entre moyen et douteux.

### Panama

De nombreux voiliers circulent entre les ports panaméens de Portobelo, El Porvenir ou Colón et Cartagena (Carthagène des Indes). C'est une forme de voyage intercontinental très prisée, et l'itinéraire passe généralement par (et s'arrête sur) les belles îles San Blas. Certains bateaux gérés par les clubs nautiques de Cartagena ont des horaires fixes, d'autres partent une fois pleins. Le trajet complet Cartagena-San Blas-El Porvenir coûte entre 450 et 650 $US tout compris. Depuis El Porvenir, il vous faudra poursuivre en vedette jusqu'à Carti ou Miramar, d'où vous pourrez continuer par voie terrestre jusqu'à Panama, à moins de prendre un avion depuis El Porvenir.

De manière générale, les bateaux ne sont pas aux normes, et la sécurité est un problème. Depuis quelques années, les choses commencent à changer avec l'agence colombo-américaine **Blue Sailing**

## Principales liaisons aériennes intérieures

(carte p. 132 ; ☎321-687-5333, 310-704-0425 ; www.bluesailing.net ; C. San Andrés n° 30-47), basée à Cartagena, et qui, lors de notre passage, comptait 22 bateaux : elle s'assure que tous aient un matériel de sécurité correct pour la navigation en pleine mer, elle les localise 24h/24, et elle emploie uniquement des capitaines habilités.

Si vous êtes pressé, **Ferry Xpress** (☎368-0000 ; www.ferryxpress.com) propose maintenant un service de ferries d'une capacité de 1 000 passagers (siège/cabine 99/155 $US l'aller, 18 heures) entre Cartagena et Colón. Les ferries partent pour Colón le mardi et le jeudi, pour un retour vers Cartagena le lundi et le mercredi, et les voitures sont acceptées.

Il est également possible d'effectuer le trajet de Bahía Solano à Jaqué au Panama, mais les départs sont occasionnels. De là, vous pouvez longer la côte pacifique du Panama jusqu'à Panama ou prendre un avion.

### Venezuela

Il y a 4 postes-frontières entre la Colombie et le Venezuela. De loin, le plus emprunté est celui entre San Antonio del Táchira (Venezuela) et Cúcuta (Colombie), sur la route principale Caracas-Bogotá.

Un autre poste-frontière raisonnablement fréquenté est à Paraguachón, sur la route de Maracaibo

## UNE SÉLECTION DE FANTASTIQUES CIRCUITS COLOMBIENS

Plusieurs agences colombiennes offrent d'intéressants circuits atypiques à travers le pays. Guettez celles qui sont membres d'**Acotur** (www.acotur.co), l'association colombienne de tourisme responsable. Parmi nos coups de cœur :

**Awake Adventures** (carte p. 56 ; ☎1-636-3903 ; www.awakeadventures.com ; Carr. 11 n° 98-46, Bogotá). Basée à Bogotá. Bonnes excursions en kayak sur l'Amazone ou sur le Río Magdalena, et autres possibilités d'aventure.

**Aventure Colombia** (www.aventurecolombia.com) Bogotá (carte p. 50 ; ☎1-702-7069 ; Av. Jimenez n°4-49, oficina 204) ; Cartagena (carte p. 132 ; ☎314-588-2378 ; C. de la Factoria n° 36-04) ; Santa Marta (carte p. 150 ; ☎5-430-5185 ; C. 14 n° 4-80). Tenue par un expatrié français charmant, cette sympathique agence est spécialisée dans les destinations hors des sentiers battus telles que Punta Gallinas, des séjours chez les Amérindiens dans la Sierra Nevada de Santa Marta, le fascinant Caño Cristales (rivière aux cinq couleurs) dans le Meta, mais aussi de l'aventure et de l'écotourisme depuis la côte caraïbe à la côte pacifique, en passant par la Zona Cafetera (région caféière) et le Parque Nacional Natural Los Nevados.

**Colombia 57** (☎6-886-8050 ; www.colombia57.com). Tour-opérateur basé à Manizales et tenu par un Britannique, spécialisé dans les circuits sur mesure.

**Colombian Highlands** (☎310-552-9079, 8-732-1201 ; www.colombianhighlands.com ; Av. Carrera 10 n° 21-Finca Renacer). Basé à Villa de Leyva et désormais national, ce tour-opérateur très réputé propose des circuits vers les Llanos, l'Amazone (dont le Vaupés), et La Guajira, entre autres.

**Colombian Journeys** (carte p. 56 ; ☎1-618-0027 ; www.colombianjourneys.com ; Carr. 13 n° 90-36, oficina 701, Ed Blvd 90 ; 8h-17h lun-ven). Circuits en plusieurs langues dans tout le pays. Basée à Bogotá.

**De Una Colombia Tours** (☎1-368-1915 ; www.deunacolombia.com ; Carr. 26A n° 40-18 App 202, La Soledad). Tenue à Bogotá par un Hollandais, cette société est spécialisée dans les destinations reculées.

**Expotur** (www.expotur-eco.com). Santa Marta (carte p. 150 ; ☎5-420-7739 ; Carr. 3 n° 17-27) ; Taganga (☎5-421-9577 ; C. 18 n° 2A-07) ; Riohacha (☎5-728-8232 ; Carr. 3 n° 3A-02). Agence tenue avec professionnalisme, particulièrement qualifiée pour des excursions vers la Ciudad Perdida (Cité perdue) et Punta Gallinas.

**Mambe Travel** (☎1-629-8880 ; www.mambe.org ; Carr. 5 n° 117-25, Bogotá). L'Amazone, le Chocó, la péninsule de La Guajira, la Sierra Nevada de Santa Marta, Vichada et le Caño Cristales... Cette ONG de tourisme durable basée à Bogotá sort davantage des sentiers battus.

(Venezuela) à Maicao (Colombie). Empruntez-le si vous prévoyez de vous rendre directement du Venezuela sur la côte caraïbe colombienne. Des bus et des taxis collectifs circulent entre Maracaibo et Maicao, et des bus directs relient Caracas/Maracaibo et Santa Marta/Cartagena. À la frontière, les agents des deux pays tamponneront votre passeport.

Le poste-frontière de Puerto Carreño (Colombie) n'est pas tellement fréquenté, tout comme Puerto Páez et Puerto Ayacucho (tous deux au Venezuela). Celui d'El Amparo de Apure (Venezuela) à Arauca (Colombie), miné par la guérilla, est encore moins empruntable.

# VOYAGES ORGANISÉS

Les choses bougent du côté des agences de voyages organisés. Auparavant peu nombreuses à proposer des circuits en Colombie (limitées par leur garantie d'assurance, nulle dans toute région jugée dangereuse), il semble qu'elles commencent à surfer sur la vague, certaines n'hésitant pas à évoquer la Colombie comme *le* pays d'Amérique latine à découvrir en ce moment.

Nul doute que le choix de circuits organisés devrait s'étoffer dans les années à venir. N'hésitez pas à vous renseigner auprès d'autres agences, et à vérifier les nouvelles offres.

### Agences généralistes

Voici une liste de voyagistes offrant des prestations pour des circuits en Colombie :

**Altiplano** (☎04 50 23 46 50 ; www.altiplano-voyage.com ; 18 rue du Pré-d'Avril, 74940 Annecy-le-Vieux). Spécialiste de l'Amérique latine. Voyages sur mesure.

**Clio** (☎01 53 68 82 82 ; www.clio.fr ; 34 rue du Hameau, 75015 Paris). Propose un séjour en Colombie.

**Explorator** (☎01 53 45 85 85 ; www.explo.com ; 1 rue Gabriel-Laumain, 75010 Paris). Propose deux séjours en Colombie.

**Images du monde** (☎01 44 24 87 88 ; www.images-du-monde.com ; 14 rue de Siam, 75116 Paris). Spécialiste de l'Amérique latine. Quelques suggestions de circuits et séjours, et des voyages sur mesure.

**Makila voyages** (☎01 42 96 80 00 ; www.makila.fr ; 4 pl. de Valois, 75001 Paris). Voyages sur mesure.

**Maison des Amériques latines** (☎01 53 63 13 40 ; www.maisondesameriqueslatines.com ; 3 rue Cassette, 75006 Paris). Propose un large choix de séjours et de circuits, à des tarifs très variables.

**Monde authentique** (☎01 53 34 92 71 ; www.monde-authentique.com ; 1 rue d'Hauteville, 75010 Paris). Propose deux séjours.

**Nomade Aventure** (☎0825 701 702, 0,15 €/min ; www.nomade-aventure.com ; 40 rue de la Montagne-Sainte-Geneviève, 75005 Paris). Autres agences à Lyon, Toulouse et Marseille. Propose plusieurs séjours en Colombie.

**Tamera** (☎04 78 37 88 88 ; www.tamera.fr). Propose deux séjours en Colombie.

**Voyageurs du Monde** (☎01 42 86 16 00 ; www.voyageursdumonde.fr ; 55 rue Sainte-Anne, 75002 Paris). Nombreuses agences en France, à Bruxelles et à Genève. Propose deux circuits en Colombie.

### Séjours sports et aventure

**Allibert** (☎04 76 45 50 50 ; www.allibert-trekking.com). Propose un circuit découverte et deux circuits de trek.

**Atalante** (☎01 55 42 81 00 ; www.atalante.fr ; 41 bd des Capucines, 75002 Paris). Autres agences à Lyon et à Bruxelles. Propose trois circuits randonnée et trek.

**Huwans Club Aventure** (☎04 96 15 10 20 ; www.clubaventure.fr). Propose deux séjours de trek en Colombie.

**Terres d'Aventure** (☎France 825 700 825, Belgique 02-543 95 60, Suisse 022 518 05 13 ; www.terdav.com ; 30 rue Saint-Augustin, 75002 Paris). Agences dans toute la France, ainsi qu'à Bruxelles, à Genève et au Canada. Propose un bon choix de circuits randonnée et treks.

**Zig Zag** (☎01 42 85 13 93 ; www.zigzag-randonnees.com ; 54 rue de Dunkerque, 75009 Paris). Propose trois circuits en Colombie.

## COMMENT CIRCULER

### Avion

➡ Les compagnies aériennes s'entendent souvent sur les prix, mais il peut être intéressant de regarder leurs sites Internet. Les prix vers certaines destinations baissent une semaine ou deux avant ; pour d'autres, ils peuvent augmenter significativement.

➡ Vous pouvez réserver et payer des vols intérieurs en ligne avec une carte bancaire étrangère.

➡ Certaines compagnies proposent des packages pour les destinations les plus touristiques (par exemple, Cartagena et San Andrés), ce qui ne coûte pas forcément plus cher que des billets d'avion seuls. Si vous achetez ces forfaits depuis un autre pays, vous serez exonéré de l'IVA (*"Impuesto al Valor Agregado"*, TVA) à 16% : n'oubliez pas de demander cette réduction, nombre de Colombiens n'en ayant pas connaissance.

#### Compagnies aériennes en Colombie

La Colombie possède plusieurs grandes compagnies aériennes de passagers, et une poignée de plus petits transporteurs et de compagnies charters. Les compagnies ci-après desservent une large palette d'itinéraires :

**ADA** (☎4-444-4232 ; www.ada-aero.com). Transporteur basé à Medellín assurant des vols régionaux.

**Avianca** (☎1-401-3434 ; www.avianca.com). Compagnie intérieure majeure et bien implantée (en alliance avec Taca, souvent appelée Aviancataca), avec le plus vaste réseau d'itinéraires intérieurs et internationaux.

**Copa Airlines Colombia** (☎1-320-9090 ; www.copaair.com). La 2e compagnie aérienne couvre à peu près le même territoire national qu'Avianca.

**EasyFly** (☎1-414-8111 ; www.easyfly.com.co). Transporteur low cost proposant des vols régionaux.

**LAN Colombia** (☎1-800-094 9490 ; www.lan.com). Cette compagnie a racheté Aires, le principal transporteur low cost colombien, et dessert maintenant des localités régionales plus petites, outre des capitales de département.

**Satena** (☎1-800-091-2034 ; www.satena.com). Le transporteur commercial de la Force aérienne colombienne

### PROMENADE EN BUS FAÇON "CHIVA"

La *chiva* fut le principal moyen de transport par route il y a plusieurs dizaines d'années. Appelée dans certaines régions *bus de escalera* (littéralement "bus à échelle", en référence aux échelles sur le côté), cette œuvre d'art populaire roulante possède des bancs en bois à la place de sièges, chacun étant accessible depuis l'extérieur. Presque intégralement en bois, sa carrosserie est peinte de motifs décoratifs colorés, tous différents, avec une grande peinture à l'arrière. Des artistes du pays sont spécialisés dans la peinture des *chivas*. La moindre boutique d'artisanat colombienne vend des *chivas* miniatures en céramique.

Aujourd'hui, les *chivas* ont pratiquement disparu des grandes routes, mais elles jouent encore un rôle important sur les routes secondaires entre les petites villes et les villages. On en dénombre encore quelques milliers, et c'est à Antioquia, Huila, Nariño et sur la côte caraïbe que vous en verrez le plus. Les *chivas* acceptent autant les passagers que toutes sortes de choses, et les animaux. Si l'intérieur est déjà totalement plein, le toit accueille toute cargaison et personne supplémentaires.

Organisés par des agences de voyages dans la plupart des grandes villes, les circuits nocturnes en *chiva* sont devenus un loisir prisé. D'ordinaire, un groupe y jouant de la musique locale et l'*aguardiente* (liqueur anisée) en stock créent l'atmosphère adéquate. Ils s'arrêtent souvent dans des boîtes de nuit prisées.

(Fuerza Aérea Colombiana, FAC) assure des vols vers les immenses régions amazoniennes, Los Llanos et la côte pacifique, ainsi que vers nombre de bourgades et villages pratiquement inaccessibles autrement.

**VivaColombia** (☎4-444-9489 ; www.vivacolombia.co). Tout nouveau transporteur low cost basé à Medellín, desservant nombre de destinations majeures.

## Vélo

- La Colombie n'est pas le pays le plus facile pour les cyclistes, malgré la grande popularité de ce sport dans certaines régions (Boyacá, par exemple).
- Avec un code de la route favorable aux automobilistes, la circulation deviendra une lutte sur les plus grandes chaussées. Ne partez jamais du principe qu'un automobiliste vous cèdera la priorité.
- Côté positif, la plupart des routes sont en dur et la sécurité s'améliore. Même dans les plus petites villes, on trouve des ateliers où faire réparer son vélo facilement et à peu de frais.
- La location de vélo est peu répandue, mais on peut acheter un vélo presque partout.
- Les villes colombiennes s'ouvrent actuellement de plus en plus aux vélos, avec de nouvelles pistes cyclables et des *ciclovías* (rues fermées le week-end aux voitures et aux bus, transformées en voies pour les cyclistes et les amateurs de roller).

## Bateau

- Des cargos desservent la côte pacifique, et le port de Buenaventura est leur plaque-tournante. Si vous avez du temps, vous pourrez voyager en couchette vers le nord et le sud, notamment Nuquí et Bahía Solano.
- Avant l'arrivée des voies ferroviaires et des routes nationales, le transport fluvial était le principal moyen de déplacement dans ce pays montagneux. Le seul périple sur fleuve susceptible d'être effectué en sécurité est celui sur l'Amazone depuis Leticia, en amont vers Iquitos (Pérou) ou en aval vers Manaus (Brésil).
- Nous déconseillons le Río Atrato et le Río San Juan dans le Chocó, en raison de la présence de groupes armés.

## Bus

Principal moyen de rallier les différentes villes, les bus vont à peu près partout. La plupart des bus intercités longue distance sont plus confortables qu'une 2e classe en avion, et dans certains bus de nuit, les sièges sont de dimensions classe affaires. Le Wi-Fi commence même à faire son apparition dans les meilleurs (bien qu'il soit souvent sporadique ou qu'il ne fonctionne pas du tout). Une mise en garde : les chauffeurs colombiens abaissent la clim à des températures polaires. Portez un pull-over, un bonnet et des gants, voire mieux, apportez une couverture. Les chauffeurs ont également pour habitude de mettre de la musique fort et/ou des films d'action (doublés en espagnol) à plein volume, même en pleine nuit. Peut-être souhaiterez-vous voyager avec des bouchons d'oreille.

Les bus s'arrêtent régulièrement dans des *requisas* (postes de contrôle militaires), même au beau milieu de la nuit. Les soldats demandent alors à tout le monde de descendre, contrôlent les identités, et palpent les gens. Ils regarderont probablement vos sacs et, plus rarement, feront une fouille corporelle. Parfois, ils ne tiennent aucun compte des étrangers.

Les bus longue distance font des pauses repas, mais les heures d'arrêt dépendent de la faim du chauffeur ou du restaurant avec lequel la compagnie a un éventuel accord.

Tous les bus intercités partent du *terminal de pasajeros* et y arrivent : on trouve un "terminal des passagers" dans toutes les ville, généralement en dehors du centre, mais toujours relié à celui-ci par les transports locaux. Plaque tournante des transports la plus importante de Colombie, Bogotá gère des bus aux quatre coins du pays.

Les routes colombiennes sont limitées à 80 km/heure, et les compagnies de bus sont obligées de mettre un grand compteur devant la cabine, permettant aux passagers de connaître la vitesse du bus (en pratique, ils sont souvent cassés ou désactivés). La loi les oblige également à afficher leur taux de mortalité par accident au guichet, ce qui est un bon indicateur de leur historique de sécurité.

### Classes

La plupart des bus intercités ont la clim, et un bon espace pour les jambes. Sur les itinéraires plus courts (moins de 4 heures), les *busetas* (petits bus) fonctionnent bien. On trouve parfois aussi des minibus, plus chers mais plus rapides. Dans les régions reculées, où les routes sont mauvaises, de vieilles *chivas* (camionnettes avec un compartiment en bois à l'arrière, et des rangées de sièges ouvertes à la place d'un couloir central) desservent les plus petites villes, prenant et déposant les passagers en cours de route. Le service le plus rapide est le *Super Directo*.

### Tarifs

Voyager en bus est raisonnablement bon marché. En fonction de la personne à laquelle vous le demandez, les prix sont négociables, hors période de vacances. Tentez votre chance par un poli "*Hay descuento*?" ("Y a-t-il une réduction ?") ou "*Cuál es el mínimo?*" ("Quel est le tarif minimum ?"), puis revenez aux guichets, où figure le tarif mentionné. Mieux vaut opter pour le deuxième tarif le moins cher : le bus le moins cher cache généralement un défaut.

Lorsque l'on monte dans un bus déjà en route, le titre se règle auprès de l'*ayudante*. Ces assistants du chauffeur sont souvent honnêtes, mais connaître le tarif réel à l'avance vous garantira de ne pas payer de prix réservés aux *gringos* (étrangers).

### Réservations

En dehors des périodes de vacances (comme Noël et Pâques), il n'est pas nécessaire de réserver : il suffit d'arriver à la gare routière 1 heure avant le départ souhaité et de prendre le premier bus. Sur certaines lignes moins importantes, qui comptent quelques départs quotidiens seulement, mieux vaut acheter son billet plusieurs heures avant le départ prévu.

Une escroquerie répandue, notamment dans les bus plus petits, consiste à dire qu'il faut un seul passager pour partir, avant d'enfermer votre sac à l'arrière : vous vous retrouvez à attendre 1 heure le départ en regardant d'autres bus partir. Ne montez pas ou ne payez que lorsque vous voyez le chauffeur démarrer.

## Voiture et moto

Compte tenu des bas prix des transports par bus et de l'étendue du réseau, il n'est pas forcément utile d'être véhiculé. De surcroît, la sécurité demeure incertaine dans les contrées rurales et isolées, augmentant considérablement le risque de vol ou d'agressions. Consultez les avertissements sur le site Internet de votre gouvernement avant de partir pour tout endroit reculé.

Dans les villes, en revanche, la circulation est dense, chaotique et frénétique. S'habituer à l'imprévisible conduite locale prend du temps, et cela s'applique tout autant aux trajets en moto.

Les Colombiens conduisent à droite et le port de la ceinture est obligatoire sous peine d'amende. La vitesse est limitée à 60 km/heure en ville et à 80km/heure sur route. Le numéro de téléphone national de la police routière est le ☎767.

Si vous envisagez de conduire en Colombie, apportez votre permis de conduire. Celui de votre pays fera normalement l'affaire sauf s'il n'est pas rédigé en caractères latins : dans ce cas, il vous faudra également un permis de conduire International.

### Location

Plusieurs agences internationales de location de voitures – comme **Avis** (www.aviscolombia.com) et **Hertz** (www.hertzcolombia.com.co) – opèrent en Colombie. Prévoyez un minimum de 150 000 COP par jour garantie dommage et vol incluse, plus l'essence. Comme toujours, vous ferez les meilleures affaires en réservant en ligne. Regardez soigneusement les clauses relatives à l'assurance et à la responsabilité avant de signer un contrat. Prêtez une attention particulière à toute clause relative au vol, car on peut vous facturer un pourcentage important sur tout vol. Si vous louez une voiture avec vitres teintées, l'agence doit vous remettre un document spécial qui vous sera demandé par la police aux postes de contrôle. Les agences ne fournissant généralement pas cette information, n'oubliez pas de vous renseigner.

➡ Il est parfois possible de louer une moto, notamment dans les localités de type station balnéaire comme la ville de San Andrés.

➡ Le port du casque est obligatoire, mais pas à San Andrés et Providencia.

## Auto-stop

➡ L'auto-stop est peu répandu et difficile. Étant donné la complexité de la situation colombienne, les conducteurs ne veulent pas prendre de risques et ne s'arrêtent tout simplement pas.

➡ L'auto-stop n'est jamais complètement sûr, et nous le déconseillons. Les voyageurs qui en font doivent avoir conscience que le risque n'est pas négligeable.

## Transports locaux

### Bus et transports en commun

➡ Les agglomérations de plus de 100 000 habitants possèdent dans leur grande majorité un service de bus, tout comme nombre de plus petites villes. Le niveau, la vitesse et l'efficacité des bus locaux varient d'un endroit à l'autre, mais ils sont globalement lents et bondés. Les bus urbains étant à tarif unique, la distance du trajet est indifférente. La montée se fait par l'avant, puis on paie le chauffeur ou son assistant, qui ne remettent jamais de ticket.

Certaines villes ou certaines rues comptent des arrêts (*paraderos* ou *paradas*) mais dans la plupart des cas, il suffit de faire signe au bus. Pour faire savoir au chauffeur que vous avez l'intention de descendre, vous n'aurez qu'à dire ou crier "*por aquí, por favor*" ("ici, s'il vous plaît"), "*en la esquina, por favor*" ("à l'angle, s'il vous plait") ou "*el paradero, por favor*" ("le prochain arrêt, s'il vous plaît").

Les bus locaux sont de toute sortes, des vieux tacots aux véhicules modernes avec clim. Répandue, la *buseta* est un moyen de transport prédominant dans des villes comme Bogotá et Cartagena. Les tarifs vont de 600 COP à 1 650 COP environ, selon la ville et le type de bus.

➡ Les transports en commun de mode rapide sont de plus en plus répandus en Colombie. Le TransMilenio fait la fierté de Bogotá, et Cali et Bucaramanga ont des projets similaires : le Mio et la Metrolínea. Medellín possède son célèbre Metro, l'unique ligne de trains de banlieue du pays. De même, Pereira propose le système Megabús.

### Colectivo

En Colombie, un *colectivo* peut être un bus de taille moyenne, un taxi collectif, une Jeep surchargée, et toutes leurs déclinaisons. Ces véhicules sont les plus prisés pour les trajets de ville à ville de moins de 4 heures. Plus petits que les bus ordinaires, ils circulent plus rapidement, et sont donc environ 30% plus chers. Ils partent souvent uniquement lorsqu'ils sont pleins.

Dans certaines villes, leur point de départ et d'arrivée est la gare routière, mais dans les plus petites villes, on les trouve en général sur la place principale. Leur fréquence varie largement d'un lieu à l'autre. Dans certains endroits, un *colectivo* passera toutes les 5 minutes là où ailleurs, on peut attendre 1 heure ou plus jusqu'à ce que le nombre nécessaire de passagers soit atteint. Si vous êtes pressé, vous pouvez payer pour la totalité des sièges : le chauffeur partira sur-le-champ.

### Moto-taxi

➡ Certaines villes, notamment au nord, utilisent des motos-taxis, un moyen de circuler rapidement si vous êtes tout seul. Elle ne sont toutefois pas le moyen de transport le plus sûr, et sont même illégales dans certains endroits, dont Cartagena (même si personne ne semble les arrêter).

### Taxi

Les taxis sont bon marché, pratiques et omniprésents dans les grandes villes et dans la plupart des villes de taille moyenne. Dans les terres, tous les taxis ont des compteurs ; sur la côte caraïbe, on marchande ou l'on paie un supplément, et de nombreux chauffeurs (notamment à Cartagena) s'empressent de voir le profit qu'ils peuvent tirer de votre naïveté. Cela dit, nombre d'entre eux sont honnêtes. Mieux vous parlerez espagnol, plus vous aurez la possibilité de négocier et moins vous serez susceptible de payer des prix exorbitants.

Il peut arriver de tomber sur un faux taxi. C'est rare, mais si cela vous préoccupe, il est toujours plus sûr d'appeler un taxi (ou d'utiliser une application), moyennant quelques centaines de pesos de plus seulement.

Les tarifs sont toujours établis au véhicule, jamais au nombre de passagers. Les portes sont souvent quelque peu fragiles : fermez-les avec douceur, ne les claquez pas.

N'empruntez pas de taxi avec une deuxième personne à bord. Si les chauffeurs ont un ami pour leur tenir compagnie ou pour des raisons de sécurité, une telle situation peut s'avérer dangereuse pour vous : c'est une tactique de vol courante. Avec les applications sur Smartphone de taxis comme **Tappsi** (www.tappsi.co) et **Easy Taxi** (www.easytaxi.com), la sécurité s'est considérablement améliorée, et nous conseillons de les utiliser. Elles fonctionnent dans la majorité des grandes villes colombiennes.

On peut prendre un taxi pour de plus longues distances. C'est pratique si vous souhaitez visiter des endroits près des grandes villes, hors des zones desservies par les transports en commun mais trop proches pour intéresser les réseaux de bus longue distance. On peut aussi louer un taxi à l'heure dans les grandes villes : une bonne façon d'effectuer son propre circuit de visite. Comptez environ 25 000 COP/heure.

### Cyclo-pousse à moteur

Les *tuk-tuk* chinois gagnent en popularité dans les petites villes touristiques. Ces motos-taxis à 3 places ont un auvent, avec une bâche abaissable sur les côtés par temps de pluie. Vous en verrez à Barichara, Mompox, Santa Fe de Antioquia, dans le Desierto de la Tatacoa et dans quelques petites villes de la côte pacifique.

## Train

Le réseau colombien de chemins de fer est en grande partie inutilisé (ou envahi par les mauvaises herbes, ou liquidé après avoir été mis en pièces). Le seul train à bord duquel vous êtes susceptible de monter est le **Turistren** (☎1-375-0557 ; www.turistren.com.co ; aller-retour adulte/enfant 43 000/27 000 COP), qui circule le week-end de Bogotá à Zipaquirá.

# Langue

La plupart des sons espagnols existent en français, ce qui vous simplifiera la tâche. L'espagnol maintient une entière cohérence entre l'écrit et l'oral, ce qui signifie que l'on prononce ce que l'on écrit. C'est une langue facile à orthographier, puisque toutes les lettres se prononcent, à l'exception du h et, quelquefois, du u. Lisez les transcriptions phonétiques indiquées en couleur comme s'il s'agissait de mots en français et vous serez compris par vos interlocuteurs. Dans nos transcriptoins, Rh correspond à une sorte de "r" râclé au fond de la gorge, v et b se prononcent comme notre "b" en français, et il ne faut pas hésiter à rouler les r.

L'espagnol latino-américain varie d'un pays à l'autre, la différence la plus notable portant sur les lettres *ll* et *y* – tantôt prononcées comme le "y" dans "yaourt", le "lli" dans "million", le "j" dans "majeur" ou le "ch" dans "achat" ; en Colombie, ces lettres sont aussi prononcées comme le "dj" dans "adjoint". Dans nos transcriptions en phonétique, elles sont représentées par un y (comme dans "yaourt"), car c'est ainsi qu'elles sont le plus souvent prononcées.

Les syllabes accentuées sont dans certains cas indiquées par un accent aigu en espagnol (comme dans *días*) ; elles sont en italique dans nos transcriptions phonétiques.

Nous employons généralement le vouvoiement ; dans le cas contraire, nous différencions les tournures formelles et informelles par les abréviations "pol" (poli) et "fam" (familier). Le cas échéant, nous indiquons le masculin et le féminin des mots, séparés par une barre oblique, avec la forme masculine en premier – *perdido/a* (m/f).

## LES BASIQUES

| | | |
|---|---|---|
| **Bonjour.** | *Hola.* | o·la |
| **Au revoir.** | *Adiós.* | a·*dyos* |
| **Comment allez-vous ?** | *¿Qué tal?* | ké tal |
| **Bien, merci.** | *Bien, gracias.* | byèn *gra*·syas |
| **Excusez-moi.** | *Perdón.* | pèr·*donn* |
| **Je suis désolé.** | *Lo siento.* | lo *syèn*·to |
| **S'il vous plaît.** | *Por favor.* | por fa·*bor* |
| **Merci.** | *Gracias.* | *gra*·syas |
| **De rien.** | *De nada.* | dé *na*·da |
| **Oui.** | *Sí.* | si |
| **Non.** | *No.* | no |
| **Je m'appelle ...** | *Me llamo ...* | mé *ya*·mo ... |

**Comment vous appelez-vous/t'appelles-tu ?**

| | |
|---|---|
| *¿Cómo se llama Usted?* | *ko*·mo sé *ya*·ma ous·*té* (pol) |
| *¿Cómo te llamas?* | *ko*·mo té *ya*·mas (fam) |

**Parlez-vous français/anglais ?**

| | |
|---|---|
| *¿Habla francés/ inglés?* | *a*·bla *frann cès*/ inn·*glès* (pol) |
| *¿Hablas francés/inglés?* | *a*·blas *frann cès*/inn·*glès* (fam) |

**Je ne comprends pas.**

| | |
|---|---|
| *No entiendo.* | No ènn·*tyènn*·do |

## HÉBERGEMENT

| | | |
|---|---|---|
| **Je voudrais une ... chambre.** | *Quisiera una habitación ...* | ki·*syé*·ra *ou*·na a·bi·ta·*syonn* ... |
| **simple.** | *individual* | inn·di·bi·*dwal* |
| **double.** | *doble* | *do*·blé |

### POUR ALLER PLUS LOIN

Indispensable pour mieux communiquer sur place : le **Guide de conversation Espagnol latino-américain** de Lonely Planet. Pour réserver une chambre, lire un menu ou simplement faire connaissance, ce manuel permet d'acquérir des rudiments d'espagnol. Inclus : un minidictionnaire bilingue.

## PHRASES TYPES

Pour construire des phrases en espagnol, utilisez ces structures simples et complétez avec les mots de votre choix :

**Quand part (le prochain vol) ?**
*¿Cuándo sale (el próximo vuelo)?* — kwann·do sa·lé (èl prok·si·mo bwé·lo)

**Où est (la gare) ?**
*¿Dónde está (la estación)?* — donn·dé és·ta (la és·ta·syonn)

**Où puis-je (acheter un billet) ?**
*¿Dónde puedo (comprar un boleto)?* — donn·dé pwé·do (kom·prar oun bi·yé·té)

**Avez-vous (un plan) ?**
*¿Tiene (un mapa)?* — tyé·né (oun ma·pa)

**Y a-t-il (des toilettes) ?**
*¿Hay (servicios)?* — ay (sèr·bi·syos)

**Je voudrais (un café).**
*Quisiera (un café).* — ki·syé·ra (oun ka·fé)

**Je voudrais (louer une voiture).**
*Quisiera (alquilar un coche).* — ki·syé·ra (al·ki·lar oun ko·tché)

**Puis-je (entrer) ?**
*¿Se puede (entrar)?* — sé pwé·dé (èn·trar)

**Pouvez-vous (m'aider), s'il-vous-plaît ?**
*¿Puede (ayudarme), por favor?* — pwé·dé (a·you·dar·mé) por fa·bor

**Quel est le prix pour une nuit/personne ?**
*¿Cuánto cuesta por noche/persona?* — kwann·t o kwés·ta por no·tché/pèr·so·na

**Le petit-déjeuner est-il inclus ?**
*¿Incluye el desayuno?* — inn·klou·yé èl dé·sa·you·no

| | | |
|---|---|---|
| **camping** | *terreno de cámping* | té·ré·no dé kamm·pinn |
| **bungalow/cabane** | *cabaña* | ka·ba·nya |
| **hôtel** | *hotel* | o·tèl |
| **pension** | *pensión* | pèn·syonn |
| **hébergement/auberge** | *hospedaje* | os·pé·da·Rhé |
| **refuge** | *refugio* | ré·fou·Rhyo |
| **auberge de jeunesse** | *albergue juvenil* | al·bèr·gué Rhou·bé·nil |
| **climatisation** | *aire acondicionado* | ay·ré a·konn·di·syo·na·do |
| **salle de bains** | *baño* | ba·nyo |
| **lit** | *cama* | ka·ma |
| **fenêtre** | *ventana* | bèn·ta·na |

# ORIENTATION

**Où est ...?**
*¿Dónde está ...?* — donn·dé és·ta ...

**C'est à quelle adresse ?**
*¿Cuál es la dirección?* — kwal ès la di·rék·syonn

**Pouvez-vous me l'écrire s'il vous plait ?**
*¿Puede escribirlo, por favor?* — pwé·dé és·kri·bir·lo por fa·bor

**Pouvez-vous me montrer (sur la carte) ?**
*¿Me lo puede indicar (en el mapa)?* — mé lo pwé·dé inn·di·kar (èn èl ma·pa)

**au coin/à l'angle**
*en la esquina* — èn la és·ki·na

| | | |
|---|---|---|
| **au** | *en el* | èn èl |
| **feu** | *semáforo* | sé·ma·fo·ro |
| **derrière ...** | *detrás de ...* | dé·tras dé ... |
| **loin** | *lejos* | lé·Rhos |
| **devant ...** | *enfrente de ...* | èn·frèn·té dé ... |
| **gauche** | *izquierda* | is·kyèr·da |
| **près** | *cerca* | sèr·ka |
| **à côté de ...** | *al lado de ...* | al la·do dé ... |
| **en face de ...** | *frente a ...* | frèn·té a ... |
| **droite** | *derecha* | dé·ré·tcha |
| **tout droit** | *todo recto* | to·do rék·to |

# BARS ET RESTAURANTS

**Puis-je voir la carte, s'il vous plaît ?**
*¿Puedo ver el menú, por favor?* — pwé·do bèr èl mé·nou por fa·bor

**Que me recommandez-vous ?**
*¿Qué recomienda?* — ké ré·ko·myèn·da

**Avez-vous des plats végétariens ?**
*¿Tienen comida vegetariana?* — tyé·nèn ko·mi·da bé·Rhé·ta·rya·na

**Je ne mange pas (de viande rouge).**
*No como (carne roja).* — no ko·mo (kar·né ro·Rha)

**C'était délicieux !**
*¡Estaba buenísimo!* — és·ta·ba bwé·ni·si·mo

**Santé !** *¡Salud!* — sa·lou

**L'addition, s'il vous plaît.**
*La cuenta, por favor.* — la kwèn·ta por fa·bor

**Je voudrais une**
*Quisiera una* — ki·syé·ra ou·na

| | | |
|---|---|---|
| **table pour ...** | *mesa para ...* | mé·sa pa·ra ... |
| **(vingt) heures** | *las (ocho)* | las (o·tcho) |
| **(deux) personnes** | *(dos) personas* | (dos) pèr·so·nas |

## Mots-clés

| | | |
|---|---|---|
| **apéritifs (amuse-gueules)** | *aperitivos* | a·pé·ri·ti·bos |
| **assiette** | *plato* | pla·to |

| | | |
|---|---|---|
| **avec / sans** | *con / sin* | konn / sinn |
| **bol** | *bol* | bol |
| **bouteille** | *botella* | bo·té·ya |
| **chaise haute** | *trona* | tro·na |
| **chaud / froid** | *caliente / frío* | kal·yèn·té / fri·yo |
| **couteau** | *cuchillo* | kou·tchi·yo |
| **cuillère** | *cuchara* | kou·tcha·ra |
| **déjeuner** | *almuerzo* | al·mwèr·so |
| **dîner** | *cena* | sé·na |
| **fourchette** | *tenedor* | té·né·dor |
| **menu (enfants)** | *menú infantil* | mé·nou inn·fann·til |
| **nourriture** | *comida* | ko·mi·da |
| **petit-déjeuner** | *desayuno* | dé·sa·you·no |
| **plat (principal)** | *plato principal* | pla·to prinn·si·pal |
| **restaurant** | *restaurante* | rés·taou·rann·té |
| **verre** | *vaso* | ba·so |

## Viande et poisson

| | | |
|---|---|---|
| **agneau** | *cordero* | kor·dé·ro |
| **bœuf** | *carne de vaca* | kar·né dé ba·ka |
| **canard** | *pato* | pa·to |
| **dinde** | *pavo* | pa·bo |
| **poisson** | *pescado* | pés·ka·do |
| **porc** | *cerdo* | sèr·do |
| **poulet** | *pollo* | po·yo |
| **veau** | *ternera* | tèr·né·ra |

## Fruits et légumes

| | | |
|---|---|---|
| **abricot** | *damasco* | da·mas·ko |
| **ananas** | *ananá* | a·na·na |
| **artichaut** | *alcaucil* | al·kaou·sil |
| **asperges** | *espárragos* | és·pa·ra·gos |
| **banane** | *banana* | ba·na·na |
| **betterave** | *remolacha* | ré·mo·la·tcha |
| **carotte** | *zanahoria* | sa·na·o·rya |
| **céleri** | *apio* | a·pio |
| **cerise** | *cereza* | sé·ré·sa |
| **champignon** | *champiñón* | tcham·pi·nyonn |
| **chou** | *repollo* | ré·po·yo |
| **citron** | *limón* | li·monn |
| **concombre** | *pepino* | pé·pi·no |
| **épinards** | *espinacas* | és·pi·na·kas |
| **fraise** | *frutilla* | frou·ti·ya |
| **fruit** | *fruta* | frou·ta |
| **haricots verts** | *chauchas* | tchaou·tchas |
| **légume** | *verdura* | bèr·dou·ra |
| **lentilles** | *lentejas* | lèn·té·Rhas |
| **maïs** | *choclo* | tcho·klo |
| **noix** | *nueces* | nwé·cès |
| **oignon** | *cebolla* | sé·bo·ya |
| **orange** | *naranja* | na·rann·Rha |
| **pastèque** | *sandía* | sann·di·ya |
| **pêche** | *melocotón* | mé·lo·ko·tonn |
| **petits pois** | *arvejas* | ar·bé·Rhas |
| **poivron (rouge/vert)** | *pimiento (rojo/verde)* | pi·myèn·to (ro·Rho/bèr·dé) |
| **pomme** | *manzana* | mann·sa·na |
| **pomme de terre** | *papa* | pa·pa |
| **potiron** | *zapallo* | sa·pa·yo |
| **prune** | *ciruela* | si·rwé·la |
| **raisin** | *uvas* | ou·bas |
| **salade, laitue** | *lechuga* | lé·tchou·ga |
| **tomate** | *tomate* | to·ma·té |

## Divers

| | | |
|---|---|---|
| **beurre** | *manteca* | mann·té·ka |
| **confiture** | *mermelada* | mèr·mé·la·da |
| **fromage** | *queso* | ké·so |
| **huile** | *aceite* | a·séy·té |
| **miel** | *miel* | myèl |
| **œuf** | *huevo* | wé·bo |
| **pain** | *pan* | pann |
| **pâte** | *pasta* | pas·ta |
| **poivre** | *pimienta* | pi·myèn·ta |
| **riz** | *arroz* | a·ros |
| **sel** | *sal* | sal |
| **sucre** | *azúcar* | a·sou·kar |
| **vinaigre** | *vinagre* | bi·na·gré |

### INDICATIONS DANS LES LIEUX PUBLICS

| | |
|---|---|
| **Abierto** | Ouvert |
| **Cerrado** | Fermé |
| **Entrada** | Entrée |
| **Hombres/Varones** | Hommes/Messieurs |
| **Mujeres/Damas** | Femmes/Dames |
| **Prohibido** | Interdit |
| **Salida** | Sortie |
| **Servicios/Baños** | Toilettes |

### Boissons

| | | |
|---|---|---|
| **bière** | *cerveza* | sèr·*bé*·sa |
| **café** | *café* | ka·*fé* |
| **eau (minérale)** | *agua (mineral)* | *a*·gwa (mi·né·*ral*) |
| **jus (d'orange)** | *jugo (de naranja)* | *Rhou*·go (dé na·*rann*·Rha) |
| **lait** | *leche* | *lé*·tché |
| **thé** | *té* | té |
| **vin (rouge/blanc)** | *vino (tinto/blanco)* | *bi*·no (*tinn*·to/*blann*·ko) |

## URGENCES

| | | |
|---|---|---|
| **Au secours !** | *¡Socorro!* | so·*ko*·ro |
| **Va-t-en !** | *¡Vete!* | *bé*·té |
| **Appelez ...!** | *¡Llame a ...!* | *ya*·mé a ... |
| **un médecin** | *un médico* | oun *mé*·di·ko |
| **la police** | *la policía* | la po·li·*si*·ya |

**Je suis perdu(e).**
*Estoy perdido/a.* és·*toy* pèr·*di*·do/a (m/f)

**Je suis malade.**
*Estoy enfermo/a.* és·*toy* èn·*fèr*·mo/a (m/f)

**J'ai mal ici.**
*Me duele aquí.* mé *dwé*·lé a·*ki*

**Je suis allergique aux (antibiotiques).**
*Soy alérgico/a a (los antibióticos).* soy a·*lèr*·Rhi·ko/a a (los ann·ti·*byo*·ti·kos) (m/f)

**Où sont les toilettes ?**
*¿Dónde están los baños?* *donn*·dé és·*tann* los *ba*·nyos

## ACHATS ET SERVICES

**Je voudrais acheter ...**
*Quisiera comprar ...* ki·*syé*·ra kom·*prar* ...

**Je ne fais que regarder.**
*Sólo estoy mirando.* so·lo és·*toy* mi·*rann*·do

**Je peux le voir ?**
*¿Puedo verlo?* *pwé*·do bèr·lo

**Ça ne me plaît pas.**
*No me gusta.* no mé *gous*·ta

### MOTS INTERROGATIFS

| | | |
|---|---|---|
| **Comment ?** | *¿Cómo?* | *ko*·mo |
| **Quel ?** | *¿Qué?* | ké |
| **Quand ?** | *¿Cuándo?* | *kwann*·do |
| **Où ?** | *¿Dónde?* | *donn*·dé |
| **Qui ?** | *¿Quién?* | Kyèn |
| **Pourquoi ?** | *¿Por qué?* | por ké |

**Combien ça coûte ?**
*¿Cuánto cuesta?* *kwann*·to *kwès*·ta

**C'est trop cher.**
*Es demasiado caro.* ès dé·ma·*sya*·do *ka*·ro

**Pouvez-vous baisser un peu le prix ?**
*¿Podría bajar un poco el precio?* po·*dri*·ya ba·*Rhar* oun *po*·ko èl *pré*·syo

**Il y a une erreur sur la facture.**
*Hay un error en la cuenta.* ay oun é·*ror* èn la *kwèn*·ta

| | | |
|---|---|---|
| **DAB** | *cajero automático* | ka·*Rhé*·ro aou·to·*ma*·ti·ko |
| **carte bancaire** | *tarjeta de crédito* | tar·*Rhé*·ta dé *kré*·di·to |
| **cybercafé** | *cibercafé* | si·bèr·ka·*fé* |
| **marché** | *mercado* | mèr·*ka*·do |
| **bureau de poste** | *correos* | ko·*ré*·os |
| **office du tourisme** | *oficina de turismo* | o·fi·*si*·na dé tou·*ris*·mo |

## DATE ET HEURE

**Quelle heure est-il ?**
*¿Qué hora es?* ké *o*·ra ès

**Il est (10) heures.**
*Son (las diez).* sonn (las dyès)

| | | |
|---|---|---|
| **matin** | *mañana* | ma·*nya*·na |
| **après-midi** | *tarde* | *tar*·dé |
| **soir** | *noche* | *no*·tché |
| **hier** | *ayer* | a·*yèr* |
| **aujourd'hui** | *hoy* | oy |
| **demain** | *mañana* | ma·*nya*·na |
| **lundi** | *lunes* | *lou*·nès |
| **mardi** | *martes* | *mar*·tès |
| **mercredi** | *miércoles* | *myèr*·ko·lès |
| **jeudi** | *jueves* | *Rhwé*·bès |
| **vendredi** | *viernes* | *byèr*·nès |
| **samedi** | *sábado* | *sa*·ba·do |
| **dimanche** | *domingo* | do·*minn*·go |
| **janvier** | *enero* | é·*né*·ro |
| **février** | *febrero* | fé·*bré*·ro |
| **mars** | *marzo* | *mar*·so |
| **avril** | *abril* | a·*bril* |
| **mai** | *mayo* | *ma*·yo |
| **juin** | *junio* | *Rhou*·nyo |
| **juillet** | *julio* | *Rhou*·lyo |
| **août** | *agosto* | a·*gos*·to |
| **septembre** | *septiembre* | sèp·*tyèm*·bré |
| **octobre** | *octubre* | ok·*tou*·bré |
| **novembre** | *noviembre* | no·*byèm*·bré |
| **décembre** | *diciembre* | di·*syèm*·bré |

# TRANSPORTS

| | | |
|---|---|---|
| **autobus** | *autobús* | *aou·to·bous* |
| **avion** | *avión* | *a·byonn* |
| **bateau** | *barco* | *bar·ko* |
| **bus (traditionnel)** | *chiva* | *tchi·ba* |
| **minibus/van** | *buseta* | *bou·sé·ta* |
| **taxi (collectif)** | *colectivo* | *ko·lék·ti·bo* |
| **train** | *tren* | *trèn* |
| **premier** | *primero* | *pri·mé·ro* |
| **dernier** | *último* | *oul·ti·mo* |
| **prochain** | *próximo* | *prok·si·mo* |
| **Un billet** | *Un boleto* | *oun bo·lé·to* |
| **aller simple** | *ida* | *i·da* |
| **aller-retour** | *ida y vuelta* | *i·da i bwèl·ta* |

**Je voudrais aller à ...** *Quisiera ir a ...* *ki·syé·ra ir a ...*

**S'arrête-t-il à ...?** *¿Para en ...?* *pa·ra èn ...*

**On est à quel arrêt ?**
*¿Cuál es esta parada?* *kwal ès és·ta pa·ra·da*

**À quelle heure arrive-t-il/part-il ?**
*¿A qué hora llega/sale?* *a ké o·ra yé·ga/sa·lé*

**Pouvez-vous me prévenir quand nous arrivons à...**
*¿Puede avisarme cuando lleguemos a ...?* *pwé·dé a·bi·sar·mé kwann·do yé·gué·mos a ...*

**Je veux descendre ici.**
*Quiero bajarme aquí.* *kyé·ro ba·Rhar·mé a·ki*

| | | |
|---|---|---|
| **aéroport** | *aeropuerto* | *a·é·ro·pwèr·to* |
| **place côté couloir** | *asiento de pasillo* | *a·syèn·to dé pa·si·yo* |
| **gare routière** | *terminal terrestre* | *tèr·mi·nal/té·rés·tré* |
| **arrêt de bus** | *paradero/parada* | *pa·ra·dé·ro/pa·ra·da* |
| **annulé** | *cancelado* | *kann·sé·la·do* |
| **retardé** | *retrasado* | *ré·tra·sa·do* |
| **quai** | *plataforma* | *pla·ta·for·ma* |
| **guichet** | *taquilla* | *ta·ki·ya* |
| **horaires** | *horario* | *o·ra·ryo* |
| **gare ferroviaire** | *estación de trenes* | *és·ta·syonn dé tré·nès* |
| **place côté fenêtre** | *asiento junto a la ventana* | *a·syèn·to Rhoun·to a la bèn·ta·na* |
| **Je voudrais** | *Quisiera* | *ki·syé·ra* |
| **louer ...** | *alquilar ...* | *al·ki·lar ...* |
| **un 4x4** | *un todo-terreno* | *oun to·do·té·ré·no* |
| **un vélo** | *una bicicleta* | *ou·na bi·si·klé·ta* |

## NOMBRES

| | | |
|---|---|---|
| **1** | *uno* | *ou·no* |
| **2** | *dos* | *dos* |
| **3** | *tres* | *très* |
| **4** | *cuatro* | *kwa·tro* |
| **5** | *cinco* | *sinn·ko* |
| **6** | *seis* | *sèys* |
| **7** | *siete* | *syé·té* |
| **8** | *ocho* | *o·tcho* |
| **9** | *nueve* | *nwé·bé* |
| **10** | *diez* | *dyès* |
| **20** | *veinte* | *bèyn·té* |
| **30** | *treinta* | *trèyn·ta* |
| **40** | *cuarenta* | *kwa·rèn·ta* |
| **50** | *cincuenta* | *sinn·kwèn·ta* |
| **60** | *sesenta* | *sé·sèn·ta* |
| **70** | *setenta* | *sé·tèn·ta* |
| **80** | *ochenta* | *o·tchèn·ta* |
| **90** | *noventa* | *no·bèn·ta* |
| **100** | *cien* | *syèn* |
| **1000** | *mil* | *mil* |

| | | |
|---|---|---|
| **une voiture** | *un coche* | *oun ko·tché* |
| **une moto** | *una moto* | *ou·na mo·to* |
| **siège enfant** | *asiento de seguridad para niños* | *a·syèn·to dé sé·gou·ri·da pa·ra ni·nyos* |
| **casque** | *casco* | *kas·ko* |
| **diesel** | *petróleo* | *pé·tro·lé·o* |
| **essence** | *gasolina* | *ga·so·li·na* |
| **station-service** | *gasolinera* | *ga·so·li·né·ra* |
| **faire de l'auto-stop** | *hacer botella* | *a·sér bo·té·ya* |
| **garagiste** | *mecánico* | *mé·ka·ni ko* |
| **camion** | *camión* | *ka·myonn* |

**C'est bien la route pour aller à ...?**
*¿Se va a ... por esta carretera?* *sé ba a ... por és·ta ka·ré·té·ra*

**La voiture est tombée en panne (à ...).**
*El coche se ha averiado (en ...).* *èl ko·tché sé a a·bé·rya·do (èn ...)*

**J'ai eu un accident.** *He tenido un accidente.* *é té·ni·do oun ak·si·dèn·té*

**Je suis tombé en panne d'essence.**
*Me he quedado sin gasolina.* *mé é ké·da·do sinn ga·so·li·na*

**J'ai un pneu crevé.**
*Se me pinchó una rueda.* *sé mé pinn·tcho ou·na rwé·da*

# GLOSSAIRE



**asadero** – établissement servant de la viande rôtie et grillée

**AUC** – Autodefensas Unidas de Colombia (Autodéfenses unies de Colombie) ; alliance de groupes paramilitaires

**autodefensas** – aussi appelés *paramilitares* ou juste *paras*, groupes armés d'extrême droite créés pour défendre les grands propriétaires terriens contre les guérillas ; voir aussi *AUC*

**bogotano/a** – personne vivant à Bogotá

**buseta** – petit bus couramment utilisé en ville comme transport en commun

**cabaña** – bungalow, cabane ou simple refuge, que l'on trouve généralement sur les plages ou dans les montagnes

**caleño/a** – personne vivant à Cali

**campesino/a** – habitant d'une zone rurale, disposant généralement de moyens économiques limités ; paysan

**casa de cambio** – bureau de change

**chalupa** – petit hors-bord destiné au transport des passagers

**chinchorro** – hamac en fibres de palmier ou en fils de coton tressés comme un filet de pêche, caractéristique de nombreux groupes amérindiens ; les plus connus sont les hamacs en coton décoratifs des Guajiros

**chiva** – bus traditionnel dont la carrosserie en bois est peinte de motifs colorés ; encore largement utilisé à la campagne

**colectivo** – minubus ou taxi collectif ; moyen de transport très prisé

**comida corriente** – restauration rapide ; formule repas du jour

**costeño/a** – habitant de la côte Caraïbe

**DAS** – Departamento Administrativo de Seguridad ; forces de sécurité en charge de l'immigration (dissoutes en 2011)

**ELN** – Ejército de Liberación Nacional (Armée de libération nationale) ; le deuxième plus grand groupe de guérilla après les FARC

**FARC** – Fuerzas Armadas Revolucionarias de Colombia ; le plus grand groupe de guérilla du pays

**finca** – ferme ; peut désigner aussi bien une maison de campagne avec un petit jardin qu'une grande exploitation agricole

**frailejón** – *espeletia*, plante typique des *páramos* ; arbuste vivace produisant des fleurs jaunes et ne se développant qu'à une altitude supérieure à 3 000 m

**gringo/a** – étranger/ère blanc de peau ; terme parfois utilisé dans un sens péjoratif

**guadua** – la plus importante variété de la famille des bambous, poussant dans de nombreuses régions au climat tempéré

**hacienda** – propriété de campagne

**hospedaje** – hébergement (en général) ; peut aussi désigner une auberge ou un hôtel bon marché

**indígena** – Amérindien (nom) ; amérindien (adj)

**IVA** – *impuesto de valor agregado*, taxe sur la valeur ajoutée (TVA)

**merengue** – genre musical né en République dominicaine, aujourd'hui répandu dans l'ensemble des Caraïbes et au-delà

**meseta** – plateau

**mestizo/a** – personne métisse, née d'un parent européen et d'un parent amérindien

**muelle** – quai, jetée

**mulato/a** – mulâtre ; personne née d'un parent européen et d'un parent africain

**nevado** – sommet montagneux couvert de neige

**paisa** – personne du département d'Antioquia

**paradero** – arrêt de bus ; appelé *parada* dans certaines régions

**páramo** – plaine de haute montagne, à une altitude comprise entre 3 500 et 4 500 m, typique de la Colombie, du Venezuela et de l'Équateur

**piso** – étage

**poporo** – récipient creusé dans une petite calebasse, utilisé par des peuples amérindiens pour transporter de la chaux obtenue à partir de coquillages ; afin de faciliter la libération des alcaloïdes, ils mâchent les feuilles de coca en l'y ajoutant – rituel sacré des peuples de la côte caraïbe

**puente** – "pont" : désigne un week-end de 3 jours

**refugio** – refuge rustique situé dans un secteur reculé, généralement dans les montagnes

**reggaetón** – genre musical urbain alliant hip-hop et sons latinos, qui se caractérise par des rythmes rapides et dansants

**salsateca** – discothèque spécialisée dans la musique salsa

**Semana Santa** – Semaine sainte ; semaine précédant le dimanche de Pâques

**tagua** – noix à coque dure couleur ivoire issue d'une variété de palmier poussant principalement sur la côte Pacifique ; utilisée dans l'artisanat

**tejo** – jeu traditionnel, pratiqué surtout dans la région andine, consistant à lancer un lourd disque en métal afin de faire exploser une *mecha* (sorte de pétard)

**Telecom** – la société téléphonique d'État

**vallenato** – genre musical typique des Caraïbes, où l'accordéon domine ; aujourd'hui très répandu en Colombie

# En coulisses

## VOS RÉACTIONS ?

Vos commentaires nous sont très précieux et nous permettent d'améliorer constamment nos guides. Notre équipe lit toutes vos lettres avec la plus grande attention. Nous ne pouvons pas répondre individuellement à tous ceux qui nous écrivent, mais vos commentaires sont transmis aux auteurs concernés. Tous les lecteurs qui prennent la peine de nous communiquer des informations sont remerciés dans l'édition suivante, et ceux qui nous fournissent les renseignements les plus utiles se voient offrir un guide.

Pour nous faire part de vos réactions, prendre connaissance de notre catalogue et vous abonner à notre newsletter, consultez notre site Internet : **www.lonelyplanet.fr**

Nous reprenons parfois des extraits de notre courrier pour les publier dans nos produits, guides ou sites web. Si vous ne souhaitez pas que vos commentaires soient repris ou que votre nom apparaisse, merci de nous le préciser. Notre politique en matière de confidentialité est disponible sur notre site Internet.


## UN MOT DES AUTEURS

### Alex Egerton

Merci à mes fidèles compagnons en Colombie : Olga Mosquera, Laura Cahnspeyer, Oscar Gilede, Melissa Montoya, Nicolas Solorzano, Richard, Felipe Goforit, Tyler, Alexa et Oscar Payan – *abrazos para todos*. Un grand merci également à mes collègues de travail Kevin Raub, Tom Masters et MaSovaida pour leur précieux soutien. Enfin, je suis très reconnaissant à Kent *"¿Q mas?"* et Warren pour leurs remarques avisées.

### Tom Masters

Je tiens à remercier en premier lieu Joe Kellner, qui m'a accompagné durant plusieurs semaines le long de la côte caraïbe, supportant sans broncher les départs aux aurores, les trajets sans fin et ma voix de casserole : le parcours jusqu'à Turbo restera longtemps gravé dans ma mémoire ! Mille mercis également aux équipes d'Expotur, en particulier David Salas, le personnel d'Aventure Colombia, Sandra Rodil, Antonio Cruz Pérez, Richard McColl et Karelvis à Punta Gallinas. Sans oublier mes géniaux co-auteurs, Kevin et Alex.

### Kevin Raub

Ma gratitude va d'abord à mon épouse, Adriana Schmidt Raub, qui aurait sûrement adoré les jus de fruits frais à 2$, ainsi qu'à MaSovaida Morgan et à mes co-équipiers, Alex Egerton et Tom Masters. Sur la route, merci à Laura Cahnspeyer, sans qui ce périple n'aurait pas été pareil, mais aussi à Mathieu Perrot-Bohringer, Oscar Gilede, Mike Ceaser, Rodrigo Arias, Shaun Clohesy, Mike Anderson, Kat Hilby, Juan Ananda, Rodrigo Atuesta, Jorge Hormiga, Tim Woodhouse, Jorge Gomez, Richard McColl et Toya Viudes.

## REMERCIEMENTS

Données climatiques adaptées de Peel MC, Finlayson BL & McMahon TA (2007) "Updated World Map of the Köppen-Geiger Climate Classification", Hydrology and Earth System Sciences, 11, 163344.

Photo de couverture : Plaza de Santo Domingo, Cartagena, Stefano Paterna/Alamy.

# À PROPOS DE CET OUVRAGE

Cette 1re édition française du guide *Colombie* est la traduction-adaptation de la 7e édition du guide *Colombia* en anglais. Elle a été écrite et mise à jour par Alex Egerton, Tom Masters et Kevin Raub. L'édition précédente avait été rédigée par Kevin Raub, Alex Egerton et Mike Power.

**Traduction**
Aurélie Belle, Nathalie Berthet, Cécile Duteil, Julie Marcot, Jeanne Robert, Damien Zalio

**Direction éditoriale**
Didier Férat

**Adaptation française**
Isabelle Bouwyn

**Responsable prépresse**
Jean-Noël Doan

**Maquette**
Sébastienne Ocampo

**Cartographie**
Cartes adaptées en français par Eduardo Yanes-Blanch

**Couverture**
Adaptée par Annabelle Henry pour la version française

**Remerciements à**
Michel MacLeod et Jean-Victor Rebuffet pour leur précieuse contribution au texte, et à Christiane Mouttet pour sa relecture attentive. Merci également à Claire Chevanche pour son efficace travail de référencement. Comme toujours, un grand merci à l'indispensable Dominique Spaety. Enfin, merci à Clare Mercer, Joe Revill, Sarah Nicholson et Luan Angel du bureau de Londres et à Andy Nielsen, Darren O'Connell, Chris Love, Sasha Baskett, Angela Tinson, Jacqui Saunders, Ruth Cosgrave et Glenn van der Knijff du bureau australien.

# Index

## D



## E



## F



**Référence des cartes**
**Référence des photos**

## N



## O



## P



**Référence des cartes**
**Référence des photos**

**Référence des cartes**
**Référence des photos**

# INDEX DES ENCADRÉS

# Légende des cartes

## À voir

- Château
- Monument
- Musée/galerie/édifice historique
- Ruines
- Église
- Mosquée
- Synagogue
- Temple bouddhiste
- Temple confucéen
- Temple hindou
- Temple jaïn
- Temple shintoïste
- Temple sikh
- Temple taoïste
- Sentō (bain public)
- Cave/vignoble
- Plage
- Réserve ornithologique
- Zoo
- Autre site

## Activités, cours et circuits organisés

- Bodysurfing
- Plongée/snorkeling
- Canoë/kayak
- Cours/circuits organisés
- Ski
- Snorkeling
- Surf
- Piscine/baignade
- Randonnée
- Planche à voile
- Autres activités

## Où se loger

- Hébergement
- Camping

## Où se restaurer

- Restauration

## Où prendre un verre

- Bar
- Café

## Où sortir

- Salle de spectacle

## Achats

- Magasin

## Renseignements

- Banque
- Ambassade/consulat
- Hôpital/centre médical
- Accès Internet
- Police
- Bureau de poste
- Centre téléphonique
- Toilettes
- Office du tourisme
- Autre adresse pratique

## Géographie

- Plage
- Refuge/gîte
- Phare
- Point de vue
- Montagne/volcan
- Oasis
- Parc
- Col
- Aire de pique-nique
- Cascade

## Agglomérations

- Capitale (pays)
- Capitale (région/État/province)
- Grande ville
- Petite ville/village

## Transports

- Aéroport
- Poste frontière
- Bus
- Téléphérique/funiculaire
- Piste cyclable
- Ferry
- Métro
- Monorail
- Parking
- Station-service
- Station de métro
- Taxi
- Gare/chemin de fer
- Tramway
- U-Bahn
- Autre moyen de transport

*Les symboles recensés ci-dessus ne sont pas tous utilisés dans ce guide*

## Routes

- Autoroute à péage
- Voie rapide
- Nationale
- Route secondaire
- Petite route
- Chemin
- Route non goudronnée
- Route en construction
- Place/rue piétonne
- Escalier
- Tunnel
- Passerelle
- Promenade à pied
- Promenade à pied (variante)
- Sentier

## Limites et frontières

- Pays
- État/province
- Frontière contestée
- Région/banlieue
- Parc maritime
- Falaise
- Rempart

## Hydrographie

- Fleuve/rivière
- Rivière intermittente
- Canal
- Étendue d'eau
- Lac asséché/salé/intermittent
- Récif

## Topographie

- Aéroport/aérodrome
- Plage/désert
- Cimetière (chrétien)
- Cimetière (autre)
- Glacier
- Marais/mangrove
- Parc/forêt
- Site (édifice)
- Terrain de sport

**Kevin Raub**

Bogotá ; Boyacá, Santander et Norte de Santander. Kevin Raub a grandi à Atlanta. Il a commencé sa carrière en tant que journaliste spécialisé dans la musique à New York, où il écrivait pour les magazines *Men's Journal* et *Rolling Stone*. Il a troqué le rock contre les voyages, et s'est installé au Brésil. Entre autres aventures, il a survolé la Colombie à bord d'un hélicoptère gouvernemental, a accompagné le DJ Paul Oakenfold en tournée, et a traversé jungles et cours d'eau. Il s'agit du 29e guide Lonely Planet auquel Kevin a contribué. Kevin a également rédigé les parties *Bienvenue en Colombie*, *21 façons de voir la Colombie*, *Carnet pratique* et *Transports*. Vous pouvez le suivre sur Twitter (@RaubOnTheRoad).

Pour en savoir plus sur Kevin, voir :
lonelyplanet.com/members/kraub

## LES GUIDES LONELY PLANET

Une vieille voiture déglinguée, quelques dollars en poche et le goût de l'aventure, c'est tout ce dont Tony et Maureen Wheeler eurent besoin pour réaliser, en 1972, le voyage d'une vie : rallier l'Australie par voie terrestre via l'Europe et l'Asie. De retour après un périple harassant de plusieurs mois, et forts de cette expérience formatrice, ils rédigèrent sur un coin de table leur premier guide, *Across Asia on the Cheap*, qui se vendit à 1 500 exemplaires en l'espace d'une semaine. Ainsi naquit Lonely Planet, dont les guides sont aujourd'hui traduits en 12 langues.

# NOS AUTEURS

**Alex Egerton**

Medellín et la Zona Cafetera, Cali et le Sud-Ouest, La côte pacifique. Journaliste, Alex travaille en Amérique latine depuis plus de dix ans, parcourant régulièrement les routes de campagne du sous-continent, du Mexique à l'Argentine. Il vit actuellement dans le sud de la Colombie, d'où il sillonne le pays dans le cadre de missions pour différents médias. Lorsqu'il n'est pas sur la route, il fait de la randonnée à travers les paysages reculés du haut bassin de l'Amazone, du Chocó et des montagnes du Sud, ou bien il joue au *tejo*, la pétanque colombienne. Alex a également rédigé les chapitres *Itinéraires*, *Sports et activités* et *Les régions en un clin d'œil*.

Pour en savoir plus sur Alex, voir :
lonelyplanet.com/members/alexegerton

**Tom Masters**

La côte caraïbe, San Andrés et Providencia, Le bassin amazonien. Tom a bourlingué à travers toute l'Amérique latine, d'abord à titre personnel, puis pour les guides Lonely Planet. Ainsi, il n'a pas hésité une seule seconde lorsqu'on lui a proposé de participer à la rédaction du guide *Colombie*, pays dont il foula le sol pour la première fois en 2006. Pour cette édition, Tom a exploré le bassin de l'Amazone, fait de la plongée et de la randonnée à San Andrés et Providencia, et parcouru près de 3 000 km en voiture le long de la côte caraïbe, succombant au passage aux charmes de Mompox, Sapzurro et Providencia. Tom a aussi contribué aux chapitres *L'essentiel*, *Envie de...*, *Mois par mois* et *Comprendre*, ainsi qu'à la section *Sécurité en voyage*. Découvrez d'autres travaux de Tom sur son site : www.tommasters.net.

Pour en savoir plus sur Tom, voir :
lonelyplanet.com/members/tommasters

PAGE 383 AUTEURS (suite)

**Colombie**
1re édition
Traduit et adapté de l'ouvrage *Colombia, 7th edition, Aug 2015*

Dépôt légal Octobre 2015
ISBN 978-2-81614-859-6
Imprimé par Pollina, Luçon, France - 83151
Réimpression 04, décembre 2017

En Voyage Éditions | un département place des éditeurs